U0856374

浙江省统计局　国家统计局浙江调查总队·编
ZHEJIANG STATISTICS BUREAU NBS SURVEY OFFICE IN ZHEJIANG

2013

浙江统计年鉴

ZHEJIANG STATISTICAL YEARBOOK

中国统计出版社
China Statistics Press

2013年
浙江统计年鉴 协办单位

（排名不分先后）

浙江省公安厅

浙江省国家税务局

宁波市人民政府

嘉兴市人民政府

舟山市人民政府

上虞市人民政府

杭州市萧山区宁围镇人民政府

浙江省交通投资集团有限公司

《浙江统计年鉴—2013》编辑委员会和编辑部

Editorial Board and Editorial Department of Zhejiang Statistical Yearbook–2013

浙江省人民政府侨务办公室

▲ 第十七届浙江旅外乡贤聚会

浙江是全国重点侨乡。2012年，在省委、省政府的正确领导下，省侨办深入贯彻落实《国家侨务工作发展纲要》和全国侨务工作会议精神，围绕我省推进“四大国家战略举措”和“四大建设”，抓重点、求实效、谋长远，用心用情用力做好各项工作，为全省经济社会发展作出了积极贡献。去年，各级侨办牵线搭桥引进招商项目268个，合同利用外资23.98亿美元，实际利用外资9.05亿美元，接受华侨华人、港澳同胞捐赠款物折合人民币约2.75亿元。2012年11月23日，省委、省政府召开全省侨务工作会议。这是我省侨务工作历史上规格最高、规模最大、成果最多、影响最广的一次会议。时任省长夏宝龙出席会议并作重要讲话。进一步发挥侨务优势，以“四大国家战略举措”和“四大建设”为着力点，大力实施“侨商回归工程”，建立首批20个“浙江省侨商回归和引进工作联络处”，扎实推动海外侨胞与我省在经贸、文化、教育等领域开展交流合作。坚持以人为本，深入实施“归侨侨眷关爱工程”，积极开展“暖巢行动”、“送温暖医疗队活动”，多渠道、多形式关心困难归侨侨眷，同时进一步建立完善涉侨政策法规，扎实做好侨务信访工作，努力维护侨胞合法权益。重视涵养侨务资源，隆重举行第十七届浙江旅外乡贤聚会，邀请80个国家和地区的400多名海外和港澳的乡贤代表参加，是历年来参与国家最广泛、活动规模最大、涵盖内容最丰富的一次；继续举办海外中青年侨领研习班，组建海外中青年侨领研习班同学会，积极拓展工作新领域，努力培养侨社新力量。努力弘扬中华文化，和省广电集团联合录制龙年春节特别节目——《龙腾盛世中国年》春节联欢晚会，与省广电集团、湖州市政府联合举办“月是故乡明——2012华人盛典”中秋电视晚会，继续与国侨办合作举办“中国寻根之旅夏令营—浙江营”、“中华文化大乐园—浙江营”活动，积极选派优秀教师到海外华校开展华文教育。以《浙江侨声报》和“浙江侨网”为主阵地，加强与海外华文媒体的交流合作，及时向海内外传递侨情乡音，进一步深化对外宣传工作。

▲ 1月11日，省侨办与浙江电视台国际频道合办“龙腾盛世中国年”春节文艺晚会

▲ 全省侨务工作会议

详细地址： 杭州市保俶路24号
邮政编码： 310007
联系电话： 0571-87059625

浙江省民政厅

▲2012年11月14日上午，省民政厅与衢州市政府在杭州签订《关于加快民政事业城乡一体化建设的合作协议》，共同推进衢州民政综合改革发展，探索符合衢州市情的民政事业城乡一体化建设新路子

2012年是全面实施民政事业“十二五”规划关键一年。全省各级民政部门认真贯彻落实省委提出的“两富”战略，以“现代大民政”理念为引领，以改善民生为重，以改革创新为要，全面推进各项民政重点工作。

民生保障体系不断完善，民政工作覆盖面进一步扩大。一是加强社会福利和养老服务工作。截至2012年底，全省共有各类收养性社会福利单位1979个，床位24.92万张，其中养老床位24.61万张。二是全面推行“阳光救助”。居民家庭经济状况核对开展迅速，全省11个市83个县（市、区）已启动该项工作。截至2012年底，全省共有最低生活保障对象（未含农村五保）64.59万人，全年实际支出保障资金22.19亿元。三是做好防灾减灾救灾工作。在抗击苏拉、海葵等强台风袭击过程中，实现了“不死人，少伤人”的预期目标，得到了省委、省政府和民政部领导的充分肯定。四是推进慈善事业发展。继续组织开展“慈善情暖万家”、“慈善年夜饭”等活动，评选首届全省“十大杰出义工”。

积极创新社会管理，社会协同作用有效发挥。一是大力推进社会组织培育管理体制机制创新。进一步登记管理体制改革，加大直接登记试点工作力度。二是统筹推进城乡社区建设。2012年全省新改扩建乡镇（街道）社区服务中心158个、村级社区服务中心1395个。三是扎实推进村民自治工作。颁布实施《浙江省实施<中华人民共和国村民委员会组织法>办法》和《浙江省村民委员会选举办法》。

深化完善优抚安置保障体系，为国防和军队现代化建设提供有力的支持。一是深入推进双拥工作。全国双拥模范城（县）创建首次实现全省设区市“满堂红”，部分地区取得了“六连冠”、“五连冠”、“三连冠”

▲2012年5月21日，第十七次全省民政会议在省人民大会堂召开

▲2012年11月12日，浙江省民政厅、义乌市人民政府共同推进国际贸易改革试点签约仪式在义乌国际会议中心举行

浙江省民政厅

佳绩。二是扎实做好优抚工作。截至2012年底，全省预算内实际支出抚恤事业费19.21亿元，其中发放各类抚恤补助金18.13亿元，比上年增长16.97%。三是全面做好退役士兵安置和军休管理工作。组织1万多名退役士兵参加职业技能教育培训。

切实提高社会服务水平，着力打造贴心、法治、阳光的民政服务体系。一是确定“贴心民政”、“法治民政”、“阳光民政”三个“现代大民政”建设载体。分别制定了三个行动载体的实施意见，进一步指导全省各级民政部门优化和改进服务，打造贴心、法治和阳光的民政服务体系。二是扎实做好水库移民直补资金发放和后扶项目实施工作。三是扩大殡葬惠民覆盖面。全省有78个县（市、区）出台惠民殡葬政策，覆盖人口4748万，占人口总数的86.3%。四是做好福利彩票发行工作。全年发行各类福利彩票102.4亿元，成为全国第四个超百亿的福彩大省，筹集公益金超过30亿元。五是做好区划地名工作。截至2012年底，全省共有11个地级市，32个市辖区，22个县级市，36个县，1341个乡、镇（街道）。其中：镇650个，乡279个（含民族乡14个），街道办事处412个。

2013年是深入贯彻党的十八大精神和省委干好“一三五”、实现“四翻番”决策部署的开局之年，也是全面实施民政事业“十二五”规划，深化现代大民政建设的关键之年，全省各级民政部门将以党的十八大精神为指导，紧紧围绕省委建设物质富裕、精神富有的现代化浙江的目标，以建设“现代大民政”为主线，全面推进民政事业改革创新。

▲ 由浙江省民政厅和浙江省社会科学界联合会共同举办的2012年度浙江社会管理创新暨浙江民政论坛于2012年11月21日上午在杭州举行

▲ 2013年1月16日，民政部、浙江省人民政府共建温州市民政综合改革试验区合作协议仪式在杭州举行

详细地址：杭州市保俶路32号
法定代表人：尚　清
邮政编码：310007
联系电话：0571-87050227

浙江省质量技术监督局

▲ 2012年全省质量月活动正式启动

2012年，全省质监系统在省委、省政府的正确领导和国家质检总局决策部署下，逆势奋进，真抓实干，全面加强“一强三大”（质量强省、大质量大监管大平台）和“三个质监”（法治质监、科技质监、和谐质监）建设，全省质监工作呈现新的格局，质监事业迈上了新台阶。

质量强省迈出新步伐。充分发挥牵头协调作用，积极推动政府主导，扎实开展“三强”（质量强区强业强企）示范创建活动。宁波、温州、台州把建设首批“全国质量强市示范城市”作为党委政府的重大战略部署，建立了工作推进机制；15个县（市、区）争创首批质量强县示范县；大力实施企业质量“五千”（千家企业开展质量管理培训，千家企业导入卓越绩效模式，千家企业建立总经理质量奖，千家企业争创质量管理先进，千家企业完善质量诚信制度）工程，全省累计有2971家企业实施卓越绩效管理，38401家企业导入有效质量管理模式。全省初步建立涵盖质量发展、质量安全与诚信、企业素质、实物质量以及保障性指标的质量评价体系。实现省、市、县三级政府质量奖实施全覆盖。

▲ 2012年7月15日-10月25日，省质监局在全省范围内开展生产环节食品安全大整治百日行动

质量监管取得新成效。坚持政府领导、部门联动，政府质量安全考核力度不断加大，监管协调机制日益完善。全力抓好食品百日大行动，坚持出重拳、用重典，严格落实“六个100%”目标要求，建立1967个监管网格。积极开展重点产品质量评价和风险监控。加强电梯安全监察，特种设备隐患重大隐患整改率

浙江省质量技术监督局

▲ 国家电能表质检中心(浙江)全力保障我省电能表产业健康发展

达到98.9%。有效应对工业明胶、余杭蜜饯、绍兴黄酒等突发性事件，及时稳控区域质量安全形势。调整实施全省监督抽查体系，探索建立食品飞行检查制度。切实加大执法打击力度，立案查处案件5301件，移送案件102件，查获货值9042万元，曝光“黑名单”企业210家。2012年，全省产品监督抽查综合合格率97.8%，批次合格率93.5%，食品定期监督抽查批次合格率94.3%，万台特种设备事故率和死亡率均低于0.2，全省质量安全形势继续保持平稳。

质监职能再创新优势。名牌结构进一步优化，新增省级名牌249个，其中服务业名牌47个，区域名牌11个，高技术产业、装备制造业、拥有发明专利的产品占新增工业名牌70.4%。“温岭水泵”成为我省首个全国知名品牌创建示范区。强化标准引领，在124个块状产业开展185个联盟标准，其中65个采用国际标准和国外先进标准。建立智慧城市省级标准化技术委员会，实施智慧城市标准化试点。新增省级农业标准化示范项目145个，联合省经信委确立16个能源计量行业推进项目和52家示范单位。继续开展技术帮扶，推广锅炉节能技术应用，突出强化平台支撑。

全省质监系统检验检测平台能力建设再上一个台阶，截至2012年年底，国家、省级质检中心分别达31、86家，覆盖35个块状产业转升示范区和52个区域产业集聚地。

▲ 检测人员正在检测特种设备

▲ 质监系统开展“质量惠民”活动

详细地址：杭州市天目山路222号
邮政编码：310013
联系电话：0571-85026313

浙江省体育局

一、基层体育发展环境有效改善

调查研究不断深入。2012年2月份，省体育局根据省政府关于改善发展环境百组调研活动的统一安排，对湖州市南浔区经济社会发展（包括体育发展）环境等问题进行深入调研。3月至4月上旬，由局领导带队分8个组赴全省11个市开展了以改善体育发展环境为主题的“进村入企”调研活动。期间，还组织了全省体育彩票工作专题调研。调研组深入40个县（市、区）、21个乡镇、26个社区（行政村）、13所学校和29家企业，座谈了解基层体育发展现状、面临的主要问题和困难，实地察看市、县属少体校、体育场馆设施和体育彩票销售网点等，形成了一批针对性、指导性较强的调研报告。认真组织调研工作中期检查，年度8个重点调研课题和11个普通课题调研成果全部落实。

破难解困不断推进。4月中旬，省体育局党组理论学习中心组扩大会议期间，专题听取基层调研情况汇报，集体研究事关体育发展的紧迫性问题，共梳理基层7个方面24个突出问题和困难，逐一分解到相关职能处室，明确解决困难和问题的时间节点要求。省体育局加强对“省政府百组下基层调研”对口单位台州市黄岩区和湖州市南浔区体育事业发展的帮扶，5月下旬，局长办公会议专题研究制定助推措施，明确了体育创强、场馆维护、业余训练、体育产业等8个方面的扶持项目。

跟踪督导不断强化。省局群体、训竞、产业等职能部门积极发挥督导作用，定期和不定期地深入基层指导帮扶项目的落实。到2012年年底，除高考体育加分“8加2”政策、教练员进教师编制、高危体育项目审批和仙居县体育馆挪作它用需重建问题，需继续协调省教育厅、国家体育总局和仙居县政府外，其余问题均已解决落实。

二、体育公共服务均等化有效推进

体育“创强”工作进一步深化。认真组织了2012年全省体育创强工作培训班，加强对提出申请的7个县（市、区）、110个镇（乡）、11个街道、216个社区“创强”工作的指导。10月下旬，启动了全省体育创强工作验收，并对2008年创建成功的体育强县（市、区）、强镇（乡）进行复评。积极推进体育现代化试点县的创建工作，确定杭州西湖区等7个县（市、区）为我省首批体育现代化试点县（市、区）。

全民健身工程有效实施。省本级全年下拨补助小康体育村经费4084万元，资助建设小康体育村3000个，新建省级乡镇（街道）全民健身中心、中心村全民健身广场（体育休闲公园）15个，进一步改善了群众健身的环境。

群众性体育活动大力开展。成功举办了全省首届女子体育节、省首届体育排舞大赛、第五届职工运动会、第七届农民运动会、第六届老年人运动会和全省幼儿体育大会。尤其是3月底开赛至10月底闭幕的浙江省首届女子体育节，设26个大项、131个小项，共有100个代表团32000多人参赛，开创了全国女子运动会的先河，成为我省历史上规模最大、参与人数最多的人群体育盛会。在温岭召开体育参与社会管理及其创新工作现场会，体育参与社会管理工作得到有效推进。浙江省体育局被国家体育总局授予“2012年在全民健身工作中做出突出成绩单位”荣誉称号。

群众体育组织和骨干队伍建设不断加强。6月份，杭州健身气功协会成为中国健身气功协

▲ 2012年8月31日上午，我省在省人民大会堂隆重召开欢迎伦敦奥运会浙江健儿凯旋暨庆功表彰大会

▲ 2012年全省体育局长会议1月11日在杭州召开

浙江省体育局

会俱乐部；9月份，国际健身气功联合会成立大会在杭州召开。制定下发《浙江省社会体育指导员发展规划（2012-2015年）》，组织了全省12个省级社会体育指导员培训基地、13个非奥项目发展培训基地的相关培训，全年新培训社会体育指导员、各类运动项目教练员和裁判员等基层体育骨干2.4万人次。

国民体质检测和公民体质标准制订得到落实。结合浙江实际，正式出台了《浙江省3—69周岁公民体质评价等级标准（试行）》。新的《标准》既科学规范又方便操作，更适合浙江人民的体质监测标准。认真组织7个体育现代化试点县、6个申报创建2012年省级体育强县的单位及18个省级国民体质监测中心进行《标准》的业务培训，明确任务，探索和积累了《标准》试点工作经验。

▲ 9月10日是第28个教师节，奥运冠军叶诗文和参加了伦敦奥运会的游泳小将徐嘉余作为运动员代表向他们的老师送上了节日祝福

▲ 10月24日晚，浙江省首届女子体育节在衢州职业技术学院开幕

▲ 2012全国休闲体育大会暨浙江省全民健身活动启动仪式于4月27日在舟山开幕

三、竞技体育实力不断提升

决战2012伦敦奥运会取得历史最好成绩。7月27日至8月11日，第30届夏季奥运会在伦敦举行，我省有21名运动员参加了游泳、射击、赛艇、摔跤、拳击、田径、篮球、排球等8个大项29个单项的比赛，共取得4枚金牌、2枚银牌、2枚铜牌和3个第五名、1个第六名、1个第八名，并破2项世界纪录和2项3次奥运会纪录，不仅保持了我省自1984年洛杉矶奥运会以来届届有金牌的殊荣，更创造参加奥运会的历史最好成绩。我省运动员孙杨、叶诗文分别获得男子400米、1500米自由泳和女子200米、400米混合泳金牌，打破世界纪录和奥运会纪录，创造了我省、我国游泳项目参加奥运会的历史最好成绩。此外，我省还有8名教练员和工作人员入选本届奥运会中国体育代表团，1名裁判员参与了奥运会执裁工作。8月31日，省委省政府隆重举行庆功表彰大会，表彰奖励先进单位和优秀运动员、教练员。省体育局、浙江体育职业技术学院和省游泳运动管理中心分别荣获省政府表彰的集体一等功一次。省体育局被国家体育总局授予2012年为我国体育事业做出突出贡献单位（第6位）、2012年伦敦第三十届夏季奥运会重大贡献奖和特殊贡献奖等荣誉称号。

2013年辽宁全运会备战工作纵深推进。认真分析我省备战全运会面临的严峻形势，提出全运会“双八”（即金牌、奖牌和总分中有两项进入全国前八）目标，并层层签订责任书，目标任务进一步分解。同时，强化备战信息收集，定期发布重点备战运动员相关情况，为运动队备战训练提供服务。根据项目特点和实际情况，调整和补充运动项目蹲点处级干部，进一步发挥蹲点处级干部为运动队服务的作用。举行竞技体育可持续发展战略研讨会，认真总结伦敦奥运会参赛情况，特别是游泳项目的成功经验，专题研讨竞技体育的可持续发展问题，全面客观地分析备战辽宁全运会形势并提出具体措施。11月8日，浙江体育职业技术学院召开冬训动员大会，把我省全运会备战工作推向新的高潮。

竞技体育管理不断规范。全年共审批一级运动员379人、二级运动员1293人，一级裁判员235人，上报获批运动健将111人、国际健将16人，并将部分项目二级运动员的审批权限下放至各市体育局。制定下发了《浙江省第十五届运动会竞赛规程总则》（草案）、《浙江省首届水上运动会竞赛规程》、《2012年浙江省体育竞赛计划》，进一步规范竞赛组织管理。研究制定《浙江省第十五届运动会骨龄检测实施办法》，完成11个市23个检测点7249名运动员的实地骨龄检测，并对申请复测的377名运动员进行骨龄拍摄和读片，防止运动员在参赛年龄上的弄虚作假行为。

各级体育后备人才基地建设得到加强。修订完善了省级高水平体育后备人才基地认定办法、认定条件和认定条件实施细则，对全省申报“基地”的学校进行严格的资格审核和实地复评，有15所体校通过复评，并向国家体育总局申报国家高水平体育后备人才基地。对38所省、县级体育后备人才基地和单项体育后备人才基地进

浙江省体育局

行了检查验收。2012年投入业余训练扶持经费2500万元，其中各级各类后备人才基地配套经费1000多万元。

青少年体育工作深入开展。强化体教结合，联合省教育厅下发省体育特色学校竞赛计划，举办田径、游泳等14个项目的省级体育特色学校体育竞赛，开展了校园篮球、乒乓球、足球三大联赛，共有5000多所中小学300多万学生参与。截至2012年年底，全省已有1个国家级、11个省级校园足球布局城市（含义乌市），400多所学校及幼儿园超过20万学生参与校园足球活动，成为全国最早实现校园足球全覆盖的省份之一。深入开展“学生阳光体育运动”，全年创建省级青少年俱乐部35个，青少年户外体育活动营地9个，培训中小学骨干体育教师148人次。截至2012年年底，我省共建成省级青少年体育俱乐部336所，国家级青少年体育俱乐部126所；省级青少年户外活动营地35个，国家级营地3所。完成了2012年浙江省普通高校招生体育项目加分认定测试工作，256名考生获得体育加分资格。

四、体育产业稳步发展

竞赛表演业和运动休闲业蓬勃发展。加强与省旅游局战略合作，在富阳成功举办了全省首届运动休闲旅游节。创建3个浙江省运动休闲旅游示范基地、3条省级运动休闲旅游精品线路和8个省级运动休闲旅游优秀项目，投资50亿元的浙商回归项目富阳市永安山运动休闲综合体工程建设稳步推进。先后承办了全国游泳冠军赛、2012世界女排大奖赛总决赛、世界花样轮滑锦标赛等精品赛事。全年共承办国际性赛事37项、全国性比赛114项，其中2个赛区被国家体育总局评为最佳赛区，14个赛区被评为优秀赛区。

体育相关产业得到较好培育。组织体育企业参加了第七届中国义乌文化产品交易博览会、全国体育用品博览会和中国体育旅游博览会等大型会展，推动体育相关产业的发展。11月底在宁海举办的第三届长三角国际体育休闲用品博览会暨首届中国户外用品博览会，实现意向成交0.96亿元，实际成交1600万元。浙江华鹰控股集团、浙江大丰实业有限公司等一批体育企业被命名为浙江省文化产业发展“122”工程首批重点企业。湖州的“高飞牌”蹦床成为伦敦奥运会的比赛器材。体育产业市场培育初见成效，体育经纪人、健身教练、救生员等职业社会体育指导员队伍逐渐形成。体育产业协作加快发展。强化与中行浙江省分行战略合作，依托“十二五”期间中行对我省体育及其相关产业项目提供100亿人民币授信，4家体育企业得到首批授信项目1.37亿元实际贷款支持；深化与西湖区政府战略合作，推进黄龙与杭州文化创意产业及全省体育产业的互动与联动，黄龙

▲ 2012年第九届浙江国际传统武术比赛于7月13日—15日在浙江省黄龙体育中心体育馆举行

▲ 4月16日-17日，2012年全省体育彩票工作会议在杭州召开

▲ 11月18日上午8点，2012杭州国际马拉松赛在黄龙体育中心鸣枪，2.1万人齐步起跑，在西湖景区风景如画的赛道上快乐健身

▲ 浙江省反兴奋剂中心揭牌仪式暨成立仪式在浙江省体育局举行

浙江省体育局

▲ 省首届水上运动会于2012年7月2日在义乌梅湖游泳中心拉开帷幕

▲ 9月5日，“蛇蟠岛旅游杯”2012年浙东片区海洋趣味体育大赛在三门县美丽的旅游景区蛇蟠岛举行

▲ 11月1日，省第六届老年人运动会在杭州闭幕

▲ 广汽集团2012世界乒乓球巡回赛总决赛，12月5日在杭州黄龙体育中心体育馆举行

体育中心与浙江禧福文化创意有限公司合作实质性推进；加强与省质监局的合作，成立浙江省体育标准化技术委员会，体育标准化工作走在全国前列；加强与舟山市委市政府协调磋商，着力推进浙江海洋体育运动基地建设。

体育产业规范化管理有效推进。会同省统计局进一步完善我省体育产业统计长效机制。2011年全省体育产业统计总产出共859亿元，实现增加值249亿元，占我省GDP的0.77%。温州、金华、台州、杭州和嘉兴实现增加值占GDP比重在0.78%以上，超过全省平均水平。联合省卫生厅、省旅游局和省教育厅建立了全省游泳场所安全管理相关信息的相互通报制度，在全省范围内开展了今夏游泳场所“保健康、保平安”专项督查行动。积极开展全省水上救生员和游泳、健美、跆拳道等各类体育社会指导员职业鉴定工作，举办职业培训20期，共鉴定1500人以上。

体育彩票销售再创新高。9月份，协调国家体彩中心推出“11选5”新游戏玩法和海洋特色即开票的上市，带动了体育彩票销量和市场份额的快速提升，仅“11选5”玩法每天销量在1600万元以上。全年全省体彩共销售73.32亿元，比去年实增12.66亿元，增幅达20.88%。市场份额从2011年的39.55%提升到今年的41.73%。

五、体育发展保障体系进一步完善

体育规划和设施保障有序推进。认真贯彻体育基础设施建设规划，长兴体育训练基地、黄龙体育中心、千岛湖水上训练基地等相关设施建设按照时间节点要求积极推进。黄龙体育中心室内训练馆已完成总工程量的40%，游泳跳水馆项目可行性研究报告已经省发改委审核批准。千岛湖水上训练基地游泳馆工程已完成总工程量的50%。

训科医一体化的保障平台有效构建。积极争取省科技厅和卫生厅的政策支持，今年获得重点科技项目、重点实验室、创新团队建设等专项经费350万元。浙江省运动医学中心（筹）挂牌。大力推进国家体育总局水上运动科学重点实验室和浙江省国民体质与健身技术研究重点实验室建设，建立符合项目训练特点的科研医务保障体系。成立浙江省反兴奋剂中心，为浙江竞技体育文明健康发展提供新保障。

运动员文化教育和保障工作不断加强。在广泛征求全省体育系统和相关厅局意见的基础上，上报省政府同意，出台了《浙江省人民政府办公厅关于进一步加强运动员文化教育和保障工作的实施意见》（浙政办发〔2012〕102号），对涉及运动员文化教育和保障的各个方面作了明确要求，为运动员投身体育事业提供了有力保障。全年推荐61名运动员免试入学，33名退役运动员获得中小学体育教师资格。2010年以来，共有118名退役运动员获得中小学体育教师资格。

体育依法行政工作进一步推进。组织开展了“浙江法治宣传月”和“12.4”全国法制宣传日等系列普法宣传活动。加强市场执法监督和指导，举办全省体育系统首次行政执法案卷评查（培训）会议，组织了全省体育依法行政工作考核。

详细地址： 杭州市体育场路212号
邮政编码： 310004
联系电话： 0571-85150275

浙江省旅游局

▲ 雷峰塔

2012年，面对复杂多变的经济环境和严峻挑战，全省旅游系统在省委、省政府的坚强领导下，坚持抓投入、重提升；树品牌、优服务；促集聚、强实力，全省旅游经济保持平稳较快发展，较好地完成了年初确定的目标任务。全年接待入境旅游者865.9万人次，旅游外汇收入51.5亿美元；接待国内旅游者3.9亿人次，实现国内旅游收入4475.8亿元人民币；实现旅游经济总收入4801.2亿元人民币，同比分别增长11.9%、13.4%、14.1%、18.2%和17.7%。

旅游投资在克难攻坚中实现重大突破。全省全年在建旅游项目759个，总投资4913亿元，实际完成投入581.44亿元，超额完成年度计划的45.36%。其中单体投资超10亿元的项目120个，实际完成投入261.4亿元。全省37个旅游项目被列为2012省重点建设项目计划，39个旅游项目被列入服务业重大项目计划，5个旅游项目被列入2012年浙商回归重大项目计划，126个被列入今后五年我省扩大有效投资重大项目备选库。

产业空间在融合发展中拓展延伸。先后与多家省级单位签订战略合作协议，制订出台《关于金融支持旅游业加快发展的若干意见》。协同省体育局举办省首届休闲运动旅游节，联合省林业厅召开首届省森林旅游工作会议，会同省环保厅开启创建全国生态旅游示范区，会同省卫生厅等部门启动老年养生旅游示范基地创建等，文化旅游、海洋旅游、森林旅游、运动休闲旅游等旅游新业态不断发展壮大。

市场品牌在营销创新中日益凸显。继续在央视捆绑投放“诗画江南、山水浙江”整体形象广告。成功举办2012中国（浙江）国际旅行商大会、第四届中国国际旅游商品博览会、第四届“互利共赢”浙台旅游合作大会、浙江旅游赴澳新日韩和英国南非促销、浙江（江苏）旅游交易会、中国旅游电子商务大会等一系列重大旅游推介活动。

发展活力在改革创新中不断激发。出台《关于加快旅游综合改革试点的实施意见》，推进舟山全国旅游用地政策改革试点，杭州、宁波、温州被确定为“全国智慧旅游试点城市”。开展湖州乡村旅游提升发展、桐庐

▲ 雁荡山

▲ 诸葛八卦村

浙江省旅游局

乡村慢生活体验区、桐乡（乌镇）省级旅游改革等试点工作，形成“1+6+X”试点格局。

行业品质在转型发展中稳步提升。在全国率先建设旅游智慧门户，开通旅游官方微信，实施12301旅游咨询服务热线大联网，省旅游局官方微博活跃度在全国业内名列第一。遂昌等4家单位成为首批全国旅游标准化示范单位，西溪湿地、雪窦山景区被确定为全国智慧旅游示范景区，仙居等3县市被评为全国休闲农业和乡村旅游示范县，杭州明朗休闲农庄等4家单位被认定为全国休闲农业与乡村旅游示范点。全年新增17家高星级饭店、42家国家级绿色饭店、44家高品质旅行社、16家高等级旅游景区，鲁迅故里•沈园景区晋级国家5A级景区。

▲春意盎然

▲烟雨长廊

▲断桥

▲狮岩风光

详细地址：杭州市石函路1号
法定代表人：赵金勇
邮政编码：310007
联系电话：0571-85151505

浙江省国家税务局

▲ 2012年2月1日，时任浙江省省长夏宝龙到省国税局考察调研

2012年，全省国税系统深入贯彻落实科学发展观，稳中求进，务实创新，圆满完成了各项工作任务，较好地发挥了税收在稳定增长、调整结构、改善民生等方面的积极作用，为保持我省经济平稳较快发展和社会和谐稳定作出了新的贡献。

（一）顺利启动“营改增”试点，发挥税收调控作用。坚持围绕中心、服务大局、促进发展，扎实开展“营改增”试点工作，认真落实各项结构性减税政策，积极发挥税收调控作用，为经济社会发展提供政策支持。2012年全省国税系统累计办理各类减免税约188.3亿元。落实增值税税控系统专用设备和技术服务费抵减增值税税额政策，共计抵减16640万元。落实小微企业免收发票工本费政策，共计免收8710万元，办理出口退（免）税1760.15亿元，同比增长10.26%。

▲ 全省国税工作会议在杭州召开

（二）规范税收执法，深入贯彻落实依法行政。坚持组织收入原则，坚决避免“预收税”和收“过头税”。2012年全省国税总收入完成4729.79亿元，同比增长6.44%，其中国税部门直接组织收入3478.22亿元，同比增长6.33%。全面推进税收执法风险防控机制建设，完善基层单位税收执法风险管理信息系统，开发应用“法规子

浙江省国家税务局

▲ 2012年12月1日，全省“营改增”试点第一张增值税专用发票成功开具

系统”。加强税收规范性文件合法性审查、备查备案和清理工作，在重大税务案件审理中试行说理性文书，开展“六五”普法工作。严厉打击涉税违法案件，全省国税系统累计查补收入23.36亿元，查处涉税违法案件3566件，与公安部门联合查处制售和代开发票违法案件3802件，缴获各类假发票365.79万份，查处骗取出口退（免）税10.68亿元。

（三）健全纳税服务体系，提升纳税人满意度。坚持征纳双方法律地位平等，大力推进纳税服务的标准化、专业化、集约化、信息化建设，为纳税人提供优质高效的服务。完善纳税服务平台。开展办税服务厅标准化规范化建设，建立健全办税服务厅激励机制，办税服务厅达标率超过80%。做好12366服务热线的运行维护工作，加强网上办税服务厅建设和管理。加强对注册税务师行业的管理和指导，发挥社会化纳税服务平台的积极作用。开展政策咨询辅导。首次发布《2012浙江国税纳税服务年度报告》，组织召开“走进俄罗斯”税法宣讲会，开展税收法律知识“六进”活动。在2012年全国纳税人满意度调查中，我省国税取得了综合得分85.53分、全国国税系统排名第二的优异成绩。

▲ 国税干部为纳税人发放“营改增”税控设备

详细地址：杭州市华浙广场5号
法定代表人：周广仁
邮政编码：310006
联系电话：0571-85270816

浙江省人民防空办公室（省民防局）

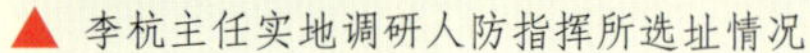
▲ 李杭主任实地调研人防指挥所选址情况

▲ 举行全省人防“双二十”项目集中开工仪式

2012年，全省人防系统坚持融入发展、统筹发展、创新发展，注重抓机制强能力，抓集成重使用，抓总量优结构，抓普及求深化，人防工作再上新台阶。应急应战建设扎实推进。继续健全各级人防指挥部，推进人防指挥体制向重点镇延伸，全面启动县级人防指挥场所建设，组织指挥要素实现全面覆盖，成功组织“浙江金盾-12”演习，紧紧围绕战时人防行动，练指挥、练协同、练保障，全省各级71个人防指挥部、4000余人参加演习。加快两类避灾疏散场所的统筹规范和建设，新增各类疏散场所82个，总数超过3600多个，新组建各级民防应急救援队105支1200多人，新增民防志愿者4700多人，总数分别达到8100多人和22000多人。信息预警报警实现融合集成。“数字人防”建设进一步加快，基本形成“一张网、一个库、一幅图、一平台”的信息预警报警保障体系，全省70%以上县（市）和部分重点镇配备了人防移动指挥车，警报报知实现防空防灾和语音广播一体化、多手段、全领域，完好率、鸣响率和主城区覆盖率均达到100%。基层人防机构逐步健全，人防重点镇（乡）达到413个，开展人防工作的社区1600多个。人防工程投资建设稳步增长。深入贯彻省政府《关于加快城市地下空间开发利用的若干意见》和全省城市地下空间开发利用工作现场会精神，积极协调，主动作为，全省年竣工结建防空地下室建筑面积328万平方米，同比增长16.4%，采取计划、资金、项目、开工“四倒逼”措施，不断扩大人防有效投资，并贯彻创新理念推动人防工程功能拓展，推进结建工程和城市功能的结合，自建工程与民生需求的融合，人防资源与社会资本的融合，地下工程与人防要求的融合。基层基础建设规范化水平明显提升。人防宣传教育进一步深化，加强宣传教育“五进”工作，编写了初级中学人防新教材，开展丰富多彩的宣传教育活动，普及防空防灾和救援技能知识；人防法制建设进一步加强，各级人防部门先后制定出台40多个规章和规范性文件，全面开展行政规范性文件清理，规范行政行为，重点镇和社区人防工作进一步规范，召开现场会，推广基层人防规范化建设经验，积极推进基层人防标识标牌设置工作的做法。

▲ 举行浙江省人民防空检验性演习

▲ 全省人防系统组织防灾减灾日活动和百万民众疏散演练

详细地址：杭州市宝石一路4号
法定代表人：李　杭
邮政编码：310007
联系电话：0571-89820015

浙江省地质勘查局

▲2012年6月21日，在北京人民大会堂举办第七地质大队先进事迹报告会

2012年，浙江省地质勘查局紧紧围绕省委、省政府中心工作，坚持“地质立局、地质立队”发展理念，夯实“一轴两翼”（以固体矿产为轴，海洋地质和页岩气勘探开发为两翼）发展基础，加快推进转型升级，推动各项工作协调发展，为全省经济社会发展提供坚强的资源保障和地质技术支撑。

全局努力克服宏观经济环境的影响，实现生产增加值15.1亿元，同比增长16.4%；实现利润总额2.63亿元，同口径相比与2011年基本持平；其中，地质勘查业实现利润0.7亿元，工勘业实现利润1.05亿元，施工业实现利润0.7亿元，测绘业实现利润0.13亿元。全局净资产从2007年的10.72亿元增长到2012年的18.57亿元。地质找矿取得新突破。全年共完成各类地质工作货币工作量8.34亿元，其中地质找矿类项目同比增加55.70%。能源矿产找矿取得新成果，金属矿产找矿显现后发优势，非金属矿产找矿继续保持优势，成果喜人。自《国务院关于加强地质工作的决定》实施以来，全局新查明可供进一步勘查或开发的矿产地60多处，其中铀、银等大型金属矿３处，铜、铅、锌、钼等中型金属矿20处以上，萤石、叶蜡石等大、中型非金属矿20处以上，浙江缺矿、少矿的局面有了较大改善。围绕我省海洋经济发展和舟山新区建设国家战略，积极拓展海洋地质工作领域，研究编制《浙江省海洋新兴产业发展规划海洋勘探开发及相关服务业专项实施方案》，承担了“舟山群岛新区海岸带综合地质调查与监测”项目。主动服务生态文明建设，地质技术支撑能力明显提高。

第七地质大队被中宣部选树为全国重大先进典型，2012年“七一”前夕，在北京人民大会堂举行第七地质大队先进事迹报告会。会前，时任国务院副总理李克强同志亲切会见了报告团成员并予以高度肯定。随后赴辽宁、江西、四川、广东四省作巡回报告，报告会视频覆盖全国。

▲在风雪中坚持作业的钻机

▲积极服务于生态文明建设，做好地质环境工作

详细地址：杭州市体育场路498号
法定代表人：林天宁
邮政编码：310007
联系电话：0571-87059204

浙江省公路管理局

▲ 西堠门大桥

▲ 龙游立交桥

今后五年，我省公路中心工作是：建设大路网、深化五型路，全力推进六项工程，努力建设美丽公路，为实现物质富裕、精神富有的现代化浙江提供坚实的公路交通保障。

——路网优化工程。构建以高速公路为骨架、普通国省道干线公路为支撑、农村公路为基础的结构合理、层次分明、能力充分的公路网，切实服务于现代综合交通运输体系建设，服务于全省经济社会发展。

——路况提升工程。推进养护手段科学化、养护作业规范化、路政管理法治化，全面提高公路管养水平，保持并提升公路技术状况，形成与公路运输需求相适应并适度超前的、具有较强可持续发展能力和较高服务水平的现代化公路管养体系。

——路域美丽工程。把节能环保、绿色发展、循环发展、低碳发展理念贯穿于公路建设管理的全过程和各方面，打造优美的路域环境，不断推进公路行业生态文明进步。

——安全保畅工程。推进公路行业安全生产规范化、应急处置高效化、管理机制长效化，保障公路设施安全运行，全面提升公路应急处置能力和公路安全保障水平，进一步适应经济社会发展和群众安全便捷出行的需求。

▲ 舟山329国道大中修工程

▲ 创建文明公路，打造浙江“美丽公路”

▲ 315省道江贺公路K105路段96266标志牌

▲ 208省道桐庐段温拌沥青施工

浙江省公路管理局

——**管理智能工程。**在巩固现有公路信息化成果的基础上，推进信息资源整合共享，实现业务管理协同化、公共服务智慧化、应急指挥高效化、管理决策科学化，全面提升公路综合管理、路网监测监控和公共服务能力，建设“智慧公路”。

——**队伍优良工程。**着眼于队伍综合素质的全面提升，强化基层站队建设，锻造文明廉洁的行风，深化公路核心价值理念，基本构建起具有浙江公路特色、在全社会有一定影响的文化体系，为实现公路交通行业健康发展提供有力支撑。

▲ 通过构建浙江公路文化体系，深化公路核心价值理念，锻造出一支高素质、高效率的浙江公路队伍

▲ 湖州市公路管理处应急指挥中心

▲ 公路安全大如天，浙江公路不但要行得通畅，还要走得安全

▲ S220省道上松线避险车道

详细地址： 杭州市上仓桥路11号
法定代表人： 李良福
邮政编码： 310002
联系电话： 0571-87817863

嘉兴市

▲ 肖培生代市长

嘉兴地处浙江省东北部，东接上海，北邻苏州，西连杭州，南濒杭州湾，陆域面积3915平方公里，2012年底户籍人口344.52万人；常住人口454.4万人。下辖南湖、秀洲2个区，平湖、海宁、桐乡3个县级市和嘉善、海盐2个县。

嘉兴是中国共产党的诞生地。1921年7月，中国共产党第一次代表大会在上海召开，后因遭受法租界巡捕房的袭扰而被迫中断，转移到嘉兴南湖的一艘画舫上举行。在这艘画舫上，“一大”审议通过党的第一个纲领和第一个决议，选举产生党的领导机构——中央局，庄严宣告中国共产党的诞生，中国革命的航船从此扬帆启航。红船见证了中国历史上开天辟地的大事变，成为中国革命源头的象征。九十多年来特别是改革开放以来，南湖儿女在党的正确领导下，在“红船精神”的激励下，大力弘扬开天辟地、敢为人先的首创精神，坚定理想、百折不挠的奋斗精神，立党为公、忠诚为民的奉献精神，同心同德，艰苦创业，奋发有为，取得了令人瞩目的成就，嘉禾大地处处呈现出生机勃勃、繁荣安定、政通人和的良好局面。

嘉兴是马家浜文化的发祥地。境内马家浜文化遗址距今已有7000多年，是长江下游、太湖流域新石器时代早期文化的代表。春秋战国时期嘉兴为吴越争战之地，有吴根越角之称，秦时置县称由拳，三国吴时更名嘉兴。“地美多俊木、水秀育英才”。在《中国大百科全书》记载的1800名全国名人中，嘉兴占了80余人；清代浙江共出进士2800多人，嘉兴就有695人；近现代涌现出王国维、徐志摩、茅盾、丰子恺、陈省身、金庸等一大批名人；现有嘉兴籍“两院”院士39名。悠久的历史传承和改革发展的伟大实践，既凝炼了“崇文厚德、求实创新”的人文精神，又彰显了“越韵吴风”、“水乡绿城”的文化底蕴和生态特征，历史文明与现代文明在这里相互融合、交相辉映。

嘉兴是浙江省接轨上海扩大开放的前沿阵地。作为浙江省接轨上海的最前沿，多年来，我们始终坚持把改革开放作为推动转型升级的根本动力，审时度势，着力推进体制创新，以改革破解发展难题；全面推进对内对外开放，加快融入长三角，以开放营造发展优势。开放型经济取得新成效，2012年外贸进出口总额达到287.44亿美元，实际利用外资17.82亿美元。大力实施滨海开发战略，滨海新区的综合实力、发展活力不断增强。规划并启动实施省级现代服务业集聚区建设，嘉兴、嘉善经济开发区相继升格为国家级经济技术开发区，各类开发区及临沪、临杭区域开发建设加快。与长三角城市的对接融合进一步加强，与国内外城市友好合作取得新进展。目前，已有近100个国家和地区的5000多家企业落户，有26家世界500强在嘉兴投资。

嘉兴是浙江省推进城乡一体化、构建和谐社会的先行之地。2012年，面对宏观环境复杂多变，国内外市场竞争加剧和环境容量、资源要素约束加剧的形势，全市人民在嘉兴市委、市政府的正确领导下，深入贯彻科学发展观，牢牢把握“稳中求进、转中求好”的工作总基调，积极应对经济社会发展中面临的诸多困难与挑战，着力抓转型、促发展、惠民生，全市经济实现平稳增长，转型升级加快推进，社会事业和谐发展，城乡居民生活水平稳步提高，为加快“三城一市”和“两富”现代化建设奠定了良好基础。

▲ 嘉兴第七次党代会

▲ 嘉兴南湖红船边庆祝十八大召开

▲ 嘉兴全市水环境治理大会

▲ 嘉兴南湖革命纪念馆

嘉兴市

▲ 嘉兴全国文明城市书记（市长）访谈

▲ 嘉兴市浙商创业创新文化产业洽谈会

综合实力明显提升。2012年全市生产总值2884.94亿元，比上年增长8.7%。三次产业结构由上年的5.3:57.5:37.2调整为5.2:56.2:38.6。按常住人口计算，人均生产总值63580元（按年平均汇率折算为10072美元），增长8.2%。全市财政总收入471.92亿元，增长13.4%，其中公共财政预算收入257.73亿元，增长13.8%。

城乡一体化发展扎实推进。作为全省统筹城乡综合配套改革试点城市，全市加快推进现代新市镇和城乡一体新社区建设步伐，大力实施“1640300”工程，全市新市镇“1+X”村庄布点规划已经编制完成，100个示范性新社区加快建设。强化各副中心城市功能互补、错位发展，五县（市）城和滨海新城建设取得新进展。中心城市建设加快。2012年全市城镇化水平55.3%，比上年提高0.9个百分点。城乡居民社会养老保险和合作医疗保险工作保持领先，职工基本养老、基本医疗、工伤、失业和生育保险协调推进，新型社会救助体系日益健全，城镇低收入家庭住房保障覆盖面不断扩大。深入推进“五城联创”，加强文明建设和城市管理，城市形象明显提升，成功创建全国文明城市和国家卫生城市、国家历史文化名城、全国“双拥”模范城、全国绿化模范城市、国家节水型城市、全国残疾人工作示范城市。

城乡居民生活稳步提高。多年来，全市城乡居民消费呈多层次“菱形”结构，居民生存型、温饱型、小康型和富裕型消费并存，呈现多元化、多层次、多样化的新格局。2012年全市城镇居民人均可支配收入35696元，名义增长13.2%，扣除价格因素，实际增长10.8 %；全市城镇居民人均消费支出21720元，实际增长8.8%。全市农村居民人均纯收入18636元，名义增长11.5%，实际增长9.1%；全市农村居民人均生活消费现金支出12326元，实际增长12.6%。全市城乡居民人均收入比由上年的1.89:1扩大到1.92:1。全市农村居民收入水平已连续九年位居全省第一；全市城镇居民人均可支配收入增速居全省之首。

2013年是全面贯彻落实十八大精神的开局之年，是实施“十二五”规划承前启后的关键一年，也是嘉兴撤地建市30周年，全市各地仍应继续贯彻落实科学发展观，全面落实市委、市政府各项政策措施和工作部署，继续扎实推进“三城一市”建设和“两富”现代化建设，着力协调好经济增长与转型发展、要素保障与节能减排、稳定物价与改善民生的关系，继续巩固经济运行逐步回升良好势头，努力实现全年经济平稳发展，为全面建成惠及全市人民的小康社会，为率先基本实现现代化奠定坚实基础。

▲ 嘉兴港区

▲ 嘉兴科技城

▲ 嘉兴湿地风光

详细地址：嘉兴市广场路1号市行政中心
法定代表人：肖培生
邮政编码：314050
联系电话：0573-82521545

舟山市

▲ 新城全景

舟山市是我国第一个以群岛建制的地级市，地处中国东部黄金海岸线与长江黄金水道的交汇处，背靠长三角广阔经济腹地，面向太平洋，具有较强的地缘优势，踞我国南北沿海航线与长江水道交汇枢纽，是长江流域及长江三角洲对外开放的海上门户和通道，与亚太新兴港口城市呈扇形辐射之势。区域总面积2.22万平方公里，其中海域面积2.08万平方公里，陆域面积1440平方公里，共有大小岛屿1390个。2012年末全市户籍人口97.18万人，常住人口114万人，城镇化率65.3%。2012年全市地区生产总值852亿元，按常住人口计算人均GDP74831元，约折合11854美元；海洋经济增加值585亿元，占GDP的比重达到68.7%；实现财政总收入133亿元，公共财政预算收入86亿元。

深水良港 舟山拥有得天独厚的深水港口和航道资源优势，岸线总长2444公里，全市主要深水岸段有38处，水深在15米以上的有200.7公里，其中水深在20米以上的103.7公里，是中国东南沿海建设大型深水港的理想港址。航道众多，水深流稳，终年不冻，主航道可通行20－30万吨级巨轮。港内锚泊水面1000多平方公里，遮蔽性能好。目前舟山港域年吞吐量近3亿吨。

著名渔都 舟山是我国著名的渔场和海洋渔业的重要基地。素有“中国渔都”之美誉。有各种鱼类317种，虾类33种，蟹55种，藻类131种，年产量约占全国海洋捕捞量的十分之一，浙江省的一半。全市有丰富的浅海滩涂资源，海水养殖开发潜力巨大。外海远洋捕捞不断发展，主要在印尼、西南大西洋、东南太平洋和北太平洋等海域生产作业。舟山的水产品远销日本、韩国、美国、欧盟、东南亚等50多个国家和地区。

旅游胜地 舟山是一个旅游资源极为富饶的海岛城市，有“海天佛国”普陀山和“南方北戴河”嵊泗列岛2个国家级风景名胜区。我国四大佛教名山之一的普陀山与“碧海灵山”朱家尖、著名渔港沈家门鼎足而立，构成极具海岛特色的旅游“金三角”。“东海蓬莱”岱山岛和“海外仙境”桃花岛，被列为省级风景名胜区。全市年接待游客1500万人次以上。舟山还是全国空气质量最好的城市之一，据舟山海洋生态环境监测站根据国

▲ 洋山深水港

舟山市

▲ 枸杞岛渔村风貌

家有关标准，通过对全国沿海城市环境空气质量统计数据比较分析，舟山市的环境空气质量与全国沿海城市最优的海南三亚市不相上下，环境空气质量优良，在沿海城市中处于领先水平。

2011年6月30日，国务院正式批准设立浙江舟山群岛新区，新区范围与舟山市行政区域一致。舟山群岛开发开放上升为国家战略，成为我国继上海浦东、天津滨海、重庆两江之后的第四个国家级新区，也是我国第一个以海洋经济为主题的国家战略层面新区。新区战略目标定位要成为浙江海洋经济发展的先导区、海洋综合开发试验区、长三角地区经济发展的重要增长极；要建成我国大宗商品储运中转加工交易中心、东部地区重要的海上开放门户、重要的现代海洋产业基地、海洋海岛综合保护开发示范区和陆海统筹发展先行区，努力打造面向环太平洋经济圈的桥头堡。

▲ 南海观音慈航宝岛访问台湾

浙江舟山群岛新区的设立，使舟山成为国家实施“海洋强国”的战略基点。贯彻国务院提出的“3+5”目标定位，新区进一步明确了国际物流枢纽岛、对外开放门户岛、海洋产业集聚岛、国际休闲生态岛、海上花园城“四岛一城”的建设目标。按照分“三步走”的设想，加快建设舟山港综合保税区，积极探索建立自由贸易园区、自由港区。今后三年，舟山将实施基础设施建设、现代海洋产业发展、重大平台建设、打造海上花园城和改善民生等五大行动计划，计划完成全社会固定资产投资3000亿元。进入“新区时代”的舟山，必将成为投资开发的热土，成为充满激情和梦想的希望之城。

▲ 朱家尖沙雕节

详细地址：舟山市新城海天大道681号
法定代表人：周江勇
邮政编码：316021
联系电话：0580-2280687

上虞市

一江两岸全景图

上虞地处杭州湾南岸，位于杭州与宁波之间，总面积1403平方公里，海岸线长45公里。总人口77.94万人，下辖18个乡镇、3个街道办事处，整个地貌呈“五山一水四分田”的格局。

上虞之名，得于虞舜。据《太康地记》：“舜避丹朱于此，故以名县。百官从之，故县北有百官桥。亦云舜与诸侯会事迄，因相娱乐，故曰上娱（娱通虞）。”秦王政二十五年（公元前222年）设县，隶属会稽郡。1992年上虞撤县设市。

上虞历史悠久、人文荟萃。早在距今3000多年的甲骨文中，就已经有了“上虞”的文字记载，距今已有2200多年的建县历史，是浙江省建县最早的县份之一，是全球最早的青瓷发源地之一，也是经典爱情故事梁祝传说中女主人公祝英台的家乡。在历史上，形成了“舜会百官”、“东山雅聚”、“白马春晖”等三次名人大聚会，涌现出了被誉为“中国古代唯物主义者和启蒙思想家”的王充、“东山再起”典故的谢安、中国山水诗开创者谢灵运、国学大师马一浮、气象学家竺可桢、“茶圣”吴觉农、电影名导谢晋等著名乡贤。

上虞城北新貌

城北商圈

城防十八里景观带夜景

上虞区位示意图

上虞市

▲ 上虞滨海新城•杭州湾旅游商贸综合体项目奠基

▲ 启德通用航空产业基地项目正式签约

▲ 上虞市便民服务中心

▲ “四季仙果之旅”2012上虞生态休闲旅游节暨“五一”购物休闲体验周盛大开幕

上虞区位突出、优势明显。自古就有九县通衢之称，目前境内国道、高速、铁路、运河一应俱全，特别是嘉绍跨江通道、杭甬高速铁路建成通车后，将大大拉近与周边大城市的时空距离，与上海、杭州、宁波加速形成“同城效应”；此外，已经建成通航的杭甬运河和规划建设的杭州湾南岸唯一出海口——新上虞港，将进一步凸显上虞的区位优势。

上虞生态优美、环境宜居。境内有江有海，山清水秀，景色怡人，拥有着英台故里祝家庄、凤凰山麓大舜庙、“江南第一”曹娥庙、白马湖畔春晖园等一大批人文自然景观，是国家园林城市和浙江省生态旅游城市，荣获“中国人居环境范例奖”、“中国最佳休闲小城”、“浙江省示范文明城市”等称号。上虞中心城区依大龙山而建，临母亲河“曹娥江”而居，清新婉约；城北新区高楼林立，商业繁荣，气象一新；滨海新城、滨江新城、高铁新城、大龙山区域建设加快推进，城市功能更加齐全、配套日趋完善，曾连续三年被评为内地最佳商业城市县级市之首，是一个宜居、宜购、宜创的新兴城市。

上虞产业优质、经济繁荣。拥有2个省级开发区和14个乡镇工业功能区，形成了机械装备、精细化工、轻工纺织、照明电器、新能源新材料等五大主导产业，以及伞件、铜管、手套袜业等八大块状经济，拥有销售超亿元企业176余家，上市企业13家，上市企业家数居全省前列。2012年实现工业总产值1298.81亿元。建筑产业优势明显，共有建筑企业205家，其中特级企业7家，一级企业33家，2012年完成建安产值1151亿元，是著名的“建筑之乡”。商贸旅游业蓬勃发展，“浙东新商都”的城市品牌和“四季仙果之旅”的旅游品牌日益打响。2012年，全市实现地区生产总值571.05亿元，财政总收入72.93亿元，其中公共财政收入39.19亿元，城镇居民人均可支配收入37981元，农村居民人均纯收入17686元。

上虞民生进步、社会和谐。社保体系逐步完善，五大保险扩面提标，新农合标准大幅提升，社会救助力度加大。新农村建设加快推进，城乡面貌不断改善。精神文明建设成效显著，是省级文明城市，全国科普示范县市，“中国孝德文化之乡”，被命名为浙江省文化名城。“平安上虞”建设扎实推进，市民的幸福指数、安全指数不断提升。

详细地址： 上虞市百官街道市民大道987号
法定代表人： 王慧琳
邮政编码： 312300
联系电话： 0575-82209090

浙江省交通投资集团有限公司

▲ 舟山跨海大桥上的西堠门大桥

浙江省交通投资集团有限公司是根据浙江省人民政府要求，以原浙江省高等级公路投资有限公司为主体，吸纳省交通厅其它4家企业组建而成的一家省级交通类国有资产营运机构。公司成立于2001年12月，注册资本50亿元。

经过十一年的快速发展，省交通集团经营范围已经涉及高速公路投资、经营、维护、收费及配套服务，远洋、沿海运输，交通工程建设，港口物流，房地产，金融证券等领域。截至2012年底，旗下拥有23家全资及控股子（分）公司、4家参股公司，控股子公司中一家为香港上市公司——浙江沪杭甬高速公路股份有限公司。集团员工总数20000余人。截至2012年底，集团总资产达到1417.64亿元，所有者权益399.03亿元。2012年实现营业收入239.31亿元，利润总额14.22亿元，上缴各类税费25.59亿元。旗下高速公路通车里程达2480公里，占浙江省高速公路通车总里程的68.3%。远洋与沿海运输现有和购建总运力达到400余万吨，交通工程施工年产值达70亿元。在2012年公布的中国企业500强中列第374位，在浙江省百强企业中列第34位，其中资产列第1位、利润列第6位、纳税列第13位。

▲ 建设中的头门港连岛工程

▲ “浙远香港”轮在航行中

▲ 浙江交工集团海上施工现场

浙江省交通投资集团有限公司

“十二五”时期，集团公司将以科学发展观为指导，深入实施省委“八八战略”和“创业创新”总战略，紧紧抓住我省全面实施“四大国家战略举措”及加快推进“四大建设”等重要战略机遇，以坚持科学发展为主题，以加快转型升级为主线，以构建现代交通产业体系为产业发展方向，坚持调整结构促转型、完善机制谋发展，秉承同路同心的文化理念，着力深化企业改革，着力强化资本运作，着力优化产业结构、着力推进管理升级，着力拓展发展空间，加快构建“4+1”产业结构，实现“123”发展目标，努力打造“最讲诚信、最有价值、最具投资实力”多元经营、跨国发展、全国一流的交通基础设施类大型国有企业集团。

▲ 金丽温高速公路

▲ 浙商证券营业部

▲ 高速公路台州服务区

详细地址： 杭州市五星路199号明珠国际商务中心3号楼
法定代表人： 陈继松
邮政编码： 310020
联系电话： 0571-85392781

浙江省能源集团有限公司

▲ 毛光烈副省长在吴国潮董事长陪同下，亲切慰问集团公司本部职工

浙能集团组建于2001年，在省委、省政府和省国资委的正确领导下，浙能集团以科学发展观为指导，深入学习贯彻党的十八大精神、省第十三次党代会精神，持续推进“以电力为主，多业发展”的大能源战略，为确保我省能源安全供应，建设物质富裕精神富有的现代化浙江做出了积极贡献。

截至2012年底，浙能集团资产总额达到1242.63亿元，净资产586.06亿元。目前集团共有控股管理装机2245.25万千瓦，2012年全年完成发电量1136.4亿千瓦时，完成煤炭销售4712.5万吨，完成销售及代输天然气47.23亿方。

▲ 2012年8月9日，萧山天然气热电联产工程5号机组投运，这是浙能集团率先完成省政府“天然气热电联产抢建行动计划”的首台机组

浙江省能源集团有限公司

▲ 2012年7月19日宁波—台州—温州输气（油）管道工程开工仪式在台州临海隆重举行，副省长毛光烈出席仪式宣布开工并对工程建设提出要求

▲ 集团公司董事长吴国潮（右）与嘉兴市委书记李卫宁共同出席嘉兴独山煤炭中转码头开工仪式

▲ 2012年12月27日，浙能温州电厂二期4号机组脱硝装置投运，标志着浙能2012年确定的8台燃煤机组脱硝工程全部完成，为打造生态省、建设绿色浙江做出了贡献。图为长兴电厂3号炉脱硝改造施工现场

▲ 新增浙江天燃气两个气源，“多气源一环网”格局继续推进。2012年8月20日，西气东输二线天然气进入浙江；11月7日，浙江LNG(液化天然气)正式向我省输气

▲ 新疆阿克苏纺织工业城集中供热工程（1期）

▲ 2012年12月29日浙能催化剂公司首批产品煅烧成功

▲ 2012年2月28日上午10点18分，浙江富兴海运公司载重量为5.75万吨的“富兴22”号散货船在舟山五洲船厂下水首航

▲ 2012年9月20日，浙能集团分别与中电投集团、华能集团签署宁夏能源项目合作协议

详细地址： 杭州市天目山路152号浙能大厦
法定代表人： 吴国潮
邮政编码： 310012
联系电话： 0571-86669569

杭州经济技术开发区

▲ 2012年7月26日，首批现代服务业重点项目集中开工

▲ 2012年8月29日，长安福特整车项目开工

杭州经济技术开发区是于1993年4月设立的国家级经济技术开发区，位于杭州东部，长三角都市圈的枢纽位置。目前，行政管辖面积为104.7平方公里，并负责开发建设40平方公里的前进工业园区。辖区人口约42万人，是全国唯一集工业区、高教园区、出口加工区于一体的国家级开发区。投资环境综合评价连续位列国家级经济技术开发区“十强”，多年保持浙江省开发区首位。

近年来，开发区围绕市委、市政府确定的“国际先进制造业基地、新世纪大学科技城、花园式生态型副城”三大目标，深入实施“工业兴区、科教强区、环境立区”三大战略，以“城市国际化、产业高端化、环境品质化”为战略定位，加快推进从“建区”到“造城”、从“依江发展”到“跨江发展”的战略转型，形成了电子信息、生物医药、食品饮料、机械制造等优势主导产业，大力培育汽车整车及零部件、新能源新材料等新兴产业，加快发展服务外包、文化创意、现代物流等现代服务业。2012年，开发区实现生产总值451.9亿元，比上年增长7.5%。实现规模以上工业销售产值1505亿元。实现社会消费品零售总额44.7亿元，增长17.6%。完成财政总收入105亿元，增长13.4%；其中完成地方财政收入47.9亿元，增长10.7%。完成合同外资10.56亿美元，实际利用外资6.51亿美元；引进实到内资36.6亿元。完成全社会固定资产投资243.7亿元，增长20.7%。

经过20年的开发建设，开发区取得了显著成就，先后荣获“生物产业国家高技术产业基地”、“国家知识产权试点园区”等10余个国家级基地（园区）称号、“跨国公司最佳投资开发区”、“中国最具商业价值投资区”等多项殊荣。在新的历史时期，开发区紧紧围绕“十二五”发展目标，以杭州打造东方品质之城为引领，着力构筑经济发展的大平台，不断优化提升综合配套环境，加快“产业、城市、社会”三大转型，努力把开发区建设成为创新驱动、集聚领先的示范园区，功能完备、特色鲜明的下沙副城，富裕富有、魅力彰显的和谐社会。

▲ 区口广场

▲ 高教园区

▲ 沿江风景

◀ 最美东部湾

详细地址：杭州下沙金沙大道600号市民中心
法定代表人：陈 晨
邮政编码：310018
联系电话：0571-86913653

·编辑说明·

一、《浙江统计年鉴－2013》是一部全面反映浙江国民经济和社会发展情况的资料性年刊，本年鉴收录了浙江及各市、县 2012 年经济和社会各方面大量的统计数据，以及改革开放以来浙江主要统计数据。

二、全书内容分为 18 部分，即：1. 综合；2. 人口和从业人员；3. 固定资产投资；4. 价格；5. 人民生活；6. 农业；7. 工业和能源；8. 建筑业；9. 交通运输和邮电通信业；10. 批发、零售贸易和餐饮业；11. 对外经济贸易和旅游；12. 财政、金融和保险；13. 城市建设和生态环境；14. 教育、科技、专利、测绘和标准计量；15. 文化、体育和卫生；16. 档案、司法、社会福利和工会组织；17. 各市、县国民经济主要指标；18. 附录（企业统计情况、开发区（园区）统计情况、投入产出表及部分企业简介）。为便于读者使用，部分统计表下作了简要注释，每篇章后附有《主要统计指标解释》。

三、本年鉴对过去发表的统计资料重新予以核实，凡与本年鉴数据有出入的，以本年鉴为准。

四、本年鉴凡带续表的资料，如有注解均注在最后一张续表的下方。

五、本年鉴中符号使用说明："…"表示数据不足本表最小单位数；"#"表示其中主要项；"空格"表示该项统计指标数据不详或无该项数据。

《浙江统计年鉴》自公开出版以来，受到了社会各界的关心和支持，对年鉴编辑工作提出了许多宝贵意见，对此我们深表谢意。为进一步提高统计年鉴的编辑水平，欢迎读者继续对年鉴的不足之处给予批评和指正。

· Preface ·

Zhejiang Statistical Yearbook 2013 is an annual statistics publication, which contains very comprehensive statistics of Zhejiang's social and economic development in 2012 and selected data since China adopted the policy of reforming and opening to the outside world.

The yearbook is composed of 18 parts. 1. General Survey 2. Population and Employment 3. Investment in Fixed Assets 4. Prices 5. People's Livelihood 6. Agriculture 7. Industry and Energy 8. Construction 9. Transportation, Posts and Telecommunications 10. Wholesale and Retail Trade and Catering Trade 11. Foreign Economy and Trade, Tourism 12. Public Finance, Banking and Insurance 13. City Construction and Environment 14. Education, Science, Patent, Surveying and Mapping and Standard Calculating 15. Culture, Sports and Public Health 16. Archives, Judicature, Social Welfare and Labour Union 17. Major Indicators of National Economy by City and County 18. Appendix. In addition, brief notes are placed at lower part of some tables and explanatory notes on main indicators are provided at end of each part.

The statistics in former statistical yearbook have already been checked. The data in Zhejiang statistical yearbook 2013 shall be regarded as authentic ones. The footnotes are placed at the last page, if the table is a continued one.

Notations used in this yearbook:

"…" indicates that the figure is not large enough to be measured with the smallest unit in the table. "#" indicates the major items of the total. "blank" indicates that the data is unavailable.

Since published openly, Previous Editions of Zhejiang Statistics Yearbook have enjoyed wide concern and support, all circles have made many valuable suggestions, and we express heartfelt thanks. In order to improve yearbook editorial level, we welcome all candid comments and criticism from our readers.

目录
CONTENTS

一、综 合
Chapter 1 GENERAL SURVEY

二、人口和从业人员
Chapter 2 POPULATION AND EMPLOYMENT

三、固定资产投资
Chapter 3 INVESTMENT IN FIXED ASSETS

四、价　格
Chapter 4 PRICES

五、人民生活
Chapter 5 PEOPLE'S LIVELIHOOD

六、农 业
Chapter 6 AGRICULTURE

七、工业和能源
Chapter 7 INDUSTRY AND ENERGY

八、建筑业

Chapter 8 CONSTRUCTION

九、交通运输和邮电通信业
Chapter 9 TRANSPORTATION, POSTS AND TELECOMMUNICATIONS

十、批发、零售贸易和餐饮业
Chapter 10 WHOLESALE AND RETAIL TRADE AND CATERING TRADE

十一、对外经济贸易和旅游
Chapter 11 FOREIGN ECONOMY AND TRADE, TOURISM

十二、财政、金融和保险
Chapter 12 PUBLIC FINANCE, BANKING AND INSURANCE

十三、城市建设和环境保护
Chapter 13 CITY CONSTRUCTION AND ENVIRONMENT

十四、教育、科技、专利、测绘和标准计量
Chapter 14 EDUCATION, SCIENCE, PATENT, SURVEYING AND MAPPING AND STANDARD CALCULATING

十五、文化、体育和卫生
Chapter 15 CULTURE, SPORTS AND PUBLIC HEALTH

十六、档案、司法、社会福利和工会组织
Chapter 16 ARCHIVES, JUDICATURE, SOCIAL WELFARE AND LABOUR UNION

十七、各市、县国民经济主要经济指标
Chapter 17 MAJOR INDICATORS OF NATIONAL ECONOMY BY CITY, PREFECTURE AND COUNTY

2013

浙江统计年鉴

ZHEJIANG STATISTICAL YEARBOOK

CHAPTER 1

1-1 国民经济和社会发展总量与速度
Main Aggregate Indicators of National Economic and Social Development and Their Related Indices

指标		Item		1978	1990	2000	2006	2007
人口		**Population**						
年末总人口	（万人）	Year-end Population	（10000 persons）	3750.96	4234.91	4501.22	4629.40	4659.30
年末从业人员数	**（万人）**	**Year-end Employment**	**（10000 persons）**	**1794.96**	**2554.46**	**2726.09**	**3172.38**	**3405.01**
全省生产总值	**（亿元）**	**Gross Domestic Product**	**（100 million yuan）**	**123.72**	**904.69**	**6141.03**	**15718.47**	**18753.73**
第一产业		Primary Industry		47.09	225.04	630.98	925.10	986.02
第二产业		Secondary Industry		53.52	408.18	3273.93	8511.51	10154.25
第三产业		Tertiary Industry		23.11	271.47	2236.12	6281.86	7613.46
人均生产总值	**（元）**	**Per Capital GDP**	**（yuan）**	**331**	**2138**	**13415**	**31241**	**36676**
交通运输		**Transportation**						
旅客周转量	（亿人公里）	Turnover Volume of Passenger Traffic	（100 million passenger-km）	66.68	257.29	606.73	929.15	1026.50
货物周转量	（亿吨公里）	Turnover Volume of Freight Traffic	（100 million ton-kil）	164.19	400.65	1199.74	4363.7	4962.38
固定资产投资总额	**（亿元）**	**Investment in Fixed Assets**	**（100 million yuan）**				**6964.28**	**7704.90**
财政收支		**Finance**						
财政总收入	（亿元）	Financial Revenue	（100 million yuan）	27.45	101.59	658.42	2567.70	3239.9
#地方财政收入	（亿元）	Local Financial Revenue	（100 million yuan）	27.45	101.59	342.77	1298.20	1649.5
财政支出	（亿元）	Financial Expenditure	（100 million yuan）	17.43	80.23	431.3	1471.86	1806.79

2008	2009	2010	2011	2012	指数 Indices(2012 年为以下各年%)(2012 as Percentage of the Following Years)			1979－2012 年平均增长(%)Average Annual Growth Rate(%)	2008－2012 年平均增长(%)Average Annual Growth Rate(%)
					1978	2007	2011		
4687.85	4716.18	4747.95	4781.31	4799.34	127.9	103.0	100.4	0.7	0.6
3486.53	**3591.98**	**3636.02**	**3674.11**	**3691.24**	**205.6**	**108.4**	**100.5**	**2.1**	**1.6**
21462.69	**22990.35**	**27722.31**	**32318.85**	**34665.33**	**5823.2**	**158.0**	**108.0**	**12.7**	**9.6**
1095.96	1163.08	1360.56	1583.04	1667.88	368.4	116.9	102.0	3.9	3.2
11567.42	11908.49	14297.93	16555.58	17316.32	12152.5	153.9	107.3	15.2	9.0
8799.31	9918.78	12063.82	14180.23	15681.13	7357.9	169.1	109.4	13.5	11.1
41405	**43842**	**51711**	**59249**	**63374**	**3979.3**	**147.7**	**107.7**	**11.4**	**8.1**
1118.6	1152.38	1250.74	1296.25	1317.58	1976.0	128.4	101.6	9.2	5.1
5476.3	5659.78	7117.04	8634.82	9183.30	5593.1	185.1	106.4	12.6	13.1
8550.71	**9906.46**	**11451.98**	**14077.25**	**17095.96**		**221.9**	**121.4**		**17.9**
3730.06	4122.04	4895.41	5925.00	6408.49	23346.0	197.8	108.2	17.4	14.6
1933.4	2142.51	2608.47	3150.80	3441.23	12536.4	208.6	109.2	15.3	15.8
2208.58	2653.35	3207.88	3842.59	4161.88	23877.7	230.3	108.3	17.5	18.2

续表 Continued

指标		Item		1978	1990	2000	2006	2007
贸易		**Trade**						
社会消费品零售总额	(亿元)	Total Retail Sales of Consumer Goods	(100 million yuan)	46.86	353.75	2553.59	5357.97	6271.32
进出口总额	(亿美元)	Total Imports and Exports Value	(USD100 million)	0.7	27.73	278.33	1391.47	1768.56
#出口总额	(亿美元)	Total Exports Value	(USD100 million)	0.52	21.89	194.43	1008.94	1282.73
价格指数		**Price Indices**						
居民消费价格指数(上年=100)		General Consumer Price Index(preceding year=100)			102.1	101.1	101.1	104.2
城乡居民收入		**Living Standard**						
城镇居民人均可支配收入	(元)	Per Capital Disposable Income of Urban Households	(yuan)	332	1932	9279	18265	20574
农村居民人均纯收入	(元)	Per Capital Annual Net Income of Rural Households	(yuan)	165	1099	4254	7335	8265
教育和文化		**Education and Culture**						
高等学校在校学生数	(万人)	Students Enrollment in Institutions of Higher Education	(10000 persons)	2.4	6	22.2	74.7	80.9
普通中学在校学生数	(万人)	Student Enrollment in Regular Secondary Schools	(10000 persons)	214.7	169.6	249.6	262.3	266.6
小学在校学生数	(万人)	Students Enrollment in Primary Schools	(10000 persons)	501.4	372.4	353.8	339.4	335.5
报纸出版数量	(万份)	Number of Newspapers Published	(10000 copies)	24080	66865	173526	280261	291048
杂志出版数量	(万份)	Number of Magazines Published	(10000 copies)	393	4716	8736	8009	8082
图书出版数量	(万份)	Number of Books Published	(10000 copies)	12033	19596	27014	27026	25656

注：1. 本表价值量指标按当年价格计算,发展速度按可比价格计算。
2. 城镇居民人均可支配收入,农村居民人均纯收入发展速度均已扣除价格变动因素。

2008	2009	2010	2011	2012	指数 Indices(2012 年为以下各年%)(2012 as Percentage of the Following Years) 1978	2007	2011	1979 - 2012 年平均增长(%) Average Annual Growth Rate (%)	2008 - 2012 年平均增长(%) Average Annual Growth Rate (%)
7533.30	8622.26	10245.40	12028.00	13588.34	28997.7	216.7	113.0	18.1	16.7
2111.09	1877.35	2535.33	3093.78	3124.03	446289.7	176.6	101.0	28.0	12.0
1542.67	1330.10	1804.65	2163.49	2245.19	431766.4	175.0	103.8	27.9	11.8
105.0	98.5	103.8	105.4	102.2					
22727	24611	27359	30971	34550	1423.2	145.1	109.2	8.1	7.7
9258	10007	11303	13071	14552	1616.8	150.5	108.8	8.5	8.5
86.8	91.0	93.3	95.9	98.7	4073.2	121.9	102.8	11.5	4.0
269.8	262.3	255.2	244.5	236.9	110.4	88.9	96.9	0.3	-2.3
332.3	325.1	333.3	344.1	346.7	69.1	103.4	100.8	-1.1	0.7
298677	314033	325048	359090	347100	1441.4	119.3	96.7	8.2	3.6
7407	7596	7201	8001	8312	2115.0	102.8	103.9	9.4	0.6
29564	31221	28179	32608	37250	309.6	145.2	114.2	3.4	7.7

1. Figures in value terms are calculated at current price, while the indices and growth rates are calculated at comparable price.
2. The indices of per - capital Annual Disposable income of urban households and per - capital Annual net income of rural households are deducted the factor of changes in price.

1－2 国民经济社会发展结构指标
Structural Indicators of National Economic and Social Develpoment

单位:%(%)

指标	Item	1978	1990	2000	2006	2007	2008	2009	2010	2011	2012
人口	**Population**										
城乡结构	Urban and Rural Structure										
城镇	Urban	14.5	31.2	48.7	56.5	57.2	57.6	57.9	61.6	62.3	63.2
乡村	Rural	85.5	68.8	53.3	43.5	42.8	42.4	42.1	38.4	37.7	36.8
性别结构	Sexual										
男	Male	51.9	51.8	51.5	51.1	51.0	51.0	50.9	51.4	51.3	51.5
女	Female	48.1	48.2	48.5	48.9	49.0	49.0	49.1	48.6	48.7	48.5
就业	**Employment**										
产业结构	Industrial Structure										
第一产业	Primary Industry		53.2	35.6	22.6	20.1	19.2	18.3	16.0	14.6	14.1
第二产业	Secondary Industry		29.8	35.5	45.8	46.8	47.6	48.1	49.8	50.9	51.0
第三产业	Tertiary Industry		17.0	29.0	31.6	33.1	33.2	33.6	34.2	34.6	34.9
国民核算	**National Accounting**										
生产总值产业结构	Industrial Structure of GDP										
第一产业	Primary Industry	38.1	24.9	10.3	5.9	5.3	5.1	5.1	4.9	4.9	4.8
第二产业	Secondary Industry	43.3	45.1	53.3	54.0	54.0	53.9	51.8	51.6	51.2	50.0
第三产业	Tertiary Industry	18.7	30.0	36.4	40.0	40.6	41.0	43.1	43.5	43.9	45.2
居民消费结构	Structure of Resident Consumption										
农村居民	Rural Consumption	75.3	58.6	39.6	28.2	29.7	29.3	28.8	30.3	31.5	32.7
城镇居民	Urban Consumption	24.7	41.4	60.4	71.8	70.3	70.7	71.2	69.7	68.5	67.3
固定资产投资结构	Structure of Investment in Fixed Assets										
城镇	Urban		51.0	68.3	71.5	71.2	70.3	69.4	68.2	73.5	71.2
乡村	Rural		49.0	31.7	28.5	28.8	29.7	30.6	31.8	26.5	28.8
财政	**Government Finance**										
财政收入结构	Strucure of Government Revenue										
中央	Central Enterprises			47.9	49.4	49.1	48.2	48.0	46.7	46.8	46.3
地方	Local Governments			52.1	50.6	50.9	51.8	52.0	53.3	53.2	53.7
利用外资	**Utilization of Foreign Capital**										
实际利用外资结构	Structure of Foreign Capital Actually Utilized										
对外借款	Loans From Abroad		69.6	35.0	33.5	8.3	15.5	6.9	13.0	22.9	17.7
外商直接投资	Direct Investment By Foreign Entrepreneurs		29.8	64.8	61.3	72.4	81.0	91.4	83.2	75.8	80.6
外商其他投资	Other Investment By Foreign Entrepreneurs		0.5	0.2	5.2	19.3	3.5	1.7	3.8	1.3	1.7

续表 1 Continued

单位:%(%)

指标	Item	1978	1990	2000	2006	2007	2008	2009	2010	2011	2012
产业	**Industrial**										
农业	**Agriculture**										
农林牧副渔业产值结构	Structure of Gross Output Value of Agriculture										
农业	Farming	77.4	59.4	49.3	48.1	46.1	45.7	46.9	47.9	45.4	46.3
林业	Forestry	3.0	4.7	5.2	6.0	6.0	6.0	6.3	5.5	5.3	5.3
牧业	Animal Husbandry	14.3	23.7	17.4	19.6	23.0	23.5	21.6	20.6	21.6	20.7
渔业	Fishery	5.3	12.2	28.1	24.4	23.2	22.9	23.2	24.0	25.9	25.8
农林牧渔服务产值	Services for Agriculture				1.8	1.8	1.9	1.9	1.9	1.8	1.9
工业	**Industry**										
规模以上工业总产值结构	Structure of Gross Output Value of Industry Above Designated Size										
轻工业	Light Industry	60.2	65.2	54.1	43.8	43.0	41.5	41.9	40.7	38.9	39.3
重工业	Heavy Industry	39.8	34.8	45.9	56.2	57.0	58.5	58.1	59.3	61.1	60.7
建筑业	**Construction**										
建筑业总产值结构	Structure of Gross Output Value of Construction										
国有企业	State - owned Enterprises		25.4	10.6	2.4	2.3	1.9	1.6	1.0	1.1	1.1
集体企业	Collective Owned Enterprises		74.6	28.6	2.1	1.4	1.3	1.2	1.1	1.0	1.1
其他	Others			60.8	95.5	96.3	96.8	97.2	97.9	97.9	97.8
交通运输业	**Transportation**										
货运量结构	Structure of Freight Traffic										
按运输方式分	By Means of Transportation										
铁路	Railways	16.7	5.1	2.6	2.3	2.3	2.1	2.3	2.3	2.3	2.0
公路	Highways	31.8	68.3	73.5	63.8	64.4	65.4	63.3	60.6	58.5	59.4
水运	Waterways	51.5	26.6	23.9	33.9	33.3	32.5	34.4	37.1	39.2	38.6

续表 2 Continued

单位:%(%)

指标	Item	1978	1990	2000	2006	2007	2008	2009	2010	2011	2012
国内商业	**Domestic Trade**										
社会消费品零售总额构成	Composition of Retail Sales of Comsumer Goods										
批发和零售业	Wholesale and Retail Trade	93.0	90.9	87.5	87.5	87.5	88.7	88.9	88.9	88.8	89.1
餐饮业	Catering Services	3.9	4.5	9.3	11.5	11.5	10.7	10.5	10.3	10.4	10.6
其他	Others	3.1	4.6	3.2	1.1	0.9	0.7	0.6	0.8	0.8	0.3
对外经济贸易	**Foreign Trade**										
出口商品结构	Structure of Exports										
初级产品	Primary Goods		26.2	10.1	4.4	3.8	3.6	3.5	3.5	4.1	4.5
工业制成品	Manufactured Goods		73.8	89.9	95.6	96.2	96.4	96.5	96.5	95.9	95.5
进口商品结构	Structure of Imports										
初级产品	Primary Goods		17.8	24.2	20.9	21.1	25.7	25.2	26.3	30.0	31.2
工业制成品	Manufactured Goods		82.2	75.8	79.1	78.9	74.3	74.8	73.7	70.0	68.8
国际旅游	**International Tourism**										
来华旅游人数结构	Structure of Tourists										
外国人	Foreigners		23.5	57.2	65.9	67.2	67.8	66.2	65.3	66.6	65.9
港澳台同胞	Hong Kong and Macao Compatriots, Taiwan Compatriots		69.0	42.8	34.1	32.8	32.2	33.8	34.7	33.4	34.1
教育、科技、文化	**Education, Science and Culture**										
在校学生结构	Structure of Student Enrollment										
大学生	College and University Students		1.1	3.2	9.6	10.7	11.5	12.2	13.7	14.0	14.5
中学生	Secondary School Students		32.9	43.9	45.4	44.9	44.7	44.3	37.4	35.7	34.7
小学生	Primary School Students		66.0	52.9	45.0	44.4	43.8	43.5	48.9	50.3	50.8

续表 3 Continued 单位:%(%)

指标	Item	1978	1990	2000	2006	2007	2008	2009	2010	2011	2012
专任教师结构	Full - time Teachers By Type										
大学生	College and University Students	1.9	4.6	5.8	10.3	11.1	11.3	11.4	12.6	12.8	13.0
中学生	Secondary School Students	36.3	41.5	45.2	49.6	48.7	49.1	49.3	45.1	44.6	44.0
小学生	Primary School Students	61.8	53.9	49.0	40.1	40.2	39.6	39.3	42.3	42.6	43.0
生活	**People's Livelihood**										
城镇居民消费结构	Consumption Structure of Urban Residents										
食品	Food			39.2	32.9	34.7	36.4	33.6	34.3	34.6	35.1
衣着	Clothing			8.1	10.4	10.0	10.2	9.7	10.1	10.5	9.8
家庭设备用品及服务	Household Facilities, Articles and Services			9.4	4.6	4.7	4.7	5.0	5.1	5.4	5.4
医疗保健	Medical Services			7.7	6.4	6.1	6.2	5.9	5.8	6.1	5.7
交通和通讯	Transportation and Communications			8.9	18.7	17.6	15.8	19.7	19.2	18.2	19.2
娱乐教育、文化	Recreation, Education and Culture			13.1	14.6	15.3	14.5	13.7	14.5	13.8	13.9
居住	Residence			8.6	9.2	8.3	8.8	8.9	7.9	7.4	7.2
其他商品和服务	Others			5.1	3.2	3.3	3.4	3.5	3.1	4.0	3.7
农村居民消费结构	Consumption Structure of Rural Residents										
食品	Food			43.5	37.2	36.4	38.0	37.4	35.5	37.6	37.7
衣着	Clothing			5.2	6.3	6.2	6.2	6.3	6.3	6.9	7.1
家庭设备用品及服务	Household Facilities, Articles and Services			4.5	4.8	5.3	5.0	4.8	4.8	5.5	5.5
医疗保健	Medical Services			6.2	7.9	7.2	7.2	8.3	7.8	8.8	7.2
交通和通讯	Transportation and Communications			8.5	11.0	11.8	11.0	11.7	12.7	13.1	14.3
娱乐教育、文化	Recreation, Education and Culture			10.2	12.5	11.4	10.4	10.9	9.5	8.6	8.6
居住	Residence			18.0	18.2	19.6	20.2	18.5	21.4	17.2	17.3
其他商品和服务	Others			3.9	2.1	2.1	2.0	2.1	2.0	2.3	2.3

注：工业总产值 1978－1995 为乡及乡以下独立核算工业企业,2000－2012 年为规模以上工业企业。
The gross industrial output value from 1978 to 1995 is calculated by industrial enterprises at township level and above, and the figures from 2000 to 2012 refers to industrial enterprises above designated size.

1-3 人均主要工农业产品产量(1978-2012年)
Per Capita Output of Major Industrial and Agricultural Products(1978-2012)

年份	粮食（公斤）Grain (kg)	棉花（公斤）Cotton (kg)	油料（公斤）Oil-bearing Crops (kg)	糖料（公斤）Sugar Crops (kg)	茶叶（公斤）Tea (kg)	水果（公斤）Fruit (kg)	猪牛羊肉（公斤）Pork, Beef and Mutton (kg)	水产品（公斤）Aquatic Products (kg)
1978	393.44	1.95	5.92	17.20	1.57	3.92	11.33	23.47
1980	376.81	2.18	7.58	15.43	1.98	5.91	18.52	21.46
1985	404.18	2.03	11.02	27.43	2.32	11.12	19.10	26.13
1986	396.34	1.87	10.60	32.63	2.58	12.85	20.03	28.94
1987	387.97	1.60	9.68	26.56	2.83	17.32	18.60	30.52
1988	374.78	1.05	10.39	20.01	3.09	12.45	19.56	30.92
1989	371.01	1.00	9.14	16.74	2.81	23.57	19.67	30.84
1990	375.68	1.52	11.45	14.87	2.77	25.35	20.28	32.92
1991	386.05	1.77	10.72	16.19	2.69	31.66	20.13	35.57
1992	363.51	1.39	11.72	17.55	2.79	23.95	22.73	39.72
1993	334.03	1.35	8.97	18.43	2.84	34.63	22.74	44.02
1994	324.46	1.28	7.99	16.21	2.47	40.64	22.68	59.62
1995	328.53	1.43	11.48	15.11	2.34	49.28	23.61	73.03
1996	345.91	1.56	11.88	14.57	2.26	51.91	16.85	78.03
1997	338.58	1.08	11.08	13.61	2.31	61.07	18.44	90.61
1998	323.64	1.46	8.02	13.97	2.55	46.55	19.05	95.33
1999	312.52	0.91	12.14	15.94	2.64	62.64	19.27	99.33
2000	266.91	0.65	12.91	21.97	2.60	84.89	22.65	104.70
2001	228.64	0.67	12.38	22.53	2.56	109.82	23.65	100.51
2002	201.87	0.47	9.88	23.87	2.91	105.39	25.12	101.14
2003	168.01	0.44	9.09	25.73	2.76	118.00	25.37	100.24
2004	173.82	0.47	9.97	21.73	2.84	129.23	26.93	100.91
2005	167.49	0.44	10.11	18.15	2.91	116.57	26.31	97.57
2006	156.12	0.47	7.08	17.39	3.03	128.00	21.65	83.08
2007	145.71	0.50	6.44	17.01	3.13	135.00	22.39	81.19
2008	149.61	0.54	7.96	16.48	3.13	144.28	25.02	76.89
2009	150.49	0.54	8.25	15.52	3.19	135.85	24.97	81.92
2010	143.75	0.55	7.36	13.86	3.04	130.82	25.17	89.15
2011	143.29	0.59	7.31	13.04	3.11	130.59	25.45	94.56
2012	140.55	0.55	6.99	12.81	3.19	128.45	26.02	98.52

续表 Continued

年份	布（米）Cloth（m）	纱（公斤）Yarn（kg）	原煤（公斤）Coal（kg）	发电量（千瓦小时）Electricity（kw. h）	成品钢材（公斤）Steel（kg）	水泥（公斤）Cement（kg）
1978	9.28	1.95	42.71	135.66	8.58	48.54
1980	12.81	2.47	37.56	213.83	15.14	59.85
1985	21.79	3.93	37.55	329.14	15.80	199.44
1986	27.73	4.31	36.46	365.89	17.01	246.43
1987	27.64	4.89	35.23	422.43	18.70	296.90
1988	30.85	5.46	34.51	458.95	17.41	316.97
1989	29.91	5.15	34.30	478.23	18.36	307.44
1990	37.09	4.77	32.45	494.23	19.27	317.39
1991	31.85	4.78	32.76	570.41	21.80	381.81
1992	30.96	5.77	33.67	674.23	27.94	460.03
1993	41.03	5.53	32.24	717.55	32.15	517.72
1994	41.92	5.44	29.88	767.05	38.53	623.49
1995	74.55	6.51	28.76	921.77	61.13	749.64
1996	36.38	6.42	27.97	1022.52	53.47	808.92
1997	84.67	7.47	26.07	1101.22	61.53	777.57
1998	23.66	6.73	20.63	1109.71	57.33	771.21
1999	27.87	7.10	18.57	1185.80	59.92	851.53
2000	36.10	7.62	16.27	1393.36	65.15	944.64
2001	49.74	8.37	15.30	1516.66	78.78	1017.63
2002	67.21	10.14	15.47	1637.42	85.18	1208.35
2003	88.80	11.90	14.41	2060.89	109.42	1479.69
2004	178.84	18.76	11.51	2461.52	170.42	1788.19
2005	168.70	19.45	8.33	2728.81	144.61	1780.82
2006	193.73	23.02	2.68	3302.51	227.29	1977.02
2007	224.67	28.64	2.41	3688.68	310.70	2062.35
2008	263.29	32.44	2.53	3590.96	375.44	1960.54
2009	265.49	37.30	2.52	4182.48	449.93	2058.85
2010	296.57	40.08	2.81	4656.20	528.37	2103.21
2011	267.49	36.38	2.76	5078.13	574.96	2218.98
2012	261.49	42.22	2.74	4961.33	613.72	2106.92

注：2003 年起按常住人口计算。
Data in this table is calculated at permanent residence since 2003.

1－4 平均每天主要社会经济活动
Indicators of Average Daily Social and Economic Activities

指标		Item		1978	2000	2006	2007	2008	2009	2010	2011	2012
平均每天创造财富		**Daily Production**										
生产总值	（亿元）	Gross Domestic Production	（100 million yuan）	0.34	16.82	43.06	51.38	58.80	62.99	75.95	88.54	94.97
第一产业		Primary Industry		0.13	1.73	2.53	2.70	3.00	3.19	3.73	4.34	4.57
第二产业		Secondary Industry		0.15	8.97	23.32	27.80	31.69	32.63	39.17	45.36	47.44
#工业		Industry		0.13	8.07	20.80	24.91	28.30	28.82	34.68	40.23	42.02
建筑业		Construction		0.02	0.90	2.54	2.91	3.39	3.81	4.49	5.13	5.42
第三产业		Tertiary Industry		0.06	6.13	17.21	20.86	24.11	27.17	33.05	38.85	42.96
财政收入	（亿元）	Financial Revenue	（100 million yuan）	0.08	1.80	7.03	8.88	10.22	11.29	13.41	16.23	17.56
粮食	（万吨）	Grain	（10000 tons）	4.02	3.28	2.42	2.20	2.12	2.16	2.11	2.14	2.11
棉花	（万吨）	Cotton	（10000 tons）	0.02	0.01	0.01	0.01	0.01	0.01	0.01	0.01	0.01
油料	（万吨）	Oil－bearing Crops	（10000 tons）	0.06	0.16	0.13	0.12	0.11	0.12	0.11	0.11	0.10
猪牛羊肉产量	（万吨）	Meat	（10000 tons）	0.12	0.28	0.30	0.31	0.36	0.36	0.37	0.38	0.39
水产品	（万吨）	Aquatic Production	（10000 tons）	0.24	1.29	1.15	1.14	1.09	1.18	1.31	1.41	1.48
原煤	（万吨）	Coal	（10000 tons）	0.44	0.20	0.04	0.03	0.04	0.04	0.04	0.04	0.04
发电量	（亿千瓦小时）	Electricity	（100 million km.h）	0.14	1.71	4.55	5.17	5.10	6.01	6.84	7.60	7.44
成品钢材	（万吨）	Steel Production	（10000 tons）	0.09	0.80	3.13	4.35	5.33	6.46	7.76	8.61	9.21
水泥	（万吨）	Cement	（10000 tons）	0.50	11.61	27.25	28.89	27.84	29.58	30.89	33.21	31.62
每天消费量		**Daily National Consumption**										
最终消费	（亿元）	Final Consump－tion Expenditure	（100 million yuan）	0.21	8.63	20.55	23.62	26.93	29.77	34.97	41.21	45.23
居民消费		Resident Consumption		0.20	6.39	15.30	17.83	20.26	22.80	26.84	31.90	34.24
#农村居民		Rural Residents		0.15	2.53	4.22	4.35	4.77	5.20	6.07	7.03	7.66

续表 Continued

指标	Item	1978	2000	2006	2007	2008	2009	2010	2011	2012
城镇居民	Urban Residents	0.05	3.86	11.08	13.48	15.49	17.59	20.77	24.87	26.57
政府消费	Government Consumption Expenditure	0.02	2.24	5.25	5.78	6.67	6.97	8.13	9.31	11.00
社会消费品零售总额（亿元）	Total Retail Sales of Consumer Goods (100 million yuan)	0.13	7.00	14.68	17.18	20.64	23.62	28.07	32.95	37.23
每天其他经济活动	**Other Daily Economic Activities**									
资本形成总额（亿元）	Gross Capital Formation (100 million yuan)	0.09	7.27	19.99	23.73	25.55	29.06	35.48	40.39	42.36
固定资产形成	Fixed Capital Formation	0.06	6.21	19.36	21.90	24.10	28.00	33.15	37.87	40.02
存货增加	Changes in Stock	0.03	1.06	0.63	1.83	1.45	1.06	2.33	2.52	2.34
竣工住宅面积（万平方米）	Residential Buildings Completed (10000 sq. m)		17.61	19.72	21.26	23.26	23.62	25.14	11.57	11.44
客运量（万人）	Passenger Traffic (10000 persons)	56	340	478	520	595	609	624	635	642
货运量（万吨）	Freight Traffic (10000 tons)	23	205	384	420	402	414	467	509	523
沿海主要港口货物吞吐量（万吨）	Cargo Handled at Principal Seaports (10000 tons)	2.4	53.8	140.5	157.4	176.8	195.8	216.0	237.5	254.1
邮电业务量（万元）	Business Volume of Postal and Telecom-munications Services (10000 yuan)	19	8879	26632	36358	42349	45654	54026	24601	28055
进出口总额（万美元）	Total Imports and Exports (USD 10000)		7625	38122	48448	57838	51434	69461	84766	85590
出口总额	Exports		5327	27642	35150	42265	36441	49442	59277	61512
进口总额	Imports		2298	10480	13299	15573	14993	20019	25490	24078
实际利用外资额（万美元）	Foreign Capital Actually Used (USD 10000)		682	3974	3923	3411	2980	3624	4219	4445
每天人口变动和婚姻	**Daily Population Changes and Marriages**									
出生（人）	Births (person)	1856	1318	1391	1428	1422	1442	1509	1415	1517
死亡（人）	Deaths (person)	596	784	733	766	784	789	814	807	827
结婚（对）	Marriages (couple)		1052	1132	1043	1134	1172	1182	1208	1211
离婚（对）	Divorces (couple)		56	165	184	202	227	240	248	269

注：1. 本表价值量指标按当年价格计算。The data in Value terms in the table are calculated at current price.
2. 邮电业务总量1978—2000年按1990年不变价计算，2001年开始按2000年不变价计算，2011年起按2010年不变价计算。Business volume of post and telecommunications from 1978 to 2000 were calculated at constant price of 1990, at constant price of 2000 from 2001 to 2010, at constant price of 2010 since 2011.

1-5 全省生产总值(1978-2012年)
Gross Domestic Product(1978-2012)

年份	全省生产总值(亿元) Gross Domestic Product (100 million yuan)	第一产业 Primary Industry	第二产业 Secondary Industry	#工业 Industry	#建筑业 Construction	第三产业 Tertiary Industry	人均生产总值(元) Percapita GDP (yuan)
1978	123.72	47.09	53.52	46.97	6.55	23.11	331
1979	157.75	67.56	64.07	55.59	8.48	26.12	417
1980	179.92	64.61	84.07	73.71	10.36	31.24	471
1981	204.86	69.06	94.68	84.08	10.60	41.12	531
1982	234.01	84.88	98.44	87.21	11.23	50.69	599
1983	257.09	82.89	113.12	102.55	10.57	61.08	650
1984	323.25	104.40	141.48	127.91	13.57	77.37	810
1985	429.16	123.88	198.91	178.68	20.23	106.37	1067
1986	502.47	136.29	230.89	206.63	24.26	135.29	1237
1987	606.99	159.41	281.47	249.69	31.78	166.11	1478
1988	770.25	195.68	354.39	315.36	39.03	220.18	1853
1989	849.44	210.95	386.25	346.50	39.75	252.24	2023
1990	904.69	225.04	408.18	363.74	44.44	271.47	2138
1991	1089.33	245.22	494.11	438.36	55.75	350.00	2558
1992	1375.70	262.67	653.43	581.73	71.70	459.60	3212
1993	1925.91	315.97	983.96	876.26	107.70	625.99	4469
1994	2689.28	438.65	1398.12	1243.37	154.75	852.52	6201
1995	3557.55	549.96	1854.52	1645.51	209.01	1153.07	8149
1996	4188.53	594.94	2232.17	1983.90	248.27	1361.43	9552
1997	4686.11	618.90	2554.57	2285.24	269.33	1512.64	10624
1998	5052.62	609.30	2766.95	2484.97	281.97	1676.38	11394
1999	5443.92	606.31	2974.74	2679.68	295.06	1862.87	12214
2000	6141.03	630.98	3273.93	2945.70	328.23	2236.12	13415
2001	6898.34	659.78	3572.88	3181.93	390.94	2665.68	14664
2002	8003.67	685.20	4090.48	3640.84	449.64	3227.99	16841
2003	9705.02	717.85	5096.38	4462.97	633.42	3890.79	20149
2004	11648.70	814.10	6250.38	5491.33	759.05	4584.22	23817
2005	13417.68	892.83	7164.75	6344.71	820.03	5360.10	27062
2006	15718.47	925.10	8511.51	7585.47	926.04	6281.86	31241
2007	18753.73	986.02	10154.25	9090.74	1063.51	7613.46	36676
2008	21462.69	1095.96	11567.42	10328.72	1238.70	8799.31	41405
2009	22990.35	1163.08	11908.49	10518.21	1390.28	9918.78	43842
2010	27722.31	1360.56	14297.93	12657.78	1640.15	12063.82	51711
2011	32318.85	1583.04	16555.58	14683.03	1872.55	14180.23	59249
2012	34665.33	1667.88	17316.32	15338.02	1978.30	15681.13	63374

注：1.本表按当年价格计算。2000年以后人均生产总值均按常住人口计算。
The figures in this table are calculated at current price. The per capita GDP have calculated at permanent residence since 2000.
2.从2004年起第一产业包括农林牧渔服务业。The Value Added of Primary Industry includes Services for Agriculture since 2004.

1-6 按新行业和构成分的全省生产总值(2008-2012年)
Gross Domestic Product by New Sector and Structure(2008-2012)

单位:亿元(100 million yuan)

指标	Item	2008	2009	2010	2011	2012
全省生产总值	**Gross Domestic Product**	**21462.69**	**22990.35**	**27722.31**	**32318.85**	**34665.33**
按行业分	**by Sector**					
第一产业(农业)	Primary Industry(Agriculture)	1095.96	1163.08	1360.56	1583.04	1667.88
第二产业	Secondary Industry	11567.42	11908.49	14297.93	16555.58	17316.32
工业	Industry	10328.72	10518.21	12657.78	14683.03	15338.02
建筑业	Construction	1238.70	1390.28	1640.15	1872.55	1978.30
第三产业	Tertiary Industry	8799.31	9918.78	12063.82	14180.23	15681.13
交通运输、仓储和邮政业	Transport,Storage and Post Services	843.20	888.02	1076.67	1206.95	1278.91
信息传输、计算机服务和软件业	Information Transmission,Computer Services and Software	482.28	515.40	594.55	756.10	918.63
批发和零售业	Wholesale and Retail Sale Trade	1899.02	2119.39	2646.14	3288.53	3684.34
住宿和餐饮业	Hotels and Catering Services	388.01	416.84	523.67	620.25	655.74
金融业	Finance	1653.45	1899.33	2326.58	2730.29	2762.24
房地产业	Real Estate	1052.03	1316.83	1618.17	1677.13	1927.93
租赁和商务服务业	Leasing and Commercial Services	338.74	364.97	451.08	575.38	657.61
科学研究、技术服务和地质勘查业	Scientific Research,Technic Serv-ices and Geological Prospecting	182.85	185.04	234.87	289.59	345.16
水利、环境和公共设施管理业	Water Conservancy,Environment and Public Facilities Management	77.25	87.63	110.55	138.45	161.61
居民服务和其他服务业	Resident Services and Other Services	266.11	289.42	352.99	407.78	472.90
教育	Education	523.63	606.56	695.86	774.64	877.64
卫生、社会保障和社会福利业	Health Care,Social Securities and Social Welfare	294.18	337.07	398.95	493.07	589.94
文化、体育和娱乐业	Culture,Sports and Recreation	121.99	138.07	168.92	218.56	254.15
公共管理和社会组织	Public Administration and Social Organization	676.56	754.21	864.81	1003.51	1094.33
按构成分	**by Structure**					
劳动者报酬	Remuneration of Laborers	8852.48	9105.37	10788.87	13185.55	14583.69
生产税净额	Net-taxes on Production	3260.31	3417.94	4274.03	5248.01	5495.64
固定资产折旧	Depreciation of Fixed Assets	2906.36	2965.97	3316.63	3908.75	4463.09
营业盈余	Operating Surplus	6443.54	7501.08	9342.78	9976.54	10122.91

1-7 全省生产总值指数(1978-2012年)
Indices of Gross Domestic Product (1978-2012)

(上年=100)(preceding year=100)

年份 Year	全省生产总值 Gross Domestic Product	第一产业 Primary Industry	第二产业 Secondary Industry	#工业 Industry	#建筑业 Construction	第三产业 Tertiary Industry	人均生产总值 Percapita GDP
1978	121.9	118.7	128.6	126.5	146.4	113.5	120.2
1979	113.6	110.8	118.0	117.1	124.3	108.1	112.3
1980	116.4	97.3	132.0	133.3	123.5	112.9	115.1
1981	111.5	104.7	111.3	113.1	98.8	126.1	110.5
1982	111.4	116.5	104.9	104.9	105.7	118.1	109.9
1983	108.0	93.9	115.5	118.5	92.1	116.0	106.8
1984	121.7	119.3	124.0	124.4	120.7	120.3	120.6
1985	121.7	101.9	135.3	135.0	138.9	119.2	120.8
1986	112.1	104.0	114.0	114.2	111.2	116.8	110.9
1987	111.8	101.0	116.8	116.4	121.4	110.9	110.6
1988	111.2	99.0	116.3	117.5	104.2	109.8	109.9
1989	99.4	100.2	100.8	101.7	90.5	94.9	98.4
1990	103.9	102.7	105.2	105.4	102.3	101.4	103.1
1991	117.8	107.9	118.2	118.4	117.1	125.6	117.1
1992	119.0	100.6	125.2	126.6	113.9	123.4	118.3
1993	122.0	104.8	133.2	135.3	113.7	116.0	121.3
1994	120.0	104.4	127.5	128.0	121.4	115.8	119.2
1995	116.8	107.5	118.4	117.8	124.6	118.3	116.0
1996	112.7	104.4	115.5	115.8	112.2	111.1	112.2
1997	111.1	104.5	112.8	113.3	107.5	110.5	110.4
1998	110.2	103.2	110.8	111.1	106.2	111.7	109.6
1999	110.0	103.3	111.4	111.8	106.1	109.9	109.5
2000	111.0	104.5	111.7	112.0	108.9	111.8	108.1
2001	110.6	104.8	111.0	111.0	111.9	111.7	107.7
2002	112.6	104.5	113.4	113.6	111.5	113.7	111.5
2003	114.7	103.6	116.8	115.7	126.6	114.4	113.2
2004	114.5	103.7	116.4	117.0	111.7	114.0	112.7
2005	112.8	101.5	112.7	113.1	108.8	115.2	111.2
2006	113.9	103.2	114.3	114.6	112.0	115.1	112.2
2007	114.7	102.3	115.6	116.4	108.8	115.3	112.8
2008	110.1	104.8	109.3	110.0	103.2	111.7	108.6
2009	108.9	102.4	106.8	105.9	115.3	112.5	107.7
2010	111.9	103.2	112.4	112.7	110.1	112.3	109.5
2011	109.0	103.6	109.2	110.1	102.3	109.5	107.2
2012	108.0	102.0	107.3	107.4	107.1	109.4	107.7

注：本表按可比价格计算。The figures in this table are calculated at comparable price.

1-8 全省生产总值指数(1978-2012年)
Indices of Gross Domestic Product(1978-2012)

(1978年=100)(1978=100)

年份 Year	全省生产总值 Gross Domestic Product	第一产业 Primary Industry	第二产业 Secondary Industry	#工业 Industry	#建筑业 Construction	第三产业 Tertiary Industry	人均生产总值 Percapita GDP
1978	100.0	100.0	100.0	100.0	100.0	100.0	100.0
1979	113.6	110.8	118.0	117.1	124.3	108.1	112.3
1980	132.2	107.9	155.7	156.0	153.6	122.1	129.2
1981	147.4	113.0	173.4	176.5	151.8	154.0	142.8
1982	164.2	131.6	182.0	185.1	160.4	181.9	157.0
1983	177.4	123.6	210.3	219.2	147.7	211.0	167.7
1984	215.9	147.5	260.8	272.6	178.2	253.8	202.2
1985	262.8	150.3	352.9	367.9	247.6	302.6	244.3
1986	294.5	156.2	402.1	420.2	275.3	353.4	271.0
1987	329.3	157.8	469.9	489.2	334.2	392.1	299.7
1988	366.3	156.3	546.6	574.9	348.1	430.6	329.4
1989	364.1	156.7	551.2	584.8	315.2	408.5	324.1
1990	378.5	160.9	579.9	616.7	322.3	414.1	334.3
1991	446.0	173.6	685.8	730.1	377.5	520.3	391.4
1992	530.8	174.7	858.8	924.3	429.8	642.1	463.2
1993	647.7	183.1	1143.9	1250.7	488.8	744.6	561.8
1994	777.0	191.1	1458.0	1601.1	593.2	862.0	669.7
1995	907.4	205.6	1725.8	1886.5	739.2	1019.5	776.9
1996	1022.5	214.7	1993.3	2184.7	829.4	1132.7	871.6
1997	1136.1	224.3	2249.0	2475.3	891.5	1251.9	962.7
1998	1251.6	231.5	2491.0	2751.1	946.7	1398.5	1055.0
1999	1377.2	239.1	2773.8	3075.1	1004.4	1537.0	1155.0
2000	1529.2	249.9	3099.2	3442.6	1093.7	1719.0	1248.7
2001	1692.0	261.9	3441.6	3819.5	1224.1	1920.4	1344.4
2002	1905.9	273.6	3902.3	4338.9	1364.9	2183.6	1499.0
2003	2186.0	283.5	4557.4	5020.2	1728.5	2497.3	1696.5
2004	2502.5	294.1	5305.3	5872.5	1930.8	2846.4	1912.5
2005	2821.9	298.4	5977.6	6642.9	2101.0	3279.0	2127.5
2006	3213.5	308.0	6833.9	7614.1	2353.8	3772.8	2387.4
2007	3684.8	315.2	7897.9	8865.1	2559.8	4350.5	2693.7
2008	4055.2	330.1	8634.4	9755.6	2642.5	4860.4	2924.2
2009	4417.9	338.1	9225.2	10331.9	3046.6	5467.7	3149.1
2010	4945.2	348.9	10372.0	11644.7	3355.6	6140.8	3448.0
2011	5392.7	361.3	11322.7	12815.6	3432.9	6726.0	3695.4
2012	5823.2	368.4	12152.5	13757.6	3678.2	7357.9	3979.3

注：本表按可比价格计算。The figures in this table are calculated at comparable price.

1-9 全省生产总值构成(1978-2012年)
Structure of Gross Domestic Product(1978-2012)

单位:%(%)

年份 Year	生产总值 Gross Domestic Product	第一产业 Primary Industry	第二产业 Secondary Industry	#工业 Industry	#建筑业 Construction	第三产业 Tertiary Industry
1978	100	38.1	43.3	38.0	5.3	18.7
1979	100	42.8	40.6	35.2	5.4	16.6
1980	100	35.9	46.7	41.0	5.8	17.4
1981	100	33.7	46.2	41.0	5.2	20.1
1982	100	36.3	42.1	37.3	4.8	21.7
1983	100	32.2	44.0	39.9	4.1	23.8
1984	100	32.3	43.8	39.6	4.2	23.9
1985	100	28.9	46.3	41.6	4.7	24.8
1986	100	27.1	46.0	41.1	4.8	26.9
1987	100	26.3	46.4	41.1	5.2	27.4
1988	100	25.4	46.0	40.9	5.1	28.6
1989	100	24.8	45.5	40.8	4.7	29.7
1990	100	24.9	45.1	40.2	4.9	30.0
1991	100	22.5	45.4	40.2	5.1	32.1
1992	100	19.1	47.5	42.3	5.2	33.4
1993	100	16.4	51.1	45.5	5.6	32.5
1994	100	16.3	52.0	46.2	5.8	31.7
1995	100	15.5	52.1	46.3	5.9	32.4
1996	100	14.2	53.3	47.4	5.9	32.5
1997	100	13.2	54.5	48.8	5.7	32.3
1998	100	12.1	54.8	49.2	5.6	33.2
1999	100	11.1	54.6	49.2	5.4	34.2
2000	100	10.3	53.3	48.0	5.3	36.4
2001	100	9.6	51.8	46.1	5.7	38.6
2002	100	8.6	51.1	45.5	5.6	40.3
2003	100	7.4	52.5	46.0	6.5	40.1
2004	100	7.0	53.6	47.1	6.5	39.4
2005	100	6.7	53.4	47.3	6.1	39.9
2006	100	5.9	54.1	48.3	5.9	40.0
2007	100	5.3	54.1	48.5	5.7	40.6
2008	100	5.1	53.9	48.1	5.8	41.0
2009	100	5.1	51.8	45.8	6.0	43.1
2010	100	4.9	51.6	45.7	5.9	43.5
2011	100	4.9	51.2	45.4	5.8	43.9
2012	100	4.8	50.0	44.2	5.7	45.2

注:1. 本表按当年价格计算。The figures in this table are calculated at current price.
2. 从2004年起第一产业包括农林牧渔服务业。The Value Added of Primary Industry includes Services for Agriculture since 2004.

1－10 按新行业分的第三产业增加值指数(2005－2012 年)
Indices of Value－added of the Tertiary Industry by New Sector(2005－2012)

(2004 年＝100)(2004＝100)

行业	Sector	2005	2006	2007	2008	2009	2010	2011	2012
总计	**Total**	**115.2**	**132.5**	**152.8**	**170.8**	**192.1**	**215.7**	**236.3**	**258.5**
交通运输、仓储和邮政业	Transport,Storage and Post Services	113.3	132.3	150.9	164.5	171.1	195.1	214.5	228.9
信息传输和计算机服务	Information Transmission,Computer Services	114.3	132.9	162.7	200.5	218.0	244.3	287.5	336.8
批发和零售业	Wholesale and Retail Sale Trade	110.7	123.1	137.6	149.4	170.4	195.5	222.8	244.8
住宿和餐饮业	Hotels and Catering Services	109.5	126.3	144.6	161.7	170.1	192.7	214.8	221.7
金融业	Finance	128.5	166.7	207.0	255.4	296.7	339.0	369.2	391.1
房地产业	Real Estate	115.0	130.1	146.7	150.3	184.1	190.9	179.7	196.3
租赁和商务服务业	Leasing and Commercial Services	111.3	129.2	148.0	163.1	174.7	197.7	226.3	255.5
科学研究、技术服务和地质勘查业	Scientific Research,Technic Serv－ices and Geological Prospecting	123.3	141.9	163.5	183.8	188.1	226.2	257.8	295.4
水利、环境和公共设施管理业	Water Conservancy,Environment and Public Facilities Management	113.2	115.8	124.9	138.4	154.8	186.7	217.1	245.3
居民服务和其他服务业	Resident Services and Other Services	125.5	151.2	187.6	228.8	253.4	288.2	322.6	369.7
教育	Education	114.5	125.6	141.0	154.7	177.6	198.0	215.2	240.1
卫生、社会保障和社会福利业	Health Care,Social Securities and Social Welfare	116.1	125.3	140.0	148.1	164.5	183.5	213.2	249.3
文化、体育和娱乐业	Culture,Sports and Recreation	122.3	151.2	179.2	211.3	236.6	275.3	335.3	382.2
公共管理和社会组织	Public Administration and Social Organization	116.9	128.3	144.1	153.5	166.5	180.6	196.8	208.9

1-11 按支出法计算的全省生产总值(2006-2012年)
Gross Domestic Product Calculated by Expenditure Approach(2006-2012)

单位:亿元(100 million yuan)

指标	Item	2006	2007	2008	2009	2010	2011	2012
全省生产总值	**Gross Domestic Product**	**15718.47**	**18753.73**	**21462.69**	**22990.35**	**27722.31**	**32318.85**	**34665.33**
最终消费	**Final Consumption**	**7499.76**	**8620.50**	**9828.95**	**10864.59**	**12765.63**	**15041.98**	**16509.40**
居民消费	Resident Consumption	5584.50	6509.53	7394.05	8320.39	9796.72	11643.89	12496.10
农村居民	Rural	1540.19	1589.01	1740.17	1898.97	2214.54	2566.96	2796.25
城镇居民	Urban	4044.31	4920.52	5653.88	6421.42	7582.18	9076.93	9699.85
政府消费	Government Consumption	1915.26	2110.97	2434.90	2544.20	2968.91	3398.09	4013.30
资本形成总额	**Total Capital Formation**	**7297.05**	**8662.44**	**9326.26**	**10607.33**	**12950.46**	**14743.55**	**15460.74**
固定资本形成总额	Fixed Capital Formation	7065.65	7992.86	8798.01	10220.13	12101.32	13822.90	14607.57
存货增加	Changes in Inventories	231.40	669.58	528.25	387.20	849.14	920.65	853.17
货物和服务净出口	**Net Export**	**921.66**	**1470.79**	**2307.48**	**1518.43**	**2006.22**	**2533.32**	**2695.19**

注：本表按当年价格计算。The figures in this table are calculated at current price.

1-12 总产出(2006-2012年)
Total Output(2006-2012)

单位:亿元(100 million yuan)

指标	Item	2006	2007	2008	2009	2010	2011	2012
总产出	**Total Output**	**54717.38**	**65875.71**	**78414.74**	**81997.22**	**96016.80**	**113512.15**	**121188.62**
第一产业	Primary Industry	1514.56	1597.15	1780.01	1873.40	2172.86	2534.90	2658.67
第二产业	Secondary Industry	41992.73	50677.40	59464.11	61012.00	70426.71	83625.89	88315.03
工业	Industry	37666.62	45838.19	54076.00	54964.56	62898.73	74537.83	78664.79
建筑业	Construction	4326.11	4839.21	5388.10	6047.44	7527.97	9088.06	9650.24
第三产业	Tertiary Industry	11210.09	13601.16	17170.63	19111.82	23417.23	27351.36	30214.92

注：1. 本表按当年价格计算。The figures in this table are calculated at current price.
2. 从2004年起第一产业包括农林牧渔服务业。The Output of Primary Industry includes Services for Agriculture since 2004.

1-13 居民消费水平和指数(1978-2012年)
Resident Consumption Level and Its Indices(1978-2012)

单位:%(%)

年份 Year	居民总消费水平(元/人) Resident Consumption level (yuan/person)	农村居民总消费水平 Rural Resident	城镇居民总消费水平 Urban Resident	居民总消费水平指数(1978=100) Indices of Resident Consumption Level (1978=100)	农村居民消费水平指数 Rura Resident	城镇居民消费水平指数 Urban Resident
1978	193	164	410	100.0	100.0	100.0
1979	218	183	466	112.1	111.1	110.6
1980	240	198	511	120.1	119.6	111.0
1981	317	271	595	156.2	161.6	127.0
1982	354	305	630	173.4	181.4	132.0
1983	383	328	672	184.3	192.8	137.0
1984	439	369	788	206.7	213.5	154.9
1985	580	472	1063	237.6	238.7	181.4
1986	702	558	1283	270.5	266.1	206.1
1987	828	655	1492	295.2	293.4	216.1
1988	1070	829	1959	314.6	309.8	229.9
1989	1186	914	2145	293.7	285.6	215.5
1990	1227	930	2235	297.5	285.2	220.0
1991	1353	1005	2493	317.7	303.4	232.5
1992	1528	1091	2882	335.6	314.5	245.9
1993	1850	1244	3608	351.2	325.1	253.6
1994	2536	1654	4920	389.0	348.7	282.4
1995	3217	2053	6141	423.2	374.0	301.9
1996	3906	2486	7268	473.5	423.7	325.4
1997	4233	2665	7649	496.8	444.8	330.0
1998	4397	2774	7607	515.1	466.5	326.6
1999	4539	2845	7566	534.7	485.6	326.6
2000	5099	3278	8020	587.5	547.9	339.1
2001	5551	3621	8404	641.2	605.3	356.8
2002	6098	4012	8839	711.6	675.3	379.8
2003	7033	4504	9907	810.6	737.4	423.5
2004	8174	4918	11771	912.3	769.7	489.6
2005	9558	5439	13843	1036.4	832.8	557.7
2006	11099	6216	15837	1174.2	933.6	621.2
2007	12730	7169	16986	1310.4	1055.9	646.7
2008	14264	7881	19002	1429.7	1128.7	704.9
2009	15867	8571	21204	1606.9	1242.7	794.4
2010	18274	10273	23655	1775.7	1430.4	850.0
2011	21346	12371	26856	1965.7	1624.9	915.5
2012	22845	13724	28259	2084.0	1767.7	957.1

注：本表绝对数按当年价格计算,指数按可比价格计算。
The absolute figures in this table are calculated at current price, while the indices are calculated at comparable price.

1－14 按机构类型和登记注册类型分组的法人单位数
Number of Corporation Units by Types of Organization and Registration

单位：个（unit）

指标名称	Item	法人单位数 Number Of Corporation Units		单产业法人 Containing Single Industrial Activity		多产业法人 Containing Multiple Industrial Activity	
		2011	2012	2011	2012	2011	2012
总计	**Total**	**778194**	**865154**	**751438**	**836685**	**26756**	**28469**
按机构类型分组	**by Type of Organization**						
企业	Enterprise	659003	739040	636648	714900	22355	24140
事业单位	Public Institution	27335	27796	25200	25728	2135	2068
机关	Office	7677	7720	6281	6345	1396	1375
社会团体	Social Group	14818	15432	14660	15270	158	162
民办非企业单位	Private Non－enterprise Unit	9840	10615	9762	10540	78	75
基金会	Foundation	104	115	103	114	1	1
居委会	Neighborhood Committees	3922	3898	3860	3832	62	66
村委会	Villagers Committee	29181	29421	28734	28975	447	446
其他组织机构	Others	26314	31117	26190	30981	124	136
按登记注册类型分组	**by Registered Type**						
内资	Domestic Funded Enterprises	756157	840946	730341	813468	25816	27478
国有	State－owned Enterprises	42096	43136	38015	39113	4081	4023
集体	Collective Owned Enterprises	16210	16056	15204	15054	1006	1002
股份合作	Cooperative Enterprises	6921	6720	6626	6413	295	307
联营	Joint Ownership Enterprises	600	647	568	615	32	32
国有联营	State Joint Ownership Enterprises	93	92	84	82	9	10
集体联营	Collective Joint Ownership Enterprises	272	304	264	298	8	6
国有与集体联营	State－collective Joint Enterprises	97	95	90	87	7	8
其他联营	Other Joint Ownership Enterprises	138	156	130	148	8	8
有限责任公司	Limited Liability Corporations	48247	54169	44709	50281	3538	3888
国有独资公司	State Sole Funded Corporations	1600	1743	1394	1530	206	213
其他有限责任公司	Other Limited Liability Corporations	46647	52426	43315	48751	3332	3675

续表 Continued 单位:个(unit)

指标名称	Item	法人单位数 Number Of Corporation Units		单产业法人 Containing Single Industrial Activity		多产业法人 Containing Multiple Industrial Activity	
		2011	2012	2011	2012	2011	2012
股份有限公司	Share - holding Corporations Ltd.	4713	5014	3917	4150	796	864
私营	Private Enterprises	549687	616848	534371	600272	15316	16576
私营独资	Private Funded Enterprises	122228	125123	120669	123529	1559	1594
私营合伙	Private Partnership Corporations	28939	29610	28509	29158	430	452
私营有限责任公司	Private Limited Liability Corporations	391912	455428	378916	441238	12996	14190
私营股份有限公司	Private Share - holding Corporations Ltd.	6608	6687	6277	6347	331	340
其他内资	others	87683	98356	86931	97570	752	786
港、澳、台商投资企业	Funded by Enterpreneurs From Hong Kong, Macao and Taiwan	10195	10729	9772	10282	423	447
与港澳台商合资经营	Joint - venture Enterprises	5018	5009	4798	4784	220	225
与港澳台商合作经营	Cooperation Enterprises From Hong Kong, Macao and Taiwan	198	267	195	262	3	5
港澳台商独资	Enterprises with Sole Hong Kong, Macao and Taiwan	4737	5032	4551	4834	186	198
港澳台商投资股份有限公司	Share - holding Corporations Ltd. with Funds From Hong Kong, Macao and Taiwan	224	377	210	359	14	18
其他港、澳、台商投资	Others	18	44	18	43		1
外商投资	Foreign Funded Enterprises	11842	13479	11325	12935	517	544
中外合资经营	Joint - venture Enterprises	5619	6024	5353	5744	266	280
中外合作经营	Cooperation Enterprises	221	517	212	511	9	6
外资企业	Enterprises With Sole Foreign Investment	5741	6455	5525	6219	216	236
外商投资股份有限公司	Foreign Investment Share - holding Corporations Ltd.	254	309	228	288	26	21
其他外商投资	Others	7	174	7	173		1

1－15 按行业分的法人单位数(2012 年)
Number of Corporation Units by Sector(2012)

单位:个(unit)

行业	Sector	法人单位数 Number Of Corporation Units	单产业法人 Containing Single Industrial Activity	多产业法人 Containing Multiple Industrial Activity
总计	**Total**	**865154**	**836685**	**28469**
按国民经济行业分组	**By Sector**			
农、林、牧、渔业	Farming, Forestry, Animal Husbandry and Fishery	38109	37902	207
农业	Farming	21648	21562	86
林业	Forestry	2271	2247	24
牧业	Animal Husbandry	5523	5477	46
渔业	Fishery	4501	4476	25
农林牧渔服务业	Services	4166	4140	26
采矿业	Ming and Quarrying	1508	1492	16
煤炭采选业和洗选项业	Coal Mining and Dressing	14	13	1
石油和天然气开采业	Petroleum and Natural Gas Extraction	5	4	1
黑色金属矿采选业	Ferrous Metals Mining and Dressing	21	20	1
有色金属矿采选业	Nonferrous Metals Mining and Dressing	74	72	2
非金属矿采选业	Nonmetal Minerals Mining and Dressing	1364	1353	11
开采辅助活动	Supplementary Activities for Mining	13	13	
其他采矿业	Other Minerals Mining and Dressing	17	17	
制造业	Manufacturing	323464	316739	6725
农副食品加工业	Non－staple Food Processing	4832	4606	226
食品制造业	Food Manufacturing	2253	2098	155
酒、饮料和精制茶制造业	Wine, Soft Drinks and Refined Tea Manufacturing	2411	2272	139
烟草制品业	Tobacco Processing	12	12	

续表 1 Continued 单位:个(unit)

行业	Sector	法人单位数 Number Of Corporation Units	单产业法人 Containing Single Industrial Activity	多产业法人 Containing Multiple Industrial Activity
纺织业	Textile Industry	28061	27499	562
纺织服装、服饰业	Garments and Apparel Industry	20416	19998	418
皮革、毛皮、羽毛及其制品和制鞋业	Leather,Furs,Down and Related Production,Shoes Manufacturing	12196	11927	269
木材加工及木、竹、藤、棕、草制品业	Timber Processing,Bamboo,Cane Palm Fiber and Straw Production	4925	4839	86
家具制造业	Furniture Manufacturing	4613	4476	137
造纸及纸制品业	Papermaking and Paper Production	8652	8549	103
印刷和记录媒介复制业	Printing and Record Medium Reproduction	9618	9391	227
文教、工美、体育和娱乐用品制造业	Cultural and Educational,Arts and Crafts,Sports and Entertainment Goods	15393	15099	294
石油加工、炼焦及核燃料加工业	Petroleum Processing,Cooking and Nuclear Fuel Processing	282	279	3
化学原料及化学制品制造业	Raw Chemical Materials and Chemical Production	8661	8447	214
医药制造业	Medical and Pharmaceutical Production	1354	1283	71
化学纤维制造业	Chemical Fiber	1294	1274	20
橡胶和塑料制品业	Rubber and Plastic Production	26027	25654	373
非金属矿物制品业	Nonmetal Mineral Production	10676	10489	187
黑色金属冶炼及压延加工业	Smelting and Pressing of Ferrous Metals	4574	4465	109
有色金属冶炼及压延加工业	Smelting and Pressing of Nonferrous Metals	2977	2945	32
金属制品业	Metal Production	25694	25285	409
通用设备制造业	Ordinary Machinery	40915	40182	733
专用设备制造业	For Special Purpose Equipment Manufacturing	17670	17387	283

续表 2 Continued 单位:个(unit)

行业	Sector	法人单位数 Number Of Corporation Units	单产业法人 Containing Single Industrial Activity	多产业法人 Containing Multiple Industrial Activity
汽车制造业	Automotive Manufacturing	12390	12164	226
铁路、船舶、航空航天和其他运输设备制造业	Railway, Shipbuilding, Aerospace and other Transport Equipment	4561	4427	134
电气机械及器材制造业	Electric Equipment and Machinery	31109	30309	800
计算机、通信和其他电子设备制造业	Telecommunications Equipment, Computer and Other Electronic Equipment Manufacturing	9271	9075	196
仪器仪表制造业	Instruments Manufacturing	5670	5503	167
其他制造业	Other Manufacturing	4623	4530	93
废弃资源综合利用业	Comprehensive Utilization of Waste Resources	971	954	17
金属制品、机械和设备修理业	Metal Products, Machinery and Equipment Repair Industry	1363	1321	42
电力、热力、燃气及水的生产和供应业	Electricity, Heating Power, Gas and Water Production and Supply	4058	3863	195
电力、热力的生产和供应业	Production and Supply of Electricity and Heating Power	2728	2621	107
燃气生产和供应业	Production and Supply of Gas	204	172	32
水的生产和供应业	Production and Supply of Water	1126	1070	56
建筑业	Construction	24066	22260	1806
房屋建筑业	Housing	4047	3349	698
土木工程建筑业	Civil Engineering	4767	4243	524
建筑安装业	Installation	3629	3427	202
建筑装饰业和其他建筑业	Building Decoration and Others	11623	11241	382
批发和零售业	Wholesale and Retail Trade	196799	189438	7361
批发业	Wholesale	153731	149543	4188
零售业	Retail Sale	43068	39895	3173
交通运输、仓储和邮政业	Transportation, Storage and Post	15481	14499	982
铁路运输业	Railway Transpot	58	53	5
道路运输业	Highway Transport	7639	7153	486
水上运输业	Waterway Transport	1186	1125	61

续表 3 Continued 单位:个(unit)

行业	Sector	法人单位数 Number Of Corporation Units	单产业法人 Containing Single Industrial Activity	多产业法人 Containing Multiple Industrial Activity
航空运输业	Air Transport	64	60	4
管道运输业	Pipeline Transport	6	6	
装卸搬运和运输代理业	Carrying and Transportation Agents	4917	4637	280
仓储业	Storage	865	809	56
邮政业	Postal Services	746	656	90
住宿和餐饮业	Hotels and Catering Services	9072	7955	1117
住宿业	Hotels	4145	3496	649
餐饮业	Catering Services	4927	4459	468
信息传输、软件和信息技术服务业	Information Transmission, Software and Information Technology Services	13814	13445	369
电信、广播电视和卫星传输服务	Telecommunication, Radio and Television, Satellite Transmission Services	613	525	88
互联网和相关服务	Internet and Related Services	1162	1127	35
软件和信息技术服务业	Software and Information Technology Services	12039	11793	246
金融业	Banking	3492	2753	739
货币金融服务	Monetary and Financial Services	1242	905	337
资本市场服务	Capital Market Services	766	741	25
保险业	Insurance	593	236	357
其他金融业	Others	891	871	20

续表 4 Continued 单位:个(unit)

行业	Sector	法人单位数 Number Of Corporation Units	单产业法人 Containing Single Industrial Activity	多产业法人 Containing Multiple Industrial Activity
房地产业	Real Estate	20423	19020	1403
房地产业	Real Estate	20423	19020	1403
租赁和商务服务业	Renting and Business Services	67680	65851	1829
租赁业	Leasing	2891	2825	66
商务服务业	Commercial Services	64789	63026	1763
科学研究和技术服务业	Scientific Research and Technical Services	22771	21844	927
研究与试验发展	Research and Experiment Development	2862	2828	34
专业技术服务业	Technical Services	11294	10532	762
科技推广和应用服务业	Promotion and Application of Science and Technology Services	8615	8484	131
水利、环境和公共设施管理业	Water Conservancy, Environment and Public Utility	4968	4754	214
水利管理业	Water Conservancy	801	774	27
生态保护和环境治理业	Ecological Protection and Environmental Management	479	461	18
公共设施管理业	Public Facilities	3688	3519	169
居民服务、修理和其他服务业	Service for the Residents, Repair and Others	10392	10031	361
居民服务业	Resident Services	3523	3326	197
机动车、电子产品和日用产品修理业	Motor Vehicles, Electronics and Household Goods Repair Industry	3708	3593	115
其他服务业	Other Services	3161	3112	49
教育	Education	17827	16965	862
教育	Education	17827	16965	862

续表 5 Continued 单位:个(unit)

行业	Sector	法人单位数 Number Of Corporation Units	单产业法人 Containing Single Industrial Activity	多产业法人 Containing Multiple Industrial Activity
卫生和社会工作	Health Care and Social Work	6822	5983	839
卫生	Health Care	5321	4505	816
社会工作	Social Work	1501	1478	23
文化、体育和娱乐业	Culture, Sports and Entertainment	13077	12827	250
新闻和出版业	News and Publishing	311	297	14
广播、电视、电影和影视录音制作业	Television, Radio, Film and Television Sound Recording Production	1144	1059	85
文化艺术业	Culture and Arts	2338	2281	57
体育	Sports	1440	1399	41
娱乐业	Recreation	7844	7791	53
公共管理、社会保障和社会组织	Public Administration, Social Security and Social Organization	71331	69064	2267
中国共产党机关	Communist Party Agencies	1146	1105	41
国家机构	Government Agencies	14455	12915	1540
人民政协、民主党派	The CPPCC, Democratic Parties	293	290	3
社会保障	Social Security	321	316	5
群众团体、社会团体和其它成员组织	Mass Organizations, Social Groups and Other Members of the Organization	21797	21631	166
基层群众自治组织	Mass Grassroot Organizations	33319	32807	512

1－16 按地区分组的法人单位数
Number of Corporation Units by Region

单位:个(unit)

指标名称	Region	法人单位数 Number Of Corporation Units		单产业法人 Containing Single Industrial Activity		多产业法人 Containing Multiple Industrial Activity	
		2011	2012	2011	2012	2011	2012
按地区分组	**by Region**						
杭州市	Hangzhou	166332	182924	159404	175492	6928	7432
上城区	Shangcheng	9500	10182	8800	9467	700	715
下城区	Xiacheng	15810	17163	14934	16248	876	915
江干区	Jianggan	15103	16372	14436	15663	667	709
拱墅区	Gongshu	21342	24301	20714	23557	628	744
西湖区	Xihu	22780	25157	21587	23876	1193	1281
滨江区	Bingjiang	5219	6151	5024	5909	195	242
萧山区	Xiaoshan	29625	32281	28839	31393	786	888
余杭区	Yuhang	15390	17661	14627	16845	763	816
桐庐县	Tonglu	6900	7256	6705	7071	195	185
淳安县	Chunan	3521	3567	3312	3353	209	214
建德市	Jiande	5297	5920	5088	5714	209	206
富阳市	Fuyang	8824	8943	8548	8656	276	287
临安市	Linan	7021	7970	6790	7740	231	230
宁波市	Ningbo	146473	161100	141973	156110	4500	4990
海曙区	Haishu	14159	14562	13421	13787	738	775
江东区	Jiangdong	12748	13891	12193	13304	555	587
江北区	Jiangbei	8362	8623	7981	8214	381	409
北仑区	Beilun	14315	15851	13622	15075	693	776
镇海区	Zhenhai	9149	9564	8879	9301	270	263
鄞州区	Yinzhou	23692	29764	23174	29073	518	691
象山县	Xiangshan	8708	9320	8503	9095	205	225
宁海县	Ninghai	9803	10385	9591	10152	212	233
余姚市	Yuyao	16406	17882	16056	17496	350	386
慈溪市	Cixi	20061	21456	19689	21025	372	431
奉化市	Fenhua	9070	9802	8864	9588	206	214
温州市	Wenzhou	104983	120422	100577	115566	4406	4856
鹿城区	Luchen	15330	16407	14197	15240	1133	1167
龙湾区	Longwan	9790	11627	9392	11149	398	478
瓯海区	Ohai	9411	11080	9061	10707	350	373
洞头县	Dongtou	1276	1419	1207	1350	69	69
永嘉县	Yongjia	8835	10645	8606	10385	229	260
平阳县	Pingyang	7990	9194	7759	8932	231	262

续表 1 Continued 单位:个(unit)

指标名称	Region	法人单位数 Number Of Corporation Units		单产业法人 Containing Single Industrial Activity		多产业法人 Containing Multiple Industrial Activity	
		2011	2012	2011	2012	2011	2012
苍南县	Cangnan	13099	14349	12595	13821	504	528
文成县	Wenchen	1631	1892	1543	1795	88	97
泰顺县	Taishun	2055	2772	1997	2700	58	72
瑞安市	Ruian	14767	15644	14130	14980	637	664
乐清市	Yueqing	20799	25393	20090	24507	709	886
嘉兴市	Jiaxing	67573	71527	65191	69082	2382	2445
南湖区	Nanhu	11415	12314	10908	11799	507	515
秀洲区	Xiuzhou	7170	8006	6921	7727	249	279
嘉善县	Jiashan	9374	9771	9217	9601	157	170
海盐县	Haiyan	6671	6896	6438	6646	233	250
海宁市	Haining	13388	13701	12684	13023	704	678
平湖市	Pinghu	9349	9748	9093	9480	256	268
桐乡市	Tongxiang	10206	11091	9930	10806	276	285
湖州市	Huzhou	26027	29716	25153	28772	874	944
吴兴区	Wuxing	5771	7200	5464	6842	307	358
南浔区	NanXun	4541	4674	4420	4555	121	119
德清县	Deqing	5157	5553	5043	5435	114	118
长兴县	ChangXing	6486	7792	6332	7625	154	167
安吉县	Anji	4072	4497	3894	4315	178	182
绍兴市	Shaoxing	68349	80328	66854	78778	1495	1550
越城区	Yuechen	13233	15362	12802	14906	431	456
绍兴县	shaoxing	15910	21071	15724	20862	186	209
新昌县	Xinchang	5304	5732	5050	5495	254	237
诸暨市	Zhuji	14954	16670	14610	16327	344	343
上虞市	Shangyu	10774	12538	10599	12341	175	197
嵊州市	Shengzhou	8174	8955	8069	8847	105	108
金华市	Jinhua	66205	75421	64240	73439	1965	1982
婺城区	Wuchen	8387	9499	8031	9123	356	376
金东区	JIndong	3169	3570	3104	3488	65	82
武义县	Wuyi	4324	4629	4204	4507	120	122
浦江县	Pujiang	3336	3875	3243	3776	93	99
磐安县	Panan	3190	3446	3119	3382	71	64
兰溪市	Lanxi	5250	5568	5101	5421	149	147

续表 2 Continued 单位:个(unit)

指标名称	Region	法人单位数 Number Of Corporation Units		单产业法人 Containing Single Industrial Activity		多产业法人 Containing Multiple Industrial Activity	
		2011	2012	2011	2012	2011	2012
义乌市	Yiwu	17824	22551	17256	21998	568	553
东阳市	Dongyang	8686	9010	8387	8706	299	304
永康市	Yongkang	12039	13273	11795	13038	244	235
衢州市	Quzhou	20897	23041	20267	22376	630	665
柯城区	Kechen	4312	4975	4114	4762	198	213
衢江区	Qujiang	2875	3235	2836	3191	39	44
常山县	Changshan	3317	3646	3244	3573	73	73
开化县	Kaihua	2286	2515	2170	2401	116	114
龙游县	Longyou	3298	3585	3263	3543	35	42
江山市	Jiangshan	4809	5085	4640	4906	169	179
舟山市	Zhoushan	15363	16287	14308	15300	1055	987
定海区	Dinghai	7955	8531	7475	8093	480	438
普陀区	Putuo	4180	4521	3840	4206	340	315
岱山县	Daishan	2230	2156	2100	2028	130	128
嵊泗县	Shengsi	998	1079	893	973	105	106
台州市	Taizhou	75540	81445	73866	79721	1674	1724
椒江区	Jiaojiang	8932	10213	8596	9863	336	350
黄岩区	Huangyan	9304	10031	9159	9884	145	147
路桥区	Luqiao	8934	9381	8719	9156	215	225
玉环县	Yuhuan	9434	10542	9347	10451	87	91
三门县	Sanmen	5257	5622	5138	5499	119	123
天台县	Tiantai	4153	4596	4029	4478	124	118
仙居县	Xianju	5195	5490	5052	5345	143	145
温岭市	Wenling	15673	16361	15391	16056	282	305
临海市	Linhai	8658	9209	8435	8989	223	220
丽水市	Lishui	20452	22943	19605	22049	847	894
莲都区	Liandu	4525	5332	4210	5000	315	332
青田县	Qingtian	3061	3383	2996	3308	65	75
缙云县	Jinyun	3313	3681	3202	3569	111	112
遂昌县	Suichang	1394	1470	1298	1376	96	94
松阳县	Songyang	1533	1626	1477	1564	56	62
云和县	Yunhe	1366	1351	1340	1323	26	28
庆元县	Qingyuan	1671	1829	1620	1777	51	52
景宁县	Jingning	1636	1748	1591	1702	45	46
龙泉市	Longquan	1953	2523	1871	2430	82	93

浙/江/统/计/年/鉴

主要统计指标解释

■ 生产总值

是按市场价格计算的国内生产总值的简称。它是一个国家(地区)所有常住单位在一定时期内生产活动的最终成果。生产总值有三种表现形态,即价值形态、收入形态和产品形态。从价值形态看,它是所有常住单位在一定时期内所生产的全部货物和服务价值超过同期投入的全部非固定资产货物和服务价值的差额,即所有常住单位增加值之和;从收入形态看,它是所有常住单位在一定时期内所创造并分配给常住单位和非常住单位的初次分配收入之和;从产品形态看,它是最终使用的货物和服务减去进口货物和服务。在实际核算中,国内生产总值的三种表现形态表现为三种计算方法,即生产法、收入法和支出法。三种方法分别从不同的方面反映国内生产总值及其构成。

■ 三次产业

根据社会生产活动历史发展的顺序对产业结构的划分,产品直接取自自然界的部门称为第一产业,对初级产品进行再加工的部门称为第二产业,为生产和消费提供各种服务的部门称为第三产业。它是世界上通用的产业结构分类,但各国的划分不尽一致。我国的三次产业划分是:

第一产业:农林牧渔业(包括农业、林业、畜牧业、渔业和农林牧渔服务业)。

第二产业:包括采矿业、制造业、电力、燃气、及水的生产和供应业、建筑业。

第三产业:除第一、第二产业以外的其他各业。

■ 支出法国内生产总值

指一个国家(或地区)所有常住单位在一定时期内用于最终消费、资本形成总额,以及货物和服务的净出口总额,它反映本期生产的国内生产总值的使用构成。

■ 最终消费

指常住单位在一定时期内对于货物和服务的全部消费支出,也就是常住单位为满足物质文化和精神生活的需要,从本国经济领土和国外购买的货物和服务的支出;不包括非常住单位在本国经济领土内的消费支出。最终消费分为居民消费和政府消费。

■ 居民消费

指常住住户对货物和服务的全部最终消费指出。居民消费按市场价格计算,既按居民支付的购买者价格计算。购买者价格是购买者取得货物所支付的价格包括购买者支付的运输和商业费用。居民消费除了直接以货币形式购买货物和服务的消费之外,还包括以其他方式获得的货物和服务的消费支出既所谓的虚拟消费支出。居民虚拟消费支出包括以下几种类型:单位以实物报酬及实物转移的形式提供给劳动者的货物和服务;住户生产并由本住户消费了的货物和服务,其中的服务仅指住户的自有住房服务;金融机构提供的金融媒介服务;保险公司提供的保险服务。

■ 政府消费

指政府部门为全社会提供公共服务的消费支出和免费或以较低价格向住户提供的货物和服务的净支出前者等于政府服务的产出价值减去政府单位所获得的经营收入的价值,政府服务的产出价值等于它的经常性业务支出加上固定资产折旧;后者等于政府部门免费或以较低价格向住户提供的货物和服务的市场减去向住户收取的价值。

■ 资本形成总额

指常住单位在一定时期内获得的减去处置的固定资产加存货的变动,包括固定资本形成总额和存货增加。

■ 固定资本形成总额

指常住单位购置、转入和自产自用的固定资产,扣除固定资产的销售和转让,分有形固定资产形成总额和无形固定资产形成总额。有形固定资产形成总额包括一定时期内完成的建筑工程、安装工程和设备工器具(减处置)价值,以及土地改良、新增役种奶毛娱乐用牲畜和新增林木价值。无形固定资产总额包括矿藏的勘探、计算机软件、娱乐和文学艺术品原件等获得减处置。

主要统计指标解释

■ 存货增加

指常住单位存货实物量变动的市场价值，即期末价值减期初价值的差额。存货量增加可以是正值，也可以是负值；正值表示存货上升，负值表示存货下降。它包括生产单位购进的原材料燃料和储备物资等存货，以及生产单位生产的产成品在制品等存货等。

■ 货物和服务净出口

指货物和服务出口减货物和服务进口的差额。出口包括常住单位从非常住单位出售或无偿转让的各种货物和服务的价值；进口包括常住单位从非常住单位购买或无偿得到的各种货物和服务的价值。由于服务活动的提供与使用同时发生，因此服务的进出口业务并不发生出入境现象，一般把常住单位从国外得到的服务作为进口，非常住单位从本国得到的服务作为出口。货物的进口和出口都按离岸价格计算。

■ 劳动者报酬

指劳动者因从事生产活动所获得的全部报酬。包括劳动者获得的各种形式的工资，奖金和津贴，既包括货币形式的，也包括实物形式的；还包括劳动者所享受的公费医疗和医药卫生费上下班交通补贴和单位支付的社会保险费等。对于个体经济来说其所有者所获得的劳动报酬和经营利润不易区分，这两部分统一作为劳动者报酬处理。

■ 生产税净额

指生产税减生产补贴后的余额。生产税指政府对生产单位生产销售和从事经营活动以及因从事生产活动使用某些生产要素（如固定资产土地劳动力）所征收的各种税、附加费和规费。生产补贴和生产税相反，指政府对生产单位的单方面收入转移，因此视为负生产税，包括政策亏损补贴、粮食系统价格补贴、外贸企业出口退税收入等。

■ 固定资产折旧

在一定时期内为弥补固定资产损耗按照核定的固定资产损耗率提取的固定资产折旧，或按国民经济核算统一规定的折旧率虚拟计算的固定资产折旧。它反映了固定资产在当期生产中的转移价值。各类企业和企业化管理的事业单位的固定资产折旧是指实际计提并计入成本费中的折旧费；不计提折旧的政府机关非企业化管理的事业单位和居民住房的固定资产折旧是按照统一规定的折旧率和固定资产原值计算的虚拟折旧。原则上，固定资产折旧应按固定资产的重置价值计算，但是目前我国尚不具备对全社会固定资产进行重估价的基础，所以暂时只能采用上述方法。

■ 营业盈余

指常住单位创造的增加值扣除劳动者报酬生产税净额和固定资产折旧后的余额。它相当于企业的营业利润加上生产补贴，但要扣除从利润中开支的工资和福利等。

ZHEJIANG STATISTICAL YEARBOOK

Explanatory Notes on Main Statistical Indicators

□ Gross Domestic Product(GDP)

refers to gross domestic product calculated at market prices, which is the final products of all resident units in a country (or region) during a certain period of time. Gross domestic product is expressed in three different forms, i. e. value added, income, and products respectively. The form of value added refers to the total value of all products and services produced by all resident units during a certain period of time minus total value of input of materials and services of the nature of non-fixed assets or the summation of the value added of all resident units; the form of income includes all the income created by all resident units and distributed primarily to all resident and non-resident units; the form of products refers to all final goods and services minus imports of goods and services. In the practice of national accounting, gross domestic product is calculated with three approaches, i. e. product approach, income approach, and expenditure approach respectively to reflect gross domestic product and its composition from different aspects.

□ Three Industries

Industry structure has been classified according to the historical sequence of development. Primary industry refers to extraction of natural resources; secondary industry involves processing of primary products ; and tertiary industry provides services of various kinds for production and consumption. The above classification is universal although it varies to some extent from country to country. Industry in China comprises:

Primary industry: agriculture, forestry, animal husbandry and fishery, including farming animal husbandry, fishery industry and service industry for farming, animal husbandry and fishery.

Secondary industry: mining, manufacturing, power、steam and water production and supply, construction.

Tertiary industry: all other industries not included in primary or secondary industry.

□ GDP Calculated by Expenditure Approach

refers to total expenditure on final consumption, total capital formation and net export of goods and services by resident units of a country in a certain period of time. It reflects the composition of GDP by its use.

□ Final Consumption

refers to the total expenditure of resident units on final consumption of goods and services in a certain period, namely the expenditure of the resident units for perchases of good and services from domestic economic territory and abroad to meet the requirements of meterial, cultural and spritual life. It excludes the expenditure of non-resident units on consumption in the economic territory of the country. The final consumption is classified into household consumption and government consumption.

□ Households Consumption

refers to the total expenditure of resident households on the final consumption of goods and services. The households consumption is calculated at market prices, namely the purchaser's prices which the households pay; the purchaser's prices of goods are the prices the households pay when they obtain the goods including the transport and commercial expenses paid by the households. In addition to the consumption of goods and services bought by the households directly with money, the expenditure on goods and services obtained by the households in other ways, i. e. the so-called imputed expenditure on consumption, is also included in the households consumption. The imputation expenditure of the households on consumption includes the following types: (a) the goods and services privided to the households by the units in the form of payment in kind and transfer in kind; (b) the goods and services produced

EXPLANATORY NOTES ON MAIN STATISTICAL INDICATORS

and consumed by the households themselves, in which the services refer only to the services provided by the residential buildings owned by the households; (c) the services of financial intermediary provided by the financial institution; (d) the insurance services provided by the insurance companies.

□ Government Consumption

refers to the expenditure on the consumption of the public services provided by the government to the whole society and the net expenditure on the goods and services provided by the government to the households at free charge or lower prices. The former equals to the output value of the government services minus the value of operating income obtained by the government departments. (The output value of the government services equals to its current operating expenditure plus depreciation of fixed assets). The latter equals to the market value of the goods and services provided by the government free of charge or at low prices to the households minus the value received by the government from the households.

□ Total Capital Formation

refers to the fixed assets acquired minus those disposed and the change in inventory including the total fixed assets formation and the increase in inventory.

□ Total Fixed Capital Formation

refers to the value of fixed assets purchased, transferred in by the resident units and those produced and used by themselves deducting the value of fixed assets sold and transferred out. It can be classfied into total tangible assets formation and total intangible asset formation. The total tangible assets formation and total intangible assets formation. The total tangible assets formation include the value of construction projects, installation projects completed and the equipment apparatus and instruments purchasedas well as the value of land improved, the value of draught animals, breeding stock, milk, wool and recreational animals and the newly increased economic forest in a certain period. The total ingangible assets formation includes the prospecting of minerals, the acquisition of computer software, the orginals of recreational works and works of literature and arts minus the disposal of them.

□ Increase in Inventory

refers to the market value of the change in inventory, i. e. the difference of value between the beginning and the end of the period. The increase in inventory can be positive or negative. A positive value indicates the increase in inventory while a negative value indicates the decrease in stock. The inventory includes the raw materials, fuels, and reserve materials purchased by the production units as well as the inventory of finished products, semifinished products work-in-progress, ect.

□ Net Export of Goods and Services

refers to the difference of the exports of goods and services minus the imports of goods and services. The imports include the value of various goods and services sold or gratuitously transferred by the resident units to the non-resident units. The imports include the value of various goods and services purchased or gratuitously acquired by the resident units from the non-resident units. Because the provision of services and the use of them happen simultaneously, the import and export of services do not appear to have the phenomena of crossing the border of the country. The acquisition of services by the resident units from abroad is uaually treated as import while the acquisition of services by non-resident units in this country is uaually treated as export. The export and import of goods are calculated at FOB.

□ Labourer's Remuneration

refers to the whole payment of various forms earned by the labourers from the productive activities they are engaged in. It includes wages, bonuses and allowances the labourers earned in monetary form and in kind. It also includes the free medical services provided to the labourers and the medicine expenses, traffic subsidies and social insurance free paid by the labourers' working units for them. As the individual economy is concerned, since the labourers' remuneration is not easily distingushed from the operating profit, both are treated as labourers remuneration.

EXPLANATORY NOTES ON MAIN STATISTICAL INDICATORS

□ Net Taxes on Production

refers to the residual of the taxes on production minus the subsidies on production. The taxes on production refer to the various taxes, extra charges and fees levied on the production units on their production, sail and business activities as well as on some factors of production, such as fixed assets, land and labour force, used in the production activities they are engaged in. In contrast to the taxes on production, the subsidies on production refer to the unilateral transfer of part of the government's revenue to the production units and is therefore regarded as negative taxes on production. They include sunsidies on the loss due to implementation of government policies, price subsidies to the grain institutions, foreign trade corporations' receipts from drawback, ect.

□ Depreciation of Fixed Assets

refers to the depreciation of fixed assets of a given period, drawn in accordance with the stipulated depreciation rate for purpose of compensating the wear loss of the fixed assets of the depreciation of fixed assets calculated in a fictitious way in accordance with the stipulated unified depreciation rate in the national economic accounting system. It reflects the value of transfer of the fixed assets in the production of the current period. The depreciation of fixed assets in various enterprises and institutions managed as enterprises refers to the depreciation expenses actually drawn-and calculated as part of the cost. In government agencies and institutions not managed as enterprises which do not draw the depreciation expenses, as well as for the house of residents, the depreciation of fixed assets is the imputed depreciation, which is calculated in accordance with the stipulated unified depreciation rate. In principle, the depreciation of fixed assets should bs calculated on the basis of the repurchased value of the fixed assets. However, there is no actual condition to reevaluated all the fixed assets in China. Therefore, the abovementioned methods are temporarily adopted at present.

□ Operating Surplus

refers to the balance of the value added created by the resident units deducting the laboures' remuneration, net taxes on production and the depreciation of fixed assets. It is equivalent to the business profit of the enterprises plus subsidies on production, but the wages and welfare expenses paid from the profits should be deducted.

2013

浙江统计年鉴

ZHEJIANG STATISTICAL YEARBOOK

CHAPTER 2

人口和从业人员

Population and Employment

2-1 历年总户数和总人口数(年底数)
Total Population and Households(year-end)

年份 Year	总户数 (万户) Total Households (10000 households)	总人口数 (万人) Total Population (10000 persons)	按性别分 By Sex		按农业和非农业分 By Agriculture and Non-agriculture	
			男性 Male	女性 Female	农业人口 Agriculture	非农业人口 Non-agriculture
1978	897.62	3750.96	1948.29	1802.67	3321.96	429.00
1979	905.32	3792.33	1967.40	1824.93	3332.57	459.76
1980	923.58	3826.58	1985.59	1840.99	3346.40	480.18
1981	965.92	3871.51	2007.55	1863.96	3362.04	509.47
1982	990.66	3924.32	2034.98	1889.34	3387.79	536.53
1983	1014.03	3963.10	2056.06	1907.04	3413.05	550.05
1984	1038.85	3993.09	2071.46	1921.63	3425.47	567.62
1985	1081.20	4029.56	2090.69	1938.87	3395.35	634.21
1986	1122.09	4070.07	2112.05	1958.02	3417.19	652.88
1987	1167.30	4121.19	2137.38	1983.81	3455.14	666.05
1988	1211.08	4169.85	2161.26	2008.59	3487.61	682.24
1989	1240.41	4208.88	2180.83	2028.05	3515.46	693.42
1990	1259.49	4234.91	2193.71	2041.20	3538.13	696.78
1991	1276.80	4261.37	2206.65	2054.72	3555.37	706.00
1992	1297.81	4285.91	2218.72	2067.19	3560.13	725.78
1993	1311.07	4313.30	2232.72	2080.58	3563.24	750.06
1994	1321.54	4341.20	2246.57	2094.63	3565.19	776.01
1995	1339.82	4369.63	2259.54	2110.09	3567.14	802.49
1996	1353.99	4400.09	2273.54	2126.55	3570.17	829.92
1997	1369.79	4422.28	2282.85	2139.43	3557.19	865.09
1998	1389.44	4446.86	2293.29	2153.57	3539.78	907.08
1999	1410.25	4467.46	2302.64	2164.82	3519.79	947.67
2000	1440.40	4501.22	2316.54	2184.68	3506.20	995.02
2001	1447.67	4519.84	2323.87	2195.97	3473.63	1046.21
2002	1466.19	4535.98	2330.30	2205.68	3438.76	1097.22
2003	1485.72	4551.58	2335.61	2215.97	3394.08	1157.50
2004	1509.29	4577.22	2345.26	2231.96	3353.16	1224.06
2005	1534.16	4602.11	2354.19	2247.91	3335.30	1266.81
2006	1556.53	4629.43	2364.97	2264.46	3317.26	1312.17
2007	1578.85	4659.34	2377.12	2282.22	3308.21	1351.13
2008	1595.70	4687.85	2388.98	2298.87	3292.37	1395.48
2009	1604.17	4716.18	2400.16	2316.02	3282.23	1433.95
2010	1607.86	4747.95	2413.13	2334.83	3279.06	1468.90
2011	1618.04	4781.31	2426.93	2354.38	3279.43	1501.88
2012	1616.25	4799.34	2433.68	2365.66	3277.74	1521.61

注：本表资料为公安年报数。
Data in this table were taken from the annual reports of the Bureau of Public Security.

2-2 各市、县总户数和总人口数(2012年底)
Total Households and Population by City and County(End of 2012)

地区	Region	总户数(万户) Total Households (10000 households)	总人口数(万人) Total Population (10000 persons)	按性别分 By Sex		按农业和非农业分 By Agriculture and Non-agriculture	
				男性 Male	女性 Female	农业人口 Agriculture	非农业人口 Non-agriculture
合计	**Total**	**1616.25**	**4799.34**	**2433.68**	**2365.66**	**3277.74**	**1521.61**
杭州市	**Hangzhou**	**218.95**	**700.52**	**350.90**	**349.62**	**316.44**	**384.09**
市辖区	District	131.48	445.43	221.99	223.43	119.93	325.50
上城区	Shangcheng	11.46	32.92	16.55	16.37		32.92
下城区	Xiacheng	12.75	40.51	20.47	20.04		40.51
江干区	Jianggan	12.59	45.98	22.93	23.05	1.37	44.60
拱墅区	Gongshu	10.82	31.64	15.98	15.66		31.64
西湖区	Xihu	17.17	64.73	33.01	31.71	6.69	58.04
滨江区	Bingjiang	4.59	17.04	8.71	8.33	1.10	15.94
萧山区	Xiaoshan	37.56	123.57	60.70	62.87	71.05	52.52
余杭区	Yuhang	24.54	89.04	43.65	45.38	39.71	49.32
桐庐县	Tonglu	14.78	40.42	20.29	20.13	27.90	12.52
淳安县	Chunan	14.76	45.55	23.21	22.34	37.57	7.98
建德市	Jiande	17.00	50.92	26.02	24.90	37.94	12.98
富阳市	Fuyang	22.08	65.60	33.12	32.47	51.51	14.09
临安市	Linan	18.85	52.60	26.26	26.34	41.59	11.01
宁波市	**Ningbo**	**223.46**	**577.71**	**288.30**	**289.41**	**366.26**	**211.45**
市辖区	District	90.06	226.11	111.70	114.41	84.79	141.32
海曙区	Haishu	11.25	29.88	14.69	15.19		29.88
江东区	Jiangdong	10.63	27.93	13.77	14.16		27.93
江北区	Jiangbei	10.05	24.11	11.86	12.25	8.29	15.82
北仑区	Beilun	15.37	38.30	18.95	19.35	16.81	21.49
镇海区	Zhenhai	9.21	22.76	11.46	11.30	6.03	16.74
鄞州区	Yinzhou	33.55	83.12	40.97	42.15	53.67	29.45
象山县	Xiangshan	18.83	54.03	27.52	26.51	42.69	11.34
宁海县	Ninghai	22.80	61.57	31.93	29.64	51.73	9.84
余姚市	Yuyao	31.01	83.45	41.37	42.08	64.59	18.86
慈溪市	Cixi	42.52	104.19	51.35	52.84	84.98	19.21
奉化市	Fenhua	18.24	48.35	24.42	23.93	37.47	10.88
温州市	**Wenzhou**	**228.28**	**800.21**	**415.37**	**384.84**	**630.70**	**169.50**
市辖区	District	44.04	149.66	75.48	74.18	82.21	67.44
鹿城区	Luchen	23.63	72.58	36.06	36.52	17.61	54.96
龙湾区	Longwan	8.35	34.87	18.03	16.84	28.60	6.26
瓯海区	Ohai	12.06	42.21	21.39	20.82	36.00	6.22
洞头县	Dongtou	4.10	13.06	6.72	6.34	11.22	1.83
永嘉县	Yongjia	29.20	96.27	51.16	45.11	85.47	10.80
平阳县	Pingyang	24.02	87.30	45.37	41.92	70.78	16.52
苍南县	Cangnan	33.48	129.99	68.41	61.59	99.05	30.95

续表 1 Continued

地区	Region	总户数（万户）Total Households (10000 households)	总人口数（万人）Total Population (10000 persons)	按性别分 By Sex		按农业和非农业分 By Agriculture and Non－agriculture	
				男性 Male	女性 Female	农业人口 Agriculture	非农业人口 Non－agriculture
文成县	Wenchen	12.92	39.12	20.74	18.37	35.52	3.60
泰顺县	Taishun	11.58	36.05	18.86	17.19	32.40	3.65
瑞安市	Ruian	31.96	121.60	62.37	59.23	98.66	22.94
乐清市	Yueqing	36.98	127.16	66.25	60.91	115.40	11.76
嘉兴市	**Jiaxing**	**103.91**	**344.52**	**170.09**	**174.43**	**186.95**	**157.57**
市辖区	District	27.70	84.84	41.97	42.88	40.55	44.29
南湖区	Nanhu	16.65	47.81	23.72	24.08	14.30	33.50
秀洲区	Xiuzhou	11.05	37.04	18.25	18.79	26.25	10.79
嘉善县	Jiashan	12.49	38.60	19.05	19.55	20.39	18.21
海盐县	Haiyan	12.13	37.59	18.59	19.00	15.78	21.81
海宁市	Haining	18.42	66.61	32.76	33.85	43.60	23.01
平湖市	Pinghu	14.69	48.89	23.99	24.90	25.40	23.50
桐乡市	Tongxiang	18.47	67.99	33.73	34.26	41.24	26.75
湖州市	**Huzhou**	**85.54**	**261.38**	**130.09**	**131.29**	**171.92**	**89.47**
市辖区	District	34.64	109.57	54.16	55.41	62.74	46.83
吴兴区	Wuxing	20.30	60.51	29.94	30.57	26.60	33.92
南浔区	NanXun	14.34	49.06	24.22	24.84	36.14	12.92
德清县	Deqing	13.55	43.26	21.43	21.83	29.22	14.04
长兴县	ChangXing	21.99	62.60	31.57	31.03	46.28	16.32
安吉县	Anji	15.36	45.95	22.93	23.02	33.68	12.27
绍兴市	**Shaoxing**	**162.00**	**440.83**	**221.00**	**219.83**	**284.24**	**156.59**
市辖区	District	23.48	65.55	32.21	33.33	15.93	49.62
越城区	Yuechen	23.48	65.55	32.21	33.33	15.93	49.62
绍兴县	shaoxing	25.32	72.72	35.85	36.87	40.26	32.46
新昌县	Xinchang	16.87	43.91	22.66	21.24	34.29	9.62
诸暨市	Zhuji	40.45	107.35	53.86	53.49	90.27	17.09
上虞市	Shangyu	29.41	77.85	38.57	39.28	49.13	28.72
嵊州市	Shengzhou	26.47	73.46	37.84	35.62	54.37	19.09
金华市	**Jinhua**	**182.33**	**470.63**	**240.68**	**229.94**	**361.46**	**109.17**
市辖区	District	37.02	93.92	47.37	46.56	61.74	32.19
婺城区	Wuchen	24.14	62.37	31.46	30.91	33.57	28.80
金东区	Jindong	12.88	31.56	15.91	15.65	28.17	3.39
武义县	Wuyi	13.40	33.90	17.35	16.54	28.36	5.53
浦江县	Pujiang	14.69	39.14	20.40	18.74	31.89	7.25
磐安县	Panan	8.09	20.99	10.90	10.09	17.91	3.08
兰溪市	Lanxi	22.75	66.60	34.68	31.92	53.54	13.06
义乌市	Yiwu	32.86	75.33	38.29	37.04	51.81	23.52
东阳市	Dongyang	31.09	82.80	42.09	40.71	68.18	14.61

续表 2 Continued

地区	Region	总户数（万户） Total Households (10000 households)	总人口数（万人） Total Population (10000 persons)	按性别分 By Sex		按农业和非农业分 By Agriculture and Non – agriculture	
				男性 Male	女性 Female	农业人口 Agriculture	非农业人口 Non – agriculture
永康市	Yongkang	22.43	57.95	29.61	28.34	48.02	9.93
衢州市	**Quzhou**	**87.47**	**252.83**	**130.06**	**122.77**	**199.43**	**53.40**
市辖区	District	30.20	83.11	42.55	40.55	55.36	27.75
柯城区	Kechen	16.56	43.34	22.02	21.32	19.21	24.13
衢江区	Qujiang	13.64	39.77	20.54	19.23	36.14	3.62
常山县	Changshan	10.47	33.58	17.48	16.10	29.13	4.45
开化县	Kaihua	11.51	35.48	18.37	17.12	31.11	4.38
龙游县	Longyou	15.56	40.37	20.54	19.83	33.86	6.51
江山市	Jiangshan	19.73	60.29	31.12	29.17	49.98	10.31
舟山市	**Zhoushan**	**36.72**	**97.18**	**48.30**	**48.87**	**59.77**	**37.41**
市辖区	District	25.68	70.35	35.08	35.27	41.36	28.99
定海区	Dinghai	14.52	38.12	19.00	19.11	21.42	16.70
普陀区	Putuo	11.16	32.23	16.08	16.16	19.95	12.29
岱山县	Daishan	8.00	18.96	9.38	9.59	13.98	4.98
嵊泗县	Shengsi	3.04	7.86	3.85	4.02	4.43	3.44
台州市	**Taizhou**	**191.70**	**590.95**	**303.26**	**287.69**	**483.07**	**107.87**
市辖区	District	50.11	156.90	79.11	77.78	125.36	31.54
椒江区	Jiaojiang	17.30	51.88	26.16	25.72	37.61	14.27
黄岩区	Huangyan	19.37	60.14	30.40	29.75	49.17	10.97
路桥区	Luqiao	13.44	44.87	22.56	22.31	38.58	6.29
玉环县	Yuhuan	13.92	42.55	21.59	20.95	22.55	20.00
三门县	Sanmen	13.18	43.53	22.82	20.71	39.03	4.50
天台县	Tiantai	19.35	59.22	30.96	28.26	48.02	11.20
仙居县	Xianju	14.76	50.29	26.13	24.17	45.27	5.02
温岭市	Wenling	42.05	120.60	61.24	59.36	100.14	20.45
临海市	Linhai	38.34	117.85	61.40	56.45	102.70	15.15
丽水市	**Lishui**	**95.89**	**262.59**	**135.63**	**126.96**	**217.49**	**45.10**
市辖区	District	16.84	39.28	19.88	19.40	26.73	12.55
莲都区	Liandu	16.84	39.28	19.88	19.40	26.73	12.55
青田县	Qingtian	16.35	52.14	26.97	25.16	43.36	8.77
缙云县	Jinyun	18.81	45.89	23.69	22.20	41.43	4.46
遂昌县	Suichang	8.35	23.24	12.10	11.15	19.46	3.78
松阳县	Songyang	8.73	23.90	12.45	11.45	21.07	2.83
云和县	Yunhe	3.68	11.35	5.88	5.47	9.32	2.03
庆元县	Qingyuan	8.17	20.64	10.69	9.95	17.27	3.37
景宁自治县	Jingning	5.71	17.31	9.13	8.17	14.21	3.10
龙泉市	Longquan	9.25	28.86	14.85	14.00	24.64	4.21

注：本表资料为公安年报数。
Data in this table were taken from the annual reports of the Bureau of Public Security.

2-3 人口自然变动情况(1978-2012年)
Natural Population Changes(1978-2012)

年份 Year	年末常住人口(万人) Total Population with Permanent Residence (10000 persons)	出生 Birth		死亡 Death		自然增长 Natural Growth	
		人数(万人) Population (10000 persons)	出生率(‰) Birth Rate (‰)	人数(万人) Population (10000 persons)	死亡率(‰) Death Rate (‰)	人数(万人) Population (10000 persons)	自然增长率(‰) Natural Growth Rate(‰)
1978		67.75	18.17	21.75	5.83	46.00	12.34
1979		67.82	17.98	22.23	5.89	45.59	12.09
1980		59.40	15.59	23.97	6.29	35.43	9.30
1981		69.00	17.93	24.12	6.27	44.89	11.66
1982		71.38	18.31	23.17	5.94	48.21	12.37
1983		62.66	15.89	25.13	6.37	37.53	9.52
1984		49.80	12.52	23.82	5.99	25.97	6.53
1985		50.59	12.61	24.25	6.05	26.34	6.56
1986		64.64	15.96	24.06	5.94	40.58	10.02
1987		69.67	17.01	28.34	6.92	41.33	10.09
1988		64.42	15.54	26.32	6.35	38.10	9.19
1989		63.68	15.20	26.85	6.41	36.83	8.79
1990	4238.00	64.75	15.33	26.65	6.31	38.10	9.02
1991	4269.50	61.59	14.48	27.18	6.39	34.41	8.09
1992	4304.40	63.10	14.72	28.17	6.57	34.93	8.15
1993	4334.80	58.79	13.61	28.42	6.58	30.37	7.03
1994	4363.70	56.67	13.24	28.25	6.64	28.42	6.60
1995	4389.00	54.52	12.66	29.07	6.75	25.45	5.91
1996	4413.00	53.21	12.09	28.96	6.58	24.25	5.51
1997	4434.80	50.47	11.41	28.66	6.48	21.81	4.93
1998	4456.20	49.57	11.15	28.14	6.33	21.43	4.82
1999	4475.40	47.51	10.64	28.36	6.35	19.15	4.29
2000	4679.91	48.09	10.30	28.63	6.13	19.46	4.17
2001	4728.80	46.14	10.02	28.78	6.25	17.39	3.77
2002	4776.40	46.19	9.98	28.65	6.19	17.54	3.79
2003	4856.80	44.96	9.66	29.70	6.38	15.26	3.28
2004	4925.20	50.12	10.71	26.95	5.76	23.16	4.95
2005	4990.90	54.37	11.10	29.78	6.08	24.59	5.02
2006	5071.80	50.78	10.29	26.75	5.42	24.03	4.87
2007	5154.90	52.11	10.38	27.96	5.57	24.15	4.81
2008	5212.40	51.92	10.20	28.61	5.62	23.31	4.58
2009	5275.50	52.63	10.22	28.79	5.59	23.84	4.63
2010	5446.51	55.08	10.27	29.70	5.54	25.38	4.73
2011	5463.00	51.66	9.47	29.46	5.40	22.20	4.07
2012	5477.00	55.36	10.12	30.20	5.52	25.16	4.60

注：1.本表为人口抽样调查数据。
Data in this table are obtained from the sample survey on population changes.
2.2001年至2009年末常住人口数据，根据2010年第六次全国人口普查数据进行了修正。
Data of total population with permanent residence are adjusted according to the Sixth National Population Cencus since 2001.

2-4 各市人口自然变动情况 Natural Population Changes by City

单位:‰(‰)

地区	Region	年末常住人口(万人) Population with Permanent Residence (10000 persons)			自然增长率 Natural Growth Rate			出生率 Birth Rate			死亡率 Death Rate			城镇人口比重(%) Percentage of the urban population(%)		
		2010	2011	2012	2010	2011	2012	2010	2011	2012	2010	2011	2012	2010	2011	2012
全　省	**Total**	**5446.5**	**5463.0**	**5477.0**	**4.73**	**4.07**	**4.60**	**10.27**	**9.47**	**10.12**	**5.54**	**5.40**	**5.52**	**61.6**	**62.3**	**63.2**
杭州市	Hangzhou	870.5	873.8	880.2	3.83	3.63	4.14	8.76	8.44	9.22	4.93	4.80	5.08	73.3	73.9	74.3
宁波市	Ningbo	761.1	762.8	763.9	4.54	3.73	4.12	9.26	8.53	8.98	4.73	4.80	4.86	68.3	69.0	69.4
温州市	Wenzhou	913.5	914.3	915.6	8.76	7.02	7.53	13.71	11.88	12.61	4.95	4.86	5.08	66.0	66.3	66.7
嘉兴市	Jiaxing	450.5	453.1	454.4	4.00	3.19	3.78	9.56	8.91	9.67	5.56	5.71	5.89	53.3	54.4	55.3
湖州市	Huzhou	289.4	289.9	290.5	1.62	0.68	1.52	7.82	7.30	8.06	6.20	6.62	6.54	52.9	53.3	55.1
绍兴市	Shaoxing	491.3	493.4	494.3	1.13	0.74	1.33	7.47	7.55	7.94	6.34	6.81	6.61	58.6	59.3	60.1
金华市	Jinhua	536.6	538.6	539.9	5.98	4.47	5.40	11.53	10.50	11.13	5.55	6.03	5.73	59.0	60.0	61.4
衢州市	Quzhou	212.3	211.9	212.0	2.19	4.20	4.30	9.46	9.44	10.27	7.28	5.24	5.97	44.1	44.8	46.6
舟山市	Zhoushan	112.1	113.7	114.0	0.88	0.82	1.54	7.25	6.94	7.89	6.37	6.12	6.35	63.6	64.3	65.3
台州市	Taizhou	597.4	599.9	600.5	5.20	5.92	5.99	11.17	10.86	11.25	5.96	4.94	5.26	55.5	56.0	56.9
丽水市	Lishui	211.8	211.6	211.7	3.38	4.38	5.13	10.59	10.61	11.35	7.21	6.23	6.22	48.4	50.5	52.5

注：2011 年和 2012 年为人口抽样调查数据,2010 年为人口普查数据。
Data in this table were obtained from the sample survey on population changes in 2011 and 2012, as it was obtained from the sixth National Population Census in 2010.

2-5 各市、县户籍人口年龄构成(2012年底)
Population by Age, City and County (End of 2012)

单位:人(person)

地区	Region	18岁以下 Age -18		18-35岁 Age 18-35		35-60岁 Age 35-60		60岁以上 Age 60 and over	
		人数 Population	占总人口% Percentage to Total	人数 Population	占总人口% Percentage to Total	人数 Population	占总人口% Percentage to Total	人数 Population	占总人口% Percentage to Total
浙江省	**Total**	**8085767**	**16.85**	**11200334**	**23.34**	**20122168**	**41.93**	**8585167**	**17.89**
杭州市	**Hangzhou**	**1064629**	**15.20**	**1755231**	**25.06**	**2890252**	**41.26**	**1295104**	**18.49**
杭州市区	District	673706	15.12	1163418	26.12	1778235	39.92	838930	18.83
上城区	Shangcheng	33866	10.29	81924	24.89	130727	39.71	82682	25.12
下城区	Xiacheng	47682	11.77	119816	29.58	150724	37.21	86882	21.45
江干区	Jianggan	70988	15.44	143725	31.26	167780	36.49	77283	16.81
拱墅区	Gongshu	41063	12.98	79790	25.21	127052	40.15	68539	21.66
西湖区	Xihu	98556	15.23	219688	33.94	231174	35.71	97863	15.12
滨江区	Bingjiang	31989	18.77	56336	33.06	59883	35.14	22212	13.03
萧山区	Xiaoshan	207197	16.77	263473	21.32	524674	42.46	240367	19.45
余杭区	Yuhang	142365	15.99	198666	22.31	386221	43.38	163102	18.32
桐庐县	Tonglu	61672	15.26	94015	23.26	173744	42.98	74803	18.50
淳安县	Chunan	71292	15.65	102386	22.48	203545	44.68	78308	17.19
建德市	Jiande	75197	14.77	120189	23.60	218001	42.81	95837	18.82
富阳市	Fuyang	109029	16.62	152677	23.28	282355	43.04	111893	17.06
临安市	Linan	73733	14.02	122546	23.30	234372	44.56	95333	18.12
宁波市	**Ningbo**	**841835**	**14.57**	**1305111**	**22.59**	**2505310**	**43.37**	**1124869**	**19.47**
宁波市区	District	316614	14.00	542308	23.98	960298	42.47	441896	19.54
海曙区	Haishu	40663	13.61	71937	24.07	125083	41.86	61160	20.47
江东区	Jiangdong	41985	15.03	66255	23.72	120954	43.31	50097	17.94
江北区	Jiangbei	32259	13.38	61562	25.53	99432	41.24	47852	19.85
北仑区	Beilun	52354	13.67	95743	25.00	160340	41.86	74597	19.48
镇海区	Zhenhai	29373	12.90	49772	21.87	99372	43.66	49094	21.57
鄞州区	Yinzhou	119980	14.43	197039	23.70	355117	42.72	159096	19.14
象山县	Xiangshan	83479	15.45	122255	22.63	238352	44.11	96236	17.81
宁海县	Ninghai	107217	17.41	146050	23.72	262158	42.58	100317	16.29
余姚市	Yuyao	112566	13.49	175852	21.07	369854	44.32	176221	21.12
慈溪市	Cixi	153682	14.75	219294	21.05	454655	43.64	214273	20.57
奉化市	Fenhua	68277	14.12	99352	20.55	219993	45.50	95926	19.84
温州市	**Wenzhou**	**1557279**	**19.46**	**2193347**	**27.41**	**3088430**	**38.60**	**1163000**	**14.53**
温州市区	District	267124	17.85	380756	25.44	604509	40.39	244202	16.32
鹿城区	Luchen	121225	16.70	170988	23.56	303343	41.80	130196	17.94
龙湾区	Longwan	72251	20.72	93902	26.93	135155	38.76	47382	13.59
瓯海区	Ohai	73648	17.45	115866	27.45	166011	39.33	66624	15.78
洞头县	Dongtou	25186	19.29	31652	24.24	55573	42.56	18165	13.91
永嘉县	Yongjia	215535	22.39	264276	27.45	351118	36.47	131790	13.69
平阳县	Pingyang	154808	17.73	246839	28.28	340266	38.98	131055	15.01
苍南县	Cangnan	251932	19.38	381233	29.33	496666	38.21	170115	13.09

续表 1 Continued 单位:人(person)

地区	Region	18 岁以下 Age -18		18-35 岁 Age 18-35		35-60 岁 Age 35-60		60 岁以上 Age 60 and over	
		人数 Population	占总人口% Percentage to Total	人数 Population	占总人口% Percentage to Total	人数 Population	占总人口% Percentage to Total	人数 Population	占总人口% Percentage to Total
文成县	Wenchen	81648	20.87	103803	26.54	144709	36.99	61004	15.60
泰顺县	Taishun	71811	19.92	99727	27.66	137187	38.06	51760	14.36
瑞安市	Ruian	233199	19.18	315306	25.93	488547	40.18	178959	14.72
乐清市	Yueqing	256036	20.14	369755	29.08	469855	36.95	175950	13.84
嘉兴市	**Jiaxing**	**492665**	**14.30**	**728727**	**21.15**	**1490757**	**43.27**	**733071**	**21.28**
嘉兴市区	District	122829	14.48	187638	22.12	360812	42.53	177147	20.88
南湖区	Nanhu	66475	13.91	106693	22.32	203618	42.59	101273	21.18
秀洲区	Xiuzhou	56354	15.22	80945	21.86	157194	42.44	75874	20.49
嘉善县	Jiashan	51366	13.31	77467	20.07	167561	43.41	89584	23.21
海盐县	Haiyan	52447	13.95	79579	21.17	166269	44.24	77578	20.64
海宁市	Haining	95261	14.30	144045	21.63	285610	42.88	141176	21.19
平湖市	Pinghu	65831	13.46	100237	20.50	215878	44.15	106993	21.88
桐乡市	Tongxiang	104931	15.43	139761	20.56	294627	43.33	140593	20.68
湖州市	**Huzhou**	**375970**	**14.38**	**572963**	**21.92**	**1135547**	**43.44**	**529340**	**20.25**
湖州市区	District	148529	13.56	239099	21.82	466896	42.61	241190	22.01
吴兴区	Wuxing	89483	14.79	139639	23.08	253580	41.90	122434	20.23
南浔区	NanXun	59046	12.04	99460	20.27	213316	43.48	118756	24.21
德清县	Deqing	60730	14.04	92998	21.50	190875	44.12	88032	20.35
长兴县	ChangXing	99027	15.82	136906	21.87	272431	43.52	117596	18.79
安吉县	Anji	67684	14.73	103960	22.62	205345	44.69	82522	17.96
绍兴市	**Shaoxing**	**687435**	**15.59**	**908455**	**20.61**	**1942525**	**44.06**	**869924**	**19.73**
绍兴市区	District	102789	15.68	139983	21.36	281995	43.02	130696	19.94
越城区	Yuechen	102789	15.68	139983	21.36	281995	43.02	130696	19.94
绍兴县	shaoxing	116716	16.05	152756	21.01	313028	43.05	144669	19.89
新昌县	Xinchang	70708	16.10	95589	21.77	192701	43.89	80070	18.24
诸暨市	Zhuji	174271	16.23	211034	19.66	479361	44.65	208862	19.46
上虞市	Shangyu	112336	14.43	161758	20.78	345859	44.43	158549	20.37
嵊州市	Shengzhou	110615	15.06	147335	20.06	329581	44.86	147078	20.02
金华市	**Jinhua**	**817405**	**17.37**	**1077881**	**22.90**	**1966601**	**41.79**	**844369**	**17.94**
金华市区	District	153309	16.32	215077	22.90	403193	42.93	167669	17.85
婺城区	Wuchen	103845	16.65	141087	22.62	269107	43.15	109650	17.58
金东区	Jindong	49464	15.68	73990	23.45	134086	42.49	58019	18.39
武义县	Wuyi	50776	14.98	77030	22.73	147237	43.44	63913	18.86
浦江县	Pujiang	67000	17.12	91918	23.49	164511	42.03	67956	17.36
磐安县	Panan	38181	18.19	43434	20.70	91810	43.75	36446	17.37
兰溪市	Lanxi	105096	15.78	146073	21.93	283359	42.55	131455	19.74
义乌市	Yiwu	145179	19.27	182252	24.19	297755	39.53	128128	17.01
东阳市	Dongyang	146168	17.65	183728	22.19	347084	41.92	151001	18.24

续表 2 Continued

单位:人(person)

地区	Region	18 岁以下 Age -18		18-35 岁 Age 18-35		35-60 岁 Age 35-60		60 岁以上 Age 60 and over	
		人数 Population	占总人口% Percentage to Total	人数 Population	占总人口% Percentage to Total	人数 Population	占总人口% Percentage to Total	人数 Population	占总人口% Percentage to Total
永康市	Yongkang	111696	19.27	138369	23.88	231652	39.97	97801	16.88
衢州市	**Quzhou**	**448093**	**17.72**	**551116**	**21.80**	**1085413**	**42.93**	**443667**	**17.55**
衢州市区	District	141862	17.07	179236	21.57	354789	42.69	155173	18.67
柯城区	Kechen	72932	16.83	92699	21.39	186288	42.98	81479	18.80
衢江区	Qujiang	68930	17.33	86537	21.76	168501	42.37	73694	18.53
常山县	Changshan	62467	18.60	82502	24.57	138918	41.37	51891	15.45
开化县	Kaihua	64786	18.26	77721	21.90	156467	44.09	55868	15.74
龙游县	Longyou	67181	16.64	84245	20.87	175700	43.53	76534	18.96
江山市	Jiangshan	111797	18.54	127412	21.13	259539	43.04	104201	17.28
舟山市	**Zhoushan**	**115898**	**11.93**	**207968**	**21.40**	**450438**	**46.35**	**197456**	**20.32**
舟山市区	District	87643	12.46	152761	21.71	322966	45.91	140129	19.92
定海区	Dinghai	51426	13.49	82496	21.64	171213	44.92	76024	19.95
普陀区	Putuo	36217	11.24	70265	21.80	151753	47.08	64105	19.89
岱山县	Daishan	19633	10.35	39136	20.64	88566	46.70	42296	22.30
嵊泗县	Shengsi	8622	10.97	16071	20.44	38906	49.48	15031	19.12
台州市	**Taizhou**	**1167594**	**19.76**	**1300630**	**22.01**	**2475634**	**41.89**	**965592**	**16.34**
台州市区	District	293351	18.70	340104	21.68	661177	42.14	274351	17.49
椒江区	Jiaojiang	97781	18.85	120526	23.23	215108	41.46	85423	16.46
黄岩区	Huangyan	108884	18.10	123626	20.56	256625	42.67	112281	18.67
路桥区	Luqiao	86686	19.32	95952	21.38	189444	42.22	76647	17.08
玉环县	Yuhuan	80266	18.86	100965	23.73	177581	41.74	66666	15.67
三门县	Sanmen	88536	20.34	100885	23.18	183200	42.08	62691	14.40
天台县	Tiantai	129290	21.83	141507	23.89	232333	39.23	89116	15.05
仙居县	Xianju	118102	23.48	96385	19.17	213210	42.39	75222	14.96
温岭市	Wenling	210208	17.43	274628	22.77	511173	42.39	209989	17.41
临海市	Linhai	247841	21.03	246156	20.89	496960	42.17	187557	15.91
丽水市	**Lishui**	**516964**	**19.69**	**598905**	**22.81**	**1091261**	**41.56**	**418775**	**15.95**
丽水市区	District	73354	18.68	91482	23.29	163148	41.54	64766	16.49
莲都区	Liandu	73354	18.68	91482	23.29	163148	41.54	64766	16.49
青田县	Qingtian	114323	21.93	133051	25.52	197217	37.83	76760	14.72
缙云县	Jinyun	87557	19.08	102941	22.43	191259	41.68	77169	16.82
遂昌县	Suichang	39894	17.16	48281	20.77	103340	44.46	40911	17.60
松阳县	Songyang	45354	18.98	51501	21.55	104298	43.64	37836	15.83
云和县	Yunhe	20727	18.27	24841	21.89	49097	43.27	18804	16.57
庆元县	Qingyuan	42811	20.74	47160	22.85	86743	42.03	29655	14.37
景宁自治县	Jingning	36564	21.13	38146	22.04	72320	41.79	26027	15.04
龙泉市	Longquan	56380	19.54	61502	21.31	123839	42.92	46847	16.23

注：本表资料为公安年报数。
Data in this table were taken from the annual reports of the Bureau of Public Security.

2-6 非农业人口变动情况
Non-agriculture Population Changes

单位：万人（10000 persons）

项目	Item	2006	2007	2008	2009	2010	2011	2012
增加人口数合计	**Increased Total Population**	**110.58**	**101.90**	**133.00**	**102.43**	**96.70**	**93.94**	**83.21**
出生人口	Birth Population	10.51	12.21	12.34	12.56	14.84	13.98	15.97
非农业人口迁入	Non-agriculture Population Transfered into	55.87	55.82	52.90	50.44	50.74	43.69	42.05
农业人口转非农业人口	Population Changed into Non-agriculture	36.52	27.44	26.66	18.90	16.61	15.88	18.11
#招生	Students Recruited	4.97	3.77	1.92	1.15	0.70	0.44	0.26
招工	Workers Recruited	0.22	0.08	0.10	0.13	0.17	0.32	0.44
复员转业	Demobilized Soldiers	0.64	0.52	0.57	0.50	0.47	0.54	0.43
其他人口	Others	7.04	5.91	40.53	20.03	14.05	19.85	6.65
减少人口数合计	**Decrease Total Population**	**65.22**	**62.93**	**88.65**	**63.97**	**61.75**	**60.96**	**63.48**
死亡人口	Death Population	5.92	6.21	6.53	7.23	8.04	7.57	10.30
非农业人口迁出	Non-agriculture Population Transfered out	50.39	48.97	45.64	43.44	43.30	38.09	38.16
服兵役	Enlisting in the Army	0.44	0.44	0.51	0.55	0.47	0.44	0.44
其他人口	Others	8.47	7.31	35.97	12.75	9.94	14.86	14.59

注：本表资料为公安年报数。Data in this table were taken from the annual reports of the Bureau of Public Security.

2-7 计划生育情况
Family Planning

单位：%（%）

地区	Region	计划生育率 Birth Rate Control					已婚育龄妇女独生子女领证率 Proportion of Only Child Certificate				
		2008	2009	2010	2011	2012	2008	2009	2010	2011	2012
合计	**Total**	**91.80**	**92.61**	**92.63**	**92.80**	**92.18**	**29.11**	**29.34**	**29.55**	**29.57**	**29.31**
杭州市	Hangzhou	97.99	98.36	98.10	97.90	97.68	40.63	39.84	40.78	41.10	40.10
宁波市	Ningbo	97.65	96.47	96.53	96.15	96.07	41.08	40.61	40.15	39.78	38.93
温州市	Wenzhou	84.32	84.82	83.60	85.24	84.88	13.80	14.03	13.77	14.01	14.59
嘉兴市	Jiaxing	98.63	98.59	98.66	98.74	98.61	57.82	57.85	58.06	57.33	56.48
湖州市	Huzhou	98.17	98.30	98.01	98.08	97.91	42.72	43.94	44.22	43.64	42.88
绍兴市	Shaoxing	97.43	97.49	96.93	97.20	96.93	30.90	31.63	31.46	31.13	30.57
金华市	Jinhua	93.02	93.39	92.91	91.75	90.81	18.04	18.72	19.19	19.45	19.75
衢州市	Quzhou	93.51	93.62	93.29	92.34	92.09	21.17	21.71	22.28	22.26	22.15
舟山市	Zhoushan	98.79	98.82	98.77	99.00	98.92	37.80	38.62	39.24	39.19	39.12
台州市	Taizhou	86.95	88.89	92.14	92.33	89.54	18.45	18.94	19.76	20.30	20.60
丽水市	Lishui	86.35	90.18	88.82	89.25	88.47	14.72	16.10	16.75	17.19	18.58

注：本表资料为人口和计划生育部门年报数。
Data in this table were taken from the annual reports of the Population and Family Planning Commission.

2-8 从业、失业人员情况(1978-2012年,年底数)
Employed and Unemployed Persons(1978-2012,Year-end)

单位:万人(10000 persons)

年份 Year	从业人员总数 Employed Persons	在岗职工合计 Fully Employed Staff and Workers	国有单位 State-owned Units	城镇集体单位 Urban Collective Owned Units	其他单位 Others	城镇私营和个体从业人员 Urban Private Enterprises and Individuals Employed Persons	乡村从业人员 Rural Employed Persons	其它从业人员 Other Employed Persons	年末城镇登记失业人员 Unemployed Persons in Urban Areas	城镇登记失业率(%) Unemployment Rate in Urban Areas
1978	1794.96	312.89	183.14	129.75		1.51	1480.56		24.40	7.2
1979	1829.90	339.91	196.78	143.13		2.00	1487.99		13.22	3.7
1980	1856.42	359.73	208.50	151.23		3.51	1493.18		10.23	2.7
1981	1954.53	397.35	223.62	155.73		4.11	1571.07		5.24	1.3
1982	2021.74	374.33	232.29	142.04		5.25	1642.16		9.27	2.4
1983	2141.16	382.75	237.68	145.07		7.61	1750.80		7.15	1.8
1984	2248.91	402.51	228.26	172.72	1.53	9.55	1836.85		4.69	1.1
1985	2318.56	426.57	240.71	183.81	2.05	12.09	1879.90		3.45	0.8
1986	2386.42	443.04	251.92	188.73	2.39	12.87	1930.51		5.50	1.2
1987	2444.73	459.65	263.46	192.97	3.22	15.69	1969.39		7.51	1.6
1988	2502.73	475.74	274.30	196.97	4.47	22.54	2004.45		7.73	1.5
1989	2522.86	470.12	274.95	189.34	5.83	27.03	2025.71		10.53	2.1
1990	2554.46	476.02	280.87	189.12	6.03	29.84	2048.60		11.24	2.2
1991	2579.36	492.81	293.41	191.09	8.31	30.98	2049.22	6.35	10.87	2
1992	2600.38	491.37	297.96	181.62	11.79	38.29	2065.04	5.68	12.97	2.4
1993	2615.89	502.36	300.59	176.12	25.65	52.54	2052.66	8.33	14.68	2.6
1994	2640.51	500.88	294.13	170.42	36.33	82.39	2024.39	32.85	16.09	2.6
1995	2621.47	498.61	294.59	161.89	42.13	96.44	2015.45	10.97	17.72	2.8
1996	2625.06	495.35	290.22	156.25	48.88	108.99	2010.21	10.51	16.22	2.6
1997	2619.66	482.26	285.05	144.53	52.68	110.27	2016.20	10.93	18.75	3
1998	2612.54	455.80	256.61	102.94	96.25	122.86	2021.56	12.32	19.96	3.3
1999	2625.17	427.45	233.15	80.21	114.09	163.34	2021.24	13.14	21.17	3.4
2000	2726.09	398.53	208.19	58.93	131.41	208.56	2106.14	12.86	21.82	3.4
2001	2796.65	372.39	185.36	41.28	145.75	236.00	2173.63	14.63	23.99	3.7
2002	2858.56	367.14	179.67	35.49	151.98	280.97	2185.87	24.58	27.73	4
2003	2918.74	373.21	170.40	30.53	172.28	349.19	2168.74	27.60	28.27	3.7
2004	2991.95	447.47	176.44	36.05	234.98	383.11	2144.28	17.09	30.14	4.1
2005	3100.76	522.93	177.93	31.17	313.83	373.22	2196.42	8.19	28.97	3.7
2006	3172.38	590.47	182.27	28.51	379.70	467.05	2094.49	20.37	29.10	3.51
2007	3405.01	641.17	185.94	27.68	427.56	630.48	2107.84	25.52	28.60	3.27
2008	3486.53	689.35	186.98	25.30	477.07	685.34	2009.99	101.85	31.08	3.49
2009	3591.98	749.57	191.00	28.10	530.44	748.44	2006.63	87.34	30.68	3.26
2010	3636.02	812.14	196.48	27.60	588.06	878.59	1845.53	99.75	31.13	3.20
2011	3674.11	882.51	195.55	26.54	660.43	916.54	1780.40	94.66	31.67	3.12
2012	3691.24	1022.32	211.20	24.26	786.85	952.07	1711.01	5.84	33.41	3.01

注:1978-2000年按户籍统计,2001-2012年按所在地统计。在岗职工合计2008年前为职工数,2012年包含劳务派遣人员,以后各表同。
According to the census statistics 1978-2000 years,2001-2012 years according to the local statistics.
Meaning of Fully Employed staff and workers mean the same thing before 2008,it include the dispatched workers since 2012. later each table with the same.

2-9 分行业从业人员总数(年末数)
Number of Employed Persons by Sector(Year-end)

单位:万人(10000 persons)

行业	Sector	城乡合计 Total			城镇 Urban			乡村 Rural		
		2010	2011	2012	2010	2011	2012	2010	2011	2012
总　计	**Total**	**3636.02**	**3674.11**	**3691.24**	**1790.49**	**1893.71**	**1980.23**	**1845.53**	**1780.40**	**1711.01**
农、林、牧、渔业	Farming, Forestry, Animal Husbandryand Fishery	581.87	535.27	522.01	4.44	5.28	4.98	577.43	529.99	517.03
采矿业	Mining and Quarrying	5.92	6.34	5.72	2.55	2.23	2.00	3.38	4.11	3.72
制造业	Manufacturing	1472.59	1500.92	1503.01	780.87	789.67	792.43	691.72	711.25	710.57
电力、热力、燃气及水生产和供应业	Electricity, Heat, Gas and Water Production and Supply	15.09	14.94	15.07	13.57	13.69	13.84	1.52	1.25	1.24
建筑业	Construction	316.75	346.63	357.12	193.09	239.80	262.62	123.66	106.83	94.50
批发和零售业	Wholesale and Retail Sale Trade	446.98	456.96	454.95	255.62	271.18	286.35	191.36	185.78	168.60
交通运输、仓储和邮政业	Transportation, Storage and Post	145.46	145.60	143.40	61.97	72.14	76.72	83.49	73.47	66.68
住宿和餐饮业	Hotels and Catering Services	145.03	149.30	138.68	68.33	71.56	69.74	76.71	77.74	68.94
信息传输、软件和信息技术服务业	Information Transmission, Software and Information Technology Services	46.68	43.54	39.31	20.41	25.89	31.46	26.27	17.65	7.84
金融业	Finance	30.35	32.16	38.70	30.16	31.93	38.13	0.19	0.23	0.57
房地产业	Real Estate	30.05	33.17	39.49	26.90	28.58	34.16	3.15	4.59	5.33
租赁和商务服务业	Leasing and Commercial Services	58.33	75.74	79.64	51.02	66.34	70.75	7.31	9.40	8.89
科学研究和技术服务业	Scientific Research and Technic Services	20.75	23.85	27.12	17.15	22.00	25.05	3.59	1.84	2.07
水利、环境和公共设施管理业	Water Conservancy, Environment and Public Facilities Management	16.99	14.38	16.11	15.24	13.26	14.94	1.75	1.12	1.17
居民服务、修理和其他服务业	Resident Services, Repair and Other Services	116.27	117.29	121.97	74.87	67.31	74.17	41.40	49.98	47.79
教育	Education	66.17	66.06	68.59	62.39	64.81	67.17	3.78	1.24	1.41
卫生和社会工作	Health Care and Social Work	37.10	37.98	40.92	34.29	36.47	38.73	2.81	1.52	2.19
文化、体育和娱乐业	Culture, Sports and Recreation	17.78	15.29	16.18	11.76	12.87	13.70	6.02	2.42	2.48
公共管理、社会保障和社会组织	Public Management, Social Security and Social Organization	65.85	58.70	63.26	65.85	58.70	63.26			

2-10 分所有制城镇单位从业人员总数(年末数)
Number of Employed Persons in Urban Area by Ownership(Year-end)

单位:万人(10000 persons)

行业	Sector	合计 Total 2010	2011	2012	国有单位 State-owned Units 2010	2011	2012
总 计	**Total**	**883.59**	**995.67**	**1070.12**	**215.43**	**224.08**	**225.39**
农、林、牧、渔业	Farming, Forestry, Animal Husbandryand Fishery	1.44	1.49	0.82	1.18	1.16	0.55
采矿业	Mining and Quarrying	1.74	1.56	1.40	0.29	0.34	0.27
制造业	Manufacturing	351.70	376.75	372.48	5.91	5.89	4.36
电力、热力、燃气及水生产和供应业	Electricity, Heat, Gas and Water Production and Supply	12.59	13.88	13.30	7.51	8.76	8.80
建筑业	Construction	180.20	236.72	294.07	5.78	4.69	6.02
批发和零售业	Wholesale and Retail Sale Trade	31.04	37.88	39.26	3.13	3.19	2.79
交通运输、仓储和邮政业	Transportation, Storage and Post	25.21	27.41	29.36	12.31	13.62	13.11
住宿和餐饮业	Hotels and Catering Services	15.60	18.14	16.32	1.94	2.10	2.04
信息传输、软件和信息技术服务业	Information Transmission, Software and Information Technology	11.16	12.56	14.07	2.16	2.19	2.07
金融业	Finance	29.42	31.88	36.38	6.77	6.66	5.63
房地产业	Real Estate	13.65	15.28	17.46	1.75	1.81	1.65
租赁和商务服务业	Leasing and Commercial Services	26.01	27.71	29.21	8.87	8.81	9.52
科学研究和技术服务业	Scientific Research and Technic Services	14.02	15.48	17.48	7.51	8.12	7.75
水利、环境和公共设施管理业	Water Conservancy, Environment and Public Facilities Management	10.91	11.91	12.90	6.63	7.12	7.09
居民服务、修理和其他服务业	Resident Services, Repair and Other Services	1.63	1.68	2.00	0.73	0.78	0.60
教育	Education	61.11	63.51	66.24	55.33	56.55	56.55
卫生和社会工作	Health Care and Social Work	32.43	35.34	37.37	26.99	29.30	30.69
文化、体育和娱乐业	Culture, Sports and Recreation	6.21	6.60	6.74	5.42	5.57	5.52
公共管理、社会保障和社会组织	Public Management, Social Security and Social Organization	57.55	59.89	63.26	55.21	57.40	60.38

续表 Continued 单位:万人(10000 persons)

行业	Sector	城镇集体单位 Urban Collective Owned Units			其它单位 Others		
		2010	2011	2012	2010	2011	2012
总　计	**Total**	**28.90**	**28.46**	**25.74**	**639.26**	**743.12**	**818.99**
农、林、牧、渔业	Farming, Forestry, Animal Husbandryand Fishery	0.06	0.06	0.04	0.21	0.26	0.23
采矿业	Mining and Quarrying	0.41	0.28	0.27	1.03	0.93	0.86
制造业	Manufacturing	5.81	4.92	1.51	339.98	365.93	366.61
电力、热力、燃气及水生产和供应业	Electricity, Heat, Gas and Water Production and Supply	0.34	0.30	0.26	4.74	4.81	4.24
建筑业	Construction	6.69	7.38	8.21	167.73	224.65	279.85
批发和零售业	Wholesale and Retail Sale Trade	0.93	0.86	0.81	26.98	33.82	35.66
交通运输、仓储和邮政业	Transportation, Storage and Post	1.28	1.20	1.09	11.62	12.59	15.17
住宿和餐饮业	Hotels and Catering Services	0.61	0.53	0.48	13.05	15.52	13.81
信息传输、软件和信息技术服务业	Information Transmission, Software and Information Technology	0.09	0.08	0.18	8.91	10.29	11.82
金融业	Finance	1.05	0.89	0.42	21.60	24.33	30.33
房地产业	Real Estate	0.50	0.51	0.44	11.39	12.96	15.36
租赁和商务服务业	Leasing and Commercial Services	3.25	3.42	3.12	13.89	15.47	16.58
科学研究和技术服务业	Scientific Research and Technic Services	0.43	0.39	0.59	6.07	6.97	9.14
水利、环境和公共设施管理业	Water Conservancy, Environment and Public Facilities Management	1.21	1.13	1.16	3.07	3.66	4.66
居民服务、修理和其他服务业	Resident Services, Repair and Other Services	0.13	0.12	0.30	0.76	0.79	1.10
教育	Education	1.59	1.77	2.38	4.19	5.19	7.31
卫生和社会工作	Health Care and Social Work	4.25	4.33	4.14	1.20	1.71	2.54
文化、体育和娱乐业	Culture, Sports and Recreation	0.09	0.09	0.09	0.69	0.93	1.13
公共管理、社会保障和社会组织	Public Management, Social Security and Social Organization	0.18	0.18	0.25	2.15	2.31	2.62

2-11 分行业城镇单位从业人员总数(2012 年底)
Number of Employed Persons in Urban Area by Sector(End of 2012)

单位:万人(10000 persons)

行业	Sector	单位从业人员 Employed Persons	#女性 Feamle	在岗职工合计 Fully employed Staff and Workers	其他从业人员 Others
总计	**Total**	**1070.12**	**361.15**	**1022.32**	**47.81**
农、林、牧、渔业	Farming, Forestry, Animal Husbandry and Fishery	0.82	0.25	0.79	0.03
采矿业	Mining and Quarrying	1.40	0.23	1.30	0.10
制造业	Manufacturing	372.48	164.13	368.84	3.64
电力、热力、燃气及水生产和供应业	Electricity, Heat, Gas and Water Production and Supply	13.30	3.12	13.09	0.21
建筑业	Construction	294.07	20.35	274.31	19.76
批发和零售业	Wholesale and Retail Sale Trade	39.26	20.48	37.88	1.37
交通运输、仓储和邮政业	Transportation, Storage and Post	29.36	7.59	28.60	0.76
住宿和餐饮业	Hotels and Catering Services	16.32	8.94	15.18	1.14
信息传输、软件和信息技术服务业	Information Transmission, Software and Information Technology Services	14.07	5.94	13.80	0.27
金融业	Finance	36.38	20.30	30.52	5.86
房地产业	Real Estate	17.46	7.07	16.41	1.05
租赁和商务服务业	Leasing and Commercial Services	29.21	8.06	28.27	0.94
科学研究和技术服务业	Scientific Research and Technic Services	17.48	4.96	16.20	1.28
水利、环境和公共设施管理业	Water Conservancy, Environment and Public Facilities Management	12.90	5.06	11.32	1.59
居民服务、修理和其他服务业	Resident Services, Repair and Other Services	2.00	0.77	1.86	0.13
教育	Education	66.24	39.12	62.53	3.70
卫生和社会工作	Health Care and Social Work	37.37	24.13	35.02	2.35
文化、体育和娱乐业	Culture, Sports and Recreation	6.74	3.14	6.20	0.55
公共管理、社会保障和社会组织	Public Management, Social Security and Social Organization	63.26	17.52	60.20	3.06

2－12 分行业城镇国有单位从业人员总数(2012年底)
Number of Employed Persons in State－owned Units in Urban Area by Sector(End of 2012)

单位:万人(10000 persons)

行业	Sector	单位从业人员 Employed Persons	#女性 Feamle	在岗职工合计 Fully employed Staff and Workers	其他从业人员 Others
总计	**Total**	**225.39**	**93.28**	**211.20**	**14.19**
农、林、牧、渔业	Farming,Forestry,Animal Husbandry and Fishery	0.55	0.15	0.53	0.02
采矿业	Mining and Quarrying	0.27	0.05	0.18	0.09
制造业	Manufacturing	4.36	1.08	4.23	0.13
电力、热力、燃气及水生产和供应业	Electricity,Heat,Gas and Water Production and Supply	8.80	1.95	8.69	0.12
建筑业	Construction	6.02	0.41	3.02	3.00
批发和零售业	Wholesale and Retail Sale Trade	2.79	1.00	2.72	0.07
交通运输、仓储和邮政业	Transportation,Storage and Post	13.11	3.57	12.82	0.29
住宿和餐饮业	Hotels and Catering Services	2.04	1.10	1.96	0.08
信息传输、软件和信息技术服务业	Information Transmission,Software and Information Technology Services	2.07	0.93	2.00	0.07
金融业	Finance	5.63	2.98	5.46	0.17
房地产业	Real Estate	1.65	0.64	1.49	0.16
租赁和商务服务业	Leasing and Commercial Services	9.52	2.42	9.11	0.41
科学研究和技术服务业	Scientific Research and Technic Services	7.75	2.29	7.30	0.45
水利、环境和公共设施管理业	Water Conservancy,Environment and Public Facilities Management	7.09	2.84	6.18	0.91
居民服务、修理和其他服务业	Resident Services, Repair and Other Services	0.60	0.22	0.57	0.04
教育	Education	56.55	32.73	53.61	2.94
卫生和社会工作	Health Care and Social Work	30.69	19.94	28.81	1.88
文化、体育和娱乐业	Culture,Sports and Recreation	5.52	2.53	5.02	0.51
公共管理、社会保障和社会组织	Public Management,Social Security and Social Organization	60.38	16.46	57.51	2.87

2-13 分行业城镇集体单位从业人员总数(2012 年底)
Number of Employed Persons in Collectively Owned Units in Urban Area by Sector(End of 2012)

单位:万人(10000 persons)

行业	Sector	单位从业人员 Employed Persons	#女性 Feamle	在岗职工合计 Fully employed Staff and Workers	其他从业人员 Others
总计	**Total**	**25.74**	**8.48**	**24.26**	**1.47**
农、林、牧、渔业	Farming, Forestry, Animal Husbandry and Fishery	0.04	0.01	0.04	
采矿业	Mining and Quarrying	0.27	0.03	0.27	
制造业	Manufacturing	1.51	0.58	1.47	0.05
电力、热力、燃气及水生产和供应业	Electricity, Heat, Gas and Water Production and Supply	0.26	0.07	0.25	0.01
建筑业	Construction	8.21	0.86	7.94	0.27
批发和零售业	Wholesale and Retail Sale Trade	0.81	0.38	0.74	0.07
交通运输、仓储和邮政业	Transportation, Storage and Post	1.09	0.17	1.07	0.02
住宿和餐饮业	Hotels and Catering Services	0.48	0.28	0.47	0.01
信息传输、软件和信息技术服务业	Information Transmission, Software and Information Technology Services	0.18	0.09	0.18	
金融业	Finance	0.42	0.22	0.42	
房地产业	Real Estate	0.44	0.16	0.39	0.05
租赁和商务服务业	Leasing and Commercial Services	3.12	0.49	3.01	0.11
科学研究和技术服务业	Scientific Research and Technic Services	0.59	0.14	0.47	0.13
水利、环境和公共设施管理业	Water Conservancy, Environment and Public Facilities Management	1.16	0.52	0.99	0.17
居民服务、修理和其他服务业	Resident Services, Repair and Other Services	0.30	0.08	0.24	0.06
教育	Education	2.38	1.67	2.17	0.22
卫生和社会工作	Health Care and Social Work	4.14	2.60	3.85	0.29
文化、体育和娱乐业	Culture, Sports and Recreation	0.09	0.05	0.08	0.01
公共管理、社会保障和社会组织	Public Management, Social Security and Social Organization	0.25	0.08	0.24	0.02

2-14 分行业其他单位从业人员总数(2012 年底)
Number of Employed Persons in Other Ownership Units in Urban Area by Sector(End of 2012)

单位:万人(10000 persons)

行业	Sector	单位从业人员 Employed Persons	#女性 Feamle	在岗职工合计 Fully employed Staff and Workers	其他从业人员 Others
总计	**Total**	**818.99**	**259.39**	**786.85**	**32.14**
农、林、牧、渔业	Farming,Forestry,Animal Husbandry and Fishery	0.23	0.09	0.22	0.01
采矿业	Mining and Quarrying	0.86	0.15	0.85	
制造业	Manufacturing	366.61	162.46	363.14	3.47
电力、热力、燃气及水生产和供应业	Electricity,Heat,Gas and Water Production and Supply	4.24	1.10	4.15	0.09
建筑业	Construction	279.85	19.07	263.35	16.49
批发和零售业	Wholesale and Retail Sale Trade	35.66	19.10	34.42	1.24
交通运输、仓储和邮政业	Transportation,Storage and Post	15.17	3.86	14.72	0.45
住宿和餐饮业	Hotels and Catering Services	13.81	7.56	12.76	1.05
信息传输、软件和信息技术服务业	Information Transmission,Software and Information Technology Services	11.82	4.92	11.61	0.20
金融业	Finance	30.33	17.10	24.65	5.68
房地产业	Real Estate	15.36	6.26	14.52	0.84
租赁和商务服务业	Leasing and Commercial Services	16.58	5.15	16.14	0.43
科学研究和技术服务业	Scientific Research and Technic Services	9.14	2.52	8.43	0.70
水利、环境和公共设施管理业	Water Conservancy,Environment and Public Facilities Management	4.66	1.71	4.15	0.51
居民服务、修理和其他服务业	Resident Services,Repair and Other Services	1.10	0.47	1.06	0.04
教育	Education	7.31	4.72	6.76	0.55
卫生和社会工作	Health Care and Social Work	2.54	1.60	2.37	0.18
文化、体育和娱乐业	Culture,Sports and Recreation	1.13	0.56	1.10	0.03
公共管理、社会保障和社会组织	Public Management,Social Security and Social Organization	2.62	0.97	2.45	0.17

2－15 按三次产业分的从业人员总数(年底数)
Number of Employed Persons by Type of Industry(Year－end)

年份 Year	从业人员总数(万人)Total(10000 persons)			构成(以合计为100)Composition(Total＝100)		
	第一产业 Primary Industry	第二产业 Secondary Industry	第三产业 Tertiary Industry	第一产业 Primary Industry	第二产业 Secondary Industry	第三产业 Tertiary Industry
1985	1273.25	735.22	310.09	54.90	31.70	13.40
1986	1275.22	765.13	346.07	53.40	32.10	14.50
1987	1272.01	802.04	370.68	52.00	32.80	15.20
1988	1282.16	803.67	416.90	51.20	32.10	16.70
1989	1330.74	770.12	422.00	52.70	30.50	16.70
1990	1358.28	762.48	433.70	53.20	29.80	17.00
1991	1366.99	770.86	441.51	53.00	29.90	17.10
1992	1359.49	770.81	470.08	52.30	29.60	18.10
1993	1248.22	886.90	480.77	47.70	33.90	18.40
1994	1193.56	917.87	529.08	45.20	34.80	20.00
1995	1152.15	882.82	586.50	44.00	33.70	22.30
1996	1129.34	886.02	609.70	43.00	33.80	23.20
1997	1113.27	881.42	624.97	42.50	33.60	23.90
1998	1108.81	854.14	649.59	42.40	32.70	24.90
1999	1078.16	784.29	762.73	41.00	29.90	29.10
2000	969.97	966.30	789.82	35.58	35.45	28.97
2001	935.24	1009.55	851.86	33.44	36.10	30.46
2002	885.29	1070.13	903.14	30.97	37.44	31.59
2003	826.03	1201.30	891.41	28.30	41.20	30.50
2004	779.65	1304.94	907.36	26.06	43.61	30.33
2005	759.53	1397.69	943.54	24.50	45.07	30.43
2006	717.81	1452.29	1002.28	22.63	45.78	31.59
2007	683.32	1592.84	1128.85	20.07	46.78	33.15
2008	670.16	1660.04	1156.30	19.22	47.61	33.17
2009	657.95	1726.06	1207.97	18.32	48.05	33.63
2010	581.87	1810.36	1243.79	16.00	49.79	34.21
2011	535.27	1868.83	1270.01	14.57	50.86	34.57
2012	522.01	1880.92	1288.31	14.14	50.96	34.90

注：按三次产业划分口径从2000年开始作调整。
The data by sector were adjusted since 2000.

2-16 按三次产业分的城镇从业人员人数(年底数)
Number of Employed Persons in Urban Area by Type of Industry(Year-end)

年份 Year	绝对数(万人)Absolute Value(10000 persons)			构成(以合计为100)Composition(Total=100)		
	第一产业 Primary Industry	第二产业 Secondary Industry	第三产业 Tertiary Industry	第一产业 Primary Industry	第二产业 Secondary Industry	第三产业 Tertiary Industry
1985	11.23	245.45	181.98	2.60	56.00	41.50
1986	11.55	254.98	189.38	2.50	55.90	41.50
1987	11.60	256.34	198.40	2.40	55.80	41.70
1988	11.26	273.97	213.05	2.30	55.00	42.80
1989	10.76	267.93	218.46	2.20	53.90	43.90
1990	10.44	270.95	224.47	2.10	53.60	44.40
1991	10.39	284.91	234.84	2.00	53.70	44.30
1992	10.31	280.89	244.14	1.90	52.50	45.60
1993	9.06	297.13	257.04	1.60	52.80	45.60
1994	5.17	247.36	267.83	1.00	47.50	51.50
1995	5.08	243.01	281.42	1.00	45.90	53.10
1996	4.77	244.64	294.06	0.90	45.00	54.10
1997	4.72	242.85	298.45	0.80	44.50	54.70
1998	4.69	237.67	308.43	0.90	43.10	56.00
1999	4.87	231.31	328.84	0.90	40.90	58.20
2000	4.61	237.18	342.04	0.80	40.60	58.60
2001	4.03	255.90	363.09	0.60	41.10	58.30
2002	3.21	270.12	399.36	0.48	40.15	59.37
2003	3.07	314.18	432.75	0.40	41.90	57.70
2004	3.26	389.98	454.43	0.38	46.01	53.61
2005	2.95	439.68	461.71	0.33	48.62	51.05
2006	4.89	548.33	524.67	0.45	50.87	48.68
2007	5.28	650.08	641.81	0.41	50.12	49.48
2008	3.81	820.22	652.51	0.26	55.55	44.19
2009	4.40	877.02	703.91	0.28	55.32	44.40
2010	4.44	990.08	795.96	0.25	55.30	44.46
2011	5.28	1045.38	843.05	0.28	55.20	44.52
2012	4.98	1070.89	904.35	0.25	54.08	45.67

2－17 分行业城镇单位在岗职工人数(年底数)
Number of Currently Employed Persons in Urban Area by Sector(Year－end)

单位:万人(10000 persons)

行业	Sector	合 计 Total			国有单位 State－owned Units		
		2010	2011	2012	2010	2011	2012
总 计	**Total**	**812.14**	**882.51**	**1022.32**	**196.48**	**195.55**	**211.20**
农、林、牧、渔业	Farming, Forestry, Animal Husbandryand Fishery	1.32	1.37	0.79	1.08	1.06	0.53
采矿业	Mining and Quarrying	1.57	1.41	1.30	0.20	0.23	0.18
制造业	Manufacturing	338.19	358.73	368.84	5.66	5.49	4.23
电力、热力、燃气及水生产和供应业	Electricity, Heat, Gas and Water Production and Supply	11.31	11.05	13.09	6.48	6.27	8.69
建筑业	Construction	157.38	192.31	274.31	4.94	3.68	3.02
批发和零售业	Wholesale and Retail Sale Trade	22.22	22.10	37.88	10.43	10.40	2.72
交通运输、仓储和邮政业	Transportation, Storage and Post	9.07	9.55	28.60	1.85	1.55	12.82
住宿和餐饮业	Hotels and Catering Services	28.18	32.23	15.18	2.85	2.80	1.96
信息传输、软件和信息技术服务业	Information Transmission, Software and Information Technology Services	14.33	17.04	13.80	1.77	1.83	2.00
金融业	Finance	22.58	23.42	30.52	5.60	4.88	5.46
房地产业	Real Estate	12.55	13.86	16.41	1.55	1.56	1.49
租赁和商务服务业	Leasing and Commercial Services	24.02	24.86	28.27	7.79	7.12	9.11
科学研究和技术服务业	Scientific Research and Technic Services	12.44	13.36	16.20	6.77	7.06	7.30
水利、环境和公共设施管理业	Water Conservancy, Environment and Public Facilities Management	8.99	9.45	11.32	5.56	5.79	6.18
居民服务、修理和其他服务业	Resident Services, Repair and Other Services	1.42	1.44	1.86	0.60	0.60	0.57
教育	Education	57.22	58.53	62.53	51.96	52.18	53.61
卫生和社会工作	Health Care and Social Work	29.88	31.84	35.02	24.85	26.32	28.81
文化、体育和娱乐业	Culture, Sports and Recreation	5.40	5.74	6.20	4.66	4.80	5.02
公共管理、社会保障和社会组织	Public Management, Social Security and Social Organization	54.06	54.22	60.20	51.88	51.93	57.51

续表 Continued 单位:万人(10000 persons)

行业	Sector	城镇集体单位 Urban Collective Owned Units			其他单位 Others		
		2010	2011	2012	2010	2011	2012
总　计	**Total**	**27.59**	**26.54**	**24.26**	**588.06**	**660.43**	**786.85**
农、林、牧、渔业	Farming, Forestry, Animal Husbandryand Fishery	0.05	0.06	0.04	0.19	0.25	0.22
采矿业	Mining and Quarrying	0.41	0.28	0.27	0.95	0.90	0.85
制造业	Manufacturing	5.75	4.83	1.47	326.78	348.41	363.14
电力、热力、燃气及水生产和供应业	Electricity, Heat, Gas and Water Production and Supply	0.33	0.29	0.25	4.50	4.49	4.15
建筑业	Construction	6.51	7.14	7.94	145.93	181.48	263.35
批发和零售业	Wholesale and Retail Sale Trade	1.22	1.10	0.74	10.58	10.61	34.42
交通运输、仓储和邮政业	Transportation, Storage and Post	0.07	0.07	1.07	7.15	7.93	14.72
住宿和餐饮业	Hotels and Catering Services	0.86	0.77	0.47	24.47	28.66	12.76
信息传输、软件和信息技术服务业	Information Transmission, Software and Information Technology Services	0.59	0.49	0.18	11.97	14.72	11.61
金融业	Finance	0.97	0.82	0.42	16.01	17.72	24.65
房地产业	Real Estate	0.43	0.40	0.39	10.57	11.90	14.52
租赁和商务服务业	Leasing and Commercial Services	3.15	3.12	3.01	13.08	14.62	16.14
科学研究和技术服务业	Scientific Research and Technic Services	0.38	0.32	0.47	5.29	5.98	8.43
水利、环境和公共设施管理业	Water Conservancy, Environment and Public Facilities Management	1.11	0.94	0.99	2.32	2.72	4.15
居民服务、修理和其他服务业	Resident Services, Repair and Other Services	0.12	0.11	0.24	0.70	0.72	1.06
教育	Education	1.45	1.59	2.17	3.81	4.75	6.76
卫生和社会工作	Health Care and Social Work	3.94	3.96	3.85	1.09	1.56	2.37
文化、体育和娱乐业	Culture, Sports and Recreation	0.08	0.08	0.08	0.66	0.86	1.10
公共管理、社会保障和社会组织	Public Management, Social Security and Social Organization	0.16	0.16	0.24	2.01	2.13	2.45

2-18 分行业城镇单位女性从业人员(年末数)
Number of Female Employed Persons in Urban Areas by Sector(Year-end)

单位:万人(10000 persons)

行业	Sector	合 计 Total			国有单位 State-owned Units		
		2010	2011	2012	2010	2011	2012
总 计	**Total**	**322.83**	**345.78**	**361.15**	**86.82**	**89.81**	**93.28**
农、林、牧、渔业	Farming, Forestry, Animal Husbandryand Fishery	0.40	0.43	0.25	0.32	0.32	0.15
采矿业	Mining and Quarrying	0.27	0.27	0.23	0.05	0.07	0.05
制造业	Manufacturing	160.28	167.63	164.13	1.68	1.60	1.08
电力、热力、燃气及水生产和供应业	Electricity, Heat, Gas and Water Production and Supply	3.00	3.24	3.12	1.70	1.93	1.95
建筑业	Construction	12.41	15.10	20.35	0.71	0.38	0.41
批发和零售业	Wholesale and Retail Sale Trade	6.62	7.21	20.48	3.27	3.58	1.00
交通运输、仓储和邮政业	Transportation, Storage and Post	4.64	5.30	7.59	0.90	0.92	3.57
住宿和餐饮业	Hotels and Catering Services	15.72	19.39	8.94	1.13	1.19	1.10
信息传输、软件和信息技术服务业	Information Transmission, Software and Information Technology Services	8.72	10.04	5.94	1.07	1.13	0.93
金融业	Finance	16.42	17.73	20.30	3.74	3.60	2.98
房地产业	Real Estate	5.00	5.36	7.07	0.65	0.67	0.64
租赁和商务服务业	Leasing and Commercial Services	8.29	7.62	8.06	2.20	1.51	2.42
科学研究和技术服务业	Scientific Research and Technic Services	3.86	4.25	4.96	2.19	2.32	2.29
水利、环境和公共设施管理业	Water Conservancy, Environment and Public Facilities Management	3.96	4.34	5.06	2.47	2.66	2.84
居民服务、修理和其他服务业	Resident Services, Repair and Other Services	0.63	0.59	0.77	0.25	0.26	0.22
教育	Education	34.55	36.32	39.12	30.96	31.76	32.73
卫生和社会工作	Health Care and Social Work	20.38	22.30	24.13	17.09	18.64	19.94
文化、体育和娱乐业	Culture, Sports and Recreation	2.68	2.89	3.14	2.31	2.39	2.53
公共管理、社会保障和社会组织	Public Management, Social Security and Social Organization	14.99	15.79	17.52	14.16	14.88	16.46

续表 Continued 单位:万人(10000 persons)

行业	Sector	城镇集体单位 Urban Collective Owned Units			其他单位 Others		
		2010	2011	2012	2010	2011	2012
总 计	**Total**	**9.91**	**9.76**	**8.48**	**226.09**	**246.21**	**259.39**
农、林、牧、渔业	Farming, Forestry, Animal Husbandryand Fishery	0.01	0.02	0.01	0.07	0.09	0.09
采矿业	Mining and Quarrying	0.04	0.03	0.03	0.18	0.18	0.15
制造业	Manufacturing	2.49	2.05	0.58	156.11	163.98	162.46
电力、热力、燃气及水生产和供应业	Electricity, Heat, Gas and Water Production and Supply	0.08	0.08	0.07	1.21	1.23	1.10
建筑业	Construction	0.60	0.83	0.86	11.11	13.89	19.07
批发和零售业	Wholesale and Retail Sale Trade	0.21	0.20	0.38	3.15	3.43	19.10
交通运输、仓储和邮政业	Transportation, Storage and Post	0.04	0.04	0.17	3.70	4.34	3.86
住宿和餐饮业	Hotels and Catering Services	0.41	0.33	0.28	14.18	17.87	7.56
信息传输、软件和信息技术服务业	Information Transmission, Software and Information Technology Services	0.36	0.30	0.09	7.30	8.61	4.92
金融业	Finance	0.54	0.46	0.22	12.15	13.67	17.10
房地产业	Real Estate	0.17	0.17	0.16	4.18	4.51	6.26
租赁和商务服务业	Leasing and Commercial Services	0.51	0.60	0.49	5.58	5.51	5.15
科学研究和技术服务业	Scientific Research and Technic Services	0.11	0.11	0.14	1.55	1.81	2.52
水利、环境和公共设施管理业	Water Conservancy, Environment and Public Facilities Management	0.55	0.50	0.52	0.94	1.18	1.71
居民服务、修理和其他服务业	Resident Services, Repair and Other Services	0.05	0.05	0.08	0.33	0.29	0.47
教育	Education	1.08	1.26	1.67	2.50	3.30	4.72
卫生和社会工作	Health Care and Social Work	2.55	2.64	2.60	0.74	1.01	1.60
文化、体育和娱乐业	Culture, Sports and Recreation	0.04	0.05	0.05	0.34	0.45	0.56
公共管理、社会保障和社会组织	Public Management, Social Security and Social Organization	0.05	0.05	0.08	0.78	0.86	0.97

2-19 按行业和经济类型分的工业、建筑业企业在岗职工人数(年底数)

Number of Currently Employed Staff and Workers in Industry and Construction Enterprises by Sector and Type of Ownership(Year-end)

单位:万人(10000 persons)

分类	Category	2007	2008	2009	2010	2011	2012
总　计	**Total**	**389.80**	**454.72**	**468.21**	**508.44**	**563.49**	**657.54**
采矿业	**Mining and Quarrying**	**1.66**	**1.59**	**1.52**	**1.57**	**1.41**	**1.30**
按经济类型分组	**By Ownership**						
国有经济单位	State-owned Units	0.26	0.22	0.20	0.20	0.23	0.18
城镇集体经济单位	Urban Collective Owned Units	0.29	0.36	0.38	0.41	0.28	0.27
其他各种经济类型	Units of Other Types of Ownership	1.11	1.01	0.94	0.95	0.90	0.85
按行业分组	**By Sector**						
煤炭开采和洗选业	Coal Mining and Dressing	0.37	0.21	0.21	0.22	0.22	0.27
石油和天然气开采业	Petroleum and Natural Gas Extraction						
黑色金属矿采选业	Ferrous Metals Mining and Dressing	0.14	0.14	0.14	0.14	0.13	0.15
有色金属矿采选业	Nonferrous Metals Mining and Dressing	0.28	0.28	0.19	0.18	0.22	0.09
非金属矿采选业	Nonmetal Minerals Mining and Dressing	0.88	0.96	0.98	1.03	0.84	0.80
开采辅助活动	Supplementary Activities for Mining						
其他采矿业	Other Minerals Mining and Dressing						
制造业	**Manufacturing**	**280.06**	**319.23**	**321.98**	**338.19**	**358.73**	**368.84**
按经济类型分组	**By Ownership**						
国有经济单位	State-owned Units	5.59	6.28	5.76	5.66	5.49	4.23
城镇集体经济单位	Urban Collective Owned Units	4.86	4.31	5.72	5.75	4.83	1.47
其他各种经济类型单位	Units of Other Types of Ownership	269.61	308.64	310.50	326.78	348.41	363.14
按行业分组	**By Sector**						
食品加工业	Non-staple Food Processing	3.52	3.55	3.37	3.32	3.51	4.19
食品制造业	Food Manufacturing	3.68	3.92	4.46	4.79	4.52	5.21
酒、饮料和精制茶制造业	Wine, Soft Drinks and Refined Tea Manufacturing	3.81	4.54	4.45	3.94	4.04	3.78
烟草制品业	Tobacco Processing	0.39	0.33	0.32	0.33	0.35	0.46
纺织业	Textile Industry	31.91	40.30	41.11	41.26	47.39	32.81
纺织服装、服饰业	Garments and Apparel Industry	30.76	37.23	36.13	34.84	27.48	37.68
皮革、毛皮、羽毛及其制品和制鞋业	Leather, Furs, Down and Related Production, Shoes Manufacturing	19.78	17.90	16.64	16.71	15.40	17.05
木材加工及木、竹、藤、棕、草制品业	Timber Processing, Bamboo, Cane Palm Fiber and Straw Production	2.88	3.01	2.55	2.70	2.42	2.39
家具制造业	Furniture Manufacturing	7.22	7.07	7.87	7.82	9.15	9.63
造纸及纸制品业	Papermaking and Paper Production	5.66	6.12	6.10	6.71	6.68	6.43
印刷和记录媒介复制业	Printing and Record Medium Reproduction	2.40	2.69	2.68	2.75	2.85	3.14
文教、工美、体育和娱乐用品制造业	Cultural and Educational, Arts and Crafts, Sports and Entertainment Goods	4.33	4.35	5.15	5.21	5.41	8.76
石油加工、炼焦及核燃料加工业	Petroleum Processing, Cooking and Nuclear Fuel Processing	0.85	0.92	0.85	0.91	0.94	0.94

续表　Continued　　单位:万人(10000 persons)

分类	Category	2007	2008	2009	2010	2011	2012
化学原料及化学制品制造业	Raw Chemical Materials and Chemical Production	12.54	14.19	14.44	15.24	15.48	16.62
医药制造业	Medical and Pharmaceutical Production	6.60	7.44	7.23	7.53	8.90	10.15
化学纤维制造业	Chemical Fiber	4.65	6.20	5.82	6.35	7.26	7.64
橡胶和塑料制品业	Rubber and Plastic Production	13.53	14.85	14.64	15.29	16.90	16.35
非金属矿物制品业	Nonmetal Mineral Production	7.92	8.74	9.19	9.66	10.27	9.55
黑色金属冶炼及压延加工业	Smelting and Pressing of Ferrous Metals	2.38	4.66	4.19	4.43	5.27	6.40
有色金属冶炼及压延加工业	Smelting and Pressing of Nonferrous Metals	3.39	3.64	3.58	3.59	4.08	4.25
金属制品业	Metal Production	11.42	12.34	12.49	12.51	12.56	13.74
通用设备制造	Equipment in Common Use	20.43	22.73	23.07	25.41	30.04	29.81
专用设备制造业	Special Purpose Equipment	7.79	10.50	9.83	11.38	11.96	12.87
汽车制造业	Automotive Manufacturing						20.55
铁路、船舶、航空航天和其他运输设备制造业	Railway, Shipbuilding, Aerospace and other Transport Equipment	14.78	17.80	18.25	21.83	25.11	6.52
电气机械及器材制造业	Electric Equipment and Machinery	27.30	31.78	33.38	36.74	42.30	42.01
计算机、通信和其他电子设备制造业	Computers, Communications and Other Electronic Equipment Manufacturing	19.37	19.48	19.48	22.03	21.93	26.20
仪器仪表制造业	Instruments Manufacturing	4.98	6.13	6.84	6.95	8.60	7.87
其他制造业	Other Manufacturing	5.47	6.33	7.31	7.34	7.30	4.24
废弃资源综合利用业	Comprehensive Utilization of Waste Resources	0.29	0.49	0.53	0.64	0.60	1.08
金属制品、机械和设备修理业	Metal Products, Machinery and Equipment Repair Industry						0.52
电力、热力、燃气及水生产和供应业	**Electricity, Heating Power, Gas and Water Production and Supply**	**10.81**	**12.17**	**11.30**	**11.31**	**11.05**	**13.09**
按经济类型分组	**By Ownership**						
国有经济单位	State - owned Units	6.68	7.77	6.30	6.48	6.27	8.69
城镇集体经济单位	Urban Collective Owned Units	0.31	0.31	0.31	0.33	0.29	0.25
其他各种经济类型单位	Units of Other Types of Ownership	3.81	4.09	4.69	4.50	4.49	4.15
按行业分组	**By Sector**						
电力、热力生产和供应业	Production and Supply of Electricity and Heating Power	8.27	9.41	8.41	8.34	8.11	9.84
煤气生产和供应业	Production and Supply of Gas	0.37	0.38	0.44	0.48	0.47	0.57
水的生产和供应业	Production and Supply of Water	2.16	2.38	2.45	2.49	2.46	2.68
建筑业	**Construction**	**97.27**	**121.73**	**133.41**	**157.38**	**192.31**	**274.31**
按经济类型分组	**By Ownership**						
国有经济单位	State - owned Units	3.24	5.07	4.16	4.94	3.68	3.02
城镇集体经济单位	Urban Collective Owned Units	7.56	6.28	7.47	6.51	7.14	7.94
其他各种经济类型单位	Units of Other Types of Ownership	86.46	110.38	121.78	145.93	181.48	263.35

注：本表2008年前为职工人数。
Data in this table refer to sfaff and workers before 2008.

2-20 分行业城镇私营从业人员和个体从业人员人数(年底数)
Employed Persons in Private Enterprises and Self-employed Individuals in Urban Area by Sector(Year-end)

单位:万人(10000 persons)

行业	Sector	合计 Total			城镇私营 Private Enterprises			城镇个体 Individuals		
		2010	2011	2012	2010	2011	2012	2010	2011	2012
总　计	**Total**	**878.59**	**916.54**	**952.07**	**592.09**	**609.25**	**618.91**	**286.50**	**307.30**	**333.16**
农、林、牧、渔业	Farming, Forestry, Animal Husbandryand Fishery	3.00	3.79	4.17	1.09	1.55	1.62	1.90	2.24	2.55
采矿业	Mining and Quarrying	0.81	0.68	0.60	0.68	0.58	0.52	0.12	0.10	0.09
制造业	Manufacturing	429.17	414.05	414.95	369.54	348.88	339.64	59.63	65.17	75.31
电力、热力、燃气及水生产和供应业	Electricity, Heat, Gas and Water Production and Supply	0.99	0.83	0.54	0.92	0.77	0.48	0.06	0.06	0.05
建筑业	Construction	12.89	11.09	23.52	12.05	10.19	22.56	0.85	0.89	0.96
批发和零售业	Wholesale and Retail Sale Trade	219.58	235.52	247.10	70.38	73.29	75.44	149.20	162.22	171.65
交通运输、仓储和邮政业	Transportation, Storage and Post	36.76	45.88	41.36	30.64	39.25	34.38	6.12	6.63	6.98
住宿和餐饮	Hotels and Catering Services	47.72	53.63	51.42	20.20	26.70	21.77	27.52	26.93	29.65
信息传输、软件和信息技术服务业	Information Transmission, Software and Information Technology Services	9.25	13.85	17.39	8.67	13.25	16.90	0.58	0.59	0.50
金融业	Finance	0.74	0.88	1.75	0.73	0.88	1.74	0.01	0.01	0.01
房地产业	Real Estate	13.25	13.51	16.71	11.02	11.29	14.48	2.23	2.21	2.23
租赁和商务服务业	Leasing and Commercial Services	25.01	38.58	41.54	18.22	31.43	33.74	6.79	7.15	7.80
科学研究和技术服务业	Scientific Research and Technic Services	3.14	6.76	7.57	2.96	6.56	6.31	0.18	0.20	1.26
水利、环境和公共设施管理业	Water Conservancy, Environment and Public Facilities Management	4.34	1.85	2.04	4.23	1.75	1.95	0.11	0.10	0.09
居民服务、修理和其他服务业	Resident Services, Repair and Other Services	63.24	65.65	72.17	35.06	36.07	41.63	28.18	29.58	30.54
教育	Education	1.28	2.07	0.94	1.18	1.96	0.81	0.10	0.11	0.13
卫生和社会工作	Health Care and Social Work	1.86	1.61	1.36	1.43	1.14	0.85	0.43	0.47	0.51
文化、体育和娱乐业	Culture, Sports and Recreation	5.56	6.32	6.95	3.08	3.70	4.09	2.48	2.62	2.86
公共管理、社会保障和社会组织	Public Management, Social Security and Social Organization									

2-21 各市企业年末单位从业人员
Employed Persons in Enterprises by City(Year-end)

单位:万人(10000 persons)

城市	City	年末单位从业人员 Number of Employed Persons at the Year-end			#在岗职工 Fully Employed Staff and Workers			#其他从业人员 Others		
		2010	2011	2012	2010	2011	2012	2010	2011	2012
全 省	**Total**	**710.83**	**814.71**	**881.91**	**651.63**	**718.97**	**845.26**	**59.20**	**28.11**	**36.65**
杭州市	Hangzhou	194.06	223.43	239.01	159.82	179.54	225.59	34.24	10.83	13.41
宁波市	Ningbo	117.38	147.26	148.54	109.64	129.40	142.38	7.74	5.90	6.16
温州市	Wenzhou	85.36	87.71	87.14	82.60	82.32	82.70	2.76	2.61	4.44
嘉兴市	Jiaxing	67.82	65.94	65.70	64.58	61.79	63.97	3.24	1.69	1.73
湖州市	Huzhou	29.57	33.26	37.98	28.40	30.82	35.15	1.17	1.02	2.83
绍兴市	Shaoxing	93.43	111.00	116.25	90.34	100.72	114.43	3.09	1.29	1.82
金华市	Jinhua	35.53	39.75	70.61	34.49	36.31	69.15	1.04	1.17	1.45
衢州市	Quzhou	10.17	12.17	12.72	8.95	10.02	11.72	1.22	0.91	1.00
舟山市	Zhoushan	11.73	10.73	12.21	11.23	9.78	11.55	0.50	0.11	0.66
台州市	Taizhou	53.22	69.35	79.16	49.91	65.40	76.60	3.31	2.17	2.56
丽水市	Lishui	8.19	9.37	9.55	7.40	8.31	8.97	0.79	0.39	0.58

2-22 各市国有控股企业年末单位从业人员
Employed Persons in Enterprises State-owned and State-holding by City(Year-end)

单位:万人(10000 persons)

城市	City	年末单位从业人员 Number of Employed Persons at the Year-end			#在岗职工 Fully Employed Staff and Workers			#其他从业人员 Others		
		2010	2011	2012	2010	2011	2012	2010	2011	2012
全 省	**Total**	**139.78**	**147.34**	**157.45**	**118.78**	**116.18**	**145.60**	**21.00**	**7.31**	**11.85**
杭州市	Hangzhou	60.55	64.74	67.29	48.55	48.57	63.31	12.00	2.65	3.99
宁波市	Ningbo	19.03	20.42	23.52	16.55	16.16	22.27	2.48	1.12	1.25
温州市	Wenzhou	11.20	12.93	13.65	9.93	10.12	10.98	1.27	0.78	2.67
嘉兴市	Jiaxing	7.87	8.45	8.43	6.68	6.95	7.90	1.19	0.57	0.53
湖州市	Huzhou	4.78	2.59	5.14	4.28	2.18	4.73	0.50	0.18	0.41
绍兴市	Shaoxing	6.12	7.28	7.56	5.30	6.21	7.03	0.82	0.35	0.53
金华市	Jinhua	6.68	7.18	7.14	6.36	5.86	6.51	0.32	0.29	0.63
衢州市	Quzhou	4.13	4.72	5.00	3.59	3.89	4.49	0.54	0.35	0.51
舟山市	Zhoushan	4.27	3.80	4.67	3.95	3.34	4.44	0.32	0.05	0.24
台州市	Taizhou	8.02	8.01	9.35	6.84	6.35	8.34	1.18	0.88	1.01
丽水市	Lishui	2.75	2.53	2.66	2.45	2.00	2.57	0.30	0.07	0.09

2－23 各市事业年末单位从业人员
Employed Persons in Institutions by City(Year－end)

单位:万人(10000 persons)

城市	City	年末单位从业人员 Number of Employed Persons at the Year－end			#在岗职工 Fully Employed Staff and Workers			#其他从业人员 Others		
		2010	2011	2012	2010	2011	2012	2010	2011	2012
全　省	**Total**	**119.02**	**123.90**	**125.33**	**110.09**	**111.81**	**117.15**	**8.93**	**7.18**	**8.18**
杭州市	Hangzhou	26.67	28.56	29.90	23.28	23.76	27.15	3.39	2.34	2.74
宁波市	Ningbo	15.92	16.95	17.81	14.93	15.70	16.91	0.99	0.78	0.90
温州市	Wenzhou	15.41	15.46	15.17	14.69	14.61	14.60	0.72	0.66	0.58
嘉兴市	Jiaxing	9.11	9.30	9.48	8.67	8.66	8.99	0.44	0.51	0.49
湖州市	Huzhou	6.04	6.01	6.29	5.39	5.24	5.69	0.65	0.54	0.59
绍兴市	Shaoxing	9.98	10.29	10.32	9.34	9.42	9.69	0.64	0.61	0.63
金华市	Jinhua	11.01	11.64	10.73	10.78	11.28	10.14	0.23	0.25	0.59
衢州市	Quzhou	4.21	4.37	4.44	3.88	3.87	4.05	0.33	0.39	0.39
舟山市	Zhoushan	3.14	3.25	3.15	3.01	2.99	3.03	0.13	0.06	0.12
台州市	Taizhou	12.05	12.33	12.23	10.83	10.78	11.30	1.22	0.86	0.93
丽水市	Lishui	5.48	5.73	5.83	5.29	5.50	5.61	0.19	0.17	0.21

2－24 各市机关年末单位从业人员
Employed Persons in Government Agencies by City(Year－end)

单位:万人(10000 persons)

城市	City	年末单位从业人员 Number of Employed Persons at the Year－end			#在岗职工 Fully Employed Staff and Workers			#其他从业人员 Others		
		2010	2011	2012	2010	2011	2012	2010	2011	2012
全　省	**Total**	**48.64**	**50.30**	**51.93**	**45.74**	**45.59**	**49.61**	**2.90**	**2.33**	**2.32**
杭州市	Hangzhou	9.92	9.85	9.92	9.22	8.96	9.49	0.70	0.42	0.43
宁波市	Ningbo	6.65	7.17	7.11	6.31	6.33	6.79	0.34	0.38	0.32
温州市	Wenzhou	6.80	7.30	7.48	6.50	6.88	7.14	0.30	0.31	0.33
嘉兴市	Jiaxing	2.90	3.01	3.00	2.82	2.78	2.87	0.08	0.15	0.13
湖州市	Huzhou	2.24	2.11	2.55	2.11	1.96	2.45	0.13	0.12	0.10
绍兴市	Shaoxing	3.39	3.40	3.60	3.00	3.00	3.31	0.39	0.27	0.30
金华市	Jinhua	5.06	5.41	5.47	4.89	5.07	5.30	0.17	0.18	0.17
衢州市	Quzhou	2.65	2.69	2.86	2.49	2.42	2.66	0.16	0.17	0.19
舟山市	Zhoushan	1.59	1.75	1.86	1.52	1.59	1.83	0.07	0.04	0.03
台州市	Taizhou	4.37	4.50	4.89	3.94	3.64	4.65	0.43	0.22	0.24
丽水市	Lishui	3.08	3.10	3.20	2.96	2.96	3.12	0.12	0.08	0.08

2-25 各市单位年末人才资源
Trained Personnel Resources by City (Year-end)

单位:万人(10000 persons)

城市	City	人才资源年末人数 Number of Trained Personnel Resources				专业技术人员 Specialized Technical Personnel			
		2009	2010	2011	2012	2009	2010	2011	2012
全　省	**Total**	**438.61**	**488.11**	**569.96**	**669.70**	**186.40**	**203.47**	**214.17**	**236.38**
杭州市	Hangzhou	114.01	134.17	149.73	170.24	48.22	54.16	59.12	63.59
宁波市	Ningbo	68.05	78.61	102.55	110.19	27.97	32.49	34.78	37.74
温州市	Wenzhou	55.04	55.76	59.44	67.68	24.46	25.35	25.17	27.72
嘉兴市	Jiaxing	36.65	41.32	46.22	52.25	13.31	14.58	14.62	14.28
湖州市	Huzhou	18.71	19.67	22.40	29.27	7.97	9.18	9.52	11.66
绍兴市	Shaoxing	46.31	52.04	62.10	71.72	18.51	20.01	20.72	23.39
金华市	Jinhua	27.80	30.60	36.46	61.92	13.10	14.11	14.67	17.76
衢州市	Quzhou	11.43	12.29	13.19	14.37	4.97	5.16	5.58	5.92
舟山市	Zhoushan	10.28	10.48	11.34	11.98	4.25	4.46	4.26	4.68
台州市	Taizhou	37.35	39.97	51.85	65.26	16.77	16.97	18.56	22.13
丽水市	Lishui	11.75	11.86	13.34	13.42	6.21	6.27	6.43	7.09

2-26 各市按经济类型分的年末全部单位专业技术人员
Specialized Technical Personnel by City and Ownership (Year-end)

单位:万人(10000 persons)

城市	City	总计 Total			国有 State owned Units			城镇 Collective Owned Units			其他 Other Types of Ownership		
		2010	2011	2012	2010	2011	2012	2010	2011	2012	2010	2011	2012
全　省	**Total**	**214.17**	**203.47**	**236.38**	**92.47**	**93.19**	**97.47**	**8.73**	**8.83**	**7.96**	**102.26**	**112.16**	**130.95**
杭州市	Hangzhou	59.12	54.16	63.59	21.53	22.55	22.46	1.42	1.55	1.50	31.21	35.03	39.62
宁波市	Ningbo	34.78	32.49	37.74	12.46	13.08	12.96	1.22	1.41	1.60	18.81	20.29	23.18
温州市	Wenzhou	25.17	25.35	27.72	13.17	12.92	14.11	1.15	1.20	1.00	11.04	11.05	12.60
嘉兴市	Jiaxing	14.62	14.58	14.28	6.89	6.53	6.77	0.38	0.40	0.38	7.31	7.69	7.13
湖州市	Huzhou	9.52	9.18	11.66	4.00	4.16	4.76	0.54	0.54	0.57	4.64	4.82	6.33
绍兴市	Shaoxing	20.72	20.01	23.39	6.87	6.71	7.56	0.95	1.05	0.71	12.18	12.97	15.13
金华市	Jinhua	14.67	14.11	17.76	8.08	7.85	8.36	1.37	1.29	0.88	4.66	5.53	8.51
衢州市	Quzhou	5.58	5.16	5.92	3.71	3.84	3.94	0.17	0.19	0.22	1.29	1.55	1.76
舟山市	Zhoushan	4.26	4.46	4.68	2.37	2.21	2.45	0.30	0.23	0.18	1.79	1.83	2.05
台州市	Taizhou	18.56	16.97	22.13	8.67	8.68	8.86	0.84	0.70	0.68	7.47	9.18	12.60
丽水市	Lishui	6.43	6.27	7.09	4.54	4.50	5.09	0.40	0.28	0.24	1.33	1.65	1.76

2-27 分行业年末单位专业技术人员
Specialized Technical Personnel by Sector(Year-end)

单位:万人(10000 persons)

行业	Sector	合计 Total			#国有单位 State-owned Units			#城镇集体单位 Urban Collective owned Units		
		2010	2011	2012	2010	2011	2012	2010	2011	2012
总 计	**Total**	**203.47**	**214.17**	**236.38**	**92.47**	**93.19**	**97.47**	**8.73**	**8.83**	**7.96**
农、林、牧、渔业	Farming, Forestry, Animal Husbandryand Fishery	0.57	0.60	0.25	0.50	0.51	0.18	0.02	0.02	0.01
采矿业	Mining and Quarrying	0.33	0.25	0.18	0.05	0.08	0.03	0.07	0.02	0.02
制造业	Manufacturing	41.20	44.23	47.54	1.11	1.04	0.69	0.62	0.65	0.19
电力、热力、燃气及水生产和供应业	Electricity, Heat, Gas and Water Production and Supply	3.37	3.47	2.93	1.95	2.02	1.87	0.07	0.07	0.06
建筑业	Construction	29.23	30.60	40.98	1.33	0.89	0.95	1.40	1.38	1.34
批发和零售业	Wholesale and Retail Sale Trade	3.36	3.62	4.71	1.44	1.50	0.45	0.12	0.11	0.07
交通运输、仓储和邮政业	Transportation, Storage and Post	5.20	6.28	3.18	0.77	0.83	1.11	0.01	0.01	0.11
住宿和餐饮业	Hotels and Catering Services	5.64	5.59	1.10	0.71	0.74	0.15	0.18	0.16	0.03
信息传输、软件和信息技术服务业	Information Transmission, Software and Information Technology Services	1.44	1.58	7.05	0.17	0.18	0.73	0.09	0.07	0.02
金融业	Finance	14.37	15.35	15.88	3.92	3.39	3.13	0.64	0.58	0.22
房地产业	Real Estate	3.60	3.90	3.64	0.50	0.48	0.34	0.09	0.10	0.08
租赁和商务服务业	Leasing and Commercial Services	3.75	3.99	4.82	1.10	1.07	1.41	0.35	0.50	0.24
科学研究和技术服务业	Scientific Research and Technic Services	8.46	9.36	10.00	4.85	5.09	5.03	0.24	0.22	0.23
水利、环境和公共设施管理业	Water Conservancy, Environment and Public Facilities Management	1.61	1.68	1.95	0.92	0.94	0.94	0.09	0.07	0.07
居民服务、修理和其他服务业	Resident Services, Repair and Other Services	0.14	0.17	0.24	0.07	0.10	0.09	0.01	0.02	0.02
教育	Education	49.54	49.72	51.28	46.17	45.83	45.45	1.10	1.17	1.63
卫生和社会工作	Health Care and Social Work	25.54	27.58	29.76	21.29	22.94	24.58	3.51	3.61	3.52
文化、体育和娱乐业	Culture, Sports and Recreation	3.20	3.42	3.27	2.99	3.14	2.98	0.04	0.03	0.04
公共管理、社会保障和社会组织	Public Management, Social Security and Social Organization	2.90	2.78	7.63	2.63	2.41	7.37	0.06	0.06	0.06

2-28 社会保险参保人员基本情况(2005-2012 年)
Basic Statistics of Persons Participating in Social Insurance(2005-2012)

单位:万人(10000 persons)

项目	Item	2005	2006	2007	2008	2009	2010	2011	2012
参保总人数	Total Persons Participating in Insurance	2784.51	3274.22	4114.68	5123.75	5567.38	6260.43	6907.29	7636.29
#养老保险	Endowment Insurance	962.26	1052.59	1167.10	1386.91	1527.43	1702.22	1821.76	2083.30
失业保险	Unemployment Insurance	444.68	504.38	584.75	731.10	784.46	874.95	980.59	1065.56
医疗保险	Insurance for Medical Care	639.56	730.59	854.97	1053.92	1173.73	1344.42	1514.39	1670.97
工伤保险	Work-related Injury Insurance	453.07	603.94	1002.90	1261.84	1331.09	1475.11	1610.76	1731.68
生育保险	Childbirth Insurance	284.94	382.72	504.96	689.98	750.67	863.73	979.79	1084.78

2-29 六次人口普查基本情况
Basic Statistics on National Population Census

项目	Item	第一次 The First Time	第二次 The Second Time	第三次 The Third Time	第四次 The Fourth Time	第五次 The Fifth Time	第六次 The Sixth Time
总户数(万户)	**Total Family Households(10000 Households)**	**579.16**	**656.63**	**960.36**	**1176.77**	**1478.97**	**1885.37**
平均每户人数(人)	Average Size of Family Households	3.87	4.31	3.96	3.46	3.00	2.62
总人口(万人)	**Total Population(10000 persons)**	**2241.57**	**2831.86**	**3888.46**	**4144.59**	**4593.06**	**5442.69**
按性别分	**By Gender**						
男	Male	1178.00	1479.06	2016.70	2136.48	2358.15	2796.57
女	Female	1063.00	1352.80	1871.76	2008.11	2234.91	2646.12
按城乡分	**By Residence**						
市镇人口	Urban	289.27	306.86	999.69	1516.57	2235.66	3354.06
乡村人口	Rural	1925.30	2525.00	2888.77	2628.02	2357.40	2088.63
按民族分	**By Nationality**						
汉族	The Han Nationality	2233.22	2821.19	3872.30	4123.45	4553.52	5321.22
少数民族	Minority Nationality	8.35	10.67	16.16	21.14	39.54	121.47
畲族	The She Nationality	5.27	10.06	14.83	17.27	17.10	16.63
苗族	The Miao Nationality	2.84	0.04	0.05	0.32	5.34	30.91
回族	The Hui Nationality	0.19	0.38	0.94	1.72	1.96	3.82
满族	The Man Nationality	0.04	0.09	0.12	0.27	0.51	1.13
蒙古族	The MengGu Nationality		0.02	0.02	0.06	0.36	0.69
壮族	The Zhuang Nationality		0.03	0.11	0.77	1.90	7.28
按文化程度分	**By Eductional Level**						
大学	University		8.05	18.21	48.50	146.79	507.78
高中	Senior Secondary School		31.86	202.19	290.37	495.36	738.12
初中	Junior Secondary School		120.27	691.55	983.98	1531.94	1996.41
小学	Primary School		809.63	1531.44	1643.92	1683.34	1568.54
文盲、半文盲(15 岁及 15 岁以上)	Illiterate and Semiliterate(15 years old and over)			930.67	723.64	321.85	306.10

浙/江/统/计/年/鉴

主要统计指标解释

■ 人口数

指一定时点、一定地区范围内的有生命的个人的总和。

年度统计的年末人口数是指每年12月31日24时的人口数。

■ 出生率(又称粗出生率)

指一定时期内(通常为一年)平均每千人所出生的人数的比率,一般用千分率表示。计算公式:

$$出生率=\frac{年出生人数}{年平均人数}\times 1000‰$$

出生人数是指活产婴儿,即胎儿脱离母体时(不管怀孕月数),有过呼吸或其他生命现象。

年平均人数是年初、年底人口数的平均数,也可用年中人口数代替。

■ 死亡率(又称粗死亡率)

指一定时期内(通常为一年)一定地区的死亡人数与同期平均人数(或期中人数)之比,一般用千分率表示。计算公式:

$$死亡率=\frac{年死亡人数}{年平均人数}\times 1000‰$$

■ 人口自然增长率

指一定时期内(通常为一年)人口自然增加数(出生人数减死亡人数)与该时期内平均人数(或期中人数)之比,一般用千分率表示。计算公式:

$$人口自然增长率=\frac{本年出生人数-本年死亡人数}{年平均人数}\times 1000‰$$

$$人口自然增长率=人口出生率-人口死亡率$$

■ 从业人员

指从事一定社会劳动并取得劳动报酬或经营收入的人员。包括:

(1)在岗职工

(2)再就业的离退休人员

(3)私营业主

(4)个体户主

(5)私营和个体从业人员

(6)乡镇企业从业人员

(7)农村从业人员

(8)其他从业人员(包括民办教师、宗教职业者等)。

这一指标反映了一定时期内全部劳动力资源的实际利用情况,是研究我省基本省情省力的重要指标。

■ 各单位从业人员

指在各级国家机关、政党机关、社会团体及企业、事业单位中工作,并取得工资或其他劳动报酬的全部人员。包括:在岗职工、再就业的离退休人员、民办教师以及在各单位中工作的外方人员和港澳台方人员、兼职人员、借用的外单位人员和第二职业者。不包括离开本单位仍保留劳动关系的职工。各单位的从业人员反映了各单位实际参加生产或工作的全部劳动力。

■ 城镇私营和个体从业人员

城镇私营从业人员指在工商行政管理部门注册登记,其经营地址设在县城关镇(含城关镇)以上的私营企业从业人员;包括私营企业投资者和雇工。城镇个体从业的人员指在工商管理部门注册登记,并持有城镇户口或在城镇长期居住,经批准从事个体工商经营的从业人员;包括个体经营者和在个体工商户劳动的家庭帮工和雇工。

■ 城镇登记失业人员

指有非农业户口,在一定的劳动年龄内,有劳动能力,无业而要求就业,并在当地就业服务机构进行求职登记的人员。

■ 城镇登记失业率

指城镇登记失业人数同城镇单位从业人数、城镇私营企业及个体从业人数和城镇登记失业人数之和的比。计算公式为:

主要统计指标解释

$$\text{城镇登记失业率}=\frac{\text{城镇登记失业人数}}{\text{城镇单位从业人数}+\text{城镇私营企业及个体从业人员}+\text{城镇登记失业人数}}\times 100\%$$

■ 职　工

指在国有经济、城镇集体经济、联营经济、股份制经济、外商和港、澳、台投资经济、其他经济单位及其附属机构工作,并由其支付工资的各类人员,不包括返聘的离退休人员、民办教师、在国有经济单位工作的外方人员和港、澳、台人员(1998 年以后的数据均为在岗职工数据,其他相关指标如职工工资总额,职工平均工资等指标也从 1998 年按此口径进行了相应的调整)。

■ 国有单位职工

指在国有经济单位及其附属机构工作,并由其支付工资的各类人员。

■ 城镇集体单位职工

指在城镇集体经济单位及其管理部门工作,并由其支付工资的各类人员。

■ 其他单位职工

指在联营经济、股份制经济、外商投资经济、港、澳、台投资经济单位工作,并由其支付工资的各类人员。

■ 在岗职工

指在本单位工作并由单位支付工资的人员,以及有工作岗位,但由于学习、病伤、产假等原因暂未工作,仍由单位支付工资的人员。

ZHEJIANG STATISTICAL YEARBOOK

Explanatory Notes on Main Statistical Indicators

□ Total Population

refers to the total number of people alive at a certain point of time within a given area.

The annual statistics on total population is taken at midnight , the 31st of December.

□ Birth Rate (or Crude Birth Rate)

refers to the ratio of the number of births to the average population during a certain period of time (usually a year), which is often expressed in ‰. The following formula is used:

$$\text{Birth Rate} = \frac{\text{Number of Births}}{\text{Average Number of Population}} \times 1000‰$$

Number of Births refers to live births , i. e. the births when babies had showed any vital phenomena regardless of the length of pregnancy.

Annual Average Number of Population is the average of the number of population at the beginning of the year and that at the end of the year. Sometimes it is substituted for with the mid - year population.

□ Death Rate (or Crude Death Rate)

refers to the ratio of the number of deaths to the average population (or mid - year population) during a certain period of time (usually a year), which is often expressed in‰. The following formula is uesd:

$$\text{Death Rate} = \frac{\text{Number of Deaths}}{\text{Annual Average Number of Population}} \times 1000‰$$

□ Natural Growth Rate of Population

refers to the ratio of natural increase in population (number of births minus number of deaths) in a certain period of time (usually a year) to the average population (or mid - year population) of the same period, which is often expressed in ‰. The following formulas are applied:

$$\text{Natural Growth of Population} = \frac{\text{Number of Births} - \text{Number of Deaths}}{\text{Average Number of Population}} \times 1000‰$$

$$\text{Natural Growth of Population} = \text{Birth Rate} - \text{Death Rate}$$

□ Employed Persons

refers to the persons who are engaged in social labour and receive remuneration payment or earn business income, including :

(1) total staff and workers,

(2) re-employed retirees,

(3) employers of private enterprises,

(4) self-employed workers,

(5) employees in private enterprises and individual economy,

(6) employees in town enterprises,

(7) employed persons in the rural areas,

(8) other employed persons (including teachers in the schools run by the local people, people engaged in religious profession, etc.).

This indicator reflacts the actual utilization of total labour force during a certain period of time and is often used for the research on provincial economic situation and power.

□ Persons Employed in Various Units

refer to all the persons working in government agencies of various levels, political and party organizations, social organizations, enteprises and institutions, and receiving wages or other forms of payment. they include fully - employed staff and workers, reemployed retirees, teachers in schools run by local people, foreigners and Chinese compatriots from Hong Kong, Macao, Taiwan working in various units, parttime employees, employees of other units working temporarily at current posts, and employees holding the second job, but exclude staff and workers who have left their working units while keeping their labour contract (employment relation) unchanged. This indicator reflects the total number of laborers actually engaged in production or other operations in various units.

EXPLANATORY NOTES ON MAIN STATISTICAL INDICATORS

□ Persons Employed in private Enterprrises and Selfemployed Individuals in Urban Areas

Persons employed in private enterprises refer to the persons employed in the private enterprises which have been registered at the departments of industrial and commercial administration and are situated at a country town(i. e. a town where the country government is located)for business operationor at urban areas with the level higher than a country town. The selfemployed individuals in urban areas refer to persons who hold the certificates of resience in urban areas or have resided in the urban areas for a long time and have been registered at the department of industrial and commercial administration and approved to be engaged in individual industrial or commercial business including selfemployed persons as well as helpers and hire labourers who work in the indvidual households engaged in industrial or commercial business.

□ Registered Urban Unemployed Persons

The registered unemployed persons in urban areas refer to persons who are registered as permanent residents in urban areas engaged in nonagricultural activities, aged within the range of working age, capable to labour, unemployed but desirous to be employed and have been registered at the local government service agencies to apply for a job.

□ Registered Urban Unemployment Rate

Registered unemployment rate in urban areas refers to the ratio of the number of the registered unemployed persons to the sum of the number of the person employed in various units and in private enterprises in urban areas, urban selfemployed individuals and the registered urban unemployed persons. The formula is as follows:

Registered urban unemployment rate = 100% × (number of registered urban unemployed persons)/(number of persons employed in urban units + number of persons employed in urban private enterprises + and selfemployed individual in urban Areas + number of registered urban unemployed persons)

□ Staff and Workers

refer to the persons who work in (and receive payment therefrom) enterprises and institutions of state ownership, collective ownership , joint ownership , share holding , foreign ownership, and ownership by entrepreneurs from Hong Kong, Macao, and Taiwan , and other types of ownership and their affiliated units, excluding the retired persons invited to work in the units again, teachers in the schools run by the local people and foreigners and persons coming from Hong Kong, Macao and Taiwan and working in the state – owned economic units. (Number of staff and workers in this yearbook include only fully employed staff and worker, excluding those who have left their working units while keeping their labour contract employment relation unchanged).

□ Staff and Workers in State – owned Economic Units

refer to the person who work in the state – owned economic units or their attached units and are listed in their payrolls.

□ Staff and Workers in Collective Owned Units

refer to the persons who work in collective owned units in urban areas and their administration departments and recieve payment therefrom.

□ Staff and Workers in Units of Other types of Ownership

refer to those who work in(and receive payment therefrom) enterprises and institutions of joint ownership, share holding, foreign ownership, and ownership by enterpreneurs from Hong Kong, Macao and Taiwan.

□ Fully Employed Staff and Workers

refers to persons who work in, and receive wages from their working units, as well.

2013

浙江统计年鉴

ZHEJIANG STATISTICAL YEARBOOK

CHAPTER 3

固定资产投资

Investment in Fixed Assets

3-1 固定资产投资(1978-2012年)
Investment in Fixed Assets(1978-2012)

单位:亿元(100 million yuan)

年份 Year	全社会投资 Total Investment	固定资产投资 Investment in Fixed Assets	投资项目投资 Investment Inprojects	房地产开发投资 Real Estate Development
1978	23.23			
1979	26.11			
1980	33.25			
1981	34.16			
1982	41.72			
1983	44.04			
1984	64.89			
1985	102.20			
1986	127.39			
1987	156.20			
1988	188.95			
1989	179.49			
1990	186.96			9.54
1991	239.75			11.73
1992	361.18			24.23
1993	683.83			93.15
1994	1006.39			155.82
1995	1357.90			246.38
1996	1617.53			243.54
1997	1694.57			215.44
1998	1847.93			226.69
1999	1886.04			271.99
2000	2267.22			362.18
2001	2776.69			544.91
2002	3596.31			728.80
2003	4993.57	4180.38	3200.33	980.05
2004	6059.78	5384.38	4031.31	1353.07
2005	6696.25	6138.39	4681.90	1456.49
2006	7593.66	6964.28	5390.01	1574.28
2007	8420.43	7704.90	5883.23	1821.67
2008	9323.00	8550.71	6527.59	2023.12
2009	10742.32	9906.46	7652.19	2254.27
2010	12376.04	11451.98	8426.55	3025.43
2011		14077.25	9602.90	4474.35
2012		17095.96	11869.69	5226.27

注:固定资产投资口径范围为计划总投资500万元及以上的投资项目和全部房地产开发投资,以后各表同。
Investment in Fixed Assets are those with planned investment from investment in projects over 5 million yuan and total real estate development investment.

3－2 固定资产投资和房屋建筑面积(2005－2012 年)
Investment in Fixed Assets and Floor Space of Buildings(2005－2012)

指标	Item	2005	2006	2007	2008	2009	2010	2011	2012
投资总额(亿元)	**Total Investment (100 million yuan)**	**6696.25**	**7593.66**	**8420.43**	**9323.00**	**10742.32**	**12376.04**	**14077.25**	**17095.96**
城镇以上投资	**Investment at Town Level and Above**	**4809.50**	**5432.70**	**5996.9**	**6551.10**	**7454.33**	**8438.08**	**10350.45**	**12180.12**
农村投资	**Rural Investment**	**1886.76**	**2160.95**	**2423.50**	**2771.90**	**3288.0**	**3937.96**	**3726.80**	**4915.84**
农户投资	Farm household	254.00	313	328.30	396.40	434.7	507.75		
非农户投资	Non－peasant Household	1632.56	1848.28	2095.20	2375.60	2853.3	3430.21	3726.80	4915.84
按构成分	**by Structure**								
建筑安装工程	Construction and Installation	3867.51	4338.96	4644.26	5332.22	6190.23	7127.41	8006.03	9763.11
设备工器具购置	Purchase of Equipment and Tools	1598.66	1785.46	1982.14	2122.52	2396.73	2552.90	2428.09	2888.90
其他费用	Others	1230.08	1469.24	1794.03	1868.26	2155.36	2695.73	3643.13	4443.95
总投资中:住宅投资	**Residential Buildings**	**1376.15**	**1458.63**	**1685.07**	**1883.63**	**2154.25**	**2785.53**	**3289.51**	**3860.06**
房屋建筑面积(万平方米)	**Floor Space of Buildings(10000 sq. m)**								
施工面积	Floor Space under Construction	36678.31	40963.31	46774.80	50976.90	53252.6	61705.31	66803.51	75484.83
#住宅	Residential Buildings	17378.98	18263.70	19719.70	20850.8	22408.46	25969.17	24352.17	27208.20
竣工面积	Floor Space Completed	14987.50	14924.9	16373.21	18233.63	18446.67	19899.51	15935.70	16034.39
#住宅	Residential Buildings	7286.72	7197.72	7760.96	8490.18	8622.27	9177.07	4217.12	4174.13

注：1. 该表统计口径范围2011 年前为“全社会投资”,2011 年起为“固定资产投资”,即计划总投资 500 万元及以上的投资项目和全部房地产开发投资。
The data in this table refer to investment in fixed assets since 2011. as those refer to total investment in fixed assets before 2011.
2. 2011 年起农村投资不包括农户投资。Rural investment does not include farm household since 2011.

3-3 固定资产投资完成情况(2008-2012年)
Investment In Fixed Assets (2008-2012)

单位:万元(10000 yuan)

指标	Item	2008	2009	2010	2011	2012
投资额	**Total Investment**	**85507062**	**99064618**	**114519765**	**140772490**	**170959606**
投资项目	Projects	65275885	76521954	84265515	96029011	118696939
房地产开发	Real Estate Development	20231177	22542664	30254250	44743479	52262667
按登记注册类型分	**by Registered Type**					
内资	Domestic Funds	73756466	87884929	102950968	128110728	156180169
国有	State-owned	19815623	25090107	27630205	32134717	40324733
集体	Collective Owned	1567198	2449190	2777544	3398169	5566204
股份合作	Share-cooperations	265500	361462	338250	355255	482488
国有联营	State Joint	233780	315211	403158	602330	123084
集体联营	Collective Joint	8201	29648	13751	11653	11848
国有与集体联营	State-collective Joint	39142	74847	78696	73777	80287
其他联营	Other Joint	5055	990	8794	80572	5138
国有独资公司	State Sole Funds	1954491	3002406	3449096	4345993	5057750
其他有限责任公司	Other Limited Liability Corporations	25255256	26923568	33178462	42558798	50172449
股份有限公司	Share-holding Corporations Ltd.	3581851	4806410	4176632	4896013	5985859
私营	Private	19604954	23489681	28982889	37512623	46013048
其他	Others	1425415	1341409	1913491	2140828	2357281
港澳台商投资	Investment from HongKong, Macao and Taiwan	5748215	5598224	5787453	6756124	8177416
外商投资	Investment from Foreign	5835723	5257211	5486727	5642006	6052773
个体经营	Individual	166658	324254	294617	263632	549248
按国有及非国有情况分	**by State and Non-state Owned**					
国有及国有控股企业投资	State-owned and State-holding	28987458	36440415	38877740	44486658	53679178
非国有投资	Non-state-owned	56519604	62624203	75642025	96285832	117280428
#民间投资	Nongovernmental	46604929	52984298	65686496	85128348	105647431

续表 Continued 单位:万元(10000 yuan)

指标	Item	2008	2009	2010	2011	2012
按构成分	**by Structure**					
建筑工程	Construction	43603631	50441764	58898052	72612161	88032996
安装工程	Installation	4782241	6128274	6348574	7448134	9598092
设备工器具购置	Purchase of Equipment and Tools	18777560	21276993	22623985	24280850	28889033
购置旧设备	Purchase of Old Equipment	50783	63406	78766	63940	106750
用于更新的设备	Renewal of Equipment	2571391	2655067	2783067	3237058	4295633
其他费用	Others	18343630	21217587	26649154	36431345	44439485
旧建筑物购置费	Purchase of Old Buildings	87820	41801	67555	69112	85453
土地购置费	Purchase of Land	10627604	11667948	17787732	25307389	30893726
施工项目个数(个)	Projects under Construction(unit)	26323	29912	31653	33216	39099
全投项目个数(个)	Projects Completed and Put into Use(unit)	10729	13942	14690	16306	19073
房屋施工面积(平方米)	Floor Space under Construction (sq. m)	446562673	467346528	547944313	668035107	754848280
房屋竣工面积(平方米)	Floor Space Completed(sq. m)	125675171	124991182	134697223	159357020	160343891
新增固定资产	Newly Increased Fixed Assets	48249716	58378404	69074059	78345886	86614408
资金来源合计	**Source of Funds**	**106749552**	**133281142**	**159075753**	**206940850**	**217387775**
上年末结余资金	Surplus Funds Last Year	10079929	10620369	18460578	46858630	30436108
本年资金来源小计	Funds This Year	96669623	122660773	140615175	160082220	186951667
#国家预算内资金	State Budgetary Appropriations	3287429	4428858	4586011	6908908	9292982
国内贷款	Domestic Loans	18064324	21553469	24427586	26071273	27690277
债券	Debenture	7416	71988	19101	98366	221484
利用外资	Foreign Investment	2995644	2428194	2387673	2713354	2116560
自筹资金	Fundraising	54641587	62360835	74219446	89439967	109963781
其他资金	Others	17673223	31817429	34975358	34850352	37666583

3-4 分行业固定资产投资和投资项目个数(2012 年)
Investment in Fixed Assets and Number of Projects Put Into Use by Sector(2012)

指标	Item	投资额（万元）Investment (10000 yuan)	新增固定资产（万元）Newly Increased Fixed Assets (10000 yuan)	固定资产交付使用率(%) Rate of Fixed Put into Use(%)	施工项目个数（个）Number of Projects under Construction (units)	投产项目个数（个）Number of Projects Completed and Put Into Use (units)	项目建成投产率（%）Rate of Projects Completed and Put Into Use (%)
总计	**Total**	**170959606**	**86614408**	**51**	**39099**	**19073**	**48.8**
第一产业	Primary Industry	1584121	1073663	68	1173	662	56.4
第二产业	Secondary Industry	60935326	38952605	64	23397	12316	52.6
第三产业	Tertiary Industry	108440159	46588140	43	14529	6095	42.0
按国民经济行业分组	**by Sector**						
农林牧渔业	**Farming, Forestry, Animal Husbandry and Fishery**	**1584121**	**1073663**	**68**	**1173**	**662**	**56.4**
农业	Farming	477401	299123	63	488	278	57.0
林业	Forestry	121993	68538	56	104	40	38.5
畜牧业	Animal Husbandry	149055	125245	84	157	94	59.9
渔业	Fishery	261241	191229	73	119	79	66.4
农、林、牧、渔服务业	Services	574431	389528	68	305	171	56.1
采矿业	**Mining and Quarrying**	**330337**	**288472**	**87**	**143**	**90**	**62.9**
煤炭开采和洗选业	Coal Mining and Dressing	1912			2		
石油和天然气开采业	Petroleum and Natural Gas Extraction						
黑色金属矿采选业	Ferrous Metals Mining and Dressing	7688	638	8	3	1	33.3
有色金属矿采选业	Nonferrous Metals Mining and Dressing	17824	9362	53	5	3	60.0
非金属矿采选业	Nonmetal Minerals Mining and Dressing	279614	252243	90	124	77	62.1
开采辅助活动	Supplementary Activities for Mining	18510	18510	100	5	5	100.0
其他采矿业	Other Minerals Mining and Dressing	4789	7719	161	4	4	100.0
制造业	**Manufacturing**	**53053845**	**35673418**	**67**	**21697**	**11482**	**52.9**
农副食品加工业	Non-staple Food Processing	723856	483033	67	399	239	59.9
食品制造业	Food Manufacturing	614137	289821	47	200	85	42.5
酒、饮料和精制茶制造业	Wine, Soft Drinks and Refined Tea Manufacturing	487542	353180	72	132	73	55.3
烟草制品业	Tobacco Production	123056			2		
纺织业	Textile Industry	4231036	3445362	81	1983	1252	63.1
纺织服装、服饰业	Garments and Apparel Industryindustry	1538082	1250293	81	864	515	59.6

续表 1 Continued

指标	Item	投资额(万元) Investment (10000 yuan)	新增固定资产(万元) Newly Increased Fixed Assets (10000 yuan)	固定资产交付使用率(%) Rate of Fixed Put into Use(%)	施工项目个数(个) Number of Projects under Construction (units)	投产项目个数(个) Number of Projects Completed and Put Into Use (units)	项目建成投产率(%) Rate of Projects Completed and Put Into Use (%)
皮革、毛皮、羽毛及其制品和制鞋业	Leather, Furs, Down and Related Production, Shoes Manufacturing	798690	643826	81	550	356	64.7
木材加工及木、竹、藤、棕、草制品业	Timber Processing, Bamboo, Cane Palm Fiber and Straw Production	567325	543807	96	323	208	64.4
家具制造业	Furniture Manufacturing	804572	623761	78	367	205	55.9
造纸及纸制品业	Papermaking and Paper Production	1316907	1061489	81	439	258	58.8
印刷和记录媒介复制业	Printing and Record Medium Reproduction	519037	477926	92	285	155	54.4
文教、工美、体育和娱乐用品制造业	Cultural and Educational, Arts and Crafts, Sports and Entertainment Goods	1062911	674877	63	696	348	50.0
石油加工、炼焦及核燃料加工业	Petroleum Processing, Cooking and Nuclear Fuel Processing	244071	102329	42	60	25	41.7
化学原料及化学制品制造业	Raw Chemical Materials and Chemical Production	4251238	3160328	74	859	443	51.6
医药制造业	Medical and Pharmaceutical Production	1254223	633878	51	375	169	45.1
化学纤维制造业	Chemical Fiber	1710643	956231	56	225	140	62.2
橡胶和塑料制品业	Rubber and Plastic Production	2724401	1628971	60	1319	683	51.8
非金属矿物制品业	Nonmetal Mineral Production	2128482	1554262	73	907	533	58.8
黑色金属冶炼及压延加工业	Smelting and Pressing of Ferrous MetalsMetals	1229616	790766	64	311	175	56.3
有色金属冶炼及压延加工业	Smelting and Pressing of Nonferrous Metals	955728	558278	58	268	131	48.9
金属制品业	Metal Production	3362071	2318783	69	1628	822	50.5
通用设备制造业	Ordinary Machinery	5208324	3447968	66	2569	1365	53.1
专用设备制造业	For Special Purpose Equipment Manufacturing	2897987	1839633	63	1354	678	50.1
汽车制造业	Automotive Manufacturing	3608141	1881810	52	1339	606	45.3
铁路、船舶、航空航天和其他运输设备制造业	Railway, Shipbuilding, Aerospace and other Transport Equipment	1690756	1112668	66	526	232	44.1
电气机械及器材制造业	Electric Equipment and Machinery	5485045	3796503	69	2333	1139	48.8
计算机、通信和其他电子设备制造业	Computers, Communications and Other Electronic Equipment Manufacturing	2117905	1222157	58	727	305	42.0

续表 2 Continued

指标	Item	投资额（万元）Investment (10000 yuan)	新增固定资产（万元）Newly Increased Fixed Assets (10000 yuan)	固定资产交付使用率(%) Rate of Fixed Put into Use(%)	施工项目个数（个）Number of Projects under Construction (units)	投产项目个数（个）Number of Projects Completed and Put Into Use (units)	项目建成投产率（%）Rate of Projects Completed and Put Into Use (%)
仪器仪表制造业	Instruments Manufacturing	535361	313305	59	300	152	50.7
其他制造业	Other Manufacturing	453539	332933	73	230	134	58.3
废弃资源综合利用业	Comprehensive Utilization of Waste Resources	255939	76182	30	85	37	43.5
金属制品、机械和设备修理业	Metal Products, Machinery and Equipment Repair Industry	153224	99058	65	42	19	45.2
电力、热力、燃气及水生产和供应业	**Electricity, Heating Power, Gas and Water Production and Supply**	**7279187**	**2855728**	**39**	**1456**	**693**	**47.6**
电力、热力生产和供应业	Production and Supply of Electricity and Heating Power	5411279	1801771	33	720	390	54.2
燃气生产和供应业	Production and Supply of Gas	573434	157650	27	75	30	40.0
水的生产和供应业	Production and Supply of Water	1294474	896307	69	661	273	41.3
建筑业	**Construction**	**271957**	**134987**	**50**	**101**	**51**	**50.5**
房屋建筑业	Housing	70745	28401	40	21	8	38.1
土木工程建筑业	Civil Engineering	154400	83576	54	56	32	57.1
建筑安装业	Installation	13376	3845	29	4	2	50.0
建筑装饰和其他建筑业	Building Decoration and Others	33436	19165	57	20	9	45.0
批发和零售业	**Wholesale and Retail Trade**	**3206481**	**1967657**	**61**	**709**	**332**	**46.8**
批发业	Wholesale	943581	1111024	118	228	97	42.5
零售业	Retail Sale	2262900	856633	38	481	235	48.9
交通运输、仓储和邮政业	**Transport, Storage and Post**	**13302973**	**8193524**	**62**	**2071**	**798**	**38.5**
铁路运输业	Railway Transport	895039	126480	14	39	3	7.7
道路运输业	Highway Transport	8688143	5054541	58	1611	652	40.5
水上运输业	Waterway Transport	1911940	1147335	60	176	64	36.4
航空运输业	Air Transport	324378	952479	294	17	8	47.1
管道运输业	Pipeline Transport	43975	10692	24	8	2	25.0
装卸搬运和运输代理业	Carrying and Transportation Agents	218549	163738	75	39	12	30.8
仓储业	Storage	1213436	732931	60	173	52	30.1
邮政业	Postal Services	7513	5328	71	8	5	62.5

续表 3 Continued

指标	Item	投资额（万元） Investment (10000 yuan)	新增固定资产（万元） Newly Increased Fixed Assets (10000 yuan)	固定资产交付使用率（%） Rate of Fixed Put into Use(%)	施工项目个数（个） Number of Projects under Construction (units)	投产项目个数（个） Number of Projects Completed and Put Into Use (units)	项目建成投产率（%） Rate of Projects Completed and Put Into Use (%)
住宿和餐饮业	**Hotels and Catering Services**	**2128707**	**1164669**	**55**	**525**	**260**	**49.5**
住宿业	Hotels	1657054	842586	51	308	111	36.0
餐饮业	Catering Services	471653	322083	68	217	149	68.7
信息传输、软件和信息技术服务业	**Information Transmission, Software and Information Technology Services**	**1110178**	**462819**	**42**	**181**	**90**	**49.7**
电信、广播电视和卫星传输服务	Telecommunication, Radio and Television, Satellite Transmission Services	582190	423429	73	124	73	58.9
互联网和相关服务	Internet and Related Services	254031	6035	2	7	2	28.6
软件和信息技术服务业	Software and Information Technology Services	273957	33355	12	50	15	30.0
金融业	**Banking**	**928641**	**260785**	**28**	**129**	**43**	**33.3**
货币金融服务	Monetary and Financial Services	503000	224417	45	92	33	35.9
资本市场服务	Capital Market Services	95268	14208	15	25	7	28.0
保险业	Insurance	232778	3542	2	8	1	12.5
其他金融业	Others	97595	18618	19	4	2	50.0
房地产业	**Real Estate**	**63304488**	**21118451**	**33**	**2220**	**967**	**43.6**
房地产业	Real Estate	63304488	21118451	33	2220	967	43.6
租赁和商务服务业	**Renting and Business Services**	**2220459**	**699982**	**32**	**351**	**120**	**34.2**
租赁业	Leasing	19113	4350	23	7	1	14.3
商务服务业	Commercial Services	2201346	695632	32	344	119	34.6
科学研究和技术服务业	**Scientific Research and Technical Services**	**588944**	**125542**	**21**	**157**	**44**	**28.0**
研究与试验发展	Research and Experiment Development	123127	44521	36	36	12	33.3
专业技术服务业	Technical Services	269540	51794	19	85	25	29.4
科技推广和应用服务业	Promotion and Application of Science and Technology Services	196277	29227	15	36	7	19.4
水利、环境和公共设施管理业	**Water Conservancy, Environment and Public Facilities Management**	**13835710**	**7726854**	**56**	**4817**	**1949**	**40.5**
水利管理业	Water Conservancy	2949003	1321526	45	851	377	44.3
生态保护和环境治理业	Ecological Protection and Environmental Management	309557	221219	71	184	79	42.9

续表 4 Continued

指标	Item	投资额（万元）Investment (10000 yuan)	新增固定资产（万元）Newly Increased Fixed Assets (10000 yuan)	固定资产交付使用率(%) Rate of Fixed Put into Use(%)	施工项目个数（个）Number of Projects under Construction (units)	投产项目个数（个）Number of Projects Completed and Put Into Use (units)	项目建成投产率（%）Rate of Projects Completed and Put Into Use (%)
公共设施管理业	Public Facilities	10577150	6184109	58	3782	1493	39.5
居民服务、修理和其他服务业	**Service for the Residents, Repair and Others**	**312686**	**236931**	**76**	**166**	**103**	**62.0**
居民服务业	Resident Services	288954	214947	74	145	87	60.0
机动车、电子产品和日用产品修理业	Motor Vehicles, Electronics and Household Goods Repair Industry	19747	20868	106	17	14	82.4
其他服务业	Other Services	3985	1116	28	4	2	50.0
教育	**Education**	**1998335**	**1166711**	**58**	**1038**	**391**	**37.7**
教育	Education	1998335	1166711	58	1038	391	37.7
卫生和社会工作	**Health Care and Social Work**	**1252279**	**809421**	**65**	**421**	**150**	**35.6**
卫生	Health Care	1025179	703029	69	299	96	32.1
社会工作	Social Work	227100	106392	47	122	54	44.3
文化、体育和娱乐业	**Culture, Sports and Recreation**	**2077372**	**1122577**	**54**	**604**	**295**	**48.8**
新闻和出版业	News and Publishing	11060	17308	156	4	3	75.0
广播、电视、电影和影视录音制作业	Television, Radio, Film and Television Sound Recording Production	187149	42742	23	36	13	36.1
文化艺术业	Culture and Arts	953701	749029	79	353	175	49.6
体育	Sports	469071	57844	12	88	29	33.0
娱乐业	Recreation	456391	255654	56	123	75	61.0
公共管理、社会保障和社会组织	**Public Administration, Social Security and Social Organization**	**2172906**	**1532217**	**71**	**1140**	**553**	**48.5**
中国共产党机关	Communist Party Agencies	16358	1019	6	2	1	50.0
国家机构	Government Agencies	1321950	1035300	78	699	275	39.3
人民政协、民主党派	The CPPCC, Democratic Parties						
社会保障	Social Security	5747			3		
群众团体、社会团体和其他成员组织	Mass Organizations, Social Groups and Other Members of the Organization	260105	161565	62	145	82	56.6
基层群众自治组织	Mass Grassroot Organizations	568746	334333	59	291	195	67.0

3-5 分行业施工和竣工面积(2012年)
Floor Space of Buildings Under Construction and Completed by Sector(2012)

指标	Item	房屋施工面积(平方米) Floor Space of Buildings Under Construction (sq. m)	住宅 Residential Buildings	房屋竣工面积(平方米) Floor Space of Buildings Completed (sq. m)	住宅 Residential Buildings	房屋建筑面积竣工率(%) Rate of Floor Space of Buildings Completed (%)	住宅 Residential Buildings
总计	**Total**	**420618552**	**55518165**	**117414541**	**12568689**	**27.9**	**22.6**
第一产业	Primary Industry	1537156	11698	656639		42.7	
第二产业	Secondary Industry	215825130	636712	77314866	188349	35.8	29.6
第三产业	Tertiary Industry	203256266	54869755	39443036	12380340	19.4	22.6
按国民经济行业分组	**by Sector**						
农林牧渔业	**Farming, Forestry, Animal Husbandry and Fishery**	**1537156**	**11698**	**656639**		**42.7**	
农业	Farming	235491		166835		70.8	
林业	Forestry	64146		7320		11.4	
牧业	Animal Husbandry	776843		302594		39.0	
渔业	Fishery	220311		122290		55.5	
农、林、牧、渔服务业	Services	240365	11698	57600		24.0	
采矿业	**Mining and Quarrying**	**82703**	**379**	**57548**	**379**	**69.6**	**100.0**
煤炭开采和洗选业	Coal Mining and Dressing	3055					
石油和天然气开采业	Petroleum and Natural Gas Extraction						
黑色金属矿采选业	Ferrous Metals Mining and Dressing	10000					
有色金属矿采选业	Nonferrous Metals Mining and Dressing						
非金属矿采选业	Nonmetal Minerals Mining and Dressing	69148	379	57048	379	82.5	100.0
开采辅助活动	Supplementary Activities for Mining						
其他采矿业	Other Minerals Mining and Dressing	500		500		100.0	
制造业	**Manufacturing**	**211857463**	**564648**	**76215064**	**166470**	**36.0**	**29.5**
农副食品加工业	Non-staple Food Processing	3832181	6010	1501413		39.2	
食品制造业	Food Manufacturing	1948829	110	511203		26.2	
酒、饮料和精制茶制造业	Wine, Soft Drinks and Refined Tea Manufacturing	1477102	500	529754	500	35.9	100.0
烟草制品业	Tobacco Production	298291					
纺织业	Textile Industry	15151897	3356	6937672	3356	45.8	100.0
纺织服装、服饰业	Garments and Apparel Industryindustry	9243881	196501	4047266	49659	43.8	25.3

续表 1 Continued

指标	Item	房屋施工面积（平方米）Floor Space of Buildings Under Construction (sq. m)	住宅 Residential Buildings	房屋竣工面积（平方米）Floor Space of Buildings Completed (sq. m)	住宅 Residential Buildings	房屋建筑面积竣工率（%）Rate of Floor Space of Buildings Completed (%)	住宅 Residential Buildings
皮革、毛皮、羽毛及其制品和制鞋业	Leather, Furs, Down and Related Production, Shoes Manufacturing	5055791	800	2095315	800	41.4	100.0
木材加工及木、竹、藤、棕、草制品业	Timber Processing, Bamboo, Cane Palm Fiber and Straw Production	1736836	9158	1176152	9158	67.7	100.0
家具制造业	Furniture Manufacturing	4200356	11540	2108815	8040	50.2	69.7
造纸及纸制品业	Papermaking and Paper Production	4094328		1730689		42.3	
印刷和记录媒介复制业	Printing and Record Medium Reproduction	1453717		520161		35.8	
文教、工美、体育和娱乐用品制造业	Cultural and Educational, Arts and Crafts, Sports and Entertainment Goods	6030422	6353	2391291	4706	39.7	74.1
石油加工、炼焦及核燃料加工业	Petroleum Processing, Cooking and Nuclear Fuel Processing	241548		63690		26.4	
化学原料及化学制品制造业	Raw Chemical Materials and Chemical Production	7271764	2000	3161089	1500	43.5	75.0
医药制造业	Medical and Pharmaceutical Production	3293402		853743		25.9	
化学纤维制造业	Chemical Fiber	4799755		1785604		37.2	
橡胶和塑料制品业	Rubber and Plastic Production	9751715	5582	4351942	600	44.6	10.7
非金属矿物制品业	Nonmetal Mineral Production	6112439	360	2475011	300	40.5	83.3
黑色金属冶炼及压延加工业	Smelting and Pressing of Ferrous MetalsMetals	6489517	43197	1478902	13737	22.8	31.8
有色金属冶炼及压延加工业	Smelting and Pressing of Nonferrous Metals	2704847	3000	895055		33.1	
金属制品业	Metal Production	13849002	14204	6012880	14204	43.4	100.0
通用设备制造业	Ordinary Machinery	23545043	21533	8078052	2000	34.3	9.3
专用设备制造业	For Special Purpose Equipment Manufacturing	12647873	12920	4226205	2403	33.4	18.6
汽车制造业	Automotive Manufacturing	15123916	60520	3984369	12520	26.3	20.7
铁路、船舶、航空航天和其他运输设备制造业	Railway, Shipbuilding, Aerospace and other Transport Equipment	4902364	36749	1721754	2400	35.1	6.5
电气机械及器材制造业	Electric Equipment and Machinery	30245004	103464	9146670	39434	30.2	38.1
计算机、通信和其他电子设备制造业	Computers, Communications and Other Electronic Equipment Manufacturing	9124041	23176	2387299		26.2	

续表 2 Continued

指标	Item	房屋施工面积（平方米）Floor Space of Buildings Under Construction (sq. m)	住宅 Residential Buildings	房屋竣工面积（平方米）Floor Space of Buildings Completed (sq. m)	住宅 Residential Buildings	房屋建筑面积竣工率（%）Rate of Floor Space of Buildings Completed (%)	住宅 Residential Buildings
仪器仪表制造业	Instruments Manufacturing	2911404	1153	802427	1153	27.6	100.0
其他制造业	Other Manufacturing	2901357		1022191		35.2	
废弃资源综合利用业	Comprehensive Utilization of Waste Resources	980803		103162		10.5	
金属制品、机械和设备修理业	Metal Products, Machinery and Equipment Repair Industry	438038	2462	115288		26.3	
电力、热力、燃气及水生产和供应业	**Electricity, Heating Power, Gas and Water Production and Supply**	**3357541**		**895779**		**26.7**	
电力、热力生产和供应业	Production and Supply of Electricity and Heating Power	2393456		377240		15.8	
燃气生产和供应业	Production and Supply of Gas	108979		34296		31.5	
水的生产和供应业	Production and Supply of Water	855106		484243		56.6	
建筑业	**Construction**	**527423**	**71685**	**146475**	**21500**	**27.8**	**30.0**
房屋建筑业	Housing	366022	71685	68684	21500	18.8	30.0
土木工程建筑业	Civil Engineering	91150		51434		56.4	
建筑安装业	Installation	57794		16600		28.7	
建筑装饰和其他建筑业	Building Decoration and Others	12457		9757		78.3	
批发和零售业	**Wholesale and Retail Trade**	**14910286**	**24706**	**3039673**	**17906**	**20.4**	**72.5**
批发业	Wholesale	4741187	17306	1093285	17306	23.1	100.0
零售业	Retail Sale	10169099	7400	1946388	600	19.1	8.1
交通运输、仓储和邮政业	**Transport, Storage and Post**	**12256984**	**196335**	**1239913**	**12750**	**10.1**	**6.5**
铁路运输业	Railway Transport	433076		1424		0.3	
道路运输业	Highway Transport	5262449	196335	357189	12750	6.8	6.5
水上运输业	Waterway Transport	507391		211936		41.8	
航空运输业	Air Transport	53010		43795		82.6	
管道运输业	Pipeline Transport	11391					
装卸搬运和运输代理业	Carrying and Transportation Agents	1266023		94530		7.5	
仓储业	Storage	4705694		524394		11.1	
邮政业	Postal Services	17950		6645		37.0	

续表 3 Continued

指标	Item	房屋施工面积（平方米）Floor Space of Buildings Under Construction (sq. m)	住宅 Residential Buildings	房屋竣工面积（平方米）Floor Space of Buildings Completed (sq. m)	住宅 Residential Buildings	房屋建筑面积竣工率（%）Rate of Floor Space of Buildings Completed (%)	住宅 Residential Buildings
住宿和餐饮业	**Hotels and Catering Services**	**8725496**	**240870**	**1380758**	**21600**	**15.8**	**9.0**
住宿业	Hotels	7397274	240870	1029518	21600	13.9	9.0
餐饮业	Catering Services	1328222		351240		26.4	
信息传输、软件和信息技术服务业	**Information Transmission, Software and Information Technology Services**	**2257059**		**174609**		**7.7**	
电信、广播电视和卫星传输服务	Telecommunication, Radio and Television, Satellite Transmission Services	188045		88493		47.1	
互联网和相关服务	Internet and Related Services	97500		2000		2.1	
软件和信息技术服务业	Software and Information Technology Services	1971514		84116		4.3	
金融业	**Banking**	**2372984**		**136084**		**5.7**	
货币金融服务	Monetary and Financial Services	1738538		135284		7.8	
资本市场服务	Capital Market Services	173027					
保险业	Insurance	461419		800		0.2	
其他金融业	Others						
房地产业	**Real Estate**	**431485801**	**266300124**	**63257636**	**402624781**	**14.7**	**15.1**
房地产业	Real Estate	431485801	266300124	63257636	402624781	14.7	15.1
租赁和商务服务业	**Renting and Business Services**	**12228234**	**83204**	**1551599**	**9849**	**12.7**	**11.8**
租赁业	Leasing	43155					
商务服务业	Commercial Services	12185079	83204	1551599	9849	12.7	11.8
科学研究和技术服务业	**Scientific Research and Technical Services**	**3095691**	**6836**	**292197**		**9.4**	
研究与试验发展	Research and Experiment Development	1211729		132920		11.0	
专业技术服务业	Technical Services	1190066	6836	103642		8.7	
科技推广和应用服务业	Promotion and Application of Science and Technology Services	693896		55635		8.0	
水利、环境和公共设施管理业	**Water Conservancy, Environment and Public Facilities Management**	**9790725**	**1606987**	**1697708**	**530423**	**17.3**	**33.0**
水利管理业	Water Conservancy	2141458	146734	11162		0.5	
生态保护和环境治理业	Ecological Protection and Environmental Management	201892		191886		95.0	

续表 4　Continued

指标	Item	房屋施工面积（平方米）Floor Space of Buildings Under Construction (sq. m)	住宅 Residential Buildings	房屋竣工面积（平方米）Floor Space of Buildings Completed (sq. m)	住宅 Residential Buildings	房屋建筑面积竣工率（%）Rate of Floor Space of Buildings Completed (%)	住宅 Residential Buildings
公共设施管理业	Public Facilities	7447375	1460253	1494660	530423	20.1	36.3
居民服务、修理和其他服务业	**Service for the Residents, Repair and Others**	**912848**	**136691**	**301481**	**136691**	**33.0**	**100.0**
居民服务业	Resident Services	817385	136691	236250	136691	28.9	100.0
机动车、电子产品和日用产品修理业	Motor Vehicles, Electronics and Household Goods Repair Industry	72763		62031		85.3	
其他服务业	Other Services	22700		3200		14.1	
教育	**Education**	**12805359**	**395843**	**3192763**	**88097**	**24.9**	**22.3**
教育	Education	12805359	395843	3192763	88097	24.9	22.3
卫生和社会工作	**Health Care and Social Work**	**8123275**	**421809**	**1717078**	**47229**	**21.1**	**11.2**
卫生	Health Care	6408596	161494	1325613		20.7	
社会工作	Social Work	1714679	260315	391465	47229	22.8	18.1
文化、体育和娱乐业	**Culture, Sports and Recreation**	**7770874**	**575100**	**1419055**	**238216**	**18.3**	**41.4**
新闻和出版业	News and Publishing	78557	10400	52877	10400	67.3	100.0
广播、电视、电影和影视录音制作业	Television, Radio, Film and Television Sound Recording Production	1104314		26979		2.4	
文化艺术业	Culture and Arts	3843489	260630	1137636	180796	29.6	69.4
体育	Sports	1929642		68890		3.6	
娱乐业	Recreation	814872	304070	132673	47020	16.3	15.5
公共管理、社会保障和社会组织	**Public Administration, Social Security and Social Organization**	**10750378**	**1445096**	**2971832**	**187741**	**27.6**	**13.0**
中国共产党机关	Communist Party Agencies	106193	500	7240	500	6.8	100.0
国家机构	Government Agencies	6739876	1138496	1587905	111391	23.6	9.8
人民政协、民主党派	The CPPCC, Democratic Parties						
社会保障	Social Security	47793					
群众团体、社会团体和其他成员组织	Mass Organizations, Social Groups and Other Members of the Organization	1211224	20000	287653	20000	23.7	100.0
基层群众自治组织	Mass Grassroot Organizations	2645292	286100	1089034	55850	41.2	19.5

3-6 按所有制分行业投资和资金来源(2012年)
Investment and Sources of Funds by Ownership and Sector(2012)

单位:万元(10000 yuan)

指标	Item	国有及国有控股 State-owned and State-holding	非国有经济 Non-state-owned	私营个体经济 Private-owned	港澳台经济 Hong Kong, Macao and Taiwan	外商经济 Foreign-owned
投资总计	**Total**	**53679178**	**117280428**	**46562296**	**8177416**	**6052773**
第一产业	Primary Industry	619016	965105	380279	4920	3166
第二产业	Secondary Industry	8741863	52193463	22427968	3696722	4191551
第三产业	Tertiary Industry	44318299	64121860	23754049	4475774	1858056
按国民经济行业分组	**by Sector**					
农、林、牧、渔业	**Farming, Forestry, Animal Husbandry and Fishery**	**619016**	**965105**	**380279**	**4920**	**3166**
农业	Farming	108909	368492	140461	1920	3166
林业	Forestry	63580	58413	28176		
畜牧业	Animal Husbandry	8071	140984	50752		
渔业	Fishery	32242	228999	119613		
农林牧渔服务业	Services	406214	168217	41277	3000	
采矿业	**Mining and Quarrying**	**20557**	**309780**	**141599**	**5240**	**2001**
煤炭开采和选洗业	Coal Mining and Dressing		1912	700		
石油和天然气开采业	Petroleum and Natural Gas Extraction					
黑色金属矿采选业	Ferrous Metals Mining and Dressing	638	7050	7050		
有色金属矿采选业	Nonferrous Metals Mining and Dressing		17824	12169		
非金属矿采选业	Nonmetal Minerals Mining and Dressing	5709	273905	119731	5240	2001
开采辅助活动	Supplementary Activities for Mining	14210	4300	800		
其他采矿业	Other Minerals Mining and Dressing		4789	1149		
制造业	**Manufacturing**	**2475387**	**50578458**	**21837520**	**3551608**	**4062290**
农副食品加工业	Non-staple Food Processing	58612	665244	352870	16625	42468
食品制造业	Food Manufacturing	26102	588035	164483	103491	147414
酒、饮料和精制茶制造业	Wine, Soft Drinks and Refined Tea Manufacturing	14338	473204	93218	18261	139821
烟草制品业	Tobacco Production	123056				
纺织业	Textile Industry	38924	4192112	1999039	319344	170335
纺织服装、服饰业	Garments and Apparel Industry	49767	1488315	777358	124953	58853
皮革、毛皮、羽毛及其制品和制鞋业	Leather, Furs, Down and Related Production, Shoes Manufacturing	18191	780499	371423	96101	34222

续表 1 Continued 单位:万元(10000 yuan)

指标	Item	国有及国有控股 State-owned and State-holding	非国有经济 Non-state-owned	私营个体经济 Private-owned	港澳台经济 Hong Kong, Macao and Taiwan	外商经济 Foreign-owned
木材加工及竹、藤、棕、草制品业	Timber Processing, Bamboo, Cane Palm Fiber and Straw Production	636	566689	276951	29250	13073
家具制造业	Furniture Manufacturing		804572	369411	62494	58973
造纸及纸制品业	Papermaking and Paper Production	18165	1298742	385263	55118	191940
印刷和记录媒介复制业	Printing and Record Medium Reproduction	17449	501588	200739	40500	10
文教、工美、体育和娱乐用品制造业	Cultural and Educational, Arts and Crafts, Sports and Entertainment Goods	4800	1058111	569054	88188	42654
石油加工、炼焦及核燃料加工业	Petroleum Processing, Cooking and Nuclear Fuel Processing	66205	177866	43901	4717	17892
化学原料及化学制品制造业	Raw Chemical Materials and Chemical Production	538207	3713031	1448769	279769	355018
医药制造业	Medical and Pharmaceutical Production	79991	1174232	270559	66297	180114
化学纤维制造业	Chemical Fiber		1710643	555016	286696	100914
橡胶和塑料制品业	Rubber and Plastic Production	211864	2512537	1171852	144237	176728
非金属矿物制品业	Nonmetal Mineral Production	41576	2086906	942657	122617	73016
黑色金属冶炼及压延加工业	Smelting and Pressing of Ferrous Metals	88279	1141337	502364	53315	114539
有色金属冶炼及压延加工业	Smelting and Pressing of Nonferrous Metals	18320	937408	461037	31917	104155
金属制品业	Metal Production	19500	3342571	1793831	153393	141123
通用设备制造业	Ordinary Machinery	120823	5087501	2330775	337129	365587
专用设备制造业	For Special Purpose Equipment Manufacturing	122420	2775567	1159355	182182	153516
汽车制造业	Automotive Manufacturing	116692	3491449	1247037	198204	753647
铁路、船舶、航空航天和其他运输设备制造业	Railway, Shipbuilding, Aerospace and other Transport Equipment	223934	1466822	601016	27072	121189
电气机械及器材制造业	Electric Equipment and Machinery	96501	5388544	2419365	393356	261741
计算机、通信和其他电子设备制造业	Computers, Communications and Other Electronic Equipment Manufacturing	175933	1941972	732805	249998	167652
仪器仪表制造业	Instruments Manufacturing	16996	518365	236694	34002	44764
其他制造业	Other Manufacturing	132647	320892	170301	10376	4486
废弃资源综合利用业	Comprehensive Utilization of Waste Resources	22787	233152	138704	18806	17445
金属制品、机械和设备修理业	Metal Products, Machinery and Equipment Repair Industry	12672	140552	51673	3200	9001

续表 2 Continued 单位:万元(10000 yuan)

指标	Item	国有及国有控股 State-owned and State-holding	非国有经济 Non-state-owned	私营个体经济 Private-owned	港澳台经济 Hong Kong, Macao and Taiwan	外商经济 Foreign-owned
电力、热力、燃气及水生产和供应业	**Electricity, Heating Power, Gas and Water Production and Supply**	**6100194**	**1178993**	**406063**	**137662**	**127260**
电力、热力生产和供应业	Production and Supply of Electricity and Heating Power	4502120	909159	332685	125858	87953
燃气生产和供应业	Production and Supply of Gas	494508	78926	35121	3204	28114
水的生产和供应业	Production and Supply of Water	1103566	190908	38257	8600	11193
建筑业	**Construction**	**145725**	**126232**	**42786**	**2212**	
房屋建筑业	Housing	11836	58909	7306		
土木工程建筑业	Civil Engineering	127989	26411	15511	2212	
建筑安装业	Installation		13376	11185		
建筑装饰和其他建筑业	Building Decoration and Others	5900	27536	8784		
批发和零售业	**Wholesale and Retail Trade**	**483734**	**2722747**	**1064148**	**147513**	**182218**
批发业	Wholesale	252978	690603	319419	22724	
零售业	Retail Sale	230756	2032144	744729	124789	182218
交通运输、仓储和邮政业	**Transport, Storage and Post**	**11112874**	**2190099**	**872202**	**109565**	**109249**
铁路运输业	Railway Transport	864539	30500			
道路运输业	Highway Transport	8083262	604881	108351		3325
水上运输业	Waterway Transport	1055578	856362	545368	55484	25509
航空运输业	Air Transport	319428	4950		14360	
管道运输业	Pipeline Transport	39829	4146			
装卸搬运和运输代理业	Carrying and Transportation Agents	81687	136862	63245	7250	3932
仓储业	Storage	665223	548213	153028	32471	76483
邮政业	Postal Services	3328	4185	2210		
住宿和餐饮业	**Hotels and Catering Services**	**328334**	**1800373**	**900326**	**109086**	**80876**
住宿业	Hotels	293717	1363337	667988	105358	76776
餐饮业	Catering Services	34617	437036	232338	3728	4100
信息传输、软件和信息技术服务业	**Information Transmission, Software and Information Technology Services**	**799673**	**310505**	**105854**	**353144**	**20258**
电信、广播电视和卫星传输服务	Telecommunication, Radio and Television, Satellite Transmission Services	477595	104595	7641	79003	830

续表 3 Continued 单位:万元(10000 yuan)

指标	Item	国有及国有控股 State - owned and State - holding	非国有经济 Non - state - owned	私营个体经济 Private - owned	港澳台经济 Hong Kong, Macao and Taiwan	外商经济 Foreign - owned
互联网和相关服务	Internet and Related Services	240672	13359	12324	227839	
软件和信息技术服务业	Software and Information Technology Services	81406	192551	85889	46302	19428
金融业	**Banking**	**566127**	**362514**	**22969**		**10059**
货币金融服务	Monetary and Financial Services	280064	222936	17089		10059
资本市场服务	Capital Market Services	36029	59239	5880		
保险业	Insurance	229836	2942			
其他金融业	Others	20198	77397			
房地产业	**Real Estate**	**12402882**	**50901606**	**19491684**	**3571089**	**1338685**
房地产业	Real Estate	12402882	50901606	19491684	3571089	1338685
租赁和商务服务业	**Renting and Business Services**	**751909**	**1468550**	**539256**	**110933**	**48602**
租赁业	Leasing	1401	17712	9000	8307	
商务服务业	Commercial Services	750508	1450838	530256	102626	48602
科学研究和技术服务业	**Scientific Research and Technical Services**	**369030**	**219914**	**49570**	**16226**	**38668**
研究与试验发展	Research and Experiment Development	64772	58355	3716	1	18103
专业技术服务业	Technical Services	161839	107701	26669	16225	20565
科技推广和应用服务业	Promotion and Application of Science and Technology Services	142419	53858	19185		
水利、环境和公共设施管理业	**Water Conservancy, Environment and Public Facilities Management**	**12214731**	**1620979**	**247740**	**1980**	**16840**
水利管理业	Water Conservancy	2720586	228417	3725		810
生态保护和环境治理业	Ecological Protection and Environmental Management	266596	42961	14727		
公共设施管理业	Public Facilities	9227549	1349601	229288	1980	16030
居民服务、修理和其他服务业	**Service for the Residents, Repair and Others**	**162924**	**149762**	**45071**		**2500**
居民服务业	Resident Services	159444	129510	34569		
机动车、电子产品和日用产品修理业	Motor Vehicles, Electronics and Household Goods Repair Industry	3480	16267	7692		2500
其他服务业	Other Services		3985	2810		
教育	**Education**	**1702442**	**295893**	**32457**		**1070**
教育	Education	1702442	295893	32457		1070

续表 4 Continued 单位:万元(10000 yuan)

指标	Item	国有及国有控股 State - owned and State - holding	非国有经济 Non - state - owned	私营个体经济 Private - owned	港澳台经济 Hong Kong, Macao and Taiwan	外商经济 Foreign - owned
卫生和社会工作	**Health Care and Social Work**	**963771**	**288508**	**62294**	**35704**	
卫生	Health Care	874580	150599	34536	35704	
社会工作	Social Work	89191	137909	27758		
文化、体育和娱乐业	**Culture, Sports and Recreation**	**1107202**	**970170**	**248941**	**20534**	**7710**
新闻和出版业	News and Publishing	8045	3015			
广播、电视、电影和影视录音制作业	Television, Radio, Film and Television Sound Recording Production	86904	100245	16951		
文化艺术业	Culture and Arts	662988	290713	58242	3055	5490
体育	Sports	333496	135575	77761	2825	
娱乐业	Recreation	15769	440622	95987	14654	2220
公共管理、社会保障和社会组织	**Public Administration, Social Security and Social Organization**	**1352666**	**820240**	**71537**		**1321**
中国共产党机关	Communist Party Agencies	16358				
国家机构	Government Agencies	1242934	79016	27893		
人民政协、民主党派	The CPPCC, Democratic Parties					
社会保障	Social Security	5347	400			
群众团体、社会团体和其他成员组织	Mass Organizations, Social Groups and Other Members of the Organization	49836	210269	43644		
基层群众自治组织	Mass Grassroot Organizations	38191	530555			1321
自年初累计资金来源合计	**Source of Funds**	**59901785**	**157485990**	**59516513**	**10840888**	**7095964**
上年末结余资金	Surplus Funds Last Year	5638946	24797162	7560358	2139097	973196
本年资金来源小计	Funds This Year	54262839	132688828	51956155	8701791	6122768
#国家预算内资金	State Budgetary Appropriations	8744087	548895	63064	2898	527
国内贷款	Domestic Loans	12427037	15263240	5366238	1222984	634477
债券	Debenture	209312	12172	2062	9310	
利用外资	Foreign Investment	38310	2078250	86798	817956	1156778
自筹资金	Fundraising	27750173	82213608	34653946	4419380	3692861
其他资金	Others	5093920	32572663	11784047	2229263	638125

3-7 城镇固定资产投资
Investment in Fixed Assets in Urban Areas

指标名称	Item	2009	2010	2011	2012
本年完成投资	**Investment Completed**	**74543262**	**84380751**	**103504542**	**121801160**
其中:非国有	Non-state	40961522	50000825	65754237	77975938
其中:民间投资	Private Investment	33632010	42468784	57543184	69218212
其中:房地产开发投资	Real Estate investment	22542664	30254250	44743479	52262667
其中:工业投资	Industrial Investment	23170402	23096518	25241123	28313348
其中:工业技术改造投资	Industrial Transformation Investment	12459488	12649857	13242293	16009403
按三次产业分:	**By Industry**				
第一产业	Primary Industry	252177	221419	279869	419464
第二产业	Secondary Industry	23349369	23409408	25501609	28474097
第三产业	Tertiary Industry	50941716	60749924	77723064	92907599
按登记注册类型分:	**by Registered Type**				
内资企业	Domestic Funded Enterprises	65889383	75469953	94044567	111188777
国有企业	State-owned Enterprises	22708314	23813380	26426330	31831401
集体企业	Collective Owned Enterprises	980888	1101282	1082422	1678934
股份合作企业	Cooperative Enterprises	263882	267755	231572	324968
联营企业	Joint Ownership Enterprises	289361	373059	656767	170553
国有联营企业	State Joint Ownership Enterprises	263094	354634	565075	122501
集体联营企业	Collective Joint Ownership Enterprises	21469	8740	4231	4115
国有与集体联营企业	Joint State-collective Enterprises	3745	5302	19659	43709
其他联营企业	Other Joint Ownership Enterprises	1053	4383	67802	228
有限责任公司	Limited Liability Corporations	22594250	28037307	36081192	41656864
国有独资公司	State Sole Funded Corporations	2898196	3292342	4047140	4544959
其他有限责任公司	Other Limited Liability Corporations	19696054	24744965	32034052	37111905
股份有限公司	Share-holding Corporations Ltd.	3731571	2569481	3057128	3881494
私营企业	Private Enterprises	14700500	18464831	25566472	31079854
其他	others	620617	842858	942684	564709
港、澳、台商投资企业	Enterprises With Funds From Hong Kong Macao and Taiwan	4388951	4467425	5167586	6352775
外商投资企业	Foreign Funded Enterprises	4148855	4314602	4208172	4121608
个体经营	Individual	116073	128771	84217	138000

3-8 分行业城镇固定资产投资和资金来源(2012 年)
Urban Investment and Sources of Funds in Fixed Assets by Sector(2012)

单位:万元(10000 yuan)

指标名称	Item	2012
按国民经济行业分	**By Sector**	
农、林、牧、渔业	**Farming, Forestry, Animal Husbandry and Fishery**	**419464**
农业	Farming	71316
林业	Forestry	41319
牧业	Animal Husbandry	14572
渔业	Fishery	67469
农林牧渔服务业	Services	224788
采矿业	**Mining and Quarrying**	**44341**
煤炭开采和洗选业	Coal Mining and Dressing	1912
石油和天然气开采业	Petroleum and Natural Gas Extraction	
黑色金属矿采选业	Ferrous Metals Mining and Dressing	
有色金属矿采选业	Nonferrous Metals Mining and Dressing	
非金属矿采选业	Nonmetal Minerals Mining and Dressing	27419
开采辅助活动	Supplementary Activities for Mining	15010
其他采矿业	Other Minerals Mining and Dressing	
制造业	**Manufacturing**	**22896779**
农副食品加工业	Non-staple Food Processing	301611
食品制造业	Food Manufacturing	365794
酒、饮料和精制茶制造业	Wine, Soft Drinks and Refined Tea Manufacturing	318724
烟草制品业	Tobacco Production	123056
纺织业	Textile Industry	1158999
纺织服装和服饰业	Garments and Apparel Industry	694331
皮革、毛皮、羽毛及其制品和制鞋业	Leather, Furs, Down and Related Production, Shoes Manufacturing	317245
木材加工及木、竹、藤、棕、草制品业	Timber Processing, Bamboo, Cane Palm Fiber and Straw Production	273926
家具制造业	Furniture Manufacturing	318823
造纸及纸制品业	Papermaking and Paper Production	671906
印刷和记录媒介复制业	Printing and Record Medium Reproduction	210897
文教、工美、体育和娱乐用品制造业	Cultural and Educational, Arts and Crafts, Sports and Entertainment Goods	440181
石油加工、炼焦及核燃料加工业	Petroleum Processing, Cooking and Nuclear Fuel Processing	113957
化学原料及化学制品制造业	Raw Chemical Materials and Chemical Production	2622017

续表 1 Continued 单位:万元(10000 yuan)

指标名称	Item	2012
医药制造业	Medical and Pharmaceutical Production	602330
化学纤维制造业	Chemical Fiber	575540
橡胶和塑料制品业	Rubber and Plastic Production	1074196
非金属矿物制品业	Nonmetal Mineral Production	687146
黑色金属冶炼及压延加工业	Smelting and Pressing of Ferrous Metals	452776
有色金属冶炼及压延加工业	Smelting and Pressing of Nonferrous Metals	351812
金属制品业	Metal Production	1318552
通用设备制造业	Ordinary Machinery	2257159
专用设备制造业	For Special Purpose Equipment Manufacturing	1181792
汽车制造业	Automotive Manufacturing	1531860
铁路、船舶、航空航天和其他运输设备制造业	Railway, Shipbuilding, Aerospace and other Transport Equipment	587697
电气机械及器材制造业	Electric Equipment and Machinery	2537934
计算机、通信和其他电子设备制造业	Computers, Communications and Other Electronic Equipment Manufacturing	1241794
仪器仪表制造业	Instruments Manufacturing	274111
其他制造业	Other Manufacturing	204848
废弃资源综合利用业	Comprehensive Utilization of Waste Resources	44240
金属制品、机械和设备修理业	Metal Products, Machinery and Equipment Repair Industry	41525
电力、热力、燃气及水生产和供应业	**Electricity, Heating Power, Gas and Water Production and Supply**	**5372228**
电力、热力的生产和供应业	Production and Supply of Electricity and Heating Power	4070876
燃气生产和供应业	Production and Supply of Gas	529222
水的生产和供应业	Production and Supply of Water	772130
建筑业	**Construction**	**160749**
房屋建筑业	Housing	55359
土木工程建筑业	Civil Engineering	92582
建筑安装业	Installation	10086
建筑装饰和其他建筑业	Building Decoration and Others	2722
批发和零售业	**Wholesale and Retail Trade**	**2418147**
批发业	Wholesale	560998
零售业	Retail Sale	1857149
交通运输、仓储和邮政业	**Transport, Storage and Post**	**9869596**
铁路运输业	Railway Transport	866779
道路运输业	Highway Transport	6282915

续表 2　Continued　　单位:万元(10000 yuan)

指标名称	Item	2012
水上运输业	Waterway Transport	1400087
航空运输业	Air Transport	312988
管道运输业	Pipeline Transport	17271
装卸搬运和其他运输服务业	Carrying and Transportation Agents	150578
仓储业	Storage	836703
邮政业	Postal Services	2275
住宿和餐饮业	**Hotels and Catering Services**	**1516571**
住宿业	Hotels	1272433
餐饮业	Catering Services	244138
信息传输、软件和信息技术服务业	**Information Transmission, Software and Information Technology Services**	**1026468**
电信、广播电视和卫星传输服务业	Telecommunication, Radio and Television, Satellite Transmission Services	541356
互联网和相关服务业	Internet and Related Services	241707
软件和信息技术服务业	Software and Information Technology Services	243405
金融业	**Finance**	**847847**
货币金融业	Monetary and Financial Services	441389
资本市场业	Capital Market Services	77565
保险业	Insurance	231298
其他金融业	Others	97595
房地产业	**Real Estate**	**58897970**
房地产业	Real Estate	58897970
租赁和商务服务业	**Renting and Business Services**	**1686477**
租赁业	Leasing	7289
商务服务业	Commercial Services	1679188
科学研究和技术服务业	**Scientific Research and Technical Services**	**485182**
研究与试验发展	Research and Experiment Development	85404
专业技术服务业	Technical Services	238071
科技推广和应用服务业	Promotion and Application of Science and Technology Services	161707
水利、环境和公共设施管理业	**Water Conservancy, Environment and Public Facilities Management**	**10689774**
水利管理业	Water Conservancy	2128712
生态保护和环境治理业	Ecological Protection and Environmental Management	175506
公共设施管理业	Public Facilities	8385556

续表 3 Continued 单位:万元(10000 yuan)

指标名称	Item	2012
居民服务和其他服务业	**Service for the Residents, Repair and Others**	**172789**
居民服务业	Resident Services	154324
机动车、电子产品和日用产品修理业	Motor Vehicles, Electronics and Household Goods Repair Industry	15087
其他服务业	Other Services	3378
教育	**Education**	**1454449**
教育	Education	1454449
卫生和社会工作	**Health Care and Social Work**	**980600**
卫生	Health Care	868844
社会工作	Social Work	111756
文化、体育和娱乐业	**Culture, Sports and Recreation**	**1496036**
新闻出版业	News and Publishing	11060
广播、电视、电影和影视录音制作业	Television, Radio, Film and Television Sound Recording Production	38752
文化艺术业	Culture and Arts	702559
体育	Sports	401779
娱乐业	Recreation	341886
公共管理和社会组织	**Public Administration, Social Security and Social Organization**	**1365693**
中国共产党机关	Communist Party Agencies	16358
国家机构	Government Agencies	1072298
人民政协和民主党派	The CPPCC, Democratic Parties	
社会保障	Social Security	3537
群众团体、社会团体和宗教组织	Mass Organizations, Social Groups and Other Members of the Organization	130620
基层群众自治组织	Mass Grassroot Organizations	142880
国际组织	**International Organizations**	
国际组织	The international organization	
新增固定资产	**Newly Increased Fixed Assets**	**55616801**
本年资金来源合计	**Total sources of funds this year**	**166016229**
上年末结余资金	Surplus Funds Last Year	28891352
本年资金来源小计	Funds This Year	137124877
国家预算内资金	State Budgetary Appropriations	7216163
国内贷款	Domestic Loans	22936976
债券	Debenture	172922
利用外资	Foreign Investment	1287300
自筹资金	Fundraising	69069348
其他资金来源	Others	36442168

3－9 房地产开发投资主要指标(2007－2012 年)
Main Indicators of Investment in Real Estate Development(2007－2012)

单位:万元(10000 yuan)

指标	Item	2007	2008	2009	2010	2011	2012
开发投资额	**Development**	**18216690**	**20231177**	**22542664**	**30254250**	**44743479**	**52262667**
按登记注册类型分	**by Registered Type**						
内资	Domestic Funded Enterprises	16592949	18599127	20521843	27805563	41459632	47451206
国有	State－owned Enterprises	619342	656301	660546	570414	1042723	1824516
集体	Collective Owned Enterprises	64904	86280	101154	135423	144679	132220
股份合作	Cooperative Enterprises	11820	27417	90698	48680	54232	46491
国有联营	State Joint Ownership Enterprises	126378	90943	56245	49040	110640	87500
集体联营	Collective Joint Ownership Enterprises						
国有与集体联营	State－collective Joint Enterprises	13506	1087	379	3045	2310	81
其他联营	Other Joint Ownership Enterprises	2920				30741	
国有独资公司	State Sole Funded Corporations	351616	312954	424239	477464	1024887	1278560
其他有限责任公司	Other Limited Liability Corporations	7805396	9051924	9674632	14539330	20877131	24341795
股份有限公司	Share－holding Corporations Ltd.	332041	836800	1039728	835702	937708	796715
私营	Private Enterprises	7221073	7203952	8287717	10972057	17044362	18935691
其他	others	43953	331469	186505	174408	190219	7637
港澳台商投资	Investment From Hong Kong Macao and Taiwan	775101	757479	1064832	1178549	1924228	3500933
外商投资企业	Investment from Foreign	848640	874571	955989	1270138	1359619	1310528
按构成分	**By Structure**						
建筑工程	Construction	9343628	11069093	12078762	14848074	21202953	24652738
安装工程	Installation	875825	926074	1203992	1586542	2055748	2794912
设备工器具购置	Purchase of Equipment and Instruments	199768	244823	253561	302807	327366	415805
其他费用	Others	7797469	7991187	9006349	13516827	21157412	24399212
旧建筑物购置费	Purchase of Old Buildings	21283	10763	5626	28633	12850	5441
土地购置费	Purchase of Land	6318669	6043533	6971415	11380203	17167893	19487536

续表 Continued 单位:万元(10000 yuan)

指标	Item	2007	2008	2009	2010	2011	2012
按用途分	**By Purpose**						
住宅	Residential Buildings	13082714	14265508	15813232	20581894	29439509	34367379
#别墅、高档公寓	Villas and High - grade	1163730	1444881	1373868	1864013	2398921	3055888
办公楼	Office Buildings	1095616	1374590	1472648	1929927	2939071	3058512
商业营业用房	Commercial Buildings	2079326	2087399	2509853	3563613	5322365	5849933
其他	Others	1959034	2503680	2746931	4178816	7042534	8986843
新增固定资产	Newly Increased Fixed Assets	9933824	11316600	10069785	13246205	15264439	16529603
购置的土地面积	Land Space Purchased(sq. m)	18292615	18342911	13083337	19599138	21888002	12561137
施工面积	Floor Space Under Construction (sq. m)	183701512	192733308	199326869	237818597	299273917	334229728
#住宅	Residential Buildings	134499342	136884433	139459813	161383510	196927713	216563846
竣工面积	Floor Space Completed(sq. m)	41001313	44582633	38438207	41158344	45285858	42929350
#住宅	Residential Buildings	30544759	32608268	27832306	27984311	30536125	29172640
销售面积	Floor Space of Selling House (sq. m)	45419663	29921980	55381334	48165283	35313567	40052939
#住宅	Residential Buildings	39249182	24807376	47601161	38337391	27571846	33162270
资金来源合计	**Source of Funds**	**35442068**	**36706349**	**52430976**	**69727920**	**103655603**	**89852065**
上年末结余资金	Surplus Funds Last Year	4662970	6834125	7147900	15211886	42021286	24543434
本年资金来源小计	Funds This Year	30779098	29872224	45283076	54516034	61634317	65308631
#国家预算内资金	State Budgetary Appropriations						
国内贷款	Domestic Loans	6159442	6646244	8641190	10236013	11316229	11254805
债券	Debenture						
利用外资	Foreign Investment	172269	274651	154644	239592	395626	160046
自筹资金	Fundraising	6329102	7566981	7829873	12888867	19638284	21785574
其他资金	Others	18118285	15384348	28657369	31151562	30284178	32108206

3-10 按资质等级分的房地产开发投资(2012年)
Investment in Real Estate Development by Classification(2012)

单位:万元(10000 yuan)

指标	Item	投资额 Investment	一级 The First Grade	二级 The Second Grade	三级 The Third Grade
开发投资额	**Development**	**52262667**	**2529220**	**7217686**	**10355841**
按登记注册类型分	**by Register Type**				
内资	Domestic Funds	47451206	2351862	7004957	9495336
国有	State - owned	1824516	20261	373121	634682
集体	Collective Owned	132220	24618	14816	36274
股份合作	Share - cooperative	46491		41070	5421
国有联营	State Joint	87500	87500		
集体联营	Collective Joint				
国有与集体联营	State - collective Joint	81			81
其他联营	Other Joint				
国有独资公司	State Sole Funds	1278560	56866	283363	576712
其他有限责任公司	Other Limited Liability Corporations	24341795	841574	3519949	3942960
股份有限公司	Share - holding Corporations Ltd.	796715	272839	168082	79804
私营	Private	18935691	1048204	2604556	4219402
其他	Others	7637			
港澳台商投资	Investment from HongKong,Macao and Taiwan	3500933	177358	190999	386455
外商投资	Investment from Foreign	1310528		21730	474050
按构成分	**by Structure**				
建筑工程	Construction	24652738	1270128	3450617	6035242
安装工程	Installation	2794912	150868	268538	693611
设备工器具购置	Purchase of Equipment and Instruments	415805	16228	52818	93360
其他费用	Others	24399212	1091996	3445713	3533628
旧建筑物购置费	Purchase of Old Buildings	5441		501	1000
土地购置费	Purchase of Land	19487536	792244	2761684	2568562

续表 Continued 单位:万元(10000 yuan)

指标	Item	投资额 Investment	一级 The First Grade	二级 The Second Grade	三级 The Third Grade
按用途分	**by Purpose**				
住宅	Residential Buildings	34367379	1793603	5008411	7082317
别墅、高档公寓	Villas and High - grade	3055888	52041	378661	840343
办公楼	Office Buildings	3058512	72790	247305	586374
商业营业用房	Commercial Buildings	5849933	190467	571939	1182623
其他	Others	8986843	472360	1390031	1504527
新增固定资产	Newly Increased Fixed Assets	16529603	1371991	2260616	6065669
购置的土地面积(平方米)	Land Space Purchased(sq. m)	12561137	198851	1266232	2232099
施工面积(平方米)	Floor Space Under Construction (sq. m)	334229728	18604258	51491526	84822208
#住宅	Residential Buildings	216563846	13175654	35340408	56610542
竣工面积(平方米)	Floor Space Completed(sq. m)	42929350	3764596	6976942	14768203
#住宅	Residential Buildings	29172640	2759074	4937242	10152097
销售面积(平方米)	Floor Space of Selling House(sq. m)	40052939	1793275	5626335	9703558
#住宅	Residential Buildings	33162270	1471804	4528991	7727679
资金来源合计	**Source of Funds**	**89852065**	**4772927**	**11912590**	**17507779**
上年末结余资金	Surplus Funds Last Year	24543434	772151	2594402	4212744
本年资金来源小计	Funds This Year	65308631	4000776	9318188	13295035
#国家预算内资金	State Budgetary Appropriations				
国内贷款	Domestic Loans	11254805	789987	1448180	1890618
债券	Debenture				
利用外资	Foreign Investment	160046	8560		
自筹资金	Fundraising	21785574	802168	3395295	4538300
其他资金	Others	32108206	2400061	4474713	6866117

3－11 各市固定资产投资完成情况
Investment In Fixed Assets by City

城市	City	投资额（亿元）Investment (100 million yuan)		#投资项目 Projects		#房地产开发 Real Estate Development		施工项目个数（个）Projects Under Construction (unit)	
		2011	2012	2011	2012	2011	2012	2011	2012
合　计	**Total**	**14077.25**	**17095.96**	**9602.90**	**11869.69**	**4474.35**	**5226.27**	**33216**	**39099**
杭州市	Hangzhou	3100.02	3722.75	1797.30	2125.39	1302.72	1597.36	4513	5177
宁波市	Ningbo	2385.51	2901.43	1630.56	2017.07	754.94	884.35	4747	4848
温州市	Wenzhou	1540.31	2110.34	859.75	1422.84	680.55	687.50	3840	6959
嘉兴市	Jiaxing	1488.27	1642.31	1104.90	1226.43	383.37	415.88	3970	4132
湖州市	Huzhou	804.67	970.73	619.99	759.55	184.68	211.17	2204	2411
绍兴市	Shaoxing	1426.26	1722.56	1023.02	1254.86	403.24	467.71	3052	3268
金华市	Jinhua	862.83	1126.80	659.24	841.61	203.59	285.19	3194	3640
衢州市	Quzhou	504.63	566.13	433.97	490.34	70.66	75.79	1970	1820
舟山市	Zhoushan	476.09	570.60	359.30	411.66	116.79	158.94	825	1000
台州市	Taizhou	1007.81	1242.56	688.65	885.18	319.16	357.38	3115	3967
丽水市	Lishui	358.47	471.98	303.82	386.98	54.64	84.99	1785	1876

续表　Continued

城市	City	全投项目个数（个）Projects Completed and Put Into Use (unit)		房屋施工面积（平方米）Floor Space Under Construction (sq. m)		房屋竣工面积（平方米）Floor Space Completed (sq. m)		新增固定资产（亿元）Newly increased Fixed Assets (100 million yuan)	
		2011	2012	2011	2012	2011	2012	2011	2012
合　计	**Total**	**16306**	**19073**	**668107070**	**754848280**	**159428983**	**160343891**	**7833.66**	**8661.44**
杭州市	Hangzhou	2248	2364	159826374	173292270	31085666	29520600	1394.83	1686.92
宁波市	Ningbo	2831	2387	122785897	135408089	34343462	29438571	1587.27	1381.56
温州市	Wenzhou	1332	3255	78089279	100345587	13114091	15391418	600.38	853.99
嘉兴市	Jiaxing	2165	2274	81165542	87217827	19655198	18614450	888.66	927.88
湖州市	Huzhou	1253	1456	28796734	32786243	6746407	7995984	400.17	570.72
绍兴市	Shaoxing	1778	1831	61535121	66774419	18204016	18538954	766.27	857.72
金华市	Jinhua	1484	1471	38600163	48567880	12082031	14013473	505.64	638.85
衢州市	Quzhou	975	840	18158393	18249478	6092231	5547623	433.21	399.48
舟山市	Zhoushan	341	440	14058740	15379911	2570700	4159084	470.90	401.88
台州市	Taizhou	1112	1838	47177707	57691962	10353083	11108867	548.08	587.14
丽水市	Lishui	787	917	17841157	19134614	5110135	6014867	239.19	355.30

3－12 各市按资质等级分的房地产开发企业个数
Number of Enterprises for Real Estate Development by Classification and by City

单位:个(unit)

城市	City	合计 Total		一级企业 The First Enterprises		二级企业 The Second Enterprises		三级企业 The Third Enterprises		四级企业 The Fourth Enterprises		暂定 Undefined Enterprises		其他 Others	
		2011	2012	2011	2012	2011	2012	2011	2012	2011	2012	2011	2012	2011	2012
合 计	**Total**	**6080**	**6221**	**129**	**133**	**600**	**631**	**1643**	**1665**	**793**	**817**	**2150**	**2220**	**765**	**755**
杭州市	Hangzhou	1470	1506	56	54	178	187	320	305	94	99	451	524	371	337
宁波市	Ningbo	802	818	20	22	66	69	273	290	79	89	271	265	93	83
温州市	Wenzhou	662	678	6	6	106	115	235	231	31	29	194	209	90	88
嘉兴市	Jiaxing	627	634	6	7	28	29	105	113	126	125	315	291	47	69
湖州市	Huzhou	409	425	4	4	13	14	55	55	136	151	176	177	25	24
绍兴市	Shaoxing	742	748	11	13	60	61	196	195	93	85	319	328	63	66
金华市	Jinhua	483	488	8	8	50	53	116	114	105	103	162	161	42	49
衢州市	Quzhou	228	237	8	8	28	31	67	68	54	61	68	64	3	5
舟山市	Zhoushan	198	207	1	1	16	16	110	123	37	37	29	25	5	5
台州市	Taizhou	321	336	5	6	39	39	119	123	23	22	120	129	15	17
丽水市	Lishui	138	144	4	4	16	17	47	48	15	16	45	47	11	12

3-13 各市按登记注册类型分的房地产开发企业个数
Number of Enterprises for Real Estate Development by Registered Type and by City

单位:个(unit)

城市	City	合计 Total		国有 State-owned		集体 Collective Owned		股份合作 Share-cooperations		国有独资公司 State Sole Funds	
		2011	2012	2011	2012	2011	2012	2011	2012	2011	2012
合　计	**Total**	**6080**	**6221**	**164**	**165**	**49**	**45**	**8**	**7**	**73**	**72**
杭州市	Hangzhou	1470	1506	47	55	8	6			15	15
宁波市	Ningbo	802	818	26	26	17	15			17	15
温州市	Wenzhou	662	678	17	16	10	9	8	7	12	12
嘉兴市	Jiaxing	627	634	13	11	3	3			10	11
湖州市	Huzhou	409	425	14	13	3	3				
绍兴市	Shaoxing	742	748	17	18	6	6			2	2
金华市	Jinhua	483	488	8	6	2	3			4	5
衢州市	Quzhou	228	237	5	5					1	1
舟山市	Zhoushan	198	207	9	8						1
台州市	Taizhou	321	336	8	7					11	10
丽水市	Lishui	138	144							1	

续表 Continued

单位:个(unit)

城市	City	其他有限责公司 Other Limited Liability Corporations		股份有限公司 Share-holding Corporations Ltd.		私营 Private		港澳台商投资 Investment from HongKong, Macao and Taiwan		外商投资 Investment from Foreign	
		2011	2012	2011	2012	2011	2012	2011	2012	2011	2012
合　计	**Total**	**2180**	**2272**	**101**	**96**	**3172**	**3250**	**179**	**184**	**124**	**120**
杭州市	Hangzhou	720	748	33	29	552	559	60	63	23	25
宁波市	Ningbo	193	201	11	16	460	469	52	53	25	23
温州市	Wenzhou	269	306	4	6	314	295	5	5	22	21
嘉兴市	Jiaxing	174	189	11	12	369	360	21	24	23	23
湖州市	Huzhou	188	195	15	12	162	177	12	14	14	10
绍兴市	Shaoxing	251	242	13	9	430	456	8	6	7	8
金华市	Jinhua	105	113	6	6	337	340	11	10	6	5
衢州市	Quzhou	31	31	1	1	190	199				
舟山市	Zhoushan	80	83			107	112	1	1	1	2
台州市	Taizhou	154	151	5	5	133	154	9	8	1	1
丽水市	Lishui	15	13	2		118	129			2	2

3-14 各市按资质等级分的房地产开发从业人员数
Number of Employed Persons In Real Estate Development by Classification Type and by City

单位:人(person)

城市	City	合计 Total		一级企业 The First Enterprises		二级企业 The Second Enterprises		三级企业 The Third Enterprises		四级企业 The Fourth Enterprises		暂定 Undefined Enterprises		其他 Others	
		2011	2012	2011	2012	2011	2012	2011	2012	2011	2012	2011	2012	2011	2012
合 计	**Total**	**113855**	**113245**	**6892**	**7042**	**17799**	**18471**	**32627**	**29647**	**10692**	**9915**	**34791**	**38541**	**11054**	**9629**
杭州市	Hangzhou	29819	28770	3523	2983	5154	5171	6994	5284	978	1108	8270	9921	4900	4303
宁波市	Ningbo	16262	17340	946	1461	2124	2084	5931	6192	1227	1327	4822	5274	1212	1002
温州市	Wenzhou	12681	12159	189	190	3078	3642	4027	3530	613	392	3254	3357	1520	1048
嘉兴市	Jiaxing	10540	10724	383	363	605	620	2269	2124	1647	1467	4981	4864	655	1286
湖州市	Huzhou	7896	6541	186	410	832	869	1032	978	2147	2082	2470	1928	1229	274
绍兴市	Shaoxing	10899	11713	545	510	1586	1644	3010	2824	1050	943	4121	5021	587	771
金华市	Jinhua	8511	8250	281	229	1502	1467	2165	1997	1274	1121	2835	2892	454	544
衢州市	Quzhou	2705	2739	282	295	562	522	814	789	500	490	525	596	22	47
舟山市	Zhoushan	3593	4128	17	36	587	592	2061	2276	478	374	386	808	64	42
台州市	Taizhou	7632	8054	317	363	1253	1413	2699	2524	515	338	2552	3219	296	197
丽水市	Lishui	3317	2827	223	202	516	447	1625	1129	263	273	575	661	115	115

3－15 各市按登记注册类型分的房地产开发从业人员数
Number of Employed Persons In Real Estate Development by Registered Type and by City

单位:人(person)

城市	City	合计 Total		国有 State－owned		集体 Collective Owned		股份合作 Share－cooperations		国有独资公司 State Sole Funds	
		2011	2012	2011	2012	2011	2012	2011	2012	2011	2012
合　计	**Total**	**113855**	**113245**	**4489**	**3755**	**704**	**599**	**160**	**149**	**1926**	**1750**
杭州市	Hangzhou	29819	28770	1333	1243	95	36			412	374
宁波市	Ningbo	16262	17340	541	586	229	188			474	359
温州市	Wenzhou	12681	12159	676	449	164	156	160	149	459	466
嘉兴市	Jiaxing	10540	10724	226	92	29	28			304	268
湖州市	Huzhou	7896	6541	970	727	29	19				
绍兴市	Shaoxing	10899	11713	224	214	118	114			7	14
金华市	Jinhua	8511	8250	141	88	40	58			55	49
衢州市	Quzhou	2705	2739	64	68					4	2
舟山市	Zhoushan	3593	4128	164	139						7
台州市	Taizhou	7632	8054	150	149					201	211
丽水市	Lishui	3317	2827							10	

续表　Continued

单位:人(person)

城市	City	其他有限责任公司 Other Limited Liability Corporations		股份有限公司 Share－holding Corporations Ltd.		私营 Private		港澳台商投资 Investment from HongKong,Macao and Taiwan		外商投资 Investment from Foreign	
		2011	2012	2011	2012	2011	2012	2011	2012	2011	2012
合　计	**Total**	**42059**	**43231**	**3123**	**3464**	**52757**	**51830**	**4555**	**4985**	**3243**	**3006**
杭州市	Hangzhou	15656	15099	1217	916	8375	8195	1378	1875	1091	917
宁波市	Ningbo	3773	4423	379	1377	8776	8055	1344	1387	725	965
温州市	Wenzhou	4626	5531	248	241	5729	4845	156	144	445	173
嘉兴市	Jiaxing	2905	3042	240	230	5647	5749	632	727	470	581
湖州市	Huzhou	3649	2647	434	288	2070	2004	368	362	276	145
绍兴市	Shaoxing	3673	4142	345	168	5913	6787	251	146	110	128
金华市	Jinhua	1904	1854	115	122	5854	5856	238	162	71	61
衢州市	Quzhou	372	327	21	20	2244	2322				
舟山市	Zhoushan	1445	1567			1962	2375	16	19	6	21
台州市	Taizhou	3744	4335	100	102	3246	3089	172	163	19	5
丽水市	Lishui	312	264	24		2941	2553			30	10

3-16 各市按资质等级分的房地产开发投资额 Investment In Real Estate Development by Classification and by City

单位:亿元(100 million yuan)

城市	City	合计 Total		一级企业 The First Enterprises		二级企业 The Second Enterprises		三级企业 The Third Enterprises		四级企业 The Fourth Enterprises		暂定 Undefined Enterprises		其他 Others	
		2011	2012	2011	2012	2011	2012	2011	2012	2011	2012	2011	2012	2011	2012
合 计	**Total**	**4474.35**	**5226.27**	**232.54**	**252.92**	**586.99**	**721.77**	**952.53**	**1035.58**	**210.95**	**216.25**	**1823.53**	**2300.15**	**667.80**	**699.59**
杭州市	Hangzhou	1302.72	1597.36	72.42	59.85	140.59	134.52	140.36	130.98	8.15	7.39	491.31	856.80	449.89	407.81
宁波市	Ningbo	754.94	884.35	48.58	62.00	80.14	93.06	202.00	298.46	36.77	51.42	330.06	316.85	57.39	62.56
温州市	Wenzhou	680.55	687.50	21.42	41.06	162.72	209.72	126.88	132.03	12.70	2.60	265.00	215.70	91.84	86.39
嘉兴市	Jiaxing	383.37	415.88	14.95	21.85	24.77	19.65	66.59	69.24	30.78	31.23	229.33	198.94	16.95	74.97
湖州市	Huzhou	184.68	211.17	13.48	9.63	7.64	12.27	40.33	29.76	60.52	55.68	54.21	91.12	8.51	12.70
绍兴市	Shaoxing	403.24	467.71	15.29	14.32	29.64	50.58	109.90	99.73	15.71	16.63	208.36	252.26	24.34	34.19
金华市	Jinhua	203.59	285.19	7.26	7.13	45.00	80.43	39.45	35.78	15.23	12.03	94.50	143.48	2.14	6.35
衢州市	Quzhou	70.66	75.79	4.91	4.62	19.19	7.33	19.68	30.95	10.42	16.86	15.96	15.64	0.49	0.39
舟山市	Zhoushan	116.79	158.94	5.46	7.24	22.36	27.51	65.31	88.43	12.91	14.74	10.38	17.97	0.36	3.06
台州市	Taizhou	319.16	357.38	26.41	19.93	47.03	71.67	127.03	101.09	3.57	4.69	99.43	152.59	15.68	7.41
丽水市	Lishui	54.64	84.99	2.36	5.30	7.91	15.02	14.99	19.13	4.20	2.99	24.99	38.80	0.20	3.75

3－17 各市按登记注册类型分的房地产开发投资额
Investment In Real Estate Development by Registered Type and by City

单位:亿元(100 million yuan)

城市	City	合计 Total		国有 State－owned		集体 Collective Owned		股份合作 Share－cooperations		国有独资公司 State Sole Funds	
		2011	2012	2011	2012	2011	2012	2011	2012	2011	2012
合　计	**Total**	**4474.3**	**5226.3**	**104.3**	**182.5**	**14.5**	**13.2**	**5.4**	**4.6**	**102.5**	**127.9**
杭州市	Hangzhou	1302.7	1597.4	32.8	45.4	0.6				17.3	33.7
宁波市	Ningbo	754.9	884.4	28.1	67.8	1.8	1.0			27.2	39.5
温州市	Wenzhou	680.6	687.5	19.8	18.0	5.9	6.1	5.4	4.6	15.6	23.0
嘉兴市	Jiaxing	383.4	415.9	8.7	13.4	0.6	0.1			22.9	21.7
湖州市	Huzhou	184.7	211.2	4.8	10.8	1.6	2.7				
绍兴市	Shaoxing	403.2	467.7	2.8	16.4	2.4	2.5			0.4	0.1
金华市	Jinhua	203.6	285.2	2.4	5.6	1.6	0.9				0.6
衢州市	Quzhou	70.7	75.8		0.2						
舟山市	Zhoushan	116.8	158.9	1.5	1.3						
台州市	Taizhou	319.2	357.4	3.3	3.7					9.6	9.3
丽水市	Lishui	54.6	85.0							9.5	

续表　Continued

单位:亿元(100 million yuan)

城市	City	其他有限责任公司 Other Limited Liability Corporations		股份有限公司 Share－holding Corporations Ltd.		私营 Private		港澳台商投资 Investment from HongKong, Macao and Taiwan		外商投资 Investment from Foreign	
		2011	2012	2011	2012	2011	2012	2011	2012	2011	2012
合　计	**Total**	**2087.7**	**2434.2**	**93.8**	**79.7**	**1704.4**	**1893.6**	**192.4**	**350.1**	**136.0**	**131.1**
杭州市	Hangzhou	842.6	962.6	14.6	12.3	274.1	292.9	84.8	224.1	31.9	25.5
宁波市	Ningbo	248.8	267.1	21.7	27.9	312.1	343.3	66.2	90.5	49.1	47.2
温州市	Wenzhou	298.3	359.2	27.3	20.7	289.1	251.6	4.2	1.7	14.8	2.7
嘉兴市	Jiaxing	111.1	148.9	2.7	1.5	195.0	196.5	21.2	22.1	17.4	11.6
湖州市	Huzhou	90.6	106.3	10.5	5.6	56.3	65.9	4.7	7.5	5.8	3.6
绍兴市	Shaoxing	178.5	176.7	11.8	6.0	177.0	233.2	4.3	0.9	13.0	32.0
金华市	Jinhua	51.0	92.4	2.8	3.5	139.3	180.6	3.7	1.4	0.6	0.2
衢州市	Quzhou	20.6	19.5	0.4	0.3	49.6	55.9				
舟山市	Zhoushan	53.3	78.9			57.8	70.3	0.9	0.2	3.3	8.2
台州市	Taizhou	181.7	204.8	1.7	1.9	120.5	136.1	2.3	1.6		
丽水市	Lishui	11.2	17.8	0.4		33.6	67.2				

3－18 各市房地产开发企业建造的商品房屋面积和价格
Floor Space and Price of Building for Real Estate Development Enterprises by City

城市	City	施工面积(万平方米) Floor Space of Buildings Under Construction (10000sq. m)		竣工面积(万平方米) Floor Space of Buildings Completed (10000sq. m)		房屋面积竣工率(%) Rate of Floor Space of Buildings Completed(%)		竣工房屋价值(万元) Value of Buildings Completed (10000 yuan)		竣工房屋造价(元/平方米) Cost of Buildings Completed (yuan/sq. m)	
		2011	2012	2011	2012	2011	2012	2011	2012	2011	2012
合　计	**Total**	**29927.4**	**33423.0**	**4528.6**	**4292.9**	**15.1**	**12.8**	**12519240**	**12428699**	**2764**	**2895**
杭州市	Hangzhou	7698.3	8284.9	1223.9	1055.1	15.9	12.7	3512365	3170435	2870	3005
宁波市	Ningbo	5209.8	6080.5	842.8	839.9	16.2	13.8	2591267	2660963	3075	3168
温州市	Wenzhou	3226.1	3769.6	429.3	349.8	13.3	9.3	1141300	1112863	2659	3182
嘉兴市	Jiaxing	3388.5	3654.8	540.4	470.1	15.9	12.9	1352156	1111829	2502	2365
湖州市	Huzhou	1547.9	1844.7	205.8	192.0	13.3	10.4	663157	489022	3222	2547
绍兴市	Shaoxing	2872.7	3176.2	453.3	488.2	15.8	15.4	1166944	1481206	2574	3034
金华市	Jinhua	1808.1	2101.3	214.5	257.6	11.9	12.3	599184	764796	2793	2969
衢州市	Quzhou	588.1	573.2	134.9	132.0	22.9	23.0	212961	249739	1578	1892
舟山市	Zhoushan	753.6	899.1	74.1	217.0	9.8	24.1	199855	693145	2699	3194
台州市	Taizhou	2323.1	2439.0	301.6	209.6	13.0	8.6	805925	516976	2673	2466
丽水市	Lishui	511.1	599.6	108.0	81.6	21.1	13.6	274126	177725	2538	2178

3－19 各市房地产开发企业建造的住宅面积和价格
Floor Space and Price of Residential Buildings for Real Estate Development Enterprises by City

城市	City	施工面积(万平方米) Floor Space of Buildings Under Construction (10000sq. m)		竣工面积(万平方米) Floor Space of Buildings Completed (10000sq. m)		房屋面积竣工率(%) Rate of Floor Space of Buildings Completed(%)		竣工房屋价值(万元) Value of Buildings Completed (10000 yuan)		竣工房屋造价(元/平方米) Cost of Buildings Completed (yuan/sq. m)	
		2011	2012	2011	2012	2011	2012	2011	2012	2011	2012
合　计	**Total**	**19692.8**	**21656.4**	**3053.6**	**2917.3**	**15.5**	**13.5**	**7969543**	**8239600**	**2610**	**2824**
杭州市	Hangzhou	4868.5	5020.4	840.9	674.0	17.3	13.4	2217033	1852399	2637	2748
宁波市	Ningbo	2893.6	3362.1	484.6	530.6	16.7	15.8	1353096	1619531	2792	3052
温州市	Wenzhou	2246.3	2561.9	305.3	253.6	13.6	9.9	793501	817339	2599	3223
嘉兴市	Jiaxing	2281.7	2408.3	360.7	346.3	15.8	14.4	876947	828604	2431	2392
湖州市	Huzhou	1089.3	1294.7	156.2	132.4	14.3	10.2	483288	340366	3093	2572
绍兴市	Shaoxing	1992.8	2243.0	294.9	342.8	14.8	15.3	701054	1001522	2378	2922
金华市	Jinhua	1291.1	1517.6	150.8	182.9	11.7	12.1	421216	581687	2793	3180
衢州市	Quzhou	452.5	450.6	101.6	105.4	22.5	23.4	162211	202257	1596	1919
舟山市	Zhoushan	507.6	598.2	48.1	146.2	9.5	24.4	124910	511583	2597	3500
台州市	Taizhou	1685.0	1752.5	226.4	142.0	13.4	8.1	640526	354915	2829	2499
丽水市	Lishui	384.3	447.0	84.0	61.1	21.9	13.7	195761	129397	2329	2118

3－20 各市房地产开发企业商品房屋销售面积和销售额
Floor Space and Total Sales of Commercial Houses for Real Estate Development Enterprises by City

城市	City	销售面积（万平方米）Floor Space Sold of Commercial Houses (10000sq. m)				销售额（万元）Total Sales of Commercial Houses (10000yuan)			
		2009	2010	2011	2012	2009	2010	2011	2012
合　计	**Total**	**5538.1**	**4816.5**	**3531.4**	**4005.3**	**43339772**	**44590429**	**34741706**	**42626643**
杭州市	Hangzhou	1456.4	988.3	734.0	1089.6	15372226	13967706	9749038	14652576
宁波市	Ningbo	815.2	693.6	526.5	590.2	7329806	7784651	5808521	6633948
温州市	Wenzhou	314.0	228.5	135.3	204.3	4265350	3073084	2283553	3548273
嘉兴市	Jiaxing	681.4	596.3	398.7	450.3	3406393	3789574	2758902	3224836
湖州市	Huzhou	432.3	411.8	331.1	273.6	2197669	2585308	2238651	1860440
绍兴市	Shaoxing	476.5	610.3	456.7	483.7	3029877	4634095	3856161	4189122
金华市	Jinhua	420.1	424.6	304.2	322.5	2291788	2755341	2472576	3159335
衢州市	Quzhou	231.3	170.9	79.4	104.1	861451	905672	550668	702429
舟山市	Zhoushan	161.3	138.2	136.1	78.4	1077598	1252602	1410851	836252
台州市	Taizhou	422.4	462.9	327.0	319.7	2715370	3304746	2852331	3053129
丽水市	Lishui	127.4	91.2	102.2	88.8	792244	537650	760454	766303

3－21 各市房地产开发企业住宅销售面积和销售额
Floor Space and Total Sales of Residential Buildings for Real Estate Development Enterprises by City

城市	City	销售面积（万平方米）Floor Space Sold of Commercial Houses (10000sq. m)				销售额（万元）Total Sales of Commercial Houses (10000yuan)			
		2009	2010	2011	2012	2009	2010	2011	2012
合　计	**Total**	**4760.1**	**3833.7**	**2757.2**	**3316.2**	**37555286**	**35774857**	**27023587**	**35416262**
杭州市	Hangzhou	1314.4	797.6	597.7	920.3	13949554	11372940	7616738	12231737
宁波市	Ningbo	652.0	497.8	342.7	458.7	5911842	5808984	3867039	5222892
温州市	Wenzhou	272.5	192.5	113.2	181.9	3838416	2660005	1908774	3182857
嘉兴市	Jiaxing	548.7	450.3	290.5	368.5	2698514	2735837	1968922	2548100
湖州市	Huzhou	363.5	314.1	263.3	229.4	1849313	1947379	1705465	1545688
绍兴市	Shaoxing	409.3	489.1	364.1	394.1	2569714	3727992	3139043	3511273
金华市	Jinhua	379.1	377.4	251.7	279.5	1976674	2435454	2016278	2641876
衢州市	Quzhou	186.3	135.5	59.1	83.4	686067	740131	423102	566116
舟山市	Zhoushan	148.2	115.8	113.9	53.2	962386	1098246	1226257	542486
台州市	Taizhou	378.9	390.6	278.6	276.0	2461015	2830011	2542727	2765035
丽水市	Lishui	107.2	73.0	82.5	71.3	651791	417878	609242	658202

3-22 主要年份基础设施投资
Investment in Infrastucture

单位:亿元(100 million yuan)

年份 Year	基础设施投资合计 Total Investment in Infrastructure	#水利、环境和公共设施 Water, Environment and Public Facilities	#电力、燃气及水的生产供应业 Production and Supply of Electricity, Gas and Water	#交通运输 Transportation	#邮电通信 Post & Telecommuni - cations	#教育设施 Education Facilities	#卫生设施 Sanitary Facilities
1990	37.58		15.67	10.18	2.96		
1995	230.39		72.03	68.40	23.75		
2000	876.33		214.22	221.65	127.53		
2001	999.28		191.84	223.18	155.60		
2002	1066.80		188.28	227.28	95.49		
2003	1360.40	558.85	239.25	295.54	88.09	114.66	26.76
2004	1724.69	521.36	429.63	476.16	102.98	122.98	30.34
2005	1981.97	518.81	544.79	641.36	94.18	102.21	31.63
2006	2226.57	608.49	533.97	777.44	97.64	95.82	50.03
2007	2215	643.73	568.29	673.05	119.25	93.29	42.56
2008	2373.06	816.69	501.74	740.80	125.91	101.54	49.38
2009	2894.97	952.06	579.61	979.63	139.63	120.72	63.17
2010	3038.58	1020.94	585.25	1040.68	144.58	123.00	72.48
2011	3359.09	1193.45	620.38	1102.93	123.31	150.06	79.19
2012	3963.35	1383.57	727.92	1330.30	58.22	199.83	102.52

注：2003年以前为城镇以上范围，2003年(含)以后为限额以上(2011年起更名为固定资产投资)范围。
The figures in this table refer to the investment at town level and above before 2003, while above designated size since 2003(as those refer to investment in fixed assets since 2011).

浙/江/统/计/年/鉴

主要统计指标解释

■ 全社会固定资产投资额

固定资产投资额是以货币表现的建造和购置固定资产活动的工作量，它是反映固定资产投资规模、速度、比例关系和使用方向的综合性指标。全社会固定资产投资包括国有经济单位投资、城乡集体经济单位投资、其他各种经济类型的单位投资和城乡居民个人投资。按照我国现行计划管理体制，全社会固定资产投资总额分为基本建设、更新改造、房地产开发投资和其他固定资产投资四个部分；城乡集体经济单位投资包括城镇集体所有制单位投资和农村集体所有制单位投资；其他各种经济类型单位投资包括联营经济、股份制经济、中外合资经营、中外合作经营、外资、与大陆合资经营、与大陆合作经营、港澳台独资及其他经济的单位投资。城乡居民个人投资包括城市、县城、镇、工矿区所辖范围内的个人建房和农村个人建房及购买生产性固定资产的投资。

■ 房地产开发投资

包括各种经济类型的房地产开发公司、商品房建设公司及其他房地产开发单位统一开发的包括统代建、拆迁还建的住宅、厂房、仓库、饭店、宾馆、度假村、写字楼、办公楼等房屋建筑物和配套的服务设施、土地开发工程，如道路、给水、排水、供电、供热、通讯、平整场地等基础设施工程的投资。包括非房地产企业实际从事房地产开发或经营活动，不包括单纯的土地交易活动。

■ 施工项目

指报告期内曾进行建筑或安装工程施工活动的建设项目。包括报告期内新开工项目、报告期以前开工跨入报告期继续施工的项目以及报告期施工过并在报告期内全部建设投产或停缓建的项目。

■ 全部建成投产项目

工业项目是指设计文件规定形成生产能力的主体工程及其相应配套的辅助设施全部建成，经负荷试运转，证明具备生产设计规定合格产品的条件，并经过验收鉴定合格或达到竣工验收标准，与生产性工程配套的生产福利设施可以满足近期正常生产的需要，正式移交生产的建设项目。非工业项目是指设计文件规定的主体工程和相应的配套工程全部建成，能够发挥设计规定的全部效益，经验收鉴定合格或达到竣工验收标准，正式移交使用的建设项目。

■ 施工和竣工房屋建筑面积

房屋建筑面积是从房屋外墙线算起的各层平面面积的总和，包括房屋结构（如柱、墙）占用的面积和地下室面积。多层建筑按各自然层面积总和计算，包括房屋内的楼隔层，突出墙面的眺望间、门斗、有柱雨罩的面积。不包括突出墙面结构的构件、艺术装饰等所占的面积，如台阶等。凹阳台、挑阳台按其水平投影面积一半计算建筑面积。

■ 新增固定资产

指通过投资活动所形成的新的固定资产价值。包括已经建成投入生产或交付使用的工程价值和达到固定资产标准的设备、工具、器具的价值及有关应摊入的费用。它是以价值形式表示的固定资产投资成果的综合性指标，可以综合反映不同时期、不同部门、不同地区的固定资产投资成果。

ZHEJIANG STATISTICAL YEARBOOK

Explanatory Notes on Main Statistical Indicators

□ Total Investmentin in Fixed Assets

Amount of investment in fixed assets refers to the volume of activities in construction and purchases of fixed assets in monetary terms. It is a comprehensive indicator which shows the size, pace, proportional relations and use orientation of the investment in fixed assets. Total investment in fixed assets in the whole country includes the investment by the state-owned units, the investment by the urban and rural collective units, the investment by the units of other types of ownership and the investment by the individuals in the urban and rural areas. According to China's current planning management system, the investment in fixed assets in the whole country is classified into the following four parts: investment in capital construction, investment in innovation, investment in real estates development and other investment in fixed assets. The investment by the urban and rural collective units includes the investment by the urban collective units and the investment by the rural collective units. The investment by the units of other types of ownership includes the investment by the units of joint – owned economy, share – holding economy, Sino – foreign joint economy, Sino – foreign cooperative economy, economy exclusively with foreign investment, Mainland – Hong kong or Mainland – Macao or Mainland – Taiwan joint economy, Mainland – Hong kong or Mainland – Macao or Mainland – Taiwan coope rative economy, and economy exclusively with investment of Hong Kong or Macao or Taiwan. The investment by the individuals in the urban and rural areas includes the investment in personal house building in the areas under the jurisdiction of city ,county, town and special industrial and mining areas as well as the investment in personal house building and purchase of productive fixed assets in the rural areas.

□ Investment in Real Estate Development

It includes the investment by the real estate development companies, commercial buildings construction companies and other real estate development units of various types of ownership in the construction of house buildings, such as residential buildings, factory buildings, warehouses, hotels, guesthouses, holiday villages, office buildings, and the complementary service facilities and land development projects, such as roads, watersupply, water drainage, power supply, heating, telecommunications, land levelling and other projects of infrastructure. It covers the activities of the non – real estate companies in real estate development or management, but excludes the activities in simple land transactions.

□ Projects Under Construction

refer to projects having construction and installation activities undertaken in the reference period, including projects started in the reference period, or continued from the previous period, or completed and put into production or suspended in the reference period.

□ Projects Completed and Put into Use

Industrial projects refer to the major projects and accessory facilities completed which result in forming production capacity and have been checked and accepted while the living and welfare facilities have been completed and can ensure normal production and formally put into production. Non – industrial projects refer to the major projects and accessory facilities completed which possess the disigned capacity and have been checked, accepted and formally put into production.

□ Floor Space of Buildings Under Construction and Completed

refers to total floor space in each story of buildings calculated from the outside line of building walls, including the space occupied by constructions like pillars or walls and basements. The floor space of multi – story building includes the total floor space of each story,

EXPLANATORY NOTES ON MAIN STATISTICAL INDICATORS

including area occupied by separating walls, watching rooms, doorways, and pillars, but excluding protruding wall structures, artistic decoration, etc. (for example, flight of steps). The space of recessed verand and tantilevered balcony is counted by half of the projection area.

□ Newly Increased Fixed Assets

refer to the newly increased value of fixed assets through investment, including the value of projects completed and put into production, the value of equipment, tools, and vessels considered as fixed assets, as well as the relevant expenses as investment in fixed assets . This is a comprehensive indicator of investment in fixed assets, reflecting the achievements of investment in fixed assets in different periods, different sectors, and different regions.

2013

浙江统计年鉴

ZHEJIANG STATISTICAL YEARBOOK

CHAPTER 4

价格

Prices

4－1 各种价格总指数(1978－2012年)
General Price Indices(1978－2012)

(上年＝100)(preceding year＝100)

年份 Year	居民消费价格指数 General Consumer Price Index			商品零售价格指数 General Retail Price Index of Commodities			工业品出厂价格指数 Ex－Factory Price Index of Industrial Production
	全省 Total	城市 Urban Areas	农村 Rural Areas	全省 Total	城市 Urban Areas	农村 Rural Areas	
1978		100.0		100.1	99.9	100.1	
1979		102.6		102.1	103.4	101.5	
1980		108.8		108.0	109.5	106.9	
1981		101.7		101.5	101.6	101.4	
1982		101.9		100.9	102.1	100.1	
1983		102.8		102.0	102.9	101.2	
1984	103.0	103.7	101.8	103.4	103.5	103.4	
1985	114.8	115.1	114.3	114.0	115.2	112.9	
1986	106.2	106.3	106.1	106.0	106.1	105.9	
1987	108.8	110.9	106.4	109.5	111.3	107.4	
1988	121.5	123.4	119.8	122.1	124.2	120.5	
1989	118.2	116.8	119.6	117.8	116.6	118.7	
1990	102.1	102.1	102.0	101.6	101.4	101.8	100.4
1991	103.5	105.6	101.5	103.0	105.2	101.4	101.8
1992	107.5	109.2	104.8	106.6	108.9	104.1	104.8
1993	119.8	121.4	117.4	116.7	119.1	115.2	117.3
1994	124.8	124.7	124.9	121.7	120.0	124.8	117.5
1995	116.6	117.0	116.4	113.5	113.0	114.3	112.3
1996	107.9	109.8	107.0	105.8	106.4	105.1	99.5
1997	102.8	104.1	102.1	100.3	100.9	99.4	99.2
1998	99.7	100.5	99.3	98.4	98.4	98.4	95.6
1999	98.8	99.5	98.5	97.7	97.7	97.7	96.8
2000	101.0	100.9	101.1	99.0	98.8	99.1	101.1
2001	99.8	99.6	100.0	98.1	97.4	99.0	98.3
2002	99.1	98.8	99.3	98.7	98.4	99.3	96.9
2003	101.9	100.5	102.9	99.6	99.4	99.9	100.6
2004	103.9	102.8	104.6	102.7	102.0	103.6	105.0
2005	101.3	101.5	101.2	100.9	101.0	100.7	102.3
2006	101.1	101.1	101.0	100.8	100.7	101.0	103.8
2007	104.2	103.9	104.4	103.8	103.7	103.9	102.4
2008	105.0	104.8	105.3	106.3	106.3	106.1	104.3
2009	98.5	98.7	98.2	98.8	98.9	98.6	94.9
2010	103.8	104.0	103.7	103.9	103.9	103.9	106.2
2011	105.4	105.3	105.6	105.5	105.4	105.8	105.0
2012	102.2	102.2	102.3	101.9	101.9	101.8	97.3

4-2 历年各种价格总指数(1986-2012年) General Price Indices(1986-2012)

(1985年=100)(1985=100)

年份 Year	居民消费价格指数 General Consumer Price Index			商品零售价格指数 General Retail Price Index of Commodities
	全省 Total	城市 Urban Areas	农村 Rural Areas	
1986	106.2	106.3	106.1	106.0
1987	115.5	117.9	112.9	116.1
1988	140.4	145.5	135.2	141.7
1989	165.9	169.9	161.8	166.9
1990	169.4	173.5	165.0	169.6
1991	175.4	183.2	167.5	174.7
1992	188.5	200.0	175.5	186.2
1993	225.8	242.9	206.0	217.3
1994	281.8	302.8	257.3	264.5
1995	328.6	354.3	299.5	300.2
1996	354.6	389.1	320.5	317.6
1997	364.5	405.0	327.2	318.6
1998	363.4	407.0	324.9	313.5
1999	359.1	405.0	320.1	306.3
2000	362.6	408.6	323.6	303.2
2001	361.9	407.0	323.6	297.4
2002	358.6	402.1	321.3	293.5
2003	365.4	404.1	330.6	292.3
2004	379.7	415.4	345.8	300.2
2005	384.6	421.6	349.9	302.9
2006	388.8	426.2	353.4	305.3
2007	405.1	442.8	368.9	316.9
2008	425.4	464.1	388.5	336.9
2009	419.0	458.1	381.5	332.9
2010	434.9	476.4	395.6	345.9
2011	458.4	501.6	417.8	364.9
2012	468.4	512.4	427.2	371.7

4-3 价格总指数(2012年) General Price Indices(2012)

年份 Year	居民消费价格指数 General Consumer Price Index			商品零售价格指数 General Retail Price Index of Commodities
	全省 Total	城市 Urban Areas	农村 Rural Areas	
1978 = 100		727.8		504.7
1980 = 100		651.8		457.8
1985 = 100	468.4	512.3	427.2	371.7
1986 = 100	441.1	482.0	402.6	350.6
1987 = 100	405.4	434.6	378.3	320.3
1988 = 100	333.6	352.3	315.9	262.3
1989 = 100	282.3	301.7	264.1	222.7
1990 = 100	276.5	295.7	258.8	219.1
1995 = 100	142.5	144.8	142.6	123.8
1996 = 100	132.1	131.7	133.3	117.1
1997 = 100	128.8	126.5	130.6	116.7
1998 = 100	129.1	125.9	131.7	118.7
1999 = 100	130.5	126.5	133.5	121.3
2000 = 100	129.3	125.4	132.2	122.6
2001 = 100	129.6	125.9	132.2	125.1
2002 = 100	130.7	127.5	132.9	126.6
2003 = 100	128.3	126.7	129.4	127.0
2004 = 100	123.4	123.4	123.5	123.8
2005 = 100	121.8	121.6	122.0	122.7
2006 = 100	120.5	120.2	121.0	121.7
2007 = 100	115.6	115.6	115.8	117.2
2008 = 100	110.1	110.3	109.9	110.3
2009 = 100	111.8	111.9	112.0	111.6
2010 = 100	107.7	107.6	108.0	107.5
2011 = 100	102.2	102.2	102.3	101.9

4－4 居民消费价格指数(2007－2012 年)
Consumer Price Indices(2007－2012)

(上年＝100)(preceding year＝100)

项目	Item	2007	2008	2009	2010	2011	2012
居民消费价格指数	**General Consumer Price Index**	**104.2**	**105.0**	**98.5**	**103.8**	**105.4**	**102.2**
城市	Urban Areas	103.9	104.8	98.7	104.0	105.3	102.2
农村	Rural Areas	104.4	105.3	98.2	103.7	105.6	102.3
食品	**Food**	**111.0**	**113.9**	**100.7**	**107.3**	**112.1**	**105.3**
粮食	Grain	103.9	105.4	105.5	114.3	112.5	103.7
油脂	Oil and Fat	131.4	126.3	78.1	102.7	117.6	103.7
肉禽及其制品	Meat,Poultry and Their Production	131.2	119.2	89.5	103.8	122.9	100.9
蛋	Eggs	124.5	105.4	101.6	108.3	116.0	97.6
水产品	Aquatic Production	104.9	113.3	106.2	110.5	113.6	108.8
鲜菜	Fresh Vegetables	106.4	112.3	110.2	117.4	99.4	117.9
烟酒及用品	**Tobacco,Liquor and Articles**	**101.8**	**102.1**	**100.5**	**100.7**	**101.7**	**101.5**
衣着	**Clothing**	**99.8**	**97.9**	**98.2**	**99.3**	**102.9**	**101.3**
家庭设备用品及维修服务	**Household Facilities Articles and Maintenance Services**	**102.1**	**103.4**	**99.8**	**100.4**	**103.7**	**102.5**
医疗保健和个人用品	**Health Care and Personal Items**	**102.1**	**105.8**	**102.4**	**105.4**	**103.7**	**101.3**
交通和通信	**Transportation and Communication**	**98.8**	**95.6**	**96.0**	**100.3**	**100.7**	**99.7**
娱乐教育文化用品及服务	**Recreation, Education, Culture Items and Services**	**98.1**	**99.0**	**98.4**	**101.6**	**100.1**	**99.4**
居住	**Residence**	**105.3**	**105.0**	**92.7**	**106.0**	**105.3**	**101.6**

4-5 城乡居民消费价格分类指数
Consumer Price Indices by Urban and Rural Areas

(上年=100)(preceding year=100)

项目	Item	全省 Total		城市 Urban Areas		农村 Rural Areas	
		2011	2012	2011	2012	2011	2012
居民消费价格总指数	**General Consumer Price Index**	**105.4**	**102.2**	**105.3**	**102.2**	**105.6**	**102.3**
非食品价格指数	**Non-food Price Index**	**102.7**	**100.8**	**102.9**	**100.8**	**102.4**	**101.0**
服务项目价格指数	**Price Index of Services**	**103.2**	**101.2**	**103.4**	**101.1**	**102.9**	**101.7**
扣除鲜菜鲜果总指数	**General Price Index Excluding Fresh Vegetables and Fruits**	**105.4**	**101.8**	**105.3**	**101.8**	**105.6**	**102.0**
消费品价格指数	**Price Index of Consumer Goods**	**106.4**	**102.6**	**106.3**	**102.7**	**106.6**	**102.5**
食品	**Food**	**112.1**	**105.3**	**111.6**	**105.4**	**113.3**	**105.1**
粮食	Grain	112.5	103.7	112.2	103.7	113.2	103.6
淀粉及制品	Starches	115.9	103.6	116.1	101.9	115.2	108.0
干豆类及豆制品	Dried Bean and Related Production	112.9	102.2	114.0	101.8	110.6	103.1
油脂	Oil and Fat	117.6	103.7	117.1	103.7	118.8	103.5
肉禽及其制品	Meat, Poultry and Their Production	122.9	100.9	121.3	102.7	125.8	97.6
蛋	eggs	116.0	97.6	115.8	97.4	116.2	97.9
水产品	Aquatic Production	113.6	108.8	113.8	107.6	112.9	112.9
菜	Vegetables	100.3	115.2	100.0	115.9	101.1	113.4
调味品	Condiment	103.6	104.3	104.2	104.2	102.7	104.5
糖	Sugar	110.7	105.9	110.2	106.7	112.7	103.0
茶及饮料	Tea and Beverage	104.2	106.6	104.5	107.1	103.3	104.9
干鲜瓜果	Dried and Fresh, Melons and Fruits	117.0	103.5	117.3	104.0	116.3	102.1
糕点饼干面包	Cakes Cookies and Bread	107.4	104.0	107.6	104.4	106.9	102.7
液体乳及乳制品	Milk and Related Production	106.3	103.1	107.0	103.2	104.0	102.9
在外用膳食品	Eating Outside	108.4	104.7	108.1	103.6	109.4	108.0
其它食品	Other Foods and Foods Processing Services	107.8	105.2	107.5	104.9	108.4	105.8
烟酒及用品	**Tobacco, Liquor and Articles**	**101.7**	**101.5**	**101.9**	**101.7**	**101.2**	**101.1**
烟草	Tobacco	100.3	100.2	100.3	100.0	100.4	100.6
酒	Liquor	105.7	105.2	106.6	106.6	104.1	102.7

续表 Continued (上年 = 100)(preceding year = 100)

项目	Item	全省 Total		城市 Urban Areas		农村 Rural Areas	
		2011	2012	2011	2012	2011	2012
衣着	**Clothing**	**102.9**	**101.3**	**103.4**	**101.4**	**101.4**	**101.3**
服装	Garments	102.8	101.6	103.4	101.5	101.0	101.8
衣着材料	Clothing Material	112.6	103.1	111.8	102.9	114.3	103.4
鞋袜帽	Shoes, Socks and Hats	102.3	100.0	102.7	100.5	101.3	98.4
衣着加工服务	Processing Services for Clothing	106.6	108.4	106.2	107.1	107.1	110.4
家庭设备用品及维修服务	**Household Facilities Articles and Maintenance Services**	**103.7**	**102.5**	**104.3**	**102.4**	**101.8**	**102.8**
耐用消费品	Durable Consumer Goods	101.4	101.4	101.8	101.4	100.2	101.3
室内装饰品	Interior Decorations	100.8	100.3	100.9	100.3	100.7	100.4
床上用品	Bed Articles	103.9	100.1	104.9	99.9	100.6	100.9
家庭日用杂品	Daily Use Household Articles	103.6	101.5	104.0	101.2	102.4	102.5
家庭服务及加工维修服务	Household and Processing Maintenance Services	114.6	111.8	116.2	111.5	109.5	112.8
医疗保健和个人用品	**Health Care and Personal Goods**	**103.7**	**101.3**	**104.2**	**101.3**	**102.8**	**101.1**
医疗保健	Health Care	103.5	101.0	104.1	101.1	102.2	100.8
个人用品及服务	Personal Goods and Services	104.4	102.0	104.2	102.0	104.9	102.0
交通和通讯	**Transportation and Communication**	**100.7**	**99.7**	**100.5**	**99.7**	**101.4**	**99.8**
交通	Transportation	101.5	100.1	101.1	100.0	102.6	100.4
通信	Communication	98.7	98.6	98.8	98.7	98.3	98.4
娱乐教育文化用品及服务	**Recreation, Education, Culture Articles and Services**	**100.1**	**99.4**	**100.0**	**99.0**	**100.5**	**100.8**
文娱用耐用消费品及服务	Durable Consumer Goods for Recreational Use	93.9	93.3	93.7	93.0	94.5	94.0
教育	Education	99.8	100.6	99.6	100.2	100.4	101.6
文化娱乐类	Culture and Recreational Articles	102.4	101.6	102.5	101.3	102.2	102.2
旅游	Tourism and Going out	104.4	98.4	104.0	97.3	106.1	103.0
居住	**Residence**	**105.3**	**101.6**	**105.4**	**101.8**	**105.0**	**101.2**
建房及装修材料	Building and Decoration Materials	104.7	101.3	104.7	101.2	104.7	101.4
住房租金	Rent Houses	106.7	102.5	106.2	102.7	108.2	101.8
自有住房	Personal Housing	106.3	101.8	106.5	102.1	105.5	100.6
水、电、燃料	Water, Electricity and Fuels	103.3	101.3	103.0	101.1	104.1	101.9

4-6 城乡商品零售价格分类指数
General Retail Price Indices of Commodities by Urban and Rural Areas

(上年=100)(preceding year=100)

项目	Item	全省 Total		城市 Urban Areas		农村 Rural Areas	
		2011	2012	2011	2012	2011	2012
商品零售价格指数	**General Retail Price Indices**	**105.5**	**101.9**	**105.4**	**101.9**	**105.8**	**101.8**
食品类	**Food**	**112.4**	**105.3**	**112.0**	**105.5**	**113.5**	**104.9**
粮食	Grain	112.5	103.6	112.4	103.6	112.8	103.5
油脂	Oil and Fat	117.5	103.8	116.8	104.0	119.3	103.2
肉禽及其制品	Meat,Poultry and Their Production	122.9	101.1	121.6	103.0	125.5	97.7
蛋	eggs	115.8	97.5	115.8	97.2	115.9	98.5
水产品	Aquatic Production	113.6	109.3	113.9	108.2	112.7	113.4
饮料、烟酒类	**Beverages,Tobacco and Liquor**	**102.7**	**102.8**	**103.0**	**103.1**	**101.9**	**101.9**
茶及饮料	Tea and Beverages	103.8	106.5	103.9	107.2	103.6	104.7
烟草	Tobacco	100.4	100.2	100.4	100.0	100.4	100.6
酒	Liquor	106.6	105.7	107.4	106.7	104.3	103.1
服装、鞋帽类	**Garments,Shoes and Hats**	**102.0**	**101.1**	**102.5**	**101.3**	**100.5**	**100.5**
服装	Garments	102.0	101.5	102.6	101.5	100.1	101.4
鞋袜帽	Shoes,Stockings and Hats	102.0	99.9	102.3	100.5	101.3	98.4
其它	Other	100.9	102.7	98.5	104.5	107.1	98.3
纺织品类	**Textiles**	**106.8**	**101.4**	**107.3**	**101.5**	**105.7**	**101.3**
衣着材料	Material for Clothing	113.9	103.8	113.1	103.7	115.6	103.9
床上用品	Bed Articles	103.1	100.1	104.3	100.3	100.4	99.6
家用电器及音像器材	**Household Appliances and Audiovisual Equipment**	**98.2**	**98.5**	**98.2**	**98.6**	**98.1**	**98.3**
家庭设备	Household Facilities	100.5	101.1	100.9	101.5	99.6	100.3
文娱用耐用消费品	Durable Consumer Goods for Recreation Use	93.3	92.1	93.0	91.8	94.2	93.2
专业音像器材	Professional Audio-visual Equipment	97.9	99.7	97.5	100.1	99.4	98.7
文化办公用品	**Culture and Official Articles**	**97.9**	**97.3**	**97.8**	**97.0**	**98.6**	**98.5**
日用品类	**Articles for Daily Use**	**102.5**	**101.7**	**102.8**	**102.0**	**101.6**	**100.9**
日用百货	General Merchandise	102.5	101.6	102.9	102.1	101.8	100.6

续表 Continued (上年=100)(preceding year=100)

项目	Item	全省 Total		城市 Urban Areas		农村 Rural Areas	
		2011	2012	2011	2012	2011	2012
日用杂品	Sundries for Daily Use	102.8	101.2	103.1	100.9	101.9	102.0
洗涤用品	Washing Goods	103.4	103.0	103.9	103.5	101.8	101.6
其它日用品	Others for Daily Use	101.3	100.9	101.4	101.2	100.6	99.8
体育娱乐用品	**Sports and Recreation**	**99.5**	**99.5**	**99.2**	**99.2**	**100.6**	**100.7**
体育用品	Sports Goods	100.9	100.8	101.0	101.0	100.7	100.1
娱乐用品	Recreation Goods	98.9	98.9	98.5	98.3	100.5	101.0
交通、通信用品	**Transportation and Communication Articles**	**96.7**	**97.0**	**96.5**	**97.0**	**97.4**	**97.1**
交通运输机械	Transportation Mechanism	97.9	98.2	97.6	98.2	98.8	98.4
通讯器材类	Communication Appliance	90.5	89.8	90.2	89.4	91.2	90.8
家具	**Furniture**	**103.2**	**101.8**	**103.6**	**101.6**	**101.7**	**102.6**
化妆品类	**Cosmetics**	**101.3**	**102.5**	**101.4**	**102.7**	**101.1**	**101.8**
金银珠宝类	**Jewelry**	**114.3**	**100.6**	**113.5**	**99.8**	**116.6**	**103.1**
中西药品及医疗保健用品类	**Traditional Chinese - Westen Medicines and Medical Health Articles**	**106.1**	**100.7**	**106.8**	**100.9**	**104.6**	**100.3**
医疗器具及用品	Medical Appliances and Articles	100.3	100.3	100.6	100.2	99.4	100.6
中药材及中成药	Traditional Chinese Medicine	116.5	104.0	118.3	103.4	112.9	105.2
西药	Westen Medicines	98.0	96.4	97.4	97.3	99.4	94.5
保健器具及用品	Health Care Appliances and Articles	113.0	105.7	115.4	104.9	106.2	108.1
书报杂志及电子出版物类	**Newspaper, Magazines and Electronic Publication**	**103.4**	**101.0**	**103.4**	**101.3**	**103.5**	**100.6**
教材及参考书	Teaching Materials and Reference Books	101.2	101.8	101.6	102.4	100.4	100.7
书报杂志	Newspaper and Magazines	106.7	100.9	106.5	100.9	107.0	100.8
电子音像制品	Electronic Publication	99.8	99.9	99.8	100.0	99.9	99.8
燃料类	**Fuels**	**111.9**	**103.3**	**111.8**	**103.1**	**112.2**	**103.9**
煤炭及制品类	Coal and Its Production	107.6	101.4	107.8	100.6	107.2	102.7
石油及制品类	Petroleum and Its Production	112.6	103.6	112.3	103.4	113.3	104.1
建筑材料及五金电料类	**Building Materials and Hardware and Electric Materials**	**105.2**	**100.3**	**105.2**	**100.2**	**105.2**	**100.3**
建筑装璜材料	Building Decoration Materials	106.2	99.6	106.2	99.6	106.0	99.5
五金电料类	Hardware and Electric Materials	103.3	101.7	103.0	101.6	103.8	101.8

4－7 农业生产资料价格分类指数(2004－2012年)
Price Indices of Agricultural Means of Production by Category(2004－2012)

(上年＝100)(preceding year＝100)

项目	Item	2004	2005	2006	2007	2008	2009	2010	2011	2012
农业生产资料价格指数	Price Indices of Agricultural Means of Production	113.2	105.8	99.6	107.3	118.9	95.9	102.9	110.8	104.2
农用手工工具	Agricultural hand tools	103.4	104.3	105.2	110.9	110.4	104.5	101.9	106.3	103.1
饲料	Forage	120.1	102.7	98.1	108.8	113.4	97.8	108.7	107.5	107.6
产品畜	Livestock Production	134.7	105.1	83.9	143.2	114.3	79.1	93.0	160.4	89.5
半机械化农具	Semi－mechanized Farm Tools	100.3	102.2	100.3	100.5	111.3	100.4	101.5	104.6	104.1
机械化农具	Mechanized Farm Tools	103.3	103.3	103.5	102.6	114.2	98.8	100.9	104.1	101.3
化学肥料	Chemical Fertilizer	115.4	110.0	99.0	102.9	138.4	93.2	101.3	113.4	103.5
农药及农药器械	Pesticide and Its Appliances	104.1	103.7	99.8	100.8	105.9	98.4	98.9	100.8	100.4
化学农药	Chemical Pesticide	104.2	103.8	99.7	100.9	106.4	98.4	98.9	100.9	100.3
农药器械	Pesticide Appliances	103.4	102.5	100.8	99.5	100.7	99.1	99.3	100.3	101.5
农用机油	Oil for Farm Machinery	105.5	107.7	111.7	104.3	111.8	92.0	108.1	109.4	103.2
其它农业生产资料	Others	101.9	105.3	102.6	103.7	102.5	99.8	103.5	106.1	101.5
农业生产服务	Agricultural Production Service			104.0	109.6	107.0	102.1	101.0	105.1	111.0

4－8 各市、县居民消费价格指数(2012 年)
Residential Consumer Price Indices by City and County(2012)

(上年＝100)(preceding year＝100)

市(县)名称	City(County)	居民消费价格指数 Consumer Price Index	食品类 Food	粮食 Grain	肉禽及其制品 Meat and Poultry	蛋类 Eggs	水产品 Aquatic Production	鲜菜 Fresh Vegetables
杭州市	Hangzhou	102.5	105.7	104.1	103.0	98.7	104.5	119.0
宁波市	Ningbo	101.7	105.2	103.2	102.5	97.9	109.7	115.4
温州市	Wenzhou	102.3	105.4	105.0	103.4	96.5	108.4	119.0
嘉兴市	Jiaxing	102.2	104.9	102.3	103.8	98.2	110.6	115.1
湖州市	Huzhou	102.0	105.2	104.5	102.9	99.5	110.8	115.7
绍兴市	Shaoxing	102.0	103.3	103.6	100.7	95.3	106.0	110.6
金华市	Jinhua	102.2	104.5	103.6	101.0	94.4	102.7	130.4
衢州市	Quzhou	102.4	105.0	104.1	97.9	97.2	109.1	114.9
舟山市	Zhoushan	101.7	106.9	102.1	106.5	98.5	110.3	119.9
台州市	Taizhou	102.0	105.6	102.4	99.8	94.1	108.9	119.9
丽水市	Lishui	102.5	105.8	106.1	98.8	94.0	108.2	122.7
萧山区	Xiaoshan	102.2	104.5	102.8	99.2	97.6	105.2	113.2
建德市	Jiande	102.1	106.2	103.8	98.5	101.8	117.5	122.9
海宁市	Haining	101.8	105.9	103.7	99.8	103.5	110.8	117.9
安吉县	Anji	102.3	105.7	101.5	94.6	96.7	111.1	119.9
新昌县	Xinchang	101.8	105.8	103.0	96.2	95.4	119.0	135.0
浦江县	Pujiang	103.1	103.8	106.4	99.1	105.5	111.3	104.5
兰溪市	Lanxi	102.3	104.9	104.9	98.4	96.4	110.3	125.0
江山市	Jiangshan	102.6	104.4	103.2	97.8	96.6	115.6	115.5
临海市	Linhai	102.8	105.9	104.6	97.7	95.5	115.9	112.5
龙泉市	Longquan	102.0	103.4	104.8	99.3	96.3	106.4	114.2

续表 Continued (上年 = 100)(preceding year = 100)

市(县)名称	City(County)	烟酒及用品类 Tobacco, Liquor and Articles	衣着类 Clothing	家庭设备用品及维修服务类 Household Appliances and Articles	医疗保健和个人用品类 Health Care Services	交通和通信工具类 Means of Transpor-tation and Communication	娱乐教育文化及服务类 Recreation, Education and Culture	居住类 Residence
杭州市	Hangzhou	101.3	100.9	101.7	101.7	99.9	100.6	101.9
宁波市	Ningbo	102.4	101.7	103.3	101.1	99.6	95.0	102.1
温州市	Wenzhou	101.7	100.5	102.9	101.5	100.4	99.5	101.5
嘉兴市	Jiaxing	101.2	101.1	104.3	99.6	100.5	101.4	100.6
湖州市	Huzhou	101.8	100.0	102.1	102.1	99.0	99.4	102.1
绍兴市	Shaoxing	103.8	100.8	101.9	100.5	99.9	98.3	104.6
金华市	Jinhua	101.9	101.5	104.3	102.0	99.5	100.7	101.6
衢州市	Quzhou	101.8	103.7	103.3	101.3	100.2	99.2	101.9
舟山市	Zhoushan	100.1	101.6	102.4	98.7	98.2	98.5	99.0
台州市	Taizhou	101.8	104.4	101.5	100.9	97.4	99.0	101.1
丽水市	Lishui	100.5	102.3	102.2	102.0	100.4	101.6	100.2
萧山区	Xiaoshan	101.6	99.4	102.5	101.0	100.8	101.9	101.5
建德市	Jiande	100.6	101.6	101.7	97.9	97.5	101.5	101.5
海宁市	Haining	101.7	100.2	100.1	100.1	97.8	101.3	99.9
安吉县	Anji	100.7	101.3	102.4	103.5	99.3	101.2	99.4
新昌县	Xinchang	100.6	101.4	99.4	96.4	99.9	99.6	101.4
浦江县	Pujiang	100.4	118.4	101.0	101.6	100.3	100.5	102.0
兰溪市	Lanxi	98.8	104.0	103.9	102.8	99.1	98.5	101.9
江山市	Jiangshan	100.1	100.8	102.8	102.0	100.9	100.5	103.4
临海市	Linhai	102.4	103.1	104.1	103.3	99.9	99.8	100.8
龙泉市	Longquan	100.6	101.8	103.5	102.2	99.4	100.0	102.3

4-9 各市、县商品零售价格指数和农业生产资料零售价格指数(2012年)
General Retail Price Indices of Commodities and Agricultural Means of Production by City and County(2012)

(上年=100)(preceding year=100)

市(县)名称	City(County)	商品零售价格指数 General Retail Price Index of Commodities	食品类 Food	饮料、烟酒类 Beverages, Tobacco and Liquor	服装、鞋帽类 Garments, Shoes and Hats	纺织品类 Textiles	家用电器及音响器材类 Household Appliances and Audio Eqiupment
杭州市	Hangzhou	101.9	105.6	102.6	100.7	101.2	98.5
宁波市	Ningbo	101.8	105.2	103.7	101.8	94.8	99.1
温州市	Wenzhou	101.8	105.8	102.1	99.7	103.6	96.8
嘉兴市	Jiaxing	101.7	104.9	101.3	101.1	102.2	98.3
湖州市	Huzhou	101.8	105.1	102.7	99.9	103.6	99.2
绍兴市	Shaoxing	101.4	103.1	105.2	100.9	98.9	98.4
金华市	Jinhua	101.5	104.4	102.7	101.4	101.9	99.5
衢州市	Quzhou	102.1	105.0	102.5	103.4	101.7	97.0
舟山市	Zhoushan	101.7	106.9	100.7	101.6	104.6	100.5
台州市	Taizhou	102.1	105.6	103.9	104.5	112.0	97.3
丽水市	Lishui	102.5	105.9	101.0	102.2	101.1	102.1
萧山区	Xiaoshan	101.9	104.6	102.4	99.3	100.8	97.7
建德市	Jiande	100.9	105.9	101.4	101.1	102.0	98.4
海宁市	Haining	101.1	105.7	102.4	99.5	99.0	96.1
安吉县	Anji	102.8	105.5	102.7	101.9	105.6	100.7
新昌县	Xinchang	101.0	105.4	100.9	101.4	101.0	97.4
浦江县	Pujiang	102.4	105.1	99.8	103.4	100.5	102.0
兰溪市	Lanxi	102.1	104.8	99.2	102.8	99.6	100.5
江山市	Jiangshan	101.8	104.3	100.5	100.5	101.4	99.1
临海市	Linhai	103.0	106.0	103.1	102.0	105.5	99.2
龙泉市	Longquan	101.9	103.5	101.3	101.8	100.4	99.1

续表 1 Continued (上年 = 100)(preceding year = 100)

市(县)名称	City(County)	文化办公用品类 Culture and Official Articles	日用品类 Articles for Daily Use	体育娱乐用品类 Sports and Recreation	交通通讯用品类 Transportation and Communication Articles	家具类 Furniture	化妆品类 Cosmetics
杭州市	Hangzhou	98.9	100.6	99.9	97.4	101.6	102.7
宁波市	Ningbo	99.3	102.4	99.4	96.9	101.6	105.4
温州市	Wenzhou	91.5	103.2	96.3	97.8	100.6	103.1
嘉兴市	Jiaxing	99.4	102.7	99.8	98.4	105.8	101.0
湖州市	Huzhou	97.6	101.4	100.5	97.6	100.6	101.2
绍兴市	Shaoxing	97.2	103.4	101.5	98.8	101.3	102.7
金华市	Jinhua	93.7	100.2	100.7	96.6	98.9	102.8
衢州市	Quzhou	97.9	103.9	103.5	99.2	101.5	101.0
舟山市	Zhoushan	96.1	101.8	99.7	95.9	100.0	99.3
台州市	Taizhou	95.7	102.9	98.4	92.8	103.3	103.7
丽水市	Lishui	100.1	100.6	100.8	99.4	103.2	103.9
萧山区	Xiaoshan	98.8	101.3	100.3	99.6	105.7	101.5
建德市	Jiande	98.6	100.7	101.6	91.5	102.6	102.1
海宁市	Haining	99.0	100.0	102.1	94.3	100.1	105.6
安吉县	Anji	96.2	102.2	101.0	95.4	99.6	100.5
新昌县	Xinchang	97.3	100.7	100.6	96.6	101.3	100.0
浦江县	Pujiang	99.3	101.2	100.2	99.7	100.1	100.3
兰溪市	Lanxi	99.2	99.9	99.1	93.2	104.0	99.3
江山市	Jiangshan	100.3	101.0	101.3	99.2	102.6	100.1
临海市	Linhai	99.3	100.4	99.9	98.2	101.2	102.3
龙泉市	Longquan	99.0	100.8	100.3	97.2	101.7	100.1

续表 2 Continued (上年=100)(preceding year=100)

市(县)名称	City(County)	金银珠宝类 Jewelry	中西药品及医疗保健用品类 Traditional Chinese Westen Medicines and Medicines and Health Care	书报杂志及电子出版物类 Newspaper, Magazines and Electronic Publication	燃料类 Fuels	建筑材料及五金电料类 Building Materials and Hardware and Electric Item	农业生产资料零售价格指数 Retail Price Indices of Agricultural Means of Production
杭州市	Hangzhou	101.8	101.2	100.3	103.4	99.8	
宁波市	Ningbo	95.6	100.1	101.3	102.6	100.3	
温州市	Wenzhou	103.7	101.2	101.5	102.7	100.6	
嘉兴市	Jiaxing	103.6	98.1	100.8	103.4	98.1	
湖州市	Huzhou	96.8	103.1	100.4	103.8	98.5	
绍兴市	Shaoxing	99.7	97.8	104.8	103.4	100.7	
金华市	Jinhua	103.4	101.9	100.2	103.8	98.2	
衢州市	Quzhou	97.0	101.3	100.0	102.4	99.2	
舟山市	Zhoushan	96.9	97.5	101.4	102.8	99.1	
台州市	Taizhou	102.6	100.4	100.6	103.5	102.7	
丽水市	Lishui	99.0	101.5	104.8	102.0	99.7	
萧山区	Xiaoshan	102.9	101.8	101.2	103.2	100.2	106.1
建德市	Jiande	98.8	94.3	100.3	103.4	100.5	106.2
海宁市	Haining	103.1	96.6	100.3	104.3	99.9	102.3
安吉县	Anji	103.9	104.7	100.3	104.4	102.4	105.0
新昌县	Xinchang	100.5	93.7	100.0	104.1	99.5	102.3
浦江县	Pujiang	102.0	100.7	100.1	102.5	101.8	101.1
兰溪市	Lanxi	107.9	104.2	100.3	104.6	103.2	103.1
江山市	Jiangshan	99.4	103.8	100.3	101.2	99.7	102.8
临海市	Linhai	101.6	104.0	100.4	105.1	100.0	105.5
龙泉市	Longquan	101.8	104.3	101.7	104.0	100.5	103.4

4－10 分月各种价格指数(2012 年)
Price Indices by Month(2012)

(上年同期＝100)(preceding period＝100)

项目	Item	1月	2月	3月	4月	5月	6月
居民消费价格指数	**Consumer Price Index**	**104.6**	**102.7**	**103.4**	**102.9**	**102.6**	**101.3**
城市	Urban Areas	104.7	102.7	103.3	102.7	102.5	101.2
农村	Rural Areas	104.5	102.9	103.8	103.4	102.8	101.4
#服务项目价格指数	**Services Price Index**	**102.2**	**100.1**	**100.3**	**100.5**	**100.8**	**101.0**
城市	Urban Areas	102.3	99.9	100.2	100.2	100.6	100.9
农村	Rural Areas	101.8	100.6	100.9	101.3	101.2	101.4
商品零售价格指数	**Retail Price Index of Commodities**	**104.4**	**103.3**	**104.1**	**103.3**	**102.4**	**100.8**
城市	Urban Areas	104.4	103.3	104.0	103.2	102.4	100.9
农村	Rural Areas	104.5	103.4	104.3	103.5	102.4	100.7
农业生产资料零售价格指数	**Price Index of Agricultural Means of Production**	**108.2**	**107.7**	**106.9**	**106.4**	**105.1**	**103.4**

续表 Continued

(上年同期＝100)(preceding period＝100)

项目	Item	7月	8月	9月	10月	11月	12月
居民消费价格指数	**Consumer Price Index**	**101.2**	**101.5**	**101.4**	**101.2**	**101.6**	**101.9**
城市	Urban Areas	101.2	101.6	101.5	101.3	101.5	101.8
农村	Rural Areas	101.2	101.4	101.2	101.0	101.6	101.9
#服务项目价格指数	**Services Price Index**	**101.5**	**101.0**	**101.7**	**101.8**	**101.9**	**102.2**
城市	Urban Areas	101.3	100.8	101.6	101.7	101.7	102.1
农村	Rural Areas	101.9	101.7	101.9	102.1	102.5	102.5
商品零售价格指数	**Retail Price Index of Commodities**	**100.4**	**100.8**	**100.6**	**100.6**	**100.9**	**101.0**
城市	Urban Areas	100.5	101.0	100.7	100.7	101.0	100.9
农村	Rural Areas	100.1	100.4	100.3	100.4	100.8	101.0
农业生产资料零售价格指数	**Price Index of Agricultural Means of Production**	**101.9**	**101.5**	**101.4**	**102.1**	**103.1**	**104.1**

4-11 固定资产投资价格指数(2004-2012年) Price Indices of Investment in Fixed Assets(2004-2012)

(上年=100)(preceding year=100)

项目	Item	2004	2005	2006	2007	2008	2009	2010	2011	2012
固定资产投资价格指数	**Price Index of Investment in Fixed Assets**	**105.9**	**100.3**	**101.5**	**104.3**	**109.3**	**96.7**	**104.7**	**107.5**	**99.2**
建筑安装工程	**Construction and Installation**	**108.7**	**99.3**	**100.3**	**105.6**	**113.7**	**94.6**	**106.7**	**111.4**	**98.6**
#人工费	Labor	104.2	104.8	104.6	107.9	115.5	107.7	109.2	115.5	110.9
机械使用费	Machinery Usage Expense	101.6	100.9	101.5	102.6	104.6	101.9	102.7	105.3	103.2
材料费	Materials	112.1	97.6	99.2	105.5	114.5	90.8	106.7	111.3	95.0
钢材	Steel Production	120.9	99.0	95.8	108.5	123.2	82.6	107.1	111.1	90.7
木材	Timber	102.1	101.6	103.5	104.1	109.3	100.9	103.8	107.9	103.2
水泥	Cement	110.3	86.6	98.3	104.5	108.4	96.1	109.6	115.2	91.9
地方材料	Local Materials	105.4	97.5	101.7	102.5	107.4	101.3	106.3	111.5	101.2
化工材料	Chemical Materials	104.7	105.1	109.1	105.1	109.8	99.0	105.3	107.6	102.6
电料	Electrical Material	104.7	104.8	115.7	106.3	104.7	96.1	106.5	108.1	100.2
其他材料	Others	101.7	100.9	101.7	102.5	104.1	100.3	103.0	105.2	101.5
设备、工器具购置	**Purchase of Equipment,Tools and Instruments**	**102.1**	**100.3**	**101.7**	**100.5**	**101.2**	**96.2**	**101.3**	**101.6**	**98.5**
金属制品业	Metal Production	107.1	103.8							
机械工业	Machanical Industry	103.8	101.7							
交通运输设备	Transportation Equipment	99.6	100.2							
电气机械及器材	Electric Equipment and Machinery	104.5	102.7							
电子及通信设备制造业	Electronic and Telecommunication Equipment production	95.1	92.8							
仪器仪表及其他计量器	Instruments,Meters and Others	101.4	100.1							
其他费用投资	**Others**	**103.4**	**103.1**	**104.5**	**105.2**	**106.6**	**102.5**	**102.6**	**103.1**	**101.5**

4-12 工业生产者出厂价格指数(2005-2012年)
Producer Prices Indices for Manufactured Goods(2005-2012)

(上年=100)(preceding year=100)

项目	Item	2005	2006	2007	2008	2009	2010	2011	2012
全 省	**General Index**	**102.3**	**103.8**	**102.4**	**104.3**	**94.9**	**106.2**	**105.0**	**97.3**
轻工业	**Light Industry**	**101.6**	**101.9**	**102.0**	**103.6**	**96.4**	**104.8**	**105.1**	**98.1**
以农产品为原料	Using Farm Production as Raw Materials	101.2	101.4	101.5	103.1	97.9	104.8	105.5	99.5
以非农产品为原料	Using Non-farm Production as Raw Materials	101.9	102.5	102.5	104.0	95.1	104.9	104.6	96.0
重工业	**Heavy Industry**	**103.0**	**106.6**	**102.9**	**105.3**	**92.6**	**108.2**	**104.9**	**96.7**
采掘	Mining and Quarrying Industry	116.7	105.1	105.8	110.1	94.6	116.5	115.3	99.5
原料	Raw Material Industry	105.7	106.6	103.0	107.4	93.5	110.2	106.9	97.8
加工	Manufacturing Industry	101.6	106.7	102.8	104.0	92.1	106.9	104.0	96.3
生产资料	**Means of Production**	**102.8**	**104.9**	**102.7**	**104.8**	**93.4**	**107.9**	**105.5**	**96.3**
采掘	Mining and Quarrying Industry	116.7	105.1	105.8	110.1	94.6	116.5	115.3	99.5
原料	Raw Material Industry	107.2	106.4	103.0	105.0	92.6	112.2	108.3	95.8
加工	Manufacturing Industry	101.1	104.4	102.5	104.7	93.7	106.3	104.5	96.4
生活资料	**Means of Living**	**101.1**	**101.1**	**101.7**	**102.8**	**98.6**	**101.7**	**103.5**	**100.0**
食品	Food	99.8	101.0	104.9	105.8	99.6	103.4	105.6	100.9
衣着	Clothing	101.3	100.9	100.5	101.4	99.2	101.6	104.6	101.1
一般日用品	Articles for Daily Use	101.6	101.5	101.4	103.2	97.3	101.8	102.6	98.9
耐用消费品	Durable Consumer Goods	101.7	100.9	101.7	102.0	98.9	100.2	101.2	99.6
分部门	**by Sector**								
冶金工业	Metallurgical Industry	106.2	114.9	108.1	106.3	85.9	115.0	107.2	92.5
电力工业	Power Industry	104.6	102.0	100.6	100.9	101.5	102.0	102.9	103.3
煤炭及炼焦工业	Coal Industry	121.4	103.5	105.1	107.7	99.3	107.2	108.2	102.0
石油工业	Petroleum Industry	122.0	117.0	102.1	123.8	88.8	119.7	115.0	102.1
化学工业	Chemical Industry	104.9	102.6	103.1	104.3	89.9	110.2	107.5	93.6
机械工业	Machinery Industry	99.7	102.8	101.2	103.2	95.6	102.5	101.8	97.6
建筑材料工业	Building Materials Industry	89.9	102.8	104.7	109.6	97.2	108.6	111.7	94.0
森林工业	Forestry Industry	103.4	103.5	102.1	102.2	99.3	102.8	102.7	101.1
食品工业	Food Industry	99.6	100.6	105.4	106.4	99.3	104.0	106.0	101.3
纺织工业	Textile Industry	102.0	102.7	100.5	101.9	97.0	108.5	106.9	97.6
缝纫工业	Tailoring Industry	100.9	100.9	100.5	101.7	99.3	101.7	105.0	100.8
皮革工业	Leather Industry	102.3	100.5	101.4	102.3	98.2	101.4	103.8	102.7
造纸工业	Paper Industry	100.8	99.9	101.8	108.4	93.3	105.4	102.4	96.6
文教艺术品工业	Cultural, Educational & Handicrafts Articles Industry	101.3	100.3	101.2	102.1	98.4	100.4	102.2	100.0
其他工业	Others	102.2	103.8	103.8	103.6	97.9	102.7	103.3	100.2

4-13 按行业分的工业生产者出厂价格指数(2008-2012年) Producer Prices Indices for Manufactured Goods by Sector(2008-2012)

(上年=100)(preceding year = 100)

项目	Item	2008	2009	2010	2011	2012
全　省	**General Index**	**104.3**	**94.9**	**106.2**	**105.0**	**97.3**
煤炭开采和洗选业	Coal Mining and Dressing	106.0	99.6	109.5	107.4	101.7
黑色金属矿采选业	Ferrous Metals Mining and Dressing	145.1	58.1	158.4	126.5	80.7
有色金属矿采选业	Nonferrous Metals Mining and Dressing	87.6	75.7	124.3	116.6	94.6
非金属矿采选业	Nonmetal Minerals Mining and Dressing	106.1	102.3	105.4	113.5	104.4
其他采矿业	Other Minerals Mining and Dressing					
农副食品加工业	Non-staple Food Processing	110.3	97.1	106.8	109.3	100.6
食品制造业	Food Manufacturing	106.7	100.5	104.2	107.7	104.2
饮料制造业	Beverage Manufacturing	102.2	99.0	101.6	102.6	100.2
烟草制品业	Tobacco Processing	100.0	102.6	102.3	100.0	101.5
纺织业	Textile Industry	101.8	97.5	107.2	106.9	98.5
纺织服装、鞋帽制造业	Garments,Shoes and Hats Manufacturing	102.0	99.6	100.6	103.3	100.2
皮革、毛皮、羽毛(绒)及其制品业	Leather,Furs,Down and Related Production	101.8	97.9	102.5	104.3	102.8
木材加工及木、竹、藤、棕、草制品业	Timber Processing,Bamboo,Cane Palm Fiber and Straw Production	103.3	98.8	103.5	103.2	101.6
家具制造业	Furniture Manufacturing	101.1	100.2	100.7	101.5	100.0
造纸及纸制品业	Papermaking and Paper Production	108.4	93.3	105.4	102.4	96.6
印刷业和记录媒介的复制	Printing and Record Medium Reproduction	101.9	98.3	100.4	101.7	99.7
文教体育用品制造业	Cultural,Educational and Sports Goods	102.5	98.9	100.5	102.8	100.1
石油加工、炼焦及核燃料加工业	Petroleum Processing,Cooking and Nuclear Fuel Processing	124.4	88.8	120.5	116.0	102.1
化学原料及化学制品制造业	Raw Chemical Materials and Chemical Production	112.9	86.6	109.9	106.9	92.6
医药制造业	Medical and Pharmaceutical Production	103.7	98.2	102.9	100.8	96.9
化学纤维制造业	Chemical Fiber	95.5	86.8	121.3	112.7	86.9
橡胶制品业	Rubber Production	103.1	97.1	104.8	107.7	98.8
塑料制品业	Plastic Production	103.6	92.6	103.7	106.5	98.6
非金属矿物制品业	Nonmetal Mineral Production	110.1	96.9	108.2	110.8	93.6
黑色金属冶炼及压延加工业	Smelting and Pressing of Ferrous Metals	122.3	80.8	108.5	108.6	90.3
有色金属冶炼及压延加工业	Smelting and Pressing of Nonferrous Metals	89.2	80.3	130.9	109.1	91.4
金属制品业	Metal Production	106.4	95.0	103.7	103.0	97.2
通用设备制造业	Common Machinery Production	108.6	96.9	102.0	102.5	98.5
专用设备制造业	For Special Purpose Equipment Manufacturing	104.1	99.0	100.6	101.0	99.7
交通运输设备制造业	Transportation Equipment	102.2	98.0	100.2	101.0	98.4
电气机械及器材制造业	Electric Equipment and Machinery	102.5	93.0	106.4	103.3	96.4
通信设备、计算机及其他电子设备制造业	Telecommunications Equipment,Computer and Other Electronic Equipment Manufacturing	96.7	92.9	99.9	99.4	96.1
仪器仪表及文化办公用机械制造业	Instruments,Meters,Cultural and Office Machinery	102.6	96.3	102.3	100.0	97.0
工艺品及其他制造业	Handicraft Article and Other Manufacturing Indust	102.1	97.8	102.2	103.6	100.4
废弃资源和废旧材料回收加工工业	Recovery of Resource Discarded and Useless Material	110.4	82.0	120.6	115.8	81.1
电力、热力的生产和供应业	Production and Supply of Electricity and Heating Power	101.0	101.6	102.1	102.9	103.3
燃气生产和供应业	Production and Supply of Gas	107.5	91.2	113.5	106.3	101.9
水的生产和供应业	Production and Supply of Water	110.2	101.7	103.2	105.3	100.1

4-14 工业生产者购进价格分类指数(2004-2012年)
Producer Purchasing Price Indices by Category(2004-2012)

(上年=100)(preceding year=100)

项目	Item	2004	2005	2006	2007	2008	2009	2010	2011	2012
总指数	**General Purchasing Price Index**	**113.4**	**105.4**	**105.6**	**105.3**	**110.6**	**92.6**	**112.0**	**108.3**	**96.7**
燃料动力类	Fuels and Motive Power	114.5	115.5	109.8	103.9	120.5	91.7	113.9	107.6	99.5
黑色金属材料类	Ferrous Metal Material	123.5	104.9	94.3	108.7	119.8	84.7	108.7	107.1	94.1
有色金属材料和电线类	Nofferrous Metal Materials and Electric Wire	126.4	113.4	137.2	112.9	94.1	83.4	125.2	111.7	92.6
化工原料类	Chemical Raw Materials	111.7	107.7	101.5	106.0	107.8	88.2	113.2	111.1	95.4
木材及纸浆类	Logging and Paper Pulp	102.5	102.3	102.6	102.9	106.2	96.4	106.7	103.8	96.9
建筑材料类及非金属矿类	Building Materials and Nonmetal Minerals	111.6	93.7	99.9	104.4	110.1	94.8	103.9	109.2	98.2
其他工业原材料及半成品类	Other Industrial Raw Materials	109.8	101.8	105.0	106.8	107.0	96.6	110.1	106.5	97.2
农副产品类	Farm Production	114.4	97.8	104.0	104.3	105.0	95.8	110.5	110.1	98.5
纺织原料类	Textile Raw Materials	104.6	102.7	103.0	101.9	101.9	97.8	110.5	109.7	97.1

浙/江/统/计/年/鉴

主要统计指标解释

■ 居民消费价格指数

是反映一定时期内城乡居民所购买的生活消费品价格和服务项目价格变动趋势和程度的相对数。是综合了城市居民消费价格指数和农民消费价格指数计算取得。利用居民消费价格指数，可以观察和分析消费品的零售价格和服务价格变动对城乡居民实际生活支出的影响程度。

■ 城市居民消费价格指数

是反映城市职工及其家庭所购买的生活消费品和服务项目价格变动趋势和程度的相对数。编制城市居民消费价格指数，可以观察和分析消费品的零售价格和服务项目价格变动对职工货币工资的影响，作为研究职工生活和确定工资政策的依据。

■ 农村居民消费价格指数

是反映农村居民家庭所购买的生活消费品的价格和服务项目价格变动趋势和程度的相对数。用它可以观察农村消费品的零售价格和服务项目价格变动对农村居民生活消费支出的影响，直接反映农民生活水平的实际变化情况，为分析和研究农村居民生活问题提供依据。

■ 农村工业品零售价格指数

是反映农村市场工业品零售价格水平变动趋势和程度的相对数。通过农村工业品零售价格指数，可以观察工业品零售价格变动对农民货币支出的影响。

■ 工业品出厂价格指数

是反映全部工业产品出厂价格总水平的变动趋势和程度的相对数。其中除包括工业企业售给商业、外贸、物资部门的产品外，还包括售给工业和其他部门的生产资料以及直接售给居民的生活消费品。通过工业生产价格指数能观察出厂价格变动对工业总产值的影响。

■ 固定资产投资价格指数

是反映固定资产投资额价格变动趋势和程度的相对数。固定资产投资额是由建筑安装工程投资完成额、设备、工器具购置投资完成额和其他费用投资完成额三部分组成的。编制固定资产投资价格指数应首先分别编制上述三部分投资的价格指数，然后采用加权算术平均法求出固定资产投资价格总指数。

编制固定资产投资价格指数可以准确地反映固定资产投资中涉及的各类商品和取费项目价格变动趋势和变动幅度，消除按现价计算的固定资产投资指标中的价格变动因素，真实地反映固定资产投资的规模、速度、结构和效益，为国家科学地制定，检查固定资产投资计划并提高宏观调控水平，为完善国民经济核算体系提供科学的、可靠的依据。

■ 商品零售价格指数

是反映城乡商品零售价格变动趋势的一种经济指数。零售物价的调整变动直接影响到城乡居民的生活支出和国家的财政收入，影响居民购买力和市场供需平衡，影响消费与积累的比例。因此，计算零售价格指数，可以从一个侧面对上述经济活动进行观察和分析。

■ 原材料、燃料和动力购进价格指数

是反映工业企业作为生产投入，而从物资交易市场和能源、原材料生产企业购买原材料、燃料和动力产品时，所支付的价格水平变动趋势和程度的统计指标，是扣除工业企业物质消耗成本中的价格变动影响的重要依据。

目前，我国编制的原材料、燃料和动力购进价格指数所调查的产品，包括燃料动力、黑色金属、有色金属、化工、建材等九大类的近1800种产品。

■ 房地产价格指数

是反映一定时期内房地产价格变动趋势和程度的相对数，包括房屋销售价格指数、房屋租赁价格指数、土地交易价格指数和物业管理价格指数。这四套指数的计算方法相似，均采用由下到上逐级汇总的方法。

ZHEJIANG STATISTICAL YEARBOOK

Explanatory Notes on Main Statistical Indicators

□ Consumer Price Index

reflects the relative change in prices of consumer goods and services purchased by urban and rural residents, and is a composite index derived from the urban consumer price index and the rural consumer price index. Consumer price index can be used to analyze the impact of consumer price change on actual expenditure for living cost of urban and rural residents.

□ Urban Consumer Price Index

reflects the relative change in prices of consumer goods and services purchased by urban staff and workers and their families and can be used to observe and analyze the impact of price changes in consumer goods and services on money wages of staff and workers, and provide basis for policy making concerning the living cost and wages of staff and workers.

□ Rural Consumer Price Index

reflects the relative change in prices of consumer goods and services purchased by rural households and can be used to observe the impact of change in prices of consumer goods and services on living expenditure and actual change in peasants' living cost. It provides basis for analysis and research on peasants' living cost and welfare.

□ Retail Price Index of Rural Industrial Products

reflects the relative change in prices of industrial products in rural market and can be used to observe the impact of the price change on farmers' money expenditure.

□ Ex - factory Price Index of Industrial Products

reflects the change in general ex - factory prices of all industrial products, including sales of industrial products to commercial enterprises, foreign trade sectors, materials supplying and distributing sectors as well as sales of production means to industry and other sectors and sales of consumer goods to residents. It can be used to analyze the impact of ex - factory prices on gross industrial output value.

□ Price Index of Investment in Fixed Assets

reflects the change in prices of investment in fixed assets. The investment in fixed assests consists of three components, namely the investment in construction and installation, the investment in purchases of equipment and instrument, and the investment in other items. Price index of investment in fixed assets is calculated as the weighted arithmetic mean of the price indices of the three components of investment in fixed assets.

Price index of investment in fixed assets reflects the changes of prices in various goods and services involved in investment in fixed assets and therefore can be used to observe the actual size, speed, structure, and efficiency of investment in fixed assets and provides reliable and scientific data for government planning, management, decision making, and further improving the current national accounting system.

□ Retail Price Index

reflects the general change in retail prices of commodities. The change and adjustment in retail prices directly affect the living expenditure of urban and rural residents, government revenue, purchasing power of residents and the equilibrium of market supply and demand, and the ratio of consumption to accumulation. Therefore, the calculation of retail price index is useful to analyze the changes of the above economic activities.

EXPLANATORY NOTES ON MAIN STATISTICAL INDICATORS

□ Purchasing Price Indices for Raw Materials, Fuels and Power

reflect changes in the level and degree of prices paid by industrial enterprises when they purchase production input such as raw materials, fuels and power from the market or from other energy or raw materials producing enterprises. These indices provide an important basis for measuring the material consumption of industrial enterprises after removing the influence of price changes.

At present, close to 1,800 products in 9 categories, including fuels and power, ferrous metals, non - ferrous-metals, chemicals, building materials, are covered in China for the survey to produce indices for purchasing prices of raw materials, fuels and power.

□ Price Indices for Real Estate

reflect the trend and degree of changes in prices of real estate during a given period, including sale price indices for houses, price indices for renting houses, price indices for land transactions and price indices for management of properties. The methods for the compilation of these four sets of indices are similar in that they all use the bottom - up approach under which data are reported from lower level to higher level.

2013

浙江统计年鉴

ZHEJIANG STATISTICAL YEARBOOK

CHAPTER 5

人民生活

People's Livelihood

5－1 人民物质文化生活
People's Material and Cultural Life

项目		Item		2005	2006	2007	2008	2009	2010	2011	2012
城乡居民收入与支出	**（元）**	**Income and Expenditure of Urban and Rual Residents**	**（yuan）**								
农村居民人均纯收入		Annual Per Capita Net Income of Rural Residents		6660	7335	8265	9258	10007	11303	13071	14552
农村居民人均生活消费支出		Annual Per Capita Living Expenditure of Rural Residents		5215	5762	6442	7072	7375	8390	9644	10208
城镇居民人均可支配收入		Annual Per Capita Disposable Income of Urban Residents		16294	18265	20574	22727	24611	27359	30971	34550
城镇居民人均消费支出		Annual Per Capita Expenditure of Urban Residents		12254	13349	14091	15158	16683	17858	20437	21545
居民消费水平	**（元）**	**Per Capita Consumption**	**（yuan）**	**9558**	**11099**	**12730**	**14264**	**15867**	**18274**	**21346**	**22845**
农村居民		Rural Residents		5439	6216	7169	7881	8571	10273	12371	13724
城镇居民		Urban Residents		13843	15837	16986	19002	21204	23655	26856	28259
居民生活质量		**Quality of Living**									
居民人均住房面积	（平方米）	Per Capita Floor Space of Residents Buildings	（sq. m）								
农村居民		Rural Areas		54.98	55.57	57.06	58.50	59.29	58.53	60.80	61.50
城镇居民		Urban Areas		26.10	26.44	34.72	34.33	35.10	35.29	36.90	37.10
居民家庭恩格尔系数		Engle Coefficient									
城市		Urban		33.8	32.9	34.7	36.4	33.6	34.3	34.6	35.1
乡村		Rural		38.6	37.2	36.4	38.0	37.4	35.5	37.6	37.7
交通		**Traffic**									
农村每百户拥有家用汽车	（辆）	Number of Household Cars Per 100 Households in Rural Areas	（unit）	2.91	3.11	3.96	4.74	6.23	7.79	13.40	15.20
城镇每百户拥有家用汽车	（辆）	Number of Household Cars Per 100 Households in Urban Areas	（unit）	8.71	11.03	13.83	19.61	23.62	26.43	33.73	36.50

续表　Continued

项目		Item		2005	2006	2007	2008	2009	2010	2011	2012
储蓄		**Savings**									
城乡居民储蓄存款年末余额	（亿元）	Balance of Savings Deposit of Rural and Urban Residents	（100 million yuan）	8746	10473	11161	14501	17833	20612	23470	26407
平均每人储蓄存款余额	（元）	Per Capita Balance of Savings Deposits	（yuan）	17524	20650	21651	27821	33804	37845	42962	48214
文化、教育及卫生		**Culture, Education and Public Health**									
农村每百户拥有彩色电视机	（台）	Number of Color Tv Sets Per 100 Households in Rural Areas	（unit）	130	137	144	150	157	161	168	172
城镇每百户拥有彩色电视机	（台）	Number of Color Tv Sets Per 100 Households in Urban Areas	（unit）	179	181	183	177	182	186	185	187
农村每百户拥有家用电脑	（台）	Number of Computer Per 100 Households in Rural Areas	（unit）	10.77	14.28	19.38	23.38	28.64	35.64	43.28	47.77
城镇每百户拥有家用电脑	（台）	Number of Computer Per 100 Households in Urban Areas	（unit）	59.47	64.83	73.79	79.93	84.41	89.84	103.57	106.38
每百人每天有报纸杂志	（份）	Daily Newspapers and Magazines Per 100 persons	（copy）	15.1	15.7	16.0	16.2	16.8	17.0	18.4	17.8
学龄儿童入学率	（%）	Enrollment Percentage of School age Children	（%）	99.99	99.99	99.99	99.99	99.99	99.99	99.99	99.99
每千人口拥有在校大学生数	（人）	Students Enrollment in University Per 1000 Persons	（person）	13.05	14.19	15.70	16.65	17.25	17.13	17.56	18.02
每千人口拥有医疗床位数	（张）	Number of Hospital Beds Per 1000 Persons	（Piece）	2.83	2.93	3.02	3.09	3.23	3.38	3.57	3.89
每千人口拥有医生数	（人）	Number of Doctors Per 1000 Persons	（person）	1.76	1.86	1.95	1.95	2.05	2.21	2.28	2.37
就业		**Employment**									
城镇登记失业率	（%）	Registered Unemployment Rate in Urban Areas	（%）	3.70	3.51	3.27	3.49	3.26	3.20	3.12	3.01
农村居民家庭每一劳动力负担人数	（人）	Number of Dependents Per Rural Laborer in Rural Households	（person）	1.37	1.36	1.36	1.36	1.36	1.35	1.37	1.37
城镇每一就业者负担人数	（人）	Number of Dependents Per Urban Employee	（person）	1.93	1.91	1.86	1.96	1.96	1.95	1.95	1.94
邮电通信		**Post and Telecommumication**									
电话普及率	（部/每人）	Telephone Popularization Rate	（set/person）	100.4	108.5	117.2	122.6	126.5	130.2	140.8	151.4
固定电话	（部/每人）	Fixed Telephones	（set/person）	45.6	48.0	47.5	44.9	40.9	36.9	35.6	34.2
移动电话	（部/每人）	Niduke Telephones	（set/person）	54.8	60.5	69.7	77.7	85.6	93.3	105.2	117.2

注：每百人每天拥有报纸、每千人口拥有医疗床位和拥有医生数均按常住人口计算。
Daily Newspapers and Magazines Per 100 Persons, Number of Hospital Beds and Number of Doctors Per 1000 Persons are calculated at permanent residence.

5－2 城镇单位在岗职工工资总额(1985－2012 年)
Total Wages of Currently Employed Staff and Workers in Urban Units(1985－2012)

单位:亿元(100 million yuan)

年份 Year	工资总额 Total Wages of Fully Employed Staff and Workers	国有单位职工 State－owned Units	城镇集体单位职工 Urban Collective Owned Units	其他经济单位职工 Units of Other Types of Ownership
1985	47.85	28.69	18.91	0.25
1986	58.01	35.45	22.23	0.33
1987	66.62	40.68	25.44	0.50
1988	85.04	52.71	31.50	0.83
1989	94.46	59.08	34.17	1.21
1990	102.76	66.10	35.33	1.33
1991	115.98	74.42	39.39	2.17
1992	138.04	90.82	43.44	3.78
1993	192.98	123.08	58.80	11.10
1994	274.27	175.09	76.99	22.19
1995	324.25	201.67	90.46	32.12
1996	361.84	222.18	98.06	41.60
1997	402.01	251.85	100.13	50.03
1998	422.51	257.01	74.83	90.67
1999	456.04	273.77	66.23	116.04
2000	501.07	293.83	56.99	150.25
2001	589.48	351.40	47.61	190.47
2002	664.01	397.69	47.24	219.08
2003	797.54	469.63	49.68	278.23
2004	1016.42	573.10	60.76	382.56
2005	1311.93	676.28	59.54	576.11
2006	1591.84	762.03	61.34	768.47
2007	1937.41	886.50	67.71	983.20
2008	2359.05	990.08	72.33	1296.64
2009	2752.31	1128.21	82.18	1541.92
2010	3305.34	1269.78	97.32	1938.24
2011	4039.88	1398.77	110.22	2530.88
2012	5138.49	1590.88	114.86	3432.75

注:本表 2008 年前为职工工资总额,2012 年起包含劳务派遣人员工资总额,以后各表同。
Data on total wages in this table refer wages of staff and workers before 2008, it include the wages of dispatched workers since 2012, later each table with the same.

5－3 分行业城镇单位在岗职工工资总额
Total Wages of Currently Employed Staff and Workers in Urban Units by Sector

单位:亿元(100 million yuan)

行业	Sector	工资总额 Total Wages of Staff and Worker		国有单位 State－owned Units		城镇集体单位 Urban Collective Owned Units		其他单位 Units of Other Types of Ownership	
		2011	2012	2011	2012	2011	2012	2011	2012
总计	**Total**	**4039.88**	**5138.49**	**1398.77**	**1590.88**	**110.22**	**114.86**	**2530.88**	**3432.75**
农、林、牧、渔业	Farming, Forestry, Animal Husbandry and Fishery	5.35	3.37	4.39	2.45	0.29	0.13	0.67	0.79
采矿业	Mining and Quarrying	5.25	6.10	0.97	0.73	0.82	0.93	3.46	4.44
制造业	Manufacturing	1277.74	1499.12	30.87	28.95	16.24	5.14	1230.63	1465.03
电力、热力、燃气及水生产和供应业	Electricity, Heat, Gas and Water Production and Supply	101.38	113.25	65.91	83.47	1.45	1.47	34.03	28.31
建筑业	Construction	578.99	985.83	14.16	13.43	21.60	30.99	543.22	941.42
批发和零售业	Wholesale and Retail Sale Trade	149.36	191.76	22.62	23.75	2.71	2.47	124.03	165.54
交通运输、仓储和邮政业	Transportation, Storage and Post	124.32	165.77	64.02	80.26	6.00	6.88	54.30	78.62
住宿和餐饮业	Hotels and Catering Services	46.32	52.04	6.53	7.64	1.45	1.53	38.34	42.86
信息传输、软件和信息技术服务业	Information Transmission, Software and Information Technology Services	88.24	133.80	13.70	17.33	0.40	0.91	74.15	115.57
金融业	Finance	302.95	383.20	64.23	72.09	6.17	4.48	232.55	306.63
房地产业	Real Estate	67.78	86.27	8.87	8.24	1.83	2.13	57.08	75.90
租赁和商务服务业	Leasing and Business Services	95.95	132.40	29.13	40.82	10.96	11.15	55.86	80.43
科学研究和技术服务业	Scientific Research and Technic Services	90.14	110.07	53.87	60.26	2.28	2.88	33.98	46.93
水利、环境和公共设施管理业	Water Conservancy, Environment and Public Facilities Management	37.22	48.92	24.95	28.92	2.84	3.46	9.42	16.54
居民服务、修理和其他服务业	Resident Services, Repair and Other Services	5.65	8.04	3.18	3.44	0.37	0.88	2.11	3.72
教育	Education	403.52	448.75	374.41	401.45	8.50	13.27	20.61	34.04
卫生和社会工作	Health Care and Social Work	227.63	274.28	196.09	237.15	25.02	24.47	6.52	12.67
文化、体育和娱乐业	Culture, Sports and Recreation	37.69	43.43	33.41	37.51	0.39	0.36	3.90	5.56
公共管理、社会保障和社会组织	Public Management, Social Security and Social Organization	394.40	452.08	387.46	442.98	0.90	1.35	6.04	7.76

5-4 分行业全社会单位在岗职工年平均工资
Average Wage of Currently Employed Staff and Workers in the Whole Society Units By Sector

单位:元(yuan)

行业	Sector	全社会单位在岗职工年平均工资 Average Wage of Fully Employed Staff and Workers In The Whole Society Units		不含私营的单位 Units without the private		私营单位 Private units	
		2011	2012	2011	2012	2011	2012
总计	**Total**	**35731**	**40087**	**46660**	**50813**	**27572**	**32048**
农、林、牧、渔业	Farming, Forestry, Animal Husbandry and Fishery	27698	27638	39266	42992	24954	25840
采矿业	Mining and Quarrying	31545	34216	36268	46792	28999	29929
制造业	Manufacturing	29645	33407	35266	40270	26622	29802
电力、热力、燃气及水生产和供应业	Electricity, Heat, Gas and Water Production and Supply	82715	77911	92072	86547	28981	27159
建筑业	Construction	30727	36854	32260	37235	29689	36574
批发和零售业	Wholesale and Retail Sale Trade	31918	35808	47500	50889	26801	30823
交通运输、仓储和邮政业	Transportation, Storage and Post	46684	49048	56899	58364	30635	35338
住宿和餐饮业	Hotels and Catering Services	26645	29938	30428	34178	23467	26528
信息传输、软件和信息技术服务业	Information Transmission, Software and Information Technology Services	64119	67629	95246	97549	30692	38022
金融业	Finance	130071	126557	133782	129941	41807	50956
房地产业	Real Estate	39630	42694	49856	53215	30656	32932
租赁和商务服务业	Leasing and Business Services	33715	39135	39949	47940	29446	33874
科学研究和技术服务业	Scientific Research and Technic Services	56519	55217	69100	69567	36251	37024
水利、环境和公共设施管理业	Water Conservancy, Environment and Public Facilities Management	36205	40193	39643	43334	24001	28575
居民服务、修理和其他服务业	Resident Services, Repair and Other Services	24955	28434	39718	43397	21045	25472
教育	Education	67528	70380	69516	72498	29779	32658
卫生和社会工作	Health Care and Social Work	71263	78212	73136	80273	34078	41051
文化、体育和娱乐业	Culture, Sports and Recreation	54850	50559	66003	70698	25900	29544
公共管理、社会保障和社会组织	Public Management, Social Security and Social Organization	73808	75921	73808	75921		

5－5 城镇单位在岗职工平均工资(1985－2012年)
Average Wage of Currently Employed Staff and Workers in Urban Units(1985－2012)

单位:元(yuan)

年份 Year	平均工资 Average Wage	国有单位 State－owned Units	城镇集体单位 Urban Collective Owned Units	其他单位 Units of Other Types of Ownership
1985	1159	1226	1071	1247
1986	1346	1442	1271	1455
1987	1493	1584	1365	1635
1988	1841	1961	1667	2014
1989	2031	2158	1838	2209
1990	2220	2383	1964	2412
1991	2422	2583	2152	2831
1992	2884	3088	2507	3368
1993	3932	4168	3439	4544
1994	5597	6034	4671	6334
1995	6619	6952	5702	7813
1996	7413	7734	6414	8672
1997	8386	8847	7026	9584
1998	9259	10012	7230	9432
1999	10632	11684	8229	10167
2000	12414	13775	9479	11539
2001	15770	18926	11281	13508
2002	18227	22195	13281	14650
2003	20853	26651	15174	16036
2004	23101	32736	17265	16653
2005	25572	38313	19659	18813
2006	27567	42258	21856	20823
2007	30854	48130	25005	23597
2008	34146	53476	29137	26963
2009	37395	59550	31653	29618
2010	41505	65440	36038	33689
2011	46660	72383	41817	39165
2012	50813	76150	47562	44112

注：本表2008年前为职工平均工资。
Data on total wages in this table refer wages of staff and workers before 2008.

5-6 城镇单位在岗职工平均工资指数(1986-2012年)
Indices of Average Wage of Currently Employed Staff and Workers in Urban Units (1986-2012)

(1985年=100)(1985=100)

年份 Year	平均工资指数 Indices of Average Wage		国有单位 State owned Units		城镇集体单位 Urban Collective Owned Units	
	货币指数 Average Currency Wage	实际指数 Average Real Wage	货币指数 Average Currency Wage	实际指数 Average Real Wage	货币指数 Average Currency Wage	实际指数 Average Real Wage
1986	116.1	109.2	117.6	110.6	118.7	111.7
1987	128.8	109.2	129.2	109.6	127.5	108.1
1988	158.8	109.1	160.0	110.0	155.6	106.9
1989	175.2	103.1	176.0	103.6	171.6	101.0
1990	191.5	110.4	194.4	112.0	183.4	105.7
1991	209.0	114.1	210.7	115.0	200.9	109.7
1992	248.8	124.4	251.9	126.0	234.1	117.1
1993	339.3	139.7	340.0	140.0	321.1	132.2
1994	482.9	159.4	492.2	162.4	436.1	143.9
1995	571.1	161.1	567.0	160.0	532.4	150.2
1996	639.6	164.4	630.8	162.1	598.9	153.9
1997	723.6	178.6	721.6	178.1	656.0	161.9
1998	798.9	196.3	816.6	200.6	675.1	165.9
1999	917.3	226.6	953.0	235.4	768.3	189.8
2000	1071.1	262.1	1123.6	275.0	885.1	216.6
2001	1360.7	334.3	1543.7	379.3	1053.3	258.8
2002	1572.6	391.1	1810.4	450.2	1240.1	308.4
2003	1799.2	445.2	2173.9	537.9	1416.9	350.6
2004	1993.2	479.8	2670.1	642.8	1612.0	388.1
2005	2206.4	523.3	3125.0	741.2	1835.6	435.4
2006	2378.5	558.1	3446.8	808.7	2040.7	478.8
2007	2662.1	601.2	3925.8	886.5	2334.8	527.2
2008	2946.2	634.9	4361.8	939.8	2720.5	586.2
2009	3226.5	704.5	4857.3	1060.3	2955.5	645.2
2010	3581.1	751.9	5337.7	1120.4	3364.9	706.3
2011	4025.9	802.7	5904.0	1176.9	3904.5	778.3
2012	4384.2	855.3	6211.3	1211.5	4440.9	866.2

注：本表2008年前为职工平均工资指数。
Data on total wages in this table refer wages of staff and workers before 2008.

5-7 分行业城镇单位在岗职工平均工资
Average Wages of Currently Employed Staff and Workers in Urban Units by Sector

单位:元(yuan)

行业	Sector	平均工资 Total Wages of Staff and Workers		国有单位 State-owned Units		城镇集体单位 Urban Collective owned Units		其他单位 Units of Other Types of Ownership	
		2011	2012	2011	2012	2011	2012	2011	2012
总计	**Total**	**46660**	**50813**	**72383**	**76150**	**41817**	**47562**	**39165**	**44112**
农、林、牧、渔业	Farming, Forestry, Animal Husbandry and Fishery	39266	42992	41433	45885	49144	34648	27425	37197
采矿业	Mining and Quarrying	36268	46792	42345	39735	28633	34639	37116	52139
制造业	Manufacturing	35266	40270	55938	69206	33080	34619	34973	39963
电力、热力、燃气及水生产和供应业	Electricity, Heat, Gas and Water Production and Supply	92072	86547	105475	95962	49443	58257	76124	68467
建筑业	Construction	32260	37235	40884	45837	30616	38814	32152	37086
批发和零售业	Wholesale and Retail Sale Trade	47500	50889	81272	87168	34989	33490	44476	48375
交通运输、仓储和邮政业	Transportation, Storage and Post	56899	58364	61960	62663	55205	63653	52063	54175
住宿和餐饮业	Hotels and Catering Services	30428	34178	35125	39130	28243	32851	29836	33471
信息传输、软件和信息技术服务业	Information Transmission, Software and Information Technology Services	95246	97549	89281	86900	57676	48962	96778	100168
金融业	Finance	133782	129941	133498	135099	77848	112925	136466	129066
房地产业	Real Estate	49856	53215	57245	56111	45447	54947	49024	52872
租赁和商务服务业	Leasing and Business Services	39949	47940	41555	45103	35732	37258	40070	51640
科学研究和技术服务业	Scientific Research and Technic Services	69100	69567	77241	83320	70740	63471	59129	57682
水利、环境和公共设施管理业	Water Conservancy, Environment and Public Facilities Management	39643	43334	43146	47037	30645	35286	35194	39757
居民服务、修理和其他服务业	Resident Services, Repair and Other Services	39718	43397	52708	60640	33360	36825	29695	35545
教育	Education	69516	72498	72267	75495	54300	62048	44106	51688
卫生和社会工作	Health Care and Social Work	73136	80273	76198	84384	64484	65121	43186	54886
文化、体育和娱乐业	Culture, Sports and Recreation	66003	70698	69952	75892	46062	46154	45802	49527
公共管理、社会保障和社会组织	Public Management, Social Security and Social Organization	73808	75921	75728	77881	57211	58169	28586	31847

5-8 各市城镇单位在岗职工工资总额和平均工资
Total Wages and Average Wage of Currently Employed Staff and Workers in Urban Units by City

地区	Region	2008	2009	2010	2011	2012
工资总额 （万元）	**Total Wages(10000 yuan)**	**23590498**	**27523110**	**33053366**	**40398801**	**51384933**
浙东北	**Eastern&Northern Region**	**16360544**	**19118592**	**23210716**	**28718318**	**36165848**
杭州市	Hangzhou	6416424	7549145	9330552	11222834	14839012
宁波市	Ningbo	3991251	4696906	5611912	7485848	9000006
嘉兴市	Jiaxing	2149705	2302949	2784095	3230244	3685357
湖州市	Huzhou	966985	1065337	1287793	1538746	1968362
绍兴市	Shaoxing	2381040	2923702	3479430	4425898	5688442
舟山市	Zhoushan	455139	580553	716934	814748	984670
浙西南	**Western&Southern Region**	**7074745**	**8262550**	**9669769**	**11496703**	**15006343**
温州市	Wenzhou	2968090	3367158	3795143	4317830	5026090
金华市	Jinhua	1255955	1588234	1960818	2204062	3726801
衢州市	Quzhou	488287	565293	667858	808260	979711
台州市	Taizhou	1831658	2130097	2551521	3341672	4296556
丽水市	Lishui	530755	611768	694428	824879	977185
平均工资 （元）	**Average Wage(yuan)**	**34146**	**37395**	**41505**	**46660**	**50813**
浙东北	**Eastern&Northern Region**	**35198**	**38270**	**42368**	**48195**	**52297**
杭州市	Hangzhou	40193	43947	48772	54408	56417
宁波市	Ningbo	35835	39139	43476	49755	55031
嘉兴市	Jiaxing	29219	31965	36319	42990	47598
湖州市	Huzhou	31455	33843	36485	41107	45933
绍兴市	Shaoxing	30636	32502	35125	39810	44609
舟山市	Zhoushan	38714	40560	43642	52915	57294
浙西南	**Western&Southern Region**	**31874**	**35583**	**39616**	**43295**	**47384**
温州市	Wenzhou	29594	33893	37610	42343	48254
金华市	Jinhua	31594	34769	39467	42861	44349
衢州市	Quzhou	35930	39106	44067	50055	52681
台州市	Taizhou	34126	36822	40562	42199	46630
丽水市	Lishui	36233	41124	44979	49072	55003

5-9 分行业城镇单位从业人员劳动报酬(2012年)
Remuneration Payment to Employed Persons in Urban Units by Sector(2012)

单位:亿元(100 million yuan)

行业	Sector	单位从业人员劳动报酬 Total Remuneration	在岗职工工资总额 Wages of Staff and Workers at Work	其他从业人员劳动报酬 Remuneration Payment to Other Employed Persons
总计	**Total**	**5313.12**	**5138.49**	**174.62**
农、林、牧、渔业	Farming, Forestry, Animal Husbandry and Fishery	3.44	3.37	0.07
采矿业	Mining and Quarrying	6.29	6.10	0.19
制造业	Manufacturing	1521.27	1499.12	22.15
电力、热力、燃气及水生产和供应业	Electricity, Heat, Gas and Water Production and Supply	113.88	113.25	0.63
建筑业	Construction	1049.60	985.83	63.77
批发和零售业	Wholesale and Retail Sale Trade	196.50	191.76	4.74
交通运输、仓储和邮政业	Transportation, Storage and Post	168.12	165.77	2.35
住宿和餐饮业	Hotels and Catering Services	53.73	52.04	1.70
信息传输、软件和信息技术服务业	Information Transmission, Software and Information Technology Services	134.79	133.80	0.99
金融业	Finance	411.63	383.20	28.43
房地产业	Real Estate	89.97	86.27	3.70
租赁和商务服务业	Leasing and Business Services	135.33	132.40	2.93
科学研究和技术服务业	Scientific Research and Technic Services	115.77	110.07	5.70
水利、环境和公共设施管理业	Water Conservancy, Environment and Public Facilities Management	52.72	48.92	3.80
居民服务、修理和其他服务业	Resident Services, Repair and Other Services	8.48	8.04	0.43
教育	Education	459.84	448.75	11.09
卫生和社会工作	Health Care and Social Work	285.73	274.28	11.44
文化、体育和娱乐业	Culture, Sports and Recreation	44.88	43.43	1.45
公共管理、社会保障和社会组织	Public Management, Social Security and Social Organization	461.15	452.08	9.07

5-10 分行业国有单位从业人员劳动报酬(2012 年)
Remuneration Payment to Employed Persons in State-owned Units by Sector(2012)

单位:亿元(100 million yuan)

行业	Sector	单位从业人员劳动报酬 Total Remuneration	在岗职工工资总额 Wages of Staff and Workers at Work	其他从业人员劳动报酬 Remuneration Payment to Other Employed Persons
总计	**Total**	**1638.57**	**1590.88**	**47.69**
农、林、牧、渔业	Farming, Forestry, Animal Husbandry and Fishery	2.49	2.45	0.04
采矿业	Mining and Quarrying	0.91	0.73	0.18
制造业	Manufacturing	29.62	28.95	0.67
电力、热力、燃气及水生产和供应业	Electricity, Heat, Gas and Water Production and Supply	83.75	83.47	0.29
建筑业	Construction	24.99	13.43	11.56
批发和零售业	Wholesale and Retail Sale Trade	24.03	23.75	0.28
交通运输、仓储和邮政业	Transportation, Storage and Post	81.04	80.26	0.77
住宿和餐饮业	Hotels and Catering Services	7.83	7.64	0.19
信息传输、软件和信息技术服务业	Information Transmission, Software and Information Technology Services	17.57	17.33	0.25
金融业	Finance	73.04	72.09	0.95
房地产业	Real Estate	8.57	8.24	0.33
租赁和商务服务业	Leasing and Business Services	41.98	40.82	1.16
科学研究和技术服务业	Scientific Research and Technic Services	62.41	60.26	2.15
水利、环境和公共设施管理业	Water Conservancy, Environment and Public Facilities Management	30.93	28.92	2.01
居民服务、修理和其他服务业	Resident Services, Repair and Other Services	3.62	3.44	0.18
教育	Education	409.17	401.45	7.72
卫生和社会工作	Health Care and Social Work	246.21	237.15	9.06
文化、体育和娱乐业	Culture, Sports and Recreation	38.77	37.51	1.26
公共管理、社会保障和社会组织	Public Management, Social Security and Social Organization	451.63	442.98	8.66

5-11 分行业城镇集体单位从业人员劳动报酬(2012年)
Remuneration Payment to Employed Persons in Urban Collectively owned Units by Sector(2012)

单位:亿元(100 million yuan)

行业	Sector	单位从业人员劳动报酬 Total Remuneration	在岗职工工资总额 Wages of Staff and Workers at Work	其他从业人员劳动报酬 Remuneration Payment to Other Employed Persons
总计	**Total**	**119.58**	**114.86**	**4.72**
农、林、牧、渔业	Farming, Forestry, Animal Husbandry and Fishery	0.13	0.13	
采矿业	Mining and Quarrying	0.93	0.93	
制造业	Manufacturing	5.23	5.14	0.10
电力、热力、燃气及水生产和供应业	Electricity, Heat, Gas and Water Production and Supply	1.49	1.47	0.02
建筑业	Construction	31.69	30.99	0.71
批发和零售业	Wholesale and Retail Sale Trade	2.60	2.47	0.13
交通运输、仓储和邮政业	Transportation, Storage and Post	6.95	6.88	0.06
住宿和餐饮业	Hotels and Catering Services	1.55	1.53	0.02
信息传输、软件和信息技术服务业	Information Transmission, Software and Information Technology Services	0.91	0.91	
金融业	Finance	4.49	4.48	0.02
房地产业	Real Estate	2.27	2.13	0.14
租赁和商务服务业	Leasing and Business Services	11.50	11.15	0.35
科学研究和技术服务业	Scientific Research and Technic Services	3.27	2.88	0.38
水利、环境和公共设施管理业	Water Conservancy, Environment and Public Facilities Management	3.90	3.46	0.44
居民服务、修理和其他服务业	Resident Services, Repair and Other Services	1.03	0.88	0.15
教育	Education	13.93	13.27	0.66
卫生和社会工作	Health Care and Social Work	25.91	24.47	1.44
文化、体育和娱乐业	Culture, Sports and Recreation	0.39	0.36	0.04
公共管理、社会保障和社会组织	Public Management, Social Security and Social Organization	1.40	1.35	0.05

5－12 分行业城镇其他单位从业人员劳动报酬(2012年)
Remuneration Payment to Employed Persons in Urban Other Ownership Units by Sector(2012)

单位:亿元(100 million yuan)

行业	Sector	单位从业人员劳动报酬 Total Remuneration	在岗职工工资总额 Wages of Staff and Workers at Work	其他从业人员劳动报酬 Remuneration Payment to Other Employed Persons
总计	**Total**	**3554.97**	**3432.75**	**122.22**
农、林、牧、渔业	Farming, Forestry, Animal Husbandry and Fishery	0.81	0.79	0.02
采矿业	Mining and Quarrying	4.45	4.44	0.01
制造业	Manufacturing	1486.41	1465.03	21.39
电力、热力、燃气及水生产和供应业	Electricity, Heat, Gas and Water Production and Supply	28.64	28.31	0.33
建筑业	Construction	992.92	941.42	51.50
批发和零售业	Wholesale and Retail Sale Trade	169.87	165.54	4.33
交通运输、仓储和邮政业	Transportation, Storage and Post	80.14	78.62	1.51
住宿和餐饮业	Hotels and Catering Services	44.35	42.86	1.49
信息传输、软件和信息技术服务业	Information Transmission, Software and Information Technology Services	116.31	115.57	0.74
金融业	Finance	334.09	306.63	27.46
房地产业	Real Estate	79.13	75.90	3.23
租赁和商务服务业	Leasing and Business Services	81.85	80.43	1.42
科学研究和技术服务业	Scientific Research and Technic Services	50.09	46.93	3.17
水利、环境和公共设施管理业	Water Conservancy, Environment and Public Facilities Management	17.88	16.54	1.34
居民服务、修理和其他服务业	Resident Services, Repair and Other Services	3.82	3.72	0.10
教育	Education	36.75	34.04	2.71
卫生和社会工作	Health Care and Social Work	13.61	12.67	0.94
文化、体育和娱乐业	Culture, Sports and Recreation	5.72	5.56	0.15
公共管理、社会保障和社会组织	Public Management, Social Security and Social Organization	8.12	7.76	0.36

5－13 各市企业单位从业人员劳动报酬
Remuneration Payment to Employed Persons in Enterprises by City

单位:亿元(100 million yuan)

城市	City	单位从业人员劳动报酬 Remuneration Payment to Employed Persons			#在岗职工工资总额 Wages of Staff and Workers at Work			在岗职工平均工资(元) Average Wage of Staff and Workers at Work (yuan)		
		2010	2011	2012	2010	2011	2012	2010	2011	2012
总 计	**Total**	**2455.38**	**3248.61**	**3976.98**	**2275.74**	**2900.12**	**3839.50**	**35696**	**41177**	**45903**
杭州市	Hangzhou	786.15	1014.47	1209.43	689.04	851.04	1164.44	43759	49536	51962
宁波市	Ningbo	432.68	638.92	718.32	403.88	569.64	690.75	37432	44365	49691
温州市	Wenzhou	250.51	303.68	357.43	241.61	282.96	340.53	30336	35375	41969
嘉兴市	Jiaxing	221.07	260.34	289.11	208.33	242.80	278.65	32165	38488	43005
湖州市	Huzhou	84.42	111.85	148.16	81.01	103.86	138.47	29115	34307	40160
绍兴市	Shaoxing	267.73	371.12	467.87	259.09	343.26	460.95	29937	34856	40344
金华市	Jinhua	114.05	138.87	275.73	111.56	125.07	271.06	33457	36248	40294
衢州市	Quzhou	31.31	46.21	55.53	28.91	40.77	52.48	32896	41433	44639
舟山市	Zhoushan	46.95	55.15	66.61	45.98	51.52	64.31	40224	49459	54122
台州市	Taizhou	171.76	249.06	321.16	160.53	234.46	311.86	33323	36168	41091
丽水市	Lishui	31.13	39.90	46.34	28.52	36.38	44.72	39625	43862	50509

5－14 各市国有控股企业单位从业人员劳动报酬
Remuneration Payment to Employed Persons in Enterprises State－holding by City

单位:亿元(100 million yuan)

城市	City	单位从业人员劳动报酬 Remuneration Payment to Employed Persons			#在岗职工工资总额 Wages of Staff and Workers at Work			在岗职工平均工资(元) Average Wage of Staff and Workers at Work(yuan)		
		2010	2011	2012	2010	2011	2012	2010	2011	2012
总 计	**Total**	**764.40**	**913.09**	**1078.51**	**691.37**	**773.15**	**1031.63**	**59004**	**69244**	**70748**
杭州市	Hangzhou	335.28	404.93	466.02	297.53	331.58	449.80	62243	72782	69031
宁波市	Ningbo	116.90	143.69	180.20	105.23	124.46	175.83	65152	79385	83787
温州市	Wenzhou	65.15	85.24	99.97	60.23	71.26	88.25	63949	74273	80334
嘉兴市	Jiaxing	43.19	50.48	53.88	38.99	44.68	52.18	59202	64814	67036
湖州市	Huzhou	23.35	15.87	31.09	21.43	14.29	29.48	50799	64246	62168
绍兴市	Shaoxing	31.27	41.55	50.71	28.41	36.84	48.65	54614	60930	69721
金华市	Jinhua	35.88	42.99	43.38	34.76	37.15	41.08	55547	64917	63458
衢州市	Quzhou	17.63	25.20	28.86	16.30	22.21	27.18	45475	57490	60829
舟山市	Zhoushan	20.58	21.37	28.87	19.98	19.49	28.20	46787	57359	63677
台州市	Taizhou	43.05	46.30	56.76	37.73	38.48	52.48	55531	61042	63635
丽水市	Lishui	14.49	16.77	17.46	13.49	14.58	17.23	55501	73418	67491

5－15 各市事业单位从业人员劳动报酬
Remuneration Payment to Employed Persons in Institutions by City

单位:亿元(100 million yuan)

城市	City	单位从业人员劳动报酬 Remuneration Payment to Employed Persons			#在岗职工工资总额 Wages of Staff and Workers at Work			在岗职工平均工资(元) Average Wage of Staff and Workers at Work(yuan)		
		2010	2011	2012	2010	2011	2012	2010	2011	2012
总　计	**Total**	**719.58**	**807.24**	**893.07**	**694.68**	**770.12**	**865.59**	**63762**	**69653**	**74831**
杭州市	Hangzhou	173.44	200.65	229.80	163.22	184.89	219.75	71050	78730	82181
宁波市	Ningbo	108.64	124.18	144.65	105.14	119.65	140.73	71454	77432	84405
温州市	Wenzhou	98.10	102.79	107.35	96.11	100.38	105.45	66283	69401	73417
嘉兴市	Jiaxing	49.19	55.89	62.33	48.03	54.11	60.83	55915	63273	68585
湖州市	Huzhou	34.79	38.15	40.56	33.05	35.55	38.68	61853	68653	68578
绍兴市	Shaoxing	64.82	72.35	77.96	63.16	69.76	75.76	68379	74994	79365
金华市	Jinhua	56.08	64.58	65.48	55.50	63.54	63.93	52175	57128	63849
衢州市	Quzhou	22.58	24.47	26.73	21.80	23.21	25.67	56707	60627	64168
舟山市	Zhoushan	16.05	18.90	20.98	15.75	18.13	20.65	49329	58520	66193
台州市	Taizhou	70.57	76.53	84.39	67.98	72.65	81.79	63631	68214	73290
丽水市	Lishui	25.31	28.74	32.85	24.94	28.24	32.35	47653	51991	58307

5－16 各市机关单位从业人员劳动报酬
Remuneration Payment to Employed Persons in Government Agencies by City

单位:亿元(100 million yuan)

城市	City	单位从业人员劳动报酬 Remuneration Payment to Employed Persons			#在岗职工工资总额 Wages of Staff and Workers at Work			在岗职工平均工资(元) Average Wage of Staff and Workers at Work(yuan)		
		2010	2011	2012	2010	2011	2012	2010	2011	2012
总　计	**Total**	**327.67**	**360.44**	**396.47**	**320.89**	**347.67**	**389.22**	**70893**	**77460**	**79361**
杭州市	Hangzhou	77.37	81.55	89.67	75.52	78.75	87.90	82763	88956	93506
宁波市	Ningbo	52.59	60.64	63.90	51.72	58.07	62.74	82743	93382	93663
温州市	Wenzhou	41.30	45.91	50.20	40.62	44.89	49.35	63201	66854	70068
嘉兴市	Jiaxing	20.88	24.28	26.14	20.68	23.72	25.83	74148	86180	90549
湖州市	Huzhou	14.89	14.62	18.75	14.54	14.19	18.44	70172	73801	76080
绍兴市	Shaoxing	25.08	28.12	30.19	24.17	27.10	29.31	81356	91376	89880
金华市	Jinhua	26.80	30.46	31.63	26.49	29.60	31.18	55047	59513	59475
衢州市	Quzhou	16.24	17.09	19.08	15.93	16.45	18.51	64702	68876	70273
舟山市	Zhoushan	9.44	11.49	12.54	9.27	10.98	12.44	61543	70181	68966
台州市	Taizhou	27.06	28.66	34.48	26.18	26.61	33.85	66947	74033	73893
丽水市	Lishui	16.02	17.62	19.89	15.77	17.29	19.68	53667	58945	63403

5－17 历年城镇居民生活水平(1978－2012年)
Living Standard of Urban Resident(1978－2012)

年份 Year	人均可支配收入(元) Per Capita Disposable Income(yuan)	人均可支配收入增长(上年＝100) Growth Rate of Per Capita Disposable Income (Preceding year＝100)	人均消费性支出(元) Per Capita Consumption Expenditure (yuan)	#食品支出 Food	恩格尔系数 Engel Coefficient	人均住房建筑面积(平方米) Per capita floor space of Residential Buildings(sq. m)
1978	332		301			
1980	488		428			
1981	523	105.4	476	264	55.6	
1982	530	99.4	471	270	57.3	
1983	551	101.2	484	288	59.5	9.44
1984	669	117.1	562	316	56.2	9.95
1985	904	117.4	795	407	51.3	11.07
1986	1104	114.9	969	492	50.8	11.76
1987	1228	100.3	1100	570	51.8	12.15
1988	1589	104.9	1453	741	51.0	12.49
1989	1797	96.8	1556	851	54.7	13.05
1990	1932	105.3	1604	885	55.1	13.55
1991	2143	105.0	1806	992	55.0	13.71
1992	2619	111.9	2154	1111	51.6	14.13
1993	3626	114.0	2856	1417	49.4	14.47
1994	5066	112.0	4079	1945	47.4	15.58
1995	6221	105.0	5263	2476	47.0	15.64
1996	6956	101.8	5764	2704	46.9	15.91
1997	7359	101.6	6170	2709	43.9	16.25
1998	7837	105.3	6218	2644	42.5	18.25
1999	8428	108.0	6522	2629	40.3	19.47
2000	9279	109.1	7020	2752	39.2	19.87
2001	10465	113.3	7952	2888	36.3	20.30
2002	11716	113.4	8713	3474	37.9	21.12
2003	13180	111.9	9713	3558	36.6	21.60
2004	14546	107.4	10636	3851	36.2	23.90
2005	16294	110.4	12254	4140	33.8	26.10
2006	18265	110.9	13349	4393	32.9	26.44
2007	20574	108.4	14091	4893	34.7	34.73
2008	22727	105.4	15158	5523	36.4	34.33
2009	24611	109.7	16683	5605	33.6	35.09
2010	27359	106.9	17858	6118	34.3	35.29
2011	30971	107.5	20437	7066	34.6	36.85
2012	34550	109.2	21545	7552	35.1	37.07

注：1. 人均可支配收入指数扣除价格变动因素。Growth rate of per capita disposable income was excluded price changes.
2. 人均住房使用面积自2007年起为建筑面积。The data of Per capita floor space of residential buildings is adjusted since 2007.

5-18 城镇居民家庭基本情况(2006-2012年)
Basic Statistics on Urban Households(2006-2012)

项目		Item		2006	2007	2008	2009	2010	2011	2012
调查户数	(户)	Number of Households Surveyed	(household)	4100	4300	4450	4450	4450	4450	4450
平均每户家庭人口数	(人)	Average Household Size	(person)	2.78	2.74	2.72	2.68	2.68	2.69	2.68
平均每户就业人口数	(人)	Average Employed Persons Per Household	(person)	1.45	1.47	1.39	1.37	1.37	1.38	1.38
平均每户就业面	(%)	Percentage of Employed Persons Per Household	(%)	52.16	53.65	51.10	51.12	51.12	51.30	51.49
平均每一就业者负担人数(包括就业者本人)	(人)	Number of Persons Supported by Each Laborer(Including the Employee Himself or Herself)	(person)	1.91	1.86	1.96	1.96	1.95	1.95	1.94
家庭总收入	(元/人)	Per Capita Household income	(Yuan / person)	19954	22584	24981	27119	30135	34264	37995
#可支配收入	(元/人)	Per Capita Disposal Income	(Yuan / person)	18265	20574	22727	24611	27359	30971	34550
工资性收入	(元/人)	Wage income	(Yuan / person)	13016	14510	15539	16701	18314	20334	22385
经营净收入	(元/人)	Net Business Income	(Yuan / person)	2172	2612	3162	3294	3641	4384	4694
财产性收入	(元/人)	Property Income	(Yuan / person)	889	1080	1325	1415	1470	1572	1465
转移性收入	(元/人)	Transfer Income	(Yuan / person)	3877	4382	4955	5709	6710	7974	9450
出售财物收入	(元/人)	Income of Properties Sold	(Yuan / person)	904	482	483	781	327	213	346
平均每人消费性支出	(元/人)	Per Annual Expenditure for Consumption	(Yuan / person)	13349	14091	15158	16683	17858	20437	21545
食品	(元/人)	Food	(Yuan / person)	4393	4893	5523	5605	6118	7066	7552
衣着	(元/人)	Clothing	(Yuan / person)	1384	1406	1546	1615	1802	2139	2110

续表 Continued

项目		Item		2006	2007	2008	2009	2010	2011	2012
居住	(元/人)	Residence	(Yuan / person)	1229	1168	1334	1486	1418	1518	1552
家庭设备用品及服务	(元/人)	Household Facilities Articles and Services	(Yuan / person)	615	666	713	829	916	1109	1161
医疗保健	(元/人)	Medicine and Medical Services	(Yuan / person)	852	859	933	985	1034	1249	1228
交通和通讯	(元/人)	Transportation and Communications	(Yuan / person)	2492	2473	2393	3291	3437	3728	4134
娱乐教育、文化	(元/人)	Recreation, Education and Culture	(Yuan / person)	1946	2158	2196	2295	2586	2816	2997
杂项商品和服务	(元/人)	Miscellaneous Commodities and Services	(Yuan / person)	436	468	521	579	546	812	812
平均每人消费性支出构成(人均消费支出=100)	(%)	Composition of Per Capita Annual Expenditure for Consumption(Per Capita Expenditure Consumption = 100)	(%)	100	100	100	100	100	100	100
食品	(%)	Food(yuan)	(%)	32.91	34.72	36.44	33.59	34.26	34.57	35.05
衣着	(%)	Clothing	(%)	10.37	9.98	10.20	9.70	10.09	10.47	9.79
居住	(%)	Residence	(%)	9.21	8.29	8.80	8.90	7.94	7.43	7.20
家庭设备用品及服务	(%)	Household Facilities Articles and Services	(%)	4.61	4.73	4.71	4.97	5.13	5.43	5.39
医疗保健	(%)	Medicine and Medical Services	(%)	6.38	6.10	6.16	5.90	5.79	6.11	5.70
交通和通讯	(%)	Transportation and Communications	(%)	18.67	17.55	15.78	19.72	19.25	18.24	19.19
娱乐教育、文化	(%)	Recreation, Education and Culture	(%)	14.58	15.32	14.48	13.76	14.48	13.78	13.91
杂项商品和服务	(%)	Miscellaneous Commodities and Services	(%)	3.27	3.32	3.44	3.47	3.06	3.97	3.77

5－19 城镇居民家庭基本情况(2012 年)
Basic Statistics on Urban Households(2012)

项目		Item		总平均 Average	最低收入户 Lowest Income Households	低收入户 Low Income Households	中等偏下户 Lower Middle Income Households	中等收入户 Middle Income Households	中等偏上户 Upper Middle Income Households	高收入户 High Income Households	最高收入户 Highest Income Households
					按可支配收入分组 Grouped by Disposable Income						
调查户数	(户)	Number of Household Surveyed	(Household)	4450	445	445	890	890	890	445	445
比重	(%)	Proportion	(%)	100	10	10	20	20	20	10	10
平均每户家庭人口数	(人)	Average Household Size	(person)	2.68	3.00	3.03	2.83	2.58	2.55	2.54	2.34
有收入者人数	(人)	Persons with Incom	(person)	1.99	1.60	1.96	2.00	2.06	2.04	2.07	1.99
#离退休人口数	(人)	Retired	(person)	0.54	0.22	0.36	0.42	0.72	0.71	0.62	0.49
无收入者人数	(人)	Persons without Income	(person)	0.69	1.41	1.08	0.84	0.53	0.52	0.47	0.36
平均每户就业人口数	(人)	Average Employed Persons Per Household	(person)	1.38	1.22	1.48	1.51	1.29	1.30	1.43	1.47
平均每户就业面	(%)	Percentage of Employed Persons Per Household	(%)	51.49	40.67	48.84	53.36	50.00	50.98	56.30	62.82
平均每一就业者负担人数	(人)	Number of Persons Supported by Each Laborer	(person)	1.94	2.46	2.05	1.87	2.00	1.96	1.78	1.59
家庭总收入	(元/人)	Household Income	(Yuan/person)	37995	13523	19220	25571	33115	43760	57952	93232
#可支配收入	(元/人)	Per Capita Disposable Income	(Yuan/person)	34550	10862	17256	23073	30173	40064	52779	86292
家庭总支出	(元/人)	Household Expenditure	(Yuan/person)	30640	13879	16492	21330	26059	36045	43109	72723
#消费性支出	(元/人)	Per Capita Annual Expenditure for Consumption	(Yuan/person)	21545	10444	12891	16632	19614	25603	31333	40691
食品	(元/人)	Food	(Yuan/person)	7552	4559	5648	6580	7469	8861	9426	10821
衣着	(元/人)	Clothing	(Yuan/person)	2110	847	1219	1524	1868	2615	3101	4329
居住	(元/人)	Residence	(Yuan/person)	1552	948	1180	1219	1467	1627	1837	3151
家庭设备用品及服务	(元/人)	Household Facilities, Articles and Services	(Yuan/person)	1161	412	566	820	1013	1269	1678	3024
医疗保健	(元/人)	Medicine and Medical Services	(Yuan/person)	1228	704	835	875	1115	1564	1947	1879
交通和通讯	(元/人)	Transportation and Commu－nications	(Yuan/person)	4134	1340	1695	2924	3664	5004	6959	9074
娱乐教育、文化	(元/人)	Education and Culture	(Yuan/person)	2997	1446	1486	2200	2434	3621	5007	6107
杂项商品和服务	(元/人)	Miscellaneous Commodities and Services	(Yuan/person)	812	189	262	491	584	1042	1377	2307

5-20 城镇居民家庭平均每人收支情况(2005-2012年)
Per Capita Annual Income and Expenditures of Urban Households(2005-2012)

单位:元(yuan)

项目	Item	2005	2006	2007	2008	2009	2010	2011	2012
家庭总收入	**Total Income**	**17877**	**19954**	**22584**	**24981**	**27119**	**30135**	**34264**	**37995**
工资性收入	Wage income	11941	13016	14510	15539	16701	18314	20334	22385
经营净收入	Net Business Income	1922	2172	2612	3162	3294	3641	4384	4694
财产性收入	Property Income	553	889	1080	1325	1415	1470	1572	1465
转移性收入	Transfer Income	3462	3877	4382	4955	5709	6710	7974	9450
出售财物收入	**Income of Properties Sold**	**158**	**904**	**482**	**483**	**781**	**327**	**213**	**346**
借贷收入	**Borrowing Money and Loans**	**5134**	**6037**	**7125**	**6069**	**8295**	**12886**	**14528**	**14738**
#提取储蓄存款	Drawing Money from Banks	4120	4428	5744	5687	6592	11152	13788	13565
借入款	Borrowed Money	277	264	337	105	298	236	181	310
住房贷款	House Morgage	191	691	463	45	539	710	121	234
家庭总支出	**Tolal Expenditure**	**16906**	**18984**	**20097**	**20642**	**24111**	**25853**	**29109**	**30640**
消费性支出	Consumption Expenditure	12254	13349	14091	15158	16683	17858	20437	21545
财产性支出	Property Expenditure	77	143	193	280	254	316	478	455
转移性支出	Transfer Expenditure	1966	2155	2331	2573	2697	3395	4104	4056
#缴纳个人收入税	Income Tax	206	194	240	250	254	325	297	232
捐赠支出	Expenditure for Presentation	1149	1259	1348	1522	1509	2017	2527	2608
赡养支出	Expenditure for Alimony	453	507	522	505	637	712	861	792
社会保障支出	Expenditure for Social Security	1277	1387	1642	1860	2085	2273	2767	2967
购房与建房支出	Purchasing and Building Houses	1333	1951	1841	771	2391	2011	1323	1616
借贷支出	**Lend Money and Savings**	**5226**	**7356**	**8995**	**9306**	**11906**	**16983**	**19206**	**22226**
#存入储蓄款	Savings Deposits	3973	5688	7124	7873	10594	15375	17393	20464
借出款	Lend Money	67	75	86	104	125	49	112	124
储蓄性保险支出	Expenditure for Savings and Insurance	138	141	118	139	154	115	152	95
期末手存现金	**Cash Now Available**	**1920**	**2279**	**2826**	**2223**	**1986**	**2380**	**1821**	**1829**

5－21 城镇居民家庭平均每人全年收支(2012 年)
Per Capita Annual Cash Income and Expenditures of Urban Households(2012)

单位:元(yuan)

项目	Item	总平均 Average	按可支配收入分组 Grouped by Disposable Income						
			最低收入户 Lowest Income House－holds	低收入户 Low Income House－holds	中等偏下户 Lower Middle Income House－holds	中等收入户 Middle Income House－holds	中等偏上户 Upper Middle Income House－holds	高收入户 High Income House－holds	最高收入户 Highest Income House－holds
家庭总收入	**Total Income**	**37995**	**13523**	**19220**	**25571**	**33115**	**43760**	**57952**	**93232**
工资性收入	Wage income	22385	8362	11509	16118	18778	25746	34201	53422
经营净收入	Net Business Income	4694	1921	3105	3117	3514	4322	7352	13824
财产性收入	Property Income	1465	350	644	727	709	1493	2182	6199
转移性收入	Transfer Income	9450	2889	3962	5609	10113	12200	14218	19787
出售财物收入	**Income of Properties Sold**	**346**	**8**	**2**	**6**	**27**	**14**	**267**	**3367**
借贷收入	**Borrowing Money and Loans**	**14738**	**5597**	**5922**	**8846**	**12394**	**17092**	**19213**	**44171**
#提取储蓄存款	Drawing Money from Banks	13565	5395	5707	8609	12158	16192	18541	35503
借入款	Borrowed Money	310	95	17	32	14	411	21	2270
住房贷款	House Morgage	234		74			85	16	2274
家庭总支出	**Tolal Expenditure**	**30640**	**13879**	**16492**	**21330**	**26059**	**36045**	**43109**	**72723**
消费性支出	Consumption Expenditure	21545	10444	12891	16632	19614	25603	31333	40691
财产性支出	Property Expenditure	455	80	145	262	226	383	751	2014
转移性支出	Transfer Expenditure	4056	848	1555	2189	3417	4825	6265	12296
#缴纳个人收入税	Income Tax	232	11	7	40	64	249	504	1216
捐赠支出	Expenditure for Presentation	2608	686	1172	1551	2495	3177	3992	6455
赡养支出	Expenditure for Alimony	792	87	230	337	562	782	1042	3540
社会保障支出	Expenditure for Social Security	2967	2443	1752	2230	2621	3191	4401	5413
购房与建房支出	Purchasing and Building Houses	1616	64	148	17	180	2044	360	12310
借贷支出	**Lend Money and Savings**	**22226**	**5079**	**8338**	**12756**	**19202**	**24748**	**34289**	**67844**
#存入储蓄款	Savings Deposits	20464	4753	7983	11941	18201	23096	31375	60005
借出款	Lend Money	124	4	3	52	249	26	10	618
储蓄性保险支出	Expenditure for Savings and Insurance	95	47	20	33	43	114	188	354
期末手存现金	**Cash Now Available**	**1829**	**1314**	**1730**	**1729**	**1815**	**1729**	**2142**	**2655**

5－22 城镇居民家庭平均每人全年消费性支出(2005－2012 年)
Per Capita Annual Consumption Expenditures of Urban Households(2005－2012)

单位:元(yuan)

项目	Item	2005	2006	2007	2008	2009	2010	2011	2012
消费性支出	**Consumption Expenditure**	**12254**	**13349**	**14091**	**15158**	**16683**	**17858**	**20437**	**21545**
食品	**Food**	**4140**	**4393**	**4893**	**5523**	**5605**	**6118**	**7066**	**7552**
粮油类	Oils Class	391	395	438	537	525	605	722	771
粮食	Grain	239	244	256	298	306	364	438	468
淀粉及薯类	Starches and Potatoes	21	22	25	28	32	41	51	58
干豆类及豆制品	Dried Bean and Related Production	53	52	56	70	73	83	94	100
油脂类	Fat or Oil	78	78	101	141	115	118	139	145
肉禽蛋水产品类	Meat,Poultry Eggs and Aquatic Production	1151	1157	1336	1483	1471	1645	1966	2186
肉类	Meat	398	383	458	568	537	584	731	794
禽类	Poultry	181	166	214	245	237	261	318	334
蛋类	Eggs	57	55	66	74	75	86	105	108
水产品类	Aquatic Production	516	552	598	596	623	714	812	949
蔬菜类	Vegetables	335	365	385	414	448	543	583	661
调味品	Condiment	36	38	40	45	49	54	62	65
糖烟酒饮料	Sugar,Tobacco,Liquor and Beverage	553	604	649	671	695	717	790	727
糖类	Sugar	33	37	36	40	40	47	57	54
烟草类	Tobacco	326	371	405	398	416	413	446	408
酒	Liquor	116	115	122	139	137	153	177	163
饮料	Beverage	78	81	86	93	101	104	110	102
干鲜瓜果类	Dried and Fresh Melons,Fruits	297	334	362	382	421	492	612	665
糕点、奶及奶制品	Cake,Milk and Related Production	227	234	253	310	312	329	408	424
糕点	Cakes	72	73	83	100	106	109	134	140
奶及奶制品	Milk and Related Production	155	160	169	210	207	220	274	284
其他食品	Other Food	85	81	72	81	72	78	81	89
饮食服务	Catering Services	1065	1186	1358	1600	1610	1655	1843	1965
#在外饮食	Eating Outside	1064	1185	1356	1599	1610	1653	1842	1963

续表 Continued

单位:元(yuan)

项目	Item	2005	2006	2007	2008	2009	2010	2011	2012
衣着	**Clothing**	**1264**	**1384**	**1406**	**1546**	**1615**	**1802**	**2139**	**2110**
#服装	Garments	970	1057	1070	1184	1232	1397	1658	1618
衣着材料	Clothing Materials	11	11	11	13	16	17	21	19
鞋类	Shoes	241	272	285	306	320	339	396	409
其他衣着用品	Other Clothing	34	35	33	35	38	39	53	52
衣着加工服务费	Service Expenses of Clothing Processing	9	9	8	8	8	10	11	12
居住	**Residence**	**1059**	**1229**	**1168**	**1334**	**1486**	**1418**	**1518**	**1552**
住房	Housing	368	478	401	480	652	493	518	518
水电燃料及其他	Water, Electricity and Fuels	641	698	713	784	763	847	894	935
居住服务费	Residence Services	50	53	54	70	71	78	106	98
家庭设备、用品及服务	**Household Facilities, Articles and Services**	**609**	**615**	**666**	**713**	**829**	**916**	**1109**	**1161**
#耐用消费品	Durable Consumer Goods	285	288	316	307	391	381	395	403
室内装饰品	Interior Decorations	27	23	22	20	23	30	22	20
床上用品	Bed Articles	74	60	77	85	86	91	111	111
家庭日用杂品	Articles for Daily Use	155	162	175	214	231	323	446	476
家具材料	Furniture Materials	10	18	12	9	12	6	6	5
家庭服务	Services	58	65	65	79	86	85	129	147
医疗保健	**Medicines and Medical Services**	**832**	**852**	**859**	**933**	**985**	**1034**	**1249**	**1228**
交通和通讯	**Transportations and Communications**	**2097**	**2492**	**2473**	**2393**	**3291**	**3437**	**3728**	**4134**
交通	Transportation	1299	1628	1531	1455	2360	2489	2726	3048
通讯	Communication	798	864	942	938	931	948	1002	1085
娱乐、教育、文化	**Recreation, Educatrion and Cultural Services**	**1850**	**1946**	**2158**	**2196**	**2295**	**2586**	**2816**	**2997**
文化娱乐用品	Goods for Recreational	412	449	465	438	471	530	551	512
文化娱乐服务	Services for Recreation	465	445	495	579	643	822	933	1027
教育	Educational	973	1053	1198	1179	1181	1234	1333	1457
其它商品和服务	**Other goods and services**	**402**	**436**	**468**	**521**	**579**	**546**	**812**	**812**

注：其它商品和服务自2002年起数据统计口径调整。
The data of Other goods and services are adjusted since 2002.

5－23 城镇居民家庭平均每人全年消费性支出(2012 年)
Per Capita Annual Consumption Expenditures of Urban Households(2012)

单位:元(yuan)

项目	Item	总平均 Average	按可支配收入分组 Grouped by Disposable Income 最低收入户 Lowest Income House－holds	低收入户 Low Income House－holds	中等偏下户 Lower Middle Income House－holds	中等收入户 Middle Income House－holds	中等偏上户 Upper Middle Income House－holds	高收入户 High Income House－holds	最高收入户 Highest Income House－holds
消费性支出	**Consumption Expenditure**	**21545**	**10444**	**12891**	**16632**	**19614**	**25603**	**31333**	**40691**
食品	**Food**	**7552**	**4559**	**5648**	**6580**	**7469**	**8861**	**9426**	**10821**
粮油类	Oils Class	771	616	691	740	824	835	806	822
粮食	Grain	468	376	417	446	490	508	490	523
淀粉及薯类	Starches and Potatoes	58	44	51	57	65	61	62	63
干豆类及豆制品	Dried Bean and Related Production	100	81	91	100	107	108	101	94
油脂类	Fat or Oil	145	114	131	137	162	158	153	141
肉禽蛋水产品类	Meat,Poultry Eggs and Aquatic Production	2186	1446	1877	2059	2377	2457	2451	2405
肉类	Meat	794	609	748	794	849	866	838	742
禽类	Poultry	334	222	291	320	387	376	340	332
蛋类	Eggs	108	77	92	101	117	124	120	114
水产品类	Aquatic Production	949	538	745	845	1024	1090	1153	1217
蔬菜类	Vegetables	661	512	578	629	720	732	702	675
调味品	Condiment	65	46	56	58	72	73	71	76
糖烟酒饮料	Sugar,Tobacco,Liquor and Beverage	727	367	508	635	688	952	927	1000
糖类	Sugar	54	30	32	51	50	68	73	79
烟草类	Tobacco	408	208	311	354	384	557	482	528
酒	Liquor	163	79	110	140	161	198	235	232
饮料	Beverage	102	50	55	90	94	129	138	161
干鲜瓜果类	Dried and Fresh Melons,Fruits	665	376	439	577	672	782	834	1015
糕点、奶及奶制品	Cake,Milk and Related Production	424	263	270	399	391	496	531	641
糕点	Cakes	140	85	95	125	130	168	179	209
奶及奶制品	Milk and Related Production	284	177	175	274	261	327	352	433
其他食品	Other Food	89	64	41	96	83	103	99	125
饮食服务	Catering Services	1965	870	1188	1387	1643	2431	3006	4062
#在外饮食	Eating Outside	1963	869	1185	1386	1637	2430	3005	4059

续表 Continued 单位:元(yuan)

项目	Item	总平均 Average	按可支配收入分组 Grouped by Disposable Income 最低收入户 Lowest Income House-holds	低收入户 Low Income House-holds	中等偏下户 Lower Middle Income House-holds	中等收入户 Middle Income House-holds	中等偏上户 Upper Middle Income House-holds	高收入户 High Income House-holds	最高收入户 Highest Income House-holds
衣着	**Clothing**	**2110**	**847**	**1219**	**1524**	**1868**	**2615**	**3101**	**4329**
#服装	Garments	1618	633	919	1139	1403	2008	2399	3470
衣着材料	Clothing Materials	19	8	18	18	18	16	29	29
鞋类	Shoes	409	180	253	317	393	509	588	692
其他衣着用品	Other Clothing	52	23	25	41	45	68	68	108
衣着加工服务费	Service Expenses of Clothing Processing	12	4	5	8	10	14	17	30
居住	**Residence**	**1552**	**948**	**1180**	**1219**	**1467**	**1627**	**1837**	**3151**
住房	Housing	518	202	332	300	445	509	622	1664
水电燃料及其他	Water, Electricity and Fuels	935	723	814	862	949	1004	1045	1196
居住服务费	Residence Services	98	23	34	58	74	114	170	292
家庭设备用品及服务	**Household Facilities, Articles and Services**	**1161**	**412**	**566**	**820**	**1013**	**1269**	**1678**	**3024**
#耐用消费品	Durable Consumer Goods	403	122	197	252	382	412	547	1184
室内装饰品	Interior Decorations	20	2	5	7	10	16	27	106
床上用品	Bed Articles	111	36	54	101	105	119	160	227
家庭日用杂品	Articles for Daily Use	476	233	271	400	435	553	608	944
家具材料	Furniture Materials	5	2	1	12	5	2	1	6
家庭服务	Services	147	17	38	49	76	168	335	557
医疗保健	**Medical and Health Care**	**1228**	**704**	**835**	**875**	**1115**	**1564**	**1947**	**1879**
交通和通讯	**Transportation and Communication**	**4134**	**1340**	**1695**	**2924**	**3664**	**5004**	**6959**	**9074**
交通	Transportation	3048	722	958	1958	2673	3712	5543	7368
通讯	Communication	1085	618	737	966	991	1292	1416	1706
娱乐、教育、文化	**Recreation, Educatrion and Cultural Services**	**2997**	**1446**	**1486**	**2200**	**2434**	**3621**	**5007**	**6107**
文化娱乐用品	Goods for Recreational	512	208	264	380	390	610	938	1057
文化娱乐服务	Services for Recreation	1027	195	278	527	912	1350	1732	2809
教育	Educational	1457	1042	944	1292	1132	1660	2337	2241
其它商品和服务	**Other goods and services**	**812**	**189**	**262**	**491**	**584**	**1042**	**1377**	**2307**

5－24 城镇居民家庭平均每人全年购买主要商品数量(2006－2012 年)
Per Capita Annual Purchases of Major Commodities of Urban Households(2006－2012)

名称		Item		2006	2007	2008	2009	2010	2011	2012
大米	(公斤)	Rice	(kg)	54.09	51.07	52.61	51.14	50.75	51.22	49.89
面粉	(公斤)	Flour	(kg)	1.55	1.38	1.73	1.75	1.71	1.92	2.22
食用植物油	(公斤)	Edible Vegetables Oil	(kg)	7.95	8.10	8.61	8.23	8.06	8.36	8.08
猪肉	(公斤)	Pork	(kg)	18.24	16.30	16.76	17.45	18.16	18.77	19.26
牛肉	(公斤)	Beef	(kg)	1.48	1.58	1.34	1.54	1.84	2.14	2.15
羊肉	(公斤)	Mutton	(kg)	0.41	0.36	0.30	0.40	0.40	0.34	0.31
鸡	(公斤)	Chicken	(kg)	4.48	5.09	5.25	4.89	4.96	5.48	5.35
鸭	(公斤)	Duck	(kg)	3.13	2.93	3.00	3.00	3.00	3.04	3.08
鲜蛋	(公斤)	Fresh Eggs	(kg)	6.49	6.32	6.77	6.62	6.87	7.18	7.41
鱼	(公斤)	Fish	(kg)	13.55	14.27	13.33	13.47	13.90	13.70	14.37
虾	(公斤)	Shrimp	(kg)	3.17	3.53	3.07	3.20	3.02	2.93	3.16
鲜菜	(公斤)	Fresh Vegetables	(kg)	91.15	91.32	88.65	89.92	93.23	91.91	91.78
白酒	(公斤)	White Spirit	(kg)	2.04	2.02	1.54	1.68	1.63	1.66	1.62
啤酒	(公斤)	Beer	(kg)	10.26	9.15	7.53	7.05	5.98	5.07	4.37
茶叶	(公斤)	Tea	(kg)	0.17	0.17	0.18	0.17	0.17	0.20	0.14
鲜果	(公斤)	Fresh Fruits Fresh melon	(kg)	37.24	39.14	36.16	37.14	36.42	37.82	39.63
鲜瓜	(公斤)	Fresh melon	(kg)	25.60	25.52	18.83	19.93	19.07	16.64	15.80
糕点	(公斤)	Cake	(kg)	4.06	4.32	4.63	4.75	4.83	5.26	5.02
鲜奶	(公斤)	Fresh Milk	(kg)	13.35	13.30	11.42	10.89	11.43	11.59	12.16
服装	(件)	Garments	(piece)	9.54	8.91	8.84	8.83	8.58	9.67	9.42
鞋	(双)	Shoes	(pair)	2.89	2.82	2.76	2.81	2.73	2.92	2.98
水	(吨)	Water	(ton)	56.92	56.80	58.65	59.29	60.65	62.17	65.21
电	(千瓦时)	Electricity	(kw.h)	717.25	726.23	805.66	850.44	917.72	945.25	977.82
煤炭	(公斤)	Coal	(kg)	8.82	6.25	4.58	2.87	2.64	2.31	1.91
罐装液化气	(公斤)	Tank LPG	(kg)	28.10	27.71	26.38	25.43	24.64	23.07	21.18
管道液化气	(立方米)	Pipeline LPG	(cu.m)			0.90	0.90	0.80	0.98	1.11
管道煤气	(立方米)	Pipeline Gas	(cu.m)			2.17	1.12	0.68	0.78	0.64
天然气	(立方米)	Natural Gas	(cu.m)			11.21	12.45	16.71	17.22	21.75

5-25 城镇居民家庭平均每人全年购买主要商品数量(2012年)
Per Capita Annual Purchases of Major Commodities of Urban Households(2012)

名称		Item		总平均 Average	按可支配收入分组 Grouped by Disposable Income 最低收入户 Lowest Income Households	低收入户 Low Income Households	中等偏下户 Lower Middle Income Households	中等收入户 Middle Income Households	中等偏上户 Upper Middle Income Households	高收入户 High Income Households	最高收入户 Highest Income Households
大米	(公斤)	Rice	(kg)	49.89	45.94	49.27	51.41	52.42	51.56	45.85	46.79
面粉	(公斤)	Flour	(kg)	2.22	2.13	2.10	2.16	2.48	2.13	2.34	2.04
食用植物油	(公斤)	Edible Vegetables Oil	(kg)	8.08	7.27	7.93	7.74	9.02	8.51	7.84	7.27
猪肉	(公斤)	Pork	(kg)	19.26	17.26	19.39	19.69	20.71	19.96	19.23	15.80
牛肉	(公斤)	Beef	(kg)	2.15	1.08	1.96	2.17	2.19	2.66	2.51	2.01
羊肉	(公斤)	Mutton	(kg)	0.31	0.16	0.28	0.30	0.38	0.32	0.36	0.33
鸡	(公斤)	Chicken	(kg)	5.35	4.09	5.14	5.30	6.42	5.61	4.88	4.74
鸭	(公斤)	Duck	(kg)	3.08	2.28	2.88	2.76	3.61	3.59	2.97	2.83
鲜蛋	(公斤)	Fresh Eggs	(kg)	7.41	5.89	6.80	7.19	8.24	8.05	7.58	6.98
鱼	(公斤)	Fish	(kg)	14.37	10.77	12.91	14.09	16.00	15.57	14.80	14.23
虾	(公斤)	Shrimp	(kg)	3.16	2.07	2.86	3.03	3.37	3.56	3.48	3.41
鲜菜	(公斤)	Fresh Vegetables	(kg)	91.78	80.51	82.54	88.56	101.24	97.30	93.54	88.44
白酒	(公斤)	White Spirit	(kg)	1.62	1.17	1.54	1.52	1.92	1.72	1.78	1.43
啤酒	(公斤)	Beer	(kg)	4.37	3.22	3.57	5.00	4.13	4.77	5.05	4.07
茶叶	(公斤)	Tea	(kg)	0.14	0.06	0.08	0.13	0.15	0.17	0.19	0.17
鲜果	(公斤)	Fresh Fruits	(kg)	39.63	28.49	29.10	36.35	41.52	43.96	47.03	50.74
鲜瓜	(公斤)	Fresh melon	(kg)	15.80	10.03	11.54	14.87	17.34	17.63	17.46	20.38
糕点	(公斤)	Cake	(kg)	5.02	3.68	3.67	4.74	4.79	5.87	5.97	6.41
鲜奶	(公斤)	Fresh Milk	(kg)	12.16	7.98	8.64	11.40	12.24	14.45	14.46	15.28
服装	(件)	Garments	(piece)	9.42	5.97	7.12	7.83	9.05	10.73	11.97	14.96
鞋	(双)	Shoes	(pair)	2.98	2.06	2.28	2.71	2.99	3.36	3.69	3.90
水	(吨)	Water	(ton)	65.21	53.25	63.33	60.85	67.41	67.75	67.10	78.97
电	(千瓦时)	Electricity	(kw. h)	977.82	697.00	783.93	874.45	980.05	1094.16	1138.46	1337.53
煤炭	(公斤)	Coal	(kg)	1.91	1.16	1.74	1.14	2.96	2.39	2.61	0.69
罐装液化气	(公斤)	Tank LPG	(kg)	21.18	24.08	25.15	22.55	23.34	19.47	17.66	12.87
管道液化气	(立方米)	Pipeline LPG	(cu. m)	1.11	0.46	0.80	0.54	0.51	1.39	2.43	2.82
管道煤气	(立方米)	Pipeline Gas	(cu. m)	0.64	0.55	1.47	0.30	0.39	0.96	0.84	0.24
天然气	(立方米)	Natural Gas	(cu. m)	21.75	8.16	11.73	18.51	21.91	26.57	27.62	39.37

5-26 城镇居民家庭平均每百户耐用消费品购买量(2006-2012年)
Per 100 Urban Households Annual Average Purchases of Durable Consumer Goods (2006-2012)

名称		Item		2006	2007	2008	2009	2010	2011	2012
洗衣机	(台)	Washing Machine	(unit)	2.76	3.07	3.62	3.18	4.77	4.10	4.00
电冰箱	(台)	Refrigerator	(unit)	3.96	3.73	3.74	4.74	4.61	4.54	5.26
微波炉	(台)	Microwave oven	(unit)	3.12	1.80	2.60	2.30	2.82	2.24	2.19
空调器	(台)	Air conditioner	(unit)	7.92	9.45	6.68	8.33	6.66	9.13	6.85
淋浴热水器	(个)	Shower	(unit)	4.92	3.90	3.68	4.41	4.69	5.00	4.15
消毒碗柜	(台)	Disinfecting Cupboard	(unit)	0.48	0.53	0.42	0.42	0.24	0.26	0.30
洗碗机	(台)	Dishwasher	(unit)		0.01	0.02	0.01	0.10	0.05	0.08
摩托车	(辆)	Motorcycle	(unit)	0.96	0.76	0.78	1.02	0.29	0.46	0.57
助力车	(辆)	Electric Bicycle	(unit)	5.64	4.97	5.35	5.13	4.82	5.85	5.34
家用汽车	(辆)	Household Car	(unit)	2.16	1.96	1.03	2.90	2.62	2.54	2.63
固定电话	(部)	Telephone	(unit)	5.04	4.58	5.61	4.58	5.26	5.88	6.84
移动电话	(部)	Mobile Phone	(unit)	27.72	31.18	25.47	25.53	25.63	30.34	34.40
彩色电视机	(台)	Color TV Set	(unit)	7.20	6.12	7.84	8.63	9.90	9.11	9.70
家用电脑	(台)	Household Electronic Computer	(unit)	7.20	7.77	5.97	8.25	8.86	8.85	8.32
组合音响	(台)	Hi-Fi Stereo Component System	(unit)	0.48	1.36	0.34	0.40	0.61	0.72	0.40
摄像机	(架)	Pickup Camera	(unit)	0.36	0.36	0.43	0.22	0.26	0.18	0.28
照相机	(架)	Camera	(unit)	3.96	4.28	3.29	2.96	4.39	3.46	1.98
钢琴	(架)	Piano	(unit)	0.12	0.05	0.22	0.21	0.06	0.24	0.09
中高档乐器	(架)	Medium or High Rank Instrument	(unit)	1.08	1.04	0.78	0.97	1.16	0.66	0.97
健身器材	(件)	Fitness Equipment	(unit)		0.13	0.48	7.50	0.30	0.55	0.59

5-27 城镇居民家庭平均每百户耐用消费品购买量(2012年)
Per 100 Urban Households Annual Average Purchases of Durable Consumer Goods(2012)

名称		Item		总平均 Average	按可支配收入分组 Grouped by Disposable Income						
					最低收入户 Lowest Income House-holds	低收入户 Low Income House-holds	中等偏下户 Lower Middle Income House-holds	中等收入户 Middle Income House-holds	中等偏上户 Upper Middle Income House-holds	高收入户 High Income House-holds	最高收入户 Highest Income House-holds
洗衣机	(台)	Washing Machine	(unit)	4.00	0.76	0.76	2.65	4.80	5.14	6.69	5.91
电冰箱	(台)	Refrigerator	(unit)	5.26	1.02	2.85	5.54	5.14	5.2	5.7	10.50
微波炉	(台)	Microwave oven	(unit)	2.2	2.17	1.23	1.62	2.6	2.66	1.26	3.34
空调器	(台)	Air conditioner	(unit)	6.85	1.89	2.74	6.09	6.19	6.25	7.64	17.89
淋浴热水器	(个)	Shower	(unit)	4.15	3.24	1.77	3.2	5.25	2.95	6.44	6.71
消毒碗柜	(台)	Disinfecting Cupboard	(unit)	0.30	0.09	0.16	0.42	0.2	0.42	0.34	0.43
洗碗机	(台)	Dishwasher	(unit)	0.08	0.36	0.09	0.04			0.25	0.04
摩托车	(辆)	Motorcycle	(unit)	0.57	0.58	1.7	0.25	1.1	0.32	0.12	0.23
助力车	(辆)	Electric Bicycle	(unit)	5.34	4.66	11.07	6.11	6.01	2.75	3.72	4.69
家用汽车	(辆)	Household Car	(unit)	2.63	0.55	1.09	1.83	2.45	3.1	5.27	4.17
固定电话机	(部)	Telephone	(unit)	6.84	25.30	1.17	3.77	4.22	5.83	6.37	8.90
移动电话	(部)	Mobile Phone	(unit)	34.40	17.06	25.2	29.39	28.40	39.87	48.76	54.68
彩色电视机	(台)	Color TV Set	(unit)	9.70	5.85	5.50	8.72	7.38	9.46	16.90	16.65
家用电脑	(台)	Household Electronic Computer	(unit)	8.32	3.43	8.39	7.34	7.17	8.00	9.82	15.81
组合音响	(台)	Hi-Fi Stereo Component System	(unit)	0.40			0.10	0.17	0.45	0.95	1.46
摄像机	(架)	Pickup Camera	(unit)	0.28			0.04	0.07	0.13	1.99	0.27
照相机	(架)	Camera	(unit)	1.98	0.45	0.51	2.33	1.14	2.54	4.48	2.08
钢琴	(架)	Piano	(unit)	0.09	0.11	0.06		0.03	0.37		
中高档乐器	(架)	Medium or High Rank Instrument	(unit)	0.97	0.30	0.26	0.08	0.71	1.65	1.94	2.15
健身器材	(件)	Fitness Equipment	(unit)	0.59		0.13	0.44	0.61	0.6	0.83	1.49

5-28 城镇居民家庭平均每百户耐用消费品拥有量(2006-2012年)
Per 100 Urban Households Annual Average Possession of Durable Consumer Goods (2006-2012)

名称		Item		2006	2007	2008	2009	2010	2011	2012
摩托车	(辆)	Motorcycle	(unit)	31.84	30.44	26.22	25.77	25.82	21.97	21.86
助力车	(辆)	Electric Bicycle	(unit)	34.75	37.88	40.20	42.87	45.73	50.51	52.49
家用汽车	(辆)	Household Car	(unit)	11.03	13.83	19.61	23.62	26.43	33.73	36.50
洗衣机	(台)	Washing Machine	(unit)	93.06	92.95	91.39	92.85	94.26	94.87	95.45
电冰箱	(台)	Refrigerator	(unit)	99.27	100.05	97.99	99.16	100.36	100.21	100.89
彩色电视机	(台)	Color TV Set	(unit)	181.02	182.91	176.66	181.72	185.70	184.79	186.56
家用电脑	(台)	Household Electronic Computer	(unit)	64.83	73.79	79.93	84.41	89.84	103.57	106.38
组合音响	(台)	Hi-Fi Stereo Component System	(unit)	36.47	38.12	33.32	33.15	33.38	28.53	28.40
摄像机	(架)	Vidicon	(unit)	6.24	6.26	8.49	9.18	9.48	9.85	10.22
照相机	(架)	Camera	(unit)	52.51	52.10	46.02	47.69	50.07	53.25	53.89
钢琴	(架)	Piano	(unit)	2.48	2.64	2.74	2.97	3.12	4.14	4.19
中高档乐器	(架)	Medium or High Rank Instrument	(unit)	8.99	7.20	4.61	5.83	6.13	4.56	4.80
微波炉	(台)	Microwave oven	(unit)	60.06	65.68	66.42	69.30	71.28	72.31	72.97
空调器	(台)	Air conditioner	(unit)	152.42	160.93	170.58	179.93	186.62	201.05	203.77
淋浴热水器	(个)	Shower	(unit)	91.41	95.16	96.74	99.13	101.19	104.68	106.32
消毒碗柜	(台)	Disinfecting Cupboard	(unit)	21.55	22.21	23.67	23.83	24.09	25.18	25.49
洗碗机	(台)	Dishwasher	(unit)	0.63	0.53	1.03	1.12	1.18	1.42	1.32
健身器材	(件)	Fitness Equipment	(unit)	7.13	6.99	5.47	5.80	6.09	5.95	6.17
固定电话	(部)	Telephone	(unit)	95.81	95.51	90.14	89.64	89.13	80.33	79.85
移动电话	(部)	Mobile Phone	(unit)	182.63	190.65	189.42	191.50	198.01	207.76	210.08

5-29 城镇居民家庭平均每百户耐用消费品拥有量(2012 年)
Per 100 Urban Households Annual Average Possession of Durable Consumer Goods(2012)

名称		Item		总平均 Average	按可支配收入分组 Grouped by Disposable Income						
					最低收入户 Lowest Income House-holds	低收入户 Low Income House-holds	中等偏下户 Lower Middle Income House-holds	中等收入户 Middle Income House-holds	中等偏上户 Upper Middle Income House-holds	高收入户 High Income House-holds	最高收入户 Highest Income House-holds
摩托车	(辆)	Motorcycle	(unit)	21.86	26.77	31.80	24.27	19.19	20.70	16.53	16.92
助力车	(辆)	Electric Bicycle	(unit)	52.49	58.95	62.47	60.45	52.63	49.40	43.20	37.45
家用汽车	(辆)	Household Car	(unit)	36.50	15.68	21.90	29.65	32.30	40.90	49.56	68.18
洗衣机	(台)	Washing Machine	(unit)	95.45	89.26	95.60	93.56	95.49	96.90	96.35	100.70
电冰箱	(台)	Refrigerator	(unit)	100.89	96.36	100.60	99.57	99.97	101.26	103.84	105.95
彩色电视机	(台)	Color TV Set	(unit)	186.56	150.65	175.35	185.43	178.88	194.00	205.46	213.24
家用电脑	(台)	Household Computer	(unit)	106.38	80.38	96.97	105.41	97.95	112.50	117.60	133.79
组合音响	(台)	Hi-Fi Stereo Component System	(unit)	28.40	18.05	22.98	29.82	24.80	27.15	34.66	43.21
摄像机	(架)	Vidicon	(unit)	10.22	4.80	6.21	5.74	9.09	10.99	15.79	22.50
照相机	(架)	Camera	(unit)	53.89	29.99	38.50	50.13	48.88	57.31	70.29	83.41
钢琴	(架)	Piano	(unit)	4.19	0.79	1.88	2.96	3.05	5.98	5.93	8.70
中高档乐器	(件)	Medium or HighGrade Instrument	(unit)	4.80	2.17	4.09	5.52	3.13	5.91	5.37	7.04
微波炉	(台)	Microwave oven	(unit)	72.97	58.18	61.99	70.48	70.69	77.54	81.72	87.81
空调器	(台)	Air conditioner	(unit)	203.77	158.33	157.30	187.43	190.82	223.94	242.47	265.72
淋浴热水器	(个)	Shower	(unit)	106.32	90.25	104.46	102.03	101.44	113.85	111.72	120.48
消毒碗柜	(台)	Disinfecting Cupboard	(unit)	25.49	17.53	17.62	22.86	21.45	28.55	31.55	40.84
洗碗机	(台)	Dishwasher	(unit)	1.32	1.30	0.45	1.40	1.31	1.10	1.75	2.01
健身器材	(件)	Fitness Equipment	(unit)	6.17	1.60	3.19	5.33	3.87	8.46	9.37	11.54
固定电话	(部)	Telephone	(unit)	79.85	68.74	75.31	78.78	82.28	81.25	82.13	86.00
移动电话	(部)	Mobile Phone	(unit)	210.08	190.85	212.16	215.13	207.88	211.61	210.98	216.24

5-30 城镇居民家庭居住情况(2006-2012年)
Living Conditions of Urban Households(2006-2012)

单位:%(%)

项目	Item	2006	2007	2008	2009	2010	2011	2012
调查总户数	**Number of Households Surveyed**	**100**	**100**	**100**	**100**	**100**	**100**	**100**
按房屋产权分	**By Property Right of House**							
租赁公房	Rental State-owned House	4.20	3.59	3.31	2.79	2.56	1.92	1.88
租赁私房	Rental Private House	3.20	2.99	5.82	5.27	4.98	5.70	4.97
自有房	Private House	90.30	92.42	89.94	90.73	91.31	91.70	92.49
原有私房	Original Private House	12.60	10.64	10.42	10.58	10.74	10.99	11.72
房改私房	Private House after House Reforming	31.70	32.06	27.01	25.75	25.29	20.92	20.54
商品房	Commercial House	46.00	49.72	52.51	54.40	55.28	59.79	60.23
其他	Others	2.40	0.99	0.93	1.21	1.14	0.68	0.65
按住宅建筑式样分	**By Building Type**							
单栋住宅	One Household	8.50	7.81	6.53	6.53	6.59	8.11	8.28
四居室	Four Bedrooms	5.70	4.00	4.45	4.70	4.96	5.37	5.32
三居室	Three Bedrooms	33.50	36.17	37.10	37.75	38.58	38.18	38.59
二居室	Two Bedrooms	42.10	42.43	43.29	42.01	41.03	39.72	39.81
一居室	One Bedroom	3.90	3.89	4.31	4.43	4.43	4.06	3.74
普通楼房	Common House	4.90	4.40	3.50	3.75	3.59	3.88	3.63
平房及其他	Others	1.30	1.30	0.82	0.82	0.83	0.68	0.63
按用水情况分	**By Water Using**							
独用自来水	Tap Water Owned Per Household	98.40	99.73	99.87	99.84	99.87	99.83	99.85
公用自来水	Public Tap Water	1.30	0.21	0.11	0.13	0.13	0.15	0.13
井水、河水	Wall Water and River	0.30	0.06	0.02	0.02		0.02	0.02
按卫生设备情况分	**By Health Facilities**							
无卫生设备	Without Health Facilities	2.70	1.30	0.91	0.83	0.68	0.51	0.50
有浴室厕所	Bathroom and Toilet Room Owned Per Household	90.30	93.07	92.74	93.35	93.86	95.44	96.61
有厕所无浴室	Toilet Room Owned But Without Bath Room	6.70	5.38	6.11	5.60	5.30	3.87	2.77
公用卫生设备	Public Health Facilities	0.30	0.25	0.25	0.23	0.15	0.18	0.13
按取暖设备情况分	**By Heating Facilities**							
无取暖设备	Without Heating Equipment	17.30	14.37	10.79	9.40	9.06	5.96	5.26
空调设备	Air Coditioner Owned	82.50	85.39	88.99	90.42	90.73	93.94	94.74
暖气	Warm Gas							
其他	Others	0.20	0.24	0.23	0.18	0.21	0.10	
按炊用燃料使用情况分	**By Fuel Types**							
煤炭	Coal	0.30	0.22	0.33	0.31	0.26	0.04	0.04
灌装液化石油气	Tank LPG	79.90	80.02	74.33	71.95	70.01	63.01	60.77
管道液化石油气	Pipeline LPG			4.25	3.97	3.94	4.94	4.21
管道煤气	Pipeline Gas			1.58	1.66	0.42	0.25	0.25
管道天然气	Pipeline Gas			19.05	21.72	24.95	30.82	33.90
其他燃料	Others	0.30	0.30	0.46	0.39	0.42	0.93	0.83

5-31 历年农村居民生活水平(1978-2012年)
Living Standard of Rural Resident(1978-2012)

年份 Year	人均纯收入(元) Per Capita Net Income (yuan)	人均纯收入增长(上年=100) Growth Rate of Per Capita Net Income (Preceding year=100)	人均消费性支出(元) Per Capita Consumption Expenditure (yuan)	#食品支出 Food	恩格尔系数 Engel Coefficient	人均居住面积(平方米) Per Captia Floor Space of Residential Buildings (sq. m)
1978	165		157	93	59.1	
1979	195	115.2	175	100	57.1	
1980	219	103.3	192	109	56.8	16.07
1981	286	129.0	267	147	55.2	14.02
1982	346	120.4	302	170	56.3	16.57
1983	359	102.3	326	183	56.2	19.32
1984	446	123.5	369	202	54.6	20.45
1985	549	112.5	474	247	52.1	22.08
1986	609	105.0	561	282	50.3	23.02
1987	725	113.6	659	320	48.6	24.73
1988	902	108.1	839	389	46.4	25.98
1989	1011	97.4	927	445	48.0	27.09
1990	1099	102.7	946	436	46.1	29.26
1991	1211	108.9	1027	518	50.5	30.77
1992	1359	108.8	1112	548	49.2	31.34
1993	1746	110.2	1263	633	50.2	32.62
1994	2225	104.1	1680	800	47.6	32.77
1995	2966	105.3	2378	1198	50.4	34.14
1996	3463	106.1	2702	1367	50.6	35.78
1997	3684	103.8	2839	1378	48.5	37.30
1998	3815	104.7	2891	1362	47.1	38.53
1999	3948	105.6	2806	1293	46.1	40.27
2000	4254	107.8	3231	1406	43.5	46.42
2001	4582	106.9	3479	1449	41.6	47.82
2002	4940	108.4	3693	1508	40.8	49.53
2003	5431	107.8	4287	1637	38.2	50.73
2004	6096	107.4	4659	1839	39.5	51.29
2005	6660	106.4	5215	2011	38.6	54.98
2006	7335	109.3	5762	2141	37.2	55.57
2007	8265	108.2	6442	2347	36.4	57.06
2008	9258	106.2	7072	2690	38.0	58.50
2009	10007	109.5	7375	2756	37.4	59.29
2010	11303	108.6	8390	2977	35.5	58.53
2011	13071	109.5	9644	3629	37.6	60.80
2012	14552	108.8	10208	3844	37.7	61.51

注：人均纯收入指数扣除价格因素。
Growth rate of per-capita net income was excluded price changes.

5-32 农村居民家庭基本情况(2006-2012年) Basic Statistics on Rural Households(2006-2012)

项目		Item		2006	2007	2008	2009	2010	2011	2012
调查户数	**(户)**	**Number of Household Surveyed**	**(household)**	**4700**	**4700**	**4700**	**4700**	**4700**	**4700**	**4700**
常住人口	**(人)**	**Permanent Residents**	**(person)**	**16675**	**16629**	**16477**	**16416**	**16352**	**15472**	**15478**
户均常住人口	(人)	Average Permanent Residents Per Household	(person)	3.55	3.54	3.51	3.49	3.48	3.29	3.29
户均整半劳动力	**(人)**	**Average Ablebodied and Semiablebodied Laborers**	**(person)**	**2.60**	**2.60**	**2.58**	**2.57**	**2.58**	**2.41**	**2.40**
整半劳动力占人口比重	(%)	Percentage of Ablebodied and Semiablebodied	(%)	73.36	73.53	73.65	73.63	74.09	73.13	72.80
每百个劳动力中人数		**Among Per 100 Laborers**								
乡村企业人数	(人)	Laborers in Rural Enterprise	(person)	23.11	27.13	28.34	28.29	28.81		
外出劳动力人数	(人)	Laborers OutSide	(person)	10.81	9.94	9.69	12.87	13.67	16.17	17.38
平均每百个劳动力中人数:	**(人)**	**Among Per 100 Laborers**	**(person)**							
不识字或识字很少	(人)	Illiterate or Semiliterate	(person)	6.69	6.09	5.72	5.75	5.79	6.94	6.46
小学程度	(人)	Primary School	(person)	31.34	31.51	31.28	30.48	29.79	29.27	29.00
初中程度	(人)	Junior Secondary School	(person)	45.72	44.70	44.02	43.59	42.97	45.25	45.23
高中程度	(人)	Senior Secondary School	(person)	12.30	12.74	12.98	13.56	13.95	11.99	12.09
中专程度	(人)	Specialized Secondary School	(person)	2.28	2.70	3.11	3.23	3.29	2.00	2.08
大专程度	(人)	College	(person)	1.67	2.27	2.89	3.39	4.21	4.55	5.13
按人均纯收入分组的户数占调查户数的比重	**(%)**	**Percentage of Households Grouped by Per Capita Net Income**	**(%)**							
2000元以下		<2000 yuan		6.51	5.28	3.94	3.26	2.64	2.55	2.45
2000-4000元		2000-4000 yuan		16.30	13.70	11.53	10.21	8.51	6.23	5.17
4000-6000元		4000-6000 yuan		21.00	18.26	15.36	13.81	12.96	8.98	8.36
6000-8000元		6000-8000 yuan		18.32	17.66	16.98	15.04	12.72	11.77	10.09
8000-10000元		8000-10000 yuan		14.32	14.04	14.45	15.38	13.57	11.57	10.68
10000-12000元		10000-12000 yuan		8.34	11.02	12.17	12.09	12.15	11.30	9.85
12000-14000元		12000-14000 yuan		5.89	6.89	8.30	8.60	9.30	10.17	9.55
14000-16000元		14000-16000 yuan		3.62	4.38	5.34	6.47	7.70	8.43	8.38
16000-18000元		16000-18000 yuan		1.77	2.96	3.47	4.81	5.40	6.94	6.81
18000-20000元		18000-20000 yuan		0.96	1.43	2.32	2.36	3.60	5.00	5.94
20000元以上		> =20000 yuan		2.98	4.38	6.15	7.98	11.45	17.06	22.72
人均经营耕地面积	**(亩)**	**Cultivated Areas Run by Per Capita**	**(mu)**	**0.67**	**0.66**	**0.65**	**0.64**	**0.63**	**0.59**	**0.61**
人均经营山地面积	(亩)	Hilly Areas Runned by Per Capita	(mu)	0.42	0.45	0.43	0.41	0.45	0.82	0.81

5－33 农村居民家庭基本情况(2012 年)
Basic Statistics on Rural Households(2012)

项目		Item		总平均 Average	按人均纯收入等级分组 Grouped by Level of Net Income 低 20%收入户 Lower Income House－holds (20%)	次低 20%收入户 Low Income House－holds (20%)	中等 20%收入户 Middle Income House－holds (20%)	次高 20%收入户 High Income House－holds (20%)	高 20%收入户 Higher Income House－holds (20%)
调查户数	**(户)**	**Number of Household Surveyed**	**(household)**	**4700**	**940**	**940**	**940**	**940**	**940**
家庭常住人口	**(人)**	**Permanent Residents**	**(person)**	**15478**	**3126**	**3235**	**3203**	**3099**	**2815**
户均常住人口	(人)	Average Permanent Residents Per Household	(person)	3.29	3.33	3.44	3.41	3.30	2.99
户均整半劳动力	**(人)**	**Average Ablebodied and Semiablebodied Laborers**	**(person)**	**2.40**	**2.23**	**2.38**	**2.47**	**2.48**	**2.44**
整半劳动力占人口比重	(%)	Percentage of Able－bodiedand Semiablebodied	(%)	72.80	67.11	69.10	72.55	75.09	81.31
平均每百个劳动力中:	(人)	Among Per 100 Laborers	(person)						
乡村企业人数		Laborers in Rural Enterprise							
外出劳动力人数		Laborers OutSide		17.38	26.93	23.12	17.60	12.02	8.89
平均每百个劳动力中:	**(人)**	**Among Per 100 Laborers**	**(person)**						
不识字或识字很少		Illiterate or Semiliterate		6.46	10.42	7.90	6.27	3.99	4.35
小学程度		Primary School		29.00	34.14	31.32	29.92	25.17	25.34
初中程度		Junior Secondary School		45.23	42.50	45.26	44.10	48.44	45.42
高中程度		Senior Secondary School		12.09	9.47	10.31	13.01	13.92	13.29
中专程度		Specialized Secondary School		2.08	1.21	1.62	2.34	2.27	2.84

续表 Continued

项目		Item		总平均 Average	按人均纯收入等级分组 Grouped by Level of Net Income				
					低20%收入户 Lower Income House-holds (20%)	次低20%收入户 Low Income House-holds (20%)	中等20%收入户 Middle Income House-holds (20%)	次高20%收入户 High Income House-holds (20%)	高20%收入户 Higher Income House-holds (20%)
大专及以上程度	(人)	College	(person)	5.13	2.26	3.58	4.35	6.21	8.75
人均经营耕地面积	**(亩)**	**Cultivated Areas Run by Per Capita**	**(mu)**	**0.61**	**0.55**	**0.64**	**0.53**	**0.54**	**0.81**
人均经营山地面积	(亩)	Average Hilly Areas Run by Per Capita	(mu)	0.81	1.31	0.99	0.72	0.51	0.47
人均新建(购)住房面积	**(平方米)**	**Living Floor Space of House Newly Built Per Capita**	**(sq. m)**	**1.04**	**0.94**	**0.89**	**0.69**	**0.78**	**1.99**
#钢筋混凝土结构面积		Reinforced Concrete Structure		0.88	0.65	0.75	0.54	0.77	1.82
砖木结构面积		Brick and Wood Structure		0.15	0.29	0.14	0.15	0.01	0.17
新建(购)住房每平方米价值	**(元)**	**Value of Houses Newly Built Per Square Meter**	**(yuan)**	**1535**	**1016**	**1488**	**1558**	**1708**	**1748**
年末人均住房面积	(平方米)	Per Capita Living Floor Space	(sq. m)	61.51	49.53	55.57	59.46	65.75	79.31
#钢筋混凝土结构面积		Reinforced Concrete Structure		43.46	31.38	38.78	42.04	46.93	60.07
砖木结构面积		Brick and Wood Structure		16.92	15.99	15.74	16.37	18.03	18.71
户均年末使用住房屋价值	**(元)**	**Houses Value Per Households(the End of the Year)**	**(yuan)**	**252698**	**158813**	**220917**	**265844**	**275492**	**342424**

5-34 农村居民家庭房屋状况(2006-2012年)
Housing Conditions of Rural Households(2006-2012)

项目		Item		2006	2007	2008	2009	2010	2011	2012
年内新建房屋户数	**(户)**	**Number of Houses Households Newly Built**	**(household)**	**114**	**325**	**78**	**106**	**73**	**96**	**72**
新建房户比重	(%)	Percentage of Houses Households Newly Built	(%)	2.43	6.91	1.66	2.26	1.55	2.04	1.53
新建房屋每平方米价值	**(元)**	**Value of Newly Built House Per Square Meter**	**(yuan)**	**594**	**732**	**878**	**979**	**1032**	**1352**	**1535**
人均新建生活用房面积	**(平方米)**	**Living Floor Space of House Newly Built Per Capita**	**(sq.m)**	**1.27**	**1.38**	**0.99**	**1.09**	**1.06**	**1.42**	**1.04**
#新建楼房面积	(平方米)	Per Capita Floor Space of Multi-floor Buildings Newly Built	(sq.m)	1.19	1.36	0.95	1.06	1.04	1.40	1.02
人均年末使用生活用房面积	**(平方米)**	**Per Capita Living Floor Space (the End of Year)**	**(sq.m)**	**55.57**	**57.06**	**58.50**	**59.29**	**58.53**	**60.80**	**61.51**
#砖木结构		Brick and Wood Structure		17.26	16.89	17.13	17.42	15.62	16.11	16.82
钢筋混凝土结构		Reinforced Concrete Structure		36.19	37.41	39.91	40.47	41.76	43.36	43.46
年末每平方米生活用房价值	**(元)**	**Value of Living House Per Square Meter**	**(yuan)**	**427**	**467**	**483**	**525**	**609**	**1192**	**1197**
户均年末使用房屋价值	**(元)**	**Houses Value Per Household (the End of Year)**	**(yuan)**	**84157**	**94340**	**98988**	**108764**	**123991**	**238530**	**252698**

5－35 农村居民人均总收入和纯收入(2005－2012年)
Per Capita Annual Total Income and Net Income of Rural Households(2005－2012)

单位:元(yuan)

项目	Item	2005	2006	2007	2008	2009	2010	2011	2012
全年总收入	**Gross Income**	**8580**	**9164**	**10391**	**11748**	**12695**	**14545**	**16580**	**17944**
全年纯收入	**Net Income**	**6660**	**7335**	**8265**	**9258**	**10007**	**11303**	**13071**	**14552**
工资性收入	**Wage Income**	**3299**	**3646**	**4093**	**4713**	**5195**	**5950**	**6878**	**7860**
在非企业组织中劳动得到	Remuneration from The Organizations of Non－enterprises	250	276	306	344	389	442	362	409
在本地劳动得到	Remuneration from Locality	2615	2887	3271	3769	4149	4736	5572	6355
常住人口外出从业得到	Income of Permanent	434	482	516	600	657	771	944	1097
家庭经营收入	**Income from Household Business**	**2766**	**3030**	**3422**	**3654**	**3788**	**4190**	**4872**	**5190**
农业收入	Planting	810	879	949	923	974	1110	1324	1420
林业收入	Forestry	117	148	157	157	189	178	177	131
牧业收入	Animal Husbandry	268	281	358	460	365	443	504	388
渔业收入	Fishery	53	69	87	111	133	153	178	208
工业收入	Industry	406	442	496	526	573	648	747	833
建筑业收入	Construction	247	244	292	322	370	375	443	507
运输业收入	Transportation	272	317	305	322	344	382	441	504
批发零售贸易餐饮业收入	Wholesale, Retail Sale and Catering Trade	340	357	428	460	447	516	624	785
服务业收入	Service Trade	126	107	109	120	149	164	194	250
文教卫生业收入	Culture, Education and Public Health	28	38	45	38	53	49	41	49
其他家庭经营收入	Others	99	149	196	215	190	172	200	116
财产性收入	**Property Income**	**300**	**340**	**399**	**472**	**519**	**561**	**553**	**546**
转移性收入	**Transfer Income**	**295**	**319**	**351**	**420**	**506**	**602**	**767**	**956**

5－36 农村居民人均总收入和纯收入(2012年)
Per Capita Annual Total Income and Net Income of Rural Households(2012)

单位:元(yuan)

项目	Item	总平均 Average	按人均纯收入等级分组 Grouped by Level of Net Income				
			低20%收入户 Lower Income House－holds (20%)	次低20%收入户 Low Income House－holds (20%)	中等20%收入户 Middle Income Hous－eholds (20%)	次高20%收入户 High Income Hous－eholds (20%)	高20%收入户 Higher Income Hous－eholds (20%)
全年总收入	**Gross Income**	**17944**	**7812**	**10390**	**14903**	**19915**	**39164**
全年纯收入	**Net Income**	**14552**	**4096**	**8725**	**12700**	**17714**	**31483**
工资性收入	**Wage Income**	**7860**	**2625**	**5016**	**7576**	**11052**	**13750**
在非企业组织中劳动得到	From Orgazinations of Non-enterprises	409	19	87	248	642	1136
在本地劳动得到	Remuneration from Locality	6355	1871	3793	6142	9219	11365
常住人口外出从业得到	Income of Permanent Population Going out to Work	1097	735	1135	1186	1191	1249
家庭经营收入	**Income from Household Business**	**5190**	**684**	**2718**	**3915**	**5141**	**14538**
农业收入	Planting	1420	592	878	1031	1278	3560
林业收入	Forestry	131	70	95	135	123	243
牧业收入	Animal Husbandry	388	－91	114	244	319	1476
渔业收入	Fishery	208	－14	95	139	132	743
工业收入	Industry	833	－57	299	494	625	3052
建筑业收入	Construction	507	22	157	482	752	1208
交通、运输和邮电业收入	Transportation,Posts and Telecommunication	504	－28	260	413	526	1452
批发和零售贸易、餐饮业收入	Wholesale,Retail Sale and Catering Trade	785	110	500	639	916	1884
社会服务业收入	Social Service Trade	250	26	199	254	324	473
文教卫生业收入	Culture,Education and Public Health	49	－2	21	8	54	178
其他家庭经营收入	Others	116	56	101	76	92	269
财产性收入	**Property Income**	**546**	**65**	**133**	**327**	**591**	**1755**
转移性收入	**Transfer Income**	**956**	**721**	**859**	**883**	**929**	**1441**

5－37 农村居民人均总支出(2005－2012 年)
Per Capita Annual Expenditure of Rural Households(2005－2012)

单位:元(yuan)

项目	Item	2005	2006	2007	2008	2009	2010	2011	2012
全年总支出	**Total Expenditure**	**7534**	**8121**	**9071**	**10246**	**10762**	**12361**	**13836**	**14637**
生活消费支出	Living Expenditure for Consumption	5215	5762	6442	7072	7375	8390	9644	10208
食品	Food	2011	2141	2347	2690	2756	2977	3629	3844
主食	Staple Food	257	263	264	285	302	333	370	378
副食	Non－Staple Food	870	890	1015	1225	1194	1296	1647	1770
其他食品	Other Food	617	672	718	772	811	869	1079	1134
在外饮食	Eating Outside	240	296	331	387	423	456	519	551
衣着	Clothing	310	362	399	441	462	530	669	721
居住	Residence	843	1048	1262	1425	1366	1795	1651	1768
#住房	Housing	597	776	970	1069	1038	1400	1201	1246
电费	Electricity	97	119	148	168	184	213	242	277
燃料	Fuel	94	104	107	121	102	135	158	181
家庭设备、用品及服务	Household Facilities, Articles and Services	259	274	338	354	354	399	528	560
医疗保健	Medicines and Medical Services	399	455	465	512	615	652	851	739
#医药卫生保健用品	Medical Articles	173	178	183	181	226	215	238	218
交通和通讯	Transportations and Communications	592	635	761	777	866	1067	1262	1457
#交通工具	Means of Transportation	164	178	55	240	317	472	544	624
交通消费服务支出	Transport Services	113	114	127	143	135	146	157	448
邮电通讯费	Postage	189	204	216	233	243	249	238	278

续表 Continued 单位:元(yuan)

项目	Item	2005	2006	2007	2008	2009	2010	2011	2012
文教娱乐用品及服务	Cultural, Educational and Recreational Services	679	723	736	733	803	800	831	881
文化教育娱乐用品	Cultural, Educational and Recreational Articles	73	79	94	107	116	114	135	129
书报杂志	Botes, Newpapers and Magazines	8	11	12	10	10	11	11	12
教育服务费	Educational Services	526	546	522	499	530	503	446	465
旅游休闲娱乐费	Tourism and Pecreation	44	52	79	68	93	106	125	157
其他商品和服务	Other Commodities and Services	121	124	135	141	154	170	223	239
家庭经营费用支出	Expenditure for Household Business	1525	1429	1708	2059	2192	2678	2843	2750
农业生产支出	Planting	345	375	407	449	395	454	472	449
林业生产支出	Forestry	23	28	24	19	23	28	72	46
牧业生产支出	Animal Husbandry	595	459	674	981	1258	1445	1041	958
渔业生产支出	Fishery	88	114	150	160	140	175	79	72
工业生产支出	Industry	246	237	217	214	159	251	693	690
建筑业支出	Construction	25	25	31	35	33	66	110	130
运输业支出	Transportation	74	104	100	88	81	92	109	131
批发和零售贸易餐饮业	Wholesale, Retail Sale and Catering Trade	91	61	82	93	73	139	201	219
服务业支出	Service Trade	17	14	14	11	20	13	45	39
文教卫生业支出	Culture, Education and Public Health	2	1	1	2	2	4	2	6
其他经营支出	Others	20	11	8	7	7	10	20	11
购置生产用固定资产支出	Expenditure for Purchasing Productive Fixed Assets	163	249	150	149	219	223	145	181
税费支出	Expenditure for Taxes and Expenses	25	24	23	17	12	13	7	6
#缴纳税金	Taxes	14	13	14	9	5	7	4	1

5-38 农村居民人均总支出(2012年)
Per Capita Annual Expenditure of Rural Households(2012)

单位:元(yuan)

项目	Item	总平均 Average	按人均纯收入等级分组 Grouped by Level of Net Income 低20%收入户 Lower Income Households (20%)	次低20%收入户 Low Income Households (20%)	中等20%收入户 Middle Income Households (20%)	次高20%收入户 High Income Households (20%)	高20%收入户 Higher Income Households (20%)
全年总支出	**Gross Expenditure**	**14637.36**	**9608.79**	**10382.08**	**12247.95**	**15426.26**	**26960.37**
生活消费支出	Living Expenditure for Consumption	10208.21	5525.61	7991.67	9172.63	11847.24	17328.52
#服务性支出	Living Expenditure for Consumption	2925.50	1589.92	2392.27	2697.87	3514.23	4632.13
食品	Food	3843.55	2346.57	3200.12	3845.39	4444.41	5581.54
#谷物	Cereal	362.08	307.04	346.75	358.29	382.02	423.15
食用油	Oil Edible	112.70	85.90	102.79	112.57	120.84	145.04
蔬菜及制品	Vegetables and Producted	337.72	237.23	296.03	353.40	371.47	442.20
肉禽、蛋奶及制品	Meat,Poultry Eggs Milk and Their Production	881.09	608.71	789.14	906.09	972.83	1159.74
水产品及制品	Aquatic Production	438.90	212.17	324.30	427.88	539.51	724.15
烟、酒	Tobacco and Liquor	595.23	312.94	455.51	590.75	711.80	946.00
在外饮食	Eating Outside	550.53	246.38	414.99	540.28	691.47	900.49
衣着	Clothing	720.63	326.05	541.47	684.22	912.69	1194.63
居住	Residence	1768.21	891.54	1611.64	1363.29	1854.94	3286.82
家庭设备、用品及服务	Household Facilities,Articles and Services	559.71	311.89	403.11	506.42	662.26	962.57
交通和通讯	Transportations and Communications	1457.04	531.33	656.68	1042.72	1700.63	3607.78
文教娱乐用品及服务	Cultural,Educational and Recreational Services	880.70	355.34	604.64	869.07	1170.71	1475.21
医疗保健	Medicines and Medical Services	739.30	661.81	799.43	661.63	786.61	792.54
其他商品和服务	Other Commodities and Services	239.07	101.08	174.58	199.88	314.97	427.42
家庭经营费用支出	Expenditure for Household Business	2749.83	3078.21	1173.04	1660.37	1628.83	6670.29
农业生产	Planting	448.90	333.43	399.85	325.05	439.98	784.19
林业生产	Forestry	46.39	23.55	20.45	115.09	24.56	47.40
牧业生产	Animal Husbandry	957.93	1503.47	155.13	412.90	451.79	2451.80
渔业生产	Fishery	71.57	45.89	26.35	16.14	29.32	261.60
工业生产	Industry	689.69	735.10	216.62	283.87	280.38	2095.05
农村居民生产费用现金支出	Productive Expenditure Pay for Cash of Rural Inhabitant	2921.63	3373.69	1244.41	1730.42	1740.48	7002.13
农村居民生活消费现金支出	Living Expenditure Pay for Cash of Rural Inhabitant	10030.40	5330.03	7799.31	9006.11	11683.92	17158.39

续表 Continued 单位:元(yuan)

项目	Item	总平均 Average	按人均纯收入等级分组 Grouped by Level of Net Income				
			低 20% 收入户 Lower Income House - holds (20%)	次低 20% 收入户 Low Income House - holds (20%)	中等 20% 收入户 Middle Income House - holds (20%)	次高 20% 收入户 High Income House - holds (20%)	高 20% 收入户 Higher Income House - holds (20%)
食品	Food	3678.59	2169.92	3028.64	3688.93	4288.60	5417.30
#谷物	Cereal	270.13	224.01	248.86	270.02	289.00	325.14
食用油	Oil Edible	112.08	85.24	102.34	112.05	119.86	144.53
蔬菜及制品	Vegetables and Producted	292.29	177.76	245.96	311.08	334.63	404.71
肉禽、蛋奶及制品	Meat, Poultry Eggs Milk and Their Production	862.09	585.54	773.67	888.09	954.90	1139.03
水产品及制品	Aquatic Production	437.76	211.65	323.33	427.06	537.99	722.17
烟、酒	Tobacco and Liquor	595.23	312.94	455.51	590.75	711.80	946.00
茶叶、饮料	Tea, Beverage	62.41	31.45	49.82	58.58	76.58	100.03
其他类食品	Other Food	471.51	274.79	389.97	468.51	547.02	703.90
在外饮食	Eating Outside	550.53	246.38	414.99	540.28	691.47	900.49
食品加工费	Food Processing	8.78	7.00	7.98	7.83	9.50	11.93
衣着	Clothing	719.94	325.34	538.87	684.22	912.69	1194.63
#服装	Garments	529.15	237.75	395.07	505.27	669.24	879.75
鞋、帽、袜类	Shoes, Hats and Stockings	151.33	73.18	119.76	146.37	192.96	234.21
居住	Residence	1757.19	876.60	1593.57	1355.13	1847.60	3280.93
#装饰、装修	Decorating	1041.60	523.53	751.15	755.22	1128.37	2180.88
购买生活用房	Housing	178.10	6.45	404.57	100.31	123.43	257.19
燃料	Fuel	170.21	130.72	159.99	171.25	175.67	218.64
电费	Electricity	277.15	161.06	227.54	258.49	316.70	440.76
家庭设备、用品及服务	Household Facilities, Articles and Services	558.62	308.62	403.07	504.52	662.11	962.57
交通和通讯	Transportations and Communications	1457.04	531.33	656.68	1042.72	1700.63	3607.78
#交通工具	Means of Transportation	623.83	174.43	96.17	327.55	689.86	1993.50
通讯工具	Means of Communitation	95.26	32.96	54.31	87.64	134.58	176.88
交通消费服务	Traffic Fare	167.14	84.53	118.84	133.58	187.20	330.42
邮电费	Postage	277.52	146.10	224.13	274.28	325.30	435.87
文教娱乐用品及服务	Cultural, Educational and Recreational Services	880.70	355.34	604.64	869.07	1170.71	1475.21
#文化教育娱乐用品	Cultural, Educational and Recreational Articles	196.05	68.20	120.56	163.42	250.99	401.41
学杂费	Tuition Fee	159.32	62.77	133.46	177.59	217.35	211.57
成人培训费	Training Fee	44.53	14.01	25.60	46.35	64.99	75.56
文教娱乐服务	Cultural, Educational and Recreational Services	219.88	78.99	124.28	209.53	278.88	432.99
医疗保健	Medicines and Medical Services	739.30	661.81	799.43	661.63	786.61	792.54
#购买医疗保健用品	Medical Articles	218.32	212.94	229.83	190.98	225.17	234.64
医疗保健服务消费	Medical Services	520.98	448.87	569.61	470.66	561.44	557.90
其他商品和服务	Other Commodities and Services	239.03	101.08	174.40	199.88	314.97	427.42

5－39 农村居民平均每人主要食品消费量(2006－2012年)
Per Capita Annual Major Foods Consumption of Rural Households(2006－2012)

名称		Item		2006	2007	2008	2009	2010	2011	2012
粮食	(公斤)	Grain	(kg)	187.64	180.59	183.23	178.39	165.13	137.04	128.60
#稻谷	(公斤)	Rice	(kg)	170.22	164.08	165.81	161.05	148.69	122.43	116.19
小麦	(公斤)	Wheat	(kg)	3.77	3.59	3.82	3.72	3.42	4.78	4.56
蔬菜及菜制品	(公斤)	Vegetable	(kg)	77.45	79.47	79.02	76.48	73.65	70.70	69.11
植物油	(公斤)	Vegetable Oil	(kg)	4.47	5.34	5.49	5.18	5.28	7.06	7.68
动物油	(公斤)	Animal Oil	(kg)	0.93	0.81	0.76	0.69	0.73	0.62	0.64
猪肉	(公斤)	Pork	(kg)	17.16	14.05	13.88	14.71	15.50	16.28	16.09
牛羊肉	(公斤)	Beef and Mutton	(kg)	1.05	1.08	0.96	1.05	1.07	1.40	1.23
奶及奶制品	(公斤)	Milk and Its Prooducts	(kg)	4.18	4.50	4.67	4.78	5.13	5.33	5.53
家禽	(公斤)	Poultry	(kg)	5.12	5.43	5.82	5.47	5.30	5.71	5.47
蛋及蛋制品	(公斤)	Eggs	(kg)	4.77	4.55	4.96	4.95	4.80	5.09	5.55
鱼类	(公斤)	Fish	(kg)	9.46	10.02	10.01	10.04	9.79	10.17	10.16
虾、贝、蟹类	(公斤)	Shrimps	(kg)	4.07	4.34	4.38	4.61	4.35	3.85	4.21
食糖	(公斤)	Sugar	(kg)	1.59	1.55	2.11	1.59	1.79	1.22	1.18
卷烟	(盒)	Cigarettes	(box)	38.04	37.23	35.89	35.18	34.20	35.90	34.62
酒	(公斤)	Wine	(kg)	27.03	27.38	25.18	25.48	23.92	20.92	18.65
#啤酒	(公斤)	Beer	(kg)	19.49	19.96	18.19	18.63	17.05	13.89	12.19
水果	(公斤)	Fruit	(kg)	16.36	18.57	17.22	17.41	15.52	15.50	16.37

5-40 农村居民按纯收入等级分组的人均主要食物消费量(2012年) Per Capita Annual Major Foods Consumption of Rural Households by NET Income(2012)

名称		Item		总平均 Average	按人均纯收入等级分组 Grouped by Level of Net Income 低20%收入户 Lower Income Households (20%)	次低20%收入户 Low Income Households (20%)	中等20%收入户 Middle Income Households (20%)	次高20%收入户 High Income Households (20%)	高20%收入户 Higher Income Households (20%)
粮食	(公斤)	Grain	(kg)	128.60	113.42	126.36	126.15	133.63	145.26
#小麦	(公斤)	Wheat	(kg)	4.56	5.60	5.21	4.64	3.79	3.40
稻谷	(公斤)	Rice	(kg)	116.19	99.66	112.19	114.08	122.71	134.37
豆类及豆制品	(公斤)	Beans and Related Production	(kg)	7.78	7.10	7.85	8.12	7.49	8.37
蔬菜及菜制品	(公斤)	Vegetable	(kg)	69.11	62.55	65.97	70.24	69.67	78.09
油脂类	(公斤)	Oil	(kg)	8.31	6.20	7.53	8.14	9.20	10.79
#植物油	(公斤)	Vegetable Oil	(kg)	7.68	5.52	6.82	7.44	8.64	10.27
动物油	(公斤)	Animal Oil	(kg)	0.64	0.68	0.71	0.70	0.56	0.52
肉禽及其制品	(公斤)	Meat,Poulty and Their Production	(kg)	28.77	21.57	26.53	29.36	31.11	36.11
#猪肉	(公斤)	Pork	(kg)	16.09	14.11	15.79	16.02	16.37	18.43
牛肉	(公斤)	Beef	(kg)	0.95	0.59	0.78	0.97	1.06	1.39
羊肉	(公斤)	Mutton	(kg)	0.3	0.11	0.27	0.25	0.33	0.48
家禽	(公斤)	Poultry	(kg)	5.47	3.09	4.42	5.60	6.46	8.07
蛋类及蛋制品	(公斤)	Eggs and Production	(kg)	5.55	4.50	4.90	5.60	5.97	6.94
奶和奶制品	(公斤)	Milk and Production	(kg)	5.53	3.67	4.99	5.93	6.09	7.15
水产类	(公斤)	Aquatic Production	(kg)	16.34	9.09	13.17	16.59	19.62	24.13
#鱼类	(公斤)	Fish	(kg)	10.16	5.97	8.39	10.42	11.98	14.54
虾、贝、蟹类	(公斤)	Shrimp	(kg)	4.21	1.84	3.15	4.25	5.32	6.78
藻类	(公斤)	Alga	(kg)	0.49	0.41	0.51	0.49	0.51	0.54
食糖	(公斤)	Sugar	(kg)	1.18	1.05	1.21	1.15	1.12	1.39
酒	(公斤)	Wine	(kg)	18.65	14.82	19.04	18.98	18.47	22.27
#白酒	(公斤)	White Wine	(kg)	2.56	2.27	2.45	2.45	2.73	2.93
啤酒	(公斤)	Beer	(kg)	12.19	10.18	13.29	12.47	11.28	13.83
果酒	(公斤)	Fruit Wine	(kg)	0.17	0.05	0.13	0.16	0.20	0.33

5－41 农村居民家庭主要商品购买情况
Annual Purchases of Major Commodities of Rural Households

名称		Item		2006	2007	2008	2009	2010	2011	2012
平均每人购买服装		**Per Capita Purchases of Clothing**		**3.32**	**3.40**	**3.54**	**3.51**	**3.49**	**4.57**	**4.63**
每百户购买文化体育用品		**Per 100 Households Purchases of Cultural and Sports Goods**								
黑白电视机	（台）	Black/White TV Set	(unit)	0.15	0.09	0.16	0.09	0.14	0.06	0.02
彩色电视机	（台）	Color TV Set	(unit)	6.69	6.00	7.39	6.89	6.79	7.60	7.30
收录机	（台）	Radio Tape Recorder	(unit)	0.70	0.91	0.53	0.51	0.47	0.57	0.85
录放像机	（台）	Videorecorder	(unit)	0.13	0.13	0.15	0.09	0.13	0.09	0.13
照相机	（架）	Camera	(unit)	0.47	0.32	0.55	0.55	0.57	0.89	0.38
户均购买建筑材料		**Per 100 Households Purchases of Building Materials**								
水泥	（公斤）	Cement	(kg)	624.79	787.43	629.24	590.62	639.73	489.16	492.62
木材	（立方米）	Timber	(cu. m)	0.18	0.12	0.62	0.12	0.15	0.70	0.69
钢材	（公斤）	Steel Production	(kg)	60.92	95.81	71.49	85.32	99.90	64.82	53.17
水泥预制	（件）	Cement Prefabricated Parts	(unit)	1.90	1.59	1.15	2.99	1.61	3.97	1.87
玻璃	（平方米）	Glass	(sq. m)	0.75	0.11	0.35	1.01	0.09	0.16	0.06
砖瓦	（块）	Brick	(unit)	1050	1256	832	749	728	500	712
每百户购买耐用消费品		**Per 100 Households Purchases of Durable Consumer goods**								
自行车	（辆）	Bicycle	(unit)	6.06	5.53	3.94	3.53	3.00	3.53	3.45
缝纫机	（架）	Sewing Machine	(unit)	0.23	0.15	1.40	0.14	0.40	0.68	0.36
洗衣机	（台）	Washing Machine	(unit)	1.79	2.11	20.34	2.57	2.96	4.06	3.81
电风扇	（台）	Electric Fan	(unit)	11.79	13.28	12.02	13.02	14.72	17.06	13.91
电冰箱	（台）	Refrigerator	(unit)	5.02	6.87	5.19	5.40	5.62	5.98	5.64
摩托车	（辆）	Motorcycle	(unit)	2.94	2.98	2.25	1.91	1.68	1.66	1.23
户均购买生产资料		**Per Household Purchases of Means of Production**								
化肥	（公斤）	Chemical Fertilizer	(kg)	301.04	289.60	262.13	248.22	260.01	204.49	186.76
饼肥	（公斤）	Cake Fertilizer	(kg)	2.23	2.64	3.60	7.06	2.56	6.35	9.18
农药	（公斤）	Chemical Pesticide	(kg)	212.01	232.46	241.05	217.67	220.58	385.32	195.34
农用薄膜	（公斤）	Farm Film	(kg)	4.39	4.07	2.15	1.69	2.10	2.12	1.27
生产用燃料	（公斤）	Fuel for Production	(kg)	260.15	275.92	369.70	301.55	414.23	385.32	425.60

5－42 农村居民主要耐用品购买情况(2012年)

Per Capita Annual Purchase of Major Commodities of Rural Households(2012)

名称	Item	总平均 Average	按人均纯收入等级分组 Grouped by Level of Net Income				
			低20%收入户 Lower Income House－holds (20%)	次低20%收入户 Low Income House－holds (20%)	中等20%收入户 Middle Income House－holds (20%)	次高20%收入户 High Income House－holds (20%)	高20%收入户 Higher Income House－holds (20%)
平均每人购买服装 (件)	**Per Capita Purchases of Clothing (Piece)**	**4.63**	**2.29**	**5.72**	**4.11**	**5.14**	**5.99**
每百户购买文化体育用品	**Per 100 Households Purchases of Cultural and Sports Goods**						
黑白电视机 (台)	Black/White TV Set (unit)	0.02			0.11		
彩色电视机 (台)	Color TV Set (unit)	7.30	3.40	5.00	5.96	10.00	12.13
录放像机 (台)	Videorecorder (unit)	0.13	0.11		0.21	0.21	0.11
照相机 (架)	Camera (unit)	0.38		0.21	0.11	0.32	1.28
影碟机 (台)	Video Disc Player (unit)	0.57	0.21	0.53	0.53	0.64	0.96
组合音响 (台)	Composite Acoustics (unit)	0.23	0.11	0.32	0.21		0.53
家用计算机 (台)	Computer (unit)	5.60	1.60	4.89	5.85	8.09	7.55
每百户购买耐用消费品	**Per 100 Households Purchases of Durable Consumer goods**						
洗衣机 (台)	Washing Machine (unit)	3.81	1.81	4.26	3.51	4.26	5.21
电风扇 (台)	Electric Fan (unit)	13.91	10.85	14.15	15.96	13.62	15.00
电冰箱 (台)	Refrigerator (unit)	5.64	4.89	4.47	4.79	6.06	7.98
空调机 (台)	Air Conditioner (unit)	6.62	2.87	4.57	5.85	8.72	11.06
热水器 (台)	Water Heater (unit)	3.26	2.23	3.19	3.62	3.30	3.94
微波炉 (台)	Microware Oven (unit)	1.66	0.96	1.49	1.38	2.02	2.45
自行车 (辆)	Bicycle (unit)	3.45	1.91	3.40	3.72	3.51	4.68

续表 Continued

名称		Item		总平均 Average	按人均纯收入等级分组 Grouped by Level of Net Income				
					低20%收入户 Lower Income House-holds (20%)	次低20%收入户 Low Income House-holds (20%)	中等20%收入户 Middle Income House-holds (20%)	次高20%收入户 High Income House-holds (20%)	高20%收入户 Higher Income House-holds (20%)
摩托车	（辆）	Motorcycle	(unit)	1.23	0.53	0.85	1.49	1.49	1.81
电话机	（部）	Telephone	(unit)	4.02	3.09	2.77	3.51	5.32	5.43
移动电话	（部）	Mobile Telephone	(unit)	31.81	16.81	25.96	34.47	40.64	41.17
每户购买建筑材料		**Per 100 Households Purchases of Building Materials**							
水泥	（公斤）	Cement	(kg)	492.62	357.63	519.66	331.47	364.52	889.80
木材	（立方米）	Timber	(cu. m)	0.69	0.61	0.42	0.17	0.98	1.28
钢材	（公斤）	Steel Production	(kg)	53.17	82.15	39.88	39.49	39.71	64.61
水泥预制件	（件）	Cement Prefabricated Parts	(unit)	1.87	0.21	0.69	2.73	4.85	0.88
玻璃	（平方米）	Glass	(sq. m)	0.06	0.01	0.12	0.02	0.03	0.14
砖瓦	（块）	Brick	(unit)	712.00	540.16	294.17	985.87	483.90	1255.92
沙石	（立方米）	Asphalt Felt	(cu. m)	8.63	9.76	18.11	9.11	3.53	2.64
每户购买生产资料		**Per 100 Households Purchases of Means of Production**							
化肥	（公斤）	Chemical Fertilizer	(kg)	186.76	167.42	195.21	159.18	177.20	234.81
饼肥	（公斤）	Cake Fertilizer	(kg)	9.18	1.00	7.54	8.96	6.27	22.15
农药金额	（元）	Chemical Pesticide	(yuan)	195.34	174.85	216.38	183.42	175.35	226.70
农用薄膜	（公斤）	Farm Film	(kg)	1.27	0.94	0.69	0.39	1.06	3.28
生产用燃料金额	（元）	Fuel for Production	(yuan)	425.60	145.99	268.01	384.81	292.12	1037.06

5-43 农村居民家庭平均每百户耐用消费品拥有量(2005-2012年)
Annual Average Possession of Durable Consumer Goods Per 100 Rural Households (2005-2012)

名称		Item		2005	2006	2007	2008	2009	2010	2011	2012
自行车	(辆)	Bicycle	(Suit)	129.0	124.6	125.4	123.0	125.2	125.1	101.0	105.3
家用电脑	(台)	Household Electronic Computer	(Set)	10.8	14.3	19.4	23.4	28.6	35.6	43.3	47.8
洗衣机	(台)	Washing Machine	(Set)	52.4	55.2	59.7	62.6	65.6	68.3	68.7	72.5
电冰箱	(台)	Refrigerator	(Set)	62.2	67.8	75.0	80.2	85.3	89.4	93.0	95.3
摩托车	(辆)	Motorcycle	(Suit)	61.0	62.7	57.8	56.9	55.6	54.0	41.3	40.2
黑白电视机	(台)	Black/White TV Set	(Set)	22.0	17.0	11.2	9.2	7.5	6.1	2.1	1.9
彩色电视机	(台)	Color TV Set	(Set)	130.0	136.9	144.2	149.6	157.0	161.4	168.5	171.7
电话机	(部)	Telephone	(pars)	94.4	95.0	93.2	92.2	89.9	88.4	77.7	76.3
移动电话	(部)	Moble Telephone	(pars)	119.2	134.7	150.3	159.7	176.6	189.1	204.5	211.5
家用汽车	(台)	The Family Car	(Set)	2.9	3.1	4.0	4.7	6.2	7.8	13.4	15.2
照相机	(架)	Camera	(Suit)	8.7	9.2	9.0	9.6	11.2	12.6	13.9	15.7
抽油烟机	(台)	Range Hoods	(Set)	35.4	38.0	43.0	46.0	49.5	52.7	56.3	59.0
吸尘器	(台)	Dust Catcher	(Set)	3.8	3.6	4.0	4.4	4.7	6.1	5.5	6.7
空调机	(台)	Air Conditioner	(Set)	36.00	42.60	54.00	61.30	69.60	78.60	94.40	99.90
微波炉	(台)	Microwave Oven	(Set)	10.80	12.00	14.60	17.00	20.80	23.00	32.10	35.20
热水器	(台)	Water Heater	(Set)	44.9	48.4	56.4	60.8	65.0	69.9	75.2	78.3

5-44 农村居民家庭平均每百户耐用消费品拥有量(2012年)
Annual Average Possession of Durable Consumer Goods Per 100 Rural Households(2012)

名称		Item		总平均 Average	按人均纯收入等级分组 Grouped by Level of Net Income				
					低20%收入户 Lower Income House-holds (20%)	次低20%收入户 Low Income House-holds (20%)	中等20%收入户 Middle Income House-holds (20%)	次高20%收入户 High Income House-holds (20%)	高20%收入户 Higher Income House-holds (20%)
自行车	(辆)	Bicycle	(Suit)	105.26	69.89	98.19	108.83	127.34	122.02
家用电脑	(台)	Household Electronic Computer	(Set)	47.77	21.49	35.21	50.85	59.26	72.02
洗衣机	(台)	Washing Machine	(Set)	72.49	50.11	65.43	77.02	82.87	87.02
电冰箱	(台)	Refrigerator	(Set)	95.30	80.96	92.87	98.09	102.98	101.60
摩托车	(辆)	Motorcycle	(Suit)	40.21	24.36	33.94	44.68	47.45	50.64
彩色电视机	(台)	Color TV Set	(Set)	171.72	138.51	157.77	170.53	192.55	199.26
电话机	(部)	Telephone	(pars)	76.26	59.26	70.74	74.68	87.34	89.26
移动电话	(部)	Moble Telephone	(pars)	211.45	163.51	199.26	219.04	234.68	240.74
家用汽车	(台)	The Family Car	(Set)	15.17	7.02	8.30	13.19	18.40	28.94
照相机	(架)	Camera	(Suit)	15.70	6.49	10.00	14.79	19.89	27.34
抽油烟机	(台)	Range Hoods	(Set)	58.98	32.55	49.68	62.02	70.53	80.11
吸尘器	(台)	Dust Catcher	(Set)	6.70	2.45	3.30	5.32	8.62	13.83
空调机	(台)	Air Conditioner	(Set)	99.94	48.09	75.64	101.38	125.43	149.15
微波炉	(台)	Microwave Oven	(Set)	35.17	17.55	26.70	37.55	41.91	52.13
热水器	(台)	Water Heater	(Set)	78.3	56.06	72.55	80.96	89.04	92.98

5-45 农村居民家庭拥有生产性固定资产情况(2005-2012年) Purchases of Productive Fixed Assets in Rural Households(2005-2012)

指标		Item		2005	2006	2007	2008	2009	2010	2011	2012
户均生产性固定资产原值	(元)	**Per Household Original Value of Productive Fixed Assets**	(yuan)	**12005**	**11946**	**12140**	**13107**	**14917**	**16770**	**20114**	**20395**
役畜、产品畜		Draught Animal and Product Livestock		267	275	310	782	846	871	1101	920
大中型铁木农具		Large and Medium-sized Iron and wood Farm Tools		238	203	229	229	618	270	170	205
农林牧渔业机械		Agricultural Machinery		1459	1355	1497	1374	1133	1933	2206	2481
工业		Industrial Machinery		4212	4296	4206	4525	5227	5738	6312	6496
运输		Transportation Machinery		1807	1745	1825	1692	1558	2197	2937	2992
平均每百户拥有:		**Possession Per 100 Households**									
汽车	(辆)	Vehicles for Agricultural Use	(unit)	1.9	1.8	2.0	1.5	1.7	2.1	3.8	4.3
大中型拖拉机	(辆)	Large and Medium sized Tractors	(unit)	1.5	1.8	1.6	1.2	1.1	1.1	1.7	1.8
小型和手扶拖拉机	(辆)	Small-sized and Walking Tractors	(unit)	2.7	2.8	3.4	2.9	2.5	2.6	2.0	2.2
机动脱粒机	(台)	Motorized Thresher	(unit)	16.5	16.4	16.6	15.8	17.0	15.7	7.0	7.3
水泵	(台)	Turbine Pump	(unit)	19.6	19.3	19.7	19.6	20.6	19.0	10.5	11.0
役畜	(头)	Draught Animal	(head)	3.5	3.0	2.4	2.8	6.1	6.5	4.4	4.6
产品畜	(头)	Product Livestock	(head)	30.2	44.7	67.6	77.4	78.8	74.6	81.6	79.2

5-46 农村居民家庭拥有生产性固定资产情况(2012 年)
Investment in Fixed Assets for Production(2012)

指标	Item	总平均 Average	按人均纯收入等级分组 Grouped by Level of Net Income				
			低20%收入户 Lower Income House-holds (20%)	次低20%收入户 Low Income House-holds (20%)	中等20%收入户 Middle Income House-holds (20%)	次高20%收入户 High Income House-holds (20%)	高20%收入户 Higher Income House-holds (20%)
户均生产性固定资产原值 (元)	**Per Household Original Value of Productive Fixed Assets (yuan)**	**20395**	**18600**	**14431**	**16526**	**17403**	**35013**
农业	Agricalture	6939	7521	5571	4670	5939	10993
工业	Industry	6496	3735	4916	5526	5127	13175
建筑业	Construction	751	125	452	244	1248	1686
交通运输业	Transpor,Storage and Post	2992	3467	1378	3112	2173	4831
批发和零售贸易、餐饮业	Wholesale and Retail Sale Trade	2136	3264	1462	1699	2206	2049
社会服务业	Social Services	621	247	279	1115	324	1139
文教卫生业	Culture Education and Public Health	286	190	35	4	141	1060
其它	Others	174	51	337	157	244	81
平均每百户拥有:	**Possession Per 100 Households**						
汽车 (辆)	Vehicles for Agricultural Use (unit)	4.33	3.40	3.19	3.53	4.81	6.70
大中型拖拉机 (台)	Large and Medium sized Tractors (unit)	1.79	1.38	1.70	2.02	1.28	2.55
小型和手扶拖拉机 (辆)	Small-sized and Walking Tractors (unit)	2.21	1.38	2.23	3.09	2.13	2.23
机动脱粒机 (辆)	Motorized Thresher (unit)	7.26	6.60	9.68	8.09	6.49	5.43
收割机 (台)	Reaper (unit)	0.74	1.49	0.32	0.21	0.74	0.96
农用动力机械 (台)	Dynamioal Machirery for Agricultural Use (unit)	4.43	5.11	4.79	2.66	4.79	4.79
水泵 (台)	Turbine Pump (unit)	10.96	11.06	12.55	10.11	9.36	11.70
役畜 (头)	Draught Animal (head)	4.57	3.30	3.40	8.09	2.23	5.85
产品畜 (头)	Product Livestock (head)	79.19	142.02	12.34	24.47	155.85	61.28

浙/江/统/计/年/鉴

主要统计指标解释

■ 职工工资总额

指各单位在一定时期内直接支付给本单位全部职工的劳动报酬总额。

工资总额的计算原则应以直接支付给职工的全部劳动报酬为根据。各单位支付给职工的劳动报酬以及其他根据有关规定支付的工资,不论是计入成本的还是不计入成本的,不论是按国家规定列入计征奖金税项目的,还是未列入计征奖金税项目的,不论是以货币形式支付的还是以实物形式支付的,均包括在工资总额内。

■ 计件超额工资

是计件工资的一部分,指计件工人超额完成定额任务后所得的工资。即计件工人实得的全部计件工资级别减去应提的计件标准工资后的数额。某些企业的工人由于从事生产的工作物等级高于本人工资等级,因而其计件标准工资高于本人标准工资,其计件超额也应是全部工资减去应得的计件标准工资后的数额。

■ 奖　金

指支付给职工的超额劳动报酬和增收节支的劳动报酬。

■ 津贴和补贴

指为了补偿职工特殊或额外的劳动消耗和因其他特殊原因支付给职工的津贴,以及为了保证职工工资水平不受物价影响支付给职工的物价补贴。

■ 职工平均工资

指企业、事业、机关单位的职工在一定时期内平均每人所得的货币工资额。它表明一定时期职工工资收入的高低程度,是反映职工工资水平的主要指标。计算公式为:

$$职工平均工资=\frac{报告期实际支付的全部职工工资总额}{报告期全部职工平均人数}$$

■ 职工平均实际工资

指扣除物价变动因素后的职工平均工资。计算公式为:

$$职工平均实际工资=\frac{报告期职工平均工资}{报告期城镇居民消费价格指数}$$

■ 城镇居民家庭实际收入

指调查户中生活在一起的家庭成员在调查期得到的工资性收入、经营净收入、财产性收入、转移性收入的总和。不包括出售财物收入和借贷收入。

■ 城镇居民家庭可支配收入

指调查户可以用来自由支配的收入。它是家庭总收入扣除交纳的个人所得税、个人交纳的社会保障费以及调查户的记帐补贴后的收入。

■ 城镇居民家庭消费性支出

指调查户用于满足日常生活需要的全部消费支出,包括食品、衣着、居住、家庭设备用品及服务、医疗保健、交通和通信、娱乐教育文化服务、其它商品和服务等八大类。不包括生产经营过程中发生的各项成本费用支出、购建房支出、社会保障支出、贷款利息支出、捐赠赡养及非储蓄性保险等转移性支出。

■ 农村居民家庭纯收入

指农村常住居民家庭总收入中,扣除从事生产和非生产经营费用支出、缴纳税款和上交承包集体任务金额以后剩余的,可直接用于进行生产性、非生产性建设投资、生活消费和积蓄的那一部分收入。它是反映农民家庭实际收入水平的综合性的主要指标。农民家庭纯收入,既包括从事生产性和非生产性的经营收入,又包括取自在外人口寄回带回和国家财政救济、各种补贴等非经营性收入;既包括货币收入,又包括自产自用的实物收入。但不包括向银行、信用社和向亲友贷款等属于借贷性的收入。

■ 农村居民家庭生活消费支出

指农村常住居民家庭用于日常生活的全部开支,是反映和研究农民家庭实际生活消费水平高低的重要指标。

ZHEJIANG STATISTICAL YEARBOOK

Explanatory Notes on Main Statistical Indicators

□ Total Wages of Staff and Workers

refer to the total remuneration payment to staff and workers in various units during a certain period of time.

The calculation of total wages is based on the total remuneration payment to the staff and workers. Therefore, all the wages and salaries and other payments to staff and workers are included in the total wages regardless of their sources, category, and forms (in kind or cash).

□ Extra Piece Wages

refer to the payment to workers for their extra work beyond labour quota, i. e. total amount of piece wages minus standard piece wages. For some enterprises, the standard of piece wage for some workers exceeds their normal payment. In this case, the extra piece wage is still calculated as total amount of wages minus standard picec wages.

□ Bonus

refers to remuneration payment to workers for extra work and for increasing earnings and practicing economy.

□ Subsidies and Allowances

refer to subsidies paid to staff and workers for compensating special or extra labour and allowances paid to staff and workers to offset the impact of inflation on real wages.

□ Average Wage of Staff and Workers

refers to the average wage in money terms per person during a certain period of time for staff and workers in enterprises, institutions, and government agencies, which reflects the general level of wage income during a certain period of time and is calculated as follows:

Average Wage of Staff and Workers =

$$\frac{\text{Total Wages of Staff and Workers in Reference Period}}{\text{Average Number of Staff and Workers in Reference Period}}$$

□ Average Real Wage of Staff and Workers

refers to average wage of staff and workers after removing the effects of price changes, which is calculated as follows:

Average Real Wage of Staff and Workers =

$$\frac{\text{Average Wage of Staff and Workers in Reference Period}}{\text{Consumer Price Index of Urban Residents in Reference Period}}$$

□ Total Income of Urban Households

refers to the sum of wage and salary; net business income; income from properties; and income from transfers of members of the households. Income from selling of properties and income from borrowing are not included.

□ Disposable Income of Urban Households

refers to the actual income at the disposal of members of the households which can be used for final consumption. This equals to total income minus income tax, personal contribution to social security and subsidy for keeping diaries in being a sample household.

□ Expenditure for Consumption

refers to total expenditure of the sample households for consumption in daily life, including expenditure for various commodities and expenses for non-commodity items such as culture and service, etc., but excluding fines and confiscation, loss, tax payments (such as income tax, license tax, real estates tax, etc.) and various expenses by individual laborers for business purposes.

□ Net Income of Rural Households

refers to the total income of the permanent residents of the rural households during a year after the deduction of the expenses for productive and non-productive business operation, the payment for taxes and the payment for collective units for their contracted tasks. The net income can

EXPLANATORY NOTES ON MAIN STATISTICAL INDICATORS

be spent for investments in productive and non – productive construction, for consumption in daily life and for savings deposit. It is a comprehensive indicator to show the actual level of the income of the peasants' household. The net income of the rural households includes not only the income from the productive and non – productive business operation, but also the income from the non business operation, such as the money remitted or brought back by the members of the household who are in other places, the government relief payment and various subsidies. It includes not only the money income , but also the income in kind . But the income from borrowing from banks, friends and relatives is excluded.

□ Consumption Expenditure of Urban Households

refers to total expenditure of households for consumption in daily life, including expenditure on the eight categories of food; clothing; housing; household appliances and services; health care and medical services; transport and communications; recreation, education and cultural services; and miscellaneous goods and services.

2013

浙江统计年鉴

ZHEJIANG STATISTICAL YEARBOOK

CHAPTER 6

农　业

Agriculture

6－1 农村基本情况(2007－2012 年)
Basic Statistics on Rural Areas(2007－2012)

指标		Item		2007	2008	2009	2010	2011	2012
农村基层组织		**Rural Grass Roots Units**							
其中:乡镇政府	(个)	Number of Township and Town Governments	(unit)	1207	1197	1180	1171	944	929
#镇政府	(个)	Number of Town Governments	(unit)	749	747	735	728	654	650
村民委员会	(个)	Number of Villages' Committees	(unit)	31060	30112	29974	29874	28783	28771
村民小组	(万个)	Number of Villages' Groups	(10000 units)	32.92	32.65	32.60	32.50	32.34	32.32
农村住户数、人口、劳动力		**Number of Rural Households, Population and Labour Force**							
农村住户数	(万户)	Rural Households	(10000 households)	1226.54	1227.45	1237.44	1254.22	1263.07	1257.09
#农业生产户数	(万人)	Agricultural Producing	(10000 persons)	793.48	781.63	778.66	762.83	757.50	748.56
农村人口	(万人)	Rural Population	(10000 persons)	3770.46	3761.72	3778.86	3813.24	3845.61	3856.87
农村劳动力资源	(万人)	Rural Labour Resource	(10000 persons)	2460.57	2465.23	2495.84	2527.31	2555.38	2571.13
农村劳动力	(万人)	Rural Labour Force	(10000 persons)	2318.21	2304.33	2321.41	2346.80	2370.79	2380.24
按性别分		By Sex							
男	(万人)	Male		1237.03	1232.43	1240.14	1252.80	1256.86	1257.78
女	(万人)	Female		1081.18	1070.90	1081.27	1094.00	1113.93	1122.46
按部门分		By Section							
农林牧渔业	(万人)	Farming, Forestry, Animal Husbandry and Fishery		688.04	666.35	653.55	627.43	616.76	603.14
工业	(万人)	Industry		844.90	849.87	869.20	905.56	944.17	959.93
建筑业	(万人)	Construction		158.49	161.81	164.50	166.68	174.81	177.54
其他行业从业人员	(万人)	Other professions		626.78	626.30	634.16	647.13	635.05	639.63
在农村实有劳动力中:外出劳动力	(万人)	**Among Rural LabourForce: Transferring Out (10000 persons)**		**459.25**	**456.27**	**467.40**	**510.14**	**513.51**	**521.37**

6－2 分行业农村从业人员(1978－2012年)
Employed Persons in Rural Areas by Sector(1978－2012)

单位:万人(10000 persons)

年份 Year	农林牧渔业 Farming, Forestry, Animal Husbandry and Fishery	工业 Industry	建筑业 Construction	其他行业从业人员 Other professions
1978	1300.00			
1979	1285.80			
1980	1257.40			
1981	1218.30			
1982	1274.70			
1983	1279.90			
1984	1277.90	319.42	55.82	132.76
1985	1299.10	339.14	63.74	161.82
1986	1263.70	376.15	68.99	205.66
1987	1260.40	399.73	72.97	222.00
1988	1260.80	409.16	76.65	241.09
1989	1308.50	375.58	75.00	251.92
1990	1336.50	368.41	74.11	255.78
1991	1348.74	376.99	74.36	272.03
1992	1338.56	367.88	78.27	314.67
1993	1239.16	418.91	87.15	360.42
1994	1187.43	436.72	91.87	385.28
1995	1145.87	447.25	99.44	404.46
1996	1123.06	446.52	104.38	422.07
1997	1106.59	448.24	102.66	442.12
1998	1102.70	439.93	102.11	451.76
1999	1073.58	445.65	104.51	466.34
2000	1014.93	474.25	110.68	508.58
2001	985.11	531.89	116.49	536.59
2002	929.58	582.40	122.71	550.91
2003	872.96	647.41	130.85	568.68
2004	826.63	700.68	138.27	586.76
2005	786.92	754.89	145.37	611.36
2006	732.92	796.18	150.35	624.25
2007	688.04	844.90	158.49	626.78
2008	666.35	849.87	161.81	626.30
2009	653.55	869.20	164.50	634.16
2010	627.43	905.56	166.68	647.13
2011	616.76	944.17	174.81	635.05
2012	603.14	959.93	177.54	639.63

注：本表其他非农行业包括批发、零售贸易、住宿、餐饮业。
The other non－agricultural trade is including wholesale, retail, hoteling and catering services.

6-3 各市农村从业人员(2012年)
Rural Labour Force by City (2012)

单位:万人(10000 persons)

地区	Region	合计 Total	#女 Female	农、林、牧、渔业 Farming, Forestry, Animal Husbandry and Fishery	#农业 Farming
全 省	**Total**	**2380.24**	**1122.46**	**603.14**	**481.33**
浙东北	**Eastern&Northern Region**	**1112.70**	**530.05**	**241.00**	**180.41**
杭州市	Hangzhou	257.30	122.45	66.99	50.47
宁波市	Ningbo	293.79	139.36	55.31	44.35
嘉兴市	Jiaxing	166.08	80.91	31.96	23.13
湖州市	Huzhou	120.99	57.79	25.84	15.32
绍兴市	Shaoxing	233.93	112.07	50.54	42.86
舟山市	Zhoushan	40.61	17.47	10.36	4.28
浙西南	**Western&Southern Region**	**1267.54**	**592.41**	**362.14**	**300.92**
温州市	Wenzhou	402.64	183.92	94.55	78.79
金华市	Jinhua	299.92	141.75	84.20	76.70
其中:义乌市	Yiwu	78.31	37.28	9.05	8.34
衢州市	Quzhou	123.74	58.18	53.64	42.25
台州市	Taizhou	327.06	155.74	74.62	58.32
丽水市	Lishui	114.18	52.82	55.13	44.86

续表 Continued 单位:万人(10000 persons)

地区	Region	工业 Industry	建筑业 Construction	其他行业从业人员 Other professions	在农村实有劳动力中:外出 Among Rural Labour Force: Transferring
全　省	**Total**	**959.93**	**177.54**	**639.63**	**521.37**
浙东北	**Eastern&Northern Region**	**522.72**	**91.10**	**257.88**	**186.39**
杭州市	Hangzhou	96.41	19.88	74.02	51.03
宁波市	Ningbo	156.36	19.47	62.65	39.53
嘉兴市	Jiaxing	97.51	9.44	27.17	14.38
湖州市	Huzhou	56.53	9.29	29.33	21.52
绍兴市	Shaoxing	105.52	27.69	50.18	49.06
舟山市	Zhoushan	10.39	5.33	14.53	10.87
浙西南	**Western&Southern Region**	**437.21**	**86.44**	**381.75**	**334.98**
温州市	Wenzhou	152.50	20.80	134.79	109.88
金华市	Jinhua	119.12	23.88	72.72	66.24
其中:义乌市	Yiwu	44.30	3.62	21.34	6.80
衢州市	Quzhou	25.08	12.81	32.21	58.18
台州市	Taizhou	121.03	22.94	108.47	64.96
丽水市	Lishui	19.48	6.01	33.56	35.72

6-4 农、林、牧、渔业总产值(1978-2012年)
Gross Output Value of Farming, Forestry, Animal Husbandry and Fishery(1978-2012)

单位:亿元(100 million yuan)

年份 Year	农林牧渔业总产值 Total	农业产值 Farming	#种植业产值 Planting	林业产值 Forestry	牧业产值 Animal Husbandry	渔业产值 Fishery	农林牧渔服务产值 Services for Agriculture
1978	65.71	50.82	48.86	1.99	9.42	3.48	
1979	91.84	69.47	67.29	2.75	15.55	4.07	
1980	92.67	64.23	60.52	3.61	19.39	5.44	
1981	95.56	69.21	64.48	3.79	16.45	6.11	
1982	118.04	84.61	77.91	4.42	22.88	6.13	
1983	118.68	83.65	74.87	4.77	23.41	6.85	
1984	147.49	102.80	89.93	6.67	27.01	11.01	
1985	174.05	111.20	92.85	8.87	37.84	16.14	
1986	192.04	122.97	101.00	9.26	40.09	19.72	
1987	227.18	141.09	113.91	11.61	48.57	25.91	
1988	280.94	162.80	129.89	14.40	70.33	33.41	
1989	304.50	181.26	145.97	13.60	75.68	33.96	
1990	331.56	199.48	163.92	16.00	75.18	40.90	
1991	363.22	217.21	180.00	17.42	76.78	51.81	
1992	396.93	226.46	179.94	21.01	85.23	64.23	
1993	490.13	274.85	218.01	29.80	92.11	93.37	
1994	690.20	372.97	305.58	41.92	134.78	140.53	
1995	868.76	481.90	407.24	50.02	142.03	194.81	
1996	932.85	517.29	431.90	54.77	155.88	204.92	
1997	1004.88	516.21	426.56	59.26	190.03	239.38	
1998	1003.66	522.98	434.22	59.46	165.85	255.37	
1999	1005.22	519.00	431.57	62.31	157.00	266.91	
2000	1057.07	521.31	446.15	54.48	183.94	297.36	
2001	1053.57	488.59	471.52	60.20	195.94	308.84	
2002	1101.86	511.42	495.72	60.84	205.09	324.51	
2003	1184.04	529.44	515.24	65.67	233.01	337.11	18.81
2004	1332.27	592.59	578.22	78.36	277.89	361.99	21.44
2005	1428.28	654.81	640.20	83.51	285.95	380.81	23.20
2006	1422.60	684.00	669.44	86.04	279.01	347.53	26.03
2007	1597.15	735.92	721.63	95.47	367.60	369.90	28.27
2008	1780.01	813.10	796.12	106.95	418.86	407.82	33.28
2009	1873.40	879.05	864.47	117.64	404.88	435.48	36.35
2010	2172.86	1041.30	1041.30	119.35	448.42	522.18	41.61
2011	2534.90	1152.04	1152.04	134.07	546.33	655.75	46.71
2012	2658.66	1229.36	1229.36	142.14	549.04	687.05	51.08

注：1.本表按当年价格计算。The data in this table are calculated at current price.
2.2003年起农林牧渔业总产值中包括服务业产值。Gross output value includes services for agriculture since 2003.
3.2006年及以后年份农林牧渔业总产值已与农普数衔接。
According to the result of agricultural census, the figures are adjusted since 2006.

6-5 农、林、牧、渔业总产值指数(1979-2012年)
Indices of Gross Output Value of Farming, Forestry, Animal Husbandry and Fishery (1979-2012)

(1978年=100)(1978=100)

年份 Year	农林牧渔业总产值 Total	农业产值 Farming	#种植业产值 Planting	林业产值 Forestry	牧业产值 Animal Husbandry	渔业产值 Fishery	农林牧渔服务业 Services for Agriculture
1979	112.26	109.58	110.04	109.95	131.12	93.69	
1980	109.85	105.62	103.41	115.71	133.27	94.59	
1981	110.78	107.65	104.36	115.71	128.88	96.69	
1982	128.98	127.88	123.64	113.26	148.37	102.71	
1983	124.88	122.05	114.82	116.93	149.42	99.70	
1984	145.51	145.51	132.39	149.29	156.79	116.48	
1985	151.17	146.44	125.92	155.09	176.43	136.74	
1986	159.30	152.77	126.90	149.90	185.83	162.85	
1987	164.65	158.47	125.65	161.50	181.27	184.84	
1988	168.39	162.26	122.63	157.53	189.10	182.79	
1989	170.76	166.71	124.53	152.65	185.44	182.16	
1990	175.37	170.34	128.84	166.08	187.23	198.14	
1991	186.67	181.51	137.66	185.57	192.05	217.84	
1992	193.70	179.20	129.00	198.03	209.41	251.91	
1993	202.65	184.90	127.48	240.93	203.50	286.54	
1994	221.50	191.86	127.47	283.27	204.03	383.96	
1995	242.72	205.46	135.15	302.47	202.14	482.07	
1996	258.08	221.62	142.54	319.98	203.38	516.58	
1997	270.66	223.18	142.51	340.13	222.24	570.26	
1998	280.94	223.98	143.15	328.23	230.46	640.51	
1999	294.15	233.77	153.57	351.75	242.33	669.03	
2000	307.67	230.70	150.09	391.15	265.45	741.95	
2001	322.75	240.16	160.75	414.23	288.28	769.40	
2002	336.31	155.05	171.36	417.96	300.39	787.87	
2003	348.29	267.73	180.78	429.21	306.42	811.56	
2004	363.75	171.10	190.00	458.00	310.38	848.84	109.84
2005	372.48	175.72	195.13	463.04	326.52	847.99	117.53
2006	385.52	183.80	202.34	488.51	311.42	870.04	125.87
2007	394.39	188.58	207.60	509.03	314.53	884.83	135.69
2008	412.57	198.08	217.73	554.03	323.49	918.72	152.16
2009	422.43	203.15	224.26	555.03	333.19	932.87	164.56
2010	434.76	204.96	226.26	527.72	344.92	1007.97	179.37
2011	448.24	208.75	230.45	542.39	350.06	1076.41	191.03
2012	456.49	211.11	233.05	538.97	356.64	1110.86	204.40

注：本表按可比价格计算。
The data in this table are calculated at comparable price.

6-6 农、林、牧、渔业分项产值(2006-2012年)
Gross Output Value of Farming, Forestry, Animal Husbandry and Fishery by Branch(2006-2012)

单位:亿元(100 million yuan)

指标	Item	2006	2007	2008	2009	2010	2011	2012
农林牧渔业总产值	**Total**	**1422.60**	**1597.15**	**1780.01**	**1873.40**	**2172.86**	**2534.90**	**2658.66**
农业产值	**Farming**	**684.00**	**735.92**	**813.10**	**879.05**	**1041.30**	**1152.04**	**1229.36**
农作物种植业产值	Planting	669.44	721.63	796.12	864.47	1041.30	1152.04	1229.36
#粮食	Grain	146.28	144.97	164.95	178.48	200.59	223.47	229.51
谷物	Cereal	134.21	131.82	144.25	156.62	174.95	192.58	194.24
豆类	Beans	8.27	8.94	11.13	11.41	12.22	15.25	16.77
薯类	Tubers	3.80	4.21	9.58	10.45	13.42	15.64	18.50
油料	Oil bearing Crops	12.27	15.69	18.47	16.88	16.76	18.38	19.49
棉花	Cotton	2.49	2.77	3.08	3.34	4.29	4.15	3.84
麻类	Fiber Crops	0.04	0.04	0.03	0.01	0.01	0.01	0.01
糖料	Sugar Crops	9.95	12.10	11.22	10.98	10.40	12.16	7.79
蔬菜	Vegetables	200.76	210.90	240.34	257.85	300.12	318.91	341.22
茶、桑、果	Tea, Mulberry, Fruit	175.33	205.61	216.13	238.26	292.24	334.64	366.12
其他农业产值	Other Farming	14.56	14.29	16.98	14.58	16.30	12.36	13.17
林业产值	**Forestry**	**86.04**	**95.47**	**106.95**	**117.64**	**119.35**	**134.07**	**142.14**
人造林木生长	Man made Forestry Growing	9.27	9.17	6.18	8.74	4.17	10.55	11.64
林产品	Forestry Production	45.81	51.25	51.45	61.20	59.66	50.13	54.93
竹木采运	Lumbering	30.96	35.05	49.32	47.70	55.52	58.09	58.70
牧业产值	**Animal Husbandry**	**279.01**	**367.60**	**418.86**	**404.88**	**448.42**	**546.33**	**549.04**
牲畜繁殖、增长增重	Breeding and Growthing of Domestic Animals	169.03	254.69	303.61	284.61	305.78	391.19	393.98
家禽饲养	Poultry Raising	35.34	42.07	47.54	47.84	52.33	54.23	57.96
活的畜禽产品	Live Livestock Production	20.93	20.93	33.13	35.15	40.21	44.99	47.25
其他动物饲养	Other Animals Raising	53.40	49.64	34.25	36.95	48.39	54.43	48.16
渔业产值	**Fishery**	**347.53**	**369.90**	**407.82**	**435.48**	**522.18**	**655.75**	**687.05**
海水产品	Seawater Aquatic Production	255.33	268.70	277.23	304.75	365.79	465.12	484.53
淡水产品	Freshwater Aquatic Production	92.20	101.20	130.59	130.73	156.39	190.64	202.52
服务业产值	**Services for Agriculture**	**26.03**	**28.27**	**33.28**	**36.35**	**41.61**	**46.71**	**51.08**

注:1. 本表按当年价格计算。The data in this table are calculated at current price.
2. 总产值中包括服务业产值。Total gross output value includes services for agriculture.

6－7 农、林、牧、渔业增加值(2006－2012年)
The Added Value of Farming, Forestry, Animal Husbandry and Fishery(2006－2012)

单位:亿元(100 million yuan)

指标	Item	2006	2007	2008	2009	2010	2011	2012
总产值	**Gross Output Value**	**1422.60**	**1597.15**	**1780.01**	**1873.40**	**2172.86**	**2534.90**	**2658.67**
中间消耗	**Intermediate Consumption**	**533.48**	**611.13**	**684.05**	**710.32**	**812.31**	**951.86**	**990.78**
中间物质消耗	Intermediate Material Consumption	434.95	500.94	560.24	577.60	652.33	741.59	755.68
对非物质生产部门的劳务支出	Labour Service Expenditure of Non－material Productive Sectors	98.53	110.19	123.81	132.72	159.98	210.27	235.10
增加值	**Added Value**	**889.12**	**986.02**	**1095.96**	**1163.08**	**1360.56**	**1583.04**	**1667.88**
农业	Farming	491.03	524.65	578.93	627.03	747.66	831.66	887.77
林业	Forestry	62.55	69.53	77.85	85.64	86.89	97.60	103.76
牧业	Animal Husbandry	123.01	165.00	188.07	181.87	202.24	247.87	248.72
渔业	Fishery	200.17	213.05	234.91	250.83	303.38	383.02	402.61
服务业	Services	12.36	13.79	16.20	17.71	20.39	22.89	25.03

注：1. 农林牧渔业增加值中包括服务业增加值。Gross Output Value includes Services for agricultuer.
2. 农林牧渔业增加值已与农普数衔接。The gross output value are adjusted according to agricultural census result.

6－8 各市农、林、牧、渔业增加值(2012年)
The Added Value of Farming, Forestry, Animal Husbandry and Fishery by City (2012)

单位:亿元(100 million yuan)

地区	Region	农、林、牧、渔业增加值 Total	#农业增加值 Farming	#固定资产折旧 Depreciation of Fixed Assets	劳动者报酬 Compensation of Labourers	中间消耗 Intermediate Consumption
全省合计	**Total**	**1667.88**	**887.77**	**133.76**	**16008.06**	**990.78**
浙东北	**Eastern&Northern Region**	**1065.53**	**576.40**	**76.03**	**1033.74**	**643.41**
杭州市	Hangzhou	255.11	151.04	11.52	256.00	129.23
宁波市	Ningbo	268.52	149.27	13.37	262.70	151.29
嘉兴市	Jiaxing	151.39	86.19	9.54	145.38	102.47
湖州市	Huzhou	122.65	61.24	12.97	109.68	85.84
绍兴市	Shaoxing	184.80	121.71	11.48	174.26	93.97
舟山市	zhoushan	83.06	6.95	17.15	85.72	80.61
浙西南	**Western&Southern Region**	**608.71**	**329.34**	**57.73**	**580.67**	**395.24**
温州市	Wenzhou	114.22	58.62	7.80	110.17	70.90
金华市	Jinhua	134.46	83.33	13.55	124.38	78.51
其中:义乌市	Yiwu	21.41	13.50	2.14	19.48	9.98
衢州市	Quzhou	79.75	42.53	5.76	77.09	55.45
台州市	Taizhou	200.91	88.25	28.21	189.67	148.24
丽水市	Lishui	79.37	56.61	2.41	79.36	42.14

注：全省数为省级计算数，与分市相加不等。
The total is calculated by Provincial Bureau, it is not equal to the sum of regional figures by city.

6-9 农业机械年末拥有量(2006-2012年)
Possession of Major Agricultural Machinery(2006-2012,Year-end)

指标		Item		2006	2007	2008	2009	2010	2011	2012
农业机械总动力	**(万千瓦)**	**Total Power of Agri-cultural Machinery**	**(10000 kw)**	**2293.00**	**2331.63**	**2331.38**	**2450.64**	**2499.92**	**2542.08**	**2587.92**
耕作机械动力	**(万千瓦)**	**Mechanical Power of Cultivation**	**(10000 kw)**	**167.90**	**174.34**	**175.12**	**190.71**	**197.17**	**205.17**	**211.74**
大中型拖拉机	(台)	Large and Medium Sized Tractors	(unit)	5075	6036	5842	7366	8401	9583	10742
	(万千瓦)		(10000 kw)	14.93	18.12	19.74	26.40	31.69	37.29	43.26
农用小型拖拉机	(万台)	Mini tractors for Agriculture	(10000 units)	16.65	17.03	16.62	17.01	16.91	16.81	16.27
	(万千瓦)		(10000 kw)	145.74	148.32	145.36	151.87	150.93	150.53	144.46
收获机械动力	**(万千瓦)**	**Mechanical Power of Harvesting**	**(10000 kw)**	**282.56**	**282.85**	**265.42**	**263.69**	**250.48**	**244.16**	**237.40**
联合收割机	(台)	Combine Harvesters	(unit)	13856	14837	15165	17221	18045	18399	18797
	(万千瓦)		(10000 kw)	33.04	41.67	44.51	54.39	59.81	62.89	66.45
机动收割机(割晒机)	(台)	Motorized Harvesters	(unit)	514	349	228	214	135	106	102
机动脱粒机	(万台)	Motorized Thresher	(10000 units)	147.56	145.36	131.25	121.55	110.58	102.64	85.86
植保机械动力	**(万千瓦)**	**Mechanical Power of Plant Protection**	**(10000 kw)**	**25.36**	**26.99**	**30.65**	**35.31**	**41.50**	**47.72**	**49.65**
机动喷雾(粉)器	(万架)	Motorized Sprayer	(10000 units)	11.66	12.58	13.27	15.56	18.94	21.18	21.84
排灌机械动力	**(万千瓦)**	**Mechanical Power of Drainage and Irrigation**	**(10000 kw)**	**280.04**	**280.45**	**281.12**	**284.15**	**287.08**	**287.18**	**286.56**
柴油机	(万台)	Diesel Engines	(10000 units)	8.70	9.01	8.74	9.45	9.64	8.73	8.61
	(万千瓦)		(10000 kw)	42.40	42.98	42.07	43.50	42.75	40.90	40.73
电动机	(万台)	Electric Engines	(10000 units)	86.60	85.77	86.98	85.48	86.73	88.19	87.45
	(万千瓦)		(10000 kw)	231.79	231.70	232.04	233.28	236.60	237.58	236.89
农副产品加工机械动力	**(万千瓦)**	**Mechanical Power of Farm Sideline Production Manufacturing**	**(10000 kw)**	**139.89**	**142.05**	**136.66**	**138.30**	**139.93**	**138.03**	**135.79**
粮食加工机械	(万台)	Mechanical Power for Grain	(10000 units)	12.56	12.66	12.80	12.96	12.90	13.18	12.82
棉花加工机械	(万台)	Mechanical Power for Cotton	(10000 units)	0.39	0.40	0.32	0.82	0.80	0.50	0.50
油料加工机械	(万台)	Mechanical Power for Oil bearing	(10000 units)	0.80	0.79	0.78	0.89	0.89	0.89	0.93
运输机械动力	**(万千瓦)**	**Mechanical Power of Transportation**	**(10000 kw)**	**551.81**	**558.22**	**542.90**	**549.87**	**553.53**	**553.97**	**548.70**
渔业机械动力	**(万千瓦)**	**Mechanical Power of Fishery**	**(10000 kw)**	**425.16**	**438.68**	**436.70**	**440.13**	**429.76**	**439.87**	**455.86**
机动船	(万艘)	Motorized Boats	(10000 units)	5.05	5.03	5.02	5.18	5.05	5.02	4.96
	(万吨)		(10000 tons)	224.73	226.59	226.52	234.67	231.11	246.84	268.68
	(万千瓦)		(10000 kw)	425.16	438.68	436.70	440.13	429.76	439.87	455.86
其他农业机械动力	**(万千瓦)**	**Other Mechanical Power**	**(10000 kw)**	**420.28**	**428.05**	**462.80**	**548.48**	**600.47**	**625.98**	**662.22**

6-10 各市主要农业机械拥有量(2012 年末)
Possession of Major Agricultural Machinery by City (End of 2012)

地区	Region	农业机械总动力(万千瓦) Total Power of Agricultural Machinery (10000 kw)	耕作机械动力(万千瓦) Mechanical Power of Cultivation (10000 kw)	大中型拖拉机(台) Mini tractors	农用小型拖拉机 Mini tractors		收获机械动力(万千瓦) Mechanical Power of Harvesting (10000 kw)
					万台 (10000 units)	万千瓦 (10000 kw)	
全省合计	**Total**	**2587.92**	**211.74**	**10742**	**16.27**	**144.46**	**237.40**
浙东北	**Eastern & Northern Region**	**1469.09**	**119.05**	**6814**	**8.97**	**81.02**	**127.37**
杭州市	Hangzhou	343.40	21.60	971	1.49	13.45	25.49
宁波市	Ningbo	343.98	29.77	2598	1.76	16.35	23.01
嘉兴市	Jiaxing	154.75	21.95	1296	1.72	15.32	33.94
湖州市	Huzhou	168.03	21.07	390	2.11	19.10	13.60
绍兴市	Shaoxing	243.29	23.33	1410	1.88	16.55	30.09
舟山市	Zhoushan	215.64	1.33	149	0.03	0.23	1.24
浙西南	**Western & Southern Region**	**1114.79**	**92.69**	**3928**	**7.29**	**63.44**	**110.03**
温州市	Wenzhou	213.31	17.68	699	1.19	11.20	14.75
金华市	Jinhua	258.31	26.74	1436	2.12	18.39	42.92
其中:义乌市	Yiwu	29.20	2.84	303	0.16	1.47	2.73
衢州市	Quzhou	164.66	16.05	527	1.57	11.99	19.27
台州市	Taizhou	367.68	21.97	1236	1.41	13.77	28.28
丽水市	Lishui	110.83	10.25	30	1.00	8.09	4.82
省直属单位	**Units Directly under Province**	**4.04**					

续表 1 Continued

地区	Region	机动脱粒(打稻)机 Motorized Thresher (10000 kw) (万台) (10000 units)	(万千瓦) (10000 kw)	植保机械动力(万千瓦) Mechanical Power of Plant Protection (10000 kw)	机动喷雾(粉)器 Moterized Sprayer (架) (unit)	(千瓦) (1000 kw)	排灌机械动力(万千瓦) Mechanical Power of Drainage and Irrigation (10000 kw)
全省合计	**Total**	**85.86**	**144.38**	**49.65**	**218418**	**384943**	**286.56**
浙东北	**Eastern & Northern Region**	**55.41**	**82.11**	**18.24**	**106723**	**169671**	**164.39**
杭州市	Hangzhou	15.17	21.84	4.15	28628	40651	41.75
宁波市	Ningbo	6.62	12.33	6.70	38807	60023	28.89
嘉兴市	Jiaxing	18.14	26.51	2.22	13359	21181	28.52
湖州市	Huzhou	5.54	6.91	1.67	7644	15582	38.26
绍兴市	Shaoxing	9.58	13.99	3.33	17190	30945	24.33
舟山市	Zhoushan	0.35	0.53	0.17	1095	1289	2.64
浙西南	**Western & Southern Region**	**30.45**	**62.27**	**31.41**	**111695**	**215269**	**122.17**
温州市	Wenzhou	1.92	3.73	2.17	6072	15320	17.14
金华市	Jinhua	12.03	27.56	4.69	23992	38519	31.03
其中:义乌市	Yiwu	0.89	1.92	0.57	2664	5725	3.32
衢州市	Quzhou	5.45	10.27	13.04	39385	79418	32.13
台州市	Taizhou	9.29	16.84	8.23	34457	66858	32.43
丽水市	Lishui	1.76	3.87	3.27	7789	15154	9.43
省直属单位	**Units Directly under Province**						

续表 2 Continued

地区	Region	农副产品加工机械动力（万千瓦）Mechanical Power of Farm Sideline Production Manufacturing (10000 kw)	运输机械动力（万千瓦）Mechanical Power of Transpor－tation (10000 kw)	渔业机械动力（万千瓦）Mechanical Power of Fishery (10000 kw)	其他机械动力（万千瓦）Other Mechanical Power (10000 kw)
全省合计	**Total**	**135.79**	**548.69**	**455.86**	**662.23**
浙东北	**Eastern & Northern Region**	**65.75**	**297.52**	**254.45**	**422.32**
杭州市	Hangzhou	18.07	90.61	2.57	139.16
宁波市	Ningbo	13.35	72.14	83.21	86.92
嘉兴市	Jiaxing	7.48	25.33	3.20	32.12
湖州市	Huzhou	7.31	35.11	7.81	43.19
绍兴市	Shaoxing	18.57	61.58	1.59	80.47
舟山市	Zhoushan	0.98	12.74	156.07	40.46
浙西南	**Western & Southern Region**	**70.04**	**251.17**	**197.38**	**239.91**
温州市	Wenzhou	14.23	47.23	52.62	47.48
金华市	Jinhua	16.16	75.35	0.13	61.29
其中:义乌市	Yiwu	1.57	10.61		7.56
衢州市	Quzhou	12.98	40.92	0.25	30.03
台州市	Taizhou	12.35	58.92	143.80	61.70
丽水市	Lishui	14.32	28.75	0.58	39.41
省直属单位	**Units Directly under Province**			**4.04**	

注：省直属单位指省属水产渔业公司。
Units Directly Under Province refers to aquatic fishery company attached to the Province.

6-11 农业机械化、电气化及化肥施用量(2006-2012年)
Agricultural Mechanization, Electrification, Chemical Fertilizer Applied(2006-2012)

指标	Item		2006	2007	2008	2009	2010	2011	2012
农业机械化	**Agricultural Mechanization**								
当年机耕地面积(千公顷)	Area Sown by Machine at Current Year	(1000 hectares)	997.19	1009.07	1010.35	996.87	996.59	992.39	1008.82
当年机械收获面积(千公顷)	Mechanical Harvest Area at Current Year	(1000 hectares)	767.09	821.55	869.05	905.00	900.63	943.57	910.38
农村能源	**Energy in Rural Areas**								
农村用电量(亿千瓦时)	Electricity Consumed	(100 Million kw.h)	579.58	649.97	675.41	709.41	765.15	848.00	869.87
乡村办水电站 (个)	Hydropower Stations Run by Township and Village	(units)	2332	2434	2358	2283	2205	3189	3206
装机容量 (万千瓦)	Generating Capacity	(10000 kw)	213.00	247.35	240.60	230.20	202.60	376.80	382.90
农业化肥施用量	**Agricultural Consumption of Chemical Fertilizers**								
按折纯量计算 (万吨)	Calculated by 100% Effective Component	(10000 tons)	93.98	92.82	92.98	93.60	92.20	92.05	92.15
每公顷播种面积施用量 (公斤)	Fertilizer Used per Hectare Sown Area	(kg)	330	334	375	374	371	368.00	376
农用塑料薄膜使用量(万吨)	**Plastic Film Used for Agriculture**	**(10000 tons)**	**4.75**	**4.92**	**5.21**	**5.44**	**5.54**	**5.84**	**6.23**
农用柴油使用量 (万吨)	**Diesel Used for Agriculture**	**(10000 tons)**	**190.23**	**193.58**	**184.28**	**183.28**	**191.56**	**195.10**	**196.20**
农药使用量 (万吨)	**Pesticide Used**	**(10000 tons)**	**6.62**	**6.49**	**6.58**	**6.55**	**6.51**	**6.39**	**6.29**

6-12 各市农业机械化、农村能源及农业物资消耗情况(2012年)
Agricultural Mechanization, Energy and Material Consumption by City (2012)

地区	Region	农业机械化情况(千公顷) Conditions of Agricultural Mechanization(1000 ha)		农村用电量(亿千瓦小时) Electricity Consumed in Rural Areas (100 million kw.h)	农用塑料薄膜使用量(吨) Plastic Film Used for Agriculture (ton)	农用柴油使用量(吨) Diesel Used for Agriculture (ton)	农药使用量(吨) Pesticide Used (ton)
		机耕面积 Area Cultivated by Machine	机械收获面积 Area Harvested by Machine				
全省合计	**Total**	**1008.82**	**910.38**	**869.87**	**62287**	**1962102**	**62874**
浙东北	**Eastern & Northern Region**	**603.25**	**596.03**	**629.29**	**36846**	**999756**	**35972**
杭州市	Hangzhou	121.71	92.88	109.72	10724	29365	7950
宁波市	Ningbo	132.81	108.41	173.80	10634	344022	7492
嘉兴市	Jiaxing	117.34	166.73	101.14	5934	14853	6668
湖州市	Huzhou	98.42	104.14	37.12	4976	28602	7187
绍兴市	Shaoxing	126.11	121.23	195.27	4276	15295	6143
舟山市	Zhoushan	6.86	2.63	12.23	302	567619	532
浙西南	**Western & Southern Region**	**405.57**	**314.35**	**240.58**	**25441**	**962346**	**26902**
温州市	Wenzhou	81.48	91.70	90.27	3507	292029	3975
金华市	Jinhua	102.72	70.51	39.61	6333	33191	8408
其中:义乌市	Yiwu	13.78	8.84	10.32	343	2291	494
衢州市	Quzhou	81.69	73.02	9.54	2361	15082	6783
台州市	Taizhou	99.10	71.28	95.77	8545	611604	4605
丽水市	Lishui	40.57	7.84	5.38	4695	10440	3131

6-13 各市农用化肥施用量
Chemical Fertilizer Applied by City

单位:万吨(10000 tons)

地区	Region	氮肥 Nitrogenous Fertilizer		磷肥 Phosphate Fertilizer		钾肥 Potash Fertilizer		复合肥 Compound Fertilizer	
		2011年	2012年	2011年	2012年	2011年	2012年	2011年	2012年
全省合计	**Total**	**51.56**	**51.23**	**11.88**	**11.75**	**7.36**	**7.25**	**21.25**	**21.92**
浙东北	**Eastern & Northern Region**	**29.57**	**29.19**	**5.66**	**5.53**	**3.29**	**3.30**	**10.56**	**10.77**
杭州市	Hangzhou	5.41	5.30	1.26	1.23	0.83	0.83	3.47	3.48
宁波市	Ningbo	5.46	5.30	1.66	1.60	0.86	0.87	3.15	3.40
嘉兴市	Jiaxing	7.83	7.85	1.23	1.22	0.55	0.55	0.86	0.87
湖州市	Huzhou	3.31	3.18	0.59	0.57	0.33	0.32	1.24	1.19
绍兴市	Shaoxing	7.26	7.29	0.84	0.85	0.70	0.72	1.64	1.67
舟山市	Zhoushan	0.30	0.27	0.08	0.06	0.02	0.02	0.20	0.15
浙西南	**Western & Southern Region**	**21.99**	**22.04**	**6.22**	**6.22**	**4.07**	**3.95**	**10.69**	**11.15**
温州市	Wenzhou	5.11	5.07	1.43	1.41	0.88	0.87	1.28	1.29
金华市	Jinhua	5.48	5.59	1.98	2.00	1.07	1.13	2.99	3.25
其中:义乌市	Yiwu	0.52	0.52	0.16	0.16	0.11	0.11	0.52	0.52
衢州市	Quzhou	4.07	4.02	0.91	0.91	0.93	0.85	1.70	1.76
台州市	Taizhou	4.71	4.74	0.95	0.92	0.49	0.49	2.82	2.88
丽水市	Lishui	2.62	2.62	0.95	0.97	0.70	0.60	1.90	1.98

注:农用化肥施用量按折纯量计算。
Chemical Fertilizer Applied are Calculated by 100% Effective Component.

6－14 农田水利建设(2006－2012 年)
Water Conservancy Facilities of Farmland(2006－2012)

指标	Item	2006	2007	2008	2009	2010	2011	2012
水库年末累计（座）	**Total Number of Reservoirs (set)**	**4105**	**4151**	**4202**	**4207**	**4217**	**4243**	**4250**
#大、中型水库（1000 万立方米（座）以上）	Large and Medium－sized Reservoirs(above 10 million cu. m level) (set)	171	174	177	180	183	185	187
总库容量（亿立方米）	Capacity (100 million m)	391.60	392.75	394.76	396.21	398.07	398.92	400.07
塘坝（处）	**Small Reservoirs (place)**	**222180**	**222993**	**219864**	**208982**	**189898**	**205204**	**204034**
蓄水量（亿立方米）	Capacity of Retain Water (100 million m)	8.86	8.92	8.91	8.64	9.03	9.97	8.49
堰坝（万处）	**Weirs (10000 places)**	**4.87**	**4.81**	**5.15**	**5.18**	**5.18**	**5.36**	**5.39**
机电井（眼）	**Motor－electric－pumped Well (unit)**	**2436**	**2440**	**2139**	**1998**	**2032**	**1996**	**1991**
#已配套机电井（眼）	Equiped Motor－electric－pumped Well (unit)	2222	2245	1857	1766	1844	1826	1824
水闸（座）	**Sluice (set)**	**4545**	**4593**	**4971**	**5197**	**5279**	**5322**	**5355**

6-15 农田水利、除涝和治理水土流失情况(2006-2012年)
Water Conservation, Waterlogging and Soil Erosion Prevention and Limitation(2006-2012)

指标		Item		2006	2007	2008	2009	2010	2011	2012
有效灌溉面积	**(千公顷)**	**Effective Irrigated Areas**	**(1000 ha)**	**1422.32**	**1431.35**	**1435.85**	**1446.37**	**1450.98**	**1456.80**	**1471.02**
机电排灌面积	**(千公顷)**	**Mechanical and Electrical Irrigated Areas**	**(1000 ha)**	**1057.19**	**1038.18**	**1045.75**	**1047.96**	**1053.53**	**1055.07**	**1050.63**
农田旱涝保收面积	**(千公顷)**	**Farmland Area of Stable Yields Despite Drought or Excessive Rain**	**(1000 ha)**	**1067.43**	**1075.07**	**1087.47**	**1093.06**	**1094.18**	**1098.29**	**1120.05**
抗旱能力在70天以上的水田	**(千公顷)**	**Fight Drought above 70 days**	**(1000 ha)**	**910.16**	**878.87**	**869.69**	**860.71**	**874.96**	**875.77**	**893.35**
易涝面积	**(千公顷)**	**Area Liable to Flooding or Water Logging**	**(1000 ha)**	**534.65**	**536.61**	**535.33**	**538.68**	**538.68**	**539.46**	**539.74**
#除涝面积	(千公顷)	Flooded or Water Logged Areas under Control	(1000 ha)	491.88	495.36	496.17	496.61	529.04	499.71	501.44
占易涝面积比重	(%)	Percentage to Total Area Liable to Flooding or Waterlogging	(%)	92.00	92.31	92.68	92.19	98.00	92.63	92.90
水土流失总面积	**(千公顷)**	**Total Area of Soil Erosion**	**(1000 ha)**	**2779.00**	**2805.90**	**2830.23**	**2835.90**	**2838.42**	**2837.69**	**2840.78**
#治理水土流失面积	(千公顷)	Area of Soil Erosion under Control	(1000 ha)	2256.03	2336.72	2334.58	2401.85	2431.64	2457.64	2515.46
占水土流失比重	(%)	Percentage to Total Area of Soil Erosion	(%)	81.18	83.28	82.49	84.69	85.60	86.61	88.55
堤塘长度	**(公里)**	**Total Length of Dikes**	**(km)**	**12768**	**13566**	**13269**	**13587**	**13895**	**14168**	**14572**

6-16 各市水利设施和除涝及旱涝保收面积
Water Conservancy Facilities,Waterlogging under Control by City

地区	Region	年末水库数(座) Number of Reservoirs (year end) (set)		水库总库容(亿立方米) Capacity of Reservoirs (100 million cu. m)		除涝面积(千公顷) Waterlogging Area under Control (1000 ha)		旱涝保收面积(千公顷) Area of Stable Yields Despite Drought or Excessive Rain (1000 ha)	
		2011	2012	2011	2012	2011	2012	2011	2012
全省合计	**Total**	**4243**	**4250**	**398.58**	**400.70**	**499.71**	**501.44**	**1098.29**	**1120.05**
浙东北	**Eastern & Northern Region**	**1958**	**1959**	**276.16**	**277.53**	**373.39**	**374.82**	**700.11**	**714.37**
杭州市	Hangzhou	627	628	236.16	236.16	53.44	54.09	134.36	137.88
宁波市	Ningbo	411	411	17.91	18.12	73.44	74.20	146.14	151.77
嘉兴市	Jiaxing					107.48	107.48	173.15	174.71
湖州市	Huzhou	155	156	7.71	8.83	91.90	91.82	126.16	126.83
绍兴市	Shaoxing	554	554	12.95	12.96	41.78	41.78	109.43	111.96
舟山市	Zhoushan	211	210	1.43	1.46	5.35	5.45	10.86	11.21
浙西南	**Western & Southern Region**	**2285**	**2291**	**122.42**	**122.50**	**126.32**	**126.62**	**398.18**	**405.68**
温州市	Wenzhou	305	306	26.20	26.20	66.55	66.59	74.46	77.49
金华市	Jinhua	818	821	19.67	19.42	12.36	12.36	116.63	116.21
其中:义乌市	Yiwu	107	107	2.34	2.35	0.37	0.37	15.49	15.49
衢州市	Quzhou	468	468	34.57	34.58	2.64	2.63	72.31	74.15
台州市	Taizhou	326	326	18.54	18.80	37.74	37.84	84.04	85.40
丽水市	Lishui	368	370	23.44	23.50	7.03	7.20	50.74	52.43

6-17 各市农田灌溉面积情况
Basic Statistics on Farmland Irrigated Areas by City

地区	Region	有效灌溉面积(千公顷) Effective Irrigated Areas(1000 ha)			机电排灌面积(千公顷) Mechanical and Electrical Irrigated Areas(1000 ha)		
		2010	2011	2012	2010	2011	2012
全省合计	**Total**	**1450.98**	**1456.80**	**1471.02**	**1053.53**	**1055.07**	**1050.63**
浙东北	**Eastern and Northern Region**	**858.70**	**862.13**	**867.91**	**720.98**	**724.83**	**716.25**
杭州市	Hangzhou	162.99	163.74	167.09	115.62	116.77	117.39
宁波市	Ningbo	189.05	189.67	191.45	170.97	172.46	176.13
嘉兴市	Jiaxing	198.79	199.21	198.77	198.79	199.21	198.77
湖州市	Huzhou	134.46	135.34	136.37	117.66	118.52	110.97
绍兴市	Shaoxing	160.56	160.47	160.30	108.48	106.04	101.13
舟山市	Zhoushan	12.85	13.69	13.93	9.46	11.83	11.86
浙西南	**Western and Southern Region**	**592.28**	**594.67**	**603.11**	**332.55**	**330.24**	**334.39**
温州市	Wenzhou	125.24	126.44	126.95	95.84	96.29	96.92
金华市	Jinhua	159.51	156.93	160.02	95.52	95.78	96.58
其中:义乌市	Yiwu	20.90	20.40	20.46	11.04	10.78	10.61
衢州市	Quzhou	93.42	94.220	95.53	35.00	35.41	36.29
台州市	Taizhou	127.35	128.26	128.54	92.79	88.34	88.13
丽水市	Lishui	86.76	88.82	92.07	13.40	14.42	16.47

6-18 主要农作物播种面积(2006-2012年)
Total Sown Area of Major Farm Crops(2006-2012)

单位:千公顷(1000 hectares)

指标	Item	2006	2007	2008	2009	2010	2011	2012
农作物播种面积	**Sown Area of Farm Crops**	**2516.21**	**2491.61**	**2481.32**	**2504.79**	**2484.65**	**2462.70**	**2450.48**
粮食作物	Grain Crops	1304.52	1270.75	1271.63	1290.09	1275.83	1254.13	1251.55
#春粮	Spring Grain	151.14	154.46	160.44	169.82	176.08	182.19	177.94
秋粮	Autumn Grain	1020.05	995.29	1006.86	1005.40	982.13	960.18	962.93
谷物	Cereal	1093.96	1059.06	1050.10	1062.21	1052.52	1032.97	1004.33
稻谷	Rice	994.51	954.29	937.50	938.74	923.16	894.77	832.59
早稻及早中稻	Early Rice & Early Mid-rice	133.33	121.00	104.33	114.87	117.62	111.76	110.68
晚稻及迟中稻	Late Rice & Late Mid-rice	861.18	833.29	833.17	823.87	805.54	783.01	721.91
#单季晚稻	Single Season Rice	693.83	688.38	691.24	666.34	647.87	640.11	600.20
小麦	Wheat	45.44	49.26	54.34	60.37	66.17	72.63	74.49
大(元)麦	Barley	24.05	23.75	23.65	27.19	26.73	25.69	25.79
玉米	Corn	22.03	23.62	25.92	27.03	27.27	30.94	61.97
其他谷物	Other Cereal	7.93	8.14	8.69	8.88	9.19	8.94	9.49
豆类	Beans	120.39	121.44	129.85	129.55	125.96	124.40	138.45
大豆	Soybeans	50.58	50.54	54.43	55.54	52.60	51.06	88.45
蚕(豌)豆	Broad Bean	30.29	30.27	31.26	30.39	31.05	31.03	29.85
杂豆	Other Beans	39.52	40.63	44.16	43.62	42.31	42.31	20.15
薯类	Yam	90.17	90.25	91.68	98.33	97.35	96.76	108.77
其中:马铃薯	Potato	51.36	51.18	51.19	57.80	58.20	59.18	55.52
油料	**Oil bearing Crops**	**175.28**	**151.34**	**190.78**	**210.14**	**208.75**	**195.99**	**189.38**
油菜籽	Rapeseeds	153.50	128.80	167.50	185.76	184.46	171.55	165.56
花生	Peanuts	17.90	18.48	18.67	19.12	19.00	19.00	18.53
芝麻	Sesame	3.88	4.06	4.61	5.26	5.29	5.44	5.29
棉花(皮棉)	**Cotton**	**18.25**	**18.81**	**20.34**	**20.10**	**20.80**	**21.73**	**20.91**
麻类	**Fiber Crops**	**0.34**	**0.32**	**0.24**	**0.17**	**0.13**	**0.10**	**0.11**
糖类	**Sugar Crops**	**14.59**	**14.42**	**13.94**	**13.12**	**12.04**	**11.33**	**11.01**
烟叶	**Tobacco**	**1.54**	**1.27**	**1.34**	**1.50**	**1.35**	**1.22**	**1.08**
药材类	**Medicinal Material**	**25.99**	**27.01**	**29.94**	**28.76**	**30.58**	**31.56**	**31.19**
蔬菜	**Vegetables**	**620.52**	**660.62**	**617.36**	**618.86**	**618.59**	**624.46**	**623.27**
果用瓜	**Melon as Fruit**	**113.59**	**111.04**	**114.02**	**110.23**	**107.79**	**105.97**	**101.41**
#西瓜	Watermelon	95.28	92.09	94.24	90.04	86.90	83.81	77.30
花卉苗木	**Flowers and Plants Nursery Stock**	**105.48**	**105.49**	**104.37**	**103.83**	**108.13**	**119.34**	**126.32**
其他农作物	**Other Farm Crops**	**136.11**	**130.54**	**117.36**	**107.99**	**100.65**	**96.89**	**94.26**
#绿肥	Green Manure	65.53	62.17	57.66	54.43	52.79	50.82	49.31

注: 2006年及以后年份粮食、油菜籽等主要农作物播种面积和产量已按第二次农普数衔接。
Data in this table are adjusted according to agricultural censas since 2006.

6－19 历年主要农作物播种面积(1978－2012年)
Total Sown Area of Major Farm Crops over the years(1978－2012)

单位:千公顷(1000 hectares)

年份 Year	农作物播种面积 Total Sown Area	#粮食作物 Grain Crops	油料 Oil－bearing Crops	棉花 Cotton	蔬菜 Vegetables
1978	4760.13	3472.20	207.20	85.13	126.80
1979	4731.60	3456.19	221.20	90.07	122.73
1980	4685.71	3424.40	245.60	107.27	129.33
1981	4644.13	3375.07	298.87	107.93	116.47
1982	4626.00	3437.47	253.73	106.73	124.67
1983	4578.07	3480.00	237.93	105.47	132.00
1984	4526.87	3482.53	223.93	104.80	148.40
1985	4451.70	3271.23	286.00	93.07	180.25
1986	4361.80	3166.25	294.20	80.53	199.26
1987	4374.27	3235.37	276.93	70.73	214.97
1988	4300.50	3209.85	273.40	69.00	226.61
1989	4312.87	3222.65	280.93	60.40	236.27
1990	4384.69	3266.00	302.05	68.67	248.39
1991	4379.53	3267.21	306.61	68.19	249.07
1992	4275.05	3164.20	304.08	71.09	250.02
1993	3926.16	2844.46	235.95	60.94	283.41
1994	3802.42	2741.04	235.42	61.66	298.85
1995	3923.04	2814.39	309.32	64.53	297.81
1996	3963.82	2877.17	295.71	66.71	313.12
1997	3944.16	2873.00	275.75	61.97	329.05
1998	3919.60	2799.51	281.88	62.84	368.04
1999	3899.49	2751.91	289.44	37.85	412.49
2000	3554.33	2300.26	315.58	26.58	568.86
2001	3245.93	1939.08	306.62	27.66	627.97
2002	3064.54	1718.39	289.07	18.73	696.99
2003	2834.39	1482.97	250.90	17.63	700.77
2004	2778.41	1505.37	237.25	18.77	661.02
2005	2837.94	1562.56	249.25	17.91	666.73
2006	2516.21	1304.52	175.28	18.05	647.70
2007	2491.61	1270.75	151.34	18.81	660.62
2008	2481.32	1271.63	190.78	20.34	617.36
2009	2504.79	1290.09	210.14	20.10	618.86
2010	2484.65	1275.83	208.75	20.80	618.59
2011	2642.70	1254.13	195.99	21.73	624.46
2012	2450.48	1251.55	189.38	20.91	623.27

注：2006年及以后年份粮食、油料面积按第二次农普数衔接。
According to the result of agricultural census, the figures are adjusted since 2006.

6-20 主要农作物产量(1978-2012 年)
Output of Major Farm Crops(1978-2012)

单位:万吨(10000 tons)

年份 Year	#粮食 Grain	棉花 Cotton	油料 Oil-bearing Crops	蔬菜 Vegetables	茶叶 Tea	水果 Fruit	#柑桔 Orange
1978	1467.20	7.26	22.06		5.87	14.61	6.78
1979	1611.30	6.69	27.03		6.55	22.45	11.24
1980	1435.50	8.29	28.86		7.54	22.50	9.14
1981	1419.20	6.81	39.99		8.93	22.79	12.06
1982	1712.10	9.76	38.62		10.71	25.80	12.85
1983	1583.70	9.37	29.76		10.20	28.30	17.18
1984	1817.15	13.29	33.89		9.56	30.66	17.85
1985	1621.29	8.13	44.19	100.26	9.31	135.38	28.54
1986	1605.09	7.56	42.94	753.99	10.43	52.05	36.15
1987	1588.99	6.54	39.66	756.29	11.59	70.95	54.91
1988	1553.64	4.37	43.06	761.63	12.82	51.60	28.60
1989	1554.28	4.19	38.28	776.85	11.78	98.75	72.47
1990	1586.10	6.42	48.35	736.63	11.70	180.91	79.73
1991	1640.00	7.53	45.56	740.15	11.41	134.49	106.42
1992	1553.50	5.96	50.08	689.38	11.94	102.37	73.85
1993	1436.18	5.79	38.57	771.46	12.23	273.55	113.52
1994	1404.00	5.54	34.59	819.60	10.69	295.40	139.27
1995	1430.90	6.25	50.00	823.51	10.21	335.39	170.03
1996	1516.77	6.84	52.11	888.17	9.90	342.18	180.41
1997	1493.53	4.76	48.88	895.04	10.17	388.95	210.51
1998	1435.20	6.49	35.55	1009.52	11.32	359.93	149.69
1999	1392.96	4.04	54.06	1127.45	11.77	428.55	212.01
2000	1217.00	2.92	57.88	1470.04	11.64	380.67	97.19
2001	1075.61	3.16	58.22	1634.13	12.06	516.64	163.81
2002	959.41	2.24	46.97	1765.28	13.85	500.90	164.28
2003	809.23	2.10	43.77	1780.19	13.27	568.38	176.66
2004	850.17	2.28	48.77	1749.76	13.87	632.07	200.99
2005	830.42	2.16	50.14	1741.82	14.44	577.96	148.11
2006	785.50	2.38	35.61	1716.61	15.24	644.00	180.35
2007	745.07	2.54	32.95	1718.06	16.02	690.28	198.56
2008	775.55	2.82	41.27	1755.87	16.23	747.92	238.36
2009	789.15	2.81	43.24	1764.76	16.74	712.41	197.54
2010	770.67	2.94	39.47	1788.81	16.27	701.31	190.78
2011	781.60	3.24	39.85	1815.61	16.97	712.36	194.44
2012	769.80	2.99	38.30	1819.81	17.48	703.84	193.56

注:2006 年及以后年份粮食、油料产量按第二次农普数衔接。
According to the result of agricultural census, the figures are adjusted since 2006.

6-21 主要农作物单位面积产量(1978-2012年)
Output of Major Farm Crops Per Hectare (1978-2012)

单位:公斤/公顷(kg/hectare)

年份 Year	粮食 Grain	谷物 Cereal	油料 Oil-bearing Crops	#油菜籽 Rapeseed	棉花 Cotton	糖类 Sugar Crops
1978	4226	4268	1065	1050		
1979	4662	4758	1222	1213		
1980	4192	4239	1175	1179		
1981	4205	4283	1338	1346		
1982	4981	5105	1522	1540		
1983	4551	4618	1251	1260		
1984	5218	5338	1513	1529		
1985	4956	5065	1545	1556		
1986	5069	5221	1460	1468		
1987	4911	5032	1432	1430		
1988	4840	4965	1575	1588		
1989	4823	4952	1363	1363		
1990	4856	5000	1601	1608	935	53796
1991	5020	5176	1486	1485	1104	55164
1992	4910	5062	1647	1647	838	52404
1993	5049	5253	1635	1623	950	54498
1994	5122	5369	1469	1440	898	52896
1995	5084	5299	1617	1599	968	55848
1996	5272	5517	1762	1748	1025	56349
1997	5199	5453	1772	1754	768	54564
1998	5127	5407	1261	1205	1033	57824
1999	5062	5330	1869	1844	1068	59073
2000	5294	5735	1834	1808	1100	60289
2001	5547	6082	1899	1869	1143	60956
2002	5583	6223	1625	1565	1195	61644
2003	5475	6166	1744	1682	1193	64529
2004	5648	6313	2056	2016	1213	58703
2005	5314	5920	2012	1967	1204	57278
2006	6021	6582	2032	1958	1300	60455
2007	5863	6407	2177	2111	1351	60352
2008	6099	6724	2163	2110	1385	61283
2009	6117	6742	2058	1993	1397	62013
2010	6041	6641	1890	1803	1412	61690
2011	6232	6821	2033	1958	1489	62759
2012	6151	6750	2022	1938	1429	63737

注：2006年及以后年份粮食单产按农普数衔接。
According to the result of agricultural census, the figures are adjusted since 2006.

6-22 主要农作物产量
Output of Major Farm Crops

指标	Item	2010		2011		2012	
		公顷产量（公斤）Output per Hectare (kg)	总产量（万吨）Total Output (10000 tons)	公顷产量（公斤）Output per Hectare (kg)	总产量（万吨）Total Output (10000 tons)	公顷产量（公斤）Output per Hectare (kg)	总产量（万吨）Total Output (10000 tons)
粮食作物	**Grain Crops**	**6041**	**770.67**	**6232**	**781.60**	**6151**	**769.80**
#春粮	Spring Grain	3355	59.07	3558	64.82	3512	62.50
秋粮	Autumn Grain	6600	648.16	6754	648.48	6651	640.48
谷物	Cereal	6641	698.98	6821	704.62	6750	677.96
稻谷	Rice	7021	648.15	7254	649.03	7306	608.26
早稻	Early Rice	5394	63.44	6111	68.30	6038	66.82
晚稻及单季稻	Late Rice & Single Season Rice	7259	584.71	7417	580.73	7500	541.44
#单季晚稻	Single Season Rice	7503	486.10	7662	490.45	7718	463.23
小麦	Wheat	3730	24.68	3720	27.02	3638	27.10
大(元)麦	Barley	3945	10.54	4126	10.60	3835	9.89
玉米	Corn	4455	12.15	4716	14.59	4700	29.13
其他谷物	Other Cereal	3761	3.46	3776	3.38	3771	3.58
豆类	Beans	2415	30.42	2618	24.44	2646	36.64
大豆	Soybeans	2465	12.97	2748	14.03	2850	25.21
蚕(豌)豆	Broad Beans	2289	7.11	2311	7.17	2107	6.29
杂豆	Other Beans	2445	10.34	2460	10.41	2550	5.14
薯类	Yams	4239	41.27	5770	45.37	5075	55.20
其中:马铃薯	Potato	3196	18.60	4334	22.78	4065	55.52
油料	**Oil bearing Crops**	**1891**	**39.47**	**2033**	**39.85**	**2022**	**38.30**
油菜籽	Rapeseeds	1803	33.26	1958	33.59	1938	32.09
花生	Peanuts	2826	5.37	2820	5.36	2882	5.34
芝麻	Sesame	1591	0.84	1666	0.91	1653	0.87
棉花(皮棉)	**Cotton**	**1412**	**2.94**	**1489**	**3.24**	**1429**	**2.99**
麻类	**Fiber Crops**	**3084**	**0.04**	**3112**	**0.03**	**2675**	**0.03**
糖类	**Sugar Crops**	**61690**	**74.29**	**62759**	**71.11**	**63737**	**70.14**
烟叶	**Tobacco**	**2358**	**0.32**	**2422**	**0.29**	**2396**	**0.26**
蔬菜	**Vegetables**	**28372**	**1788.81**	**29075**	**1815.61**	**29198**	**1819.81**
果用瓜	**Melon as Fruit**	**29578**	**318.82**	**29530**	**312.93**	**28710**	**291.16**
#西瓜	Watermelon	31444	273.26	31537	264.31	30807	238.12

6－23 各市粮食播种面积和产量
Sown Area and Output of Grain by City

地区	Region	2010			2011			2012		
		播种面积（千公顷）Sown Area (1000 ha)	公顷产（公斤）Output per Hectare (kg)	总产量（万吨）Total Output (10000 tons)	播种面积（千公顷）Sown Area (1000 ha)	公顷产（公斤）Output per Hectare (kg)	总产量（万吨）Total Output (10000 tons)	播种面积（千公顷）Sown Area (1000 ha)	公顷产（公斤）Output per Hectare (kg)	总产量（万吨）Total Output (10000 tons)
全省合计	**Total**	**1275.83**	**6041**	**770.67**	**1254.13**	**6232**	**781.60**	**1251.55**	**6151**	**769.80**
浙东北	**Eastern & Northern Region**	**856.30**	**6231**	**533.57**	**852.33**	**6300**	**536.99**	**856.37**	**6272**	**537.10**
杭州市	Hangzhou	174.65	5740	100.25	167.82	5828	97.81	165.44	5856	96.88
宁波市	Ningbo	151.14	5765	87.13	150.95	5971	90.14	148.53	5828	86.57
嘉兴市	Jiaxing	200.05	6720	134.44	203.01	6668	135.38	207.89	6659	138.43
湖州市	Huzhou	134.57	6703	90.20	134.01	6738	90.29	136.14	6606	89.94
绍兴市	Shaoxing	184.82	6294	116.32	185.97	6362	118.31	187.75	6394	120.06
舟山市	Zhoushan	11.07	4730	5.24	10.57	4789	5.06	10.61	4919	5.22
浙西南	**Western & Southern Region**	**707.83**	**5496**	**389.03**	**686.95**	**5726**	**393.38**	**680.22**	**5788**	**393.73**
温州市	Wenzhou	163.07	5370	87.56	158.30	5881	93.10	156.60	5920	92.71
金华市	Jinhua	158.10	5656	89.42	154.93	5750	89.09	154.84	5798	89.78
其中：义乌市	Yiwu	17.57	5958	10.47	17.74	5953	10.56	17.66	5982	10.57
衢州市	Quzhou	132.03	5768	76.15	133.46	5946	79.36	134.00	5947	79.69
台州市	Taizhou	152.37	5431	82.75	141.13	5592	78.93	137.44	5762	79.19
丽水市	Lishui	102.26	5197	53.14	99.13	5336	52.90	97.33	5380	52.37

注：全省粮食产量为抽样调查数，与分市相加不相等。
The total output of grain is obtained from the sample survey, the total is not equal to the sum of regional figures.

6-24 商品粮基地粮食播种面积和产量
Sown Area and Output of Grain in Commodity Grain Bases

地区	Region	2010			2011			2012		
		播种面积（千公顷）Sown Area (1000 ha	公顷产（公斤）Output per Hectare (kg)	总产量（万吨）Total Output (10000 tons)	播种面积（千公顷）Sown Area (1000 ha	公顷产（公斤）Output per Hectare (kg)	总产量（万吨）Total Output (10000 tons)	播种面积（千公顷）Sown Area (1000 ha	公顷产（公斤）Output per Hectare (kg)	总产量（万吨）Total Output (10000 tons)
全省合计	**Total**	**1275.83**	**6051**	**770.67**	**1254.13**	**6232**	**781.60**	**1251.55**	**6151**	**769.80**
国家级小计	**Country Level**	**514.36**	**6403**	**329.35**	**511.78**	**6469**	**331.05**	**514.21**	**6447**	**331.53**
萧山区	Xiaoshan	44.30	5519	24.45	43.06	5625	24.17	42.43	5686	24.18
富阳市	Fuyang	24.66	6395	15.77	23.28	6420	14.94	23.14	6404	14.82
余杭区	Yuhang	27.94	6862	19.17	26.84	6885	18.48	26.42	6988	18.46
余姚市	Yuyao	34.27	6278	21.52	32.80	6558	21.51	32.82	6375	20.92
奉化市	Fenhua	13.11	6125	8.03	12.68	6651	8.43	11.46	6288	7.20
宁海县	Ninghai	20.14	5100	10.27	19.87	5263	10.46	19.54	5185	10.13
鄞州区	Yinzhou	28.16	6676	18.80	28.12	7015	19.73	28.12	6862	19.29
嘉兴市秀洲区	Xiuzhou, jiaxing	29.93	6854	20.51	30.20	6845	20.67	30.68	6842	20.99
嘉善县	Jiashan	28.14	6533	18.38	28.29	6517	18.43	28.60	6537	18.69
海盐县	Haiyan	30.64	6538	20.04	31.35	6374	19.38	31.85	6421	20.45
桐乡市	Tongxiang	26.00	7273	18.91	27.43	7155	19.63	27.51	7088	19.50
德清县	Deqing	13.63	7125	9.71	13.61	7128	9.70	13.35	7027	9.38
长兴县	ChangXing	43.42	6531	28.36	42.93	6496	27.89	45.68	6330	28.91
诸暨市	Zhuji	54.99	6823	37.52	55.62	6821	37.94	56.16	6852	38.48
绍兴县	shaoxing	29.61	6960	20.61	29.74	6954	20.68	30.21	6960	21.02
金东区	Jindong	5.32	6854	3.65	5.24	6478	3.39	5.29	6263	3.31
衢江区	Qujiang	30.63	5507	16.87	31.25	5735	17.92	31.20	5734	17.89
龙游县	Longyou	29.47	5694	16.78	29.47	6007	17.70	29.77	6008	17.89
省级小计	**Province Level**	**214.90**	**5864**	**126.03**	**211.25**	**6047**	**127.74**	**210.57**	**6091**	**128.26**
桐庐县	Tonglu	16.17	5878	9.51	16.25	5897	9.58	15.85	5831	9.24
瑞安市	Ruian	22.58	5235	11.82	21.57	6430	13.87	21.40	6671	14.28
海宁市	Haining	27.32	6639	18.14	27.37	6630	18.14	27.52	6655	18.31
安吉县	Anji	25.96	5839	15.16	25.92	5761	14.93	25.46	5868	14.94
嵊州市	Shengzhou	28.60	5909	16.90	28.66	5942	17.03	28.67	5962	17.09
武义县	Wuyi	19.16	5722	10.96	18.49	5865	10.84	18.53	5758	10.67
江山市	Jiangshan	36.65	6030	22.10	36.70	6201	22.75	36.83	6196	22.82
温岭市	Wenling	27.84	5829	16.23	25.71	5976	15.36	25.64	6061	15.54
松阳县	Songyang	10.62	4911	5.21	10.58	4967	5.24	10.67	5023	5.36

6－25 各市油菜籽播种面积和产量
Sown Area and Output of Repeseeds by City

地区	Region	2010			2011			2012		
		播种面积（千公顷）Sown Area（1000 ha）	公顷产（公斤）Output per Hectare（kg）	总产量（万吨）Total Output（10000 tons）	播种面积（千公顷）Sown Area（1000 ha）	公顷产（公斤）Output per Hectare（kg）	总产量（万吨）Total Output（10000 tons）	播种面积（千公顷）Sown Area（1000 ha）	公顷产（公斤）Output per Hectare（kg）	总产量（万吨）Total Output（10000 tons）
全省合计	**Total**	**184.46**	**1803**	**33.26**	**171.55**	**1958**	**33.59**	**165.56**	**1938**	**32.09**
浙东北	**Eastern & Northern Region**	**132.59**	**2108**	**27.95**	**122.34**	**2209**	**27.02**	**113.54**	**2161**	**24.54**
杭州市	Hangzhou	39.09	1962	7.67	37.99	2101	7.98	37.55	2040	7.66
宁波市	Ningbo	12.18	2184	2.66	10.55	2259	2.38	10.35	2226	2.30
嘉兴市	Jiaxing	30.52	2420	7.39	25.99	2485	6.46	22.13	2497	5.53
湖州市	Huzhou	27.63	2159	5.97	24.68	2276	5.62	20.97	2206	4.63
绍兴市	Shaoxing	21.79	1826	3.98	21.78	1969	4.29	21.22	1950	4.14
舟山市	Zhoushan	1.38	2059	0.28	1.35	2130	0.29	1.33	2157	0.29
浙西南	**Western & Southern Region**	**94.03**	**1372**	**12.90**	**87.96**	**1619**	**14.24**	**89.43**	**1663**	**14.88**
温州市	Wenzhou	14.13	1381	1.95	11.18	1556	1.74	11.15	1608	1.79
金华市	Jinhua	24.07	1497	3.60	23.53	1806	4.25	23.03	1771	4.08
其中：义乌市	Yiwu	0.98	1923	0.19	1.02	1952	0.20	1.00	1990	0.20
衢州市	Quzhou	35.55	1246	4.43	35.35	1505	5.32	36.67	1606	5.89
台州市	Taizhou	10.58	1506	1.59	9.28	1635	1.52	10.18	1669	1.70
丽水市	Lishui	9.69	1373	1.33	8.62	1640	1.41	8.41	1684	1.42

注：全省油菜籽面积和产量为国家核定数，与分市相加不相等。
Data of total sown area and output of repeseeds is verified by national bureau of statistics of china, as it is not equal to the sum of regional figures.

6－26 主要茶叶产区茶园面积和茶叶产量
Area of Tea Plantation and Output of Tea in Major Producing Regions

地区	Region	2010		2011		2012	
		茶园面积（公顷）Area of Tea Plantations (ha)	茶叶总产量（吨）Output of Tea (ton)	茶园面积（公顷）Area of Tea Plantations (ha)	茶叶总产量（吨）Output of Tea (ton)	茶园面积（公顷）Area of Tea Plantations (ha)	茶叶总产量（吨）Output of Tea (ton)
全省合计	**Total**	**177927**	**162746**	**181958**	**169724**	**183026**	**174840**
25 个主产区小区	**25 Producing Regions**	**121453**	**131361**	**122773**	**135825**	**122741**	**138513**
杭州市区	Hangzhou District	6013	11334	6230	11604	6279	11895
建德市	Jiande	3541	3681	3607	3153	3630	2766
桐庐县	Tonglu	3485	1651	3509	1835	3565	1814
富阳市	Fuyang	3475	5039	3593	5659	3652	6116
临安市	Linan	3591	1945	3434	2002	3442	2338
淳安县	Chunan	12157	6850	12801	7132	12798	7354
宁波市区	Ningbo District	3603	6562	3299	6138	3008	6073
余姚市	Yuyao	4060	5313	3970	5513	3997	4745
奉化市	Fenghua	944	1551	961	1493	881	1277
安吉县	Anji	9319	4477	9392	4265	9591	4414
诸暨市	Zhuji	6729	12266	6763	12400	6822	12501
上虞市	Shangyu	2241	3339	2228	2968	1906	2992
嵊州市	Shengzhou	12103	19138	12103	19710	12070	20601
绍兴县	Shaoxing	5313	8432	5334	8844	5321	8797
新昌县	Xinchang	6487	5925	6519	5963	6530	5998
金华市区	Jinhua District	1896	2533	1824	3282	2088	3888
东阳市	Dongyang	2740	1133	3057	1381	3163	1316
武义县	Wuyi	6752	7424	6592	8319	6457	9432
浦江县	Pujiang	2219	1147	2222	1208	2215	1164
衢州市区	Quzhou District	1337	899	1338	1062	1329	1138
开化县	Kaihua	5848	1417	5806	1274	5806	1274
龙游县	Longyou	1459	2495	1444	2780	1444	2780
临海市	Linhai	1810	941	2092	1009	2092	1009
松阳县	Songyang	7344	9050	7522	9525	7522	9525
遂昌县	Suichang	6987	6819	7133	7306	7133	7306

6－27 主要蚕茧产区桑园面积和蚕茧产量
Area of Mulberry Field and Output of Silk worm Cocoons in Major Producing Regions

地区	Region	2010		2011		2012	
		桑园面积(公顷) Area of Mulberry Field (ha)	蚕茧总产量(吨) Output of Silk－worm Cocoons (ton)	桑园面积(公顷) Area of Mulberry Field (ha)	蚕茧总产量(吨) Output of Silk－worm Cocoons (ton)	桑园面积(公顷) Area of Mulberry Field (ha)	蚕茧总产量(吨) Output of Silk－worm Cocoons (ton)
全省合计	**Total**	**68963**	**63864**	**66492**	**65308**	**64784**	**61115**
22个主产区小计	**22 Producing Regions**	**64670**	**61228**	**62870**	**62522**	**58551**	**57223**
杭州市区	Hangzhou District	1734	476	1460	352	1308	302
建德市	Jiande	1371	840	1292	874	1335	921
桐庐县	Tonglu	1964	3606	1982	3662	1974	3687
富阳市	Fuyang	1102	1967	1093	2046	1049	2064
临安市	Linan	2124	2597	2140	2817	2040	2477
淳安县	Chunan	8356	6151	7292	6376	7808	6063
嘉兴市区	Jiaxing District	3524	2458	3290	2500	2968	2291
海宁市	Haining	5914	8060	5707	7845	5508	7163
海盐县	Haiyan	2688	3153	2600	3081	2559	2557
桐乡市	Tongxiang	8552	12856	8739	13545	8343	12963
湖州市区	Huzhou District	11102	7265	11374	7270	10801	7132
德清县	Deqing	4301	3260	4308	3663	4229	3202
长兴县	Changxing	1587	1197	1338	1179	1272	1123
安吉县	Anji	1959	1996	1936	1946	1867	1877
诸暨市	Zhuji	734	501	711	503	633	406
上虞市	Shangyu	921	911	931	863	862	738
嵊州市	Shengzhou	1654	836	1611	815	1631	812
新昌县	Xinchang	1085	769	1024	753	931	765
兰溪市	Lanxi	1337	578	1428	585	1148	478
浦江县	Pujiang	202	64	195	54	193	55
临海市	Linhai	90	203	94	195	92	147
缙云县	Jinyun	2369	1484	2325	1598	2308	1447

6－28 林业生产(2006－2012年)
Basic Indicators on Forestry(2006－2012)

指标	Item	2006	2007	2008	2009	2010	2011	2012
造林面积 （千公顷）	Afforestation Area (1000 ha)	11.37	11.58	8.52	27.42	15.21	40.47	43.92
用材林	Timber Forest	2.26	3.61	0.49	1.50	1.16	2.67	5.33
经济林	Economic Forest	2.98	1.60	1.14	1.79	2.33	8.16	11.21
防护林	Shelter Forest	6.12	6.00	6.85	24.13	11.71	28.73	25.78
薪炭林	Fuel Forest							0.44
特种用途林	Forest for Special Use	0.01	0.38	0.04		0.01	0.92	1.17
零星(四旁)植树 （万株）	Planting Trees Piecemeal(10000 trees)	2535.50	2421.92	2417.73	2380.87	2491.87	2858.45	2945.95
育苗面积 （千公顷）	Area of Growing Seedings (1000 ha)	60.94	46.72	87.02	90.19	101.73	113.61	123.03
迹地更新面积 （千公顷）	Area of Forest Updating (1000 ha)	18.57	14.32	16.02	15.74	11.85	13.03	13.85
主要林产品产量 （吨）	Output of Major Forest Production(ton)							
油茶籽	Tea oil Seeds	38234	43833	49634	47048	40301	48860	61683
竹笋干	Tallow－seeds	148800	158441	124383	126061	149182	139823	141110
山核桃	Walnuts	13525	16046	18189	20731	16377	19618	16424
板　栗	Chestnut	61782	65402	66713	77526	71436	71575	83712

6－29 水果生产
Basic Indicators on Fruits

指标	Item	2010		2011		2012	
		果园面积（千公顷）Area of Orchards (1000 Hectares)	产量(万吨) Total Output (10000 tons)	果园面积（千公顷）Area of Orchards (1000 Hectares)	产量(万吨) Total Output (10000 tons)	果园面积（千公顷）Area of Orchards (1000 Hectares)	产量(万吨) Total Output (10000 tons)
合计	**Total**	**320.92**	**701.31**	**320.86**	**712.36**	**321.45**	**703.50**
柑桔	Orange	114.54	190.78	112.20	194.44	109.38	193.56
梨	Pear	24.87	37.93	24.38	38.57	23.72	39.05
桃子	Peach	26.23	35.59	25.89	38.32	26.23	38.94
杨梅	Red Bayberry	83.64	44.59	84.51	43.71	85.11	47.37
枇杷	Loquat	10.96	5.45	11.40	5.74	11.55	5.82
柿子	Persimmon	7.65	4.67	7.47	5.04	7.34	4.92
果用瓜	Melon as Fruit		318.82		312.93		291.16
其他	Others	53.03	63.48	55.01	73.61	58.13	82.68

6-30 农产品人均产量(1978-2012年)
Per Capital Output of Agricultural Products(1978-2012)

单位:公斤(kg)

年份 Year	粮食 Grain	棉花 Cotton	油料 Oil-bearing Crops	糖料 Sugar Crops	茶叶 Tea	水果 Fruit	猪牛羊肉 Pork, Beef and Mutton	水产品 Aquatic Production
1978	393.44	1.95	5.92	17.20	1.57	3.92	11.33	23.47
1980	376.81	2.18	7.58	15.43	1.98	5.91	18.52	21.46
1985	404.18	2.03	11.02	27.43	2.32	11.12	19.10	26.13
1986	396.34	1.87	10.60	32.63	2.58	12.85	20.03	28.94
1987	387.97	1.60	9.68	26.56	2.83	17.32	18.60	30.52
1988	374.78	1.05	10.39	20.01	3.09	12.45	19.56	30.92
1989	371.01	1.00	9.14	16.74	2.81	23.57	19.67	30.84
1990	375.68	1.52	11.45	14.87	2.77	25.35	20.28	32.92
1991	386.05	1.77	10.72	16.19	2.69	31.66	20.13	35.57
1992	363.51	1.39	11.72	17.55	2.79	23.95	22.73	39.72
1993	334.03	1.35	8.97	18.43	2.84	34.63	22.74	44.02
1994	324.46	1.28	7.99	16.21	2.47	40.64	22.68	59.62
1995	328.53	1.43	11.48	15.11	2.34	49.28	23.61	73.03
1996	345.91	1.56	11.88	14.57	2.26	51.91	16.85	78.03
1997	338.58	1.08	11.08	13.61	2.31	61.07	18.44	90.61
1998	323.64	1.46	8.02	13.97	2.55	46.55	19.05	95.33
1999	312.52	0.91	12.14	15.94	2.64	62.64	19.27	99.33
2000	266.91	0.65	12.91	21.97	2.60	84.89	22.65	104.70
2001	228.64	0.67	12.38	22.53	2.56	109.82	23.65	100.51
2002	201.87	0.47	9.88	23.87	2.91	105.39	25.12	101.14
2003	168.01	0.44	9.09	25.73	2.76	118.00	25.37	100.24
2004	173.82	0.47	9.97	21.73	2.84	129.23	26.93	100.91
2005	167.49	0.44	10.11	18.15	2.91	116.57	26.31	97.57
2006	156.12	0.47	7.08	17.39	3.03	128.00	21.65	83.08
2007	145.71	0.50	6.44	17.01	3.13	135.00	22.39	81.19
2008	149.61	0.54	7.96	16.48	3.13	144.28	25.02	76.89
2009	150.49	0.54	8.25	15.52	3.19	135.85	24.97	81.92
2010	143.75	0.55	7.36	13.86	3.04	130.82	25.17	89.15
2011	143.29	0.59	7.31	13.04	3.11	130.59	25.45	94.56
2012	140.55	0.55	6.99	12.81	3.19	128.45	26.02	98.52

6-31 牲畜饲养和畜产品产量(1978-2012年)
Number of Livestock and Output of Livestock Products(1978-2012)

年份 Year	大牲畜年底头数(万头) Large Animals (Year end) (10000 heads)	#牛(万头) Cattle and Buffaloes (10000 heads)	生猪年末存栏头数(万头) Number of Hogs (10000 heads)	羊年末存栏头数(万只) Number of Sheep and Goats (10000 heads)	猪、牛、羊肉产量(万吨) Output of Pork, Beef and Mutton (10000 tons)	#猪肉产量(万吨) Pork (10000 tons)
1978	82.60	82.60	1334.70	294.90	42.27	41.59
1979	84.80	84.80	1550.00	345.60	56.87	55.95
1980	83.00	83.00	1403.80	324.00	70.55	69.48
1981	82.70	82.70	1344.60	288.60	62.78	62.00
1982	82.70	82.70	1383.20	262.60	67.11	66.24
1983	80.60	80.60	1387.30	229.30	68.53	67.59
1984	78.40	78.40	1326.20	197.90	68.88	67.80
1985	76.10	76.10	1368.80	176.20	76.60	75.57
1986	75.81	75.81	1403.31	172.21	81.11	80.00
1987	74.73	74.73	1278.69	175.98	76.19	75.01
1988	71.11	71.11	1228.05	180.02	78.47	77.12
1989	69.29	69.29	1213.19	187.47	77.24	75.87
1990	68.01	68.01	1170.00	185.07	77.88	76.33
1991	65.05	65.05	1135.49	181.36	78.05	76.41
1992	60.50	60.50	1188.97	183.26	83.08	80.97
1993	54.07	54.07	1061.04	191.38	80.64	78.94
1994	50.72	50.72	989.84	205.98	78.95	76.46
1995	50.32	50.32	964.30	218.63	80.17	77.38
1996	49.48	49.48	892.68	221.31	76.31	73.47
1997	46.36	46.36	1010.06	214.55	81.33	78.40
1998	43.52	43.52	1040.56	207.58	84.48	81.38
1999	40.64	40.64	1024.36	218.95	85.87	82.55
2000	38.95	38.95	1146.88	233.51	101.57	98.03
2001	39.25	39.25	1175.10	245.02	111.28	107.39
2002	39.63	39.63	1139.17	258.61	119.40	115.09
2003	38.90	38.90	1132.38	262.90	122.22	117.24
2004	39.25	39.25	1125.27	256.72	131.72	126.43
2005	35.54	35.54	1213.15	222.35	130.44	125.14
2006	22.97	22.97	1003.00	123.90	108.94	105.61
2007	20.74	20.74	1039.10	111.90	114.50	111.40
2008	20.66	20.66	1161.85	111.35	129.67	126.85
2009	20.37	20.37	1225.80	111.55	130.95	128.17
2010	19.89	19.89	1248.40	111.67	134.90	131.90
2011	19.13	19.13	1281.93	109.45	138.82	135.83
2012	17.70	17.70	1338.30	107.18	142.53	139.71

注：2006年及以后年份数据已按第二次农普数衔接。
Data in this table are adjusted according to agricultural census since 2006.

6－32 畜牧业生产(2006－2012年)
Basic Indicators on Animal Husbandry(2006－2012)

指标		Item		2006	2007	2008	2009	2010	2011	2012
生猪年末存栏头数(含未断奶小猪)	**(万头)**	**Pigs(year－end)**	**(10000 heads)**	**1003.00**	**1039.10**	**1161.85**	**1225.80**	**1248.40**	**1281.93**	**1338.30**
#能繁殖的母猪	(万头)	Reproducable	(10000 heads)	77.95	100.31	108.67	112.00	115.00	128.52	130.12
年内肥猪出栏头数	(万头)	Slaughtered Fattened Hogs	(10000 heads)	1617.28	1658.90	1888.98	1894.00	1922.22	1929.91	1934.41
生猪出栏率	(%)	Rate of Slaughtered Fattened Hogs	(%)		165.39	181.79	163.01	156.81	154.59	150.90
全年饲养量	(万头)	Number of Hogs Raised	(10000 heads)	2620.28	2698.00	3050.83	3119.80	3170.62	3211.84	3272.71
牛年末存栏头数	**(万头)**	**Cattles(year－end)**	**(10000 heads)**	**22.97**	**20.74**	**20.66**	**20.37**	**19.89**	**19.13**	**17.70**
良种及改良种乳牛	(万头)	Milch Cows of Fine Breed and Improved Varieties	(10000 heads)	6.72	6.35	6.48	6.09	6.11	6.08	5.67
牛年内出栏头数	**(万只)**	**Slaughtered Cattles**	**(10000 heads)**	**6.40**	**7.10**	**6.90**	**7.03**	**7.66**	**8.00**	**8.48**
牛奶产量	(万吨)	Milk	(10000 tons)	25.48	23.71	22.51	19.93	20.26	19.91	19.27
羊年末存栏只数	**(万只)**	**Sheep and Goats (year－end)**	**(10000 heads)**	**123.90**	**111.90**	**111.35**	**111.55**	**111.67**	**109.45**	**107.18**
羊年内出栏只数	**(万只)**	**Slaughtered Sheep**	**(10000 heads)**	**134.40**	**122.80**	**107.07**	**102.85**	**111.21**	**111.64**	**103.35**
猪、牛、羊肉产量	**(万吨)**	**Output of Pork, Beef and Mutton**	**(10000 tons)**	**108.94**	**114.50**	**129.67**	**130.95**	**134.90**	**138.82**	**142.53**
#猪肉产量	(万吨)	Pork	(10000 tons)	105.61	111.40	126.85	128.17	131.90	135.83	139.71
兔年末存栏只数	**(万只)**	**Rabbits(year－end)**	**(10000 heads)**	**470.37**	**489.67**	**427.63**	**376.59**	**355.90**	**401.02**	**373.50**
兔年内出栏只数	**(万只)**	**Slaughtered Rabbits**	**(10000 heads)**	**474.62**	**511.72**	**517.37**	**476.42**	**474.80**	**537.00**	**550.08**
家禽年末存栏只数	**(万只)**	**Poultry(year－end)**	**(10000 heads)**	**10110.80**	**11374.70**	**11849.50**	**12352.28**	**11895.20**	**12416.43**	**11446.07**
家禽年内出栏只数	**(万只)**	**Slaughtered Poultry**	**(10000 heads)**	**21232.80**	**21806.00**	**27340.20**	**26021.56**	**26630.46**	**24317.81**	**25151.23**
全年饲养量	(万只)	Poultry Raised	(10000 heads)	31343.60	33180.70	39189.70	38373.84	38525.66	36734.24	36597.30
禽蛋产量	(万吨)	Poultry Eggs	(10000 tons)	34.50	37.90	41.40	43.28	44.28	47.17	48.14
养蜂年末箱数	**(万箱)**	**Number of Beehives**	**(10000 boxs)**	**101.43**	**103.34**	**95.55**	**94.07**	**91.26**	**87.61**	**86.07**
蜂蜜产量	(万吨)	Honey	(10000 tons)	8.60	8.96	8.53	8.81	7.21	7.83	8.76
蜂皇浆产量	(吨)	Royal Jelly	(ton)	2884	2209	2055	2275	2011	1937	1946
蚕茧产量	**(万吨)**	**Output of Silkworm Cocoon**	**(10000 tons)**	**9.64**	**9.63**	**8.22**	**6.83**	**6.39**	**6.53**	**6.11**
全年饲养蚕种张数	(万张)	Number of Silkworm Cocoon	(10000 Pieces)	226.45	230.59	191.89	148.52	140.81	145.16	129.89

注：2006年及以后年份数据已按第二次农普数衔接。
Data in this table are adjusted according to agricultural census since 2006.

6-33 水产品产量(1978-2012年)
Output of Aquatic Products(1978-2012)

单位:万吨(10000 tons)

年份 Year	水产品 产 量 Total Aquatic Production	海水产 品产量 Seawater Aquatic Production	#养殖 Artificially Cultured	淡水产 品产量 Freshwater Aquatic Production	#养殖 Artificially Cultured	远洋渔业产量 Deepsea Fishing Production
1978	87.52	81.69	3.56	5.83	4.90	
1979	81.13	74.77	3.90	6.36	5.19	
1980	81.79	75.03	6.60	6.76	6.67	
1981	84.28	76.85	4.13	7.43	6.17	
1982	87.69	78.91	4.82	8.78	7.43	
1983	83.25	73.46	6.21	9.79	8.32	
1984	95.28	83.26	7.86	12.02	10.29	
1985	104.82	89.04	9.60	15.78	13.73	
1986	117.21	97.36	10.57	19.85	17.74	
1987	124.98	102.84	11.86	22.14	19.65	
1988	128.20	104.31	12.33	23.89	21.28	
1989	129.20	104.50	13.13	24.70	22.08	
1990	138.98	113.17	13.81	25.80	23.00	
1991	151.09	123.53	15.20	27.56	24.75	
1992	169.75	140.20	17.34	29.54	26.68	
1993	189.29	156.06	19.05	33.23	29.92	
1994	258.02	222.30	24.68	35.72	32.07	
1995	318.07	278.70	31.69	39.37	34.43	
1996	342.14	299.23	39.51	42.91	37.00	
1997	377.68	331.97	38.90	45.71	38.66	
1998	422.73	372.80	46.49	49.93	42.62	
1999	442.73	389.41	58.17	53.32	45.61	
2000	469.51	410.46	70.88	59.05	51.42	
2001	472.85	406.96	77.66	65.89	58.17	
2002	480.68	409.33	85.15	71.35	63.21	
2003	482.82	406.00	91.85	76.82	68.26	
2004	493.53	414.98	92.94	78.55	69.45	
2005	483.77	402.37	88.11	81.40	72.07	
2006	433.85	360.80	76.32	73.05	65.03	15.84
2007	433.87	356.36	86.13	77.51	68.90	18.74
2008	418.79	337.60	83.08	81.19	73.09	20.20
2009	440.31	353.81	76.46	86.51	77.47	10.71
2010	477.95	381.23	82.57	96.72	87.50	16.56
2011	515.81	410.98	84.49	104.83	94.98	23.47
2012	539.58	431.24	86.14	108.34	98.38	29.09

注:2006年前的水产品产量数据为省海洋与渔业局统计年报数,2006年及以后年份水产品产量数据为国家核定数(含远洋)。
Data in this table are taken from the annual report of the Bureau of Seas and Oceans and Fishery before 2006.
Including deepsen fishing Production since 2006.

6－34 渔业生产(2007－2012 年)
Basic Indicators on Fishery(2007－2012)

单位:万吨(10000 tons)

指标	Item	2007	2008	2009	2010	2011	2012
水产品总产量	**Total Aquatic Production**	**433.87**	**418.79**	**440.31**	**477.95**	**515.81**	**539.58**
其中:远洋渔业产量	Among them:the pelagic fishery yield	18.74	20.20	10.71	16.56	23.47	29.09
海水产品产量	**Seawater Aquatic Production**	**356.36**	**337.60**	**353.81**	**381.23**	**410.98**	**431.24**
按生产性质分	By Production Character						
海洋捕捞(含远洋)	Catching in Ocean	270.23	254.52	277.35	298.66	326.49	345.11
海水养殖	Seawater Aquiculture	86.13	83.08	76.46	82.57	84.49	86.14
按类别分	By Category						
鱼类	Fishes	167.74	169.33	190.09	200.61	216.23	216.75
虾蟹类	Shrimps,Prawns and Crabs	69.97	67.21	75.24	78.09	82.55	94.12
贝类	Shell－fish	69.44	67.76	62.49	67.62	68.21	69.99
藻类	Algae	4.19	3.49	4.22	4.45	4.80	4.96
头足类	Shrimps,Prawns and crabs	43.13	28.29	19.67	28.10	35.96	41.27
其他海水产品	Others	1.89	1.52	2.10	2.36	3.23	4.16
淡水产品产量	**Freshwater Aquatic Production**	**77.51**	**81.19**	**86.51**	**96.72**	**104.83**	**108.34**
按生产性质分	By Production Character						
天然生产	Naturally Grown	8.61	8.10	9.03	9.22	9.85	9.96
淡水养殖	Freshwater Aquiculture	68.90	73.09	77.47	87.50	94.98	98.38
按类别分	By Category						
鱼类	Fishes	48.85	53.14	56.42	62.29	67.45	70.25
虾蟹类	Shrimps,Prawns and Crabs	14.61	13.07	12.78	15.17	16.34	15.61
贝类	Shell－fish	4.15	3.57	4.56	4.46	4.56	4.12
其它类	Others	9.90	11.41	12.75	14.80	16.48	18.36
在海水产品中	**Among Seawater Aquatic Production**						
大黄鱼	Big Yellow Croaker	0.36	0.39	0.38	0.36	0.28	0.39
小黄鱼	Small Yellow Croaker	7.85	8.76	8.96	9.73	10.72	10.34
带鱼	Hairtail	36.14	50.44	49.59	52.96	46.94	45.25
墨鱼	Cuttle Fish	2.82	2.32	2.24	2.52	2.62	2.33
海水养殖面积(千公顷)	**Seawater Aquiculture Area (1000 ha)**	**56.75**	**96.14**	**94.51**	**93.91**	**90.84**	**89.75**
淡水养殖面积(千公顷)	**Freshwater Aquiculture Area (1000 ha)**	**133.44**	**212.02**	**219.45**	**218.95**	**213.17**	**213.22**

注：2006 年起,水产品产量数据为国家核定数(含远洋)。
Since 2006, aquatic product crop data for the state approved number (including ocean).

6-35 各市水产品产量(2012年)
Output of Aquatic Products by City (2012)

单位:万吨(10000 tons)

地区	Region	水产品总产量 Total Output of Aquatic Production	海水产品产量 Seawater Aquatic Production	#鱼类 Fishes	淡水产品产量 Freshwater Aquatic Production	#鱼类 Fishes	远洋渔业产量 Deepsea Fishing Production
全省合计	**Total**	**539.58**	**431.24**	**216.75**	**108.34**	**70.25**	**29.09**
浙东北	**Eastern & Northern Region**	**325.29**	**238.43**	**121.24**	**86.86**	**51.96**	**27.85**
杭州市	Hangzhou	21.05			21.05	12.08	
宁波市	Ningbo	99.15	90.36	47.93	8.80	5.22	2.72
嘉兴市	Jiaxing	18.76	0.56	0.28	18.20	8.09	
湖州市	Huzhou	28.35			28.35	20.27	
绍兴市	Shaoxing	9.66	0.23	0.08	9.43	5.36	0.08
舟山市	Zhuoshan	148.30	147.29	72.94	1.02	0.94	25.05
浙西南	**Western & Southern Region**	**214.09**	**192.61**	**92.32**	**21.48**	**18.29**	**1.04**
温州市	Wenzhou	57.69	55.28	28.88	2.40	2.03	
金华市	Jinhua	7.39			7.39	6.35	
其中:义乌市	Yiwu	0.42			0.42	0.35	
衢州市	Quzhou	5.41			5.41	4.91	
台州市	Taizhou	141.79	137.33	63.44	4.46	3.26	1.04
丽水市	Lishui	1.82			1.82	1.74	
省直属	**Units Attached to the Province**	**2.56**					**2.56**

注: 全省水产品总产量为国家核定数;各市水产品总产量为省海洋与渔业局统计年报数(包括远洋)。
Data of total output of aquitic production is verified by national bureau of statistics of china;
Regional figures in this table are taken from the annual report of the bureau of seas and oceans and fishery(including deepsen fishing production).

6-36 平均每个农业劳动力提供的主要农产品产量(2006-2012年)
Output of Major Farm Products Provided by Per Rural Labour(2006-2012)

指标		Item		2006	2007	2008	2009	2010	2011	2012
粮食	(公斤)	Grain	(kg)	1002.3	1038.3	1163.9	1207.5	1228.3	1267.3	1276.3
棉花	(公斤)	Cotton	(kg)	3.2	3.7	4.2	4.3	4.6	5.3	5.0
油菜籽	(公斤)	Rapeseeds	(kg)	57.0	56.6	53.0	54.1	53.0	54.5	53.2
蔬菜	(公斤)	Vegetables	(kg)	2451.2	2663.0	2638.1	2700.3	2851.0	2943.8	3017.2
茶叶	(公斤)	Tea	(kg)	20.8	23.3	24.4	25.6	25.9	27.5	29.0
柑桔	(公斤)	Oranges	(kg)	246.1	288.6	357.7	302.3	304.1	315.3	320.9
生猪	(头)	Hogs	(head)	2.5	2.4	2.8	2.9	3.1	3.1	3.2
猪牛羊肉	(公斤)	Pork,Beef and Mutton	(kg)	169.7	166.4	194.6	200.4	215.0	225.1	236.3
禽蛋	(公斤)	Poultry Eggs	(kg)	47.1	55.1	62.1	66.2	70.6	76.5	79.8
水产品	(公斤)	Aquatic Production	(kg)	670.4	726.9	756.6	657.3	761.8	836.3	894.6

6-37 农村自然灾害情况(2006-2012年)
Basic Statistics on Rural Natural Disasters(2006-2012)

指标	Item	2006	2007	2008	2009	2010	2011	2012
受灾面积 (千公顷)	**Area Covered (1000 ha)**	**412.32**	**846.30**	**1164.80**	**444.70**	**589.27**	**453.5**	**536.21**
#旱灾	Drought	92.46	82.90		5.90		12.10	
水灾	Flood	67.48	19.10	167.72	77.19	247.30	275.80	147.24

6－38 农业事业机构和服务组织(2006－2012年)
Institutions Rendering Agricultural Services(2006－2012)

指标		Item		2006	2007	2008	2009	2010	2011	2012
农业事业机构	(个)	**Institutions Engaged in Agricultural Undertaking**	(unit)							
乡镇农技服务站		Agricultural Technical Service Stations		1546	1704	1494	1420	1385	1325	1273
家畜繁育改良站		Stations for Improving Domestic Animals Breed		7	2	2	3	2	3	2
乡镇畜牧兽医站		Veterinary Stations		1126	905	888	768	749	721	725
农业服务组织		**Agricultural Service Organizations**								
县(市)农技推广中心	(个)	Centres for Spreading Agricultural Technique	(unit)	110	111	126	137	82	90	90
乡镇农技站农业技术人员	(人)	Agricultural Technical Persons	(person)	11889	11767	11080	9945	10203	9956	9661
配有农技员的村数	(万个)	Villages with Agricultural Technical Persons	(10000 units)	2.60	2.30	2.20	2.26	2.33	2.27	2.34
村不脱产农民技术人员	(万人)	Technical Peasants Unreleased from Agricultural Production in Village	(10000 persons)	8.70	8.50	8.70	8.65	8.15	8.39	8.13
科技户	(万户)	Scientific and Technological Households	(10000 households)	7.94	6.70	6.30	7.11	7.08	7.43	7.82

浙/江/统/计/年/鉴

主要统计指标解释

■ 农林牧渔业总产值

是以货币表现的农、林、牧、渔业全部产品的总量，它反映一定时期内农业生产总规模和总成果。

农、林、牧、渔业的统计范围包括国有经济的各种专业农(农、林、牧、渔)场以及国家各级机关团体学校、部队;集体所有制的乡、镇、村各级办农场;工矿企业经营的农、林、牧、渔业,农村各种经济组织和农户经营的农林牧渔业和农民家庭兼营的商品性工业等。

■ 粮食产量

指全社会的产量。包括国有经济经营的、集体统一经营的和农民家庭经营的粮食产量，还包括工矿企业办的农场和其他生产单位的产量。粮食除包括稻、小麦、玉米、高粱、谷子及其他杂粮外,还包括薯类和豆类。其产量计算方法，豆类按去豆荚后的干豆计算;薯类(包括马铃薯)1963 年以前按每 4 公斤鲜薯折 1 公斤粮食计算，从 1964 年开始及以后改为按 5 公斤鲜薯折 1 公斤粮食计算。其他粮食一律按脱粒后的原粮计算。

■ 油料产量

指全部油料作物的生产量。包括花生、油菜籽、芝麻、向日葵籽、胡麻籽(亚麻籽)和其他油料。不包括大豆,也不包括木本油料和野生油料。花生以带壳干花生计算。

■ 水产品产量

指人工养殖的水产品和天然生长的水产品的捕捞量。包括海水的鱼类、虾蟹类、贝类和藻类以及内陆水域的鱼类、虾蟹类和贝类,不包括淡水生植物。

■ 猪、牛、羊肉产量

指当年出栏并已屠宰后除去头蹄下水后带骨肉(即胴体重)的重量。

■ 谷物

指籽实主要供作粮食的作物。这类作物包括稻谷、小麦、玉米、谷子、高粱和其他谷物,不包括豆类和薯类作物。

ZHEJIANG STATISTICAL YEARBOOK

Explanatory Notes on Main Statistical Indicators

□ Gross Output Value of Farming, Forestry, Animal Husbandry and Fishery

refers to the total volume of products of farming, forestry, animal husbandry and fishery in value terms, which reflects the total scale and total result of agricultural production during a given period of time.

The statistical coverage of farming, forestry, animal husbandry and fishery are as follows: In terms of ownership, China's agriculture includes specialized state farms (farming, forestry, animal husbandry, fishery), farms managed by various government agencies, organazations, schools, research institutions, and army; farms managed by rural collective organizations at levels of township, town, and village; farming, forestry, animal husbandry, fishery run by mining and industrial enterprises; farming, forestry, animal husbandry and fishery and some commodity industries run by various rural collective organizations and individual farmers.

□ Grain Yield

refers to the yield in the whole country including grains produced by state farms, collective units, industrial enterprises and mines. Grain includes rice, wheat, corn, sorghum, millet and other miscellaneous grains as well as tubers and beans. Output of beans refers to dry beans without pods. The output of tubers was converted into that of grain at the ratio 4:1, I. e. Four kilograms of fresh tubers was equivalent to one kilogram of grain up to 1963. Since 1964 the ratio for conversion has been 5:1. Output of all other grains refers to husked grain.

□ Yield of Oil - bearing Crops

refers to the total yield of oil-bearing crops of various kinds, including peanuts, (dry, in shell) rapeseeds, sesame, sunflower seeds, flax seeds, and other oil-bearing crops. Soybeans, oil-bearing woody plants, and wild oil-bearing crops are not included.

□ Output of Aquatic Products

refers to catches of both artificially cultured and naturally grown aquatic products, including fish, shrimps, crabs and shellfish in sea and inland water as well as seaweed. Freshwater plants are not included.

□ Output of Pork, Beef, and Mutton

refers to the meat of slaughtered hogs, cattle, sheep and goats with head, feet, and offal taken away.

□ Cereals

refer to seeds of various kinds of crops which are used mainly for grain. Cereals include paddy, wheat, maize, millet, Chinese sorghum, etc., except beans and tubers.

2013

浙江统计年鉴

ZHEJIANG STATISTICAL YEARBOOK

 CHAPTER 7

工业和能源

Industry and Energy

7-1 规模以上工业企业单位数(2007-2012年)
Number of Industrial Enterprises Above Designated Size(2007-2012)

单位:个(unit)

指标	Item	2007	2008	2009	2010	2011	2012
工业企业单位数	**Number of Industrial Enterprises**	**51604**	**58816**	**59971**	**64364**	**34340**	**36496**
按轻重工业分	**by Light and Heavy Industry**						
轻工业	Light Industry	26785	29676	30118	32002	16888	17987
重工业	Heavy Industry	24819	29140	29853	32362	17452	18509
按登记注册类型分	**by Registered Type**						
国有企业	State-owned Enterprises	295	312	304	308	208	228
集体企业	Collective Owned Enterprises	571	426	379	333	126	111
股份合作企业	Cooperative Enterprises	1359	1423	1304	947	285	327
联营企业	Joint Ownership Enterprises	51	22	22	22	13	14
外商及港澳台商投资企业	Foreign Funded Enterprises and Enterprises Funded by Entrepreneurs From Hong Kong, Macao&Taiwan	8626	9553	9104	9125	6676	6651
私营企业	Private	33381	40320	41969	46706	22339	23959
其他企业	Others	7321	6760	6889	6923	4693	5206
在总计中:国有及国有控股	**State-owned and State-holding Industrial Enterprises**	**694**	**736**	**728**	**730**	**590**	**645**
按规模分	**by Size**						
大型企业	Large-sized Enterprises	192	194	190	225	621	592
中型企业	Medium-sized Enterprises	4150	4319	4182	4678	5021	4648
小型企业	Small-sized Enterprises	47262	54303	55599	59461	28698	31256

注: 1.2011年起企业规模按新的划分标准划分。The data by size are calculated at new standard in 2011.
2.2011年规模以上工业为主营业务收入为2000万及以上工业企业,后面各表同。Industrial enterprises above designated size are those with annual revenue from principal business over 20 million yuan in 2011. The same applies to the tables following.

7-2 规模以上工业总产值(2007-2012年)
Gross Output Value of Industrial Enterprises Above Designated Size(2007-2012)

单位:亿元(100 million yuan)

指标	Item	2007	2008	2009	2010	2011	2012
工业总产值	**Gross Industrial Output Value**	**36073.93**	**40832.10**	**41035.29**	**51394.20**	**56406.06**	**59124.16**
按轻重工业分	**by Light and Heavy Industry**						
轻工业	Light Industry	15519.12	16943.47	17196.43	20896.40	21953.08	23228.18
重工业	Heavy Industry	20554.82	23888.63	23838.86	30497.80	34452.98	35895.98
按注册登记注册类型分	**by Registered Type**						
国有企业	State-owned Enterprises	2349.06	2609.20	2786.63	3331.26	3528.05	3831.55
集体企业	Collective Owned Enterprises	254.35	141.17	123.23	123.12	100.13	91.68
股份合作企业	Cooperative Enterprises	472.77	359.90	316.04	237.91	162.22	163.62
联营企业	Joint Ownership Enterprises	78.68	18.82	15.53	18.80	44.12	57.98
外商及港澳台商投资企业	Foreign Funded Enterprises and Enterprises Funded by Entrepreneurs from Hong Kong, Macao & Taiwan	9609.91	11075.29	10346.94	13104.16	15151.99	15309.87
私营企业	Private Enterprises	13541.69	16817.25	17804.88	22792.11	23251.05	24384.66
其他企业	Others	9767.47	9810.47	9642.03	11786.84	14168.50	15284.81
在总计中:国有及国有控股	**State-owend and State-holding Enterprises**	**4637.20**	**5308.87**	**5369.11**	**6721.77**	**8132.62**	**8384.48**
按规模分	**by Size**						
大型企业	Large-sized Enterprises	6820.05	7399.10	7348.65	9483.63	17089.96	15886.56
中型企业	Medium-sized Enterprises	13546.39	15117.26	14851.53	18906.70	16961.51	18522.53
小型企业	Small-sized Enterprises	15707.49	18315.74	18835.12	23003.87	22354.59	24715.07

7-3 按行业分的规模以上工业企业总产值(2007-2011年)
Gross Output Value of Industrial Enterprises by Sector Above Designated Size(2007-2011)

行业	Sector	工业总产值(亿元) Gross Industrial Output Value (100 million yuan)				
		2007	2008	2009	2010	2011
总计	**Total**	**36073.93**	**40832.10**	**41035.29**	**51394.20**	**56406.06**
在总计中:轻工业	Light Industry	15519.12	16943.47	17196.43	20896.40	21953.08
重工业	Heavy Industry	20554.82	23888.63	23838.86	30497.80	34452.98
按工业行业分	**By Sector**					
煤炭采选业	Coal Mining and Dressing	7.73	7.71	6.58	6.95	9.34
黑色金属矿采选业	Ferrous Metals Mining and Dressing	23.57	25.17	9.48	17.07	18.16
有色金属矿采选业	Nonferrous Metals Mining and Dressing	27.62	29.61	23.17	27.29	25.78
非金属矿采选业	Nonmetal Minerals Mining and Dressing	74.10	81.94	94.37	105.68	109.12
其他采矿业	Other Minerals Mining and Dressing					
农副食品加工业	Non-staple Food Processing	542.09	637.35	653.84	775.51	845.81
食品制造业	Food Manufacturing	244.20	298.72	345.68	393.11	446.08
饮料制造业	Beverage Manufacturing	325.50	377.73	402.90	430.11	453.64
烟草制品业	Tobacco Processing	199.80	216.08	235.83	280.86	324.65
纺织业	Textile Industry	4190.08	4482.06	4691.54	5574.66	5805.65
纺织服装、鞋、帽制造业	Garments,Shoes and Hats Manufacturing	1317.04	1445.71	1392.76	1652.95	1468.37
皮革、毛皮、羽毛(绒)及其制品业	Leather,Furs,Down and Related Production	1109.24	1090.28	1071.38	1288.22	1265.91
木材加工及木、竹、藤、棕、草制品业	Timber Processing,Bamboo,Cane Palm Fiber and Straw Production	327.42	372.15	381.36	450.11	434.93
家具制造业	Furniture Manufacturing	379.44	449.91	456.91	562.22	592.73
造纸及纸制品业	Papermaking and Paper Production	718.94	865.27	843.78	1049.63	1116.16
印刷业和记录媒介的复制	Printing and Record Medium Reproduction	235.00	256.19	280.24	341.97	304.98
文教体育用品制造业	Cultural,Educational and Sports Goods	354.18	386.93	380.77	473.81	427.72

续表 Continued

行业	Sector	工业总产值(亿元) Gross Industrial Output Value (100 million yuan)				
		2007	2008	2009	2010	2011
石油加工、炼焦及核燃料加工业	Petroleum Processing, Cooking and Nuclear Fuel Processing	885.69	1104.41	965.24	1353.70	1765.30
化学原料及化学制品制造业	Raw Chemical Materials and Chemical Production	2143.97	2644.82	2704.04	3510.84	4587.33
医药制造业	Medical and Pharmaceutical Production	576.13	615.49	665.43	769.72	855.65
化学纤维制造业	Chemical Fiber	1533.30	1546.34	1424.41	1858.27	2535.74
橡胶制品业	Rubber Production	353.51	398.18	409.68	543.57	610.40
塑料制品业	Plastic Production	1382.05	1498.65	1544.37	1953.41	1956.44
非金属矿物制品业	Nonmetal Mineral Production	911.20	1123.68	1177.11	1460.33	1783.78
黑色金属冶炼及压延加工业	Smelting and Pressing of Ferrous Metals	1158.31	1643.93	1488.70	1905.87	2241.90
有色金属冶炼及压延加工业	Smelting and Pressing of Nonferrous Metals	1403.33	1399.08	1280.28	1835.74	2136.57
金属制品业	Metal Production	1452.70	1768.23	1732.98	1970.78	2126.79
通用设备制造业	Ordinary Machinery	2584.46	2974.16	2835.68	3777.93	3905.93
专用设备制造业	For Special Purpose Equipment Manufacturing	875.07	941.98	994.07	1331.52	1305.60
交通运输设备制造业	Transportation Equipment	2145.07	2624.49	2880.90	3609.56	3895.13
电气机械及器材制造业	Electric Equipment and Machinery	3074.70	3668.19	3727.49	4697.95	5052.94
通信设备、计算机及其他电子设备制造业	Telecommunications Equipment, Computer and Other Electronic Equipment Manufacturing	1814.58	1705.58	1496.57	1965.09	2156.41
仪器仪表及文化、办公用机械制造业	Instruments, Meters, Cultural and Office Machinery	497.40	513.21	556.83	732.87	704.62
工艺品及其他制造业	Handicraft Article and Other Manufacturing Indust	600.91	678.02	668.86	789.06	728.26
废弃资源和废旧材料回收加工业	Recovery of Resource Discarded and Useless Material	167.32	228.11	216.51	336.53	331.33
电力、热力的生产和供应业	Production and Supply of Electricity and Heating Power	2307.79	2561.37	2805.92	3311.25	3782.70
燃气生产和供应业	Production and Supply of Gas	60.88	87.37	94.89	140.97	177.44
水的生产和供应业	Production and Supply of Water	69.64	84.01	94.76	109.09	116.79

注：工业总产值按现行价格计算。
Gross industrial output value are calculated at current prices.

7-4 主要工业产品产量(2006-2012年)
Output of Major Industrial Products(2006-2012)

产品名称		Item		2006	2007	2008	2009	2010	2011	2012
原煤	(万吨)	Coal	(10000 tons)	13.46	12.33	13.10	13.20	15.05	15.06	15.01
配混合饲料	(万吨)	Forage	(10000 tons)	214.79	270.18	300.07	264.83	296.03	362.24	453.67
食用植物油	(万吨)	Edible Vegetables Oil	(10000 tons)	31.73	39.37	35.60	44.55	44.59	43.12	37.33
罐头	(万吨)	Canned Food	(10000 tons)	59.20	70.56	76.71	92.22	80.39	53.40	62.00
啤酒	(万千升)	Beer	(10000 kiloliter)	277.14	300.33	283.17	247.53	283.09	281.09	268.21
黄酒	(万千升)	Millet Wine	(10000 kiloliter)	41.17	49.30	55.91	59.16	72.88	66.20	58.64
软饮料	(万吨)	Soft Drink	(10000 tons)	336.56	537.17	642.06	652.37	685.51	856.17	904.37
卷烟	(万箱)	Cigarettes	(10000 cases)	671.73	732.86	760.99	804.20	850.98	885.18	901.10
纱	(万吨)	Yarn	(10000 tons)	115.83	146.46	166.61	195.62	214.87	198.77	231.23
布	(亿米)	Cloth	(100 million m)	97.47	114.88	124.51	139.22	158.99	146.13	143.22
毛线(绒线)	(吨)	Kniting Wool	(ton)	16169	17089	24004	21305	24433	26504	35314
呢绒	(万米)	Woolen Goods	(10000 m)	5293	4928	9838	11503	10584	6343	6010
丝	(吨)	Silk	(ton)	50810	66018	73229	16434	14436	15162	14467
丝织品	(亿米)	Silk-knit Goods	(100 million m)	52.67	55.72	55.40	3.28	3.29	1.98	2.08
机制纸	(万吨)	Machine-made Paper and Paperboard	(10000 tons)	1043.96	1209.44	1283.28	1422.17	1412.31	1531.63	1627.95
汽油	(万吨)	Gasoline	(10000 tons)	254.94	259.74	288.60	321.32	305.06	314.95	284.24
煤油	(万吨)	Kerosene	(10000 tons)	127.29	153.78	129.41	146.08	154.56	162.89	156.23
柴油	(万吨)	Diesel Oil	(10000 tons)	749.50	758.73	862.33	825.89	832.57	870.90	801.76
燃料油	(万吨)	Fuel Oil	(10000 tons)	192.42	208.57	173.93	113.32	134.66	157.82	115.55
焦炭	(万吨)	Coke	(10000 tons)	52.29	52.53	130.69	229.69	325.93	161.74	294.80
硫酸	(万吨)	Sulphuric Acid	(10000 tons)	128.53	109.54	107.44	98.84	107.21	102.48	98.98

续表 1 Continued

产品名称	Item	2006	2007	2008	2009	2010	2011	2012
烧碱 （万吨）	Caustic Soda (10000 tons)	88.39	111.12	107.22	98.48	104.61	126.72	140.24
纯碱 （万吨）	Soda Ash (10000 tons)	13.95	14.55	15.15	14.89	11.92	24.36	22.24
电石（碳化钙） （万吨）	Calcium Carbide (10000 tons)	11.56	11.01	8.79	9.80	6.48	5.29	4.94
合成氨 （万吨）	Synthetic Ammonia (10000 tons)	82.77	80.45	61.58	64.42	49.49	47.25	57.68
纯苯 （吨）	Pure Benzene (ton)	215190	219920	221018	167029	290671	410477	380190
合成洗涤剂 （吨）	Synthetic Detergents (ton)	475029	463353	523182	555539	615435	689043	706976
化学原料药 （吨）	Chemical Raw Medicine (ton)	247616	269572	466080	286603	285413	318002	277187
中成药 （吨）	Traditional Chinese Medicine (ton)	15906	15568	15808	19079	22857	21384	19894
化学纤维 （万吨）	Chemical Fiber (10000 tons)	812.69	976.93	1057.75	1207.16	1366.13	1505.54	1677.27
#粘胶纤维 （万吨）	Glutinous Fiber (10000 tons)	11.68	20.66	20.28	16.03	17.12	14.36	17.49
合成纤维 （万吨）	Synthetic Fiber (10000 tons)	801.01	956.28	1037.47	1161.86	1346.38	1468.66	1655.96
轮胎外胎 （万条）	Outer Cover of Type (10000 units)	4474.16	5538.22	5845.73	6505.25	8697.80	9673.11	10207.54
塑料制品 （万吨）	Plastic Products (10000 tons)	555.40	766.12	818.24	811.50	915.57	845.74	948.54
水泥 （万吨）	Cement (10000 tons)	9947.08	10545.51	10210.91	10796.49	11275.31	12122.29	11539.61
平板玻璃 （万重量箱）	Plate Glass (10000 wt. case)	2257.51	2912.67	4333.44	3358.93	4090.89	3995.69	2984.31
生铁 （万吨）	Pig Iron (10000 tons)	232.89	237.78	270.15	535.96	915.60	1002.17	1006.13
钢 （万吨）	Steel (10000 tons)	457.84	455.39	901.55	1045.64	1228.53	1329.93	1305.23
成品钢材 （万吨）	Steel Products (10000 tons)	1143.59	1588.70	1766.41	2359.40	2832.60	3141.00	3361.33
十种有色金属 （万吨）	Ten Nonferrous Metal (10000 tons)	37.03	48.69	45.67	40.03	53.04	53.86	48.23
#铜 （吨）	Copper (ton)	249663	296315	297571	227272	297413	311492	293661
锌 （吨）	Zinc (ton)	26476	65439	64024	66953	90902	71931	32596
铝 （吨）	Alumminium (ton)	89070	98034	60708	100504	150403	153046	153394

续表 2 Continued

产品名称		Item		2006	2007	2008	2009	2010	2011	2012
内燃机	(万千瓦)	Internal Combustion Engines(Commodity)	(10000 kw)	921.77	964.37	910.87	2294.39	4456.57	3182.40	2807.03
数控机床	(台)	Numerically Controlled Machine Tools	(unit)	18735	28545	27376	36634	65456	67237	45707
大中型拖拉机	(台)	Large and Medium - sized Tractor	(unit)	21346	17670	19939	30654	36935	49073	33153
小型拖拉机	(台)	Small - size Tractor	(unit)	70652	89481	91665	86453	90119	87146	71674
汽车	(辆)	Motor Vehicle	(unit)	178175	207817	225812	281749	319117	306300	329819
#载货汽车	(辆)	Truck	(unit)	14551	19573	18047	22959	31876	14836	18760
摩托车	(万辆)	Motorcycles	(10000 unitst)	240.54	291.82	299.50	219.56	230.24	212.97	226.06
自行车	(万辆)	Bicycles	(10000 units)	1281.16	1511.51	1418.30	1224.03	1424.88	1534.95	1499.23
发电设备	(万千瓦)	Generating Equipment	(10000 kw)	275.48	419.20	410.42	487.29	544.42	483.44	460.82
交流电动机	(万千瓦)	Alternating Current Motor	(10000 kw)	1485.54	1863.41	2201.28	1503.23	2097.86	3620.48	4204.93
变压器	(万千伏安)	Transformer	(10000 kev)	5156.87	6036.35	7267.06	7120.44	8320.02	8818.31	8397.44
家用洗衣机	(万台)	Household Washing Machines	(10000 units)	1320.48	1429.16	1543.68	1572.51	1765.02	1775.07	1906.43
家用电冰箱	(万台)	Household Refrigerators	(10000 units)	411.52	569.85	614.82	761.81	889.72	626.79	887.16
电风扇	(万台)	Electric Fan	(10000 units)	391.23	308.29	436.52	533.45	678.43	952.72	893.58
房间空气调节器	(万台)	House Air Conditioner	(10000 units)	288.87	350.76	451.65	303.09	510.81	469.50	509.49
灯泡	(亿只)	Bulb	(100 millionm units)	26.65	39.96	47.32	45.95	45.91	34.21	30.58
电视机	(万台)	Television Set	(10000 units)	331.67	332.38	368.02	518.35	477.03	497.30	573.28
#彩色电视机	(万台)	Color TV Set	(10000 units)	148.67	268.30	356.40	518.35	477.03	497.30	573.28
表	(万只)	Watch	(10000 units)	1235.75	1315.72	1647.99	1366.76	1258.30	76.96	91.18
发电量	(亿千瓦小时)	Electricity	(100 Million kw.h)	1661.61	1886.15	2065.75	2193.27	2496.19	2774.18	2717.32

注：本表统计范围为规模以上工业企业。
The data in this table refer to industrial enterprises above designated size.

7-5 规模以上工业企业主要指标(2009-2012年)
Principal Indicators of Industrial Enterprises Above Designated Size(2009-2012)

指标		Item	
企业单位数	(个)	Number of Enterprises	(unit)
#亏损企业单位数		Loss Enterprises	
工业总产值(当年价)		Gross Industrial Output Value(Current Price)	
出口交货值		Export delivery value	
全部职工年平均人数	(万人)	Average Number of Staff and Workers	(10000 persons)
流动资产合计		Circulating Funds	
固定资产合计		Fixed Assets	
固定资产原值		Original Value of Fixed Assets	
固定资产净值		Net Value of fixed assets	
资产总计		Total Assets	
流动负债合计		Circulating Liabilities	
长期负债合计		Long-term Liabilities	
所有者权益		Creditors' Equity	
实收资本		Total Capital Hold	
主营业务收入		Sales Revenue	
主营业务成本		Cost of Sales	
主营业务税金及附加		Sales Taxes and Extra Charges	
利润总额		Total Profits	
本年应交增值税		Value Added Taxes Payable	
利税总额		Total Profits and Taxes	

注：固定资产净值2009年前为固定资产净值年平均余额。

单位:亿元(100 million yuan)

合计 Total				#国有 State - owned Units				#私营 Private Units			
2009	2010	2011	2012	2009	2010	2011	2012	2009	2010	2011	2012
59971	64364	34340	36496	304	308	208	228	41969	46706	22339	23959
7688	5764	3442	4509	103	64	30	35	4501	3342	1760	2417
41035.29	51394.20	56406.06	59124.16	2786.63	3331.26	3528.05	3831.55	17804.88	22792.11	23251.05	24384.66
8499.58	10642.80	11041.75	10967.93	30.69	13.63	18.05	31.60	3536.00	4557.80	4583.40	4488.17
787.64	857.58	734.37	719.01	11.74	11.65	10.75	11.50	413.48	467.32	367.92	359.40
22037.56	27345.07	29870.73	32445.21	647.83	729.03	695.60	910.52	9537.60	12279.19	12532.07	13474.69
13228.05	14275.22	14623.95	15386.64	1737.66	1725.52	1626.14	1714.41	4170.84	4899.84	4704.44	4835.51
17439.04	19636.32	20721.24	22640.40	2517.03	2759.24	2758.46	3022.80	5330.48	6299.31	6261.76	6665.31
11687.61	12904.97	13207.32	13957.30	1549.38	1640.95	1534.64	1613.73	3721.11	4342.29	4213.69	4321.29
39752.79	47282.79	50788.85	55654.17	2563.06	2756.95	2642.40	3258.69	15485.38	19425.00	19660.16	21063.41
20985.72	25038.39	27171.78	29213.03	763.56	905.63	899.93	1102.23	9319.47	11815.83	12007.08	12742.62
3137.99	3317.45	3396.29	3495.33	725.08	665.24	537.12	590.28	612.73	736.59	765.48	636.57
15400.57	18601.43	19852.48	22076.81	1072.25	1173.69	1194.89	1559.40	5420.11	6676.12	6697.31	7214.04
8226.74	9282.95	9479.95	10430.63	337.85	353.09	296.32	364.03	2808.35	3212.57	3188.09	3225.13
39873.57	50536.31	55349.76	57682.73	2771.23	3326.15	3530.67	3817.01	17041.76	22099.41	22496.53	23629.71
34333.23	43300.73	47503.22	49633.01	2431.89	2860.89	3029.50	3257.87	14969.83	19249.66	19532.80	20550.86
439.87	512.49	602.68	617.79	149.29	190.18	225.75	241.50	84.79	102.22	95.13	97.23
2115.65	3174.75	3327.29	3112.65	79.81	151.69	141.52	172.03	745.22	1178.37	1223.50	1161.90
1079.28	1412.68	1534.54	1590.69	106.77	137.37	149.49	171.97	422.45	578.98	574.29	596.69
3634.80	5099.92	5464.52	5321.14	335.87	479.24	516.76	585.50	1252.46	1859.57	1892.93	1855.82

The data of net value of fixed assets refers to annual average balance of net value of fixed assets before 2009.

7-6 按行业分的规模以上工业企业主要指标(2012年)
Main Indicators of Industrial Enterprises Above Designated Size by Sector(2012)

单位:亿元(100 million yuan)

行业	Sector	企业单位数(个) Number of Enterprises (unit)	#亏损企业(个) Loss (unit)	工业总产值 Gross Industrial Output Value	出口交货值 Export Delivery value
总计	**Total**	**36496**	**4509**	**59124.16**	**10967.93**
按登记注册类型分	**by Registered Type**				
#国有	#State - owned	228	35	3831.55	31.60
集体	Collective owned	111	11	91.68	3.52
私营	Private	23959	2417	24384.66	4488.17
港澳台商投资	Enterprises Funded by Entrepreneurs From Hong Kong,Macao and Taiwan	3325	663	7535.78	1830.56
外商投资	Foreign Funded Enterprises	3326	707	7774.09	2509.47
在总计中:轻工业	Light Industry	17987	2242	23228.18	5954.18
重工业	Heavy Industry	18509	2267	35895.98	5013.75
按工业行业分	**By Sector**				
煤炭开采和洗选业	Coal Mining and Dressing	2		8.31	
黑色金属矿采选业	Ferrous Metals Mining and Dressing	6	1	14.77	
有色金属矿采选业	Nonferrous Metals Mining and Dressing	20	1	29.47	
非金属矿采选业	Nonmetal Minerals Mining and Dressing	132	19	123.74	0.60
农副食品加工业	Non - staple Food Processing	747	68	948.23	145.06
食品制造业	Food Manufacturing	316	34	510.89	83.23
酒、饮料和精制茶制造业	Wine, Soft Drinks and Refined Tea Manufacturing	219	21	494.37	36.81
烟草制品业	Tobacco Processing	3		354.20	2.69
纺织业	Textile Industry	4621	536	5416.90	1120.09
纺织服装、服饰业	Garments and Apparel Industry	2354	402	2189.94	983.34
皮革、毛皮、羽毛及其制品和制鞋业	Leather,Furs,Down and Related Production,Shoes Manufacturing	1629	140	1433.09	583.59
木材加工和木、竹、藤、棕、草制品业	Timber Processing,Bamboo,Cane Palm Fiber and Straw Production	483	33	438.83	86.04
家具制造业	Furniture Manufacturing	633	88	652.98	358.08
造纸和纸制品业	Papermaking and Paper Production	897	121	1171.22	65.54
印刷和记录媒介复制业	Printing and Record Medium Reproduction	425	47	313.24	34.92
文教、工美、体育和娱乐用品制造业	Cultural and Educational,Arts and Crafts,Sports and Entertainment Goods	1011	103	978.83	437.35

续表 1　Continued　　单位:亿元(100 million yuan)

行业	Sector	企业单位数(个) Number of Enterprises (unit)	#亏损企业(个) Loss (unit)	工业总产值 Gross Industrial Output Value	出口交货值 Export Delivery value
石油加工、炼焦和核燃料加工业	Petroleum Processing,Coking and Nuclear Fuel Processing	45	8	1663.31	0.69
化学原料和化学制品制造业	Raw Chemical Materials and Chemical Production	1539	217	4941.27	460.06
医药制造业	Medical and Pharmaceutical Production	403	56	997.76	264.98
化学纤维制造业	Chemical Fiber	503	83	2547.47	116.65
橡胶和塑料制品业	Rubber and Plastic Production	2171	230	2584.60	509.41
非金属矿物制品业	Nonmetal Mineral Production	1381	194	1690.71	107.46
黑色金属冶炼和压延加工业	Smelting and Pressing of Ferrous Metals	990	144	2470.08	109.62
有色金属冶炼和压延加工业	Smelting and Pressing of Nonferrous Metals	721	124	2147.62	114.55
金属制品业	Metal Production	2206	244	2342.72	592.46
通用设备制造业	Equipment in Common Use	3475	376	3817.89	890.12
专用设备制造业	Special Purpose Equipment	1403	156	1397.18	288.69
汽车制造业	Automotive Manufacturing	1435	136	2898.53	524.45
铁路、船舶、航空航天和其他运输设备制造业	Railway, Shipbuilding, Aerospace and other Transport Equipment	600	127	1223.42	564.03
电气机械和器材制造业	Electric Equipment and Machinery	3540	440	5293.20	1340.91
计算机、通信和其他电子设备制造业	Computers, Communications and Other Electronic Equipment Manufacturing	1062	150	2262.65	854.72
仪器仪表制造业	Instruments Manufacturing	573	44	705.24	153.25
其他制造业	Other Manufacturing	292	35	318.33	114.50
废弃资源综合利用业	Comprehensive Utilization of Waste Resources	147	56	341.14	
金属制品、机械和设备修理业	Metal Products,Machinery and Equipment Repair Industry	48	10	69.47	21.21
电力、热力的生产和供应业	Production and Supply of Electricity and Heating Power	291	25	4017.48	0.76
燃气生产和供应业	Production and Supply of Gas	57	2	191.38	
水的生产和供应业	Production and Supply of Water	116	38	123.72	2.05

续表 2 Continued　　单位:亿元(100 million yuan)

行业	Sector	资产总计 Total Assets	流动资产合计 Circulating Funds	固定资产合计 Fixed Assets	固定资产原价 Original Value of Fixed Assets
总计	**Total**	**55654.17**	**32445.21**	**15386.64**	**22640.40**
按登记注册类型分	**by Registered Type**				
#国有	#State – owned	3258.69	910.52	1714.41	3022.80
集体	Collective owned	68.44	44.45	15.64	27.78
私营	Private	21063.41	13474.69	4835.51	6665.31
港澳台商投资	Enterprises Funded by Entrepreneurs From Hong Kong, Macao and Taiwan	7566.66	4878.00	1798.58	2587.92
外商投资	Foreign Funded Enterprises	7056.46	4307.61	2066.87	3146.38
在总计中:轻工业	Light Industry	22256.78	13763.79	5580.08	8001.29
重工业	Heavy Industry	33397.39	18681.42	9806.57	14639.12
按工业行业分	**By Sector**				
煤炭开采和洗选业	Coal Mining and Dressing	14.66	7.33	7.33	8.66
黑色金属矿采选业	Ferrous Metals Mining and Dressing	38.88	31.93	3.44	6.49
有色金属矿采选业	Nonferrous Metals Mining and Dressing	26.40	13.89	3.24	5.42
非金属矿采选业	Nonmetal Minerals Mining and Dressing	94.72	41.98	24.88	39.12
农副食品加工业	Non – staple Food Processing	677.89	441.04	150.25	200.69
食品制造业	Food Manufacturing	480.06	291.16	132.20	168.68
酒、饮料和精制茶制造业	Wine, Soft Drinks and Refined Tea Manufacturing	520.01	269.91	154.89	248.55
烟草制品业	Tobacco Processing	316.90	222.12	52.89	93.10
纺织业	Textile Industry	4985.90	3086.57	1343.04	2066.56
纺织服装、服饰业	Garments and Apparel Industry	2056.50	1389.01	445.78	620.83
皮革、毛皮、羽毛及其制品和制鞋业	Leather, Furs, Down and Related Production, Shoes Manufacturing	1106.49	783.80	213.94	287.32
木材加工和木、竹、藤、棕、草制品业	Timber Processing, Bamboo, Cane Palm Fiber and Straw Production	291.62	180.15	72.64	98.37
家具制造业	Furniture Manufacturing	635.54	421.81	148.12	200.01
造纸和纸制品业	Papermaking and Paper Production	1437.97	856.60	426.71	621.89
印刷和记录媒介复制业	Printing and Record Medium Reproduction	397.74	237.14	112.62	177.57
文教、工美、体育和娱乐用品制造业	Cultural and Educational, Arts and Crafts, Sports and Entertainment Goods	822.86	537.96	188.07	246.64

续表 3　Continued　　单位:亿元(100 million yuan)

行业	Sector	资产总计 Total Assets	流动资产合计 Circulating Funds	固定资产合计 Fixed Assets	固定资产原价 Original Value of Fixed Assets
石油加工、炼焦和核燃料加工业	Petroleum Processing, Coking and Nuclear Fuel Processing	549.27	271.37	258.71	368.41
化学原料和化学制品制造业	Raw Chemical Materials and Chemical Production	4322.83	2357.20	1327.74	1827.60
医药制造业	Medical and Pharmaceutical Production	1280.35	731.04	310.27	401.37
化学纤维制造业	Chemical Fiber	2048.69	1151.70	576.13	834.46
橡胶和塑料制品业	Rubber and Plastic Production	2287.82	1432.85	583.32	851.48
非金属矿物制品业	Nonmetal Mineral Production	2113.63	1195.27	626.05	901.28
黑色金属冶炼和压延加工业	Smelting and Pressing of Ferrous Metals	1977.91	1223.68	567.09	791.51
有色金属冶炼和压延加工业	Smelting and Pressing of Nonferrous Metals	1173.00	817.89	191.48	266.09
金属制品业	Metal Production	2125.33	1414.62	481.52	630.82
通用设备制造业	Equipment in Common Use	4015.38	2601.12	828.27	1168.68
专用设备制造业	Special Purpose Equipment	1548.54	1002.24	346.40	479.70
汽车制造业	Automotive Manufacturing	2775.24	1560.57	549.97	766.40
铁路、船舶、航空航天和其他运输设备制造业	Railway, Shipbuilding, Aerospace and other Transport Equipment	1588.93	961.45	414.58	529.05
电气机械和器材制造业	Electric Equipment and Machinery	5272.51	3488.33	972.00	1315.81
计算机、通信和其他电子设备制造业	Computers, Communications and Other Electronic Equipment Manufacturing	2210.61	1524.87	432.64	692.38
仪器仪表制造业	Instruments Manufacturing	794.70	527.75	153.01	217.97
其他制造业	Other Manufacturing	339.59	200.15	84.25	109.00
废弃资源综合利用业	Comprehensive Utilization of Waste Resources	157.81	126.15	20.97	21.88
金属制品、机械和设备修理业	Metal Products, Machinery and Equipment Repair Industry	118.88	38.54	38.86	46.88
电力、热力的生产和供应业	Production and Supply of Electricity and Heating Power	4124.13	712.92	2653.84	4677.62
燃气生产和供应业	Production and Supply of Gas	200.61	75.67	103.26	123.27
水的生产和供应业	Production and Supply of Water	724.30	217.40	386.23	528.83

续表 4 Continued 单位:亿元(100 million yuan)

行业	Sector	固定资产净值 Net Value of fixed assets	年末负债合计 Total Liabilities	流动负债 Circulating Liabilities	长期负债 Long term Liabilities
总计	**Total**	**13957.30**	**33516.05**	**29213.03**	**3495.33**
按登记注册类型分	**by Registered Type**				
#国有	#State – owned	1613.73	1699.60	1102.23	590.28
集体	Collective owned	14.59	37.74	35.67	1.30
私营	Private	4321.29	13820.37	12742.62	636.57
港澳台商投资	Enterprises Funded by Entrepreneurs From Hong Kong,Macao and Taiwan	1638.24	4345.99	3928.85	319.04
外商投资	Foreign Funded Enterprises	1895.41	3855.19	3511.00	271.33
在总计中:轻工业	Light Industry	4985.05	13372.47	12050.99	962.13
重工业	Heavy Industry	8972.24	20143.58	17162.05	2533.20
按工业行业分	**By Sector**				
煤炭开采和洗选业	Coal Mining and Dressing	4.62	9.40	5.95	3.46
黑色金属矿采选业	Ferrous Metals Mining and Dressing	3.26	22.69	21.21	0.48
有色金属矿采选业	Nonferrous Metals Mining and Dressing	2.12	16.24	15.50	0.56
非金属矿采选业	Nonmetal Minerals Mining and Dressing	23.50	67.60	56.67	7.00
农副食品加工业	Non – staple Food Processing	133.30	432.92	406.69	17.70
食品制造业	Food Manufacturing	110.57	239.69	212.92	21.27
酒、饮料和精制茶制造业	Wine, Soft Drinks and Refined Tea Manufacturing	144.98	275.09	243.79	26.76
烟草制品业	Tobacco Processing	52.82	55.17	54.23	0.94
纺织业	Textile Industry	1233.38	3223.98	2945.18	165.89
纺织服装、服饰业	Garments and Apparel Industry	397.94	1193.33	1120.03	45.10
皮革、毛皮、羽毛及其制品和制鞋业	Leather,Furs,Down and Related Production,Shoes Manufacturing	187.90	707.17	672.22	7.53
木材加工和木、竹、藤、棕、草制品业	Timber Processing,Bamboo,Cane Palm Fiber and Straw Production	66.51	164.41	152.64	7.17
家具制造业	Furniture Manufacturing	136.14	403.60	385.16	9.79
造纸和纸制品业	Papermaking and Paper Production	391.23	932.17	788.49	120.58
印刷和记录媒介复制业	Printing and Record Medium Reproduction	103.96	238.28	218.26	14.78
文教、工美、体育和娱乐用品制造业	Cultural and Educational,Arts and Crafts,Sports and Entertainment Goods	167.08	489.79	447.39	30.33

续表 5 Continued

单位:亿元(100 million yuan)

行业	Sector	固定资产净值 Net Value of fixed assets	年末负债合计 Total Liabilities	流动负债 Circulating Liabilities	长期负债 Long term Liabilities
石油加工、炼焦和核燃料加工业	Petroleum Processing, Coking and Nuclear Fuel Processing	199.01	321.76	317.09	2.60
化学原料和化学制品制造业	Raw Chemical Materials and Chemical Production	1203.61	2462.83	2070.95	344.18
医药制造业	Medical and Pharmaceutical Production	246.63	604.21	506.18	90.61
化学纤维制造业	Chemical Fiber	517.43	1291.05	1162.01	96.67
橡胶和塑料制品业	Rubber and Plastic Production	508.86	1439.40	1336.14	66.11
非金属矿物制品业	Nonmetal Mineral Production	561.41	1308.06	1137.60	126.69
黑色金属冶炼和压延加工业	Smelting and Pressing of Ferrous Metals	502.72	1410.77	1268.89	67.95
有色金属冶炼和压延加工业	Smelting and Pressing of Nonferrous Metals	167.97	778.12	742.70	20.71
金属制品业	Metal Production	434.18	1336.80	1198.74	55.61
通用设备制造业	Equipment in Common Use	747.57	2308.69	2158.94	110.94
专用设备制造业	Special Purpose Equipment	312.00	861.18	806.84	40.49
汽车制造业	Automotive Manufacturing	494.16	1672.79	1444.21	218.73
铁路、船舶、航空航天和其他运输设备制造业	Railway, Shipbuilding, Aerospace and other Transport Equipment	390.80	1134.60	1019.12	107.51
电气机械和器材制造业	Electric Equipment and Machinery	864.27	3189.84	2934.96	173.29
计算机、通信和其他电子设备制造业	Computers, Communications and Other Electronic Equipment Manufacturing	398.09	1160.50	1092.00	53.24
仪器仪表制造业	Instruments Manufacturing	140.20	405.35	383.07	19.22
其他制造业	Other Manufacturing	77.59	205.48	171.52	32.30
废弃资源综合利用业	Comprehensive Utilization of Waste Resources	15.29	122.74	117.97	2.51
金属制品、机械和设备修理业	Metal Products, Machinery and Equipment Repair Industry	33.50	69.66	58.12	6.29
电力、热力的生产和供应业	Production and Supply of Electricity and Heating Power	2585.24	2417.76	1255.93	1137.27
燃气生产和供应业	Production and Supply of Gas	83.37	112.47	72.66	38.92
水的生产和供应业	Production and Supply of Water	314.11	430.45	211.08	204.16

续表 6 Continued 单位:亿元(100 million yuan)

行业	Sector	年末所有者权益合计 Creditors' Equity	实收资本 Total Capital Hold	主营业务收入 Revenues in Main Business	主营业务成本 Costs in Main Business
总计	**Total**	**22076.81**	**10430.63**	**57682.73**	**49633.01**
按登记注册类型分	**by Registered Type**				
#国有	#State - owned	1559.40	364.03	3817.01	3257.87
集体	Collective owned	30.77	13.03	94.10	78.55
私营	Private	7214.04	3225.13	23629.71	20550.86
港澳台商投资	Enterprises Funded by Entrepreneurs From Hong Kong, Macao and Taiwan	3206.14	1826.60	7316.70	6277.42
外商投资	Foreign Funded Enterprises	3191.41	1973.69	7512.37	6334.14
在总计中:轻工业	Light Industry	8843.25	3931.17	22724.00	19188.13
重工业	Heavy Industry	13233.56	6499.46	34958.73	30444.88
按工业行业分	**By Sector**				
煤炭开采和洗选业	Coal Mining and Dressing	5.25	3.40	24.45	22.15
黑色金属矿采选业	Ferrous Metals Mining and Dressing	16.19	2.77	16.00	13.35
有色金属矿采选业	Nonferrous Metals Mining and Dressing	10.16	3.50	28.89	21.32
非金属矿采选业	Nonmetal Minerals Mining and Dressing	26.39	23.57	123.69	101.43
农副食品加工业	Non - staple Food Processing	244.69	111.89	946.81	858.41
食品制造业	Food Manufacturing	240.26	91.64	500.09	394.42
酒、饮料和精制茶制造业	Wine, Soft Drinks and Refined Tea Manufacturing	244.49	109.88	472.06	342.71
烟草制品业	Tobacco Processing	261.73	10.32	347.69	65.40
纺织业	Textile Industry	1755.13	887.95	5279.76	4690.41
纺织服装、服饰业	Garments and Apparel Industry	854.28	378.41	2115.43	1763.91
皮革、毛皮、羽毛及其制品和制鞋业	Leather, Furs, Down and Related Production, Shoes Manufacturing	395.74	191.69	1396.76	1205.71
木材加工和木、竹、藤、棕、草制品业	Timber Processing, Bamboo, Cane Palm Fiber and Straw Production	125.71	62.89	423.54	364.26
家具制造业	Furniture Manufacturing	230.61	139.69	620.42	516.65
造纸和纸制品业	Papermaking and Paper Production	505.41	285.04	1113.54	958.56
印刷和记录媒介复制业	Printing and Record Medium Reproduction	159.30	76.25	307.99	258.81
文教、工美、体育和娱乐用品制造业	Cultural and Educational, Arts and Crafts, Sports and Entertainment Goods	332.64	145.08	944.18	809.28

续表 7 Continued 单位:亿元(100 million yuan)

行业	Sector	年末所有者权益合计 Creditors′ Equity	实收资本 Total Capital Hold	主营业务收入 Revenues in Main Business	主营业务成本 Costs in Main Business
石油加工、炼焦和核燃料加工业	Petroleum Processing,Coking and Nuclear Fuel Processing	227.50	228.31	1684.57	1477.64
化学原料和化学制品制造业	Raw Chemical Materials and Chemical Production	1857.47	860.25	4966.13	4345.67
医药制造业	Medical and Pharmaceutical Production	675.25	206.43	939.06	616.72
化学纤维制造业	Chemical Fiber	756.75	303.45	2500.55	2332.39
橡胶和塑料制品业	Rubber and Plastic Production	847.06	385.10	2548.82	2208.14
非金属矿物制品业	Nonmetal Mineral Production	804.24	432.01	1633.88	1377.68
黑色金属冶炼和压延加工业	Smelting and Pressing of Ferrous Metals	565.27	364.09	2419.73	2250.66
有色金属冶炼和压延加工业	Smelting and Pressing of Nonferrous Metals	394.71	194.99	2079.70	1938.14
金属制品业	Metal Production	785.03	394.21	2222.76	1913.82
通用设备制造业	Equipment in Common Use	1704.34	751.49	3698.22	3060.50
专用设备制造业	Special Purpose Equipment	685.23	325.37	1342.64	1091.36
汽车制造业	Automotive Manufacturing	1101.26	445.54	2846.85	2455.62
铁路、船舶、航空航天和其他运输设备制造业	Railway, Shipbuilding, Aerospace and other Transport Equipment	452.79	245.94	1024.66	923.55
电气机械和器材制造业	Electric Equipment and Machinery	2072.56	1000.00	5268.89	4486.42
计算机、通信和其他电子设备制造业	Computers, Communications and Other Electronic Equipment Manufacturing	1043.11	501.22	2178.07	1794.16
仪器仪表制造业	Instruments Manufacturing	389.30	151.73	664.76	510.91
其他制造业	Other Manufacturing	134.14	64.18	303.46	257.93
废弃资源综合利用业	Comprehensive Utilization of Waste Resources	35.26	25.04	331.08	313.91
金属制品、机械和设备修理业	Metal Products,Machinery and Equipment Repair Industry	49.22	25.86	51.62	44.51
电力、热力的生产和供应业	Production and Supply of Electricity and Heating Power	1706.36	763.31	3996.62	3576.49
燃气生产和供应业	Production and Supply of Gas	88.14	54.19	194.06	170.55
水的生产和供应业	Production and Supply of Water	293.84	183.94	125.28	99.43

续表 8 Continued 单位:亿元(100 million yuan)

行业	Sector	主营业务税金及附加 Sales Taxes and Extra Charges in Main Business	利润总额 Total Profits	利税总额 Total Profits and Taxes	本年应交增值税 Value Added Taxes Payable	全部从业人员年平均人数(万人) Average Number of Employed Persons (10000 persons)
总计	**Total**	**617.79**	**3112.65**	**5321.14**	**1590.69**	**719.01**
按登记注册类型分	**by Registered Type**					
#国有	#State – owned	241.50	172.03	585.50	171.97	11.50
集体	Collective owned	0.77	6.53	11.04	3.74	1.31
私营	Private	97.23	1161.90	1855.82	596.69	359.40
港澳台商投资	Enterprises Funded by Entrepreneurs From Hong Kong, Macao and Taiwan	66.28	410.48	682.83	206.07	95.50
外商投资	Foreign Funded Enterprises	32.19	432.67	658.42	193.56	98.24
在总计中:轻工业	Light Industry	318.87	1235.21	2218.85	664.76	377.94
重工业	Heavy Industry	298.92	1877.44	3102.29	925.93	341.07
按工业行业分	**By Sector**					
煤炭开采和洗选业	Coal Mining and Dressing	0.09	0.28	0.91	0.54	0.23
黑色金属矿采选业	Ferrous Metals Mining and Dressing	0.14	0.69	1.48	0.65	0.14
有色金属矿采选业	Nonferrous Metals Mining and Dressing	0.25	4.52	6.24	1.46	0.34
非金属矿采选业	Nonmetal Minerals Mining and Dressing	2.52	8.44	16.45	5.48	1.36
农副食品加工业	Non – staple Food Processing	2.06	34.60	49.08	12.42	8.89
食品制造业	Food Manufacturing	2.22	52.12	72.50	18.17	7.24
酒、饮料和精制茶制造业	Wine, Soft Drinks and Refined Tea Manufacturing	10.94	48.70	81.79	22.15	5.14
烟草制品业	Tobacco Processing	218.86	35.42	301.44	47.17	0.36
纺织业	Textile Industry	22.23	235.84	394.39	136.32	79.81
纺织服装、服饰业	Garments and Apparel Industry	10.38	122.45	200.67	67.83	62.81
皮革、毛皮、羽毛及其制品和制鞋业	Leather, Furs, Down and Related Production, Shoes Manufacturing	6.26	68.01	122.12	47.85	42.65
木材加工和木、竹、藤、棕、草制品业	Timber Processing, Bamboo, Cane Palm Fiber and Straw Production	3.40	23.17	37.81	11.24	6.24
家具制造业	Furniture Manufacturing	2.77	29.91	51.98	19.31	16.33
造纸和纸制品业	Papermaking and Paper Production	3.94	52.01	88.04	32.09	14.37
印刷和记录媒介复制业	Printing and Record Medium Reproduction	1.55	19.43	30.58	9.60	5.82
文教、工美、体育和娱乐用品制造业	Cultural and Educational, Arts and Crafts, Sports and Entertainment Goods	4.17	51.13	75.68	20.39	19.72

续表 9 Continued 单位:亿元(100 million yuan)

行业	Sector	主营业务税金及附加 Sales Taxes and Extra Charges in Main Business	利润总额 Total Profits	利税总额 Total Profits and Taxes	本年应交增值税 Value Added Taxes Payable	全部从业人员年平均人数(万人) Average Number of Employed Persons (10000 persons)
石油加工、炼焦和核燃料加工业	Petroleum Processing, Coking and Nuclear Fuel Processing	158.03	32.20	257.32	67.09	0.99
化学原料和化学制品制造业	Raw Chemical Materials and Chemical Production	17.35	268.31	402.33	116.67	24.35
医药制造业	Medical and Pharmaceutical Production	5.84	110.07	164.53	48.62	12.54
化学纤维制造业	Chemical Fiber	5.00	76.73	122.22	40.49	12.31
橡胶和塑料制品业	Rubber and Plastic Production	10.23	135.47	207.04	61.34	34.65
非金属矿物制品业	Nonmetal Mineral Production	8.70	103.06	175.38	63.62	19.92
黑色金属冶炼和压延加工业	Smelting and Pressing of Ferrous Metals	5.18	55.89	101.36	40.30	14.69
有色金属冶炼和压延加工业	Smelting and Pressing of Nonferrous Metals	3.84	70.15	103.07	29.09	8.83
金属制品业	Metal Production	10.61	117.30	181.36	53.45	37.85
通用设备制造业	Equipment in Common Use	17.25	258.33	381.26	105.68	60.82
专用设备制造业	Special Purpose Equipment	5.95	99.12	143.41	38.34	22.53
汽车制造业	Automotive Manufacturing	18.23	168.12	250.98	64.63	32.88
铁路、船舶、航空航天和其他运输设备制造业	Railway, Shipbuilding, Aerospace and other Transport Equipment	4.09	20.39	41.42	16.94	13.86
电气机械和器材制造业	Electric Equipment and Machinery	18.98	271.99	416.16	125.19	78.33
计算机、通信和其他电子设备制造业	Computers, Communications and Other Electronic Equipment Manufacturing	9.47	188.13	249.84	52.23	36.05
仪器仪表制造业	Instruments Manufacturing	3.59	59.08	86.49	23.82	13.36
其他制造业	Other Manufacturing	1.42	15.14	23.63	7.07	7.34
废弃资源综合利用业	Comprehensive Utilization of Waste Resources	0.89	6.75	13.58	5.94	1.93
金属制品、机械和设备修理业	Metal Products, Machinery and Equipment Repair Industry	0.44	0.87	3.48	2.17	2.26
电力、热力的生产和供应业	Production and Supply of Electricity and Heating Power	19.42	250.44	436.01	166.15	9.17
燃气生产和供应业	Production and Supply of Gas	0.72	15.13	19.89	4.04	0.61
水的生产和供应业	Production and Supply of Water	0.79	3.28	9.23	5.16	2.31

注：本表统计范围为规模以上工业企业。表 7－7 同。
The data in this table refer to state－owned industrial enterprises and non－state－owned industrial enterprises with annual sales income over 5 million yuan. The same for table 7－7.

7-7 按行业分的规模以上工业企业主要经济效益指标(2012年)
Main Economic Beneficial Indicators of Industrial Enterprises Above Designated Size by Sector(2012)

行业	Sector	每百元固定资产原值实现利税(元) Pre tax Profits per 100 Yuan Original Value of Fixed Assets(yuan)	每百元主营业务收入实现利税(元) Pre tax Profits per 100 Yuan Revenues in Main Business (yuan)	产品销售率(%) Rate of Production Sold (%)	出口交货值占工业销售(%) Export delivery value of the proportion of total sales value(%)	新产品产值率(%) New product ratio (%)
总计	**Total**	**23.50**	**9.22**	**97.45**	**19.04**	**22.98**
按登记注册类型分	**by Registered Type**					
#国有	#State - owned	19.37	15.34	99.80	0.83	2.45
集体	Collective owned	39.74	11.73	99.98	3.84	10.05
私营	Private	27.84	7.85	96.89	19.00	22.36
港澳台商投资	Enterprises Funded by Entrepreneurs From Hong Kong,Macao and Taiwan	26.39	9.33	97.15	25.00	25.76
外商投资	Foreign Funded Enterprises	20.93	8.76	97.57	33.08	21.96
在总计中:轻工业	Light Industry	27.73	9.76	97.11	26.40	23.49
重工业	Heavy Industry	21.19	8.87	97.67	14.30	22.65
按工业行业分	**By Sector**					
煤炭开采和洗选业	Coal Mining and Dressing	10.46	3.71	96.11		
黑色金属矿采选业	Ferrous Metals Mining and Dressing	22.73	9.22	106.77		
有色金属矿采选业	Nonferrous Metals Mining and Dressing	114.99	21.58	99.80	0.01	1.56
非金属矿采选业	Nonmetal Minerals Mining and Dressing	42.04	13.30	98.87	0.49	3.90
农副食品加工业	Non - staple Food Processing	24.46	5.18	98.18	15.58	10.53
食品制造业	Food Manufacturing	42.98	14.50	97.22	16.76	19.47
酒、饮料和精制茶制造业	Wine, Soft Drinks and Refined Tea Manufacturing	32.91	17.33	97.31	7.65	12.72
烟草制品业	Tobacco Processing	323.78	86.70	99.03	0.77	3.63
纺织业	Textile Industry	19.08	7.47	97.32	21.25	20.25
纺织服装、服饰业	Garments and Apparel Industry	32.32	9.49	97.48	46.06	20.92
皮革、毛皮、羽毛及其制品和制鞋业	Leather,Furs,Down and Related Production,Shoes Manufacturing	42.50	8.74	97.76	41.66	21.33
木材加工和木、竹、藤、棕、草制品业	Timber Processing,Bamboo,Cane Palm Fiber and Straw Production	38.44	8.93	97.47	20.12	23.26
家具制造业	Furniture Manufacturing	25.99	8.38	96.14	57.04	25.18
造纸和纸制品业	Papermaking and Paper Production	14.16	7.91	97.84	5.72	14.92
印刷和记录媒介复制业	Printing and Record Medium Reproduction	17.22	9.93	98.07	11.37	19.53
文教、工美、体育和娱乐用品制造业	Cultural and Educational,Arts and Crafts,Sports and Entertainment Goods	30.68	8.02	97.00	46.06	24.67

续表 Continued

行业	Sector	每百元固定资产原值实现利税(元) Pre tax Profits per 100 Yuan Original Value of Fixed Assets(yuan)	每百元主营业务收入实现利税(元) Pre tax Profits per 100 Yuan Revenues in Main Business (yuan)	产品销售率(%) Rate of Production Sold (%)	出口交货值占工业销售(%) Export delivery value of the proportion of total sales value(%)	新产品产值率(%) New product ratio (%)
石油加工、炼焦和核燃料加工业	Petroleum Processing, Coking and Nuclear Fuel Processing	69.85	15.28	98.98	0.04	1.89
化学原料和化学制品制造业	Raw Chemical Materials and Chemical Production	22.01	8.10	97.69	9.53	25.32
医药制造业	Medical and Pharmaceutical Production	40.99	17.52	91.45	29.04	33.43
化学纤维制造业	Chemical Fiber	14.65	4.89	97.47	4.70	31.27
橡胶和塑料制品业	Rubber and Plastic Production	24.31	8.12	99.79	19.75	21.60
非金属矿物制品业	Nonmetal Mineral Production	19.46	10.73	97.54	6.52	14.99
黑色金属冶炼和压延加工业	Smelting and Pressing of Ferrous Metals	12.81	4.19	97.32	4.56	20.63
有色金属冶炼和压延加工业	Smelting and Pressing of Nonferrous Metals	38.74	4.96	97.63	5.46	18.40
金属制品业	Metal Production	28.75	8.16	96.52	26.20	21.86
通用设备制造业	Equipment in Common Use	32.62	10.31	96.96	24.05	30.92
专用设备制造业	Special Purpose Equipment	29.90	10.68	96.54	21.40	35.08
汽车制造业	Automotive Manufacturing	32.75	8.82	97.77	18.51	35.00
铁路、船舶、航空航天和其他运输设备制造业	Railway, Shipbuilding, Aerospace and other Transport Equipment	7.83	4.04	96.05	48.00	23.40
电气机械和器材制造业	Electric Equipment and Machinery	31.63	7.90	97.38	26.01	33.89
计算机、通信和其他电子设备制造业	Computers, Communications and Other Electronic Equipment Manufacturing	36.08	11.47	94.74	39.87	38.36
仪器仪表制造业	Instruments Manufacturing	39.68	13.01	96.27	22.57	43.10
其他制造业	Other Manufacturing	21.68	7.79	93.78	38.35	22.94
废弃资源综合利用业	Comprehensive Utilization of Waste Resources	62.07	4.10	97.33		7.44
金属制品、机械和设备修理业	Metal Products, Machinery and Equipment Repair Industry	7.41	6.73	99.70	30.62	0.06
电力、热力生产和供应业	Production and Supply of Electricity and Heating Power	9.32	10.91	99.75	0.02	0.48
燃气生产和供应业	Production and Supply of Gas	16.14	10.25	99.77		1.77
水的生产和供应业	Production and Supply of Water	1.75	7.37	98.39	1.68	0.80

7-8 按行业分的国有及国有控股工业企业主要指标(2012年)
Main Indicators of State-owned and State Holding Industrial Enterprises by Sector(2012)

单位:亿元(100 million yuan)

行业	Sector	企业单位数(个) Number of Enterprises (unit)	#亏损企业(个) Loss (unit)	工业总产值 Gross Industrial Output Value	出口交货值 Export Delivery value
总计	**Total**	**645**	**103**	**8384.48**	**283.88**
按登记注册类型分	**by Registered Type**				
#国有	#State-owned	228	35	3831.55	31.60
集体	Collective owned				
私营	Private				
港澳台商投资	Enterprises Funded by Entrepreneurs From Hong Kong, Macao and Taiwan	24	2	629.30	2.18
外商投资	Foreign Funded Enterprises	42	5	535.00	81.90
在总计中:轻工业	Light Industry	191	40	808.32	71.88
重工业	Heavy Industry	454	63	7576.16	212.00
按工业行业分	**By Sector**				
煤炭开采和洗选业	Coal Mining and Dressing	1		7.56	
黑色金属矿采选业	Ferrous Metals Mining and Dressing	2		8.55	
有色金属矿采选业	Nonferrous Metals Mining and Dressing	1		1.51	
非金属矿采选业	Nonmetal Minerals Mining and Dressing	9	1	8.05	0.04
农副食品加工业	Non-staple Food Processing	16	2	34.33	7.15
食品制造业	Food Manufacturing	11	2	14.65	2.06
酒、饮料和精制茶制造业	Wine, Soft Drinks and Refined Tea Manufacturing	8	1	21.34	0.65
烟草制品业	Tobacco Processing	2		352.56	2.69
纺织业	Textile Industry	11	2	32.39	3.66
纺织服装、服饰业	Garments and Apparel Industry	9	1	3.49	0.23
皮革、毛皮、羽毛及其制品和制鞋业	Leather, Furs, Down and Related Production, Shoes Manufacturing	4	1	3.23	0.52
木材加工和木、竹、藤、棕、草制品业	Timber Processing, Bamboo, Cane Palm Fiber and Straw Production				
家具制造业	Furniture Manufacturing				
造纸和纸制品业	Papermaking and Paper Production	1		0.41	
印刷和记录媒介复制业	Printing and Record Medium Reproduction	17	1	22.10	0.10
文教、工美、体育和娱乐用品制造业	Cultural and Educational, Arts and Crafts, Sports and Entertainment Goods	3		2.74	0.47

续表 1 Continued

单位:亿元(100 million yuan)

行业	Sector	企业单位数(个) Number of Enterprises (unit)	#亏损企业(个) Loss (unit)	工业总产值 Gross Industrial Output Value	出口交货值 Export Delivery value
石油加工、炼焦和核燃料加工业	Petroleum Processing, Coking and Nuclear Fuel Processing	5	2	1589.01	0.61
化学原料和化学制品制造业	Raw Chemical Materials and Chemical Production	40	5	562.44	22.71
医药制造业	Medical and Pharmaceutical Production	15	3	108.34	43.70
化学纤维制造业	Chemical Fiber	3	1	15.45	0.17
橡胶和塑料制品业	Rubber and Plastic Production	7	1	245.86	60.39
非金属矿物制品业	Nonmetal Mineral Production	72	3	237.79	17.44
黑色金属冶炼和压延加工业	Smelting and Pressing of Ferrous Metals	12	6	393.75	12.40
有色金属冶炼和压延加工业	Smelting and Pressing of Nonferrous Metals	7	1	117.14	
金属制品业	Metal Production	16	3	40.34	5.28
通用设备制造业	Equipment in Common Use	36	5	164.19	22.39
专用设备制造业	Special Purpose Equipment	10	3	27.77	9.42
汽车制造业	Automotive Manufacturing	6	1	109.23	9.69
铁路、船舶、航空航天和其他运输设备制造业	Railway, Shipbuilding, Aerospace and other Transport Equipment	11	1	125.65	37.79
电气机械和器材制造业	Electric Equipment and Machinery	17	3	50.02	1.62
计算机、通信和其他电子设备制造业	Computers, Communications and Other Electronic Equipment Manufacturing	22	4	83.22	20.56
仪器仪表制造业	Instruments Manufacturing	9	2	8.23	0.05
其他制造业	Other Manufacturing	4	1	25.05	
废弃资源综合利用业	Comprehensive Utilization of Waste Resources	3	1	7.45	
金属制品、机械和设备修理业	Metal Products, Machinery and Equipment Repair Industry	3	2	4.31	0.05
电力、热力的生产和供应业	Production and Supply of Electricity and Heating Power	149	11	3708.24	
燃气生产和供应业	Production and Supply of Gas	13	1	135.13	
水的生产和供应业	Production and Supply of Water	90	32	112.99	2.05

续表 2 Continued 单位:亿元(100 million yuan)

行业	Sector	资产总计 Total Assets	流动资产合计 Circulating Funds	固定资产合计 Fixed Assets	固定资产原价 Original Value of Fixed Assets
总计	**Total**	**8138.12**	**2612.92**	**4073.74**	**6654.89**
按登记注册类型分	**by Registered Type**				
#国有	#State - owned	3258.69	910.52	1714.41	3022.80
集体	Collective owned				
私营	Private				
港澳台商投资	Enterprises Funded by Entrepreneurs From Hong Kong, Macao and Taiwan	304.15	143.36	102.20	126.75
外商投资	Foreign Funded Enterprises	486.01	200.09	240.42	396.91
在总计中:轻工业	Light Industry	1561.82	746.12	517.21	715.19
重工业	Heavy Industry	6576.30	1866.81	3556.53	5939.70
按工业行业分	**By Sector**				
煤炭开采和洗选业	Coal Mining and Dressing	14.43	7.17	7.26	8.59
黑色金属矿采选业	Ferrous Metals Mining and Dressing	14.01	8.07	2.85	5.23
有色金属矿采选业	Nonferrous Metals Mining and Dressing	1.93	0.69	1.24	1.31
非金属矿采选业	Nonmetal Minerals Mining and Dressing	18.49	8.96	4.29	7.24
农副食品加工业	Non - staple Food Processing	26.73	18.74	6.34	12.73
食品制造业	Food Manufacturing	14.23	9.74	2.83	4.49
酒、饮料和精制茶制造业	Wine, Soft Drinks and Refined Tea Manufacturing	80.77	38.62	15.61	22.16
烟草制品业	Tobacco Processing	315.32	221.47	52.10	91.98
纺织业	Textile Industry	38.89	21.91	9.29	13.33
纺织服装、服饰业	Garments and Apparel Industry	5.73	4.88	0.79	1.43
皮革、毛皮、羽毛及其制品和制鞋业	Leather, Furs, Down and Related Production, Shoes Manufacturing	13.47	10.64	2.80	1.93
木材加工和木、竹、藤、棕、草制品业	Timber Processing, Bamboo, Cane Palm Fiber and Straw Production				
家具制造业	Furniture Manufacturing				
造纸和纸制品业	Papermaking and Paper Production	0.19	0.17	0.02	0.07
印刷和记录媒介复制业	Printing and Record Medium Reproduction	29.16	16.59	9.47	16.58
文教、工美、体育和娱乐用品制造业	Cultural and Educational, Arts and Crafts, Sports and Entertainment Goods	1.37	1.00	0.30	0.32

续表 3 Continued

单位:亿元(100 million yuan)

行业	Sector	资产总计 Total Assets	流动资产合计 Circulating Funds	固定资产合计 Fixed Assets	固定资产原价 Original Value of Fixed Assets
石油加工、炼焦和核燃料加工业	Petroleum Processing,Coking and Nuclear Fuel Processing	478.58	221.25	249.66	355.79
化学原料和化学制品制造业	Raw Chemical Materials and Chemical Production	434.17	154.86	184.96	289.03
医药制造业	Medical and Pharmaceutical Production	253.01	110.68	78.97	84.39
化学纤维制造业	Chemical Fiber	40.56	23.66	11.84	24.00
橡胶和塑料制品业	Rubber and Plastic Production	175.46	95.06	51.09	70.55
非金属矿物制品业	Nonmetal Mineral Production	370.53	124.57	182.97	240.94
黑色金属冶炼和压延加工业	Smelting and Pressing of Ferrous Metals	461.27	194.74	209.46	318.62
有色金属冶炼和压延加工业	Smelting and Pressing of Nonferrous Metals	51.89	22.76	6.02	7.12
金属制品业	Metal Production	44.63	31.55	10.86	15.48
通用设备制造业	Equipment in Common Use	228.51	151.89	31.92	55.99
专用设备制造业	Special Purpose Equipment	40.52	30.05	4.22	6.44
汽车制造业	Automotive Manufacturing	174.67	68.31	49.89	49.38
铁路、船舶、航空航天和其他运输设备制造业	Railway, Shipbuilding, Aerospace and other Transport Equipment	130.79	64.51	41.89	61.82
电气机械和器材制造业	Electric Equipment and Machinery	73.89	46.36	9.49	13.32
计算机、通信和其他电子设备制造业	Computers, Communications and Other Electronic Equipment Manufacturing	128.77	87.29	10.45	27.76
仪器仪表制造业	Instruments Manufacturing	10.48	6.83	2.31	3.45
其他制造业	Other Manufacturing	58.19	17.83	23.52	26.49
废弃资源综合利用业	Comprehensive Utilization of Waste Resources	2.41	0.71	1.09	1.58
金属制品、机械和设备修理业	Metal Products,Machinery and Equipment Repair Industry	11.90	6.86	4.24	5.64
电力、热力的生产和供应业	Production and Supply of Electricity and Heating Power	3582.95	542.32	2351.26	4216.77
燃气生产和供应业	Production and Supply of Gas	123.38	33.43	75.81	93.71
水的生产和供应业	Production and Supply of Water	686.83	208.75	366.66	499.23

续表 4 Continued 单位:亿元(100 million yuan)

行业	Sector	固定资产净值 Net Value of fixed assets	年末负债合计 Total Liabilities	流动负债 Circulating Liabilities	长期负债 Long term Liabilities
总计	**Total**	**3760.29**	**4597.40**	**2966.15**	**1602.20**
按登记注册类型分	**by Registered Type**				
#国有	#State – owned	1613.73	1699.60	1102.23	590.28
集体	Collective owned				
私营	Private				
港澳台商投资	Enterprises Funded by Entrepreneurs From Hong Kong, Macao and Taiwan	88.87	181.53	140.22	41.29
外商投资	Foreign Funded Enterprises	222.88	260.74	220.07	40.17
在总计中:轻工业	Light Industry	418.16	701.70	436.99	248.43
重工业	Heavy Industry	3342.12	3895.69	2529.15	1353.77
按工业行业分	**By Sector**				
煤炭开采和洗选业	Coal Mining and Dressing	4.56	9.24	5.79	3.46
黑色金属矿采选业	Ferrous Metals Mining and Dressing	2.68	3.87	2.86	
有色金属矿采选业	Nonferrous Metals Mining and Dressing	0.65	0.59	0.51	0.08
非金属矿采选业	Nonmetal Minerals Mining and Dressing	4.28	17.22	13.08	4.14
农副食品加工业	Non – staple Food Processing	6.30	15.04	14.35	0.68
食品制造业	Food Manufacturing	2.64	8.24	7.35	0.72
酒、饮料和精制茶制造业	Wine, Soft Drinks and Refined Tea Manufacturing	12.42	30.68	20.57	10.10
烟草制品业	Tobacco Processing	52.10	54.82	53.88	0.94
纺织业	Textile Industry	7.75	22.22	18.72	3.40
纺织服装、服饰业	Garments and Apparel Industry	0.78	1.90	1.83	0.07
皮革、毛皮、羽毛及其制品和制鞋业	Leather, Furs, Down and Related Production, Shoes Manufacturing	-0.26	2.92	0.69	0.01
木材加工和木、竹、藤、棕、草制品业	Timber Processing, Bamboo, Cane Palm Fiber and Straw Production				
家具制造业	Furniture Manufacturing				
造纸和纸制品业	Papermaking and Paper Production	0.02	0.05	0.05	
印刷和记录媒介复制业	Printing and Record Medium Reproduction	9.38	15.62	15.56	0.05
文教、工美、体育和娱乐用品制造业	Cultural and Educational, Arts and Crafts, Sports and Entertainment Goods	0.29	0.66	0.65	

续表 5 Continued 单位:亿元(100 million yuan)

行业	Sector	固定资产净值 Net Value of fixed assets	年末负债合计 Total Liabilities	流动负债 Circulating Liabilities	长期负债 Long term Liabilities
石油加工、炼焦和核燃料加工业	Petroleum Processing,Coking and Nuclear Fuel Processing	191.22	269.94	268.64	1.30
化学原料和化学制品制造业	Raw Chemical Materials and Chemical Production	183.23	226.52	164.96	58.17
医药制造业	Medical and Pharmaceutical Production	51.03	86.63	50.10	36.53
化学纤维制造业	Chemical Fiber	10.63	25.70	24.89	0.81
橡胶和塑料制品业	Rubber and Plastic Production	36.10	121.88	104.23	17.66
非金属矿物制品业	Nonmetal Mineral Production	168.98	198.45	151.68	45.65
黑色金属冶炼和压延加工业	Smelting and Pressing of Ferrous Metals	182.44	331.29	293.42	37.77
有色金属冶炼和压延加工业	Smelting and Pressing of Nonferrous Metals	4.25	28.54	26.54	2.00
金属制品业	Metal Production	9.33	28.58	27.30	0.78
通用设备制造业	Equipment in Common Use	30.07	111.58	105.53	5.70
专用设备制造业	Special Purpose Equipment	3.07	25.82	25.31	0.46
汽车制造业	Automotive Manufacturing	37.35	119.06	82.40	36.66
铁路、船舶、航空航天和其他运输设备制造业	Railway, Shipbuilding, Aerospace and other Transport Equipment	41.85	83.95	63.92	20.03
电气机械和器材制造业	Electric Equipment and Machinery	9.44	50.96	46.05	4.91
计算机、通信和其他电子设备制造业	Computers, Communications and Other Electronic Equipment Manufacturing	12.04	67.28	58.47	8.81
仪器仪表制造业	Instruments Manufacturing	2.26	5.22	4.75	0.26
其他制造业	Other Manufacturing	23.38	42.19	11.71	30.48
废弃资源综合利用业	Comprehensive Utilization of Waste Resources	1.09	1.18	0.56	0.13
金属制品、机械和设备修理业	Metal Products,Machinery and Equipment Repair Industry	4.24	6.38	6.26	0.12
电力、热力的生产和供应业	Production and Supply of Electricity and Heating Power	2299.80	2101.70	1054.73	1042.24
燃气生产和供应业	Production and Supply of Gas	59.87	73.03	40.89	32.14
水的生产和供应业	Production and Supply of Water	295.02	408.43	197.90	195.97

续表 6 Continued

单位:亿元(100 million yuan)

行业	Sector	年末所有者权益合计 Creditors′ Equity	实收资本 Total Capital Hold	主营业务收入 Revenues in Main Business	主营业务成本 Costs in Main Business
总计	**Total**	**3541.00**	**1607.88**	**8479.78**	**7233.91**
按登记注册类型分	**by Registered Type**				
#国有	#State – owned	1559.40	364.03	3817.01	3257.87
集体	Collective owned				
私营	Private				
港澳台商投资	Enterprises Funded by Entrepreneurs From Hong Kong, Macao and Taiwan	122.61	89.64	613.99	549.82
外商投资	Foreign Funded Enterprises	225.24	157.54	568.37	473.31
在总计中:轻工业	Light Industry	860.17	245.07	828.69	433.84
重工业	Heavy Industry	2680.83	1362.81	7651.09	6800.07
按工业行业分	**By Sector**				
煤炭开采和洗选业	Coal Mining and Dressing	5.18	3.35	23.82	21.54
黑色金属矿采选业	Ferrous Metals Mining and Dressing	10.15	1.58	8.54	6.77
有色金属矿采选业	Nonferrous Metals Mining and Dressing	1.34	0.49	1.53	0.97
非金属矿采选业	Nonmetal Minerals Mining and Dressing	1.27	3.73	8.37	5.69
农副食品加工业	Non – staple Food Processing	11.69	4.44	33.51	30.56
食品制造业	Food Manufacturing	5.96	3.04	13.13	9.89
酒、饮料和精制茶制造业	Wine, Soft Drinks and Refined Tea Manufacturing	50.08	7.14	23.69	15.33
烟草制品业	Tobacco Processing	260.50	9.76	346.01	64.48
纺织业	Textile Industry	16.66	4.25	34.62	30.29
纺织服装、服饰业	Garments and Apparel Industry	3.83	0.88	3.52	1.92
皮革、毛皮、羽毛及其制品和制鞋业	Leather, Furs, Down and Related Production, Shoes Manufacturing	10.65	0.86	3.44	2.36
木材加工和木、竹、藤、棕、草制品业	Timber Processing, Bamboo, Cane Palm Fiber and Straw Production				
家具制造业	Furniture Manufacturing				
造纸和纸制品业	Papermaking and Paper Production	0.14	0.02	0.41	0.33
印刷和记录媒介复制业	Printing and Record Medium Reproduction	13.54	5.77	26.69	21.05
文教、工美、体育和娱乐用品制造业	Cultural and Educational, Arts and Crafts, Sports and Entertainment Goods	0.72	0.44	2.89	2.71

续表 7 Continued 单位:亿元(100 million yuan)

行业	Sector	年末所有者权益合计 Creditors′ Equity	实收资本 Total Capital Hold	主营业务收入 Revenues in Main Business	主营业务成本 Costs in Main Business
石油加工、炼焦和核燃料加工业	Petroleum Processing, Coking and Nuclear Fuel Processing	208.64	216.79	1610.90	1411.62
化学原料和化学制品制造业	Raw Chemical Materials and Chemical Production	207.64	73.91	595.21	513.80
医药制造业	Medical and Pharmaceutical Production	166.38	23.14	120.69	69.55
化学纤维制造业	Chemical Fiber	14.86	12.00	20.26	18.93
橡胶和塑料制品业	Rubber and Plastic Production	53.58	10.60	278.78	249.04
非金属矿物制品业	Nonmetal Mineral Production	172.08	104.17	233.24	188.77
黑色金属冶炼和压延加工业	Smelting and Pressing of Ferrous Metals	129.97	103.57	395.97	383.08
有色金属冶炼和压延加工业	Smelting and Pressing of Nonferrous Metals	23.35	3.46	111.82	102.40
金属制品业	Metal Production	16.05	8.12	40.19	34.73
通用设备制造业	Equipment in Common Use	116.93	34.31	169.70	134.54
专用设备制造业	Special Purpose Equipment	14.71	5.56	28.66	25.00
汽车制造业	Automotive Manufacturing	55.61	63.89	109.89	88.08
铁路、船舶、航空航天和其他运输设备制造业	Railway, Shipbuilding, Aerospace and other Transport Equipment	46.85	8.66	101.01	88.94
电气机械和器材制造业	Electric Equipment and Machinery	22.92	9.80	46.24	38.99
计算机、通信和其他电子设备制造业	Computers, Communications and Other Electronic Equipment Manufacturing	61.49	35.11	97.07	85.29
仪器仪表制造业	Instruments Manufacturing	5.27	3.03	7.91	6.15
其他制造业	Other Manufacturing	15.99	15.96	26.69	24.44
废弃资源综合利用业	Comprehensive Utilization of Waste Resources	1.46	0.57	7.45	6.33
金属制品、机械和设备修理业	Metal Products, Machinery and Equipment Repair Industry	5.52	4.90	4.28	3.71
电力、热力的生产和供应业	Production and Supply of Electricity and Heating Power	1481.25	622.45	3690.99	3330.88
燃气生产和供应业	Production and Supply of Gas	50.35	28.08	137.83	123.61
水的生产和供应业	Production and Supply of Water	278.39	174.07	114.78	92.13

续表 8 Continued 单位:亿元(100 million yuan)

行业	Sector	主营业务税金及附加 Sales Taxes and Extra Charges in Main Business	利润总额 Total Profits	利税总额 Total Profits and Taxes	本年应交增值税 Value Added Taxes Payable	全部从业人员年平均人数(万人) Average Number of Employed Persons (10000 persons)
总计	**Total**	**417.51**	**449.01**	**1214.16**	**347.63**	**31.78**
按登记注册类型分	**by Registered Type**					
#国有	#State - owned	241.50	172.03	585.50	171.97	11.50
集体	Collective owned					
私营	Private					
港澳台商投资	Enterprises Funded by Entrepreneurs From Hong Kong, Macao and Taiwan	39.16	11.60	93.91	43.15	0.82
外商投资	Foreign Funded Enterprises	3.27	42.09	62.03	16.66	3.14
在总计中:轻工业	Light Industry	224.49	79.98	371.20	66.74	8.38
重工业	Heavy Industry	193.02	369.03	842.95	280.90	23.40
按工业行业分	**By Sector**					
煤炭开采和洗选业	Coal Mining and Dressing	0.09	0.26	0.87	0.53	0.23
黑色金属矿采选业	Ferrous Metals Mining and Dressing	0.12	0.37	0.88	0.40	0.12
有色金属矿采选业	Nonferrous Metals Mining and Dressing	0.03	0.08	0.27	0.16	0.06
非金属矿采选业	Nonmetal Minerals Mining and Dressing	0.39	0.64	1.62	0.59	0.32
农副食品加工业	Non - staple Food Processing	0.07	1.40	1.69	0.22	0.55
食品制造业	Food Manufacturing	0.08	4.07	4.69	0.55	0.38
酒、饮料和精制茶制造业	Wine, Soft Drinks and Refined Tea Manufacturing	1.63	2.40	6.18	2.14	0.58
烟草制品业	Tobacco Processing	218.84	34.92	300.76	47.00	0.34
纺织业	Textile Industry	0.11	1.26	2.23	0.86	0.55
纺织服装、服饰业	Garments and Apparel Industry	0.05	0.57	0.99	0.37	0.12
皮革、毛皮、羽毛及其制品和制鞋业	Leather, Furs, Down and Related Production, Shoes Manufacturing	0.04	0.47	0.98	0.47	0.21
木材加工和木、竹、藤、棕、草制品业	Timber Processing, Bamboo, Cane Palm Fiber and Straw Production					
家具制造业	Furniture Manufacturing					
造纸和纸制品业	Papermaking and Paper Production		0.02	0.04	0.02	0.01
印刷和记录媒介复制业	Printing and Record Medium Reproduction	0.32	3.55	4.36	0.49	0.34
文教、工美、体育和娱乐用品制造业	Cultural and Educational, Arts and Crafts, Sports and Entertainment Goods	0.07	0.06	0.14	0.01	0.02

续表 9　Continued　　单位:亿元(100 million yuan)

行业	Sector	主营业务税金及附加 Sales Taxes and Extra Charges in Main Business	利润总额 Total Profits	利税总额 Total Profits and Taxes	本年应交增值税 Value Added Taxes Payable	全部从业人员年平均人数(万人) Average Number of Employed Persons (10000 persons)
石油加工、炼焦和核燃料加工业	Petroleum Processing, Coking and Nuclear Fuel Processing	156.18	29.59	251.59	65.82	0.83
化学原料和化学制品制造业	Raw Chemical Materials and Chemical Production	5.27	47.06	70.35	18.01	2.73
医药制造业	Medical and Pharmaceutical Production	0.92	20.34	28.93	7.68	1.73
化学纤维制造业	Chemical Fiber	0.01	0.03	0.07	0.04	0.23
橡胶和塑料制品业	Rubber and Plastic Production	1.87	10.09	16.90	4.94	1.72
非金属矿物制品业	Nonmetal Mineral Production	1.31	25.51	38.70	11.89	2.25
黑色金属冶炼和压延加工业	Smelting and Pressing of Ferrous Metals	0.90	-5.66	0.91	5.67	1.51
有色金属冶炼和压延加工业	Smelting and Pressing of Nonferrous Metals	0.15	7.87	8.39	0.38	0.22
金属制品业	Metal Production	0.12	1.56	2.50	0.82	0.36
通用设备制造业	Equipment in Common Use	0.89	19.62	26.53	6.01	1.87
专用设备制造业	Special Purpose Equipment	0.10	0.09	0.89	0.70	0.46
汽车制造业	Automotive Manufacturing	6.44	1.98	11.79	3.37	0.81
铁路、船舶、航空航天和其他运输设备制造业	Railway, Shipbuilding, Aerospace and other Transport Equipment	1.24	5.53	8.10	1.33	1.45
电气机械和器材制造业	Electric Equipment and Machinery	0.18	2.11	3.27	0.98	0.49
计算机、通信和其他电子设备制造业	Computers, Communications and Other Electronic Equipment Manufacturing	0.53	6.13	8.33	1.67	1.04
仪器仪表制造业	Instruments Manufacturing	0.10	0.15	0.58	0.34	0.18
其他制造业	Other Manufacturing	0.15	0.41	0.86	0.31	0.10
废弃资源综合利用业	Comprehensive Utilization of Waste Resources	0.03	0.81	1.09	0.25	0.03
金属制品、机械和设备修理业	Metal Products, Machinery and Equipment Repair Industry	0.01		0.13	0.11	0.10
电力、热力的生产和供应业	Production and Supply of Electricity and Heating Power	18.09	215.26	388.87	155.52	7.36
燃气生产和供应业	Production and Supply of Gas	0.45	8.13	11.75	3.17	0.32
水的生产和供应业	Production and Supply of Water	0.75	2.34	7.93	4.84	2.17

7-9 按行业分的国有及国有控股工业企业主要经济效益指标(2012年)
Main Economic Beneficial Indicators of State-owned and State Holding Industrial Enterprises by Sector(2012)

行业	Sector	每百元固定资产原值实现利税(元) Pre tax Profits per 100 Yuan Original Value of Fixed Assets(yuan)	每百元主营业务收入实现利税(元) Pre tax Profits per 100 Yuan Revenues in Main Business (yuan)	产品销售率(%) Rate of Production Sold (%)	出口交货值占工业销售(%) Export delivery value of the proportion of total sales value(%)	新产品产值率(%) New product ratio (%)
总计	**Total**	**18.24**	**14.32**	**99.81**	**3.39**	**8.99**
按登记注册类型分	**by Registered Type**					
#国有	#State-owned	19.37	15.34	99.80	0.83	2.45
集体	Collective owned					
私营	Private					
港澳台商投资	Enterprises Funded by Entrepreneurs From Hong Kong, Macao and Taiwan	74.09	15.30	98.30	0.35	11.86
外商投资	Foreign Funded Enterprises	15.63	10.91	109.01	14.04	16.85
在总计中:轻工业	Light Industry	51.90	44.79	97.84	9.09	17.61
重工业	Heavy Industry	14.19	11.02	100.02	2.80	8.07
按工业行业分	**By Sector**					
煤炭开采和洗选业	Coal Mining and Dressing	10.17	3.67	95.84		
黑色金属矿采选业	Ferrous Metals Mining and Dressing	16.90	10.34	98.59		
有色金属矿采选业	Nonferrous Metals Mining and Dressing	20.58	17.66	100.11		
非金属矿采选业	Nonmetal Minerals Mining and Dressing	22.33	19.29	103.36	0.52	37.43
农副食品加工业	Non-staple Food Processing	13.28	5.04	99.20	21.01	6.41
食品制造业	Food Manufacturing	104.58	35.74	93.69	15.01	18.28
酒、饮料和精制茶制造业	Wine, Soft Drinks and Refined Tea Manufacturing	27.88	26.08	101.60	2.98	11.87
烟草制品业	Tobacco Processing	327.00	86.92	99.02	0.77	3.60
纺织业	Textile Industry	16.75	6.45	97.69	11.56	22.39
纺织服装、服饰业	Garments and Apparel Industry	69.27	28.05	98.13	6.62	
皮革、毛皮、羽毛及其制品和制鞋业	Leather, Furs, Down and Related Production, Shoes Manufacturing	50.69	28.49	102.35	15.81	16.55
木材加工和木、竹、藤、棕、草制品业	Timber Processing, Bamboo, Cane Palm Fiber and Straw Production					
家具制造业	Furniture Manufacturing					
造纸和纸制品业	Papermaking and Paper Production	60.43	10.23	100.00		
印刷和记录媒介复制业	Printing and Record Medium Reproduction	26.26	16.32	98.34	0.44	3.12
文教、工美、体育和娱乐用品制造业	Cultural and Educational, Arts and Crafts, Sports and Entertainment Goods	43.70	4.85	94.75	18.11	21.54

续表 Continued

行业	Sector	每百元固定资产原值实现利税(元) Pre tax Profits per 100 Yuan Original Value of Fixed Assets(yuan)	每百元主营业务收入实现利税(元) Pre tax Profits per 100 Yuan Revenues in Main Business (yuan)	产品销售率(%) Rate of Production Sold (%)	出口交货值占工业销售(%) Export delivery value of the proportion of total sales value(%)	新产品产值率(%) New product ratio (%)
石油加工、炼焦和核燃料加工业	Petroleum Processing,Coking and Nuclear Fuel Processing	70.71	15.62	98.95	0.04	1.74
化学原料和化学制品制造业	Raw Chemical Materials and Chemical Production	24.34	11.82	95.94	4.21	25.95
医药制造业	Medical and Pharmaceutical Production	34.28	23.97	95.28	42.33	55.76
化学纤维制造业	Chemical Fiber	0.31	0.37	91.58	1.23	26.94
橡胶和塑料制品业	Rubber and Plastic Production	23.95	6.06	121.46	20.22	22.41
非金属矿物制品业	Nonmetal Mineral Production	16.06	16.59	98.63	7.43	10.66
黑色金属冶炼和压延加工业	Smelting and Pressing of Ferrous Metals	0.29	0.23	98.75	3.19	14.32
有色金属冶炼和压延加工业	Smelting and Pressing of Nonferrous Metals	117.83	7.50	99.05		25.57
金属制品业	Metal Production	16.14	6.21	103.89	12.60	39.53
通用设备制造业	Equipment in Common Use	47.38	15.63	101.42	13.45	58.13
专用设备制造业	Special Purpose Equipment	13.83	3.11	105.43	32.17	39.28
汽车制造业	Automotive Manufacturing	23.87	10.72	101.14	8.77	63.20
铁路、船舶、航空航天和其他运输设备制造业	Railway, Shipbuilding, Aerospace and other Transport Equipment	13.10	8.02	98.37	30.58	29.80
电气机械和器材制造业	Electric Equipment and Machinery	24.54	7.07	94.51	3.43	49.33
计算机、通信和其他电子设备制造业	Computers, Communications and Other Electronic Equipment Manufacturing	30.02	8.58	97.86	25.25	64.63
仪器仪表制造业	Instruments Manufacturing	16.93	7.38	97.39	0.64	25.43
其他制造业	Other Manufacturing	3.26	3.23	92.85		0.40
废弃资源综合利用业	Comprehensive Utilization of Waste Resources	69.03	14.67	100.00		
金属制品、机械和设备修理业	Metal Products,Machinery and Equipment Repair Industry	2.22	2.93	99.46	1.09	0.95
电力、热力生产和供应业	Production and Supply of Electricity and Heating Power	9.22	10.54	99.90		0.18
燃气生产和供应业	Production and Supply of Gas	12.54	8.52	99.76		
水的生产和供应业	Production and Supply of Water	1.59	6.91	98.46	1.84	0.11

7-10 按行业分的规模以上私营工业企业主要指标(2012 年)
Main Indicators of Private Industrial Enterprises Above Designated Size by Sector(2012)

单位:亿元(100 million yuan)

行业	Sector	企业单位数(个) Number of Enterprises (unit)	#亏损企业(个) Loss (unit)	工业总产值 Gross Industrial Output Value	出口交货值 Export Delivery value
总计	**Total**	**23959**	**2417**	**24384.66**	**4488.17**
按登记注册类型分	**by Registered Type**				
#国有	#State - owned				
集体	Collective owned				
私营	Private	23959	2417	24384.66	4488.17
港澳台商投资	Enterprises Funded by Entrepreneurs From Hong Kong, Macao and Taiwan				
外商投资	Foreign Funded Enterprises				
在总计中:轻工业	Light Industry	12242	1213	11314.94	2785.24
重工业	Heavy Industry	11717	1204	13069.72	1702.92
按工业行业分	**By Sector**				
煤炭开采和洗选业	Coal Mining and Dressing	1		0.75	
黑色金属矿采选业	Ferrous Metals Mining and Dressing	3		6.22	
有色金属矿采选业	Nonferrous Metals Mining and Dressing	18	1	27.35	
非金属矿采选业	Nonmetal Minerals Mining and Dressing	82	11	49.51	0.23
农副食品加工业	Non - staple Food Processing	536	39	506.45	77.37
食品制造业	Food Manufacturing	186	21	167.96	36.62
酒、饮料和精制茶制造业	Wine, Soft Drinks and Refined Tea Manufacturing	125	4	141.50	22.28
烟草制品业	Tobacco Processing				
纺织业	Textile Industry	3499	336	3549.76	653.02
纺织服装、服饰业	Garments and Apparel Industry	1391	175	1027.64	388.95
皮革、毛皮、羽毛及其制品和制鞋业	Leather, Furs, Down and Related Production, Shoes Manufacturing	1183	73	812.89	313.30
木材加工和木、竹、藤、棕、草制品业	Timber Processing, Bamboo, Cane Palm Fiber and Straw Production	359	17	276.48	42.69
家具制造业	Furniture Manufacturing	406	38	319.83	168.78
造纸和纸制品业	Papermaking and Paper Production	658	86	559.23	12.08
印刷和记录媒介复制业	Printing and Record Medium Reproduction	278	35	152.04	9.09
文教、工美、体育和娱乐用品制造业	Cultural and Educational, Arts and Crafts, Sports and Entertainment Goods	697	51	565.04	223.28

续表 1 Continued 单位:亿元(100 million yuan)

行业	Sector	企业单位数(个) Number of Enterprises (unit)	#亏损企业(个) Loss (unit)	工业总产值 Gross Industrial Output Value	出口交货值 Export Delivery value
石油加工、炼焦和核燃料加工业	Petroleum Processing, Coking and Nuclear Fuel Processing	29	5	44.23	0.06
化学原料和化学制品制造业	Raw Chemical Materials and Chemical Production	867	108	1176.43	108.79
医药制造业	Medical and Pharmaceutical Production	158	18	164.94	25.02
化学纤维制造业	Chemical Fiber	354	50	789.40	24.37
橡胶和塑料制品业	Rubber and Plastic Production	1494	122	1400.11	237.62
非金属矿物制品业	Nonmetal Mineral Production	908	120	849.66	54.73
黑色金属冶炼和压延加工业	Smelting and Pressing of Ferrous Metals	756	96	1147.73	45.52
有色金属冶炼和压延加工业	Smelting and Pressing of Nonferrous Metals	505	71	1012.70	20.88
金属制品业	Metal Production	1630	144	1465.86	350.41
通用设备制造业	Equipment in Common Use	2237	190	1938.20	408.66
专用设备制造业	Special Purpose Equipment	853	70	566.66	90.91
汽车制造业	Automotive Manufacturing	868	67	1622.65	281.43
铁路、船舶、航空航天和其他运输设备制造业	Railway, Shipbuilding, Aerospace and other Transport Equipment	393	71	434.56	88.60
电气机械和器材制造业	Electric Equipment and Machinery	2219	242	2386.97	561.70
计算机、通信和其他电子设备制造业	Computers, Communications and Other Electronic Equipment Manufacturing	546	59	494.57	119.57
仪器仪表制造业	Instruments Manufacturing	330	21	311.70	57.39
其他制造业	Other Manufacturing	204	21	149.77	57.66
废弃资源综合利用业	Comprehensive Utilization of Waste Resources	93	39	172.56	
金属制品、机械和设备修理业	Metal Products, Machinery and Equipment Repair Industry	31	7	30.93	6.62
电力、热力的生产和供应业	Production and Supply of Electricity and Heating Power	43	5	47.84	0.53
燃气生产和供应业	Production and Supply of Gas	14	1	12.20	
水的生产和供应业	Production and Supply of Water	5	3	2.34	

续表 2 Continued 单位:亿元(100 million yuan)

行业	Sector	资产总计 Total Assets	流动资产合计 Circulating Funds	固定资产合计 Fixed Assets	固定资产原价 Original Value of Fixed Assets
总计	**Total**	**21063.41**	**13474.69**	**4835.51**	**6665.31**
按登记注册类型分	**by Registered Type**				
#国有	#State – owned				
集体	Collective owned				
私营	Private	21063.41	13474.69	4835.51	6665.31
港澳台商投资	Enterprises Funded by Entrepreneurs From Hong Kong, Macao and Taiwan				
外商投资	Foreign Funded Enterprises				
在总计中:轻工业	Light Industry	9618.31	6153.33	2346.98	3261.48
重工业	Heavy Industry	11445.10	7321.36	2488.53	3403.83
按工业行业分	**By Sector**				
煤炭开采和洗选业	Coal Mining and Dressing	0.23	0.16	0.07	0.07
黑色金属矿采选业	Ferrous Metals Mining and Dressing	2.66	2.05	0.31	0.64
有色金属矿采选业	Nonferrous Metals Mining and Dressing	23.35	12.62	1.89	3.85
非金属矿采选业	Nonmetal Minerals Mining and Dressing	51.57	23.84	11.10	15.89
农副食品加工业	Non – staple Food Processing	345.77	219.03	88.79	103.40
食品制造业	Food Manufacturing	143.34	87.58	37.05	47.29
酒、饮料和精制茶制造业	Wine, Soft Drinks and Refined Tea Manufacturing	123.23	70.09	35.62	47.06
烟草制品业	Tobacco Processing				
纺织业	Textile Industry	2960.59	1829.44	817.13	1214.60
纺织服装、服饰业	Garments and Apparel Industry	879.48	588.96	197.73	256.76
皮革、毛皮、羽毛及其制品和制鞋业	Leather, Furs, Down and Related Production, Shoes Manufacturing	549.44	378.01	114.23	155.38
木材加工和木、竹、藤、棕、草制品业	Timber Processing, Bamboo, Cane Palm Fiber and Straw Production	174.92	108.45	47.07	58.15
家具制造业	Furniture Manufacturing	293.32	191.42	65.72	82.12
造纸和纸制品业	Papermaking and Paper Production	579.88	377.35	142.99	200.72
印刷和记录媒介复制业	Printing and Record Medium Reproduction	209.69	123.46	61.33	89.02
文教、工美、体育和娱乐用品制造业	Cultural and Educational, Arts and Crafts, Sports and Entertainment Goods	497.12	322.69	114.28	144.90

续表 3 Continued

单位:亿元(100 million yuan)

行业	Sector	资产总计 Total Assets	流动资产合计 Circulating Funds	固定资产合计 Fixed Assets	固定资产原价 Original Value of Fixed Assets
石油加工、炼焦和核燃料加工业	Petroleum Processing,Coking and Nuclear Fuel Processing	21.25	13.90	5.43	6.02
化学原料和化学制品制造业	Raw Chemical Materials and Chemical Production	1032.13	643.93	219.45	293.81
医药制造业	Medical and Pharmaceutical Production	165.83	97.22	43.92	60.51
化学纤维制造业	Chemical Fiber	610.20	403.20	139.73	211.90
橡胶和塑料制品业	Rubber and Plastic Production	1092.50	709.74	262.40	382.87
非金属矿物制品业	Nonmetal Mineral Production	908.15	567.08	232.27	348.48
黑色金属冶炼和压延加工业	Smelting and Pressing of Ferrous Metals	795.52	546.08	168.18	220.19
有色金属冶炼和压延加工业	Smelting and Pressing of Nonferrous Metals	627.68	466.07	103.17	134.13
金属制品业	Metal Production	1298.69	864.50	301.07	378.88
通用设备制造业	Equipment in Common Use	1855.19	1200.52	402.15	548.55
专用设备制造业	Special Purpose Equipment	593.60	372.70	149.42	195.97
汽车制造业	Automotive Manufacturing	1354.71	724.65	234.30	344.27
铁路、船舶、航空航天和其他运输设备制造业	Railway, Shipbuilding, Aerospace and other Transport Equipment	523.91	321.76	147.33	178.41
电气机械和器材制造业	Electric Equipment and Machinery	2134.41	1433.91	411.56	549.33
计算机、通信和其他电子设备制造业	Computers, Communications and Other Electronic Equipment Manufacturing	549.43	366.26	106.17	143.09
仪器仪表制造业	Instruments Manufacturing	299.78	197.44	67.23	97.39
其他制造业	Other Manufacturing	121.97	75.63	25.67	35.45
废弃资源综合利用业	Comprehensive Utilization of Waste Resources	80.81	61.04	15.97	14.18
金属制品、机械和设备修理业	Metal Products,Machinery and Equipment Repair Industry	29.55	17.88	11.10	16.21
电力、热力的生产和供应业	Production and Supply of Electricity and Heating Power	101.03	34.25	45.29	74.38
燃气生产和供应业	Production and Supply of Gas	25.44	20.88	3.82	4.90
水的生产和供应业	Production and Supply of Water	7.06	0.9	4.53	6.54

续表 4 Continued 单位:亿元(100 million yuan)

行业	Sector	固定资产净值 Net Value of fixed assets	年末负债合计 Total Liabilities	流动负债 Circulating Liabilities	长期负债 Long term Liabilities
总计	**Total**	**4321.29**	**13820.37**	**12742.62**	**636.57**
按登记注册类型分	**by Registered Type**				
#国有	#State - owned				
集体	Collective owned				
私营	Private	4321.29	13820.37	12742.62	636.57
港澳台商投资	Enterprises Funded by Entrepreneurs From Hong Kong, Macao and Taiwan				
外商投资	Foreign Funded Enterprises				
在总计中:轻工业	Light Industry	2101.50	6363.21	5908.81	243.99
重工业	Heavy Industry	2219.79	7457.16	6833.80	392.59
按工业行业分	**By Sector**				
煤炭开采和洗选业	Coal Mining and Dressing	0.06	0.16	0.16	
黑色金属矿采选业	Ferrous Metals Mining and Dressing	0.30	1.73	1.51	0.23
有色金属矿采选业	Nonferrous Metals Mining and Dressing	1.36	14.68	14.08	0.42
非金属矿采选业	Nonmetal Minerals Mining and Dressing	10.11	33.90	30.31	2.12
农副食品加工业	Non - staple Food Processing	75.01	216.44	202.14	10.68
食品制造业	Food Manufacturing	33.02	82.50	74.54	5.42
酒、饮料和精制茶制造业	Wine, Soft Drinks and Refined Tea Manufacturing	33.08	84.98	76.81	5.33
烟草制品业	Tobacco Processing				
纺织业	Textile Industry	749.72	2028.18	1837.03	100.37
纺织服装、服饰业	Garments and Apparel Industry	166.86	531.75	505.65	9.54
皮革、毛皮、羽毛及其制品和制鞋业	Leather, Furs, Down and Related Production, Shoes Manufacturing	105.08	376.18	365.46	3.83
木材加工和木、竹、藤、棕、草制品业	Timber Processing, Bamboo, Cane Palm Fiber and Straw Production	42.62	103.88	93.78	6.41
家具制造业	Furniture Manufacturing	58.87	196.67	185.56	3.42
造纸和纸制品业	Papermaking and Paper Production	130.59	408.77	378.30	15.53
印刷和记录媒介复制业	Printing and Record Medium Reproduction	55.26	142.06	129.35	8.67
文教、工美、体育和娱乐用品制造业	Cultural and Educational, Arts and Crafts, Sports and Entertainment Goods	102.41	308.26	277.42	19.78

续表 5 Continued 单位:亿元(100 million yuan)

行业	Sector	固定资产净值 Net Value of fixed assets	年末负债合计 Total Liabilities	流动负债 Circulating Liabilities	长期负债 Long term Liabilities
石油加工、炼焦和核燃料加工业	Petroleum Processing, Coking and Nuclear Fuel Processing	4.28	14.86	14.21	0.62
化学原料和化学制品制造业	Raw Chemical Materials and Chemical Production	189.86	590.35	547.33	34.85
医药制造业	Medical and Pharmaceutical Production	37.18	96.38	88.34	7.01
化学纤维制造业	Chemical Fiber	124.39	429.47	398.47	17.73
橡胶和塑料制品业	Rubber and Plastic Production	230.98	720.47	669.87	24.65
非金属矿物制品业	Nonmetal Mineral Production	211.59	594.43	535.94	40.59
黑色金属冶炼和压延加工业	Smelting and Pressing of Ferrous Metals	150.19	567.24	516.88	15.61
有色金属冶炼和压延加工业	Smelting and Pressing of Nonferrous Metals	89.77	455.79	439.47	8.96
金属制品业	Metal Production	269.24	847.18	750.71	19.35
通用设备制造业	Equipment in Common Use	356.67	1181.36	1109.09	55.27
专用设备制造业	Special Purpose Equipment	133.60	361.75	344.57	12.44
汽车制造业	Automotive Manufacturing	214.11	876.68	745.29	124.52
铁路、船舶、航空航天和其他运输设备制造业	Railway, Shipbuilding, Aerospace and other Transport Equipment	129.86	367.68	354.94	10.55
电气机械和器材制造业	Electric Equipment and Machinery	365.20	1407.10	1336.24	32.38
计算机、通信和其他电子设备制造业	Computers, Communications and Other Electronic Equipment Manufacturing	93.80	351.55	329.53	13.30
仪器仪表制造业	Instruments Manufacturing	62.71	185.81	177.29	6.17
其他制造业	Other Manufacturing	22.79	81.86	80.29	0.84
废弃资源综合利用业	Comprehensive Utilization of Waste Resources	10.45	67.45	64.96	0.91
金属制品、机械和设备修理业	Metal Products, Machinery and Equipment Repair Industry	10.92	13.89	11.23	2.64
电力、热力的生产和供应业	Production and Supply of Electricity and Heating Power	41.31	64.34	44.48	13.73
燃气生产和供应业	Production and Supply of Gas	3.66	9.78	8.45	0.87
水的生产和供应业	Production and Supply of Water	4.43	4.79	2.95	1.84

续表 6 Continued 单位:亿元(100 million yuan)

行业	Sector	年末所有者权益合计 Creditors´ Equity	实收资本 Total Capital Hold	主营业务收入 Revenues in Main Business	主营业务成本 Costs in Main Business
总计	**Total**	**7214.04**	**3225.13**	**23629.71**	**20550.86**
按登记注册类型分	**by Registered Type**				
#国有	#State - owned				
集体	Collective owned				
私营	Private	7214.04	3225.13	23629.71	20550.86
港澳台商投资	Enterprises Funded by Entrepreneurs From Hong Kong, Macao and Taiwan				
外商投资	Foreign Funded Enterprises				
在总计中:轻工业	Light Industry	3237.92	1401.10	11007.32	9573.40
重工业	Heavy Industry	3976.12	1824.03	12622.39	10977.46
按工业行业分	**By Sector**				
煤炭开采和洗选业	Coal Mining and Dressing	0.07	0.05	0.63	0.61
黑色金属矿采选业	Ferrous Metals Mining and Dressing	0.93	0.56	6.20	5.52
有色金属矿采选业	Nonferrous Metals Mining and Dressing	8.67	2.96	26.77	19.96
非金属矿采选业	Nonmetal Minerals Mining and Dressing	16.92	11.73	48.79	39.34
农副食品加工业	Non - staple Food Processing	129.20	58.70	505.29	452.53
食品制造业	Food Manufacturing	60.73	22.68	160.20	130.16
酒、饮料和精制茶制造业	Wine, Soft Drinks and Refined Tea Manufacturing	38.24	20.44	134.07	103.67
烟草制品业	Tobacco Processing				
纺织业	Textile Industry	927.75	418.89	3446.88	3085.79
纺织服装、服饰业	Garments and Apparel Industry	346.59	127.29	996.02	846.38
皮革、毛皮、羽毛及其制品和制鞋业	Leather, Furs, Down and Related Production, Shoes Manufacturing	172.41	85.00	790.50	688.06
木材加工和木、竹、藤、棕、草制品业	Timber Processing, Bamboo, Cane Palm Fiber and Straw Production	70.25	29.39	268.77	229.24
家具制造业	Furniture Manufacturing	95.87	50.81	300.93	252.02
造纸和纸制品业	Papermaking and Paper Production	170.71	88.97	536.49	465.47
印刷和记录媒介复制业	Printing and Record Medium Reproduction	67.61	31.32	148.82	126.48
文教、工美、体育和娱乐用品制造业	Cultural and Educational, Arts and Crafts, Sports and Entertainment Goods	188.43	66.89	548.14	468.72

续表 7 Continued 单位:亿元(100 million yuan)

行业	Sector	年末所有者权益合计 Creditors′ Equity	实收资本 Total Capital Hold	主营业务收入 Revenues in Main Business	主营业务成本 Costs in Main Business
石油加工、炼焦和核燃料加工业	Petroleum Processing,Coking and Nuclear Fuel Processing	6.39	4.50	42.77	39.97
化学原料和化学制品制造业	Raw Chemical Materials and Chemical Production	440.73	164.95	1204.66	1035.66
医药制造业	Medical and Pharmaceutical Production	69.16	31.04	151.61	111.11
化学纤维制造业	Chemical Fiber	180.72	90.54	766.94	713.28
橡胶和塑料制品业	Rubber and Plastic Production	371.68	164.91	1351.61	1175.06
非金属矿物制品业	Nonmetal Mineral Production	313.56	151.91	816.17	696.57
黑色金属冶炼和压延加工业	Smelting and Pressing of Ferrous Metals	226.40	129.31	1123.56	1037.26
有色金属冶炼和压延加工业	Smelting and Pressing of Nonferrous Metals	171.74	87.55	978.80	907.57
金属制品业	Metal Production	448.05	193.04	1395.91	1193.09
通用设备制造业	Equipment in Common Use	672.41	296.40	1857.97	1558.61
专用设备制造业	Special Purpose Equipment	231.22	95.89	534.75	433.22
汽车制造业	Automotive Manufacturing	476.88	127.17	1643.73	1458.29
铁路、船舶、航空航天和其他运输设备制造业	Railway, Shipbuilding, Aerospace and other Transport Equipment	155.72	99.90	386.94	339.49
电气机械和器材制造业	Electric Equipment and Machinery	720.82	354.03	2289.89	1960.02
计算机、通信和其他电子设备制造业	Computers, Communications and Other Electronic Equipment Manufacturing	196.48	98.02	479.14	394.60
仪器仪表制造业	Instruments Manufacturing	113.93	47.96	293.43	235.88
其他制造业	Other Manufacturing	40.17	19.84	141.99	120.91
废弃资源综合利用业	Comprehensive Utilization of Waste Resources	13.32	10.10	166.65	156.34
金属制品、机械和设备修理业	Metal Products,Machinery and Equipment Repair Industry	15.66	3.85	25.71	22.53
电力、热力的生产和供应业	Production and Supply of Electricity and Heating Power	36.69	22.99	44.49	34.95
燃气生产和供应业	Production and Supply of Gas	15.66	14.16	12.38	11.03
水的生产和供应业	Production and Supply of Water	2.27	1.4	2.12	1.48

续表 8 Continued 单位:亿元(100 million yuan)

行业	Sector	主营业务税金及附加 Sales Taxes and Extra Charges in Main Business	利润总额 Total Profits	利税总额 Total Profits and Taxes	本年应交增值税 Value Added Taxes Payable	全部从业人员年平均人数(万人) Average Number of Employed Persons (10000 persons)
总计	**Total**	**97.23**	**1161.90**	**1855.82**	**596.69**	**359.40**
按登记注册类型分	**by Registered Type**					
#国有	#State – owned					
集体	Collective owned					
私营	Private	97.23	1161.90	1855.82	596.69	359.40
港澳台商投资	Enterprises Funded by Entrepreneurs From Hong Kong, Macao and Taiwan					
外商投资	Foreign Funded Enterprises					
在总计中:轻工业	Light Industry	46.13	530.86	861.47	284.47	199.18
重工业	Heavy Industry	51.10	631.03	994.35	312.22	160.22
按工业行业分	**By Sector**					
煤炭开采和洗选业	Coal Mining and Dressing		0.02	0.03	0.01	
黑色金属矿采选业	Ferrous Metals Mining and Dressing	0.02	0.51	0.76	0.24	0.02
有色金属矿采选业	Nonferrous Metals Mining and Dressing	0.21	4.43	5.86	1.22	0.25
非金属矿采选业	Nonmetal Minerals Mining and Dressing	0.84	3.03	6.33	2.45	0.57
农副食品加工业	Non – staple Food Processing	1.38	23.24	31.16	6.54	4.85
食品制造业	Food Manufacturing	0.67	12.09	16.98	4.21	2.53
酒、饮料和精制茶制造业	Wine, Soft Drinks and Refined Tea Manufacturing	0.88	10.38	14.98	3.71	1.31
烟草制品业	Tobacco Processing					
纺织业	Textile Industry	14.63	148.11	247.64	84.90	48.35
纺织服装、服饰业	Garments and Apparel Industry	4.90	52.60	88.59	31.09	27.82
皮革、毛皮、羽毛及其制品和制鞋业	Leather, Furs, Down and Related Production, Shoes Manufacturing	3.38	34.91	64.79	26.50	26.69
木材加工和木、竹、藤、棕、草制品业	Timber Processing, Bamboo, Cane Palm Fiber and Straw Production	2.25	16.58	25.89	7.06	4.15
家具制造业	Furniture Manufacturing	1.36	14.17	24.96	9.43	8.01
造纸和纸制品业	Papermaking and Paper Production	1.93	25.35	41.86	14.58	8.32
印刷和记录媒介复制业	Printing and Record Medium Reproduction	0.67	6.68	12.25	4.89	3.21
文教、工美、体育和娱乐用品制造业	Cultural and Educational, Arts and Crafts, Sports and Entertainment Goods	2.63	32.07	46.77	12.06	11.87

续表 9　Continued　　单位:亿元(100 million yuan)

行业	Sector	主营业务税金及附加 Sales Taxes and Extra Charges in Main Business	利润总额 Total Profits	利税总额 Total Profits and Taxes	本年应交增值税 Value Added Taxes Payable	全部从业人员年平均人数(万人) Average Number of Employed Persons (10000 persons)
石油加工、炼焦和核燃料加工业	Petroleum Processing, Coking and Nuclear Fuel Processing	0.12	1.03	1.72	0.58	0.11
化学原料和化学制品制造业	Raw Chemical Materials and Chemical Production	4.13	68.40	102.71	30.19	8.99
医药制造业	Medical and Pharmaceutical Production	0.82	13.93	20.66	5.91	2.39
化学纤维制造业	Chemical Fiber	1.72	23.09	35.62	10.80	5.04
橡胶和塑料制品业	Rubber and Plastic Production	5.00	71.11	109.17	33.06	19.39
非金属矿物制品业	Nonmetal Mineral Production	4.28	48.61	83.14	30.26	10.50
黑色金属冶炼和压延加工业	Smelting and Pressing of Ferrous Metals	2.69	35.00	61.29	23.60	8.39
有色金属冶炼和压延加工业	Smelting and Pressing of Nonferrous Metals	2.32	32.75	52.56	17.49	4.84
金属制品业	Metal Production	6.07	81.88	122.73	34.79	24.26
通用设备制造业	Equipment in Common Use	9.44	109.29	168.03	49.29	32.17
专用设备制造业	Special Purpose Equipment	2.57	38.09	58.00	17.33	10.48
汽车制造业	Automotive Manufacturing	6.36	72.32	109.69	31.01	16.25
铁路、船舶、航空航天和其他运输设备制造业	Railway, Shipbuilding, Aerospace and other Transport Equipment	1.74	10.70	22.95	10.51	7.30
电气机械和器材制造业	Electric Equipment and Machinery	8.70	103.94	171.55	58.90	38.89
计算机、通信和其他电子设备制造业	Computers, Communications and Other Electronic Equipment Manufacturing	2.34	32.20	48.91	14.37	9.77
仪器仪表制造业	Instruments Manufacturing	1.41	18.62	29.29	9.26	5.81
其他制造业	Other Manufacturing	0.64	6.95	11.10	3.52	3.65
废弃资源综合利用业	Comprehensive Utilization of Waste Resources	0.67	4.22	8.88	3.99	0.88
金属制品、机械和设备修理业	Metal Products, Machinery and Equipment Repair Industry	0.28	0.81	2.76	1.67	1.76
电力、热力的生产和供应业	Production and Supply of Electricity and Heating Power	0.16	4.53	5.83	1.14	0.50
燃气生产和供应业	Production and Supply of Gas	0.03	0.27	0.41	0.11	0.07
水的生产和供应业	Production and Supply of Water	0.01	-0.03	-0.03		0.02

注：本表统计范围为规模以上工业企业。表 7－7 同。
The data in this table refer to state－owned industrial enterprises and non－state－owned industrial enterprises with annual sales income over 5 million yuan. The same for table 7－7.

7－11 按行业分的规模以上私营工业企业主要经济效益指标(2012 年)
Main Economic Beneficial Indicators of Private Industrial Enterprises Above Designated Size by Sector(2012)

行业	Sector	每百元固定资产原值实现利税(元) Pre tax Profits per 100 Yuan Original Value of Fixed Assets(yuan)	每百元主营业务收入实现利税(元) Pre tax Profits per 100 Yuan Revenues in Main Business (yuan)	产品销售率(%) Rate of Production Sold (%)	出口交货值占工业销售(%) Export delivery value of the proportion of total sales value(%)	新产品产值率(%) New product ratio (%)
总计	**Total**	**27.84**	**7.85**	**96.89**	**19.00**	**22.36**
按登记注册类型分	**by Registered Type**					
#国有	#State－owned					
集体	Collective owned					
私营	Private	27.84	7.85	96.89	19.00	22.36
港澳台商投资	Enterprises Funded by Entrepreneurs From Hong Kong,Macao and Taiwan					
外商投资	Foreign Funded Enterprises					
在总计中:轻工业	Light Industry	26.41	7.83	96.78	25.43	20.21
重工业	Heavy Industry	29.21	7.88	96.98	13.44	24.22
按工业行业分	**By Sector**					
煤炭开采和洗选业	Coal Mining and Dressing	44.78	5.02	98.93		
黑色金属矿采选业	Ferrous Metals Mining and Dressing	119.27	12.23	100.17		
有色金属矿采选业	Nonferrous Metals Mining and Dressing	152.09	21.89	99.87	0.01	1.68
非金属矿采选业	Nonmetal Minerals Mining and Dressing	39.82	12.97	96.96	0.47	0.98
农副食品加工业	Non－staple Food Processing	30.14	6.17	97.24	15.71	11.57
食品制造业	Food Manufacturing	35.90	10.60	94.58	23.05	22.81
酒、饮料和精制茶制造业	Wine, Soft Drinks and Refined Tea Manufacturing	31.83	11.17	97.64	16.13	18.47
烟草制品业	Tobacco Processing					
纺织业	Textile Industry	20.39	7.18	97.25	18.92	18.54
纺织服装、服饰业	Garments and Apparel Industry	34.50	8.89	97.61	38.77	16.06
皮革、毛皮、羽毛及其制品和制鞋业	Leather,Furs,Down and Related Production,Shoes Manufacturing	41.70	8.20	97.61	39.48	19.48
木材加工和木、竹、藤、棕、草制品业	Timber Processing,Bamboo,Cane Palm Fiber and Straw Production	44.53	9.63	97.16	15.89	20.66
家具制造业	Furniture Manufacturing	30.39	8.29	95.12	55.48	19.28
造纸和纸制品业	Papermaking and Paper Production	20.86	7.80	96.60	2.24	10.10
印刷和记录媒介复制业	Printing and Record Medium Reproduction	13.76	8.23	98.42	6.07	14.76
文教、工美、体育和娱乐用品制造业	Cultural and Educational,Arts and Crafts,Sports and Entertainment Goods	32.27	8.53	97.53	40.51	24.44

续表 Continued

行业	Sector	每百元固定资产原值实现利税(元) Pre tax Profits per 100 Yuan Original Value of Fixed Assets(yuan)	每百元主营业务收入实现利税(元) Pre tax Profits per 100 Yuan Revenues in Main Business (yuan)	产品销售率(%) Rate of Production Sold (%)	出口交货值占工业销售(%) Export delivery value of the proportion of total sales value(%)	新产品产值率(%) New product ratio (%)
石油加工、炼焦和核燃料加工业	Petroleum Processing, Coking and Nuclear Fuel Processing	28.63	4.03	99.27	0.13	6.34
化学原料和化学制品制造业	Raw Chemical Materials and Chemical Production	34.96	8.53	97.66	9.47	30.02
医药制造业	Medical and Pharmaceutical Production	34.14	13.63	92.03	16.48	25.86
化学纤维制造业	Chemical Fiber	16.81	4.64	94.78	3.26	24.39
橡胶和塑料制品业	Rubber and Plastic Production	28.51	8.08	97.22	17.46	24.35
非金属矿物制品业	Nonmetal Mineral Production	23.86	10.19	97.54	6.60	13.45
黑色金属冶炼和压延加工业	Smelting and Pressing of Ferrous Metals	27.83	5.45	96.69	4.10	16.49
有色金属冶炼和压延加工业	Smelting and Pressing of Nonferrous Metals	39.19	5.37	97.25	2.12	18.19
金属制品业	Metal Production	32.39	8.79	95.99	24.90	20.90
通用设备制造业	Equipment in Common Use	30.63	9.04	96.50	21.85	27.38
专用设备制造业	Special Purpose Equipment	29.59	10.85	95.78	16.75	32.55
汽车制造业	Automotive Manufacturing	31.86	6.67	98.12	17.68	27.20
铁路、船舶、航空航天和其他运输设备制造业	Railway, Shipbuilding, Aerospace and other Transport Equipment	12.86	5.93	95.88	21.27	18.76
电气机械和器材制造业	Electric Equipment and Machinery	31.23	7.49	96.68	24.34	29.09
计算机、通信和其他电子设备制造业	Computers, Communications and Other Electronic Equipment Manufacturing	34.18	10.21	96.36	25.09	38.83
仪器仪表制造业	Instruments Manufacturing	30.08	9.98	96.18	19.15	36.02
其他制造业	Other Manufacturing	31.32	7.82	94.68	40.66	17.62
废弃资源综合利用业	Comprehensive Utilization of Waste Resources	62.66	5.33	98.06		12.42
金属制品、机械和设备修理业	Metal Products, Machinery and Equipment Repair Industry	17.03	10.73	99.76	21.46	
电力、热力生产和供应业	Production and Supply of Electricity and Heating Power	7.83	13.10	94.01	1.17	0.45
燃气生产和供应业	Production and Supply of Gas	8.27	3.27	100.60		
水的生产和供应业	Production and Supply of Water	-0.40	-1.24	90.01		36.63

7－12 按行业分的外商投资和港澳台商投资工业企业主要指标(2012 年)
Main Indicators of Foreign Funded Enterprises and Enterprises Funded by Enterpreneurs from Hong Kong, Macao and Taiwai by Sector(2012)

单位:亿元(100 million yuan)

行业	Sector	企业单位数(个) Number of Enterprises (unit)	#亏损企业(个) Loss (unit)	工业总产值 Gross Industrial Output Value	出口交货值 Export Delivery value
总计	**Total**	**6651**	**1370**	**15309.87**	**4340.02**
按登记注册类型分	**by Registered Type**				
#国有	#State－owned				
集体	Collective owned				
私营	Private				
港澳台商投资	Enterprises Funded by Entrepreneurs From Hong Kong, Macao and Taiwan	3325	663	7535.78	1830.56
外商投资	Foreign Funded Enterprises	3326	707	7774.09	2509.47
在总计中:轻工业	Light Industry	3565	775	6606.37	2224.95
重工业	Heavy Industry	3086	595	8703.50	2115.07
按工业行业分	**By Sector**				
煤炭开采和洗选业	Coal Mining and Dressing				
黑色金属矿采选业	Ferrous Metals Mining and Dressing	1	1		
有色金属矿采选业	Nonferrous Metals Mining and Dressing				
非金属矿采选业	Nonmetal Minerals Mining and Dressing	6	2	6.91	
农副食品加工业	Non－staple Food Processing	73	12	176.32	53.36
食品制造业	Food Manufacturing	74	8	224.64	22.52
酒、饮料和精制茶制造业	Wine, Soft Drinks and Refined Tea Manufacturing	52	10	269.03	5.99
烟草制品业	Tobacco Processing	1		1.64	
纺织业	Textile Industry	754	156	1252.67	381.56
纺织服装、服饰业	Garments and Apparel Industry	815	208	885.18	490.93
皮革、毛皮、羽毛及其制品和制鞋业	Leather, Furs, Down and Related Production, Shoes Manufacturing	279	52	384.14	193.04
木材加工和木、竹、藤、棕、草制品业	Timber Processing, Bamboo, Cane Palm Fiber and Straw Production	84	13	113.53	35.19
家具制造业	Furniture Manufacturing	168	45	261.32	161.08
造纸和纸制品业	Papermaking and Paper Production	111	26	346.89	41.79
印刷和记录媒介复制业	Printing and Record Medium Reproduction	42	8	72.02	16.55
文教、工美、体育和娱乐用品制造业	Cultural and Educational, Arts and Crafts, Sports and Entertainment Goods	224	40	315.28	184.74

续表 1　Continued　　单位:亿元(100 million yuan)

行业	Sector	企业单位数(个) Number of Enterprises (unit)	#亏损企业(个) Loss (unit)	工业总产值 Gross Industrial Output Value	出口交货值 Export Delivery value
石油加工、炼焦和核燃料加工业	Petroleum Processing, Coking and Nuclear Fuel Processing	10	1	287.55	0.02
化学原料和化学制品制造业	Raw Chemical Materials and Chemical Production	346	65	1946.02	202.96
医药制造业	Medical and Pharmaceutical Production	92	19	343.48	67.57
化学纤维制造业	Chemical Fiber	95	26	687.94	43.57
橡胶和塑料制品业	Rubber and Plastic Production	329	74	782.26	212.23
非金属矿物制品业	Nonmetal Mineral Production	160	34	281.13	30.10
黑色金属冶炼和压延加工业	Smelting and Pressing of Ferrous Metals	85	23	411.58	35.40
有色金属冶炼和压延加工业	Smelting and Pressing of Nonferrous Metals	69	22	296.18	26.38
金属制品业	Metal Production	324	62	427.09	181.08
通用设备制造业	Equipment in Common Use	640	125	986.35	295.29
专用设备制造业	Special Purpose Equipment	305	60	436.40	123.96
汽车制造业	Automotive Manufacturing	279	38	642.47	131.66
铁路、船舶、航空航天和其他运输设备制造业	Railway, Shipbuilding, Aerospace and other Transport Equipment	67	23	268.32	191.92
电气机械和器材制造业	Electric Equipment and Machinery	603	111	1248.10	490.83
计算机、通信和其他电子设备制造业	Computers, Communications and Other Electronic Equipment Manufacturing	308	67	1319.99	627.80
仪器仪表制造业	Instruments Manufacturing	104	15	181.13	61.12
其他制造业	Other Manufacturing	43	9	63.26	24.17
废弃资源综合利用业	Comprehensive Utilization of Waste Resources	28	11	125.63	
金属制品、机械和设备修理业	Metal Products, Machinery and Equipment Repair Industry	3		8.21	7.22
电力、热力的生产和供应业	Production and Supply of Electricity and Heating Power	49	3	224.23	
燃气生产和供应业	Production and Supply of Gas	20		29.81	
水的生产和供应业	Production and Supply of Water	8	1	3.19	

续表 2 Continued 单位:亿元(100 million yuan)

行业	Sector	资产总计 Total Assets	流动资产合计 Circulating Funds	固定资产合计 Fixed Assets	固定资产原价 Original Value of Fixed Assets
总计	**Total**	**14623.13**	**9185.61**	**3865.45**	**5734.30**
按登记注册类型分	**by Registered Type**				
#国有	#State - owned				
集体	Collective owned				
私营	Private				
港澳台商投资	Enterprises Funded by Entrepreneurs From Hong Kong,Macao and Taiwan	7566.66	4878.00	1798.58	2587.92
外商投资	Foreign Funded Enterprises	7056.46	4307.61	2066.87	3146.38
在总计中:轻工业	Light Industry	6488.15	4148.36	1612.41	2423.00
重工业	Heavy Industry	8134.97	5037.25	2253.04	3311.30
按工业行业分	**By Sector**				
煤炭开采和洗选业	Coal Mining and Dressing				
黑色金属矿采选业	Ferrous Metals Mining and Dressing	22.20	21.81	0.27	0.63
有色金属矿采选业	Nonferrous Metals Mining and Dressing				
非金属矿采选业	Nonmetal Minerals Mining and Dressing	6.77	1.91	3.00	4.85
农副食品加工业	Non - staple Food Processing	134.14	86.08	26.48	43.22
食品制造业	Food Manufacturing	213.42	126.47	62.10	77.54
酒、饮料和精制茶制造业	Wine, Soft Drinks and Refined Tea Manufacturing	239.68	119.13	82.14	149.15
烟草制品业	Tobacco Processing	1.59	0.66	0.79	1.12
纺织业	Textile Industry	1296.42	802.97	355.09	563.41
纺织服装、服饰业	Garments and Apparel Industry	855.36	589.53	189.18	286.01
皮革、毛皮、羽毛及其制品和制鞋业	Leather,Furs,Down and Related Production,Shoes Manufacturing	359.74	272.12	56.43	80.72
木材加工和木、竹、藤、棕、草制品业	Timber Processing,Bamboo,Cane Palm Fiber and Straw Production	80.05	52.38	18.80	30.23
家具制造业	Furniture Manufacturing	264.85	181.15	62.13	88.41
造纸和纸制品业	Papermaking and Paper Production	515.38	299.02	152.81	248.83
印刷和记录媒介复制业	Printing and Record Medium Reproduction	84.29	54.12	20.37	32.68
文教、工美、体育和娱乐用品制造业	Cultural and Educational,Arts and Crafts, Sports and Entertainment Goods	242.18	159.73	56.76	77.50

续表 3 Continued 单位:亿元(100 million yuan)

行业	Sector	资产总计 Total Assets	流动资产合计 Circulating Funds	固定资产合计 Fixed Assets	固定资产原价 Original Value of Fixed Assets
石油加工、炼焦和核燃料加工业	Petroleum Processing,Coking and Nuclear Fuel Processing	79.77	56.56	12.68	21.06
化学原料和化学制品制造业	Raw Chemical Materials and Chemical Production	1537.41	835.41	564.28	773.21
医药制造业	Medical and Pharmaceutical Production	315.39	211.58	68.82	88.14
化学纤维制造业	Chemical Fiber	635.62	375.72	180.75	248.55
橡胶和塑料制品业	Rubber and Plastic Production	780.87	460.70	226.88	339.08
非金属矿物制品业	Nonmetal Mineral Production	404.16	241.97	122.18	167.09
黑色金属冶炼和压延加工业	Smelting and Pressing of Ferrous Metals	320.15	215.56	94.43	154.05
有色金属冶炼和压延加工业	Smelting and Pressing of Nonferrous Metals	181.28	114.21	30.41	45.63
金属制品业	Metal Production	412.16	262.11	105.64	149.49
通用设备制造业	Equipment in Common Use	1070.45	745.15	211.92	316.35
专用设备制造业	Special Purpose Equipment	508.75	349.63	117.44	170.00
汽车制造业	Automotive Manufacturing	739.31	437.51	176.43	235.77
铁路、船舶、航空航天和其他运输设备制造业	Railway, Shipbuilding, Aerospace and other Transport Equipment	304.44	181.19	79.80	108.82
电气机械和器材制造业	Electric Equipment and Machinery	1190.13	795.06	252.32	371.98
计算机、通信和其他电子设备制造业	Computers, Communications and Other Electronic Equipment Manufacturing	1051.26	764.08	208.52	362.87
仪器仪表制造业	Instruments Manufacturing	227.23	152.79	42.11	62.60
其他制造业	Other Manufacturing	64.44	44.04	17.11	22.69
废弃资源综合利用业	Comprehensive Utilization of Waste Resources	56.31	50.46	2.93	4.76
金属制品、机械和设备修理业	Metal Products,Machinery and Equipment Repair Industry	32.49	5.78	18.07	17.50
电力、热力的生产和供应业	Production and Supply of Electricity and Heating Power	346.58	100.65	223.52	365.50
燃气生产和供应业	Production and Supply of Gas	31.97	13.53	15.91	15.59
水的生产和供应业	Production and Supply of Water	16.9	4.84	6.97	9.25

续表 4 Continued 单位:亿元(100 million yuan)

行业	Sector	固定资产净值 Net Value of fixed assets	年末负债合计 Total Liabilities	流动负债 Circulating Liabilities	长期负债 Long term Liabilities
总计	**Total**	**3533.65**	**8201.17**	**7439.85**	**590.36**
按登记注册类型分	**by Registered Type**				
#国有	#State - owned				
集体	Collective owned				
私营	Private				
港澳台商投资	Enterprises Funded by Entrepreneurs From Hong Kong, Macao and Taiwan	1638.24	4345.99	3928.85	319.04
外商投资	Foreign Funded Enterprises	1895.41	3855.19	3511.00	271.33
在总计中:轻工业	Light Industry	1465.28	3710.98	3384.73	237.62
重工业	Heavy Industry	2068.37	4490.19	4055.12	352.75
按工业行业分	**By Sector**				
煤炭开采和洗选业	Coal Mining and Dressing				
黑色金属矿采选业	Ferrous Metals Mining and Dressing	0.27	17.09	16.84	0.25
有色金属矿采选业	Nonferrous Metals Mining and Dressing				
非金属矿采选业	Nonmetal Minerals Mining and Dressing	2.99	3.59	1.81	0.51
农副食品加工业	Non - staple Food Processing	25.38	87.44	79.88	2.88
食品制造业	Food Manufacturing	47.23	77.37	66.81	9.68
酒、饮料和精制茶制造业	Wine, Soft Drinks and Refined Tea Manufacturing	80.11	117.92	110.64	6.05
烟草制品业	Tobacco Processing	0.72	0.35	0.35	
纺织业	Textile Industry	329.34	719.80	675.81	30.63
纺织服装、服饰业	Garments and Apparel Industry	179.23	471.29	445.73	17.63
皮革、毛皮、羽毛及其制品和制鞋业	Leather, Furs, Down and Related Production, Shoes Manufacturing	50.63	239.53	220.61	0.87
木材加工和木、竹、藤、棕、草制品业	Timber Processing, Bamboo, Cane Palm Fiber and Straw Production	17.36	43.58	42.49	0.39
家具制造业	Furniture Manufacturing	58.57	166.82	162.03	4.53
造纸和纸制品业	Papermaking and Paper Production	148.26	312.29	235.46	70.62
印刷和记录媒介复制业	Printing and Record Medium Reproduction	18.79	37.14	36.43	0.70
文教、工美、体育和娱乐用品制造业	Cultural and Educational, Arts and Crafts, Sports and Entertainment Goods	48.65	137.61	128.75	8.18

续表 5 Continued 单位:亿元(100 million yuan)

行业	Sector	固定资产净值 Net Value of fixed assets	年末负债合计 Total Liabilities	流动负债 Circulating Liabilities	长期负债 Long term Liabilities
石油加工、炼焦和核燃料加工业	Petroleum Processing, Coking and Nuclear Fuel Processing	12.58	52.58	51.89	0.69
化学原料和化学制品制造业	Raw Chemical Materials and Chemical Production	523.75	872.43	748.20	106.34
医药制造业	Medical and Pharmaceutical Production	57.51	166.13	157.10	7.44
化学纤维制造业	Chemical Fiber	146.03	413.81	372.66	33.18
橡胶和塑料制品业	Rubber and Plastic Production	196.97	492.45	452.71	33.93
非金属矿物制品业	Nonmetal Mineral Production	100.27	237.18	203.64	21.90
黑色金属冶炼和压延加工业	Smelting and Pressing of Ferrous Metals	87.81	214.64	208.72	5.01
有色金属冶炼和压延加工业	Smelting and Pressing of Nonferrous Metals	26.77	97.43	87.20	4.21
金属制品业	Metal Production	97.86	217.26	198.29	14.72
通用设备制造业	Equipment in Common Use	195.37	585.73	551.15	23.79
专用设备制造业	Special Purpose Equipment	106.90	238.42	224.87	11.05
汽车制造业	Automotive Manufacturing	155.10	384.20	333.29	49.54
铁路、船舶、航空航天和其他运输设备制造业	Railway, Shipbuilding, Aerospace and other Transport Equipment	77.90	207.06	193.03	11.26
电气机械和器材制造业	Electric Equipment and Machinery	233.72	712.63	636.36	53.64
计算机、通信和其他电子设备制造业	Computers, Communications and Other Electronic Equipment Manufacturing	195.29	511.21	495.38	13.46
仪器仪表制造业	Instruments Manufacturing	40.80	85.71	81.93	3.64
其他制造业	Other Manufacturing	14.91	42.69	41.91	0.44
废弃资源综合利用业	Comprehensive Utilization of Waste Resources	2.82	39.56	37.93	1.44
金属制品、机械和设备修理业	Metal Products, Machinery and Equipment Repair Industry	13.26	15.68	9.16	2.11
电力、热力的生产和供应业	Production and Supply of Electricity and Heating Power	220.48	160.16	112.51	36.15
燃气生产和供应业	Production and Supply of Gas	13.06	14.52	13.87	0.31
水的生产和供应业	Production and Supply of Water	6.96	7.91	4.42	3.18

续表 6 Continued 单位:亿元(100 million yuan)

行业	Sector	年末所有者权益合计 Creditors′ Equity	实收资本 Total Capital Hold	主营业务收入 Revenues in Main Business	主营业务成本 Costs in Main Business
总计	**Total**	**6397.55**	**3800.29**	**14829.07**	**12611.56**
按登记注册类型分	**by Registered Type**				
#国有	#State - owned				
集体	Collective owned				
私营	Private				
港澳台商投资	Enterprises Funded by Entrepreneurs From Hong Kong, Macao and Taiwan	3206.14	1826.60	7316.70	6277.42
外商投资	Foreign Funded Enterprises	3191.41	1973.69	7512.37	6334.14
在总计中:轻工业	Light Industry	2757.11	1629.52	6376.03	5310.14
重工业	Heavy Industry	3640.44	2170.78	8453.04	7301.42
按工业行业分	**By Sector**				
煤炭开采和洗选业	Coal Mining and Dressing				
黑色金属矿采选业	Ferrous Metals Mining and Dressing	5.11	0.63	1.25	1.06
有色金属矿采选业	Nonferrous Metals Mining and Dressing				
非金属矿采选业	Nonmetal Minerals Mining and Dressing	3.18	5.20	6.89	5.62
农副食品加工业	Non - staple Food Processing	46.70	27.96	175.73	161.98
食品制造业	Food Manufacturing	136.05	51.35	221.72	167.82
酒、饮料和精制茶制造业	Wine, Soft Drinks and Refined Tea Manufacturing	121.35	64.54	259.55	182.97
烟草制品业	Tobacco Processing	1.24	0.56	1.67	0.92
纺织业	Textile Industry	574.75	360.19	1212.65	1063.87
纺织服装、服饰业	Garments and Apparel Industry	377.43	207.96	848.94	707.19
皮革、毛皮、羽毛及其制品和制鞋业	Leather, Furs, Down and Related Production, Shoes Manufacturing	117.47	70.76	375.45	328.74
木材加工和木、竹、藤、棕、草制品业	Timber Processing, Bamboo, Cane Palm Fiber and Straw Production	35.88	22.42	105.73	91.13
家具制造业	Furniture Manufacturing	97.49	76.82	250.76	208.73
造纸和纸制品业	Papermaking and Paper Production	203.10	151.90	327.50	279.79
印刷和记录媒介复制业	Printing and Record Medium Reproduction	47.13	22.43	67.56	54.62
文教、工美、体育和娱乐用品制造业	Cultural and Educational, Arts and Crafts, Sports and Entertainment Goods	104.57	64.44	304.31	263.77

续表 7 Continued 单位:亿元(100 million yuan)

行业	Sector	年末所有者权益合计 Creditors´ Equity	实收资本 Total Capital Hold	主营业务收入 Revenues in Main Business	主营业务成本 Costs in Main Business
石油加工、炼焦和核燃料加工业	Petroleum Processing,Coking and Nuclear Fuel Processing	27.19	15.57	292.49	258.85
化学原料和化学制品制造业	Raw Chemical Materials and Chemical Production	664.67	417.84	1905.33	1700.05
医药制造业	Medical and Pharmaceutical Production	148.69	65.59	294.62	175.96
化学纤维制造业	Chemical Fiber	220.92	132.36	669.63	617.26
橡胶和塑料制品业	Rubber and Plastic Production	287.76	148.70	794.69	689.06
非金属矿物制品业	Nonmetal Mineral Production	166.86	105.87	273.23	227.86
黑色金属冶炼和压延加工业	Smelting and Pressing of Ferrous Metals	105.51	89.94	406.77	379.34
有色金属冶炼和压延加工业	Smelting and Pressing of Nonferrous Metals	83.85	40.28	279.99	257.48
金属制品业	Metal Production	194.86	126.23	412.84	353.66
通用设备制造业	Equipment in Common Use	483.82	256.70	970.11	788.79
专用设备制造业	Special Purpose Equipment	269.60	141.64	430.02	342.78
汽车制造业	Automotive Manufacturing	355.07	230.56	612.97	499.88
铁路、船舶、航空航天和其他运输设备制造业	Railway, Shipbuilding, Aerospace and other Transport Equipment	97.37	50.62	207.19	192.84
电气机械和器材制造业	Electric Equipment and Machinery	475.04	307.48	1250.59	1057.00
计算机、通信和其他电子设备制造业	Computers, Communications and Other Electronic Equipment Manufacturing	535.20	275.15	1254.85	1048.99
仪器仪表制造业	Instruments Manufacturing	141.52	54.32	170.91	131.11
其他制造业	Other Manufacturing	21.75	15.98	58.99	50.01
废弃资源综合利用业	Comprehensive Utilization of Waste Resources	16.75	11.11	122.26	118.63
金属制品、机械和设备修理业	Metal Products,Machinery and Equipment Repair Industry	16.82	12.68	6.87	5.17
电力、热力的生产和供应业	Production and Supply of Electricity and Heating Power	186.42	156.61	221.84	172.39
燃气生产和供应业	Production and Supply of Gas	17.45	10.29	29.99	24.22
水的生产和供应业	Production and Supply of Water	8.99	7.61	3.2	2.03

续表 8 Continued 单位:亿元(100 million yuan)

行业	Sector	主营业务税金及附加 Sales Taxes and Extra Charges in Main Business	利润总额 Total Profits	利税总额 Total Profits and Taxes	本年应交增值税 Value Added Taxes Payable	全部从业人员年平均人数(万人) Average Number of Employed Persons (10000 persons)
总计	**Total**	**98.47**	**843.15**	**1341.25**	**399.64**	**193.73**
按登记注册类型分	**by Registered Type**					
#国有	#State – owned					
集体	Collective owned					
私营	Private					
港澳台商投资	Enterprises Funded by Entrepreneurs From Hong Kong, Macao and Taiwan	66.28	410.48	682.83	206.07	95.50
外商投资	Foreign Funded Enterprises	32.19	432.67	658.42	193.56	98.24
在总计中:轻工业	Light Industry	30.13	366.84	582.13	185.16	110.35
重工业	Heavy Industry	68.35	476.31	759.13	214.47	83.38
按工业行业分	**By Sector**					
煤炭开采和洗选业	Coal Mining and Dressing					
黑色金属矿采选业	Ferrous Metals Mining and Dressing	0.01	–0.19	–0.17	0.02	0.01
有色金属矿采选业	Nonferrous Metals Mining and Dressing					
非金属矿采选业	Nonmetal Minerals Mining and Dressing	0.26	0.19	0.75	0.30	0.06
农副食品加工业	Non – staple Food Processing	0.23	3.13	4.98	1.63	1.64
食品制造业	Food Manufacturing	0.95	28.93	40.34	10.46	2.74
酒、饮料和精制茶制造业	Wine, Soft Drinks and Refined Tea Manufacturing	7.29	29.14	49.78	13.35	2.41
烟草制品业	Tobacco Processing	0.02	0.50	0.68	0.16	0.02
纺织业	Textile Industry	4.54	57.22	96.72	34.96	20.47
纺织服装、服饰业	Garments and Apparel Industry	4.10	42.95	74.20	27.15	29.58
皮革、毛皮、羽毛及其制品和制鞋业	Leather, Furs, Down and Related Production, Shoes Manufacturing	1.54	13.07	26.86	12.25	9.39
木材加工和木、竹、藤、棕、草制品业	Timber Processing, Bamboo, Cane Palm Fiber and Straw Production	0.94	4.10	7.93	2.89	1.43
家具制造业	Furniture Manufacturing	1.09	11.52	20.21	7.60	6.65
造纸和纸制品业	Papermaking and Paper Production	1.11	14.42	24.18	8.65	3.10
印刷和记录媒介复制业	Printing and Record Medium Reproduction	0.31	6.04	8.80	2.45	1.15
文教、工美、体育和娱乐用品制造业	Cultural and Educational, Arts and Crafts, Sports and Entertainment Goods	1.12	11.79	18.50	5.58	5.85

续表 9 Continued 单位:亿元(100 million yuan)

行业	Sector	主营业务税金及附加 Sales Taxes and Extra Charges in Main Business	利润总额 Total Profits	利税总额 Total Profits and Taxes	本年应交增值税 Value Added Taxes Payable	全部从业人员年平均人数(万人) Average Number of Employed Persons (10000 persons)
石油加工、炼焦和核燃料加工业	Petroleum Processing,Coking and Nuclear Fuel Processing	31.54	2.86	67.82	33.42	0.10
化学原料和化学制品制造业	Raw Chemical Materials and Chemical Production	6.84	76.08	128.50	45.58	5.42
医药制造业	Medical and Pharmaceutical Production	1.68	33.14	51.28	16.46	3.36
化学纤维制造业	Chemical Fiber	1.31	23.16	32.02	7.55	2.75
橡胶和塑料制品业	Rubber and Plastic Production	3.81	35.44	56.81	17.57	8.75
非金属矿物制品业	Nonmetal Mineral Production	1.45	11.09	21.82	9.29	3.79
黑色金属冶炼和压延加工业	Smelting and Pressing of Ferrous Metals	0.55	7.54	11.66	3.58	1.74
有色金属冶炼和压延加工业	Smelting and Pressing of Nonferrous Metals	0.43	9.28	13.53	3.82	1.19
金属制品业	Metal Production	1.71	22.14	32.41	8.56	7.21
通用设备制造业	Equipment in Common Use	3.98	77.78	111.72	29.96	14.32
专用设备制造业	Special Purpose Equipment	2.01	36.44	49.44	11.00	6.64
汽车制造业	Automotive Manufacturing	7.99	43.73	68.07	16.35	8.31
铁路、船舶、航空航天和其他运输设备制造业	Railway, Shipbuilding, Aerospace and other Transport Equipment	0.57	0.90	2.88	1.41	2.14
电气机械和器材制造业	Electric Equipment and Machinery	4.33	64.83	94.13	24.97	19.22
计算机、通信和其他电子设备制造业	Computers, Communications and Other Electronic Equipment Manufacturing	4.29	115.61	143.70	23.79	17.50
仪器仪表制造业	Instruments Manufacturing	0.90	16.22	23.18	6.06	3.45
其他制造业	Other Manufacturing	0.20	2.07	3.59	1.32	1.69
废弃资源综合利用业	Comprehensive Utilization of Waste Resources	0.12	1.29	2.52	1.11	0.79
金属制品、机械和设备修理业	Metal Products,Machinery and Equipment Repair Industry	0.03	0.05	0.08		0.12
电力、热力的生产和供应业	Production and Supply of Electricity and Heating Power	1.06	34.76	45.51	9.70	0.57
燃气生产和供应业	Production and Supply of Gas	0.18	5.35	6.10	0.57	0.14
水的生产和供应业	Production and Supply of Water	0.02	0.58	0.71	0.11	0.04

7－13 按行业分的外商投资和港澳台商投资工业企业主要经济效益指标(2012年)
Main Economic Beneficial Indicators of Foreign Funded Enterprises and Enterprises Funded by Entrepreneurs form Hong Kong,Macao and Taiwan by Sector(2012)

行业	Sector	每百元固定资产原值实现利税(元) Pre tax Profits per 100 Yuan Original Value of Fixed Assets(yuan)	每百元主营业务收入实现利税(元) Pre tax Profits per 100 Yuan Revenues in Main Business (yuan)	产品销售率(%) Rate of Production Sold (%)	出口交货值占工业销售(%) Export delivery value of the proportion of total sales value(%)	新产品产值率(%) New product ratio (%)
总计	**Total**	**23.39**	**9.04**	**97.36**	**29.12**	**23.83**
按登记注册类型分	**by Registered Type**					
#国有	#State－owned					
集体	Collective owned					
私营	Private					
港澳台商投资	Enterprises Funded by Entrepreneurs From Hong Kong,Macao and Taiwan	26.39	9.33	97.15	25.00	25.76
外商投资	Foreign Funded Enterprises	20.93	8.76	97.57	33.08	21.96
在总计中:轻工业	Light Industry	24.03	9.13	97.25	34.63	23.44
重工业	Heavy Industry	22.93	8.98	97.46	24.94	24.13
按工业行业分	**By Sector**					
煤炭开采和洗选业	Coal Mining and Dressing					
黑色金属矿采选业	Ferrous Metals Mining and Dressing	－26.54	－13.28			
有色金属矿采选业	Nonferrous Metals Mining and Dressing					
非金属矿采选业	Nonmetal Minerals Mining and Dressing	15.43	10.87	99.36		
农副食品加工业	Non－staple Food Processing	11.53	2.84	100.66	30.07	6.22
食品制造业	Food Manufacturing	52.02	18.19	99.39	10.09	12.07
酒、饮料和精制茶制造业	Wine, Soft Drinks and Refined Tea Manufacturing	33.38	19.18	98.27	2.27	8.24
烟草制品业	Tobacco Processing	60.46	40.60	102.28		10.48
纺织业	Textile Industry	17.17	7.98	97.92	31.11	23.00
纺织服装、服饰业	Garments and Apparel Industry	25.94	8.74	97.18	57.07	22.71
皮革、毛皮、羽毛及其制品和制鞋业	Leather,Furs,Down and Related Production,Shoes Manufacturing	33.28	7.15	97.34	51.63	24.02
木材加工和木、竹、藤、棕、草制品业	Timber Processing,Bamboo,Cane Palm Fiber and Straw Production	26.22	7.50	97.24	31.87	30.21
家具制造业	Furniture Manufacturing	22.86	8.06	97.25	63.38	29.14
造纸和纸制品业	Papermaking and Paper Production	9.72	7.38	99.59	12.10	14.25
印刷和记录媒介复制业	Printing and Record Medium Reproduction	26.94	13.03	97.69	23.52	37.30
文教、工美、体育和娱乐用品制造业	Cultural and Educational,Arts and Crafts,Sports and Entertainment Goods	23.86	6.08	96.61	60.65	28.49

续表 Continued

行业	Sector	每百元固定资产原值实现利税(元) Pre tax Profits per 100 Yuan Original Value of Fixed Assets(yuan)	每百元主营业务收入实现利税(元) Pre tax Profits per 100 Yuan Revenues in Main Business (yuan)	产品销售率(%) Rate of Production Sold (%)	出口交货值占工业销售(%) Export delivery value of the proportion of total sales value(%)	新产品产值率(%) New product ratio (%)
石油加工、炼焦和核燃料加工业	Petroleum Processing, Coking and Nuclear Fuel Processing	322.13	23.19	101.42	0.01	1.99
化学原料和化学制品制造业	Raw Chemical Materials and Chemical Production	16.62	6.74	97.31	10.72	14.69
医药制造业	Medical and Pharmaceutical Production	58.18	17.41	85.87	22.91	20.50
化学纤维制造业	Chemical Fiber	12.88	4.78	96.75	6.55	24.09
橡胶和塑料制品业	Rubber and Plastic Production	16.75	7.15	105.40	25.74	17.79
非金属矿物制品业	Nonmetal Mineral Production	13.06	7.99	97.00	11.04	28.68
黑色金属冶炼和压延加工业	Smelting and Pressing of Ferrous Metals	7.57	2.87	98.27	8.75	15.43
有色金属冶炼和压延加工业	Smelting and Pressing of Nonferrous Metals	29.66	4.83	96.51	9.23	15.81
金属制品业	Metal Production	21.68	7.85	97.53	43.47	25.89
通用设备制造业	Equipment in Common Use	35.31	11.52	97.26	30.78	33.32
专用设备制造业	Special Purpose Equipment	29.09	11.50	97.54	29.12	31.24
汽车制造业	Automotive Manufacturing	28.87	11.11	98.06	20.90	39.51
铁路、船舶、航空航天和其他运输设备制造业	Railway, Shipbuilding, Aerospace and other Transport Equipment	2.65	1.39	90.19	79.31	26.65
电气机械和器材制造业	Electric Equipment and Machinery	25.31	7.53	97.88	40.18	36.18
计算机、通信和其他电子设备制造业	Computers, Communications and Other Electronic Equipment Manufacturing	39.60	11.45	94.15	50.52	32.24
仪器仪表制造业	Instruments Manufacturing	37.02	13.56	95.06	35.50	47.36
其他制造业	Other Manufacturing	15.81	6.08	95.70	39.92	12.29
废弃资源综合利用业	Comprehensive Utilization of Waste Resources	52.98	2.06	96.02		
金属制品、机械和设备修理业	Metal Products, Machinery and Equipment Repair Industry	0.45	1.15	98.86	88.92	
电力、热力生产和供应业	Production and Supply of Electricity and Heating Power	12.45	20.52	98.32		
燃气生产和供应业	Production and Supply of Gas	39.12	20.34	100.10		1.92
水的生产和供应业	Production and Supply of Water	7.69	22.24	99.49		

7-14 大中型工业企业主要指标(2012 年)
Main Indicators of Large and Medium-sized Industrial Enterprises(2012)

单位:亿元(100 million yuan)

行业	Sector	企业单位数(个) Number of Enterprises (unit)	#亏损企业(个) Loss (unit)	工业总产值 Gross Industrial Output Value	出口交货值 Export Delivery value
总计	**Total**	**5240**	**533**	**34409.10**	**6748.24**
按登记注册类型分	**by Registered Type**				
#国有	#State-owned	103	14	3235.58	12.59
集体	Collective owned	8	1	22.16	
私营	Private	2322	165	10098.65	2096.38
港澳台商投资	Enterprises Funded by Entrepreneurs From Hong Kong, Macao and Taiwan	864	140	4902.85	1251.13
外商投资	Foreign Funded Enterprises	791	124	5120.76	1742.00
在总计中:轻工业	Light Industry	2938	316	12979.69	3398.14
重工业	Heavy Industry	2302	217	21429.40	3350.10
按工业行业分	**By Sector**				
煤炭开采和洗选业	Coal Mining and Dressing	1		7.56	
黑色金属矿采选业	Ferrous Metals Mining and Dressing	2		11.17	
有色金属矿采选业	Nonferrous Metals Mining and Dressing	3		14.12	
非金属矿采选业	Nonmetal Minerals Mining and Dressing	4	1	24.20	0.04
农副食品加工业	Non-staple Food Processing	52	2	250.06	42.33
食品制造业	Food Manufacturing	69	4	269.96	37.38
酒、饮料和精制茶制造业	Wine, Soft Drinks and Refined Tea Manufacturing	39	7	306.92	5.21
烟草制品业	Tobacco Processing	1		119.79	2.55
纺织业	Textile Industry	630	66	2635.21	540.33
纺织服装、服饰业	Garments and Apparel Industry	495	75	1307.35	559.43
皮革、毛皮、羽毛及其制品和制鞋业	Leather, Furs, Down and Related Production, Shoes Manufacturing	335	30	848.00	363.04
木材加工和木、竹、藤、棕、草制品业	Timber Processing, Bamboo, Cane Palm Fiber and Straw Production	35	1	118.26	31.17
家具制造业	Furniture Manufacturing	142	18	380.76	228.79
造纸和纸制品业	Papermaking and Paper Production	98	12	590.57	48.83
印刷和记录媒介复制业	Printing and Record Medium Reproduction	36	1	116.51	20.94
文教、工美、体育和娱乐用品制造业	Cultural and Educational, Arts and Crafts, Sports and Entertainment Goods	142	12	508.92	210.69

续表 1 Continued　单位:亿元(100 million yuan)

行业	Sector	企业单位数(个) Number of Enterprises (unit)	#亏损企业(个) Loss (unit)	工业总产值 Gross Industrial Output Value	出口交货值 Export Delivery value
石油加工、炼焦和核燃料加工业	Petroleum Processing, Coking and Nuclear Fuel Processing	3	1	1550.03	0.61
化学原料和化学制品制造业	Raw Chemical Materials and Chemical Production	149	14	2956.71	243.64
医药制造业	Medical and Pharmaceutical Production	105	6	725.49	207.36
化学纤维制造业	Chemical Fiber	88	13	1912.55	93.54
橡胶和塑料制品业	Rubber and Plastic Production	225	20	1305.43	274.48
非金属矿物制品业	Nonmetal Mineral Production	120	16	547.71	55.25
黑色金属冶炼和压延加工业	Smelting and Pressing of Ferrous Metals	86	13	1412.64	63.48
有色金属冶炼和压延加工业	Smelting and Pressing of Nonferrous Metals	53	3	1027.76	91.52
金属制品业	Metal Production	234	11	1051.46	286.62
通用设备制造业	Equipment in Common Use	429	36	1965.48	477.20
专用设备制造业	Special Purpose Equipment	151	9	652.91	155.64
汽车制造业	Automotive Manufacturing	228	16	2193.51	401.15
铁路、船舶、航空航天和其他运输设备制造业	Railway, Shipbuilding, Aerospace and other Transport Equipment	102	21	846.60	489.45
电气机械和器材制造业	Electric Equipment and Machinery	626	62	3147.82	885.29
计算机、通信和其他电子设备制造业	Computers, Communications and Other Electronic Equipment Manufacturing	251	31	1696.48	723.20
仪器仪表制造业	Instruments Manufacturing	121	11	442.44	107.03
其他制造业	Other Manufacturing	51	6	181.33	81.12
废弃资源综合利用业	Comprehensive Utilization of Waste Resources	6	1	125.96	
金属制品、机械和设备修理业	Metal Products, Machinery and Equipment Repair Industry	25	4	59.35	20.59
电力、热力的生产和供应业	Production and Supply of Electricity and Heating Power	79	4	3012.84	0.34
燃气生产和供应业	Production and Supply of Gas	4	1	24.38	
水的生产和供应业	Production and Supply of Water	20	5	60.86	

续表 2 Continued　　单位:亿元(100 million yuan)

行业	Sector	资产总计 Total Assets	流动资产合计 Circulating Funds	固定资产合计 Fixed Assets	固定资产原价 Original Value of Fixed Assets
总计	**Total**	**31666.17**	**17866.93**	**8691.51**	**13016.05**
按登记注册类型分	**by Registered Type**				
#国有	#State – owned	2651.01	627.79	1447.08	2635.63
集体	Collective owned	20.36	12.65	4.30	6.95
私营	Private	8883.60	5488.40	1935.24	2727.81
港澳台商投资	Enterprises Funded by Entrepreneurs From Hong Kong, Macao and Taiwan	4788.45	3075.86	1095.71	1592.84
外商投资	Foreign Funded Enterprises	4243.58	2699.49	1105.25	1737.62
在总计中:轻工业	Light Industry	12901.42	7763.47	3202.49	4647.28
重工业	Heavy Industry	18764.76	10103.46	5489.02	8368.77
按工业行业分	**By Sector**				
煤炭开采和洗选业	Coal Mining and Dressing	14.43	7.17	7.26	8.59
黑色金属矿采选业	Ferrous Metals Mining and Dressing	15.14	9.14	2.91	5.26
有色金属矿采选业	Nonferrous Metals Mining and Dressing	13.84	7.16	1.83	3.13
非金属矿采选业	Nonmetal Minerals Mining and Dressing	10.17	4.69	1.92	3.62
农副食品加工业	Non – staple Food Processing	206.53	122.93	46.30	68.00
食品制造业	Food Manufacturing	270.49	159.21	79.75	94.68
酒、饮料和精制茶制造业	Wine, Soft Drinks and Refined Tea Manufacturing	334.75	163.44	105.53	168.57
烟草制品业	Tobacco Processing	110.36	77.51	18.24	32.19
纺织业	Textile Industry	2662.88	1617.55	697.27	1115.62
纺织服装、服饰业	Garments and Apparel Industry	1302.96	876.67	276.72	377.86
皮革、毛皮、羽毛及其制品和制鞋业	Leather, Furs, Down and Related Production, Shoes Manufacturing	665.13	470.94	123.68	163.94
木材加工和木、竹、藤、棕、草制品业	Timber Processing, Bamboo, Cane Palm Fiber and Straw Production	91.72	52.01	22.21	27.53
家具制造业	Furniture Manufacturing	364.64	245.19	81.14	117.49
造纸和纸制品业	Papermaking and Paper Production	824.39	443.38	278.66	406.23
印刷和记录媒介复制业	Printing and Record Medium Reproduction	137.87	80.19	34.91	56.95
文教、工美、体育和娱乐用品制造业	Cultural and Educational, Arts and Crafts, Sports and Entertainment Goods	404.70	277.54	78.52	106.43

续表 3 Continued

单位:亿元(100 million yuan)

行业	Sector	资产总计 Total Assets	流动资产合计 Circulating Funds	固定资产合计 Fixed Assets	固定资产原价 Original Value of Fixed Assets
石油加工、炼焦和核燃料加工业	Petroleum Processing,Coking and Nuclear Fuel Processing	461.80	213.02	241.75	352.16
化学原料和化学制品制造业	Raw Chemical Materials and Chemical Production	2531.64	1321.85	780.36	1073.08
医药制造业	Medical and Pharmaceutical Production	972.17	545.32	228.78	290.35
化学纤维制造业	Chemical Fiber	1456.77	772.03	421.52	610.48
橡胶和塑料制品业	Rubber and Plastic Production	1078.90	646.12	290.25	428.20
非金属矿物制品业	Nonmetal Mineral Production	860.99	394.76	311.75	423.43
黑色金属冶炼和压延加工业	Smelting and Pressing of Ferrous Metals	1183.11	667.57	392.97	552.82
有色金属冶炼和压延加工业	Smelting and Pressing of Nonferrous Metals	523.56	320.53	88.41	129.44
金属制品业	Metal Production	993.25	668.62	204.12	267.99
通用设备制造业	Equipment in Common Use	2117.78	1348.19	395.92	577.49
专用设备制造业	Special Purpose Equipment	720.37	468.23	152.27	216.33
汽车制造业	Automotive Manufacturing	2037.50	1117.66	358.29	511.63
铁路、船舶、航空航天和其他运输设备制造业	Railway, Shipbuilding, Aerospace and other Transport Equipment	1098.75	653.01	294.49	383.02
电气机械和器材制造业	Electric Equipment and Machinery	3182.15	2060.17	586.57	797.13
计算机、通信和其他电子设备制造业	Computers, Communications and Other Electronic Equipment Manufacturing	1538.78	1062.32	303.54	512.56
仪器仪表制造业	Instruments Manufacturing	490.41	328.12	92.86	136.78
其他制造业	Other Manufacturing	186.95	124.38	36.49	50.27
废弃资源综合利用业	Comprehensive Utilization of Waste Resources	55.30	49.26	2.72	4.09
金属制品、机械和设备修理业	Metal Products,Machinery and Equipment Repair Industry	98.43	32.02	31.39	42.06
电力、热力的生产和供应业	Production and Supply of Electricity and Heating Power	2219.09	340.68	1391.23	2577.21
燃气生产和供应业	Production and Supply of Gas	60.09	18.47	35.20	40.73
水的生产和供应业	Production and Supply of Water	368.35	99.89	193.81	282.71

续表 4 Continued 单位:亿元(100 million yuan)

行业	Sector	固定资产净值 Net Value of fixed assets	年末负债合计 Total Liabilities	流动负债 Circulating Liabilities	长期负债 Long term Liabilities
总计	**Total**	**7836.22**	**18289.11**	**15730.64**	**2231.18**
按登记注册类型分	**by Registered Type**				
#国有	#State - owned	1372.68	1431.58	931.10	499.12
集体	Collective owned	3.94	8.49	8.35	0.13
私营	Private	1719.44	5577.31	5004.63	409.85
港澳台商投资	Enterprises Funded by Entrepreneurs From Hong Kong, Macao and Taiwan	996.34	2701.18	2411.84	259.81
外商投资	Foreign Funded Enterprises	1003.37	2361.03	2208.68	127.94
在总计中:轻工业	Light Industry	2844.52	7332.39	6494.80	701.14
重工业	Heavy Industry	4991.70	10956.72	9235.84	1530.04
按工业行业分	**By Sector**				
煤炭开采和洗选业	Coal Mining and Dressing	4.56	9.24	5.79	3.46
黑色金属矿采选业	Ferrous Metals Mining and Dressing	2.73	4.96	3.95	
有色金属矿采选业	Nonferrous Metals Mining and Dressing	1.22	8.14	7.55	0.42
非金属矿采选业	Nonmetal Minerals Mining and Dressing	1.71	12.14	7.84	3.41
农副食品加工业	Non - staple Food Processing	43.74	116.69	111.65	4.93
食品制造业	Food Manufacturing	62.97	127.33	111.38	13.75
酒、饮料和精制茶制造业	Wine, Soft Drinks and Refined Tea Manufacturing	97.86	175.72	155.96	19.76
烟草制品业	Tobacco Processing	18.24	19.19	18.86	0.33
纺织业	Textile Industry	640.55	1654.88	1471.97	126.78
纺织服装、服饰业	Garments and Apparel Industry	243.63	701.75	654.24	36.84
皮革、毛皮、羽毛及其制品和制鞋业	Leather, Furs, Down and Related Production, Shoes Manufacturing	107.87	404.12	387.50	4.65
木材加工和木、竹、藤、棕、草制品业	Timber Processing, Bamboo, Cane Palm Fiber and Straw Production	19.47	48.69	45.90	1.86
家具制造业	Furniture Manufacturing	76.72	222.24	210.72	7.52
造纸和纸制品业	Papermaking and Paper Production	254.60	506.33	393.67	107.56
印刷和记录媒介复制业	Printing and Record Medium Reproduction	32.95	80.49	77.45	3.05
文教、工美、体育和娱乐用品制造业	Cultural and Educational, Arts and Crafts, Sports and Entertainment Goods	68.82	226.47	199.54	24.87

续表 5　Continued　　单位:亿元(100 million yuan)

行业	Sector	固定资产净值 Net Value of fixed assets	年末负债合计 Total Liabilities	流动负债 Circulating Liabilities	长期负债 Long term Liabilities
石油加工、炼焦和核燃料加工业	Petroleum Processing, Coking and Nuclear Fuel Processing	189.37	254.27	254.27	
化学原料和化学制品制造业	Raw Chemical Materials and Chemical Production	696.12	1394.89	1113.58	244.19
医药制造业	Medical and Pharmaceutical Production	179.14	434.87	349.65	81.52
化学纤维制造业	Chemical Fiber	381.88	885.95	785.08	83.38
橡胶和塑料制品业	Rubber and Plastic Production	245.31	650.72	605.22	41.45
非金属矿物制品业	Nonmetal Mineral Production	278.07	494.48	391.83	94.00
黑色金属冶炼和压延加工业	Smelting and Pressing of Ferrous Metals	344.12	837.39	739.32	59.07
有色金属冶炼和压延加工业	Smelting and Pressing of Nonferrous Metals	77.36	301.58	287.04	13.80
金属制品业	Metal Production	183.85	602.38	503.14	35.19
通用设备制造业	Equipment in Common Use	359.25	1159.73	1076.40	73.41
专用设备制造业	Special Purpose Equipment	138.21	383.85	353.29	27.01
汽车制造业	Automotive Manufacturing	320.75	1227.49	1033.23	191.77
铁路、船舶、航空航天和其他运输设备制造业	Railway, Shipbuilding, Aerospace and other Transport Equipment	286.48	801.75	707.14	93.90
电气机械和器材制造业	Electric Equipment and Machinery	521.96	1876.81	1709.52	136.70
计算机、通信和其他电子设备制造业	Computers, Communications and Other Electronic Equipment Manufacturing	282.85	753.34	707.69	43.75
仪器仪表制造业	Instruments Manufacturing	86.89	232.40	219.05	12.68
其他制造业	Other Manufacturing	31.97	99.91	99.50	0.38
废弃资源综合利用业	Comprehensive Utilization of Waste Resources	2.69	37.81	36.24	1.57
金属制品、机械和设备修理业	Metal Products, Machinery and Equipment Repair Industry	30.05	57.90	51.04	6.02
电力、热力的生产和供应业	Production and Supply of Electricity and Heating Power	1349.85	1252.57	730.17	520.28
燃气生产和供应业	Production and Supply of Gas	21.42	37.65	23.71	13.94
水的生产和供应业	Production and Supply of Water	151.00	192.98	90.56	98.01

续表 6 Continued 单位:亿元(100 million yuan)

行业	Sector	年末所有者权益合计 Creditors′ Equity	实收资本 Total Capital Hold	主营业务收入 Revenues in Main Business	主营业务成本 Costs in Main Business
总计	**Total**	**13371.65**	**5220.19**	**33716.44**	**28989.96**
按登记注册类型分	**by Registered Type**				
#国有	#State - owned	1219.43	266.41	3226.83	2894.14
集体	Collective owned	11.87	4.27	23.22	18.31
私营	Private	3303.88	1066.73	9875.33	8565.03
港澳台商投资	Enterprises Funded by Entrepreneurs From Hong Kong, Macao and Taiwan	2085.35	1020.63	4744.18	4022.94
外商投资	Foreign Funded Enterprises	1882.10	992.35	4918.41	4108.44
在总计中:轻工业	Light Industry	5564.76	2112.94	12775.93	10675.75
重工业	Heavy Industry	7806.90	3107.25	20940.51	18314.22
按工业行业分	**By Sector**				
煤炭开采和洗选业	Coal Mining and Dressing	5.18	3.35	23.82	21.54
黑色金属矿采选业	Ferrous Metals Mining and Dressing	10.19	1.63	11.15	9.25
有色金属矿采选业	Nonferrous Metals Mining and Dressing	5.70	1.39	14.15	11.07
非金属矿采选业	Nonmetal Minerals Mining and Dressing	-1.96	0.98	24.47	20.91
农副食品加工业	Non - staple Food Processing	89.84	37.87	250.08	224.77
食品制造业	Food Manufacturing	143.06	47.67	273.29	208.15
酒、饮料和精制茶制造业	Wine, Soft Drinks and Refined Tea Manufacturing	158.62	60.76	293.47	197.07
烟草制品业	Tobacco Processing	91.17	3.42	121.10	22.57
纺织业	Textile Industry	1006.84	433.90	2575.41	2266.30
纺织服装、服饰业	Garments and Apparel Industry	600.86	221.97	1251.98	1014.12
皮革、毛皮、羽毛及其制品和制鞋业	Leather, Furs, Down and Related Production, Shoes Manufacturing	260.67	110.34	829.32	706.42
木材加工和木、竹、藤、棕、草制品业	Timber Processing, Bamboo, Cane Palm Fiber and Straw Production	42.75	19.06	111.79	92.17
家具制造业	Furniture Manufacturing	142.31	77.29	359.61	295.95
造纸和纸制品业	Papermaking and Paper Production	318.06	173.41	555.47	473.95
印刷和记录媒介复制业	Printing and Record Medium Reproduction	57.37	26.20	116.93	98.89
文教、工美、体育和娱乐用品制造业	Cultural and Educational, Arts and Crafts, Sports and Entertainment Goods	178.04	62.86	491.64	423.31

续表 7 Continued 单位:亿元(100 million yuan)

行业	Sector	年末所有者权益合计 Creditors´ Equity	实收资本 Total Capital Hold	主营业务收入 Revenues in Main Business	主营业务成本 Costs in Main Business
石油加工、炼焦和核燃料加工业	Petroleum Processing, Coking and Nuclear Fuel Processing	207.53	215.39	1538.41	1342.31
化学原料和化学制品制造业	Raw Chemical Materials and Chemical Production	1136.75	402.92	3026.47	2622.14
医药制造业	Medical and Pharmaceutical Production	537.30	136.47	675.48	422.44
化学纤维制造业	Chemical Fiber	569.93	174.23	1887.16	1765.06
橡胶和塑料制品业	Rubber and Plastic Production	428.18	149.23	1314.27	1139.28
非金属矿物制品业	Nonmetal Mineral Production	366.42	182.25	544.99	444.98
黑色金属冶炼和压延加工业	Smelting and Pressing of Ferrous Metals	345.72	216.51	1391.54	1301.29
有色金属冶炼和压延加工业	Smelting and Pressing of Nonferrous Metals	221.98	94.21	989.28	925.10
金属制品业	Metal Production	389.82	156.35	973.37	832.50
通用设备制造业	Equipment in Common Use	958.05	318.73	1917.48	1565.58
专用设备制造业	Special Purpose Equipment	336.52	129.49	633.61	515.94
汽车制造业	Automotive Manufacturing	810.01	269.57	2176.62	1896.22
铁路、船舶、航空航天和其他运输设备制造业	Railway, Shipbuilding, Aerospace and other Transport Equipment	297.00	135.27	692.47	631.18
电气机械和器材制造业	Electric Equipment and Machinery	1305.45	527.17	3191.67	2694.24
计算机、通信和其他电子设备制造业	Computers, Communications and Other Electronic Equipment Manufacturing	784.92	342.86	1625.87	1342.40
仪器仪表制造业	Instruments Manufacturing	257.96	86.93	414.71	314.75
其他制造业	Other Manufacturing	87.04	27.01	169.52	141.31
废弃资源综合利用业	Comprehensive Utilization of Waste Resources	17.49	6.99	120.86	117.19
金属制品、机械和设备修理业	Metal Products, Machinery and Equipment Repair Industry	40.53	21.00	42.55	37.13
电力、热力的生产和供应业	Production and Supply of Electricity and Heating Power	966.52	226.02	2996.52	2778.02
燃气生产和供应业	Production and Supply of Gas	22.44	8.97	27.00	21.74
水的生产和供应业	Production and Supply of Water	175.38	110.54	62.92	52.72

续表 8 Continued 单位:亿元(100 million yuan)

行业	Sector	主营业务税金及附加 Sales Taxes and Extra Charges in Main Business	利润总额 Total Profits	利税总额 Total Profits and Taxes	本年应交增值税 Value Added Taxes Payable	全部从业人员年平均人数(万人) Average Number of Employed Persons (10000 persons)
总计	**Total**	**374.39**	**1914.19**	**3226.80**	**938.22**	**378.35**
按登记注册类型分	**by Registered Type**					
#国有	#State - owned	97.26	129.92	354.89	127.72	9.34
集体	Collective owned	0.16	1.81	2.62	0.65	0.36
私营	Private	41.32	524.06	819.94	254.56	140.76
港澳台商投资	Enterprises Funded by Entrepreneurs From Hong Kong, Macao and Taiwan	57.04	307.16	513.36	149.16	62.62
外商投资	Foreign Funded Enterprises	20.68	301.03	449.33	127.62	65.00
在总计中:轻工业	Light Industry	136.94	769.21	1298.16	392.00	207.59
重工业	Heavy Industry	237.45	1144.97	1928.64	546.22	170.76
按工业行业分	**By Sector**					
煤炭开采和洗选业	Coal Mining and Dressing	0.09	0.26	0.87	0.53	0.23
黑色金属矿采选业	Ferrous Metals Mining and Dressing	0.12	0.55	1.25	0.58	0.12
有色金属矿采选业	Nonferrous Metals Mining and Dressing	0.08	1.86	2.48	0.54	0.16
非金属矿采选业	Nonmetal Minerals Mining and Dressing	0.32	2.06	2.93	0.54	0.38
农副食品加工业	Non - staple Food Processing	0.56	9.44	13.47	3.47	3.40
食品制造业	Food Manufacturing	1.21	30.33	43.67	12.13	4.52
酒、饮料和精制茶制造业	Wine, Soft Drinks and Refined Tea Manufacturing	8.83	27.26	51.85	15.76	3.40
烟草制品业	Tobacco Processing	76.59	12.22	105.27	16.45	0.10
纺织业	Textile Industry	12.43	130.38	218.06	75.24	41.32
纺织服装、服饰业	Garments and Apparel Industry	6.55	89.55	138.25	42.16	37.17
皮革、毛皮、羽毛及其制品和制鞋业	Leather, Furs, Down and Related Production, Shoes Manufacturing	3.81	49.27	82.69	29.61	23.62
木材加工和木、竹、藤、棕、草制品业	Timber Processing, Bamboo, Cane Palm Fiber and Straw Production	0.99	6.35	10.57	3.23	2.09
家具制造业	Furniture Manufacturing	1.65	19.38	33.50	12.47	10.04
造纸和纸制品业	Papermaking and Paper Production	1.88	27.32	45.91	16.71	5.72
印刷和记录媒介复制业	Printing and Record Medium Reproduction	0.63	8.00	11.42	2.79	1.82
文教、工美、体育和娱乐用品制造业	Cultural and Educational, Arts and Crafts, Sports and Entertainment Goods	1.78	27.47	38.92	9.67	9.40

续表 9 Continued 单位:亿元(100 million yuan)

行业	Sector	主营业务税金及附加 Sales Taxes and Extra Charges in Main Business	利润总额 Total Profits	利税总额 Total Profits and Taxes	本年应交增值税 Value Added Taxes Payable	全部从业人员年平均人数(万人) Average Number of Employed Persons (10000 persons)
石油加工、炼焦和核燃料加工业	Petroleum Processing,Coking and Nuclear Fuel Processing	153.31	29.84	248.47	65.32	0.80
化学原料和化学制品制造业	Raw Chemical Materials and Chemical Production	11.33	192.22	281.60	78.06	12.43
医药制造业	Medical and Pharmaceutical Production	4.42	87.79	130.63	38.42	8.89
化学纤维制造业	Chemical Fiber	3.73	56.60	92.95	32.62	8.31
橡胶和塑料制品业	Rubber and Plastic Production	5.48	79.40	113.22	28.33	14.33
非金属矿物制品业	Nonmetal Mineral Production	3.19	46.00	72.35	23.16	7.19
黑色金属冶炼和压延加工业	Smelting and Pressing of Ferrous Metals	2.83	26.32	50.90	21.75	6.52
有色金属冶炼和压延加工业	Smelting and Pressing of Nonferrous Metals	1.52	37.61	50.64	11.51	3.60
金属制品业	Metal Production	5.76	55.39	86.29	25.14	16.56
通用设备制造业	Equipment in Common Use	9.90	158.95	225.58	56.74	27.09
专用设备制造业	Special Purpose Equipment	2.39	55.97	75.52	17.16	8.90
汽车制造业	Automotive Manufacturing	15.20	132.19	194.31	46.93	18.51
铁路、船舶、航空航天和其他运输设备制造业	Railway, Shipbuilding, Aerospace and other Transport Equipment	2.33	13.12	24.34	8.88	7.86
电气机械和器材制造业	Electric Equipment and Machinery	11.27	179.37	266.48	75.85	45.19
计算机、通信和其他电子设备制造业	Computers, Communications and Other Electronic Equipment Manufacturing	6.81	151.07	192.12	34.24	25.88
仪器仪表制造业	Instruments Manufacturing	2.21	40.46	57.69	15.02	7.82
其他制造业	Other Manufacturing	0.83	9.88	14.66	3.94	4.53
废弃资源综合利用业	Comprehensive Utilization of Waste Resources	0.18	1.76	4.42	2.48	0.75
金属制品、机械和设备修理业	Metal Products,Machinery and Equipment Repair Industry	0.32	0.54	2.55	1.69	1.83
电力、热力的生产和供应业	Production and Supply of Electricity and Heating Power	13.38	115.60	234.98	106.00	6.45
燃气生产和供应业	Production and Supply of Gas	0.06	1.42	1.78	0.29	0.22
水的生产和供应业	Production and Supply of Water	0.41	0.97	4.21	2.83	1.22

7－15 按行业分的大中型工业企业主要经济效益指标(2012 年)
Main Economic Beneficial Indicators of Large and Medium－sized Industrial Enterprises by Sector(2012)

行业	Sector	每百元固定资产原值实现利税(元) Pre tax Profits per 100 Yuan Original Value of Fixed Assets(yuan)	每百元主营业务收入实现利税(元) Pre tax Profits per 100 Yuan Revenues in Main Business (yuan)	产品销售率(%) Rate of Production Sold (%)	出口交货值占工业销售(%) Export delivery value of the proportion of total sales value(%)	新产品产值率(%) New product ratio (%)
总计	**Total**	**24.79**	**9.57**	**97.62**	**20.09**	**29.09**
按登记注册类型分	**by Registered Type**					
#国有	#State－owned	13.47	11.00	99.82	0.39	1.99
集体	Collective owned	37.79	11.30	100.19		19.17
私营	Private	30.06	8.30	96.99	21.40	32.95
港澳台商投资	Enterprises Funded by Entrepreneurs From Hong Kong,Macao and Taiwan	32.23	10.82	96.89	26.34	31.45
外商投资	Foreign Funded Enterprises	25.86	9.14	97.51	34.89	26.58
在总计中:轻工业	Light Industry	27.93	10.16	97.14	26.95	31.60
重工业	Heavy Industry	23.05	9.21	97.91	15.97	27.58
按工业行业分	**By Sector**					
煤炭开采和洗选业	Coal Mining and Dressing	10.17	3.67	95.84		
黑色金属矿采选业	Ferrous Metals Mining and Dressing	23.77	11.21	99.09		
有色金属矿采选业	Nonferrous Metals Mining and Dressing	79.18	17.53	100.33		2.56
非金属矿采选业	Nonmetal Minerals Mining and Dressing	80.73	11.96	101.08	0.18	
农副食品加工业	Non－staple Food Processing	19.82	5.39	99.06	17.09	13.71
食品制造业	Food Manufacturing	46.12	15.98	98.79	14.02	21.91
酒、饮料和精制茶制造业	Wine, Soft Drinks and Refined Tea Manufacturing	30.76	17.67	97.11	1.75	14.59
烟草制品业	Tobacco Processing	327.00	86.92	99.34	2.14	
纺织业	Textile Industry	19.55	8.47	97.50	21.03	28.58
纺织服装、服饰业	Garments and Apparel Industry	36.59	11.04	97.19	44.03	28.31
皮革、毛皮、羽毛及其制品和制鞋业	Leather,Furs,Down and Related Production,Shoes Manufacturing	50.44	9.97	97.91	43.72	27.89
木材加工和木、竹、藤、棕、草制品业	Timber Processing,Bamboo,Cane Palm Fiber and Straw Production	38.40	9.46	97.61	27.00	54.45
家具制造业	Furniture Manufacturing	28.52	9.32	96.43	62.31	33.11
造纸和纸制品业	Papermaking and Paper Production	11.30	8.27	98.75	8.37	22.13
印刷和记录媒介复制业	Printing and Record Medium Reproduction	20.06	9.77	97.74	18.38	32.04
文教、工美、体育和娱乐用品制造业	Cultural and Educational,Arts and Crafts,Sports and Entertainment Goods	36.57	7.92	97.60	42.42	36.15

续表 Continued

行业	Sector	每百元固定资产原值实现利税(元) Pre tax Profits per 100 Yuan Original Value of Fixed Assets(yuan)	每百元主营业务收入实现利税(元) Pre tax Profits per 100 Yuan Revenues in Main Business (yuan)	产品销售率(%) Rate of Production Sold (%)	出口交货值占工业销售(%) Export delivery value of the proportion of total sales value(%)	新产品产值率(%) New product ratio (%)
石油加工、炼焦和核燃料加工业	Petroleum Processing,Coking and Nuclear Fuel Processing	70.56	16.15	99.08	0.04	1.77
化学原料和化学制品制造业	Raw Chemical Materials and Chemical Production	26.24	9.30	97.68	8.44	31.18
医药制造业	Medical and Pharmaceutical Production	44.99	19.34	90.28	31.66	36.84
化学纤维制造业	Chemical Fiber	15.22	4.93	97.82	5.00	36.22
橡胶和塑料制品业	Rubber and Plastic Production	26.44	8.61	102.46	20.52	27.52
非金属矿物制品业	Nonmetal Mineral Production	17.09	13.28	97.97	10.30	27.57
黑色金属冶炼和压延加工业	Smelting and Pressing of Ferrous Metals	9.21	3.66	97.49	4.61	29.99
有色金属冶炼和压延加工业	Smelting and Pressing of Nonferrous Metals	39.12	5.12	97.99	9.09	25.02
金属制品业	Metal Production	32.20	8.87	95.95	28.41	32.36
通用设备制造业	Equipment in Common Use	39.06	11.76	97.41	24.93	40.82
专用设备制造业	Special Purpose Equipment	34.91	11.92	96.56	24.69	44.31
汽车制造业	Automotive Manufacturing	37.98	8.93	98.23	18.62	39.48
铁路、船舶、航空航天和其他运输设备制造业	Railway, Shipbuilding, Aerospace and other Transport Equipment	6.35	3.51	95.41	60.60	26.52
电气机械和器材制造业	Electric Equipment and Machinery	33.43	8.35	97.45	28.86	42.30
计算机、通信和其他电子设备制造业	Computers, Communications and Other Electronic Equipment Manufacturing	37.48	11.82	94.09	45.31	42.19
仪器仪表制造业	Instruments Manufacturing	42.18	13.91	96.19	25.15	49.11
其他制造业	Other Manufacturing	29.15	8.65	92.38	48.43	34.98
废弃资源综合利用业	Comprehensive Utilization of Waste Resources	108.03	3.66	94.18		5.11
金属制品、机械和设备修理业	Metal Products,Machinery and Equipment Repair Industry	6.07	6.00	100.00	34.69	0.07
电力、热力生产和供应业	Production and Supply of Electricity and Heating Power	9.12	7.84	99.94	0.01	0.42
燃气生产和供应业	Production and Supply of Gas	4.38	6.61	98.60		
水的生产和供应业	Production and Supply of Water	1.49	6.69	97.82		

7-16 规模以上工业企业能源购进、消费及库存(2012年)
Purchasing, Consuming and Stocking of Energy in Industrial Enterprises Above Designated Size(2012)

能源名称	Item	年初库存 Stock at the Beginning of the Year	购进量实物量 Number of Purchasing	消费量 Consumption	#工业生产消费 Industry	年末库存 Stock at the End of the Year
原煤 (吨)	Coal (ton)	7473077	128853302	129032373	128915676	7260139
洗精煤 (吨)	Coal Washing (ton)	333459	3951008	4271083	4271074	194264
其他洗煤 (吨)	Other Coal Washing (ton)	279	15056	15195	14944	139
煤制品 (吨)	Coal Puoducts (ton)	24499	949025	956237	954857	17532
焦炭 (吨)	Coke (ton)	109571	1745049	4514223	4514121	85493
其他焦化产品 (吨)	Other Coking Production (ton)	529	19298	18840	18840	987
焦炉煤气 (万立方米)	Coking Coal (10000 cu. m)		1873	71122	71122	
高炉煤气 (万立方米)	Blast Furnace Gas (10000 cu. m)		17101	1499588	1499588	
转炉煤气 (万立方米)	Converter Furnace Gas (10000 cu. m)			88809	88809	
发生炉煤气 (万立方米)	Producer Furnace Gas (10000 cu. m)			1493	1493	
天然气 (万立方米)	Natural Gas (10000 cu. m)		393767	394036	392393	
原油 (吨)	Crude Oil (ton)	892178	27333521	27325949	27325778	889466
汽油 (吨)	Gasoline (ton)	2064	310673	311564	161069	1839
煤油 (吨)	Kerosene (ton)	715	21706	21801	21237	618
柴油 (吨)	Diesel Oil (ton)	31705	781322	784045	664522	32241
燃料油 (吨)	Fuel Oil (ton)	143552	1773854	2023746	2020895	94167
液化石油气 (吨)	LPG (ton)	3178	123048	423723	420460	2788
其他石油制品 (吨)	Other Petroleum Production (ton)	76879	2065033	4505358	4504910	62871
热力 (百万千焦)	Heat (100 Million coke)		278595686	317359361	314400226	
电力 (万千瓦小时)	Electricity (1000 kw. h)		14849654	17176057	16934807	
其他燃料 (吨标准煤)	Other Fuel (Tons of SCE)	13195	164975	230650	230156	14462

7－17 能源生产弹性系数(1990－2012 年)
Elasticity Ratio of Energy Production(1990－2012)

年份 Year	全省能源生产量(万吨标准煤) Output of Energy Production (10000 tons of SCE)	全省电力生产量(亿千瓦小时) Output of Electricity Production (10000 million kwh)	能源生产比上年增长(%) Growth Rate of Energy Production Over Preceding year (%)	电力生产比上年增长(%) Growth Rate of Electricity Production Over Preceding year (%)	生产总值比上年增长(%) Growth Rate of GDP Over Preceding year (%)	能源生产弹性系数 Elasticity Ratio of Energy Production	电力生产弹性系数 Elasticity Ratio of Electricity Production
1990	317.18	208.58			3.93		
1991	324.1	242.25	2.18	16.14	17.83	0.12	0.91
1992	355.57	284.13	9.71	17.29	19.02	0.51	0.91
1993	388.8	308.52	9.35	8.58	22.02	0.42	0.39
1994	402.53	340.90	3.53	10.5	19.97	0.18	0.53
1995	460.7	407.11	14.45	19.42	16.78	0.86	1.16
1996	379.17	448.36	-17.7	10.13	12.69	-1.39	0.8
1997	392.16	485.77	3.43	8.34	11.1	0.31	0.75
1998	494.04	539.16	25.98	10.99	10.17	2.55	1.08
1999	454.81	597.26	-7.94	10.78	10.03	-0.79	1.07
2000	439.24	696.59	-3.42	16.63	11.04	-0.31	1.51
2001	516.41	790.35	17.57	13.46	10.65	1.65	1.26
2002	745.64	887.82	44.39	12.33	12.64	3.51	0.98
2003	945.58	1090.86	26.81	22.87	14.7	1.82	1.56
2004	1091.63	1258.81	15.45	15.4	14.48	1.07	1.06
2005	1273.02	1456.42	16.62	15.7	12.76	1.3	1.23
2006	1216.21	1765.93	-4.46	21.25	13.88	-0.32	1.53
2007	1169.43	2080.41	-3.85	17.81	14.67	-0.26	1.21
2008	1228.75	2133.87	5.07	2.57	10.05	0.50	0.26
2009	1238.39	2250.71	0.78	5.48	8.94	0.1	0.61
2010	1489.94	2567.51	20.31	14.08	11.94	1.70	1.18
2011	1354.08	2790.24	-9.12	8.67	9.05	-1.01	0.96
2012	1709.98	2846.91	26.28	2.03	7.98	3.29	0.25

7-18 能源消费弹性系数(1990-2012年) Elasticity Ratio of Energy Consumption(1990-2012)

年份 Year	全省能源消费量(万吨标准煤) Total Energy Consumption (10000 tons of SCE)	全省电力消费量(亿千瓦小时) Total Electricity Consumption (100 million kwh)	能源消费比上年增长(%) Growth Rate of Energy Consumption Over Preceding year (%)	电力消费比上年增长(%) Growth Rate of Electricity Consumption Over Preceding year (%)	生产总值比上年增长(%) Growth Rate of GDP Over Preceding year (%)	能源消费弹性系数 Elasticity Ratio of Energy Consumption	电力消费弹性系数 Elasticity Ratio of Electricity Consumption
1990	2732.86	230.29			3.93		
1991	3123.17	263.07	14.28	14.23	17.83	0.80	0.80
1992	3484.22	303.28	11.56	15.28	19.02	0.61	0.80
1993	4044.22	346.75	16.07	14.33	22.02	0.73	0.65
1994	4496.67	396.74	11.19	14.42	19.97	0.56	0.72
1995	4851.26	439.59	7.89	10.80	16.78	0.47	0.64
1996	5165.43	479.34	6.48	9.04	12.69	0.51	0.71
1997	5446.74	511.45	5.45	6.70	11.10	0.49	0.60
1998	5656.96	547.78	3.86	7.10	10.17	0.38	0.70
1999	5960.14	611.67	5.36	11.66	10.03	0.53	1.16
2000	6560.37	742.89	10.07	21.45	11.04	0.91	1.94
2001	7253.11	855.29	10.56	15.13	10.65	0.99	1.42
2002	8279.64	1015.84	14.15	18.77	12.64	1.12	1.49
2003	9522.56	1240.35	15.01	22.10	14.70	1.02	1.50
2004	10824.69	1419.53	13.67	14.45	14.48	0.94	1.00
2005	12031.67	1642.32	11.15	15.69	12.76	0.87	1.23
2006	13218.85	1909.23	9.87	16.25	13.88	0.71	1.17
2007	14524.13	2189.37	9.87	14.67	14.67	0.67	1.00
2008	15106.88	2322.87	4.01	6.10	10.05	0.40	0.61
2009	15566.89	2471.44	3.05	6.40	8.94	0.34	0.72
2010	16865.29	2820.93	8.34	14.14	11.94	0.70	1.18
2011	17827.27	3116.91	5.70	10.49	9.05	0.63	1.16
2012	18076.18	3210.55	1.40	3.00	7.98	0.18	0.38

7-19 全社会用电情况
The Total Electricity Consumption

单位:万千瓦时(10000 kw.h)

指标	Item	2008	2009	2010	2011	2012
全社会用电总计	**Total**	**23228718**	**24714378**	**28209304**	**31169134**	**32105518**
全行业用电合计	**Total by Sector**	**20659639**	**21909824**	**25019898**	**27642805**	**28186507**
第一产业	Primary Industry	154612	157060	172955	193595	210895
第二产业	Secondary Industry	18348945	19343012	22064707	24271987	24487542
第三产业	Teriary Industry	2156082	2409752	2782236	3177223	3488070
全行业用电按行业分	**by Sector**					
农、林、牧、渔业	Farming, Forestry, Animal Husbandry and Fishery	154612	157060	172955	193595	210895
工业	Industry	18084760	19042380	21685595	23831545	24027285
采矿业	Mining and Quarrying	185698	190129	190577	208909	202208
制造业合计	Manufacturing	14732757	15562679	18072825	20130822	20299377
电力燃气及水的生产和供应业	Electicity, Gas and Water Production and Supply	3166304	3289573	3422192	3491814	3525700
建筑业	Construction	264185	300632	379112	440442	460257
交通运输、仓储、邮政业	Ttransport, Storage and Post	187166	212361	269682	317771	332122
信息传输计算机服务软件业	Information Transmission, Computer Services and Software	126937	155348	194160	232594	260184
商业、住宿和餐饮业	Commerce, Hotels and Catering Services	736502	841679	973866	1118963	1223055
金融房地产商务及居民服务业	Finace, Real Estate, Business and Service for the Residents	383420	418105	489829	567553	633225
公共事业及管理组织	Public Administration	722056	782258	854699	940341	1039485
城乡居民生活用电合计	**Total Electricity Consumption by Urban and Rural Residents**	**2569080**	**2804554**	**3189406**	**3526329**	**3919011**
城镇居民	Urban Residents	1358972	1491628	1688189	1865688	2083490
乡村居民	Rural Residents	1210108	1312925	1501217	1660642	1835521

7－20 规模以下工业主要指标
Basic Indicators on Total Industry Below Designated Size

指标名称		Item		2011	2012
企业(单位)数	(万家)	Number of Enterprises	(10000 units)	85.71	85.75
年末从业人数	(万人)	Number of Employed Persons at the Year－end	(10000 persons)	807.56	770.68
工业总产值	(亿元)	Gross Industrial Output Value	(100 million yuan)	18651.92	19331.60

7－21 规模以下工业企业主要指标
Basic Indicators on Industry Enterprise Below Designated Size

单位:亿元(100 million yuan)

指标		Item		2011	2012
企业数	(万家)	Number of Enterprises	(10000 units)	17.33	17.32
年末从业人数	(万人)	Number of Employed Persons at the Year－end	(10000 persons)	379.05	355.05
工业总产值		Gross Industrial Output Value		9475.71	9749.49
主营业务收入		Revenues in Main Business		9308.60	9652.96
税金总额		Total Taxes		448.81	412.03
所得税		Income Taxes		62.68	61.46
营业利润		Sales Profits		460.55	412.58
应付工资、福利及保险费		Expense of Payment, Benefits and Insurance		894.46	942.49
折旧		Depreciation		277.03	279.72

注：1.规模以下工业企业为年主营业务收入2000万以下工业企业。
Industrial enterprises below designated size are those with annual revenue from principal business under 20 million yuan.
2."应付工资、福利及保险费"指标为"应付职工薪酬"。
Expense of payment, benefits and insurance refers to employee benefits payable.

7－22 个体工业主要指标
Basic Indicators on Individual Industry

单位:亿元(100 million yuan)

指标		Item		2011	2012
单位数	(万家)	Number	(10000 units)	68.38	68.43
年末从业人数	(万人)	Number of Employed Persons at the Year－end	(10000 persons)	428.51	415.63
营业收入		Revenues in Business		9176.21	9487.24
生产支出		Cost of Produce		6577.33	6808.39
工资及福利		Payment and Benefits		1025.68	1083.67

注："工资及福利"指标为"应付职工薪酬"。Payment and benefits refers to employee benefits payable.

浙/江/统/计/年/鉴

主要统计指标解释

■ 工业增加值

是指工业行业在报告期内以货币表现的工业生产活动的最终成果。

■ 固定资产原价

固定资产原值指企业在建造、购置、安装、改建、扩建、技术改造某项固定资产时所支出的全部货币总额。它一般包括买价、包装费、运杂费和安装费等。

■ 固定资产净值

是指固定资产原价减去历年已提折旧额后的净额。

■ 流动资产

流动资产是指可以在一年或者超过一年的一个营业周期内变现或者耗用的资产,包括现金及各种存款、短期投资、应收及预付货款、存货等。

■ 利税总额

指企业利润总额、产品销售税金及附加和应交增值税之和。

■ 主营业务收入

指企业在销售商品(不一定是本企业生产)、提供劳务及让渡资产使用权等日常活动中所产生的收入。

■ 主营业务成本

指企业在销售商品、提供劳务及让渡资产使用权等日常活动而发生的实际成本。

■ 主营业务税金及附加

指企业日常活动应负担的税金及附加,包括营业税、消费税、城市维护建设税、资源税、土地增值税和教育费附加等。

■ 产品销售利润

指企业销售产品和提供工业性劳务等主要经营业务收入扣除其成本、费用、税金后的利润。

■ 利润总额

指企业实现的利润。

■ 应交增值税

指企业在报告期内应交纳的增值税额。

■ 资本金

指企业在工商行政管理部门登记的注册资金合计。企业资本金按投资主体可分为国家资本金、法人资本金、个人资本金和外商资本金等。资本金合计包括企业各种投资主体注册的全部资本金。

■ 总资产

指企业拥有或控制的全部资产。包括流动资产、长期投资、固定资产、无形及递延资产、其他长期资产、递延税项等,即为企业资产负债表的资产总计项。

(1)流动资产　指企业可以在一年内或者超过一年的一个生产周期内变现或耗用的资产合计。包括现金及各种存款、短期投资、应收及预付款项、存货等。

(2)固定资产　指企业固定资产净值、固定资产清理、在建工程、待处理固定资产损失所占用的资金合计。

(3)无形资产　指企业长期使用而没有实物形态的资产。包括专利权、非专利技术、商标权、著作权、土地使用权、商誉等。

■ 总负债

指企业承担并需要偿还的全部债务。包括流动负债和长期负债、递延税项等,即为企业资产负债表的负债合计项。

(1)流动负债　指企业在一年内或者超过一年的一个营业周期内需要偿还的债务合计,其中包括短期借款、应付及预收款项、应付工资、应交税金和应交利润等。

主要统计指标解释

(2) 长期负债　指企业在一年以上或者超过一年的一个生产周期以上需要偿还的债务合计，其中包括长期借款、应付债务、长期应付款项等。

■ 所有者权益

指企业投资人对企业净资产的所有权。企业净资产等于企业全部资产减去全部负债后的余额，其中包括投资者对企业的最初投入，以及资本公积金、盈余公积金和未分配利润，对股份制企业即为股东权益。

■ 流动资产周转次数

指在一定时间内流动资产完成的周转次数，反映流动资产的周转速度。计算公式为：

流动资金周转次数＝产品销售收入/全部流动资产平均余额。

■ 全员劳动生产率

指根据产品的价值量指标计算的平均每一从业人员在单位时间内的产品生产量。计算公式为：

全员劳动生产率＝工业增加值÷全部从业人员数。

■ 能源生产总量

指一定时期内某地区一次能源生产量的总和。该指标是观察全国能源生产水平、规模、构成和发展速度的总量指标。一次能源生产量包括原煤、原油、天然气、水电、核能及其他动力能(如风能、地热能等)发电量，不包括低热值燃料生产值、生物能、太阳能等的利用和由一次能源加工转换而成的二次能源产量。

■ 能源消费总量

指一定时期内某地区物质生产部门、非物质生产部门和生活消费的各种能源的总和。该指标是观察能源消费水平、构成和增长速度的总量指标。能源消费总量包括原煤和原油及其制品、天然气、电力，不包括低热值燃料、生物质能和太阳能等的利用。能源消费总量分为终端能源消费量、能源加工转换损失量和能源损失量三部分。

(1)终端能源消费量：指一定时期内生产和生活消费的各种能源在扣除了用于加工转换二次能源消费量和损失量以后的数量。

(2)能源加工转换损失量：指一定时期内投入加工转换的各种能源数量之和与产出各种能源产品之和的差额。该指标是观察能源在加工转换过程中损失量变化的指标。

(3)能源损失量：指一定时期内能源在输送、分配、储存过程中发生的损失和由客观原因造成的各种损失量，不包括各种气体能源放空、放散量。

■ 能源生产弹性系数

研究能源生产增长速度与国民经济增长速度之间关系的指标。计算公式为：

$$\text{能源生产弹性系数}=\frac{\text{能源生产总量年平均增长速度}}{\text{生产总值年平均增长速度}}$$

■ 电力生产弹性系数

研究电力生产增长速度与国民经济增长速度之间关系的指标。一般来说，电力的发展应当快于国民经济的发展，也就是说电力应超前发展。计算公式为：

$$\text{电力生产弹性系数}=\frac{\text{电力生产量年平均增长速度}}{\text{生产总值年平均增长速度}}$$

■ 能源消费弹性系数

反映能源消费增长速度与国民经济增长速度之间比例关系的指标。计算公式为：

$$\text{能源消费弹性系数}=\frac{\text{能源消费量年平均增长速度}}{\text{生产总值年平均增长速度}}$$

■ 电力消费弹性系数

反映电力消费增长速度与国民经济增长速度之间比例关系的指标。计算公式为：

$$\text{电力消费弹性系数}=\frac{\text{电力消费量年平均增长速度}}{\text{生产总值年平均增长速度}}$$

ZHEJIANG STATISTICAL YEARBOOK

Explanatory Notes on Main Statistical Indicators

□ Value Added of Industry

refers to the final results of industrial production of the industrial trade in money terms during the reference period.

□ Original Value of Fixed Assets

refers to the original value of all fixed assets owned by industrial enterprises, calculated at the cost paid at the time of purchase, installation, reconstruction, expansion, and technical innovation and transformation of the said assets, which includes expenses on purchase, package, transportation, and installation, etc.

□ Net Value of Fixed Assets

is obtained by deducting depreciation over years from the original value of fixed assets.

□ Circulating Assets

refers to assets which can be cashed in or spent or consumed in an operating cycle of one year or over one year, which includes cash, various deposits, short term investment, and receivable payments, and advance payments, stock, etc.

□ Total Value of Profit and Tax (Pre – tax Profits)

refers to the sum of the total profits, products sales tax and surcharges and the value added tax payable of industrial enterprises. It is also called pre – tax profits.

□ Revenue on Main Business

refers to revenues from the sales of products, labor services provided, alienation of using asset right and etc.

□ Cost on Main Business

refers to real costs from the sales of products, labor services provided, alienation of using asset right and etc.

□ Tax and Extra Charges on Main Business

refer to the tax the business tax, consumption tax, city maintenance and construction, resources tax, land increasing value tax and extra charges for education and etc.

□ Sales Profit of Products

refers to the profit gained by the enterprises by deducting cost, charges and taxes from the business income of the enterprises obtained in selling products and providing industrial services.

□ Total Profits

refer to the profits gained by the enterprises.

□ Value Added Tax Payable

refers to the amount of the value added tax which should be paid by the enterprises in the reporting period.

□ Capital

refers to the corporation's capital registered in the departments of administration for industry and commerce. According to the different nature of investors, corporations' capital can be divided into state capital, legal person's capital, personal capital, foreign capital, etc. Total capital includes total registered capital of all investors in the corporation.

□ Total Assets

refer to all assets which are owned or controlled by enterprises, including circulating assets, long – term investment, fixed assets, intangible assets and deferred assets, other long – term assets, and deferred taxes, etc. The summation of above items is equal to total assets shown in the balance sheets of the enterprises.

EXPLANATORY NOTES ON MAIN STATISTICAL INDICATORS

(1) Circulating assets (working capital) refer to assets which can be cashed in or spent or consumed in an operating cycle of one year or over one year, including cash, all kinds of deposits, short term investment, receivables, advance payment, stock, etc.

(2) Fixed assets refer to the net value of fixed assets, clearance of fixed assets, project under construction, fixed assets losses in suspense. These are corporations' fund holdings.

(3) Intangible assets refer to the assets without material form used by enterprises over a long time, such as patents, non - patent technologies, trade marks, copyright, land use right, business reputation, etc.

□ Total Liabilities

refer to the debts that enterprises are responsible for repayment, including liquid liabilities, long - term liabilities and deferred taxes, etc. Total liabilities correspond to the summation item of liabilities shown in the balance sheets of the enterprises.

(1) Liquid liabilities (also called quick liabilities or immediate liabilities) refer to enterprises total debt payable within an operating cycle of one year or over one year, including short term loans, payables and advance payments, wages payables, taxes payable and profit payable, etc.

(2) Long - term liabilities refers to total debt payable within an operating cycle of one year or over one year, including long - term loans, payable liabilities, long - term payables, etc.

□ Creditors' Equity

refers to investors' ownership of net assets of the enterprise. It is equal to the total assets of the enterprise minus its total liabilities, including the primary input from investors, capital accumulation fund, surplus accumulation fund and undistributed profit. It is the stock holders' equity in stock companies.

□ Turnover of Working Capital

refers to the number of times of turnover of working capital in a given period of time, which reflects the speed of the turnover of working capital and is calculated as follows:

Turnover of Working Capital (%) = 100% × (Sales Revenue of Products)/(Average Balance of Total Working Capital)

□ Overall Labour Productivity of Industrial Enterprises

refers to the average output per employed person in industrial enterprises in value terms. At present, the value added and the average number of staff and worders of an industrial enterprises in a given period are used to calculate the overall labour productivity. The formula used is:

Overall Labour Productivity = Value Added of Industry/Average Number of Staff and Worders

□ Total Energy Production

refers to the total production of primary energy by all energy producing enterprises in the region in a given period of time. It is a comprehensive indicator to show the capacity, scale, composition and development of energy production of the country. The production of primary energy includes that of coal, crude oil, natural gas, hydro - power and electricity generated by nuclear energy and other means such as wind power and geothermal power. However, it excludes the production of fuels of low calorific value, bio - energy, solar energy and the secondary energy converted from the primary energy.

□ Total Domestic Energy Consumption

refers to the total consumption of energy of various kinds by material production sectors, non material production sectors and households in the region in a given period of time. It is a comprehensive indicator to show the scale, composition and development of energy consumption. The total energy consumption includes that of coal, crude oil and their products, natural gas and electricity. However, it excludes the consumption of fuel of low calorific value, bioenergy and solar energy. Total domestic energy consumption can be divided into three parts: final energy consumption, loss during the process of energy conversion, and energy loss.

(1) Final Energy Consumption: It refers to the total energy consumption by material production sectors, non

EXPLANATORY NOTES ON MAIN STATISTICAL INDICATORS

material production sectors and households in the region in a given period of time, but excludes the consumption in conversion of the primary energy into the secondary energy and the loss in the process of energy conversion.

(2) Loss During the Process of Energy Conversion: It refers to the total input of various kinds of energy for conversion, minus the total output of various kinds of energy in the region in a given period of time. It is an indicator to show the loss that occurs during the process of energy conversion.

(3) Energy Loss: It refers to the total of the loss of energy during the course of energy transport, distribution and storage and the loss caused by any objective reason in a given period of time. The loss of various kinds of gas due to gas discharges and stocktaking is excluded.

□ Elasticity Ratio of Energy Production

is an indicator to show the relationship between the growth rate of energy production and the growth rate of the national economy. The formula is:

Elasticity Ratio of the Energy Production = Average Annual Growth Rate of Energy Production/Average Annual Growth Rate of GDP.

□ Elasticity Ratio of Electricity Production

is an indicator to show the relationship between the growth rate of electricity production and the growth rate of electricity production should be higher than that of the national economy.

Its formula is:

Elasticity Ratio of Electricity Production = Average Annual Growth Rate of Electricity Production/Average Annual Growth Rate of GDP.

□ Elasticity Ratio of Energy Consumption

is an indicator to show the relationship between the growth rate of energy consumption and the growth rate of the national economy. The formula is:

Elasticity Ratio of Energy Consumption = Average Annual Growth Rate of Energy Consumption/Average Annual Growth Rate of GDP.

□ Elasticity Ratio of Electricity Consumption

is an indicator to show the relationship between the growth rate of electricity consumption and the growth rate of the national economy. The formula is:

Elasticity Ratio of Electricity Consumption = Average Annual Growth Rate of Electricity Consumption/Average Annual Growth Rate of GDP.

2013

浙江统计年鉴

ZHEJIANG STATISTICAL YEARBOOK

 CHAPTER 8

建筑业

Construction

8-1 建筑业企业主要指标(1990-2012年)
Key Indicators of Construction Enterprises(1990-2012)

年份	建筑业企业单位数(个) Construction Enterprises (unit)	#其他经济类型 Other types of	建筑业企业平均从业人数(万人) The average number of construction enterprises employed (10000 persons)	#其他经济类型 Other types of	建筑业总产值(亿元) Gross Output Value (100 million yuan)	#其他经济类型 Other types of
1990	2550		67.37		78.98	
1991	2503		70.46		92.83	
1992	2450	24	75.25	0.68	134.00	1.80
1993	2901	20	97.28	0.50	260.54	1.62
1994	3538	50	127.89	1.11	470.79	4.58
1995	3549	115	144.21	5.17	710.23	35.79
1996	3691	666	145.32	18.24	845.68	104.46
1997	3937	969	141.22	24.21	883.33	154.07
1998	3540	1627	142.51	45.17	942.53	306.62
1999	3657	1994	150.63	66.37	1128.28	499.57
2000	3592	3238	165.90	97.14	1383.77	841.47
2001	3370	2595	185.17	140.61	1768.45	1365.60
2002	3210	2801	201.10	171.49	2282.99	1959.72
2003	3514	3131	247.22	218.94	3127.28	2802.02
2004	4053	3756	276.87	256.39	3911.30	3623.30
2005	4226	3942	322.12	302.82	4743.30	4450.60
2006	4482	4234	370.92	353.75	5701.00	5445.70
2007	4688	4465	427.52	411.58	7036.80	6778.30
2008	5259	5042	465.48	451.42	8268.60	8004.50
2009	5392	5185	530.95	517.54	9746.21	9474.70
2010	5627	5419	615.65	602.72	12210.90	11956.22
2011	5969	5771	601.42	590.19	15171.80	14859.10
2012	6286	6087	677.21	663.48	17656.00	17290.00

8-2 国有建筑企业主要经济指标(2006-2012年)
Major Economic Indicators of State-Owned Consruction Enterprises(2006-2012)

指标	Item	2006	2007	2008	2009	2010	2011	2012
建筑业总产值 (亿元)	Cross Output Value of Construction (100 million yuan)	138.7	159.4	155.6	156.8	125.9	166.1	181.9
增加值 (亿元)	Added Value (100 million yuan)	26.3	31.6	28.1	29.4	25.8	28.7	38.0
实现利润总额 (亿元)	Total Profits (100 million yuan)	2.5	3.6	3.2	4.1	3.7	4.5	4.2
上缴税金 (亿元)	Taxes Turned over to State (100 million yuan)	4.8	4.5	4.7	5.0	4.1	5.3	5.2
房屋建筑施工面积 (万平方米)	Floor Space of Buildings under Construction (10000 sq.m)	536.7	499.7	550.5	556.5	85.2	99.1	80.5
房屋建筑竣工面积 (万平方米)	Floor Space of Buildings Completed (10000 sq.m)	196.5	196.5	185.5	140.5	32.0	52.1	38.7
计算劳动生产率的平均人数 (万人)	Average Staff and Workers to Calculate Labor Productivity (10000 persons)	7.2	7.7	6.8	6.1	5.0	4.8	5.7
年末拥有固定资产合计 (亿元)	Net Value of Fixed Assets Owned (year-end) (100 million yuan)	22.4	18.9	25.6	28.5	15.1	17.6	17.8
年末拥有机械设备总功率 (万千瓦)	Total Power of Machinery and Equipment Owned (year-end) (10000 kw)	43.3	43.5	48.1	50.0	46.0	54.4	39.7
年末拥有机械设备净值 (亿元)	Net Value of Machinery and Equipment Owned(year-end) (100 million yuan)	10.1	10.7	8.2	9.2	8.6	9.6	7.7
全员劳动生产率	Overall Labor Productivity							
按总产值计算 (元/人)	Calculated by Gross Output Value (yuan/person)	193730	207121	227995	256991	252639	346975	321032
按增加值计算 (元/人)	Calculated by Added value (yuan/person)	36678	41101	41396	48239	51706	59911	67069
技术装备率 (元/人)	Value of Machines per Labourer (yuan/person)	15157	15058	13915	16140	19254	28687	16042
动力装备率 (千瓦/人)	Power of Machines per Labourer (kw/person)	6.5	6.2	8.2	8.8	10.3	16.3	8.3
产值利润率 (%)	Ratio of Profit to Gross Output Value (%)	1.8	2.3	2.1	2.6	2.9	2.7	2.3

注：1.8—2至8—18各表2004年以后数据为资质以上总承包、专业承包建筑业企业、不包括劳务分包企业。
The data in table 8-2 to 8-18 include enterprises of labor contracting which having qualificates since 2004.
2.2004年开始机械设备为年末施工机械设备。表8-3同。
The number of Machinery and Equipment Owned in 2004 refers to the machinery and equipment under construction(year end). The table 8-3 is the same.

8-3 私营建筑企业主要经济指标(2006-2012年)
Major Economic Indicators of Private Construction Enterprises(2006-2012)

指标		Item		2006	2007	2008	2009	2010	2011	2012
建筑业总产值	(亿元)	Gross Output Value of Constrution	(100 million yuan)	2390.4	3133.4	3544.0	4280.6	5935.1	7835.9	9419.2
增加值	(亿元)	Added Value	(100 million yuan)	511.2	655.9	750.6	866.6	1200.8	1493.0	1976.1
实现利润总额	(亿元)	Total Profits	(100 million yuan)	70.9	91.6	101.5	135.8	186.6	229.5	263.1
上缴税金	(亿元)	Taxes Turned over to state	(100 million yuan)	80.1	99.1	114.2	136.3	187.9	266.4	274.3
房屋建筑施工面积	(万平方米)	Floor Space of Buildings under Constrution	(100 million yuan)	31266	40081	40813	44790	59530	76206	87610
房屋建筑竣工面积	(万平方米)	Floor Space of Buildings Completed	(100 million yuan)	13990	17953	18456	20119	24396	29478	32781
计算劳动生产率的平均人数	(万人)	Average Staff and Workers to Calculate Labor Productivity	(100 million yuan)	167.2	198.2	211.7	240.7	306.7	326.6	369.6
年末拥有固定资产净值	(亿元)	Net Value of Fixed Assets Owned (year-end)	(100 million yuan)	205.5	233.2	286.1	318.9	412.3	533.9	557.3
年末拥有机械设备总功率	(万千瓦)	Total Power of Machinery and Equipment Owned (year-end)	(100 million yuan)	504.8	596.7	688.5	760.9	942.6	1093.5	1171.8
年末拥有机械设备净值	(亿元)	Net Value of Machinery and Equipment Owned(year-end)	(100 million yuan)	116.2	138.9	159.6	175.5	219.2	257.8	278.2
全员劳动生产率		Overall Labor Productivity								
按总产值计算	(元#/人)	Calculated by Gross Output Value	(100 million yuan)	142975	158079	167411	177810	193496	239929	254875
按增加值计算	(元#/人)	Caculated by Added0-value	(100 million yuan)	30576	33088	35457	35998	39153	45715	53470
技术装备率	(元#/人)	Value of Machines per Labourer	(100 million yuan)	6831	6893	7568	7328	7085	7720	7086
动力装备率	(元#/人)	Power of Machines per Labourer	(100 million yuan)	3.0	3.0	3.3	3.2	3.0	3.3	3.0
产值利润率	(%)	Ratio of Profit to Gross Output Value	(100 million yuan)	3.0	2.9	2.9	3.2	3.1	2.9	2.8

8－4 各地区建筑业企业单位数(2006－2012 年)
Number of Construction Enterprises by Region(2006－2012)

单位:个(unit)

地区	Region	2006	2007	2008	2009	2010	2011	2012
合　计	**Total**	**4129**	**4333**	**4728**	**4855**	**5111**	**5430**	**5726**
杭州市	Hangzhou	929	972	1174	1230	1331	1373	1430
宁波市	Ningbo	684	674	687	729	753	844	922
温州市	Wenzhou	498	530	561	551	547	593	617
嘉兴市	Jiaxing	214	245	248	247	271	291	308
湖州市	Huzhou	177	188	148	166	178	197	205
绍兴市	Shaoxing	466	486	530	534	541	572	620
金华市	Jinhua	472	497	543	547	583	625	666
衢州市	Quzhou	125	129	154	175	197	208	212
舟山市	Zhoushan	95	103	112	119	118	121	122
台州市	Taizhou	336	355	398	385	408	402	411
丽水市	Lishui	133	154	173	172	184	204	213

8－5 各地区建筑业企业年末从业人员(2006－2012 年)
Employed Persons in Construction Enterprises by Region(Year－end,2006－2012)

单位:万人(10000 Persons)

地区	Region	2006	2007	2008	2009	2010	2011	2012
合　计	**Total**	**356.83**	**406.53**	**428.62**	**487.76**	**566.16**	**541.84**	**640.91**
杭州市	Hangzhou	67.16	75.82	80.12	92.30	111.73	91.55	100.29
宁波市	Ningbo	47.21	50.03	51.38	64.04	74.36	86.68	95.59
温州市	Wenzhou	25.64	28.29	29.11	32.26	36.42	40.44	46.26
嘉兴市	Jiaxing	13.34	15.81	18.86	22.89	30.09	24.67	27.48
湖州市	Huzhou	9.72	11.57	10.94	12.71	14.13	11.76	16.33
绍兴市	Shaoxing	99.54	112.27	117.86	128.49	143.61	149.26	171.37
金华市	Jinhua	43.33	54.30	56.39	62.56	73.97	52.92	91.62
衢州市	Quzhou	6.52	7.57	8.51	9.89	11.98	13.17	14.49
舟山市	Zhoushan	3.34	4.03	4.76	5.30	6.50	6.63	6.41
台州市	Taizhou	35.86	41.14	45.27	51.17	55.66	57.55	63.28
丽水市	Lishui	5.16	5.70	5.42	6.15	7.72	7.20	7.80

8－6 各地区建筑业企业总产值(2006－2012年)
Gross Output Value of Construction Enterprises By Region(2006－2012)

单位:亿元(100 million yuan)

地区	Region	2006	2007	2008	2009	2010	2011	2012
合　计	**Total**	**5655.7**	**6971.7**	**8158.7**	**9588.9**	**12008.7**	**14907.4**	**17332.6**
杭州市	Hangzhou	1267.3	1484.5	1800.5	2110.2	2663.8	3032.5	3307.6
宁波市	Ningbo	716.9	796.4	921.5	1077.7	1425.1	1933.4	2509.1
温州市	Wenzhou	319.0	395.6	458.7	540.8	610.8	791.0	964.7
嘉兴市	Jiaxing	157.0	237.3	315.5	407.2	589.9	764.3	844.3
湖州市	Huzhou	170.1	208.0	215.5	283.5	354.2	433.6	464.9
绍兴市	Shaoxing	1679.0	2112.6	2413.3	2750.9	3263.4	4212.2	4847.7
金华市	Jinhua	662.8	879.4	995.3	1197.3	1566.7	1914.7	2321.3
衢州市	Quzhou	75.8	106.8	133.8	164.5	225.6	266.6	300.1
舟山市	Zhoushan	49.0	70.6	94.1	103.7	133.8	160.8	163.6
台州市	Taizhou	490.3	600.5	716.8	852.8	1034.4	1243.5	1448.1
丽水市	Lishui	68.6	80.2	93.8	100.4	141.1	155.0	161.2

8－7 各地区按登记注册类型分的建筑业企业单位数(2012年)
Number of Construction Enterprises by Registration Status and Region (2012)

单位:个(unit)

地区	Region	建筑业企业单位数 Number of Construction Enterprises	内资企业 Domestic Capital Enterprises	#国有企业 State－owned Enterprises	#集体企业 Collective owned Enterprises	#股份合作企业 Share Holdings Enterprises	#私营企业 Private Enterprises	港澳台商投资企业 Enterprises Funded by Enterpre－neurs from Hong Kong Macao and Taiwan	外商投资企业 Foreign Funded Enterprises
合　计	**Total**	**5726**	**5693**	**93**	**102**	**12**	**4279**	**22**	**11**
杭州市	Hangzhou	1430	1419	25	12	1	1058	7	4
宁波市	Ningbo	922	917	14	8	3	804	2	3
温州市	Wenzhou	617	617	9	30	4	401		
嘉兴市	Jiaxing	308	308	4	4	1	264		
湖州市	Huzhou	205	202	9	5		87	3	
绍兴市	Shaoxing	620	612	11	6		462	5	3
金华市	Jinhua	666	663	5	18	1	532	3	
衢州市	Quzhou	212	212	4	3		189		
舟山市	Zhoushan	122	121	6	2		93	1	
台州市	Taizhou	411	409	4	10	2	213	1	1
丽水市	Lishui	213	213	2	4		176		

8－8 各地区按登记注册类型分的建筑业企业年末从业人员(2012 年底)

Number of Employed Persons in Construction Enterprises by Registration Status and Region(End of 2012)

单位:人(Person)

地区	Region	年末从业人员 Average Number of Employed Persons	内资企业 Domestic Funded Enterprises	#国有企业 State－owned Enterprises	#集体企业 Collective Owned Enterprises	#股份合作企业 Cooperative Enterprises	#私营企业 Private Enterprises	港澳台商投资企业 Enterprises Funded by Enterpre－neurs From Hong Kong Macao and Taiwan	外商投资企业 Foreign Funded Enterprises
合　计	**Total**	**6409050**	**6380619**	**48485**	**79273**	**11676**	**3925858**	**19341**	**9090**
杭州市	Hangzhou	1002886	998878	20749	1817	5	615664	2120	1888
宁波市	Ningbo	955891	954578	7244	1608	7235	645234	922	391
温州市	Wenzhou	462563	462563	1392	29631	939	237698		
嘉兴市	Jiaxing	274768	274768	454	627	140	256272		
湖州市	Huzhou	163310	163131	5244	3933		45893	179	
绍兴市	Shaoxing	1713729	1695542	3703	4747		1032933	11394	6793
金华市	Jinhua	916187	911567	3635	5902	1987	516173	4620	
衢州市	Quzhou	144897	144897	1438	1250		127767		
舟山市	Zhoushan	64101	64060	1601	442		45797	41	
台州市	Taizhou	632754	632671	2738	28592	1370	336745	65	18
丽水市	Lishui	77964	77964	287	724		65682		

8－9 各地区建筑业总产值的构成(2012 年)

Total Construction Output Value by Structure and Region (2012)

单位:万元(10000 yuan)

地区	Region	建筑业总产值 Gross Output Value of Construction	建筑工程产值 Output Value of Construction	安装工程产值 Output Value of Installation	其他产值 Others
合　计	**Total**	**173325586**	**157109344**	**11806245**	**4411859**
杭州市	Hangzhou	33075873	28976550	3092141	1007183
宁波市	Ningbo	25091179	22149575	2205438	736167
温州市	Wenzhou	9646792	9052053	523013	71726
嘉兴市	Jiaxing	8442914	7735672	438219	269024
湖州市	Huzhou	4648792	4005852	389872	253068
绍兴市	Shaoxing	48477407	44210453	3022434	1244520
金华市	Jinhua	23212859	21364221	1403573	445066
衢州市	Quzhou	3000782	2722875	177647	100260
舟山市	Zhoushan	1636179	1583468	48596	4116
台州市	Taizhou	14481084	13889741	407513	183831
丽水市	Lishui	1611725	1418886	97801	96900

8－10 各地区按登记注册类型分的建筑业总产值(2012 年)
Total Construction Output Value by Registration Status and Region (2012)

单位:万元(10000 yuan)

地区	Region	建筑业总产值 Gross Output Value of Construction	内资企业 Domestic Capital Enterprises	#国有企业 State－owned Enterprises	#集体企业 Collective owned Enterprises	#股份合作企业 Share Holdings Enterprises	#私营企业 Private Enterprises	港澳台商投资企业 Enterprises Funded by Entrepre－neurs from Hong Kong Macao and Taiwan	外商投资企业 Foreign Funded Enterprises
合　计	**Total**	**173325586**	**172316604**	**1818776**	**1834748**	**317985**	**94191687**	**664350**	**344632**
杭州市	Hangzhou	33075873	32846545	1117635	24784	19	15223940	174113	55214
宁波市	Ningbo	25091179	25037970	170262	43464	231133	15492899	40329	12880
温州市	Wenzhou	9646792	9646792	34578	588329	35027	4892519		
嘉兴市	Jiaxing	8442914	8442914	27072	81905	4894	7111367		
湖州市	Huzhou	4648792	4640996	124432	55026		1070769	7796	
绍兴市	Shaoxing	48477407	47891733	99494	121890		26329172	309540	276135
金华市	Jinhua	23212859	23083092	93145	152061	25037	11512137	129767	
衢州市	Quzhou	3000782	3000782	44256	15888		2627916		
舟山市	Zhoushan	1636179	1635832	46642	9757		1063445	348	
台州市	Taizhou	14481084	14478224	54993	725476	21876	7496071	2456	404
丽水市	Lishui	1611725	1611725	6268	16170		1371453		

8－11 各地区按所含专业分的建筑业总产值(2012 年)
Totel Construction Output Value by Sector And Region (2012)

单位:万元(10000 yuan)

地区	Region	建筑业总产值 Gross Output Value of Construction	房屋工程建筑 Housing	土木工程建筑 Civil Engineering	#铁路、道路、隧道和桥梁工程建筑 Railways, Tunnels, Roads and Bridges	建筑安装业 Installation	建筑装饰业和其他建筑业 Building Decoration and Others
合　计	**Zhejiang**	**173325586**	**130422445**	**31728230**	**22608010**	**4770369**	**6404542**
杭州市	Hangzhou	33075873	21791404	7840267	5119816	1343960	2100242
宁波市	Ningbo	25091179	17209790	5831165	3742487	924740	1125484
温州市	Wenzhou	9646792	6469546	2573974	1558421	238010	365261
嘉兴市	Jiaxing	8442914	6565848	1339297	1053368	294765	243004
湖州市	Huzhou	4648792	3393323	1046272	827526	105875	103322
绍兴市	Shaoxing	48477407	40673701	4814587	3852732	1473701	1515418
金华市	Jinhua	23212859	19375804	3249730	2258632	109580	477746
衢州市	Quzhou	3000782	2002375	869571	693737	22157	106680
舟山市	Zhoushan	1636179	1261727	238924	106901	58573	76955
台州市	Taizhou	14481084	10721677	3385778	3028574	168136	205493
丽水市	Lishui	1611725	957250	538666	365817	30872	84937

8－12 各地区建筑业企业房屋建筑面积(2012 年)
Floor Space of Building Construction Enterprises by Region (2012)

单位:万平方米(10000 sq. m)

地区	Region	房屋建筑施工面积 Floor Space Under Construction				房屋建筑竣工面积 Floor Space Under Construction			
		合计 Total	#国有企业 State－owned Construction Enterprises	#集体企业 Collective owned Construction Enterprises	#私营企业 Private Enterprises	合计 Total	#国有企业 State－owned Construction Enterprises	#集体企业 Collective owned Construction Enterprises	#私营企业 Private Enterprises
合　计	**Total**	**166969.2**	**80.5**	**2107.6**	**87610.2**	**55467.8**	**38.7**	**731.6**	**32780.6**
杭州市	Hangzhou	26362.7	31.9	4.8	12000.3	8388.4	9.7	2.8	4768.3
宁波市	Ningbo	22343.2			14028.7	6056.6			4096.8
温州市	Wenzhou	10095.2	2.4	1032.0	5730.9	2207.2	1.3	239.9	1262.2
嘉兴市	Jiaxing	7957.9		10.8	6915.0	2976.7		9.9	2648.3
湖州市	Huzhou	3666.3	2.5	9.0	818.3	1611.9	0.1	6.3	360.4
绍兴市	Shaoxing	47377.7	0.7	153.2	24407.7	18047.2	0.3	80.5	10405.0
金华市	Jinhua	29175.4	15.4	62.0	11531.8	8723.3	5.8	29.6	4380.0
衢州市	Quzhou	2616.7	13.3		2376.4	1305.8	10.2		1262.5
舟山市	Zhoushan	1582.3	14.5	1.4	1075.7	396.1	11.2	1.2	231.0
台州市	Taizhou	14619.4		813.7	7722.6	5191.9		356.3	2887.8
丽水市	Lishui	1172.4		20.6	1002.8	562.7		5.1	478.3

8－13 各地区建筑业企业劳动生产率(2012 年)
Labor Productivity of Construction Enterprises by Region (2012)

单位:元/人(yuan/person)

地区	Region	按建筑业总产值计算的劳动生产率 Overall Labor Productivity Calculated by Gross Output Value of Construction	#国有企业 State－owned Enterprises	#集体企业 Collective owned Enterprise	按增加值计算的劳动生产率 Overall Labor Productivity Calculated by Added Value	国有企业 State－owned Enterprises	集体企业 Collective owned Enterprises
合　计	**Total**	**274607**	**321032**	**230291**	**55989**	**67069**	**56376**
杭州市	Hangzhou	274856	371814	154703	54419	80174	94825
宁波市	Ningbo	281767	259982	600326	59179	46012	243479
温州市	Wenzhou	234519	275519	218685	51334	74609	47613
嘉兴市	Jiaxing	292488	310455	512865	48823	70752	135271
湖州市	Huzhou	294391	245476	143558	55167	42253	63759
绍兴市	Shaoxing	296436	278462	266194	56994	66583	56727
金华市	Jinhua	276112	268971	269372	62767	50067	72449
衢州市	Quzhou	230709	344404	126095	48211	58203	66621
舟山市	Zhoushan	256306	291515	281187	56077	65111	77049
台州市	Taizhou	233893	203601	222785	51194	42777	49353
丽水市	Lishui	227378	274912	262073	53045	57789	57486

8－14 各地区建筑业企业技术装备情况(2012 年)
Technology and Equipment Owned by Construction Enterprises by Region (2012)

地区	Region	自有机械设备总台数(台) Number of Machinery and Equipment Owned (unit)	自有机械设备总功率(万千瓦) Total Power of Machinery and Equipment Owned (1000kw)	自有机械设备净值(万元) Net Value of Machinery and Equipment Owned (10000 yuan)	技术装备率(元/人) Value of Machines per Labourer (yuan/person)	动力装备率(千瓦/人) Power of Machines per Labourer (Kw/person)
合　计	**Total**	**969920**	**1837.16**	**4338260**	**6769**	**2.87**
杭州市	Hangzhou	178639	335.52	799293	7970	3.35
宁波市	Ningbo	114256	211.85	671886	7029	2.22
温州市	Wenzhou	70843	142.53	358078	7741	3.08
嘉兴市	Jiaxing	70908	116.11	195979	7133	4.23
湖州市	Huzhou	33922	72.61	124803	7642	4.45
绍兴市	Shaoxing	235790	422.36	892772	5210	2.46
金华市	Jinhua	131683	256.91	664363	7251	2.80
衢州市	Quzhou	25297	58.76	104878	7238	4.06
舟山市	Zhoushan	13207	29.71	54985	8578	4.63
台州市	Taizhou	79290	154.71	395889	6257	2.45
丽水市	Lishui	16085	36.07	75336	9663	4.63

8－15 各地区建筑业企业资产与负债(2012 年)
Assets and Liabilities of Construction Enterprises by Region (2012)

单位:万元(10000 yuan)

地区	Region	资产合计 Total Assets	#流动资产 Circulating Assets	#固定资产 Fixed Assets	流动负债 Liquid Liabilities	非流动负债 Non－current Liabilities	所有者权益 Creditors′ Equity
合　计	**Total**	**86760798**	**70303932**	**9331130**	**51456734**	**1721806**	**32938992**
杭州市	Hangzhou	22356464	17809148	2233648	14252250	579551	7382071
宁波市	Ningbo	15083614	12436271	1326230	9396904	374415	5192932
温州市	Wenzhou	5929573	4850558	719230	3527076	59287	2312923
嘉兴市	Jiaxing	4203853	3618663	361721	2913757	75682	1181528
湖州市	Huzhou	3209386	2639061	325086	2103260	38336	1048363
绍兴市	Shaoxing	15080979	11970109	1845446	7881353	366350	6666600
金华市	Jinhua	10842441	8910336	1230263	5830097	56517	4873028
衢州市	Quzhou	1474295	1154779	223360	751325	16175	701472
舟山市	Zhoushan	1623510	1406839	118683	1239182	16254	363710
台州市	Taizhou	5733926	4506508	780685	2966768	133939	2632353
丽水市	Lishui	1222758	1001660	166779	594762	5299	584014

8－16 各地区建筑业企业总收入(2012 年)
Total Income of Construction Enterprises by Region (2012)

单位:万元(10000 yuan)

地区	Region	企业总收入 Total Income	工程结算收入 Revenue of Project Settlement Accounts	#工程结算成本 Costs of Project Settlement Accounts	#工程结算利润 Profits of Project Settlement Accounts	其他业务收入 Other Revenue from Business	#其他业务利润 Other Profits from Business
合 计	**Total**	**142193398**	**141242297**	**127385594**	**8649311**	**951101**	**165395**
杭州市	Hangzhou	29559439	29198915	26443038	1817042	360524	80427
宁波市	Ningbo	18197101	17995275	15973100	1386796	201826	21464
温州市	Wenzhou	7899638	7847994	7000301	544926	51644	14136
嘉兴市	Jiaxing	6391388	6263516	5747693	300178	127871	6221
湖州市	Huzhou	4118246	4069246	3599781	320065	49000	5481
绍兴市	Shaoxing	38556524	38459470	35027583	1945390	97055	13017
金华市	Jinhua	20200306	20180387	18098495	1284202	19920	9143
衢州市	Quzhou	2746999	2737786	2439124	191750	9212	1821
舟山市	Zhoushan	1498482	1488010	1357385	75498	10472	6270
台州市	Taizhou	11527143	11506264	10399928	653211	20879	6985
丽水市	Lishui	1498132	1495434	1299165	130253	2698	430

8－17 各地区建筑业企业利税总额(2012 年)
Profit and Taxes of Construction Enterprises by Region (2012)

地区	Region	利税总额(万元) Total Pre－tax Profits (10000 yuan)	利润总额 Total Profits	工程结算税金及附加 Taxes and Extra Charges on Project Settlement Accounts	管理费中的税金 Taxes In Management fees	产值利税率(%) Ratio of Pre－tax Profits to Output Value (%)	资产利税率(%) Ratio of Pre－tax Profits to Assets (%)
合 计	**Total**	**9489848**	**4594587**	**4747744**	**147516**	**5.48**	**10.94**
杭州市	Hangzhou	1672767	791388	848967	32413	5.06	7.48
宁波市	Ningbo	1406011	792984	588018	25009	5.60	9.32
温州市	Wenzhou	529253	241211	273799	14244	5.49	8.93
嘉兴市	Jiaxing	330426	126722	197129	6575	3.91	7.86
湖州市	Huzhou	265816	121307	137471	7038	5.72	8.28
绍兴市	Shaoxing	2599161	1193083	1380495	25584	5.36	17.23
金华市	Jinhua	1496445	757174	722796	16474	6.45	13.80
衢州市	Quzhou	167492	70265	92831	4397	5.58	11.36
舟山市	Zhoushan	67615	18068	47099	2447	4.13	4.16
台州市	Taizhou	826371	410805	404811	10755	5.71	14.41
丽水市	lishui	128490	71581	54329	2580	7.97	10.51

8－18 建筑业企业财务状况(2012 年)
Financial Indicators of Construction Enterprises (2012)

单位:万元(10000 yuan)

指标	Item	资产合计 Total Assets	流动资产 小计 Liquid Assets	固定资产 小计 Fixed Assets	流动负债 小计 Total Liquid Liabilities
总计	**Total**	**86760798**	**70303932**	**9331130**	**51456735**
#特、一、二级企业	The First Enterprises	74401104	60533154	7547126	44783918
#国有及国有控股	State－owend and State－holding Enterprises	7600214	6274725	738985	5407385
按登记注册类型分组	**Group by registration type**				
内资企业	Domestic Funded Enterprises	86123589	69770008	9264673	50972753
#国有企业	State－owned Enterprises	1825151	1550979	177568	1211610
集体企业	Cooperative Enterprises	1145421	954739	122445	825345
股份合作企业	Limited Liability Corporations	129616	111460	13722	64795
私营企业	Private Enterprises	45801065	36914965	5572854	25123577
港、澳、台商投资企业	Funded by Enterpreneurs From Hong Kong Macao and Taiwan	548224	456559	58009	429178
外商投资企业	Foreign Funded Enterprises	88986	77365	8449	54804
按国民经济行业分组	**Group by national economy industry**				
房屋建筑业	Housing	54402861	44707417	5247945	32639929
土木工程建筑业	Civil Engineering	22638431	17620949	3167571	12781500
建筑安装业	Installation	4553895	3741870	460767	3035617
建筑装饰和其他建筑业	Building Decoration and Others	5165611	4233696	454847	2999688

续表 1 Continued 单位:万元(10000 yuan)

指标	Item	非流动负债 Non－Current Liabilities	负债合计 Total Liabilities	所有者权益合计 Creditors′ Equity	工程结算收入 Revenue of Project Settled Account	工程结算成本 Costs of Project Settled Accounts	工程结算税金及附加 Taxes and Extra Charges on Project Settled Accounts
总计	**Total**	**1721806**	**53806025**	**32938992**	**141242297**	**127385594**	**4747744**
#特、一、二级企业	The First Enterprises	1431000	46677643	27718559	127808981	115866539	4292082
#国有及国有控股	State－owend and State－holding Enterprises	464873	5897974	1698543	8196463	7445042	211258
按登记注册类型分组	**Group by registration type**						
内资企业	Domestic Funded Enterprises	1721796	53320988	32786819	140386101	126618963	4727381
#国有企业	State－owned Enterprises	148480	1367584	455625	1818714	1603074	50405
集体企业	Cooperative Enterprises	6383	837136	306986	1582262	1387510	54422
股份合作企业	Limited Liability Corporations	611	65406	64210	217058	192268	7575
私营企业	Private Enterprises	480025	26090787	19703774	77168048	69209746	2652887
港、澳、台商投资企业	Funded by Enterpreneurs From Hong Kong Macao and Taiwan		430223	118001	613753	543439	12774
外商投资企业	Foreign Funded Enterprises	9	54814	34172	242443	223192	7589
按国民经济行业分组	**Group by national economy industry**						
房屋建筑业	Housing	1053388	34049824	20348410	102524170	93690291	3486624
土木工程建筑业	Civil Engineering	478764	13445088	9189630	28358291	24813532	948576
建筑安装业	Installation	32573	3126257	1421319	4421794	3780629	119709
建筑装饰和其他建筑业	Building Decoration and Others	157080	3184855	1979632	5938043	5101142	192834

续表 2 Continued 单位:万元(10000 yuan)

指标	Item	管理费用 Management Expenses	财务费用 Financial Expenses	营业利润 Business Profits	利润总额 Total Profits	应交所得税 Income Tax Payable	应付职工薪酬 Employee Benefits Payable
总计	**Total**	**2989924**	**1110284**	**4506875**	**4594587**	**1071402**	**25119980**
#特、一、二级企业	The First Enterprises	2337526	1014336	3868746	3944706	915589	22899917
#国有及国有控股	State－owend and State－holding Enterprises	320527	27195	183550	195442	44560	1332264
按登记注册类型分组	**Group by registration type**						
内资企业	Domestic Funded Enterprises	2966278	1099322	4482584	4570241	1066453	24993375
#国有企业	State－owned Enterprises	124097	4876	38369	42203	12847	271351
集体企业	Cooperative Enterprises	84535	6072	64754	63988	14988	318579
股份合作企业	Limited Liability Corporations	7622	588	9363	9546	2666	54457
私营企业	Private Enterprises	1615549	662420	2600537	2630708	613699	13913034
港、澳、台商投资企业	Funded by Enterepreneurs From Hong Kong Macao and Taiwan	18628	9490	19577	19838	3970	72136
外商投资企业	Foreign Funded Enterprises	5018	1473	4713	4509	979	54470
按国民经济行业分组	**Group by national economy industry**						
房屋建筑业	Housing	1425844	771618	2828776	2877253	680974	19260396
土木工程建筑业	Civil Engineering	1005743	245666	1217110	1244731	290724	4305183
建筑安装业	Installation	290088	38965	186648	198610	44283	674847
建筑装饰和其他建筑业	Building Decoration and Others	268249	54036	274341	273995	55421	879553

浙/江/统/计/年/鉴

主要统计指标解释

■ 建筑业增加值

指建筑业企业在报告期内以货币表现的建筑业生产经营活动的最终成果。目前建筑业增加值采用分配法计算，即从收入的角度出发，根据生产要素在生产过程中应得的收入份额计算。具体计算公式为：

建筑业企业增加值 = 本年提取的固定资产折旧 + 应付工资 + 应付福利费 + 管理费用中的劳动待业保险金、税金 + 工程结算税金及附加 + 营业利润 - 转作奖金的利润。

■ 房屋建筑施工面积

指在报告期内施工的全部房屋建筑面积。包括本期内新开工的、上期施工跨入本期继续施工、上期停建本期复工的房屋建筑面积；不包括上期开工后又停工，本期未施工的房屋建筑面积。

■ 房屋建筑竣工面积

指在报告期内，按照设计所规定的工程内容全部完成，达到了设计规定的交工条件，经有关部门检查验收鉴定合格的房屋建筑面积。

■ 自有施工机械设备年末总台数

指年末本企业（或单位）自有的直接用于工程施工的各种机械设备的台数。但不包括附属辅助生产机械设备、运输机械设备、生产试验机械设备的台数。

■ 自有施工机械设备年末总功率

指年末本企业（或单位）自有的直接用于工程施工的各种机械备年末总功率，按设定能力或查定能力计算。包括施工机械本身的动力和为该机械服务的单独动力设备，如电动机等。但不包括附属辅助生产机械设备、运输机械设备、生产试验机械设备的功率。计量单位用千瓦，动力换算可按 1 马力 = 0.735 千瓦折合成千瓦数。电焊机、变压器、锅炉不计算动力。

■ 工程结算收入

指企业（或单位）按工程的分部分项自行完成的建筑产品价值并已与甲方在报告期内办理结算手续的工程价款收入，以及向甲方收取的除工程价款以外的按规定列作营业收入的各种款项，如临时设施费、劳动保险费、施工机械调迁费等以及向甲方收取的各种索赔款。

■ 工程结算利润

指已结算工程实现的利润。如为亏损以“ - ”号表示。其计算公式为：

工程结算利润 = 工程结算收入 - 工程结算成本 - 工程结算税金及附加 - 经营费用

■ 企业总收入

指与企业生产经营直接有关的各项收入，包括工程结算收入和其他业务收入，即：

企业总收入 = 工程结算收入 + 其他业务收入

ZHEJIANG STATISTICAL YEARBOOK

Explanatory Notes on Main Statistical Indicators

□ Value Added of Construction

refers to the final result of the activities of production and management of construction in monetary terms in the reference period. At present, the value added of construction is calculated with the method of distribution. In other words, it is the sum of incomes of various production factors in the production process. The formula is as follows:

Value added of construction = depreciation of fixed assets in the year + wages payable + welfare expenses payable + insurance premium and tax for waiting for employment in the administrative expenses + taxes and surcharges on project settlement + profit gained from project settlement − profit used as bonus.

□ Floor Space of Buildings Under Construction

refers to floor space of buildings under construction during the reference period, including newly started buildings, buildings started earlier and continued during the reference period, and buildings suspended earlier but restarted during the reference period. Excluded are buildings started and then suspended earlier that have not been restarted during the reference time.

□ Floor Space of Buildings Completed

refers to the floor space of buildings that are completed in the reference period in accordance with the requirements of the design, up to the standard for putting them into use, and have been checked and accepted by concerned departments as qualified ones.

□ Total Number of Machinery and Equipment Owned by the Construction Enterprises(or Units)by the End of Year

refers to the number of machines and equipment which are used directly in constraction owned by the enterprises (or units) it does not include the number of ancilary machinery and equipment for construction, production and transportation.

□ Total Power of Machinery and Equipment Owned by the Construction Enterprises (or Units) by the End of Year

refer to the total power of machinery and equipment owned by the enterprises(or units), used directly in construction by the end of the year, including machinery and equipment for construction, production and transportation. The power of the machinery is calculated on basis of the designed or verified capacity, covering the power of the machinery/equipment and the separate power equipment serving the machinery/equipment (such as electric motors), but excluding welders, transformers and boilers. The unit use for the calculation of power is kilowatt, with horsepower converted to kilowatt by 1horsepower = 0.735 kilowatt.

□ Income from Settlement of Projects

refers to the income received by the construction enterprise/unit from the completed portion of the project through settlement procedures with the contractee during the reference period, and other charges to the contractee as operational costs, such as facility fee, labour insurance premium, moving cost of construction unit, as well as various types of claims to the contractee.

□ Profit from Settlement of Projects

refers to profit realized through settled projects. It is calculated with the following formula:

Profit from Settlement of Projects = Income from Settlement of projects − Settled Cost − Settled Taxes and Other Cost − Business Expense

□ Total Revenue of Enterprises

refers to the sum of income from production and operation of enterprises, including income from settlement of projects and other operational incomes, namely:

Total Revenue of Enterprises = Income from settlement of Projects + Other Operational Incomes

2013

浙江统计年鉴

ZHEJIANG STATISTICAL YEARBOOK

CHAPTER 9

交通运输和邮电通信业

Transportation, Posts and Telecommunications

9-1 运输线路长度(2005-2012 年)
Length of Transportation Routes(2005-2012)

单位:公里(km)

指标	Item	2005	2006	2007	2008	2009	2010	2011	2012
铁路营业里程	**Length of Railways in Operation**	**1255**	**1265**	**1306**	**1306**	**1665**	**1761**	**1765**	**1765**
#复线里程	Double-tracking Length	727	714	714	714	1065	1164	1167	1185
公路通车里程	**Length of Highways**	**48600**	**95310**	**99812**	**103652**	**106942**	**110177**	**111776**	**113550**
#一级公路	First Class Highways	2955	3410	3617	3795	4099	4293	4565	4903
二级公路	Second Class Highways	6569	7710	8207	8596	8882	9101	9224	9447
高速公路	Expressway	1866	2383	2651	3073	3298	3383	3500	3618
内河通航里程	**Length of Navigable Inland Waterways**	**9652**	**9652**	**9667**	**9695**	**9704**	**9704**	**9750**	**9750**
民用航空航线(条)	**Number of Civil Aviation Routes(line)**	**173**	**203**	**188**	**166**	**206**	**217**	**239**	**210**
#国内航线	Domestic Routes	147	171	148	135	170	174	194	160

注：2006 年起公路通车里程包含村道。
The length of highways is including that of village road since 2006.

9-2 主要港口货物吞吐量(2006-2012 年)
Cargo Handled at Principal Ports(2006-2012)

单位:万吨(10000 tons)

港口名称	Port	2006	2007	2008	2009	2010	2011	2012
沿海港口合计	**Total**	**51280**	**57439**	**64518**	**71462**	**78846**	**86700**	**92760**
宁波-舟山港	Ningbo-zhoushan	42387	47336	52047	57684	63300	69393	74401
温州港	Wenzhou	3275	3496	4958	5999	6408	6950	6997
台州港	Taizhou	2107	3312	3898	4294	4706	5099	5358
嘉兴港	Jiaxing	2248	2418	2834	3485	4432	5258	6004
内河港口合计	**Total**	**30906**	**31222**	**31120**	**32282**	**33941**	**35673**	**39171**
其中:								
杭州港	hangzhou	5221	5550	5299	7605	8753	8929	9097
湖州港	huzhou	4607	4204	4241	14945	14357	14668	17840
嘉兴港	jiaxing	796	902	7871	8404	9486	10690	10856

注：2009 年起,湖州港统计范围扩大到了全市。
The data of Huzhou harbar was adjusted since 2009.

9－3 民用车辆拥有量
Number of Civil Vehicles Owned

单位：辆(unit)

指标	Item	合计 Total			#个人 Individual		
		2010	2011	2012	2010	2011	2012
总计	**Total**	**11434697**	**12353966**	**13085624**	**10263666**	**11064019**	**11712801**
汽车	**Vehicles**	**5435718**	**6582445**	**7749089**	**4329825**	**5360950**	**6446472**
载客汽车	Passenger Vehicles	4508344	5555814	6640840	3765322	4728492	5752637
#大型	Large－Sized	52959	56427	59958	1138	1379	1575
中型	Medium－Sized	72849	71546	70012	24618	24716	25192
小型	Small－Sized	4219269	5253722	6330596	3587427	4539286	5556215
微型	Minicar	163267	174119	180274	152139	163111	169655
#轿车	Cars	3247288	4019719	4808423	2806232	3531638	4290331
载货汽车	Trucks	872865	969984	1050189	544618	612083	673478
#重型	Heavy－Sized	96492	116291	128766	24635	29571	32550
中型	Medium－Size	94337	95009	92048	41683	42611	41907
轻型	Light－Sized	654844	735987	811633	456332	521208	584212
微型	Minicar	27192	22697	17742	21968	18693	14809
#普通载货	Ordinary	596956	655523	705588	424396	473620	518807
其它汽车	Others	54509	56647	58060	19885	20375	20357
电车	**Trolleybuses**						
#无轨	Trackless						
摩托车	**Motorcycles**	**5583876**	**5380631**	**4951366**	**5551879**	**5349988**	**4921447**
普通	Ordinary	5043039	4951292	4636056	5012637	4921978	4607098
轻便	Lightweigh	540837	429339	315310	539242	428010	314349
拖拉机	**Tractors**	**378943**	**349632**	**341202**	**378943**	**349632**	**341202**
#大型	Large－Sized	156244	117035	118079	156244	117035	118079
挂车	**Trailers**	**36070**	**41167**	**43865**	**3012**	**3442**	**3673**
其它类型车	**Others**	**90**	**91**	**102**	**7**	**7**	**7**
机动车驾驶员(人)	**Motor Drivers(person)**	**10869427**	**11974909**	**13186636**			
#汽车驾驶员	Automobile Drivers	8242168	9625486	11144918			

9－4 水路运输工具年末实有数
Number of Means of Waterway Transportation(Year－end)

指标	Item	合计 Total			#私人 Individuals		
		2010	2011	2012	2010	2011	2012
机动船 （艘）	Motor Vessels (unit)	20498	19383	18929	14003	12995	12695
净载重量 （吨位）	Dead Weight Tonnage (ton)	18004798	20668558	22512624	2771353	2842803	2893533
载客量 （客位）	Passenger Capacity (seat)	72693	75769	76854	408	408	408
货船 （艘）	Cargo Ships (unit)	19101	17962	17501	13899	12902	12610
净载重量（吨位）	Dead Weight Tonnage (ton)	17996689	20660802	22504885	2771352	2842802	2893532
客货船 （艘）	Passenger cargo Vessels (unit)	11	13	14			
净载重量（吨位）	Dead Weight Tonnage (ton)	156	2	2			
载客量 （客位）	Passenger Capacity (seat)	2233	2421	2511			
客船 （艘）	Passenger Ships (unit)	1229	1277	1299	34	34	34
载客量 （客位）	Passenger Capacity (seat)	70460	73348	74343	408	408	408
拖船 （艘）	Tugboats (unit)	157	131	115	70	59	51
驳船 （艘）	Barges (unit)	941	770	655	424	380	337
净载重量（吨位）	Dead Weight Tonnage (tons)	120990	109515	99757	24316	29114	27890

9－5 客运量和旅客周转量(1978－2012年)
Passenger Traffic and Turnover Volume of Passenger Traffic(1978－2012)

年份 Year	客运量合计(万人) Passenger Traffic Total (10000 persons)	铁路 Railway	公路 Highway	水运 Waterway	民用航空 Civil Aviation	旅客周转量合计(亿人公里) Turnover Volume of Passenger Traffic Total (100 million person－km)	铁路 Railway	公路 Highway	水运 Waterway
1978	20535	1889	12815	5828	3	66.68	29.75	27.60	9.33
1979	23781	2068	15543	6166	4	68.22	24.77	33.26	10.19
1980	28454	2421	19326	6702	5	96.74	43.55	41.70	11.49
1981	32458	2677	22864	6909	8	111.40	49.05	50.25	12.10
1982	35988	2735	26150	7094	9	120.66	50.73	57.28	12.65
1983	37856	2919	28468	6461	8	134.73	57.46	64.54	12.73
1984	40827	3252	30882	6683	10	157.81	66.74	76.86	14.21
1985	52776	3225	39375	10163	13	201.35	75.26	107.23	18.86
1986	57973	3126	45759	9066	22	220.38	78.43	124.91	17.04
1987	61403	3258	49589	8526	30	246.98	83.94	145.85	17.19
1988	64571	3595	52560	8382	34	269.43	93.12	158.81	17.50
1989	59477	3453	48726	7275	23	257.28	87.63	153.87	15.78
1990	60347	3018	51083	6214	32	257.29	75.94	166.87	14.48
1991	64906	3040	56495	5286	85	285.85	80.91	190.95	13.99
1992	71017	3051	62767	5087	112	322.40	87.83	220.68	13.89
1993	91553	3249	83606	4560	138	398.87	98.05	288.10	12.72
1994	100068	3559	92090	4269	150	435.15	108.35	314.95	11.85
1995	109139	3566	101370	3968	235	483.06	109.80	360.09	13.17
1996	114098	3071	107317	3446	264	500.98	98.11	391.65	11.22
1997	115141	2990	108654	3231	266	529.79	101.20	417.77	10.82
1998	118329	3169	111847	3034	279	552.35	106.57	436.34	9.44
1999	118819	3750	111771	3034	264	582.71	140.01	433.50	9.20
2000	124133	3909	116996	2938	290	606.73	148.33	449.51	8.89
2001	132881	4193	126008	2371	309	651.79	164.48	479.53	7.78
2002	135995	4511	128980	2122	382	706.85	180.95	519.20	6.70
2003	140699	4338	133968	1983	410	718.39	181.03	531.63	5.73
2004	150254	5195	142177	2311	571	795.32	216.41	571.50	7.41
2005	160669	5274	152222	2510	663	848.49	222.95	617.87	7.67
2006	174626	5588	165441	2792	805	929.15	241.05	681.39	6.71
2007	189658	5931	179501	3164	1062	1026.50	258.52	761.07	6.91
2008	217209	6448	206111	3494	1156	1118.62	289.76	821.57	7.29
2009	222130	6508	210584	3680	1358	1152.38	291.30	853.63	7.45
2010	228017	7634	215708	3155	1520	1250.74	362.67	882.04	6.03
2011	231900	8439	218415	3466	1580	1296.25	381.66	908.15	6.44
2012	234366	8725	220517	3454	1670	1317.58	390.25	921.18	6.16

注：民用航空客运量指发送量。
Passenger traffic of civil aviation refers to volume of transmitting passenger.

9－6 货运量和货物周转量(1978－2012年)
Freight Traffic and Turnover Volume of Freight Traffic(1978－2012)

年份 Year	货运量合计(万吨) Freight Traffic Total (10000 ton)	铁路 Railway	公路 Highway	水运 Waterway	货物周转量合计(亿吨公里) Turnover Volume of Freight Traffic Total (100 million ton－km)	铁路 Railway	公路 Railway	水运 Waterway
1978	8460	1415	2690	4355	164.19	112.77	6.69	44.73
1979	9202	1461	2998	4743	181.29	121.50	7.62	52.17
1980	9577	1523	3012	5042	190.76	126.23	8.25	56.28
1981	9608	1495	3042	5071	192.29	121.27	9.25	61.77
1982	10746	1609	3616	5521	201.83	120.49	11.49	69.85
1983	10877	1681	3728	5468	212.49	123.02	13.58	75.89
1984	11781	1736	3988	6057	232.67	127.59	16.67	88.41
1985	22385	1781	9397	11207	293.54	132.54	33.45	127.55
1986	31775	1893	17680	12202	341.20	135.18	68.14	137.88
1987	32346	1924	19426	10996	369.21	138.07	82.52	148.62
1988	37502	1877	24128	11497	403.96	136.50	96.25	171.21
1989	36358	1911	24354	10093	408.99	146.51	92.75	169.73
1990	33474	1691	22879	8904	400.65	144.43	100.75	155.47
1991	35198	1773	24162	9263	456.00	144.95	136.25	183.80
1992	41115	1915	28957	10243	546.81	167.52	158.83	220.46
1993	49867	1989	36439	11439	617.69	179.58	160.48	277.63
1994	54765	1841	40593	12331	685.41	181.55	171.63	332.23
1995	62287	1914	45052	15321	874.29	186.75	245.16	442.38
1996	63875	1928	47400	14547	900.80	178.92	266.22	455.66
1997	60956	1721	45224	14011	914.54	172.22	262.32	480.00
1998	60369	1726	45338	13305	897.88	173.28	257.11	467.49
1999	64004	1710	45754	16540	1004.10	171.80	256.90	575.40
2000	74884	1955	55008	17921	1199.74	187.16	280.02	732.56
2001	77832	2181	55706	19945	1371.60	206.48	282.53	882.59
2002	90507	2411	63532	24564	1616.61	230.41	293.60	1092.60
2003	103163	2658	70907	29598	2047.48	252.92	313.70	1480.86
2004	117298	2887	78540	35871	2701.48	288.22	353.62	2059.64
2005	126176	2960	81448	41768	3416.90	282.85	372.66	2761.39
2006	140095	3231	89342	47522	4363.71	300.74	431.07	3631.9
2007	153318	3447	98742	51129	4962.38	336.06	493.64	4132.68
2008	146637	3398	91625	51614	5476.25	339.74	1114.50	4022.01
2009	151239	3435	95802	52002	5659.78	323.30	1188.70	4147.78
2010	170540	3888	103394	63258	7117.04	342.08	1298.71	5476.24
2011	185692	4166	108654	72872	8634.82	312.24	1434.82	6887.75
2012	191057	3847	113393	73817	9183.30	291.26	1525.59	7366.45

注：2008年始公路按新的调查方法进行统计。
The data of highway is adjusted since 2008.

9-7 邮电业务基本情况(1978-2012年) Postal and Telecommunications Services(1978-2012)

年份 Year	邮电业务总量(万元) Business Volume of Post and Telecommunications (10000 yuan)	函件(万件) Number of Letters (10000 cases)	订销报刊累计份数(万份) Total Number of Newspaper and Magazine Subscribed (10000 copies)	快递业务量(万件) Express Business (10000 pieces)	城市电话年末户数(户) Number of Urban Telephone Subscribers at Year end (Subscriber)	农村电话年末户数(户) Number of Rural Telephone Subscribers at Year end (Subscriber)
1978	6851	11663	52264		42043	32919
1979	7832	14236	52264		46141	34120
1980	8991	16466	58538		51230	36838
1981	9970	18039	64945		57610	38749
1982	10834	19123	67993		65931	41513
1983	12477	23155	7373		75314	44677
1984	14879	28517	89384		89805	50487
1985	18837	33742	101657		104430	58012
1986	20564	34729	103759		121240	62935
1987	24878	39847	116953		145987	72806
1988	31300	42035	116694		188547	88729
1989	37020	36577	64557		234081	106895
1990	45396	34879	67183		280232	125783
1991	114607	32219	68849		355000	156500
1992	165815	33649	80349		486400	222100
1993	275148	39190	77457		782464	346685
1994	429179	38617	81515		1188163	585589
1995	630167	38678	85226		1666979	936297
1996	865336	37785	90955		1997814	1219930
1997	1129657	34186	98207		2392544	1631650
1998	1577157	33133	102761		2809491	2213890
1999	2190000	29439	107683		3409993	3249300
2000	3240800	30643	106807		4197800	4645000
2001	2799000	34839	116156		5477000	5739000
2002	3634295	37862	114707		7153572	6664178
2003	5047179	74901	116953		9373773	7191544
2004	6771657	73462	110417		11881841	7865948
2005	8303851	69844	112417	5835	14215278	8101240
2006	9720807	73349	117573	7274	15665856	8241649
2007	13270593	74475	124782	8441	16014157	8044271
2008	15454226	75528	131296	9860	14823869	8152032
2009	16663726	83625	137328	14765	13137656	8048195
2010	19719626	84869	147074	24898	12130911	7854547
2011	8979698	84741	154043	49661	11682165	7796637
2012	10240156	77656	164608	81987	11274422	7550455

注：1. 邮电业务总量1978-2000年按1990年不变价计算,2001-2010年按2000年不变价计算,2011年按2010年不变价计算。
Business volume of post and telecommunications from 1978 to 2000 were calculated at constant price of 1990, at constant price of 2000 from 2001 to 2010, at constant price of 2010 since 2011.
2. 按最新统计口径,自2003年函件包括邮送广告。
The letters include advertisements sent by post according to new statistical scope since 2003.

9－8 邮电企业主要指标(2009－2012年)
Principal Indicators of Postal and Telecommunications Enterprises(2009－2012)

指标		Item		2009	2010	2011	2012
邮电线路长度		**Length of Postal Routes**					
邮路总长度	(公里)	Length of Postal Routes	(km)	236647	234673	260054	1957791
农村投递路线总长度	(公里)	Rural Delivery Routes	(km)	167932	179456	184497	170167
长途电话电路总数	(2M)	Total Long－distance Telephone Circuits	(2M)	6624	10788	10804	9325
邮运通信工具		**Telecommunications Facilities**					
火车邮厢	(辆)	Postal Railway Carriage	(unit)	7	7	6	6
邮政汽车	(辆)	Postal Cars	(unit)	3320	3550	4363	17431
公用电话	(万部)	Public Telephone	(10000 units)	235	220	217	212
固定长途电话交换机容量	(路端)	Long－distance Switchboard	(terminal circuit)	918625	936300	847600	851520
本地电话交换机容量	(万门)	Urbon Switchboard	(10000 lines)	3110	3062	2986	2791
移动电话交换机	(万户)	Mobile Switchboard	(10000 users)	7973	8666	9605	9685
移动电话	(万户)	Mobile Telephone	(10000 users)	4436	5047	5756	6443
互联网用户	(万户)	Users of International Computer Network	(10000 users)		3970	4944	5887
#固定互联网宽带接入用户	(万户)	Wide Band	(10000 users)	821	868	1020	1153
长途光缆线路长度	(公里)	Length of Long Distance Optical Fibre Cable	(km)	23235	23269	23792	25001

注：2012年起邮路总长度和邮政汽车含规模以上快递企业数据。
The Data of Length of Postal Routes and Postal Cars include Courier Companies Above Dsignated Size since 2012.

9－9 邮电通信水平(2009－2012年)
Level of Postal and Telecommunications Services(2009－2012)

指标		Item		2009	2010	2011	2012
每百人平均函件量	(件/百人)	Average Number of Letters Mailed per 100 Persons	(Piece/hundred People)	1645	1590	1554	1420
每百人平均累计订阅报刊量	(份/百人)	Average Number of Newspaper Subscribed per 100 Persons	(piece/hundred People)	2651	2702	2824	3009
每百人平均包件	(件/百人)	Average Number of Parcels per 100 Persons	(Piece/hundred People)	8.5	8.1	8.7	9.0
固定电话普及率	(线/百人)	Popularization Rate of Fixed Telephone	(pars/hundred person)	40.9	36.9	35.6	34.2
移动电话普及率	(部/百人)	Popularization Rate of Mobile Telephone	(pars/hundred person)	85.6	93.3	105.2	117.2
人均邮政、电信费用支出(按合计总量算)	(元/人)	Per Capital Expenditure of Telecommunications	(yuan/person)	1220	1301	1463	1637
已通电话的乡镇	(个)	Number of Townships with Telephone Communication	(Number)	1180	1171	944	929
已通邮的行政村比重	(%)	Percentage of Villages with Posal Communication	(Percentage)	99.99	99.99	99.99	100
设有局所的乡(镇)比重	(%)	Percentage of Townships with Postal Offices	(Percentage)	75.1	70.9	80.4	82.1

浙/江/统/计/年/鉴

主要统计指标解释

■ 铁路营业里程

又称营业长度,指办理客货运输业务的铁路正线总长度。凡是全线或部分建成双线及以上的线路,以第一线的实际长度计算;复线、站线、段管线、岔线和特殊用途线以及不计算运费的联络线都不计算营业里程。铁路营业里程是反映铁路运输业基础设施发展水平的重要指标,也是计算客货周转量、运输密度和机车车辆运用效率等指标的基础资料。

■ 公路里程

指在一定时期内实际达到《公路工程技术标准JTJ01-88》规定的等级公路,并经公路主管部门正式验收交付使用的公路里程数。其计算单位为:km。它包括大中城市的郊区公路以及通过小城镇街道部分的公路里程,也包括桥梁、渡口的长度,但不包括大中城市的街道、厂矿、林区生产用道和农业生产用道的里程。两条或多条公路共同经由同一路段,只计算一次,不得重复计算里程长度。公路里程是反映公路建设发展规模的重要指标,也是计算运输网密度等指标的基础资料。

■ 内河航道里程

也称"内河通航里程",是反映内河水运网规模、水平和发展情况的主要指标;是指在一定时期内,能通航运输船舶及排筏的天然河流、湖泊水库、运河及通航渠道的长度。包括全年季节性通航累计三个月以上的航道,但不包括仅供零散流放竹、木排的河道。

■ 货(客)运量

指在一定时期内,各种运输工具实际运送的货物(旅客)数量。是反映运输业为国民经济和人民生活服务的数量指标,也是制定和检查运输生产计划,研究运输发展规模和速度的重要指标。货运按吨计算,客运按人计算。货物不论运输距离长短,货物类别,均按实际重量统计;旅客不论行程远近或票价多少,均按一人一次作为客运量统计。半价票、小孩票也按一人统计。

■ 货物(旅客)周转量

指在一定时期内,由各种运输工具运送的货物(旅客)数量与其相应运输距离的乘积之总和,是反映运输业生产总成果的重要指标,也是编制和检查运输生产计划,计算运输效率、劳动生产率以及核算运输单位成本的主要基础资料。通常以吨公里和人公里为计算单位。计算货物周转量通常按发出站与到达站之间的最短距离,也就是计费距离计算。

■ 沿海主要港口货物吞吐量

指由水运进出沿海主要港区范围,并经过装卸的货物数量,包括邮件及办理托运手续的行李、包裹以及补给运输船舶的燃、物料和淡水。其计量单位为吨。货物吞吐量的货种分类及其主要流向流量,反映了港口在国内外物资交流和对外贸易运输中的地位和作用。吞吐量可以分为进口、出口,又可以分为国内贸易和对外贸易。

■ 邮电业务总量

指以货币表现的邮电部门用于传递信息和提供其他邮电服务的总数量。它综合反映了一定时期邮电工作的总成果,是研究邮电业务量构成和发展趋势的重要指标。它用各种邮电分类业务量,如函件件数、长途电话业务量、市内电话和农村电话的年均户数、订销报刊累计份数等,分别乘以相应的平均单价(不变价),加总后再加上出租电路和设备的收入、代用户维护电话交换机和线路等设备的收入、其他业务收入求得。

ZHEJIANG STATISTICAL YEARBOOK

Explanatory Notes on Main Statistical Indicators

□ Length of Railways in Operation

refers to the total length of the trunk line under passenger and freight transportation. The calculation is based on the actual length of the first line even if this line has a full or partial double track or more tracks, excluding double tracks, stationsidings, tracks under the charge of stations; branch lines, specialpurpose lines and the non-payable connecting lines. The length of railways in operation is an important indicator to show the development of the intra – structure for the railway transport, and also the essential data to calculate volume of passenger freight transport, traffic density and utilization efficiency of the locomotives and carriages.

□ Length of Highways

refers to the length of highways which are built in conformity with the grades specified by the highway engineering standard formulated by the Ministry of Communications, and have been formally checked and accepted by the departments of highways and put into use. The length of highways includes that of the suburb highways at large and medium – sized cities, highways passing through streets at small cities and towns, and also the length of bridges and ferries. It does not include the length of streets in big and medium – sized cities and highways built for the production purpose at factories, mines, forest areas and agricultural areas. If two or more highways go the same section of the way, the length of the section is only calculated for once and no duplication is allowed. The length of highways is an important indicator to show the development of the highway construction and to provide essential information to calculate the transport network density.

□ Length of Navigable Inland Waterways

refers to the length of the natural rivers, lakes, reservoirs, canals, and ditches open to navigation during a given period, which enables the transport by ships and rafts. It includes the channels open to navigation for over 3 months accumulatively in a year, yet this does not include the river courses which are only used to float odd logs and bamboo rafts.

□ Length of Civil Aviation Routes

refers to the length of all routes for regular civil aviation flights. There are usually two ways to calculate the distance between airports connected by the route length: One is to put the length of all air routes together, called duplicated calculation of the length of the routes; the other is not to allow the duplication in calculation when two or more routes passing the same section. The latter is usually used, as it can precisely show the size of the civil aviation network and indicate the extent of civil aviation serving the national economy and the people.

□ Freight (Passenger) Traffic

refers to the volume of freight (passenger) transported with various means. Freight transport is calculated in tons and passenger traffic is calculated in the number of persons. Despite the type of freight and travelling distance, the freight transport is calculated by the principle that one person can be counted only once in one travel. The passenger who travel with a half – price ticket or a child ticket is also calculated as one person. The freight (passenger) traffic provides a quantitative measure to show how the transport industry serves the national economy and people, and is also an important indicator for planning the transport industry and for studying the development scale and speed of the transport industry.

□ Freight Ton-kilometers(Passenger – kilometers)

refer to the sum of the products of the volume of transported cargo (passengers) multiplying by the transport distance, usually using ton – kilometre and passenger – kilometre

EXPLANATORY NOTES ON MAIN STATISTICAL INDICATORS

as units for measurement. Normally, the shortest distance between the departure station and the destination station (i. e. , the payable distance) is the basis to calculate the freight ton – kilometres. This is an important indicator to show the total results of the transport industry, to prepare and examine the transport plan and to measure the efficiency, the labour productivity and the unit cost of transport.

□ Volume of Freight Handled in Major Coastal Ports

refers to the volume of cargo passing in and out the harbor area of the major coastal ports and having been loaded and unloaded. The volume includes that of the postal matters, registered luggages and fuels, materials and fresh water as supplies of the ships. The volume of freight handled may be classfied as import, export, or as domestic trade and foreign trade. The volume of freight handled by type of cargo and by main flow direction reflects the position and function of the ports in the inflow of Chinese and foreign commodities and in the transportation for foreign trade.

□ Business Volume of Post and Telecommunications

refers to the total amount of the imformation delivered and other post and telecommunications services provided by the post and telecommunications departments for the customers. It is derived by first multiplying the business volume of different types, such as number of letters, telegrams, long distance calls, city and rural telephone subscribers and accumulated number of newspapers and journals subscribed and sold, etc. by their respective average unit price (fixed price) and then adding these products together: plus the income from maintenance of telephone exchanges and lines, and the income from other business operations. The business volume of post and telecommunications indicates the total achievements made by the post and telecommunications department during a given period of time in a comprehensive way, and is an important indicator to study the composition and development of the post and telecommunications business.

2013

浙江统计年鉴

ZHEJIANG STATISTICAL YEARBOOK

CHAPTER 10

批发、零售贸易和餐饮业

Wholesale and Retail Trade and Catering Trade

10-1 社会消费品零售总额(1978-2012年)
Total Retail Sales of Consumer Goods (1978-2012)

单位:亿元(100 million yuan)

年份 Year	社会消费品零售总额 Total Retail Sales of Consumer Goods	按地区分 By Region			按行业分 By secter		
		市 Citys	县 Counties	县以下 Under County Level	批发和零售业 Wholesale and Retail Trade	餐饮业 Hotels and Catering Services	其他 Others
1978	46.86	9.75	14.46	22.65	43.57	1.84	1.45
1979	58.97	11.56	17.68	29.73	55.06	2.28	1.63
1980	74.87	14.99	21.68	38.20	69.62	2.86	2.39
1981	85.99	23.76	17.59	44.64	79.98	3.21	2.80
1982	93.77	25.01	19.57	49.19	86.78	3.45	3.54
1983	104.24	28.06	23.10	53.08	96.93	3.87	3.44
1984	125.82	35.66	27.96	62.20	116.37	4.98	4.47
1985	172.27	55.99	40.74	75.54	157.44	6.56	8.27
1986	203.49	67.15	44.71	91.63	185.26	7.90	10.33
1987	242.58	87.80	45.29	109.49	220.40	9.73	12.45
1988	325.88	132.28	51.23	142.37	298.19	12.55	15.14
1989	346.01	141.80	51.91	152.30	316.71	14.06	15.24
1990	353.75	153.27	48.55	151.93	321.45	15.90	16.40
1991	404.00	184.56	55.79	163.65	366.65	19.07	18.28
1992	493.87	230.23	73.72	189.92	442.64	25.04	26.19
1993	772.11	371.59	112.72	287.80	722.81	40.09	9.21
1994	1133.18	615.40	115.15	402.63	1013.18	55.24	64.76
1995	1472.66	791.45	142.73	538.48	1360.01	85.92	26.73
1996	1776.67	950.80	181.68	644.19	1610.94	115.02	50.71
1997	1951.96	1054.90	193.40	703.66	1759.87	129.88	62.21
1998	2120.78	1150.81	203.92	766.05	1896.93	149.33	74.52
1999	2305.86	1257.49	223.54	824.83	2041.43	188.31	76.12
2000	2553.59	1394.29	250.36	908.94	2235.01	237.67	80.91
2001	2839.59	1594.35	275.10	970.14	2478.04	277.97	83.57
2002	3166.15	1816.22	315.53	1034.40	2736.10	340.34	89.72
2003	3511.26	2224.23	366.42	920.61	2998.92	399.14	113.20
2004	4055.50	2573.23	452.89	1029.38	3525.14	452.78	77.58
2005	4645.85	3056.03	462.00	1127.83	4033.32	534.85	77.69
2006	5357.97	3540.56	522.60	1294.80	4687.61	613.63	56.73
2007	6271.32	4155.19	610.31	1505.83	5488.43	724.04	58.85
2008	7533.30	5021.44	735.99	1775.86	6678.37	804.09	50.85
2009	8622.26	5770.67	839.12	2012.47	7668.98	901.16	52.12
2010	10245.40	9013.87		1231.53	9105.36	1057.84	82.20
2011	12028.00	10122.59		1905.41	10680.41	1250.19	97.40
2012	13588.34	11450.68		2137.66	12101.15	1445.19	42.00

注: 1.2004、2008年数据按经济普查资料测算,1993-2003年、2005-2007年数据根据经济普查数据调整。
The data in 2004 and 2008 are calculated from Economic Census, while the data are adjusted by Economic Census from 1993 to 2003 and 2005 to 2007.
2.2010年起社会消费品零售总额由于口径变化,分为"城镇"和"乡村"两部分,分别列入原口径中的"市"和"县以下"中。
The data of total retail sales of consumer goods was adjusted since 2010.

10-2 按登记注册类型分限额以上批发零售贸易业基本情况
Basic Information of Enterprises Above Designated Size in Wholesale and Retail Trades by Types of Registration

指标	Item	法人企业(个) Number of Corporation (unit)		从业人员(人) Persons Employed (person)	
		2011	2012	2011	2012
总计	**Total**	**11994**	**12917**	**601464**	**641490**
批发业合计	**Wholesale Trade**	**8665**	**9237**	**297127**	**332714**
#国有及国有控股企业	State - owend and State Holding Enterprises	314	360	42174	61507
内资企业	Domestic Funded Enterprises	8554	9111	288697	321885
国有企业	State - owned Enterprises	137	147	18394	14807
集体企业	Collective Owned Enterprises	45	45	1874	2078
股份合作企业	Cooperative Enterprises	21	23	471	449
联营企业	Joint Ownership Enterprises	7	5	98	128
国有联营企业	State Joint Ownership Enterprises	2		25	
集体联营企业	Collective Joint Ownership Enterprises	2	2	45	21
其他联营企业	Other Joint Ownership Enterprises	2	3	10	107
有限责任公司	Limited Liability Corporations	1615	1738	87163	85946
国有独资公司	State Sole Funded Corporations	47	51	5317	4036
其他有限责任公司	Other Limited Liability Corporations	1568	1687	81846	81910
股份有限公司	Share - holding Corporations Ltd.	147	138	30849	57253
私营企业	Private Enterprises	6552	6980	149078	159894
私营独资企业	Private Funded Enterprises	161	142	8508	3031
私营合伙企业	Private Partnership Corporations	96	94	1127	1206
私营有限责任公司	Private Limited Liability Corporations	6164	6626	135057	151290
私营股份有限公司	Private Share - holding Corporations Ltd.	131	118	4386	4367
港、澳、台商投资企业	Enterprises With Funds From Hong Kong, Macao and Taiwan	50	62	4651	7237
合资经营企业	Joint - venture Enterprises	18	22	1879	3828
独资经营企业	Enterprises with Sole Investment	32	1	2772	83
外商投资企业	Foreign Funded Enterprises	61	64	3779	3592
中外合资经营企业	Joint - venture Enterprises	25	25	1275	1139
中外合作经营企业	Cooperation Enterprises				
外资企业	Enterprises With Sole Foreign Investment	33	37	2436	2340
外商投资股份有限公司	Foreign Invesment Share - holding Corporations Ltd.	3	2	68	113

续表 Continued

指标	Item	法人企业(个) Number of Corporation (unit)		从业人员(人) Persons Employed (person)	
		2011	2012	2011	2012
零售业合计	**Retail Sale Trade**	**3329**	**3680**	**304337**	**308776**
#国有及国有控股企业	State－owend and State Holding Enterprises	274	324	30143	31146
内资企业	Domestic Funded Enterprises	3223	3552	274396	271420
国有企业	State－owned Enterprises	82	84	7744	5724
集体企业	Collective Owned Enterprises	61	61	3455	2838
股份合作企业	Cooperative Enterprises	22	18	563	445
联营企业	Joint Ownership Enterprises	18	26	308	411
国有联营企业	State Joint Ownership Enterprises	8	8	154	146
国有与集体联营企业	Joint State－collective Enterprises	8	9	137	166
其他联营企业	Other Joint Ownership Enterprises	1	8	16	99
有限责任公司	Limited Liability Corporations	904	1002	109954	108209
国有独资公司	State Sole Funded Corporations	49	59	2854	3519
其他有限责任公司	Other Limited Liability Corporations	855	943	107100	104690
股份有限公司	Share－holding Corporations Ltd.	75	73	27487	23098
私营企业	Private Enterprises	2053	2277	124446	130227
私营独资企业	Private Funded Enterprises	102	96	5469	4594
私营合伙企业	Private Partnership Corporations	41	39	4004	3159
私营有限责任公司	Private Limited Liability Corporations	1855	2090	111756	119660
私营股份有限公司	Private Share－holding Corporations Ltd.	55	52	3217	2814
港、澳、台商投资企业	Enterprises With Funds From Hong Kong, Macao and Taiwan	52	67	12354	15408
合资经营企业	Joint－venture Enterprises From Hong Kong, Macao and Taiwan	16	23	2733	4416
合作经营企业	Cooperation Enterprises From Hong Kong, Macao and Taiwan	1	1	434	415
港、澳、台商独资经营企业	Enterprises with Sole Hong Kong, Macao and Taiwan	34	40	9101	10403
港、澳、台商投资股份有限公司	Share－holding Corporations Ltd. with Funds From Hong Kong, Macao and Taiwan	1	2	86	172
外商投资企业	Foreign Funded Enterprises	54	61	17587	21948
中外合资经营企业	Joint－venture Enterprises	18	19	9713	13053
中外合作经营企业	Cooperation Enterprises	1	1	65	54
外资企业	Enterprises With Sole Foreign Investment	35	40	7809	8695

10－3 分行业限额以上批发零售贸易基本情况
Basic Information of Enterprises Above Designated Size in Wholesale and Retail Trade by Sector

指标	Item	法人企业（个）Number of Corporation (unit)		从业人员（人）Persons Employed (person)	
		2011	2012	2011	2012
总计	**Total**	**11994**	**12917**	**601464**	**641490**
批发业	**Wholesale**	**8665**	**9237**	**297127**	**332714**
农、林、牧产品批发	Agriculture, forest, animal husbandry products wholesale	121	143	3624	3898
食品、饮料及烟草制品批发	Food, Beverages, Tobacoo and Its Production	465	495	46780	48597
#米、面制品及食用油批发	Rice, Flour and Its Production, Edible Oil	75	83	5167	5761
烟草制品批发	Tobacoo and Its Production	15	15	10054	5349
纺织、服装及家庭用品批发	Textile, Garments and Articles for Daily Use	1967	2327	74339	95519
#服装批发	Garments	495	529	30961	33508
文化、体育用品及器材批发	Culture, Sports Articles and Equipment	229	253	7746	9444
医药及医疗器材批发	Medicines and Medical Appliances	232	240	20882	23682
矿产品、建材及化工产品批发	Mineral Production, Building Materials and Chemical Production	3903	4107	81755	101072
#煤炭及制品批发	Coal and Related Production	432	474	6661	6739
石油及制品批发	Petroleurn and Related Production	360	404	20424	42241
金属及金属矿批发	Metal Materials and Mineral	1748	1791	26249	24056
建材批发	Building Materials	280	318	6648	7642
化肥批发	Fertilizer	63	65	2452	1747
机械设备、五金交电及电子产品批发	Machinery Equipment, Hardware and Electric Production	1306	1165	53679	41696
#汽车批发	Motor Vehicles		78		3480
五金产品批发	Hardware products Wholesale		290		9377
计算机、软件及辅助设备批发	Computers, Software and Auxiliary Equipment	77	61	2076	1739
贸易经纪与代理	Manage and Agencies in Trade	106	147	1227	2103
其他批发	Others	336	360	7095	6703

续表 Continued

指标	Item	法人企业(个) Number of Corporation (unit)		从业人员(人) Persons Employed (person)	
		2011	2012	2011	2012
零售业	**Retail Sale**	**3329**	**3680**	**304337**	**308776**
综合零售	Synthesizs	413	432	119972	113952
#百货零售	Consumer Goods	152	170	33205	32936
超级市场零售	Supermarkets	214	217	81047	73127
食品、饮料及烟草制品专门零售	Food,Beverages,Tobacoos and Its Production	87	116	8252	9640
纺织、服装及日用品专门零售	Textile Garments and Articles for Daily Use	151	158	24083	19885
#服装零售	Garments Articles	90	97	20505	15736
文化、体育用品及器材专门零售	Culture,Sports Articles and Equipment	163	193	9953	11747
#体育用品及器材零售	Sports Articles	4	6	202	293
#图书报刊零售	Books,newspaper	87	89	5384	5782
医药及医疗器材专门零售	Medicines and Medical Appliances	179	190	19211	19179
#药品零售	Medicines	171	180	19107	18956
汽车、摩托车、燃料及零配件专门零售	Motor Vehicles Motorcycles Fuel	1663	1849	88473	102375
汽车零售	Motor Vehicles	1208	1383	71238	84711
机动车燃料零售	Fuel for Motor Vehicles Use	388	402	15682	16182
家用电器及电子产品专门零售	Household Appliance Electric Production	481	501	28448	24407
#日用家电设备零售	Household Appliance		249		13342
计算机、软件及辅助设备零售	Computer,Software and Auxiliary Equipment	141	144	4683	4384
通信设备零售	Communication Equipment	49	49	3306	3016
五金、家具及室内装修材料专门零售	Hardware Furniture Decoration Indoors	69	92	1922	2617
货摊、无店铺及其他零售	Non - shop and Other Retail Sale	123	149	4023	4974
#邮购及电视电话零售	Mail, telephone and TV retail		5		621

10－4 按登记注册类型分限额以上批发零售贸易业商品销售总额
Total Sales of Enterprises Above Designated Size in Wholesale and Retail Trade by Types of Registration

单位:亿元(100 million yuan)

指标	Item	合计 Total		批发 Wholesale		零售 Retail Sale	
		2011	2012	2011	2012	2011	2012
总计	**Total**	**30315.08**	**32682.96**	**24894.54**	**26709.04**	**5420.55**	**5973.92**
批发业合计	**Wholesale Trade**	**25004.41**	**27000.06**	**24225.49**	**26031.43**	**778.92**	**968.63**
#国有及国有控股企业	State－owend and State Holding Enterprises	4570.83	6154.36	4118.47	5592.97	452.36	561.39
内资企业	Domestic Funded Enterprises	24352.39	26260.07	23576.23	25313.92	776.16	946.15
国有企业	State－owned Enterprises	1632.46	2190.00	1599.85	2146.79	32.61	43.21
集体企业	Collective Owned Enterprises	119.88	89.90	116.84	86.47	3.04	3.43
股份合作企业	Cooperative Enterprises	24.42	17.63	24.15	17.40	0.27	0.23
联营企业	Joint Ownership Enterprises	38.68	48.18	38.40	40.39	0.28	7.79
国有联营企业	State Joint Ownership Enterprises	0.91		0.91			
集体联营企业	Collective Joint Ownership Enterprises	9.30	8.73	9.30	8.72		0.01
其他联营企业	Other Joint Ownership Enterprises	27.93	39.45	27.93	31.66		7.79
有限责任公司	Limited Liability Corporations	8081.05	9115.83	7881.05	8865.54	200.00	250.29
国有独资公司	State Sole Funded Corporations	386.32	395.26	385.56	391.60	0.76	3.67
其他有限责任公司	Other Limited Liability Corporations	7694.73	8720.56	7495.49	8473.94	199.24	246.62
股份有限公司	Share－holding Corporations Ltd.	2513.90	2760.45	2066.98	2289.61	446.93	470.84
私营企业	Private Enterprises	11927.36	11980.82	11834.54	11817.85	92.82	162.97
私营独资企业	Private Funded Enterprises	415.15	356.47	411.79	351.95	3.36	4.52
私营合伙企业	Private Partnership Corporations	60.00	54.17	60.00	50.91		3.26
私营有限责任公司	Private Limited Liability Corporations	11179.51	11323.81	11096.05	11176.32	83.46	147.48
私营股份有限公司	Private Share－holding Corporations Ltd.	272.69	246.37	266.69	238.67	6.00	7.71
港澳台商投资企业	Enterprises With Funds From Hong Kong Macao and Taiwan	255.85	324.43	254.82	308.42	1.03	16.01
合资经营企业	Joint－venture Enterprises	85.46	114.73	84.51	106.65	0.94	8.08
独资经营企业	Enterprises with Sole Investment	170.40	208.04	170.31	200.11	0.09	7.93
外商投资企业	Foreign Funded Enterprises	396.16	415.57	394.44	409.10	1.72	6.47
中外合资经营企业	Joint－venture Enterprises	333.42	344.34	332.91	343.31	0.51	1.03
中外合作经营企业	Cooperation Enterprises						
外资企业	Enterprises With Sole Foreign Investment	57.72	69.63	56.59	64.25	1.13	5.38
外商投资股份有限公司	Foreign Invesment Share－holding Corporations Ltd.	5.02	1.60	4.94	1.53	0.08	0.06

续表 Continued 单位:亿元(100 million yuan)

指标	Item	合计 Total		批发 Wholesale		零售 Retail Sale	
		2011	2012	2011	2012	2011	2012
零售业合计	**Retail Trade**	**5310.68**	**5682.90**	**669.05**	**677.61**	**4641.63**	**5005.29**
#国有及国有控股企业	State－owend and State Holding Enterprises	980.06	1046.77	244.38	225.44	735.68	821.32
内资企业	Domestic Funded Enterprises	4684.07	4909.57	623.44	628.00	4060.63	4281.57
国有企业	State－owned Enterprises	178.53	124.56	43.13	15.39	135.40	109.16
集体企业	Collective Owned Enterprises	50.61	57.58	11.31	12.92	39.30	44.65
股份合作企业	Cooperative Enterprises	8.76	5.18	0.64	0.22	8.12	4.96
联营企业	Joint Ownership Enterprises	16.42	20.17	0.38	1.07	16.05	19.10
国有联营企业	State Joint Ownership Enterprises	9.19	8.46		0.38	9.19	8.08
国有与集体联营企业	State－collective Joint Enterprises	6.73		0.38		6.35	
其他联营企业	Other Joint Ownership Enterprises	0.50	7.26		0.69	0.50	6.56
有限责任公司	Limited Liability Corporations	1732.29	1870.50	188.68	210.42	1543.61	1660.08
国有独资公司	State Sole Funded Corporations	24.52	35.99	2.26	1.33	22.26	34.65
其他有限责任公司	Other Limited Liability Corporations	1707.76	1834.52	186.42	209.09	1521.35	1625.43
股份有限公司	Share－holding Corporations Ltd.	690.35	697.73	206.88	183.78	483.47	513.95
私营企业	Private Enterprises	1997.88	2117.76	171.24	203.54	1826.64	1914.22
私营独资企业	Private Funded Enterprises	59.10	48.22	7.52	4.02	51.58	44.19
私营合伙企业	Private Partnership Corporations	35.09	27.81	2.87	3.18	32.23	24.63
私营有限责任公司	Private Limited Liability Corporations	1832.91	1983.68	155.47	192.26	1677.43	1791.42
私营股份有限公司	Private Share－holding Corporations Ltd.	70.78	58.05	5.39	4.08	65.39	53.97
港澳台商投资企业	Enterprises With Funds From Hong Kong Macao and Taiwan	223.96	329.07	11.27	15.47	212.69	313.60
合资经营企业	Joint－venture Enterprises	76.23	155.62	6.04	8.43	70.19	147.18
合作经营企业	Cooperation Enterprises	6.82	6.69			6.82	6.69
独资经营企业	Enterprises with Sole Investment	140.21	165.20	5.23	7.03	134.98	158.17
港、澳、台商投资股份有限公司	Share－holding Corporations Ltd. with Funds From Hong Kong, Macao and Taiwan	0.70	1.48			0.70	1.48
外商投资企业	Foreign Funded Enterprises	402.64	444.26	34.33	34.15	368.31	410.11
中外合资经营企业	Joint－venture Enterprises	219.62	238.23	31.84	33.02	187.79	205.21
中外合作经营企业	Cooperation Enterprises	0.68	0.67			0.68	0.67
外资企业	Enterprises With Sole Foreign Investment	182.34	202.89	2.50	1.12	179.84	201.77

10-5 分行业限额以上批发零售贸易业销售总额 Total Sales of Enterprises Above Designated Size in Wholesale and Retail Trade by Sector

单位:亿元(100 million yuan)

指标	Item	销售总额 Sales					
		合计 Total		批发 Wholesale		零售 Retail Sale	
		2011	2012	2011	2012	2011	2012
总计	**Total**	**30315.08**	**32682.96**	**24894.54**	**26709.04**	**5420.55**	**5973.92**
批发业	**Wholesale**	**25004.41**	**27000.06**	**24225.49**	**26031.43**	**778.92**	**968.63**
农、林、牧产品批发	Agricultural and Animal Production	172.86	170.02	171.69	164.22	1.18	5.80
食品、饮料及烟草制品批发	Food, Beverages, Tobacoo and Its Production	1903.01	2225.91	1885.46	2187.81	17.55	38.10
#米、面制品及食用油批发	Rice, Flour and ItsProduction, Edible Oil	168.17	216.14	164.30	205.88	3.87	10.26
烟草制品批发	Tobacoo and Its Production	766.65	850.16	766.32	849.90	0.32	0.26
纺织、服装及家庭用品批发	Textile, Garments and Articles for Daily Use	3484.14	4205.24	3461.13	4143.12	23.01	62.12
#服装批发	Garments	1076.82	1119.02	1061.07	1091.90	15.75	27.12
文化、体育用品及器材批发	Culture, Sports Articles and Equipment	350.62	390.97	345.31	379.43	5.31	11.54
医药及医疗器材批发	Medicines and Medical Appliances	851.78	990.62	601.49	713.41	250.30	277.21
矿产品、建材及化工产品批发	Mineral Products, Building Materials and Chemical Production	14945.56	16198.89	14517.12	15688.20	428.44	510.70
#煤炭及制品批发	Coal and Related Production	1174.58	1500.59	1173.29	1491.59	1.29	9.00
石油及制品批发	Petroleurn and Related Production	2706.84	2987.36	2315.20	2525.50	391.64	461.85
金属及金属矿批发	Metal Materials and Mineral	7573.08	7866.73	7548.42	7853.61	24.66	13.12
建材批发	Building Materials	465.84	528.73	460.86	516.78	4.98	11.95
化肥批发	Fertilizer	129.11	139.03	128.69	138.43	0.42	0.60
机械设备、五金交电及电子产品批发	Machinery Equipment, Hardware and Electric Production	2621.08	2166.91	2568.59	2107.04	52.48	59.87
#汽车批发	Motor Vehicles		345.62		332.93		12.69
五金产品批发	Household Appliances		435.15		428.07		7.09
计算机、软件及辅助设备批发	Computers, Software and Auxiliary Equipment	81.78	101.58	77.95	96.10	3.82	5.47
贸易经纪与代理	Manage and Agencies in Trade	83.13	108.37	82.87	107.36	0.25	1.01
其他批发	Others	592.23	543.14	591.83	540.85	0.39	2.29

续表 Continued 单位:亿元(100 million yuan)

指标	Item	销售总额 Sales					
		合计 Total		批发 Wholesale		零售 Retail Sale	
		2011	2012	2011	2012	2011	2012
零售业	**Retail Sale**	**5310.68**	**5682.90**	**669.05**	**677.61**	**4641.63**	**5005.29**
综合零售	Synthesizs	1105.01	1272.24	122.69	132.55	982.32	1139.69
#百货零售	Consumer Goods	444.18	551.68	31.75	35.21	412.43	516.47
超级市场零售	Supermarkets	622.94	680.22	81.30	88.45	541.63	591.77
食品、饮料及烟草制品专门零售	Food, Beverages, Tobacoos and Its Production	77.32	63.66	37.83	10.74	39.49	52.93
纺织、服装及日用品专门零售	Textile Garments and Articles for Daily Use	171.94	141.21	32.30	27.17	139.63	114.04
#服装零售	Garments Articles	141.14	106.88	28.66	17.53	112.47	89.35
文化、体育用品及器材专门零售	Culture, Sports Articles and Equipment	101.75	131.61	17.02	20.04	84.73	111.57
#体育用品及器材零售	Sports Articles	1.71	2.78	0.01	0.29	1.70	2.49
#图书报刊零售	Books	40.73	45.33	0.97	1.28	39.76	44.05
医药及医疗器材专门零售	Medicines and Medical Appliances	169.50	204.52	16.83	24.73	152.68	179.79
#药品零售	Medicines	167.95	201.93	16.45	23.35	151.50	178.58
汽车、摩托车、燃料及零配件专门零售	Motor Vehicles Motorcycles Fuel	3262.54	3446.97	359.58	364.81	2902.96	3082.16
#汽车零售	Motor Vehicles	2395.10	2567.22	143.71	147.28	2251.39	2419.94
机动车燃料零售	Fuel for Motor Vehicles Use	836.84	853.38	210.89	212.62	625.95	640.77
家用电器及电子产品专门零售	Household Appliance Electric Production	334.55	300.38	53.84	62.74	280.71	237.64
#日用家电设备零售	Household Appliance		163.15		23.41		139.74
计算机、软件及辅助设备零售	Computer, Software and Auxiliary Equipment	65.28	50.70	23.76	18.96	41.52	31.74
通信设备零售	Communication Equipment	22.54	38.56	4.32	14.44	18.22	24.12
五金、家具及室内装修材料专门零售	Hardware Furniture Decoration Indoors	23.32	39.43	6.62	11.44	16.70	27.99
货摊、无店铺及其他零售	Non - shop and Other Retail Sale	64.76	82.88	22.35	23.38	42.41	59.49
#邮购及电视电话零售	Mail Order and Electron Vendition		11.13		0.26		10.88

10-6 限额以上批发零售贸易业商品分类销售额(2009-2012年)
Total Sales in Wholesale and Retail Trade Above Designated Size by Commodity(2009-2012)

单位:亿元(100 million yuan)

商品分类	Commodity	合计 Total			
		2009	2010	2011	2012
食品、饮料、烟酒类	Food,Beverage,Tobacco and Liquor	1940.37	2171.73	2540.18	2878.14
肉禽蛋类	Meat,Poultry and Eggs	69.84	80.75	109.16	121.62
其他食品类	Other Food	522.05	354.59	828.85	978.05
饮料类	Beverages	378.57	452.00	626.93	713.35
烟酒类	Tobacco and Liquor	969.91	951.24	975.23	1065.12
服装鞋帽、针、纺织品类	Garments,Shoes,Hats,Knit and Textile Goods	1630.50	2089.27	2703.22	2857.72
服装类	Garments	759.50	934.89	1153.46	1215.36
鞋帽类	Shoes and Hats	195.80	263.02	333.03	355.74
针、纺织品类	Knit and Textile Goods	675.20	891.36	1216.73	1286.62
化妆品类	Cosmetics	66.80	67.47	93.48	110.64
金银珠宝类	Jewelry	57.00	100.59	150.63	178.34
日用品类	Articles For Daily Use	507.27	686.46	798.74	864.80
洗涤用品类	Washing	126.43	162.39	172.93	206.62
儿童玩具类	Toy For Children	15.51	20.80	24.26	27.81
五金、电料类	Hardware & Electric Materials	263.84	346.45	376.44	360.33
体育、娱乐用品类	Sports and Recreation	27.84	35.55	38.24	36.24
书报杂志类	Newspapers and Magazines	58.98	61.70	65.25	69.95
电子出版物及音像制品类	Electronic Publication and Audiovisual Production	5.24	5.34	5.33	6.19
家用电器及音像器材类	Household Appliances and Audiovisual Equipment	553.42	621.80	808.98	825.10
中西药品类	Traditional Chinese & Western Medicines	626.78	752.17	917.14	1045.33
西药	Western Medicines	469.03	556.66	660.43	777.10
中草药及中成药	Chinese Herbal Medicine and Other Traditional Chinese Medicine	123.80	149.41	173.70	188.11
文化办公用品类	Culture and Official Articles	263.55	358.37	404.13	447.13
家具类	Furniture	38.72	55.99	75.26	86.14
通讯器材类	Communication Appliances	105.92	137.18	180.28	214.54
煤炭及制品类	Coal and Related Production	461.69	709.70	1026.93	1322.25
木材及制品类	Timber and Related Production	59.91	91.72	113.93	148.74
石油制品及类	Oil and Related Production	2048.51	2942.38	3483.04	3998.33
化工材料及制品及类	Chemical Materials and Related Production	1375.54	2056.84	2798.94	3302.85
化肥类	Fertilizer	91.32	91.02	130.25	139.63
金属材料类	Metal Materials	3604.93	5035.98	7258.17	7849.86
建筑及装潢材料类	Building and Decoration Materials	180.16	168.47	227.50	249.63
机电成品及设备类	Mechanical and Electrical Production and Appliances	553.44	773.04	849.95	724.69
农机类	Agricutural Mechanical Production	8.77	12.58	12.48	10.16
汽车类	Motor Vehicles	1652.27	2335.69	2768.18	2972.83
种子饲料类	Seed and Forage	19.77	20.39	28.80	39.50
棉麻类	Cotton & Ambery	52.32	87.01	89.34	107.23
其他类	Others	617.62	971.46	1089.00	1179.38

续表 1 Continued

单位:亿元(100 million yuan)

商品分类	Commodity	批发额 Wholesale			
		2009	2010	2011	2012
食品、饮料、烟酒类	Food, Beverage, Tobacco and Liquor	1578.26	1765.61	2035.36	2238.59
肉禽蛋类	Meat, Poultry and Eggs	32.69	41.45	59.24	63.26
其他食品类	Other Food	301.73	254.36	508.99	550.93
饮料类	Beverages	338.11	409.62	574.55	653.70
烟酒类	Tobacco and Liquor	905.73	877.04	892.58	970.71
服装鞋帽、针、纺织品类	Garments, Shoes, Hats, Knit and Textile Goods	1343.56	1725.54	2250.04	2343.10
服装类	Garments	549.80	653.81	801.85	821.96
鞋帽类	Shoes and Hats	147.22	210.10	273.01	280.88
针、纺织品类	Knit and Textile Goods	646.54	861.63	1175.17	1240.26
化妆品类	Cosmetics	18.34	16.16	31.54	40.42
金银珠宝类	Jewelry	8.51	27.07	41.34	27.84
日用品类	Articles For Daily Use	397.49	553.46	633.90	659.51
洗涤用品类	Washing	94.19	126.45	127.43	148.78
儿童玩具类	Toy For Children	9.84	14.69	17.01	18.91
五金、电料类	Hardware & Electric Materials	252.38	336.79	363.94	345.56
体育、娱乐用品类	Sports and Recreation	17.33	23.01	24.95	21.12
书报杂志类	Newspapers and Magazines	24.21	25.22	26.53	25.49
电子出版物及音像制品类	Electronic Publication and Audiovisual Production	2.81	2.43	2.55	3.69
家用电器及音像器材类	Household Appliances and Audiovisual Equipment	333.72	355.78	500.33	518.09
中西药品类	Traditional Chinese & Western Medicines	332.60	403.99	511.12	840.91
西药	Western Medicines	238.47	287.19	359.51	637.68
中草药及中成药	Chinese Herbal Medicine and Other Traditional Chinese Medicine	67.18	81.38	94.62	136.58
文化办公用品类	Culture and Official Articles	218.81	301.23	337.39	379.47
家具类	Furniture	33.76	47.84	61.69	58.30
通讯器材类	Communication Appliances	78.39	101.57	131.14	162.33
煤炭及制品类	Coal and Related Production	459.44	705.32	1025.17	1320.64
木材及制品类	Timber and Related Production	59.91	91.72	113.93	147.57
石油制品及类	Oil and Related Production	1591.61	2247.60	2482.72	3037.51
化工材料及制品及类	Chemical Materials and Related Production	1375.54	2056.84	2798.94	3300.61
化肥类	Fertilizer	91.32	91.02	130.25	138.74
金属材料类	Metal Materials	3604.93	5035.98	7258.17	7846.86
建筑及装潢材料类	Building and Decoration Materials	174.49	160.09	216.60	222.59
机电成品及设备类	Mechanical and Electrical Production and Appliances	543.58	764.94	843.37	719.81
农机类	Agricutural Mechanical Production	8.77	12.58	12.48	9.73
汽车类	Motor Vehicles	390.87	527.66	557.23	472.38
种子饲料类	Seed and Forage	19.77	20.39	28.80	39.43
棉麻类	Cotton & Ambery	52.32	87.01	89.34	106.80
其他类	Others	596.41	945.99	1049.75	1121.84

续表 2 Continued 单位:亿元(100 million yuan)

商品分类	Commodity	零售额 Retail Sale 2009	2010	2011	2012
食品、饮料、烟酒类	Food,Beverage,Tobacco and Liquor	362.12	406.11	504.82	639.55
肉禽蛋类	Meat,Poultry and Eggs	37.15	39.29	49.92	58.36
其他食品类	Other Food	220.33	100.22	319.86	427.13
饮料类	Beverages	40.46	42.38	52.38	59.65
烟酒类	Tobacco and Liquor	64.18	74.19	82.65	94.41
服装鞋帽、针、纺织品类	Garments,Shoes,Hats,Knit and Textile Goods	286.93	363.72	453.19	514.62
服装类	Garments	209.70	281.08	351.61	393.40
鞋帽类	Shoes and Hats	48.58	52.91	60.02	74.86
针、纺织品类	Knit and Textile Goods	28.65	29.73	41.56	46.36
化妆品类	Cosmetics	48.46	51.31	61.94	70.22
金银珠宝类	Jewelry	48.49	73.52	109.29	150.51
日用品类	Articles For Daily Use	109.78	133.00	164.84	205.28
洗涤用品类	Washing	32.24	35.94	45.50	57.84
儿童玩具类	Toy For Children	5.67	6.11	7.25	8.91
五金、电料类	Hardware & Electric Materials	11.46	9.66	12.50	14.77
体育、娱乐用品类	Sports and Recreation	10.51	12.54	13.29	15.12
书报杂志类	Newspapers and Magazines	34.77	36.48	38.73	44.46
电子出版物及音像制品类	Electronic Publication and Audiovisual Production	2.43	2.91	2.78	2.50
家用电器及音像器材类	Household Appliances and Audiovisual Equipment	219.70	266.02	308.65	307.01
中西药品类	Traditional Chinese & Western Medicines	294.19	348.18	406.02	204.42
西药	Western Medicines	230.57	269.47	300.91	139.42
中草药及中成药	Chinese Herbal Medicine and Other Traditional Chinese Medicine	56.62	68.03	79.09	51.53
文化办公用品类	Culture and Official Articles	44.74	57.14	66.74	67.65
家具类	Furniture	4.96	8.15	13.57	27.84
通讯器材类	Communication Appliances	27.53	35.61	49.14	52.21
煤炭及制品类	Coal and Related Production	2.25	4.38	1.76	1.61
木材及制品类	Timber and Related Production				1.17
石油制品及类	Oil and Related Production	456.90	694.78	1000.33	960.82
化工材料及制品及类	Chemical Materials and Related Production				2.24
化肥类	Fertilizer				0.89
金属材料类	Metal Materials				3.00
建筑及装潢材料类	Building and Decoration Materials	5.67	8.38	10.90	27.04
机电成品及设备类	Mechanical and Electrical Production and Appliances	9.86	8.09	6.58	4.88
农机类	Agricutural Mechanical Production				0.43
汽车类	Motor Vehicles	1261.40	1808.03	2210.95	2500.45
种子饲料类	Seed and Forage				0.07
棉麻类	Cotton & Ambery				0.43
其他类	Others	21.21	25.46	39.24	57.55

10－7 限额以上批发零售贸易企业财务状况(2005－2012 年)
Financial Conditions of Wholesale and Retail Trade Above Designated Size (2005－2012)

单位:亿元(100 million yuan)

指标	Item	2005	2006	2007	2008	2009	2010	2011	2012
法人企业数(个)	Corporation Units(unit)	3852	4249	4716	9316	8990	10053	11943	12917
从业人员(人)	Employed Persons(person)	276276	295790	363920	422631	447634	516727	601464	641490
流动资产合计	Total Circulating Assets	2368.70	2674.20	3520.00	5137.40	5926.70	7716.00	10011.10	11186.82
固定资产合计	Total Fixed Assets	452.50	495.56	580.61	594.87	555.61	620.00	676.23	755.73
资产总计	Total Assets	3126.60	3556.40	4546.40	6608.00	7661.40	9678.10	12417.10	13925.58
负债合计	Total Liabilities	2170.00	2592.50	3423.30	4926.80	5728.60	7412.80	9650.10	10850.65
商品销售收入净额	Net Value of Sales Revenue	7923.80	9266.10	11419.90	16248.40	15171.80	20927.10	26913.80	29083.68
商品销售成本	Cost of Sales	7466.20	8741.60	10765.70	15339.70	14232.10	19729.80	25435.30	27524.14
经营费用	Business Expenses	193.53	227.80	276.74	411.31	424.92	546.72	654.62	738.07
商品销售税金及附加费	Tax and Extra Charges on Goods Sales	9.48	10.33	13.35	21.70	41.64	63.66	74.33	83.06
主营业务利润	Profits of Major Management	429.90	514.17	640.77	886.94	897.11	1134.66	1404.17	1476.47
管理费用	Management Expenses	122.24	135.27	164.59	223.48	241.54	293.83	353.76	398.49
财务费用	Financial Expenses	26.69	31.65	48.92	87.20	65.87	114.34	183.29	206.29
利润总额	Total Profits	146.98	191.22	238.93	274.49	308.82	376.72	407.73	352.50
本年应付职工薪酬	Total Wages Payable In the Year							292.02	389.62

10－8 按登记注册类型分限额以上批发零售贸易企业资产及负债情况(2012 年)
Assets and Liabilities of Enterprises Above Designated Size in Wholesale and Retail Trade by Types of Registration(2012)

单位:亿元(100 million yuan)

指标	Item	资产合计 Total Assets	固定资产 Fixed assets	流动资产 Circulating assets	负债合计 Total Liabilities	所有者权益合计 Total Creditor's Equity
批发和零售贸易业合计	**Total**	**13925.58**	**755.73**	**11186.82**	**10850.65**	**3074.93**
批发企业合计	**Wholesale Trade**	**11302.97**	**406.48**	**9262.39**	**8810.84**	**2492.13**
#国有及国有控股	State－owend and State Holding Enterprises	1891.80	108.35	1443.81	1136.81	755.00
内资企业	Domestic Funded Enterprises	10977.55	397.46	8999.12	8574.00	2403.55
国有企业	State－owned Enterprises	857.73	45.15	683.98	390.46	467.27
集体企业	Collective Owned Enterprises	69.02	2.79	53.99	45.68	23.33
股份合作企业	Cooperative Enterprises	8.32	0.38	7.31	6.03	2.29
联营企业	Joint Ownership Enterprises	52.27	0.20	51.36	47.34	4.93
国有联营企业	State Joint Ownership Enterprises					
集体联营企业	Collective Joint Ownership Enterprises	8.31		8.01	7.68	0.63
国有与集体联营企业	State－collective Joint Enterprises					
其他联营企业	Other joint ownership enterprises	43.96	0.20	43.35	39.66	4.30
有限责任公司	Limited Liability Corporations	3472.82	110.11	2821.45	2783.80	689.02
国有独资公司	State Sole Funded Corporations	151.67	13.24	117.11	106.85	44.82
其他有限责任公司	Other Limited Liability Corporations	3321.16	96.87	2704.35	2676.95	644.20
股份有限公司	Share－holding Corporations Ltd.	997.09	57.35	600.06	665.46	331.63
私营企业	Private Enterprises	5506.87	180.50	4768.68	4625.47	881.41
私营独资企业	Private Funded Enterprises	95.50	2.23	82.54	79.22	16.28
私营合伙企业	Private Partnership Corporations	19.78	0.65	18.88	17.01	2.77
私营有限责任公司	Private Limited Liability Corporations	5245.69	172.60	4536.13	4404.74	840.95
私营股份有限公司	Enterprises With Funds From Hong Kong Macao and Taiwan	145.89	5.02	131.14	124.49	21.40
港澳台商投资企业	Enterprises With Funds From Hong Kong Macao and Taiwan	132.47	4.28	103.46	85.62	46.85
与港澳台合资经营企业	Joint－venture Enterprises	52.02	1.82	31.57	29.38	22.64
港澳台商独资企业	Enterprises with Sole Hong Kong, Macao and Taiwan	79.49	2.45	70.96	55.88	23.62
外商投资企业	Foreign Funded Enterprises	192.95	4.73	159.80	151.22	41.73
中外合资经营企业	Joint－venture Enterprises	167.64	3.66	138.72	136.79	30.85
中外合作经营企业	Cooperation Enterprises					
外资企业	Enterprises With Sole Foreign Investment	25.13	1.07	20.90	14.25	10.88
外商投资股份有限企业	Foreign Invesment Share－holding Corporations Ltd.	0.18		0.18	0.18	

续表 Continued 单位:亿元(100 million yuan)

指标	Item	资产合计 Total Assets	固定资产 Fixed assets	流动资产 Circulating assets	负债合计 Total Liabilities	所有者权益合计 Total Creditor's Equity
零售企业总计	**Retail Sale**	**2622.62**	**349.25**	**1924.43**	**2039.81**	**582.81**
#国有及国有控股	State – owend and State Holding Enterprises	306.19	49.78	184.29	179.63	126.57
内资企业	Domestic Funded Enterprises	2288.71	281.10	1705.94	1804.04	484.67
国有企业	State – owned Enterprises	60.76	11.02	41.45	35.23	25.53
集体企业	Collective Owned Enterprises	15.62	2.93	10.31	11.43	4.19
股份合作企业	Cooperative Enterprises	1.96	0.27	1.47	1.57	0.39
联营企业	Joint Ownership Enterprises	1.96	0.60	1.10	0.71	1.25
国有联营企业	State Joint Ownership Enterprises	0.55	0.16	0.28	0.05	0.50
集体联营	Collective Joint Ownership Enterprises					
国有与集体联营企业	State – collective Joint Enterprises	0.71	0.11	0.56	0.44	0.27
其他联营企业	Other Joint Ownership Enterprises	0.70	0.34	0.25	0.22	0.48
有限责任公司	Limited Liability Corporations	905.16	105.79	691.33	715.96	189.20
国有独资公司	State Sole Funded Corporations	30.20	6.77	17.92	14.23	15.96
其他有限责任公司	Other Limited Liability Corporations	874.96	99.02	673.42	701.73	173.24
股份有限公司	Share – holding Corporations Ltd.	295.38	42.73	180.18	191.91	103.47
私营企业	Private Enterprises	998.93	117.25	772.35	838.69	160.24
私营独资企业	Private Funded Enterprises	16.24	2.10	12.22	13.49	2.75
私营合伙企业	Private Partnership Corporations	15.40	1.77	10.71	13.29	2.11
私营有限责任公司	Private Limited Liability Corporations	940.08	111.54	727.54	790.89	149.19
私营股份有限公司	Private Share – holding Corporations Ltd.	27.21	1.83	21.88	21.02	6.19
港澳台商投资企业	Funded by Enterpreneurs From Hong Kong Macao and Taiwan	141.48	32.05	84.96	94.09	47.38
与港澳台商合资经营	Joint – venture Enterprises	66.42	13.10	42.60	46.38	20.03
与港澳台商合作经营	Cooperation Enterprises From Hong Kong, Macao and Taiwan	3.95	0.98	2.18	0.93	3.03
港澳台独资企业	Enterprises with Sole Hong Kong, Macao and Taiwan	70.30	17.66	39.78	46.09	24.21
港澳台商股份有限公司	Share – holding Corporations Ltd. with Funds From Hong Kong, Macao and Taiwan	0.63	0.28	0.24	0.55	0.08
外商投资企业	Foreign Funded Enterprises	192.43	36.09	133.53	141.68	50.75
中外合资经营企业	Joint – venture Enterprises	61.75	24.01	25.37	49.89	11.85
中外合作经营企业	Cooperation Enterprises	1.22	0.37	0.50	0.36	0.86
外资企业	Enterprises With Sole Foreign Investment	127.80	11.53	106.21	89.75	38.04
外商投资股份有限公司	Foreign Invesment Share – holding Corporations Ltd.	1.67	0.18	1.45	1.67	

10－9 分行业限额以上批发零售贸易企业资产及负债情况(2012 年)
Assets and Liabilities of Enterprises Above Designated Size in Wholesale and Retail Trade by Sector(2012)

单位:亿元(100 million yuan)

指标	Item	资产合计 Total Assets	固定资产 Fixed	流动资产 Circulating	负债合计 Total Liabilities	所有者权益合计 Total Creditor's Equity
批发企业合计	**Wholesale**	**11302.97**	**406.48**	**9262.39**	**297.71**	**2492.13**
农、林、牧产品批发	Agricultural and Animal Production	100.59	11.31	80.31	6.30	23.24
食品、饮料及烟草制品批发	Food, Beverages, Tobacoo and Its Production	1001.64	57.00	813.94	18.74	482.13
米、面制品及食用油批发	Rice, Flour and Its Production, Edible Oil	190.49	11.27	123.92	12.03	41.84
烟草制品批发	Tobacoo and Its Production	367.65	25.70	331.99	1.10	334.54
纺织、服装及日用品批发	Textile, Garments and Articles for Daily Use	2044.03	75.91	1740.65	47.27	390.89
服装批发	Garments	523.94	25.21	437.93	7.59	111.30
文化、体育用品及器材批发	Culture, Sports Articles and Equipment	214.56	9.77	170.16	1.62	65.96
医药及医疗器材批发	Medicines and Medical Appliances	400.12	16.91	344.75	2.67	96.10
矿产品、建材及化工产品批发	Mineral Products, Building Materials and Chemical Production	6319.60	193.47	5108.51	183.29	1175.19
#煤炭及制品批发	Coal and Related Production	669.40	12.98	540.71	14.26	117.88
石油及制品批发	Petroleurn and Related Production	850.73	64.33	565.79	23.40	221.41
金属及金属矿批发	Metal Materials and Mineral	3153.80	68.63	2635.10	90.35	512.97
建材批发	Building Materials	431.54	11.48	341.68	19.03	91.26
化肥批发	Fertilizer	97.20	3.84	77.24	1.34	31.45
机械设备、五金交电及电子产品批发	Machinery Equipment, Hardware and Electric Production	967.30	31.15	785.76	32.64	216.67
#汽车批发	Motor Vehicles	150.05	2.21	99.63	1.59	33.07
五金产品批发	Household Appliances	192.21	7.21	157.99	3.45	58.89
计算机、软件及辅助设备批发	Computers, Software and Auxiliary Equipment	48.64	0.33	40.27	0.05	6.91
贸易经纪与代理	Manage and Agencies in Trade	58.16	2.44	52.77	0.26	9.73
其他批发	Others	196.96	8.53	165.53	4.92	32.22

续表 Continued 单位:亿元(100 million yuan)

指标	Item	资产合计 Total Assets	固定资产 Fixed	流动资产 Circulating	负债合计 Total Liabilities	所有者权益合计 Total Creditor's Equity
零售业合计	**Retail Sale**	**2622.62**	**349.25**	**1924.43**	**108.34**	**582.81**
综合零售	Synthesizs	924.49	158.55	626.42	56.92	208.01
#百货零售	Consumer Goods	531.02	91.56	354.45	51.45	142.98
超级市场零售	Supermarkets	376.68	64.25	260.41	4.78	61.93
食品、饮料及烟草制品专门零售	Food, Beverages, Tobacoos and Its Production	42.21	5.68	30.77	0.64	17.18
纺织、服装及日用品专门零售	Textile Garments and Articles for Daily Use	113.71	15.38	86.85	16.32	19.99
#服装零售	Garments Articles	92.79	13.54	71.02	12.86	16.71
文化、体育用品及器材专门零售	Culture, Sports Articles and Equipment	130.89	20.56	91.84	7.82	48.44
#体育用品及器材零售	Sports Articles	0.99	0.06	0.89	0.03	-0.03
图书报刊零售	Books	68.79	16.13	40.68	1.42	34.09
医药及医疗器材专门零售	Medicines and Medical Appliances	84.82	5.22	74.12	0.74	19.17
#药品零售	Medicines	83.20	4.86	72.92	0.49	18.76
汽车、摩托车、燃料及零配件专门零售	Motor Vehicles Motorcycles Fuel	1118.56	123.41	850.33	18.71	216.15
汽车零售	Motor Vehicles	959.71	101.92	761.31	13.98	152.72
机动车燃料零售	Fuel for Motor Vehicles Use	137.26	20.72	72.24	1.70	57.40
家用电器及电子产品专门零售	Household Appliance Electric Production	148.46	9.72	125.48	3.32	35.02
#日用家电设备零售	Household Appliance	87.07	5.47	75.32	2.47	17.93
计算机、软件及辅助设备零售	Computer, Software and Auxiliary Equipment	22.88	0.78	18.19	0.13	10.50
通信设备零售	Communication Equipment	16.33	1.51	13.44	0.01	3.41
五金、家具及室内装修材料专门零售	Hardware Furniture Decoration Indoors	25.70	4.70	17.49	1.55	8.09
货摊、无店铺及其他零售	Non - shop and Other Retail Sale	33.77	6.03	21.15	2.32	10.76
#邮购及电子销售	Mail Order and Electron Vendition	2.51	0.14	2.31	0.01	1.06

10－10 按登记注册类型分限额以上批发零售贸易企业主要财务指标情况(2012 年)
Main Financial Indicators of Enterprises Above Designated Size in Wholesale and Retail Trade by Types of Registration(2012)

单位:亿元(100 million yuan)

指标	Item	主营业务收入 Revenue in Main Business	主营业务成本 Cost in Main Business	主营业务税金及附加 Tax and Extra Changes in Main Business	主营业务利润 Profits in Main Business	销售费用 Sales Expenses
批发和零售贸易业合计	**Total**	**29083.68**	**27524.14**	**83.06**	**1476.47**	**738.07**
批发企业合计	**Wholesale Trade**	**24177.07**	**23023.13**	**68.09**	**1085.85**	**482.17**
#国有及国有控股	State－owned and State Holding Enterprises	5409.45	5077.39	47.95	284.11	63.76
内资企业	Domestic Funded Enterprises	23525.64	22414.68	67.58	1043.38	465.24
国有企业	State－owned Enterprises	1943.85	1718.27	45.24	180.34	21.94
集体企业	Collective Owned Enterprises	85.56	82.58	0.15	2.83	1.46
股份合作企业	Cooperative Enterprises	14.78	13.35	0.03	1.39	0.26
联营企业	Joint Ownership Enterprises	44.63	41.95	0.04	2.64	0.68
国有联营企业	State Joint Ownership Enterprises					
集体联营企业	Collective Joint Ownership Enterprises	9.06	8.93		0.13	0.01
国有与集体联营企业	State－collective Joint Enterprises					
其他联营企业	Other Joint Ownership Enterprises	35.56	33.02	0.04	2.51	0.68
有限责任公司	Limited Liability Corporations	8130.82	7808.36	10.29	312.16	173.07
国有独资公司	State Sole Funded Corporations	337.69	326.94	0.36	10.39	4.29
其他有限责任公司	Other Limited Liability Corporations	7793.13	7481.43	9.93	301.77	168.79
股份有限公司	Share－holding Corporations Ltd.	2462.16	2339.75	2.09	120.32	59.01
私营企业	Private Enterprises	10794.31	10362.80	9.70	421.81	208.34
私营独资企业	Private Funded Enterprises	314.60	301.19	0.46	12.96	6.39
私营合伙企业	Private Partnership Corporations	50.76	48.01	0.06	2.68	0.89
私营有限责任公司	Private Limited Liability Corporations	10199.63	9794.80	8.95	395.88	194.89
私营股份有限公司	Private Share－holding Corporations Ltd.	229.32	218.79	0.23	10.31	6.17
港、澳、台商投资企业	Enterprises With Funds From Hong Kong, Macao and Taiwan	281.91	260.52	0.26	21.13	12.42
港澳台商合资经营企业	Joint－venture Enterprises	96.65	86.40	0.16	10.10	5.95
港澳台商独资经营企业	Enterprises with Sole Hong－Kong,Macao and Taiwan	183.84	172.83	0.11	10.91	6.44
外商投资企业	Foreign Funded Enterprises	369.51	347.93	0.25	21.33	4.50
中外合资经营企业	Joint－venture Enterprises	304.17	288.02	0.18	15.97	1.39
中外合作经营企业	Cooperation Enterprises					
外商企业	Enterprises With Sole Foreign Investment	63.97	58.58	0.07	5.32	3.00
外商投资股份有限公司	Foreign Invesment Share－holding Corporations Ltd.	1.38	1.33		0.05	0.12

续表 1 Continued 单位:亿元(100 million yuan)

指标	Item	主营业务收入 Revenue in Main Business	主营业务成本 Cost in Main Business	主营业务税金及附加 Tax and Extra Changes in Main Business	主营业务利润 Profits in Main Business	销售费用 Sales Expenses
零售企业总计	**Retail Sale**	**4906.61**	**4501.01**	**14.97**	**390.63**	**255.91**
#国有及国有控股	State - owend and State - holding Enterprises	843.00	785.64	1.69	55.67	26.07
内资企业	Domestic Funded Enterprises	4310.39	3971.67	12.22	326.49	211.33
国有企业	State - owned Enterprises	108.51	99.59	0.17	8.75	4.75
集体企业	Collective Owned Enterprises	45.21	41.97	0.11	3.13	1.42
股份合作企业	Cooperative Enterprises	4.61	4.27	0.01	0.33	0.15
联营企业	Joint Ownership Enterprises	18.20	17.34	0.02	0.85	0.37
国有联营企业	State Joint Ownership Enterprises	7.64	7.26	0.01	0.37	0.13
集体联营企业	Collective Joint Ownership Enterprises					
国有与集体联营企业	State - collective Joint Enterprises	6.34	6.04	0.01	0.28	0.13
其他联营企业	Other Joint Ownership Enterprises	4.23	4.04		0.19	0.11
有限责任公司	Limited Liability Corporations	1627.43	1487.96	5.41	134.06	96.99
国有独资公司	State Sole Funded Corporations	30.71	25.03	0.31	5.38	2.21
其他有限责任公司	Other Limited Liability Corporations	1596.72	1462.94	5.10	128.69	94.78
股份有限公司	Share - holding Corporations Ltd.	603.92	558.79	1.84	43.29	21.52
私营企业	Private Enterprises	1886.19	1745.95	4.62	135.62	85.58
私营独资企业	Private Funded Enterprises	43.37	39.95	0.11	3.31	2.83
私营合伙企业	Private Partnership Corporations	25.84	23.64	0.08	2.12	1.89
私营有限责任公司	Private Limited Liability Corporations	1767.95	1637.55	4.26	126.13	79.60
私营股份有限公司	Private Share - holding Corporations Ltd.	49.03	44.81	0.17	4.05	1.26
其他企业	others	16.30	15.81	0.04	0.46	0.55
港澳台商投资企业	Enterprises With Funds From Hong Kong Macao and Taiwan	276.82	246.99	1.20	28.63	17.32
与港澳台商合资经营	Joint - venture Enterprises	128.34	114.67	0.67	13.00	6.44
与港澳台商合作经营	Cooperation Enterprises From Hong Kong, Macao and Taiwan	6.03	5.05	0.03	0.95	0.20
港澳台商独资经营	Enterprises with Sole Hong - Kong, Macao and Taiwan	141.12	126.17	0.50	14.45	10.64
港澳台商投资股份有限公司	Share - holding Corporations Ltd. with Funds From Hong Kong, Macao and Taiwan	1.27	1.04		0.23	0.04
外商投资企业	Foreign Funded Enterprises	319.40	282.34	1.55	35.51	27.26
中外合资经营企业	Joint - venture Enterprises	138.51	125.74	0.66	12.11	14.43
中外合作经营企业	Cooperation Enterprises	0.57	0.46		0.11	0.18
外商企业	Enterprises With Sole Foreign Investment	178.22	154.00	0.89	23.33	12.62
外商投资股份有限公司	Foreign Invesment Share - holding Corporations Ltd.	2.10	2.15		-0.04	0.04

续表 2 Continued 单位:亿元(100 million yuan)

指标	Item	管理费用 Managemen Expenses	财务费用 Financial Expenses	利润总额 Profits	应付职工薪酬(本年贷方累计发生额) Total Wages Pagable in the Year	本年应交增值税 Value added tases payab in the year
批发和零售贸易业合计	**Total**	**398.49**	**206.29**	**352.50**	**389.62**	**240.14**
批发企业合计	**Wholesale Trade**	**262.19**	**163.83**	**315.18**	**246.79**	**167.39**
#国有及国有控股	State－owned and State Holding Enterprises	69.40	5.07	174.58	64.10	28.56
内资企业	Domestic Funded Enterprises	253.16	160.64	298.93	238.79	162.29
国有企业	State－owned Enterprises	41.32	－3.05	129.03	36.14	37.66
集体企业	Collective Owned Enterprises	1.62	0.66	2.67	0.78	1.74
股份合作企业	Cooperative Enterprises	0.18	0.13	0.15	0.15	0.31
联营企业	Joint Ownership Enterprises	0.56	0.63	0.82	0.08	－0.01
国有联营企业	State Joint Ownership Enterprises					
集体联营企业	Collective Joint Ownership Enterprises	0.01	0.10	0.03	0.01	
国有与集体联营企业	State－collective Joint Enterprises					
其他联营企业	Other Joint Ownership Enterprises	0.54	0.53	0.79	0.07	－0.01
有限责任公司	Limited Liability Corporations	66.69	45.74	82.38	63.70	54.72
国有独资公司	State Sole Funded Corporations	6.09	1.30	4.30	4.56	1.02
其他有限责任公司	Other Limited Liability Corporations	60.60	44.44	78.08	59.13	53.70
股份有限公司	Share－holding Corporations Ltd.	25.39	19.00	45.82	29.24	－17.84
私营企业	Private Enterprises	116.89	97.40	37.50	108.15	85.49
私营独资企业	Private Funded Enterprises	3.08	1.32	2.82	1.43	4.59
私营合伙企业	Private Partnership Corporations	0.63	0.41	0.58	5.72	0.26
私营有限责任公司	Private Limited Liability Corporations	109.78	93.92	32.42	98.64	79.17
私营股份有限公司	Private Share－holding Corporations Ltd.	3.41	1.75	1.68	2.35	1.46
港、澳、台商投资企业	Enterprises With Funds From Hong Kong, Macao and Taiwan	4.90	1.12	4.48	4.93	3.90
港澳台商合资经营企业	Joint－venture Enterprises	2.08	0.56	2.11	2.45	2.14
港澳台商独资经营企业	Enterprises with Sole Hong－Kong, Macao and Taiwan	2.76	0.54	2.35	2.45	1.74
外商投资企业	Foreign Funded Enterprises	4.13	2.06	11.77	3.07	1.20
中外合资经营企业	Joint－venture Enterprises	2.30	1.93	9.84	1.49	0.71
中外合作经营企业	Cooperation Enterprises					
外商企业	Enterprises With Sole Foreign Investment	1.83	0.13	1.96	1.56	0.48
外商投资股份有限公司	Foreign Invesment Share－holding Corporations Ltd.			－0.04	0.02	0.01

续表 3 Continued 单位:亿元(100 million yuan)

指标	Item	管理费用 Managemen Expenses	财务费用 Financial Expenses	利润总额 Profits	应付职工薪酬(本年贷方累计发生额) Total Wages Pagable in the Year	本年应交增值税 Value added tases payab in the year
零售企业总计	**Retail Sale**	**136.30**	**42.47**	**37.31**	**142.84**	**72.76**
#国有及国有控股	State - owend and State - holding Enterprises	15.43	1.12	19.26	18.42	8.56
内资企业	Domestic Funded Enterprises	115.13	38.55	29.06	123.47	63.10
国有企业	State - owned Enterprises	2.83	0.07	2.30	3.46	1.12
集体企业	Collective Owned Enterprises	1.53	0.16	0.46	1.03	0.43
股份合作企业	Cooperative Enterprises	0.13	0.05	0.07	0.13	0.04
联营企业	Joint Ownership Enterprises	0.06		0.41	0.19	0.22
国有联营企业	State Joint Ownership Enterprises	0.02		0.23	0.08	0.14
集体联营企业	Collective Joint Ownership Enterprises					
国有与集体联营企业	State - collective Joint Enterprises	0.03		0.12	0.07	0.05
其他联营企业	Other Joint Ownership Enterprises	0.01		0.06	0.05	0.03
有限责任公司	Limited Liability Corporations	44.18	10.63	17.58	51.16	24.69
国有独资公司	State Sole Funded Corporations	1.76	0.20	1.62	1.87	0.48
其他有限责任公司	Other Limited Liability Corporations	42.42	10.43	15.97	49.29	24.21
股份有限公司	Share - holding Corporations Ltd.	12.41	2.18	14.94	13.20	7.06
私营企业	Private Enterprises	53.71	25.28	-6.30	54.10	29.45
私营独资企业	Private Funded Enterprises	1.50	0.36	-0.71	1.66	0.53
私营合伙企业	Private Partnership Corporations	0.67	0.26	0.16	0.84	0.25
私营有限责任公司	Private Limited Liability Corporations	49.81	23.93	-6.65	50.62	28.01
私营股份有限公司	Private Share - holding Corporations Ltd.	1.73	0.72	0.90	0.98	0.67
其他企业	others	0.30	0.19	-0.39	0.19	0.08
港澳台商投资企业	Enterprises With Funds From Hong Kong Macao and Taiwan	10.35	1.85	2.67	8.68	4.76
与港澳台商合资经营	Joint - venture Enterprises	4.21	0.80	3.57	3.26	2.22
与港澳台商合作经营	Cooperation Enterprises From Hong Kong,Macao and Taiwan	0.46	0.01	0.53	0.27	0.11
港澳台商独资经营	Enterprises with Sole Hong - Kong,Macao and Taiwan	5.44	1.00	-1.34	5.11	2.41
港澳台商投资股份有限公司	Share - holding Corporations Ltd. with Funds From Hong Kong, Macao and Taiwan	0.23	0.03	-0.07	0.05	0.02
外商投资企业	Foreign Funded Enterprises	10.82	2.07	5.58	10.69	4.90
中外合资经营企业	Joint - venture Enterprises	3.34	0.88	0.47	5.98	1.67
中外合作经营企业	Cooperation Enterprises	0.01		0.05	0.03	0.02
外商企业	Enterprises With Sole Foreign Investment	7.37	1.18	5.25	4.65	3.21
外商投资股份有限公司	Foreign Invesment Share - holding Corporations Ltd.	0.10	0.01	-0.19	0.03	

10－11 分行业限额以上批发零售贸易企业主要财务指标情况(2012 年) Main Financial Indicators of Enterprises Above Designated Size in Wholesale and Retail Trade by Sector(2012)

单位:亿元(100 million yuan)

指标	Item	主营业务收入 Revenue in Main Business	主营业务成本 Cost in Main Business	主营业务税金及附加 Tax and Extra Changes in Main Business	主营业务利润 Profits in Main Business	销售费用 Sales Expenses
批发企业合计	**Wholesale**	**24177.07**	**23023.13**	**68.09**	**1085.85**	**482.17**
农、林、牧产品批发	Agriculture, forest, animal husbandry products wholesale	159.27	152.57	0.11	6.58	2.42
食品、饮料及烟草制品批发	Food, Beverages, Tobacoo and Its Products	1925.78	1595.81	48.39	281.58	86.67
#米、面制品及食用油批发	Rice, Flour and Its Products, Edible Oil	198.25	191.71	0.58	5.96	4.14
烟草制品批发	Tobacoo and Its Products	729.61	530.88	44.52	154.22	9.59
纺织、服装及日用品批发	Textile, Garments and Articles for Daily Use	3954.31	3683.97	5.42	264.92	135.13
#服装批发	Garments	1063.20	976.05	1.36	85.79	42.45
文化、体育用品及器材批发	Culture, Sports Articles and Equipment	353.61	333.14	0.39	20.07	9.67
医药及医疗器材批发	Medicines and Medical Appliances	862.20	791.13	1.44	69.63	33.42
矿产品、建材及化工产品批发	Mineral Products, Building Materials and Chemical Products	14325.21	14000.01	7.92	317.28	150.12
#煤炭及制品批发	Coal and Related Products	1306.33	1263.74	1.17	41.42	23.71
石油及制品批发	Petroleurn and Related Products	2641.01	2569.16	1.63	70.22	34.58
金属及金属矿批发	Metal Materials and Mineral	6941.69	6823.53	2.79	115.37	48.39
建材批发	Building Materials	478.49	461.67	0.69	16.13	6.53
化肥批发	Fertilizer	139.51	135.05	0.09	4.37	2.03
机械设备、五金交电及电子产品批发	Machinery Equipment, Hardware and Electric Products	2014.88	1902.65	1.97	110.26	57.73
#汽车批发	Motor Vehicles	301.89	288.72	0.19	12.98	11.34
五金产品批发	Hardware products Wholesale	421.10	395.50	0.21	25.39	10.90
计算机、软件及辅助设备批发	Computers, Software and Auxiliary Equipment	88.28	85.96	0.05	2.26	1.09
贸易经纪与代理	Manage and Agencies in Trade	106.05	101.87	0.03	4.15	2.21
其他批发	Others	475.75	461.98	2.41	11.37	4.80

续表 1　Continued　　单位:亿元(100 million yuan)

指标	Item	主营业务收入 Revenue in Main Business	主营业务成本 Cost in Main Business	主营业务税金及附加 Tax and Extra Changes in Main Business	主营业务利润 Profits in Main Business	销售费用 Sales Expenses
零售企业合计	**Retail Sale**	**4906.61**	**4501.01**	**14.97**	**390.63**	**255.91**
综合零售	Synthesizs	1069.05	923.77	7.15	138.14	104.24
#百货零售	Consumer Goods	447.94	380.03	4.22	63.69	30.36
超级市场零售	Supermarkets	592.49	519.36	2.83	70.29	70.10
食品、饮料及烟草制品专门零售	Food, Beverages, Tobacoos and Its Products	56.54	46.97	0.20	9.36	5.81
纺织服装及日用品专门零售	Textile Garments and Articles for Daily Use	123.92	94.59	0.72	28.61	20.72
#服装零售	Garments Articles	93.22	70.34	0.61	22.28	16.01
文化、体育用品及器材专门零售	Culture, Sports Articles and Equipment	110.90	91.55	1.42	17.93	10.07
#体育用品及器材零售	Sports Articles	2.44	1.93	0.01	0.50	0.48
图书报刊零售	Books, newspaper	37.13	28.47	0.10	8.56	4.60
医药及医疗器材专门零售	Medicines and Medical Appliances	176.69	155.60	0.41	20.68	10.82
#药品零售	Medicines	174.14	153.61	0.40	20.14	10.49
汽车、摩托车、燃料及零配件专门零售	Motor Vehicles Motorcycles Fuel	2998.29	2859.05	3.71	135.54	75.28
#汽车零售	Motor Vehicles	2292.89	2187.92	3.09	101.87	59.91
机动车燃料零售	Fuel for Motor Vehicles Use	681.11	648.19	0.57	32.35	14.64
家用电器及电子产品专门零售	Household Appliance Electric Products	264.14	236.00	0.72	27.42	21.46
#日用家电设备零售	Household Appliances Retail	142.85	125.25	0.37	17.22	13.81
计算机、软件及辅助设备零售	Computer, Software and Auxiliary Equipment	45.72	42.44	0.13	3.15	1.74
通信设备零售	Communication Equipment	34.00	31.87	0.11	2.01	1.64
五金、家具及室内装修材料专门零售	Hardware Furniture Decoration Indoors	32.76	26.10	0.49	6.17	3.51
货摊、无店铺及其他零售	Stalls, No Satores and Other Retail	74.31	67.38	0.15	6.78	3.99
#邮购及电视、电话零售	Mail, telephone and TV retail	10.04	8.04	0.06	1.94	1.43

续表 2 Continued 单位:亿元(100 million yuan)

指标	Item	管理费用 Manage - ment Expenses	财务费用 Financial Expenses	利润总额 Profits	应付职工薪酬 Total Wages Pagable in the Year	本年应交增值税 Value Added Tases payable in the year
批发企业合计	**Wholesale**	**262.19**	**163.83**	**315.18**	**246.79**	**167.39**
农、林、牧产品批发	Agriculture, forest, animal husbandry products wholesale	2.83	2.02	2.12	3.64	0.08
食品、饮料及烟草制品批发	Food, Beverages, Tobacoo and Its Products	49.44	-1.09	170.99	53.44	51.44
#米、面制品及食用油批发	Rice, Flour and Its Products, Edible Oil	4.44	2.86	1.21	2.71	0.50
烟草制品批发	Tobacoo and Its Products	29.43	-7.69	123.44	26.83	33.95
纺织、服装及日用品批发	Textile, Garments and Articles for Daily Use	65.18	32.07	58.18	68.11	39.23
#服装批发	Garments	25.45	6.78	17.39	19.63	5.75
文化、体育用品及器材批发	Culture, Sports Articles and Equipment	6.09	1.96	5.45	22.69	3.04
医药及医疗器材批发	Medicines and Medical Appliances	16.50	5.14	21.76	13.25	15.62
矿产品、建材及化工产品批发	Mineral Products, Building Materials and Chemical Products	84.40	106.45	37.95	56.84	16.86
#煤炭及制品批发	Coal and Related Products	8.67	15.09	-2.34	5.14	7.98
石油及制品批发	Petroleurn and Related Products	15.97	11.89	15.83	16.89	-20.99
金属及金属矿批发	Metal Materials and Mineral	31.77	56.85	5.43	16.98	17.49
建材批发	Building Materials	5.99	6.58	2.32	3.49	2.64
化肥批发	Fertilizer	1.80	0.77	5.03	1.13	0.11
机械设备、五金交电及电子产品批发	Machinery Equipment, Hardware and Electric Products	32.18	9.03	19.03	23.73	14.65
#汽车批发	Motor Vehicles	1.55	0.54	0.84	2.02	2.40
五金产品批发	Hardware products Wholesale	7.77	1.90	6.15	5.89	1.14
计算机、软件及辅助设备批发	Computers, Software and Auxiliary Equipment	0.93	0.21	0.27	0.74	0.40
贸易经纪与代理	Manage and Agencies in Trade	1.37	0.67	0.14	0.84	0.32
其他批发	Others	4.20	7.57	-0.44	4.25	26.15

续表 3 Continued 单位:亿元(100 million yuan)

指标	Item	管理费用 Manage－ment Expenses	财务费用 Financial Expenses	利润总额 Profits	应付职工薪酬 Total Wages Pagable in the Year	本年应交增值税 Value Added Tases payable in the year
零售企业合计	**Retail Sale**	**136.30**	**42.47**	**37.31**	**142.84**	**72.76**
综合零售	Synthesizs	49.73	7.05	31.20	53.55	21.95
#百货零售	Consumer Goods	31.07	6.98	16.70	15.69	11.13
超级市场零售	Supermarkets	17.46	－0.32	14.52	35.94	10.45
食品、饮料及烟草制品专门零售	Food,Beverages,Tobacoos and Its Products	3.01	0.34	1.95	3.44	1.22
纺织服装及日用品专门零售	Textile Garments and Articles for Daily Use	8.31	1.64	－0.38	8.64	4.30
#服装零售	Garments Articles	6.21	1.29	0.20	6.88	3.56
文化、体育用品及器材专门零售	Culture,Sports Articles and Equipment	6.03	1.66	1.82	6.32	1.82
#体育用品及器材零售	Sports Articles	0.13	0.01	－0.12	0.21	0.10
图书报刊零售	Books,newspaper	3.28	－0.21	1.99	3.78	0.73
医药及医疗器材专门零售	Medicines and Medical Appliances	5.94	1.14	3.99	7.50	3.29
#药品零售	Medicines	5.80	1.10	3.86	7.38	3.18
汽车、摩托车、燃料及零配件专门零售	Motor Vehicles Motorcycles Fuel	51.69	27.47	－3.21	50.79	34.66
#汽车零售	Motor Vehicles	45.77	26.69	－16.12	41.28	29.40
机动车燃料零售	Fuel for Motor Vehicles Use	5.26	0.47	12.80	8.11	5.03
家用电器及电子产品专门零售	Household Appliance Electric Products	7.86	2.12	0.46	9.68	4.34
#日用家电设备零售	Household Appliances Retail	4.30	1.23	－0.05	5.42	1.88
计算机、软件及辅助设备零售	Computer,Software and Auxiliary Equipment	1.32	0.21	0.63	1.48	0.48
通信设备零售	Communication Equipment	0.90	0.36	0.25	1.03	1.30
五金、家具及室内装修材料专门零售	Hardware Furniture Decoration Indoors	1.58	0.78	0.64	1.02	0.56
货摊、无店铺及其他零售	Stalls, No Satores and Other Retail	2.15	0.27	0.84	1.91	0.61
#邮购及电视、电话零售	Mail, telephone and TV retail	0.39	－0.02	0.20	0.39	0.21

10－12 限额以上住宿餐饮业基本情况(2012 年)
Main Indicators of Hotels and Catering Services Above Designated Size(2012)

单位:亿元(100 million yuan)

指标	Item	法人企业(个) Number of Corporation (unit)	从业人员数(人) Persons Employed (person)	营业额 Business Volume
总计	**Total**	**2489**	**300036**	**581.17**
住宿业	**Hotels**	**1216**	**155799**	**301.57**
#国有及国有控股	State－owend and State Holding Enterprises	177	28813	58.83
按登记注册类型分组	**by Registration**			
内资企业	Domestic Funded Enterprises	1153	138219	253.37
国有企业	State－owned Enterprises	116	16806	33.00
集体企业	Collective owned Enterprises	38	3919	6.82
股份合作企业	Cooperative Enterprises	6	268	0.46
联营企业	Joint Ownership Enterprises	6	1174	1.63
国有联营企业	State Joint Ownership Enterprises			
集体联营企业	Collective Joint Ownership Enterprises	2	257	0.20
国有与集体联营企业	Joint State－collective Enterprises	2	212	0.39
有限责任公司	Limited Liability Corporations	310	49025	93.03
国有独资公司	State Sole Funded Corporations	9	1031	1.74
其他有限责任公司	Other Limited Liability Corporations	301	47994	91.29
股份有限公司	Share－holding Corporations Ltd.	18	4939	10.19
私营企业	Private Enterprises	656	61846	107.84
私营独资企业	Private Funded Enterprises	72	4434	6.97
私营合伙企业	Private Partnership Corporations	44	3052	5.58
私营有限责任公司	Private Limited Liability Corporations	521	52301	92.82
私营股份有限公司	Private Share－holding Corporations Ltd.	19	2059	2.48
其他企业	others	3	242	0.40
港、澳、台商投资企业	Enterprises With Funds From Hong Kong, Macao and Taiwan	35	12793	38.73
合资经营企业	Joint－venture Enterprises From Hong Kong, Macao and Taiwan	17	7351	22.08
合作经营企业	Cooperation Enterprises From Hong Kong, Macao and Taiwan	1	36	0.09
独资经营企业	Enterprises with Sole Hong Kong, Macao and Taiwan	15	4422	14.58
外商投资企业	Foreign Funded Enterprises	28	4787	9.46
中外合资经营企业	Joint－venture Enterprises	15	3517	7.59
外资企业	Enterprises With Sole Foreign Investment	10	915	1.44
外商投资股份有限公司	Foreign Invesment Share－holding Corporations Ltd.	1	31	0.09
按住宿行业中类分组	**by Category**			
旅游饭店	Restaurant for Tourism	855	136487	266.36
一般旅馆	Ordinary Hotels	350	18734	34.29
其他住宿服务	Others	11	578	0.92

续表 Continued 单位:亿元(100 million yuan)

指标	Item	法人企业(个) Number of Corporation (unit)	从业人员数(人) Persons Employed (person)	营业额 Business Volume
餐饮业	**Catering Services**	**1273**	**144237**	**279.60**
#国有及国有控股	State - owend and State Holding Enterprises	30	6499	12.37
按登记注册类型分组	**by Registration**			
内资企业	Domestic Funded Enterprises	1230	114198	214.44
国有企业	State - owned Enterprises	19	2005	6.37
集体企业	Collective owned Enterprises	3	251	0.33
股份合作企业	Cooperative Enterprises	4	451	0.85
有限责任公司	Limited Liability Corporations	179	19619	40.14
国有独资公司	State Sole Funded Corporations	4	915	1.30
其他有限责任公司	Other Limited Liability Corporations	175	18704	38.84
股份有限公司	Share - holding Corporations Ltd.	10	3242	6.72
私营企业	Private Enterprises	1009	88111	159.07
私营独资企业	Private Funded Enterprises	148	8869	13.72
私营合伙企业	Private Partnership Corporations	69	4078	6.47
私营有限责任公司	Private Limited Liability Corporations	773	66359	122.16
私营股份有限公司	Private Share - holding Corporations Ltd.	19	8805	16.72
其他企业	Others	5	459	0.94
港、澳、台商投资企业	Enterprises With Funds From Hong Kong, Macao and Taiwan	23	2988	6.47
合资经营企业	Joint - venture Enterprises From Hong Kong, Macao and Taiwan	8	1197	3.04
合作经营企业	Cooperation Enterprises From Hong Kong, Macao and Taiwan			
独资经营企业	Enterprises with Sole Hong Kong, Macao and Taiwan	14	1739	3.32
外商投资企业	Foreign Funded Enterprises	20	27051	58.69
中外合资经营企业	Joint - venture Enterprises	10	24821	49.94
中外合作经营企业	Cooperation Enterprises			
外资企业	Enterprises With Sole Foreign Investment	9	2163	8.69
按餐饮行业中类分组	**by Category**			
正餐服务	Dinner Services	1167	111682	210.32
快餐服务	Snack Services	44	29039	61.85
饮料及冷饮服务	Beverages and Cold Drink Services	24	793	1.73
其他餐饮服务	Others	38	2723	5.70

10-13 限额以上餐饮企业财务状况(2006-2012年)

Financial Indicators of Enterprises in Catering Services Above Designated Size(2006-2012)

单位:亿元(100 million yuan)

指标	Item	2006	2007	2008	2009	2010	2011	2012
法人企业数(个)	Corporation Unit(unit)	541	595	946	878	1003	1179	1273
从业人员(人)	Employed Persons(person)	79531	90643	99629	102056	129524	162017	144237
流动资产合计	Total Circulating Assets	29.66	45.99	54.89	69.04	98.02	117.63	131.00
固定资产合计	Total Fixed Assets	50.37	62.51	42.20	45.17	64.61	87.81	99.72
资产总计	Total Assets	91.96	118.93	123.15	152.29	204.26	266.74	290.19
负债合计	Total Liabilities	65.22	82.83	85.65	112.02	151.01	196.20	222.15
主营业务收入	Businese Income	94.05	112.47	150.22	165.46	210.05	264.72	276.61
主营业务成本	Business Cost	48.07	56.33	79.44	87.44	109.92	143.24	143.56
营业费用	Business Expenses	29.06	32.41	42.15	47.22	58.82	65.31	77.47
主营业务税金及附加	Sale Tax and Extra Charges of Major Management	5.06	6.04	8.08	8.87	11.38	14.22	14.77
主营业务利润	Profits of Major Management	40.92	50.09	62.71	69.22	88.70	107.26	118.28
管理费用	Management Expenses	9.45	12.37	14.55	15.59	20.75	30.50	35.20
财务费用	Financial Expenses	1.39	1.95	2.27	2.47	3.41	5.61	7.17
利润总额	Total Profits	2.22	4.62	6.49	6.45	8.97	8.75	3.81
本年应付工资总额	Total Wages Payable in this year						43.91	46.05
本年应付福利费总额	Total Welfare Expenses Payable in this year	1.60	1.07	0.91	0.89	0.99		

10－14 限额以上住宿餐饮企业资产负债情况(2012 年)
Assets and Liabilities of Hotel and Catering Services Above Designated Size(2012)

单位:亿元(100 million yuan)

指标	Item	资产合计 Total Assets	固定资产 Fixed Assets	流动资产 Circulating Assets	负债合计 Total Liabilities	所有者权益合计 Total Creditor's Equity
总计	**Total**	**1129.90**	**450.39**	**431.75**	**851.16**	**278.74**
住宿业	**Hotels**	**839.70**	**350.68**	**300.75**	**629.01**	**210.70**
#国有及国有控股	State－owend and State－holding Enterprises	168.12	78.26	49.48	91.79	76.33
按登记注册类型分组	**by Registration**					
内资企业	Domestic Funded Enterprises	680.20	276.03	241.70	513.30	166.90
国有企业	State－owned Enterprises	71.20	29.61	23.16	32.54	38.66
集体企业	Collective Owned Enterprises	11.45	6.45	2.59	8.06	3.39
股份合作企业	Cooperative Enterprises	0.62	0.34	0.14	0.33	0.29
联营企业	Joint Ownership Enterprises	2.11	0.57	1.30	0.90	1.21
国有联营企业	State Joint Ownership Enterprises					
集体联营企业	Collective Joint Ownership Enterprises	0.62	0.26	0.17	0.49	0.13
国有与集体联营企业	State－collective Joint Enterprises	0.64	0.22	0.37	0.11	0.53
有限责任公司	Limited Liability Corporations	282.66	136.91	82.60	215.16	67.51
国有独资公司	State Sole Funded Corporations	5.54	3.78	1.46	3.19	2.36
其他有限责任公司	Other Limited Liability Corporations	277.12	133.13	81.14	211.97	65.15
股份有限公司	Share－holding Corporations Ltd.	31.95	7.61	18.28	17.79	14.16
私营企业	Private Enterprises	278.46	94.13	113.02	236.93	41.53
私营独资企业	Private Funded Enterprises	14.43	4.97	6.06	10.79	3.64
私营合伙企业	Private Funded Corporations	16.19	6.25	8.83	15.68	0.51
私营有限责任公司	Private Limited liability Corporations	230.25	79.31	93.19	196.00	34.25
私营股份有限公司	Private Share－holding Corporations Ltd.	17.59	3.60	4.94	14.46	3.13
其他企业	Others Enterprises	1.75	0.41	0.61	1.60	0.16
港澳台商投资企业	Enterprises With Funds From Hong Kong Macao and Taiwan	117.30	59.47	42.58	78.83	38.47
合资经营企业	Joint－venture Enterprises	56.70	28.22	23.05	33.17	23.53
合作经营企业	Cooperation Enterprises From Hong Kong,Macao and Taiwan	0.13	0.07	0.03	0.10	0.02
独资经营企业	Enterprises with Sole Hong Kong,Macao and Taiwan	55.03	27.60	17.70	42.09	12.94
外商投资企业	Foreign Funded Enterprises	42.20	15.18	16.48	36.87	5.33
中外合资经营企业	Joint－venture Enterprises	33.29	11.10	13.40	31.35	1.94
外资企业	Enterprises With Sole Foreign Investment	4.97	2.17	1.13	2.69	2.28
外商投资股份有限公司	Foreign Invesment Share－holding Corporations Ltd.	0.07		0.05	0.01	0.07

续表 1 Continued　　单位:亿元(100 million yuan)

指标	Item	资产合计 Total Assets	固定资产 Fixed Assets	流动资产 Circulating Assets	负债合计 Total Liabilities	所有者权益合计 Total Creditor's Equity
按住宿行业中类分组	**by Category**					
旅游饭店	Restaurant for Tourism	762.99	318.81	272.34	572.82	190.17
一般旅馆	Ordinary Hotels	75.92	31.69	28.13	55.61	20.31
其他住宿服务	others	0.80	0.18	0.28	0.58	0.22
餐饮业	**Catering Services**	**290.19**	**99.72**	**131.00**	**222.15**	**68.04**
#国有及国有控股	State - owend and State - holding Enterprises	13.89	2.85	6.01	5.48	8.41
按登记注册类型分组	**By Registration**					
内资企业	Domestic Funded Enterprises	229.48	70.84	114.97	176.35	53.14
国有企业	State - owned Enterprises	4.02	0.98	1.83	2.18	1.84
集体企业	Collective Owned Enterprises	0.29	0.18	0.11	0.15	0.14
股份合作企业	Cooperative Enterprises	0.30	0.07	0.20	0.23	0.07
有限责任公司	Limited Liability Corporations	50.93	20.05	23.39	42.08	8.85
国有独资公司	State Sole Funded Corporations	1.57	0.90	0.66	1.16	0.41
其他有限责任公司	Other Limited Liability Corporations	49.36	19.15	22.73	40.92	8.44
股份有限公司	Share - holding Corporations Ltd.	9.66	1.59	3.63	3.12	6.54
私营企业	Private Enterprises	163.31	47.71	85.17	127.90	35.41
私营独资企业	Private Funded Enterprises	16.86	6.65	7.27	11.94	4.92
私营合伙企业	Private Partnership Corporations	6.02	1.33	3.06	4.06	1.96
私营有限责任公司	Private Limited Liability Corporations	129.56	38.37	67.51	105.08	24.48
私营股份有限公司	Private Share - holding Corporations Ltd.	10.87	1.37	7.33	6.81	4.06
其他	Others	0.95	0.25	0.62	0.67	0.28
港澳台商投资企业	Funded by Entrepreneurs From Hong Kong Macao and Taiwan	16.47	6.19	4.46	12.57	3.90
合资经营企业	Joint - venture Enterprises	5.55	1.55	1.95	3.13	2.41
独资经营企业	Enterprises with Sole Hong Kong,Macao and Taiwan	10.85	4.64	2.44	9.38	1.46
外商投资企业	Foreign Funded Enterprises	44.24	22.68	11.57	33.23	11.01
中外合资经营企业	Joint - venture Enterprises	37.23	20.76	8.45	25.59	11.64
中外合作经营企业	Cooperation Enterprises					
外商独资企业	Enterprises With Sole Foreign Investment	7.00	1.91	3.11	7.63	-0.63
按餐饮行业中类分组	**by Category**					
正餐服务	Dinner Services	255.97	91.45	116.27	200.09	55.89
快餐服务	Snack Services	29.42	7.26	11.43	19.42	10.00
饮料及冷饮服务	Beverages and Cold Drink Services	0.94	0.12	0.73	0.50	0.44
其他餐饮服务	Others	3.86	0.88	2.56	2.15	1.72

续表 2 Continued 单位:亿元(100 million yuan)

指标	Item	主营业务收入 Revenue in Main Business	主营业务成本 Cost in Main Business	主营业务税金及附加 Tax and Extra Changes in Main Business	营业费用 Management Cost
总计	**Total**	**576.05**	**241.64**	**31.29**	**173.38**
住宿业	**Hotels**	**299.43**	**98.08**	**16.52**	**95.91**
#国有及国有控股	State - owend and State - holding Enterprises	58.85	17.29	3.19	18.42
按登记注册类型分组	**by Registration**				
内资企业	Domestic Funded Enterprises	251.79	85.51	13.87	82.07
国有企业	State - owned Enterprises	32.80	10.09	1.73	10.78
集体企业	Collective Owned Enterprises	7.00	2.50	0.38	2.20
股份合作企业	Cooperative Enterprises	0.47	0.10	0.02	0.17
联营企业	Joint Ownership Enterprises	1.63	0.49	0.09	0.46
国有联营企业	State Joint Ownership Enterprises				
集体联营企业	Collective Joint Ownership Enterprises	0.21	0.11	0.01	0.05
国有与集体联营企业	State - collective Joint Enterprises	0.39	0.12	0.02	0.12
有限责任公司	Limited Liability Corporations	92.41	29.39	5.18	30.19
国有独资公司	State Sole Funded Corporations	1.74	0.59	0.10	0.74
其他有限责任公司	Other Limited Liability Corporations	90.67	28.79	5.09	29.45
股份有限公司	Share - holding Corporations Ltd.	9.85	3.38	0.56	3.29
私营企业	Private Enterprises	107.23	39.50	5.89	34.85
私营独资企业	Private Funded Enterprises	7.01	2.95	0.36	1.92
私营合伙企业	Private Funded Corporations	5.57	2.57	0.30	1.15
私营有限责任公司	Private Limited liability Corporations	92.18	33.25	5.09	30.84
私营股份有限公司	Private Share - holding Corporations Ltd.	2.48	0.72	0.14	0.95
其他企业	Others Enterprises	0.40	0.06	0.02	0.14
港澳台商投资企业	Enterprises With Funds From Hong Kong Macao and Taiwan	38.31	9.51	2.12	11.18
合资经营企业	Joint - venture Enterprises	21.93	5.37	1.22	5.29
合作经营企业	Cooperation Enterprises From Hong Kong, Macao and Taiwan	0.09	0.04		0.03
独资经营企业	Enterprises with Sole Hong Kong, Macao and Taiwan	14.30	3.51	0.79	5.13
外商投资企业	Foreign Funded Enterprises	9.34	3.05	0.53	2.66
中外合资经营企业	Joint - venture Enterprises	7.51	2.49	0.43	2.08
外资企业	Enterprises With Sole Foreign Investment	1.40	0.49	0.08	0.41
外商投资股份有限公司	Foreign Invesment Share - holding Corporations Ltd.	0.09		0.01	0.07

续表 3 Continued　　　　单位:亿元(100 million yuan)

指标	Item	主营业务收入 Revenue in Main Business	主营业务成本 Cost in Main Business	主营业务税金及附加 Tax and Extra Changes in Main Business	营业费用 Management Cost
按住宿行业中类分组	**by Category**				
旅游饭店	Restaurant for Tourism	264.53	88.48	14.58	81.15
一般旅馆	Ordinary Hotels	34.01	9.37	1.88	14.19
其他住宿服务	others	0.89	0.22	0.05	0.58
餐饮业	**Catering Services**	**276.61**	**143.56**	**14.77**	**77.47**
#国有及国有控股	State - owend and State - holding Enterprises	12.28	5.99	0.59	3.92
按登记注册类型分组	**By Registration**				
内资企业	Domestic Funded Enterprises	212.12	112.70	11.17	58.15
国有企业	State - owned Enterprises	6.33	3.38	0.24	1.22
集体企业	Collective Owned Enterprises	0.32	0.12	0.02	0.10
股份合作企业	Cooperative Enterprises	0.79	0.55	0.04	0.08
有限责任公司	Limited Liability Corporations	40.15	19.49	2.11	12.22
国有独资公司	State Sole Funded Corporations	1.28	0.41	0.06	0.77
其他有限责任公司	Other Limited Liability Corporations	38.87	19.08	2.06	11.45
股份有限公司	Share - holding Corporations Ltd.	6.69	3.41	0.32	2.21
私营企业	Private Enterprises	156.87	85.34	8.38	42.07
私营独资企业	Private Funded Enterprises	13.68	7.86	0.71	2.91
私营合伙企业	Private Partnership Corporations	6.40	3.74	0.30	1.40
私营有限责任公司	Private Limited Liability Corporations	120.22	65.34	6.52	32.16
私营股份有限公司	Private Share - holding Corporations Ltd.	16.57	8.41	0.85	5.59
其他	Others	0.93	0.38	0.05	0.26
港澳台商投资企业	Funded by Enterpreneurs From Hong Kong Macao and Taiwan	6.37	2.82	0.32	2.31
合资经营企业	Joint - venture Enterprises	2.94	1.51	0.12	0.91
独资经营企业	Enterprises with Sole Hong Kong, Macao and Taiwan	3.32	1.26	0.19	1.35
外商投资企业	Foreign Funded Enterprises	58.13	28.04	3.28	17.01
中外合资经营企业	Joint - venture Enterprises	49.80	24.87	2.84	12.62
中外合作经营企业	Cooperation Enterprises				
外商独资企业	Enterprises With Sole Foreign Investment	8.27	3.10	0.44	4.38
按餐饮行业中类分组	**by Category**				
正餐服务	Dinner Services	208.21	108.99	11.12	58.72
快餐服务	Snack Services	61.27	30.48	3.33	17.15
饮料及冷饮服务	Beverages and Cold Drink Services	1.70	0.74	0.09	0.43
其他餐饮服务	Others	5.44	3.34	0.22	1.17

续表 4 Continued 单位:亿元(100 million yuan)

指标	Item	管理费用 Management Expenses	财务费用 Financial Expenses	利润总额 Profits	本年应付工资薪酬(本年贷方累计发生额) Total Wages Pagable in the year
总计	**Total**	**117.25**	**27.38**	**-1.02**	**106.43**
住宿业	**Hotels**	**82.05**	**20.21**	**-4.83**	**60.38**
#国有及国有控股	State - owend and State - holding Enterprises	18.74	2.53	1.34	14.82
按登记注册类型分组	**by Registration**				
内资企业	Domestic Funded Enterprises	68.98	16.43	-7.77	51.59
国有企业	State - owned Enterprises	10.14	0.52	1.17	8.41
集体企业	Collective Owned Enterprises	1.98	0.19	-0.16	1.42
股份合作企业	Cooperative Enterprises	0.13		0.04	0.09
联营企业	Joint Ownership Enterprises	0.38		0.21	0.43
国有联营企业	State Joint Ownership Enterprises				
集体联营企业	Collective Joint Ownership Enterprises	0.02		0.02	0.05
国有与集体联营企业	State - collective Joint Enterprises	0.14	-0.01	-0.01	0.09
有限责任公司	Limited Liability Corporations	26.77	6.70	-3.31	19.83
国有独资公司	State Sole Funded Corporations	0.44	0.06	-0.09	0.54
其他有限责任公司	Other Limited Liability Corporations	26.33	6.64	-3.23	19.28
股份有限公司	Share - holding Corporations Ltd.	2.22	0.33	0.53	2.17
私营企业	Private Enterprises	27.17	8.69	-6.24	19.14
私营独资企业	Private Funded Enterprises	1.44	0.49	-0.14	1.27
私营合伙企业	Private Funded Corporations	1.25	0.93	-0.67	0.86
私营有限责任公司	Private Limited liability Corporations	23.59	6.99	-4.78	16.35
私营股份有限公司	Private Share - holding Corporations Ltd.	0.89	0.29	-0.64	0.66
其他企业	Others Enterprises	0.20		-0.01	0.09
港澳台商投资企业	Enterprises With Funds From Hong Kong Macao and Taiwan	9.71	2.65	4.04	6.60
合资经营企业	Joint - venture Enterprises	4.94	1.14	4.63	3.62
合作经营企业	Cooperation Enterprises From Hong Kong, Macao and Taiwan	0.03		-0.02	0.02
独资经营企业	Enterprises with Sole Hong Kong, Macao and Taiwan	4.40	1.38	-0.63	2.56
外商投资企业	Foreign Funded Enterprises	3.36	1.14	-1.10	2.20
中外合资经营企业	Joint - venture Enterprises	2.55	0.93	-0.71	1.66
外资企业	Enterprises With Sole Foreign Investment	0.56	0.08	-0.18	0.37
外商投资股份有限公司	Foreign Invesment Share - holding Corporations Ltd.	0.01		0.01	0.01

续表 5 Continued 单位:亿元(100 million yuan)

指标	Item	管理费用 Management Expenses	财务费用 Financial Expenses	利润总额 Profits	本年应付工资薪酬(本年贷方累计发生额) Total Wages Pagable in the year
按住宿行业中类分组	**by Category**				
旅游饭店	Restaurant for Tourism	72.79	18.88	-3.68	53.85
一般旅馆	Ordinary Hotels	9.14	1.32	-1.15	6.35
其他住宿服务	others	0.12	0.01		0.19
餐饮业	**Catering Services**	**35.20**	**7.17**	**3.81**	**46.05**
#国有及国有控股	State-owend and State-holding Enterprises	2.30	0.06	1.59	3.06
按登记注册类型分组	**By Registration**				
内资企业	Domestic Funded Enterprises	27.86	5.85	0.92	32.82
国有企业	State-owned Enterprises	0.93	0.16	0.46	0.97
集体企业	Collective Owned Enterprises	0.10		-0.01	0.11
股份合作企业	Cooperative Enterprises	0.05	0.01	0.06	0.12
有限责任公司	Limited Liability Corporations	7.31	1.42	-1.57	6.58
国有独资公司	State Sole Funded Corporations	0.54	0.03	-0.52	0.46
其他有限责任公司	Other Limited Liability Corporations	6.76	1.39	-1.05	6.12
股份有限公司	Share-holding Corporations Ltd.	1.02	0.03	1.75	1.51
私营企业	Private Enterprises	18.33	4.19	0.15	23.40
私营独资企业	Private Funded Enterprises	1.84	0.47	0.13	2.33
私营合伙企业	Private Partnership Corporations	0.59	0.15	0.24	1.01
私营有限责任公司	Private Limited Liability Corporations	15.25	3.24	-1.00	17.52
私营股份有限公司	Private Share-holding Corporations Ltd.	0.65	0.33	0.78	2.54
其他	Others	0.12	0.03	0.07	0.13
港澳台商投资企业	Funded by Enterpreneurs From Hong Kong Macao and Taiwan	1.22	0.38	-0.31	1.17
合资经营企业	Joint-venture Enterprises	0.23	0.05	0.18	0.46
独资经营企业	Enterprises with Sole Hong Kong, Macao and Taiwan	0.98	0.32	-0.49	0.69
外商投资企业	Foreign Funded Enterprises	6.12	0.94	3.20	12.06
中外合资经营企业	Joint-venture Enterprises	5.40	0.64	3.62	10.16
中外合作经营企业	Cooperation Enterprises				
外商独资企业	Enterprises With Sole Foreign Investment	0.70	0.30	-0.38	1.88
按餐饮行业中类分组	**by Category**				
正餐服务	Dinner Services	29.57	6.56	-2.10	33.10
快餐服务	Snack Services	4.72	0.54	5.58	11.60
饮料及冷饮服务	Beverages and Cold Drink Services	0.32	0.02	0.11	0.29
其他餐饮服务	Others	0.59	0.04	0.22	1.05

10－15 商品交易市场情况(1978－2012年)
Basic Conditions of Business Markets of Commodity(1978－2012)

年份 Year	交易市场数(个) Business Markets (unit)	10亿元以上(个) Above 1000 Million Yuan (unit)	100亿元以上(个) Above 10000 Million Yuan (unit)	商品市场成交额(亿元) Transaction (100 million yuan)
1978	1051			8.6
1979	1322			11.3
1980	1415			12.2
1981	1656			14.7
1982	1736			18.1
1983	1788			21.6
1984	2241			26.9
1985	2345			44.0
1986	3653			59.1
1987	3706			80.9
1988	3632			96.3
1989	3669			149.0
1990	3797			161.9
1991	3802			204.6
1992	3865			321.3
1993	4127			651.2
1994	4207			1480.5
1995	4349			2165.7
1996	4388	57	3	2545.3
1997	4488	57	2	2798.0
1998	4619	58	2	3209.6
1999	4347	69	3	3606.0
2000	4348	68	4	4023.0
2001	4278	78	6	4652.0
2002	4193	77	6	4997.0
2003	4036	93	9	5591.0
2004	4049	114	9	6384.0
2005	4008	120	10	7173.0
2006	4064	125	13	8247.0
2007	4096	133	15	9325.0
2008	4087	139	15	9794.0
2009	4194	180	18	10744.9
2010	4146	202	22	12717.3
2011	4212	210	25	14500.0
2012	4297	233	31	15816.6

10－16 亿元以上商品交易市场成交情况
Basic Conditions of Business Markets of Commodity Above 100 Million Yuan

单位:万元(10000 yuan)

指标	Item	摊位数量(个) Number of Stall(unit)			成交额 Value		
		2010	2011	2012	2010	2011	2012
总计	**Total**	**401164**	**431919**	**457275**	**115922400**	**131004799**	**137692506**
食品、饮料、烟酒类	Food, Beverage, Tobacco and Liquor	126241	135828	140618	24348355	27650939	29593084
服装鞋帽、针、纺织品类	Garments, Shoes, Hats, Knit and Textile Goods	119369	131300	137715	23263963	29840859	32457560
化妆品类	Cosmetics	2023	2155	2551	313253	313215	398068
金银珠宝类	Jewelry	871	963	1523	614230	715055	1021761
日用品类	Articles For Daily Use	25975	24384	23597	5039804	4708322	4939493
五金、电料类	Hardware & Electric Materials	16868	18044	18582	4313787	3728355	4027544
体育、娱乐用品类	Sports and Recreation	1372	1390	1155	195965	205129	216331
书报杂志类	Newspapers and Magazines	127	146	130	34069	35897	32538
电子出版物及音像制品类	Electronic Publication and Audiovisual Production	154	137	73	28154	38415	40205
家用电器和音像器材类	Household Appliances and Audiovisual Equipment	3726	4000	4101	494681	607705	669734
中西药品类	Traditional Chinese & Western Medicines	744	966	744	224342	242203	156165
#中草药及中成药	Chinese Herbal Medicine and Other Traditional Chinese Medicine	732	596	685	223656	78124	141279
文化办公用品类	Culture and Official Articles	8884	9161	12540	1520471	1577004	1704868
家具类	Furniture	7019	10506	13141	2317066	2419764	2562912
通讯器材类	Communication Appliances	2262	2161	2253	254564	253496	253146
煤炭及制品类	Coal and Related Production	75	76	79	1062870	1414092	1789101
木材及制品类	Timber and Related Production	3655	4003	4746	1275033	1227053	1232845
石油制品及类	Oil and Related Production			30			917511
化工材料及制品类	Chemical Materials and Related Production	5357	4235	4381	9626396	7067778	7801375
金属材料类	Metal Materials	14047	15765	14760	20675549	25708958	24739732
建筑及装潢材料类	Building and Decoration Materials	23836	23764	25871	4509521	5341385	5068344
机电成品及设备类	Mechanical and Electrical Products and Appliances	6568	7337	6943	2348770	2736427	2447310
#农机类	Agricutural Mechanical Production	11	11	11	2700	3300	3300
汽车类	Motor Vehicles	6041	6504	11812	7488975	8470359	9153078
种子饲料类	Seed and Forage	216	191	183	57841	58950	59196
棉麻类	Cotton & Ambery	596	688	197	1921365	1817419	898651
其他类	Others	25138	28215	29550	3993376	4826020	5511954

10－17 个体经济发展情况
Developments in Individual Economy

项目	Item	2009	2010	2011	2012
户数(户)	**Number of Households(household)**	**1986913**	**2122141**	**2301306**	**2498636**
农、林、牧、渔业	Farming,Forestry,Animal Husbandry and Fishery	16332	18627	21312	24077
采矿业	Ming and Quarrying	859	726	633	573
制造业	Manufacturing	355088	400107	448888	482147
电力、燃气及水的生产和供应业	Production and Supply of Electricity,Gas and Water	767	769	617	556
建筑业	Construction	4647	5017	5461	5873
交通运输、仓储和邮政业	Transport,Storage and Post	83448	79452	87311	91808
信息传输、计算机服务和软件业	Information Transmission,Computer Services and Software	4838	4619	4508	3742
批发和零售业	Wholesale and Retail Trade	1179936	1257735	1361851	1490252
住宿和餐饮业	Hotels and Catering Services	123034	127963	135673	143837
房地产业	Real Estate	5145	6458	6431	6546
租赁和商务服务业	Leasing and Services and Other Services	20849	22670	25110	29726
居民服务和其他服务业	Resident Services and Other Services	171947	178543	184041	192927
卫生、社会保障和社会福利业	Health Care,Social Securities and Social Welfare	2069	2202	2369	2574
文化、体育和娱乐业	Culture,Sports and Recreation	13022	12799	13085	13651
其他行业	Others	4932	2228	1685	1418
从业人员(人)	**Number of Employed Persons(person)**	**4294888**	**4684663**	**5214880**	**5593201**
农、林、牧、渔业	Farming,Forestry,Animal Husbandry and Fishery	67838	53236	62227	73922
采矿业	Ming and Quarrying	4079	3345	3007	2732
制造业	Manufacturing	1141722	1316970	1513493	1691670
电力、燃气及水的生产和供应业	Production and Supply of Electricity,Gas and Water	1562	1576	1410	1330
建筑业	Construction	14717	16014	17646	19670
交通运输、仓储和邮政业	Transport,Storage and Post	111487	104634	113788	119648
信息传输、计算机服务和软件业	Information Transmission,Computer Service and Software	8710	8023	7966	6644
批发和零售业	Wholesale and Retail Sale Trade	2077648	2262884	2542120	2664552
住宿和餐饮业	Hotels and Catering Services	341228	371515	376011	413086
房地产业	Real Estate	20976	23443	23386	23533
租赁和商务服务业	Leasing and Services and Other Services	40296	77182	82482	91139
居民服务和其他服务业	Resident Services and Other Services	417053	400263	422842	419092
卫生、社会保障和社会福利业	Health Care,Social Securities and Social Welfare	4628	5117	5555	6276
文化、体育和娱乐业	Culture,Sports and Recreation	31623	32353	35328	38927
其他行业	Others	11321	2854	1924	1391

10－18 私营经济发展情况
Developments of Private－owned Economy

项目	Item	2009	2010	2011	2012
户数(户)	**Number of Households(household)**	**566595**	**638905**	**719499**	**775290**
农、林、牧、渔业	Farming,Forestry,Animal Husbandry and Fishery	7627	8851	10248	11583
采矿业	Ming and Quarrying	1051	973	934	873
制造业	Manufacturing	255687	276812	295146	304903
电力、燃气及水的生产和供应业	Production and Supply of Electricity,Gas and Water	2041	2168	2185	2226
建筑业	Construction	19989	23750	27473	30396
交通运输、仓储和邮政业	Transport,Storage and Post	11305	13126	14445	15453
信息传输、计算机服务和软件业	Information Transmission,Computer Service and Software	16857	18935	20692	21122
批发和零售业	Wholesale and Retail Trade	155331	179841	212910	235812
住宿和餐饮业	Hotels and Catering Services	6476	7150	7931	8639
房地产业	Real Estate	12245	15330	17295	17437
租赁和商务服务业	Leasing and Services and Other Services	41528	48979	58486	64963
居民服务和其他服务业	Resident Services and Other Services	15028	16474	18418	20774
卫生、社会保障和社会福利业	Health Care,Social Securities and Social Welfare	748	803	854	916
文化、体育和娱乐业	Culture,Sports and Recreation	2613	3096	3789	5225
其他行业	Others	18069	962	790	578
从业人员(人)	**Number of Employed Persons(person)**	**7984910**	**7380339**	**8081053**	**8250462**
农、林、牧、渔业	Farming,Forestry,Animal Husbandry and Fishery	72473	60409	64831	73252
采矿业	Ming and Quarrying	22417	18815	17938	17493
制造业	Manufacturing	4557519	4509021	4805597	4772748
电力、燃气及水的生产和供应业	Production and Supply of Electricity,Gas and Water	29419	18599	18678	20773
建筑业	Construction	481910	468717	489375	506454
交通运输、仓储和邮政业	Transport,Storage and Post	123516	104533	112913	112172
信息传输、计算机服务和软件业	Information Transmission,Computer Service and Software	147716	126811	151051	127091
批发和零售业	Wholesale and Retail Sale Trade	1562931	1196650	1411244	1563529
住宿和餐饮业	Hotels and Catering Services	96871	92889	95284	92551
房地产业	Real Estate	131428	122645	129338	126462
租赁和商务服务业	Leasing Services and Other Services	430234	371555	432464	443323
居民服务和其他服务业	Resident Services and Other Services	120781	98941	110017	119471
卫生、社会保障和社会福利业	Health Care,Social Securities and Social Welfare	8392	7320	8109	8389
文化、体育和娱乐业	Culture,Sports and Recreation	25799	24171	28847	35565
其他行业	Others	173504	12052	10336	10273

10－19 个体和私营经济发展情况(2012 年)
Developments on Individual and Private－owned Economy(2012)

项目	Item	个体 Individuals	#城镇 Urban Areas	私营 Privates	#城镇 Urban Areas
户数(户)	**Number of Households(household)**	**2498636**	**1551915**	**775290**	**780261**
农、林、牧、渔业	Farming,Forestry,Animal Husbandry and Fishery	24077	9110	11583	4806
采矿业	Ming and Quarrying	573	211	873	274
制造业	Manufacturing	482147	203802	304903	129113
电力、燃气及水的生产和供应业	Production and Supply of Electricity,Gas and Water	556	212	2226	771
建筑业	Construction	5873	3027	30396	21750
交通运输、仓储和邮政业	Transport,Storage and Post	91808	50571	15453	10244
信息传输、计算机服务和软件业	Information Transmission,Computer Service and Software	3742	2784	21122	17960
批发和零售业	Wholesale and Retail Sale Trade	1490252	1002927	235812	174187
住宿和餐饮业	Hotels and Catering Services	143837	98441	8639	6520
房地产业	Real Estate	6546	5820	17437	12910
租赁和商务服务业	Leasing and Services and Other Services	29726	22954	64963	54392
居民服务和其他服务业	Resident Services and Other Services	192927	133402	20774	15211
卫生、社会保障和社会福利业	Health Care,Social Securities and Social Welfare	2574	2042	916	676
文化、体育和娱乐业	Culture,Sports and Recreation	13651	9380	5225	4164
其他行业	Others	1418	862	578	394
从业人员(人)	**Number of Employed(person)**	**5593201**	**3331628**	**8250462**	**4513679**
农、林、牧、渔业	Farming,Forestry,Animal Husbandry and Fishery	73922	25475	73252	29930
采矿业	Ming and Quarrying	2732	864	17493	3916
制造业	Manufacturing	1691670	752959	4772748	1893307
电力、燃气及水的生产和供应业	Production and Supply of Electricity,Gas and Water	1330	525	20773	7864
建筑业	Construction	19670	9610	506454	325376
交通运输、仓储和邮政业	Transport,Storage and Post	119648	69810	112172	75135
信息传输、计算机服务和软件业	Information Transmission,Computer Service and Software	6644	4960	127091	113178
批发和零售业	Wholesale and Retail Sale Trade	2664552	1716115	1563529	1216609
住宿和餐饮业	Hotels and Catering Services	413086	296393	92551	74863
房地产业	Real Estate	23533	22294	126462	98834
租赁和商务服务业	Leasing and Services and Other Services	91139	77960	443323	380029
居民服务和其他服务业	Resident Services and Other Services	419092	305313	119471	90534
卫生、社会保障和社会福利业	Health Care,Social Securities and Social Welfare	6276	5106	8389	6419
文化、体育和娱乐业	Culture,Sports and Recreation	38927	26801	35565	28014
其他行业	Others	1391	790	10273	6433

10－20 限额以上服务业企业主要经济指标(2012 年)
Main Indicators of Service Enterprises Above Designated Size(2012)

单位:亿元(100 million yuan)

项目	Item	单位数(个) Number of Enterprises (unit)	资产总计 Total assets	固定资产原价 Original value of fixed assets	本年折旧 This Year Depreciation
总　计	**Total**	**13170**	**23854.95**	**7375.09**	**432.71**
按登记注册类型分	**by Registered Type**				
国有企业	State－owned	970	5135.74	1389.85	92.12
集体企业	Collective Owned	398	349.04	109.32	4.51
股份合作企业	Share－cooperations	74	56.43	26.56	0.74
联营企业	Joint	36	26.59	15.78	0.92
有限责任公司	Limited Liability Corporations	3186	10689.03	2607.52	128.34
股份有限公司	Share－holding Corporations Ltd.	340	2411.52	1044.77	51.13
私营企业	Private	7570	3054.92	1069.83	73.07
其他企业	Others	165	43.24	21.30	1.27
港澳台商投资企业	Investment from HongKong, Macao and Taiwan	189	1582.31	877.84	70.68
外商投资企业	Investment from Foreign	242	506.13	212.33	9.93
按国民经济行业分	**by Sector**				
交通运输、仓储和邮政业	Transportation, Storage and Post	3171	4945.25	3061.23	158.05
信息传输、软件和信息技术服务业	Information Transmission, Software and Information Technology Services	1295	2494.01	1947.86	164.53
金融业	Finance	351	1436.14	25.04	1.22
房地产业(除房地产开发经营)	Real Estate	1034	720.67	130.54	6.61
租赁和商务服务业	Renting and Business Services	3679	11453.22	1487.44	54.82
科学研究和技术服务业	Scientific Research and Technical Services	1267	802.00	148.05	10.04
水利、环境和公共设施管理业	Water Conservancy, Environment and Public Utility	456	1251.07	307.47	16.38
居民服务、修理和其他服务业	Service for the Residents, Repair and Others	799	84.17	28.75	2.04
教育	Education	247	75.19	39.39	2.46
卫生和社会工作	Health Care and Social Work	192	62.39	40.68	2.96
文化、体育和娱乐业	Culture, Sports and Recreation	679	530.84	158.64	13.60

续表 1 Continued 单位:亿元(100 million yuan)

项目	Item	负债合计 Total Liabilities	所有者权益 Owner's Equity	营业收入 The Business revenue	主营业务收入 Revenues in Main Business
总　　计	**Total**	**12724.96**	**11129.99**	**6565.86**	**6342.02**
按登记注册类型分	**by Registered Type**				
国有企业	State – owned	2539.26	2596.48	884.17	845.96
集体企业	Collective Owned	168.21	180.83	81.78	76.78
股份合作企业	Share – cooperations	20.15	36.28	16.02	13.66
联营企业	Joint	14.21	12.38	10.39	9.54
有限责任公司	Limited Liability Corporations	5620.15	5068.87	2193.23	2106.62
股份有限公司	Share – holding Corporations Ltd.	1402.20	1009.31	560.16	538.75
私营企业	Private	1949.69	1105.22	1913.57	1868.75
其他企业	Others	22.83	20.41	29.44	28.84
港澳台商投资企业	Investment from HongKong, Macao and Taiwan	730.34	851.97	692.89	671.64
外商投资企业	Investment from Foreign	257.91	248.23	184.20	181.48
按国民经济行业分	**by Sector**				
交通运输、仓储和邮政业	Transportation, Storage and Post	3071.46	1873.79	1954.89	1896.34
信息传输、软件和信息技术服务业	Information Transmission, Software and Information Technology Services	1042.36	1451.65	1561.80	1502.05
金融业	Finance	861.47	574.67	160.09	154.44
房地产业(除房地产开发经营)	Real Estate	416.84	303.83	169.74	161.21
租赁和商务服务业	Renting and Business Services	5917.61	5535.60	1554.45	1499.02
科学研究和技术服务业	Scientific Research and Technical Services	459.82	342.17	577.66	568.16
水利、环境和公共设施管理业	Water Conservancy, Environment and Public Utility	597.49	653.58	194.06	179.14
居民服务、修理和其他服务业	Service for the Residents, Repair and Others	50.39	33.78	66.17	64.57
教育	Education	41.11	34.08	37.36	35.63
卫生和社会工作	Health Care and Social Work	41.46	20.93	55.99	55.12
文化、体育和娱乐业	Culture, Sports and Recreation	224.93	305.91	233.66	226.33

续表 2 Continued 单位:亿元(100 million yuan)

项目	Item	营业成本 Costs in Business	主营业务成本 Costs in Main Business	营业税金及附加 Sales Taxes and Extra Charges in Business	主营业务税金及附加 Sales Taxes and Extra Charges in Main Business
总　　计	**Total**	**4384.77**	**4267.75**	**174.08**	**168.95**
按登记注册类型分	**by Registered Type**				
国有企业	State – owned	597.54	576.53	24.74	23.96
集体企业	Collective Owned	38.22	35.68	3.64	3.51
股份合作企业	Share – cooperations	9.66	7.47	0.67	0.67
联营企业	Joint	5.47	5.08	0.35	0.34
有限责任公司	Limited Liability Corporations	1552.68	1511.92	49.23	47.26
股份有限公司	Share – holding Corporations Ltd.	313.29	310.55	18.40	18.13
私营企业	Private	1463.73	1434.76	45.34	44.38
其他企业	Others	18.34	18.27	0.58	0.51
港澳台商投资企业	Investment from HongKong, Macao and Taiwan	269.09	251.73	26.92	26.03
外商投资企业	Investment from Foreign	116.74	115.77	4.22	4.16
按国民经济行业分	**by Sector**				
交通运输、仓储和邮政业	Transportation, Storage and Post	1616.22	1580.58	39.64	38.70
信息传输、软件和信息技术服务业	Information Transmission, Software and Information Technology Services	712.99	675.81	48.99	47.44
金融业	Finance	51.75	51.01	6.62	6.46
房地产业(除房地产开发经营)	Real Estate	97.96	95.65	8.44	8.21
租赁和商务服务业	Renting and Business Services	1148.37	1123.15	34.62	33.08
科学研究和技术服务业	Scientific Research and Technical Services	390.95	387.87	18.04	17.73
水利、环境和公共设施管理业	Water Conservancy, Environment and Public Utility	131.20	122.87	5.18	5.06
居民服务、修理和其他服务业	Service for the Residents, Repair and Others	45.58	45.08	1.35	1.33
教育	Education	21.69	21.04	1.13	1.10
卫生和社会工作	Health Care and Social Work	34.67	34.07	0.14	0.14
文化、体育和娱乐业	Culture, Sports and Recreation	133.40	130.61	9.93	9.71

续表 3 Continued 单位:亿元(100 million yuan)

项目	Item	销售费用 Sales Charges	管理费用 Management Expenses	税金 Taxes	财务费用 Financial Expenses	营业利润 Operating Profits
总　　计	**Total**	**454.37**	**738.20**	**18.77**	**202.80**	**835.78**
按登记注册类型分	**by Registered Type**					
国有企业	State – owned	60.44	112.22	2.39	24.98	95.97
集体企业	Collective Owned	7.73	21.08	0.48	1.52	14.59
股份合作企业	Share – cooperations	1.54	2.18	0.08	0.01	3.34
联营企业	Joint	1.45	1.23	0.02	0.33	1.62
有限责任公司	Limited Liability Corporations	124.50	220.10	6.40	110.97	239.20
股份有限公司	Share – holding Corporations Ltd.	53.20	57.28	2.35	18.93	123.91
私营企业	Private	97.71	199.13	4.22	45.15	99.23
其他企业	Others	2.28	5.59	0.08	0.26	2.50
港澳台商投资企业	Investment from HongKong, Macao and Taiwan	99.95	94.28	1.99	-7.74	230.43
外商投资企业	Investment from Foreign	5.58	25.12	0.76	8.38	25.00
按国民经济行业分	**by Sector**					
交通运输、仓储和邮政业	Transportation, Storage and Post	40.47	132.91	4.76	93.19	54.96
信息传输、软件和信息技术服务业	Information Transmission, Software and Information Technology Services	247.54	202.94	3.52	-7.60	346.50
金融业	Finance	2.61	19.09	0.32	3.96	76.75
房地产业(除房地产开发经营)	Real Estate	16.60	35.57	1.28	5.45	10.78
租赁和商务服务业	Renting and Business Services	71.20	173.41	5.76	93.50	220.11
科学研究和技术服务业	Scientific Research and Technical Services	21.62	90.66	1.14	2.18	61.53
水利、环境和公共设施管理业	Water Conservancy, Environment and Public Utility	13.21	23.44	0.72	8.67	16.58
居民服务、修理和其他服务业	Service for the Residents, Repair and Others	5.83	10.23	0.21	1.12	2.43
教育	Education	3.59	7.94	0.14	0.18	2.94
卫生和社会工作	Health Care and Social Work	7.48	9.92	0.14	1.09	2.85
文化、体育和娱乐业	Culture, Sports and Recreation	24.22	32.08	0.80	1.04	40.34

续表 4 Continued 单位:亿元(100 million yuan)

项目	Item	利润总额 Profits	应交所得税 Income tax payable	应付职工薪酬 Total Wages Pagable	应交增值税 Value Added Taxes Payable	从业人员平均数(万人) Average Number of Employed Persons (10000 persons)
总　　计	**Total**	**999.56**	**166.34**	**896.80**	**29.58**	**144.06**
按登记注册类型分	**by Registered Type**					
国有企业	State - owned	167.38	15.11	169.53	3.27	22.66
集体企业	Collective Owned	13.86	0.99	22.32	0.19	4.68
股份合作企业	Share - cooperations	4.01	0.11	4.06	0.03	0.68
联营企业	Joint	1.89	0.41	1.89	0.02	0.24
有限责任公司	Limited Liability Corporations	287.15	39.12	271.38	8.76	42.21
股份有限公司	Share - holding Corporations Ltd.	136.88	27.30	66.43	1.86	7.21
私营企业	Private	117.21	25.59	243.08	8.97	55.65
其他企业	Others	2.77	0.55	6.14	0.03	1.11
港澳台商投资企业	Investment from HongKong, Macao and Taiwan	241.48	52.36	89.68	4.91	7.31
外商投资企业	Investment from Foreign	26.93	4.79	22.29	1.54	2.32
按国民经济行业分	**by Sector**					
交通运输、仓储和邮政业	Transportation, Storage and Post	123.29	32.68	229.55	3.47	35.27
信息传输、软件和信息技术服务业	Information Transmission, Software and Information Technology Services	386.93	56.09	187.92	12.80	18.46
金融业	Finance	79.03	18.83	8.01	0.06	0.74
房地产业(除房地产开发经营)	Real Estate	12.54	2.52	54.80	0.23	15.00
租赁和商务服务业	Renting and Business Services	251.63	33.42	217.45	4.36	44.99
科学研究和技术服务业	Scientific Research and Technical Services	64.33	10.85	109.59	5.67	12.03
水利、环境和公共设施管理业	Water Conservancy, Environment and Public Utility	21.58	3.81	22.78	0.36	5.21
居民服务、修理和其他服务业	Service for the Residents, Repair and Others	3.23	0.82	13.79	0.99	4.08
教育	Education	3.11	0.52	10.18	0.04	2.00
卫生和社会工作	Health Care and Social Work	2.82	0.82	11.94		2.12
文化、体育和娱乐业	Culture, Sports and Recreation	51.07	5.98	30.80	1.59	4.17

注：限额以上服务业单位统计不包括批发零售业,住宿餐饮业,房地产开发业,银行、保险和证券业。
Above designated size services unit statistics do not include wholesale and retail trade, hotel and restaurant industry, the real estate development industry, banking, insurance and securities industries.

10-21 限额以上服务业非企业单位主要经济指标(2012年)
Main Indicators of Services Non-Enterprise Units Above Designated Size(2012)

单位:亿元(100 million yuan)

项目	Item	单位数(个) Number of Enterprises (unit)	从业人员平均人数(万人) Average Number of Employed Persons(10000 persons)	年末资产 Total assets At the End of Year	固定资产原价 Original Value of Fixed Assets	收入合计 Total revenue
总计	**Total**	**9062**	**123.02**	**7014.06**	**3345.23**	**4356.01**
按国民经济行业分	**by Sector**					
交通运输、仓储和邮政业	Transportation, Storage and Post	134	1.35	104.30	43.77	73.22
信息传输、软件和信息技术服务业	Information Transmission, Software and Information Technology Services	122	0.53	51.94	30.17	20.49
房地产业(除房地产开发经营)	Real Estate	85	0.30	61.07	12.04	7.96
租赁和商务服务业	Renting and Business Services	189	0.77	191.56	45.47	42.61
科学研究和技术服务业	Scientific Research and Technical Services	410	2.90	787.24	102.64	204.36
水利、环境和公共设施管理业	Water Conservancy, Environment and Public Utility	373	4.79	266.86	85.31	108.04
居民服务、修理和其他服务业	Service for the Residents, Repair and Others	114	0.53	21.26	9.13	11.04
教育	Education	2982	44.70	1927.37	1336.06	905.77
卫生和社会工作	Health Care and Social Work	1518	31.42	1197.38	763.21	1212.00
文化、体育和娱乐业	Culture, Sports and Recreation	490	3.19	197.09	118.03	92.33
公共管理、社会保障和社会组织	Public management, social security and social organization	2645	32.54	2208.00	799.41	1678.19

续表 Continued 单位:亿元(100 million yuan)

项目	Item	支出合计 Total expenditure	工资福利支出 Wages and welfare expenses	商品和服务支出 Goods and services spending	对个人和家庭的补助 For individual and family allowance
总计	**Total**	**4184.58**	**1099.37**	**1568.12**	**387.53**
按国民经济行业分	**by Sector**				
交通运输、仓储和邮政业	Transportation, Storage and Post	63.99	10.66	7.70	3.44
信息传输、软件和信息技术服务业	Information Transmission, Software and Information Technology Services	19.42	4.47	9.17	0.96
房地产业(除房地产开发经营)	Real Estate	6.59	2.22	2.03	0.58
租赁和商务服务业	Renting and Business Services	37.54	5.21	12.72	1.51
科学研究和技术服务业	Scientific Research and Technical Services	175.69	25.67	52.71	14.34
水利、环境和公共设施管理业	Water Conservancy, Environment and Public Utility	100.35	22.56	30.54	5.87
居民服务、修理和其他服务业	Service for the Residents, Repair and Others	9.93	3.51	4.78	0.55
教育	Education	867.65	386.10	219.90	142.23
卫生和社会工作	Health Care and Social Work	1168.45	318.97	728.15	50.13
文化、体育和娱乐业	Culture, Sports and Recreation	93.97	25.18	38.03	7.41
公共管理、社会保障和社会组织	Public management, social security and social organization	1641.00	294.81	462.39	160.52

浙/江/统/计/年/鉴

主要统计指标解释

■ 社会消费品零售总额

指各种经济类型的批发零售贸易业、餐饮业和除制造业和农业外的其他行业对城乡居民和社会集团的消费品零售额。这个指标反映通过各种商品流通渠道向居民和社会集团供应的生活消费品来满足他们生活需要，是研究人民生活，社会消费品购买力、货币流通等问题的重要指标。社会消费品零售总额包括：(1)售给城乡居民作为生活用的商品和修建房屋用的建筑材料；(2)售给社会集团的各种办公用品和公用消费品；(3)售给机关、团体、学校、部队、企业、事业单位的职工食堂和旅店(招待所)附设专门供本店旅客食用，不对外营业的食堂的各种食品、燃料；企业、单位和国营农场直接售给本单位职工和职工食堂的自己生产的产品；(4)售给部队干部、战士生活用的粮食、副食品、衣着品、日用品、燃料；(5)售给来华的外国人、华侨、港澳(台)同胞的消费品；(6)居民自费购买的中、西药品、中药材及医疗用品；(7)报社、出版社直接售给居民和社会集团的报纸、图书、杂志、集邮公司出售的新、旧纪念邮票、特种邮票、首日封、集邮册、集邮工具等；(8)旧货寄售商店自购、自销部分的商品；(9)煤气公司、液化石油气站售给居民和社会集团的煤气灶具和罐装液化石油气。不包括售给国民经济各部门企业、事业单位(包括国有经济的农场)生产经营用的各种原材料、燃料、设备、工具等和售给批发零售贸易业、餐饮业作为转卖用的商品、旧货寄售商店受托寄售卖出的商品、服务业的营业收入、邮局出售邮票的收入、自来水、电力、煤气生产(供应)单位的产品供应收入。

■ 商品销售总额

指对本企业(单位)以外的单位和个人出售(包括对国(境)外直接出口)的商品。这个指标反映批发零售贸易业在国内市场上销售商品以及出口商品的总量。商品销售总额包括：(1)售给城乡居民和社会集团消费用的商品；(2)售给工业、农业、建筑业、运输邮电业、批发零售贸易业、餐饮业、服务业等作为生产、经营使用的商品；(3)售给批发零售贸易业作为转卖或加工后转卖的商品；(4)对国(境)外直接出口的商品。不包括：出售本企业(单位)自用的废旧包装用品，未通过买卖行为付出的商品，经本单位介绍，由买卖双方直接结算，本单位只收取手续费的业务，购货退回的商品以及商品损耗和损失等。

■ 消费品市场成交额

指在全国消费品交易市场成交的全部商品金额。消费品市场包括农副产品市场和工业消费品市场。

■ 亿元商品交易市场成交额

年成交额达到亿元以上，经工商部门批准，专门从事商品批发、零售业务活动的市场，其市场所有摊位销售总额称为亿元商品交易市场成交额。

■ 连锁企业(或称连锁店、连锁公司)

指在核心企业或总店的领导下，由分散的、经营同类商品或服务的企业或活动单位，采取共同方针，实行集中采购和分散销售的有机结合，通过规范化经营，实行集中采购和分散销售的有机结合，通过规范化经营，实现规模效益的经济联合组织形式。一般连锁店应由若干个分店组成。其经营特征：(1)经营同类商品；(2)使用统一商号；(3)统一采购配送，采购与销售相分离(部分商品可根据物流合理和保质保鲜原则，由供应商直接送货到门店，其余均由总部统一配送)。

连锁门店包括下列两种形式：

直营连锁：指正规连锁。连锁门店均由总部独资或控股开设，在总部的直接领导下统一经营。

加盟连锁：指特许连锁。各连锁门店(被特许人)通过合同形式，取得使用总部(特许人)商标、商号、经营技术和销售总部开发的商品的特许权，各加盟连锁门店为独立法人，在总部指导下统一经营。

ZHEJIANG STATISTICAL YEARBOOK

Explanatory Notes on Main Statistical Indicators

□ Total Retail Sales of Consumer Goods

refer to the sum of retail sales of consumer goods by the establishments in wholesale trade, retail sale trade, catering trade and other industries except manufacturing and agriculture of different types of ownership, to urban and rural residents and social groups. This indicator is used to show the supply of consumers goods through various channels to households and institutions to meet their demands, and is therefore very important for the study of the issues on people's livelihood, on the purchasing power of consumer goods and on the circulation of money. The retail sales of consumer goods include: (1) commodities sold to urban and rural residents for residential use and building materials sold to them for the construction or repair of houses; (2) food and fuels sold to canteens of institutions, enterprises, schools, military units and to canteens of hotels and hostels that only serve their guests, and commodities produced by enterprises, institutions or state farms and sold directly to their employees or their canteens; (3) grain and non-staple food, clothing, daily articles and fuels sold to military personnel; (4) consumer goods sold to foreigners, overseas Chinese, and Chinese compatriots from Taiwan, Hong Kong and Macao during their stay in the mainland of China; (5) Chinese and western medicines, herbs and medical facilities purchased by residents; (6) newspapers, books and magazines directly sold to residents and social groups by publishers, new and old commemorative stamps, special stamps, first-day covers, stamp albums and other stamp-collection articles sold by stamp companies; (7) consumer goods purchased and then sold by second-hand shops; (8) stoves and other heating facilities and liquified gas sold by gas companies to households and institutions. Excluded under this heading are: raw materials, fuels, equipment, tools sold to enterprises, institutions and state farms for production purpose; commodities sold to trade establishments for re-selling; commissioned sales at second-hand shops; operational income of urban public utilities; stamps sold at post offices; income of water, power, gas production and supply establishments from the supply of their products.

□ Total Sales of Commodities

refer to selling of commodities by the establishments to other establishments and individuals (including direct export). This indicator is used to show the total value of sales of commodities at domestic markets and export. The total sales include: (1) commodities sold to urban and rural residents and social groups for their consumption; (2) commodities sold to establishments in industry, agriculture, construction, transportation, post and telecommunications, wholesale and retail trades, catering trade and public utility for their production and operation; (3) commodities sold to wholesale and retail establishments for re-selling, with or without further processing; and (4) commodities for direct export to other countries. Excluded are selling of waste packaging materials used by the establishments (units) themselves, commodities transferred without buying or selling procedures, commission income from brokerage in transactions whose settlement is directly handled by buyers and sellers, rejected commodities in the purchase, loss in commodities, etc.

□ Volume of Transaction at Consumer Goods Markets

refers to the value of transaction of all goods at consumer goods markets in the country, including both markets for farm and sideline products and for industrial consumption goods.

□ Volume of Transaction at Large Commodity Markets (with transaction value over 100 million yuan)

refers to markets approved by the industrial and commercial administration departments, which specialize in

EXPLANATORY NOTES ON MAIN STATISTICAL INDICATORS

wholesale and retail of modities with transaction value over 100 million yuan. The stall of sales of all sellers in the markets makes up the transaction value of the markets.

□ Chain Enterprises (also called chain stores or called corporations)

refer to a form of joint economic entities unit which scattered enterprises or establishments engaged in pithing homogeneous commodities or services, with the central leadership of core enterprise or headquarters and guided by policies, conduct centralized purchase and distributed selling commodities, in order to gain better efficiency through standardized operation. Consisting of a number of branch stores the chain stores have in general following features: (1) homogeneous commodities, (2) unique name of stores, (3) centralized purchase and delivery which is separated from the headquarters cept some items which, from logistics, quality or considerations, might be delivered by the suppliers directy.

Chain stores have two categories:

(a) Chain stores under direct management: These are chain stores invested or controlled by the headquarters operate under the direct and unified management from the headquarters.

(b) Chain stores through license arrangement: These are contracts, chain stores (their owners) obtain licenses from the headquarters to use designated trade marks, names, operates know – how, and to sell the commodity developed by the headquarters. Under this arrangement. Each store in the chairs an independent legal entity and operates under the guidance the headquarters.

2013

浙江统计年鉴

ZHEJIANG STATISTICAL YEARBOOK

CHAPTER 11

对外经济贸易和旅游

Foreign Economy and Trade, Tourism

11－1 进出口总值(1986－2012年)
Total Value of Imports and Exports(1986－2012)

单位:万美元(USD 10000)

年份 Year	进出口总值 Total Value of Imports and Exports	出口 Export	#一般贸易 Ordinary Trade	进口 Import	#一般贸易 Ordnary Trade
1986	129291	109128		20163	
1987	149984	123406		26578	
1988	198628	149004		49624	
1989	251387	187222		64165	
1990	277342	218881		58461	
1991	385052	290628		94424	
1992	499907	357127	258763	142780	48230
1993	673269	432313	326388	240956	78690
1994	899144	608657	474070	290487	75292
1995	1151230	769782	593336	381448	92160
1996	1254126	804147	572545	449979	102558
1997	1427732	1011113	739172	416619	106496
1998	1485382	1086623	820244	398759	148712
1999	1830540	1287125	1001423	543415	314525
2000	2783265	1944279	1540108	838986	528135
2001	3279969	2297747	1825752	982222	635302
2002	4195650	2941102	2426940	1254548	859007
2003	6141083	4159499	3418932	1981584	1361717
2004	8521312	5814638	4674761	2706674	1665622
2005	10739123	7680353	6023916	3058770	1858590
2006	13914686	10089427	7731170	3825259	2143288
2007	17685633	12827293	9935900	4858341	2922772
2008	21110927	15426700	12185303	5684227	3440144
2009	18773488	13301032	10664403	5472456	3744581
2010	25353311	18046487	14500708	7306824	4943317
2011	30937777	21634949	17648423	9302827	6534332
2012	31240276	22451854	17968381	8788421	6243733

11－2 出口总值分类表(2006－2012 年)
Total Value of Exports by Category(2006－2012)

单位:万美元(USD 10000)

项目	Item	2006	2007	2008	2009	2010	2011	2012
出口总值	**Export**	**10089427**	**12827293**	**15426700**	**13301032**	**18046487**	**21634949**	**22451854**
#机电产品	Electrical and Mechanical Production	4236303	5557980	6804800	5550552	7912485	9242116	9589938
总值中:	**Among Total**							
国有企业	State－owned Enterprises	1767742	1896622	1993053	1497457	1822803	2113709	2058912
三资企业	Foreign Funded Enterprises	3795210	4725567	5426543	4477847	5813723	6528698	6298252
集体企业	Collective Owned Enterprises	1058855	1178304	1238192	899306	1107903	1178390	1029500
私营企业	Private Enterprises	3459464	5009210	6738201	6393095	9259160	11758106	13000168
其他企业	Others	8156	17589	30712	33327	42898	56047	65022
总值中:	**Among Total**							
工业制成品	Manufactured Goods	9643687	12342087	14868136	12831464	17412873	20743661	21443210
初级产品	Primary Goods	445740	485206	558564	469568	633613	891288	1008644

11－3 进口总值分类表(2006－2012 年)
Total Value of Imports by Category(2006－2012)

单位:万美元(USD 10000)

项目	Item	2006	2007	2008	2009	2010	2011	2012
进口总值	**Total**	**3825259**	**4858341**	**5684227**	**5472456**	**7306824**	**9302827**	**8788421**
#机电产品	Electrical and Mechanical Production	1237456	1379370	1502351	1189665	1631207	1803721	1590660
总值中:	**Among Total**							
国有企业	State－owned Enterprises	785943	852194	846188	894294	847264	1036810	904531
三资企业	Foreign Funded Enterprises	1931689	2389784	2933865	2451898	3425816	4263893	4021255
集体企业	Collective Owned Enterprises	331969	389369	397254	434019	690342	795269	663920
私营企业	Private Enterprises	774810	1221395	1495030	1686184	2333907	3196934	3185058
其他企业	Others	848	5599	11889	6061	9494	9921	13656
总值中:	**Among Total**							
工业制成品	Manufactured Goods	3025605	3832578	4221124	4092752	5388682	6510300	6042550
初级产品	Primary Goods	799654	1025762	1463103	1379704	1918142	2792527	2745871

11-4 浙江省与各国(地区)的进出口总额
Zhejiang's Foreign Trade with Related Countries (Regions)

单位:万美元(USD 10000)

国别(地区)	Country(Region)	出口 Exports			进口 Imports		
		2010	2011	2012	2010	2011	2012
总值	**Total**	**18046487**	**21634949**	**22451854**	**7306824**	**9302827**	**8788421**
#亚太经济合作组织	APEC	8177380	9794000	10668988	5016418	6421205	6150685
亚洲	**Asia**	**5796931**	**7097940**	**7544121**	**4212481**	**5351420**	**5153241**
#中国香港	Hong Kong, China	644393	594117	662934	25371	33170	28820
日本	Japan	1055060	1333878	1344569	1001575	1185441	1126154
中国台湾	Taiwan, China	201215	237254	233390	1018187	1123252	1087949
韩国	Korea Rep	454110	545287	556538	635234	872016	839921
东南亚联盟	The Association of Southeast Asian Nations	1100834	1474798	1695998	687301	1064872	1133909
非洲	**Africa**	**1110800**	**1341111**	**1578458**	**188357**	**243236**	**221883**
欧洲	**Europe**	**5717348**	**6743560**	**6292509**	**1169737**	**1425734**	**1294851**
#欧洲联盟	EU	4831962	5576880	5055909	938349	1118344	1030496
#英国	United Kingdom	599676	686774	722275	92416	104347	91817
德国	Germany	1100092	1187459	1043111	302956	377772	315768
意大利	Italy	636057	708214	517559	111426	139418	108558
法国	France	438973	491726	456603	82118	105507	132906
比利时	Belgium	240467	281154	243854	71236	76336	78246
#俄罗斯	Russia	511105	700575	798195	122317	182860	164527
拉丁美洲	**Latin America**	**1572011**	**2050943**	**2208945**	**589979**	**753895**	**670746**
北美洲	**North America**	**3383522**	**3878939**	**4210030**	**762735**	**1001507**	**897432**
#美国	United States	3045409	3491686	3817181	611662	777637	720982
加拿大	Canada	337864	386851	392735	151041	223829	176424
大洋洲	**Oceania**	**465875**	**522457**	**617791**	**383340**	**526848**	**550085**
#澳大利亚	Australia	371533	441062	484406	311783	439286	446044

11－5 进出口货物分贸易方式总值表(2009－2012年)
Total Value of Imports and Exports by Type(2009－2012)

单位:万美元(USD 10000)

贸易方式	Type	出口 Exports				进口 Imports			
		2009	2010	2011	2012	2009	2010	2011	2012
总值	**Total**	**13301032**	**18046487**	**21634949**	**22451854**	**5472456**	**7306824**	**9302827**	**8788421**
一般贸易	Ordinary Trade	10664403	14500708	17648423	17968381	3744581	4943317	6534332	6243733
补偿贸易	Compensation Trade	6768				2982			
来料加工装配贸易	Processing and Assembling Raw Material Supplied by Foreign Firms	245707	236865	253583	245343	139648	161160	185349	166124
进料加工贸易	Processing Imported Raw Materials	2245295	3064189	3350211	3224060	1036271	1414075	1533967	1360785
外商投资企业作为投资进口的设备	Imported Equipment as Investment of Foreign Enterprises					97199	74330	72590	61480
出料加工贸易	Processing Exported Raw Materials	2	1		44		1		31
保税监管场所进出境货物	Bonded cargo entry and exit monitoring sites	85757	145874	288896	393973	325690	378887	588681	681105
海关特殊监管区域物流货物	Customs supervision of goods logistics	39565	83602	76745	66548	112253	312353	349928	243882
国家间、国际组织无偿援助和赠送物资	Assistant Goods From International Organization	159	272	246	782				
华侨、港澳台同胞、外籍华人捐赠物资	Assistant Goods From Overseas Chinese Compatriots from Hong Kong, Macao and Taiwan			2		17	53	15	2686
来料加工装配进口的设备	Assembling Imported Equipment					1897	1241	704	109
对外承包工程出口货物	Exported Commodities for Contracted Projects	8649	4461	4135	8735				
其他	Others	4727	10515	12708	543988	11918	21406	37261	28486

11－6 出口主要商品情况(2008－2012年)
Statistics on Export of Commodities(2008－2012)

单位:万美元(USD_10000)

项目名称	Item	2008	2009	2010	2011	2012
机电产品	Electrical and Mechanical Products	6804800	5550552	7912485	9242116	9589938
高新技术产品	High－tech Production	1371880	987404	1473315	1533458	1480117
农副产品	Farm Production	768496	673752	829581	966358	971841
服装及衣着附件	Garments and Related Production	2157999	2073888	2489643	2913835	2854395
纺织纱线、织物及制品	Spinning,Textile and Related Production	2066532	1901720	2486184	3110820	3126421
鞋类	Shoes	430475	440849	598273	748640	755695
家具及其零件	Furniture and Related Parts	532036	504529	676729	761579	807384
塑料制品	Plastic Articles	204849	223595	314253	391872	489003
自动数据处理设备及其部件	Automatic Data Processing Equipment and Related Parts	144620	87461	137184	125570	130479
灯具、照明装置及类似品	Lamps & Lanterns and Lighting Installation	197926	167486	229472	277376	327029
箱包及类似容器	Bags	205288	177738	243479	296561	322729
汽车零件	Parts of Moter Vehicles	307348	247372	350998	450209	465458
钢材	Steel	308419	115886	223114	298983	282509
床垫、寝具及类似品	Mattress and Beddings	153864	145073	176272	195695	206287
船舶	Seawater Aquatic Production	324575	434872	733778	658922	570711
医药品	Medical and Pharmaceutical Production	173650	162856	199535	213015	211528
电线和电缆	Electric Wire and Cables	191263	142106	195826	235762	249921
水海产品	Freshwater and Seawater Aquatic Production	57966	72092	92738	177399	174833
通断及保护电路装置	Equipment for Switching or Protecting Electrical Circuits	150626	131958	202715	240004	254062
钢铁或铜制标准紧固件	Standard Parts Made by Iron & Steel or Copper	217990	107858	162909	208565	195170

注：2008年高新技术产品口径调整。
High－tech Prodution are adjusted in 2008.

11－7 进口主要商品情况(2008－2012 年)
Statistics on Import of Commodities(2008－2012)

单位:万美元(USD 10000)

商品名称	Item	2008	2009	2010	2011	2012
机电产品	Electrical and Mechanical Production	1502351	1189665	1631207	1803721	1590660
高新技术产品	High－tech Production	865412	617492	895664	967357	875158
农副产品	Farm Production	475013	370054	565421	713452	736390
钢材	Steed Production	143008	148938	134049	156321	118269
初级形状的塑料	Plastics of Primary Forms	361898	499839	545979	610595	654046
对苯二甲酸	Telephthatic Acid	255477	218599	274958	364507	253296
纺织机械及零件	Textile Machinery and Related Parts	80201	65315	106503	124806	97100
未锻造的铜及铜材	Unwrought Copper	147190	262422	363077	404615	309164
自动数据处理设备及其部件	Automatic Data Processing Equipment and Related Parts	22786	18812	26299	18855	15867
液晶显示板	LCD Panel	279849	211840	296949	271750	288467
原油	Crude Oil	118404	160902	128405	134568	129337
集成电路	Integrated Circuit	234704	148899	189177	165607	160040
苯乙烯	Styrene	84734	78107	92369	89279	98381
铁矿砂及其精矿	Iron ore in Sand Form and Refined ore	310919	357769	458200	717326	655343
橡胶或塑料机械零件	Machinery Parts for Processing Rubber and Plastics	27630	15886	34205	39453	40105
金属加工机床	Processing Machine Tools	41614	31150	52977	71174	58634
纸浆	Paper Pulp	97100	124778	155751	212641	185388
乙二醇	Glycol	20489	138281	236466	331738	288388
原木	Log	63847	49022	72740	76992	91151
计量检测分析自控仪器及器具	Automatic Instruments for Measurement Examination Analysis	44277	40282	51932	67300	63821
成品油	Processed Oil	69466	57855	148979	323136	427057

注：2008 年高新技术产品口径调整。High－tech products are adjusted since 2008.

11－8 利用外资协议合同(项目)和金额(1979－2012年)

Total Amount of Foreign Capital Utilized Through the Signed Agreements and Contracts(1979－2012)

年份 Year	协议合同(项目)(个) Projects(unit)			协议金额(万美元) Value(USD 10000)		
	合计 Total	对外借款 Foreign Loans	外商直接投资 Direct Foreign Investment	合计 Total	对外借款 Foreign Loans	外商直接投资 Direct Foreign Investment
1979				1120		
1980	4		4	620		138
1981	1	1		749	385	
1982	1		1	552		1
1983	2		2	440		94
1984	25	2	23	8506	4005	3955
1985	58	3	55	9154	4352	3650
1986	33	3	30	5224	2414	2307
1987	68	29	39	14291	7745	4525
1988	185	33	152	26815	14865	11326
1989	226	41	185	37107	23910	12212
1990	296	2	294	24792	11274	13313
1991	592	7	585	37480	5634	31728
1992	2343	5	2338	324084	32076	290922
1993	4497	10	4487	404330	29274	374562
1994	2537	9	2528	321573	27839	289317
1995	1861	25	1836	422153	92950	325031
1996	1243	35	1208	429083	107750	312866
1997	888	36	852	486522	294123	121008
1998	1013	48	965	225795	41999	183390
1999	1154	41	1113	302839	85528	214793
2000	1742	100	1642	306977	56029	250948
2001	2311	1	2310	717502	209462	501588
2002	3364		3364	720846	38453	678912
2003	4442		4442	1317478	108301	1205014
2004	3824		3824	1567591	106407	1456066
2005	3396		3396	1858137	209649	1612667
2006	3583		3583	2175249	192344	1910261
2007	2919		2919	2585485	271271	2040043
2008	1858		1858	2115422	290101	1781995
2009	1738		1738	1761290	142406	1601785
2010	1944		1944	2313902	260493	2004666
2011	1691		1691	2637868	579475	2058393
2012	1597		1597	2666132	558919	2107213

11－9 实际利用外资金额(1984－2012年)
Amount of Foreign Capital Actually Used(1984－2012)

单位:万美元(USD 10000)

年份 Year	合计 Total	对外借款 Foreign Loans	外商直接投资 Direct Foreign Investment	其他投资 Others
1984	4887	4005	252	630
1985	6452	4352	1634	466
1986	4891	2414	1853	624
1987	11360	7745	2337	1278
1988	18124	14419	2957	748
1989	26918	21503	5181	234
1990	16235	11305	4844	86
1991	17186	7947	9162	77
1992	40971	10496	29398	1077
1993	121991	18226	103271	494
1994	137073	22038	114449	586
1995	153965	27692	125775	498
1996	238313	77825	152021	8467
1997	306641	84905	150345	71391
1998	241656	109448	131802	406
1999	252499	97036	153262	2201
2000	248919	87022	161266	631
2001	451934	223301	221162	7471
2002	469547	148515	316002	5030
2003	757824	207160	544936	5728
2004	974631	298657	668128	7846
2005	1393826	582049	772271	39506
2006	1450582	486127	888935	75520
2007	1432049	119126	1036576	276347
2008	1244995	192632	1007294	45069
2009	1087685	74715	993974	18996
2010	1322584	172425	1100175	49984
2011	1539807	353257	1166601	19949
2012	1622327	287791	1306926	27610

11－10 利用外资情况
Utilization of Foreign Capital

项目	Item	利用外资协议(合同) Signed Contracts(Agreements) for Utilization of Foreign Capital 项目(个) Projects (unit) 2011	2012	2012年止累计 Accumu－lation up to 2012	金额(万美元) Value (USD 10000) 2011	2012	2012年止累计 Accumu－lation up to 2012	实际利用外资(万美元) Amount of Foreign Capita Actually Used (USD 10000) 2011	2012	2012年止累计 Accumu－lation up to 2012
总计	**Total**	**1691**	**1597**	**51436**	**2657113**	**2666132**	**25846353**	**1539807**	**1622327**	**15599159**
对外借款	**Foreign Loans**			**431**	**579475**	**558919**	**3809433**	**353257**	**287791**	**3754518**
外国政府贷款	Foreign Government Loans			66			174547	420	2211	67891
境外非金融机构贷款	Loans from Overseas Non－Financial Organizations			59	13100		241713	134904	159534	1027721
境外金融机构贷款	Loans from Overseas Financial Organizations			282	227091	137438	1046077	217933		714638
贸易信贷	Credit in Trade			24			221781		126046	1315806
其它	Others				339284	424181	2128015			628462
外商直接投资	**Direct Foreign Investment**	**1691**	**1597**	**51005**	**2058393**	**2107213**	**21404689**	**1166601**	**1306926**	**11172970**
合资企业	Joint Enterprises	455	429	27132	499330	346604	5618097	305898	338681	3645099
合作企业	Cooperative Enterprises	3	6	1208	9319	52983	510737	3651	19911	218271
独资企业	Foreign Enterprises	1229	1157	22599	1537095	1628683	15117564	846474	885998	7178290
股份制企业	Share－system Enterprises	4	5	66	12649	78943	158291	10578	62336	131310
外商其他投资	**Others**				**19245**		**632231**	**19949**	**27610**	**671671**
补偿贸易	Compensation Trade						12189			8724
加工装配	Processing and Assembling						8045	704	109	23449
对外发行股票	Stocks to Froeign Countries				19245		611652	19245	27501	639153
其它	Others						345			345

11－11 按行业分的外商直接投资
Foreign Direct Investment

指标	Item	项目(个) Number of Projects (unit)		合同外资 (万美元) Compact of Foreign Capital (USD 10000)		实际利用外资 (万美元) Foreign Investments Actually Used (USD 10000)	
		2011	2012	2011	2012	2011	2012
总计	**Total**	**1691**	**1597**	**2058393**	**2107213**	**1166601**	**1306926**
第一产业	Primary Industry	18	29	5265	11125	18021	8303
第二产业	Secondary Industry	785	658	1110404	1025012	608628	652212
#制造业	Manufacturing	772	640	1090435	977586	598206	640577
纺织业	Textile Industry	32	26	36957	32883	39168	25692
化学原料及化学制品制造业	Raw Chemical Materials and Chemical Production	33	21	74401	53695	39261	59400
医药制造业	Medical and Pharmaceutical Production	10	15	13921	26666	42125	12655
通用设备制造业	Ordinary Machinery	100	82	145620	112056	59060	68419
专用设备制造业	For Special Purpose Equipment Manufacturing	66	62	55478	54595	26923	35432
通信设备、计算机及其他电子设备制造业	Telecommunications Equipment,Computer and Other Electronic Equipment	90	64	146098	109568	48203	47781
#电力、燃气及水的生产和供应业	Production and Supply of Electricity,Gas and Water	6	6	7489	11854	7557	5847
#建筑业	Construction	7	11	11022	33701	445	3902
第三产业	Tertiary Industry	888	910	942724	1071076	539952	646411
#交通运输、仓储和邮政业	Transportation,Storage and Post	16	11	49032	59244	16064	64255
信息传输、计算机服务和软件业	Information Transmission,Computer Service and Software	81	94	102735	125269	31748	35207
批发和零售业	Wholesale & Retail Sale Trade	464	438	160356	198327	86541	124649
住宿和餐饮业	Accommodations and Catering	21	24	3090	17948	6125	13385
金融业	Banking	1	7	2757	10401	1911	5421
房地产业	Real Estate	39	36	344312	254732	289477	262629
租赁和商务服务业	Renting and Business Service	124	130	135482	143832	67721	76895
科学研究、技术服务和地质勘查业	Scientific Research,Technic Services and Geological Prospecting	120	154	126099	238553	35252	59173
水利、环境和公共设施管理业	Water Conservancy,Environment and Public Facilities Management	9	5	11943	6159	1435	1249
居民服务和其他服务业	Resident Services and Other Services	6	7	3908	5517	2158	2752
教育	Education	2		18	－10	31	7
卫生、社会保障和社会福利业	Health Care,Social Securities and Social Welfare		2		10700		0
文化、体育和娱乐业	Culture,Sports and Recreation	5	2	2992	404	1489	789

11－12 按国别(地区)分的外商直接投资
Foreign Direct Investment by Country(Region)

国别(地区)	Country(Region)	2012年末实有企业 Number of Enterprises at the End of 2012 个数 Number	外方注册资本(万美元) Foreign Registered Capital (USD 10000)	项目(个) Number of Projects (unit) 2011	2012	合同外资金额(万美元) Agreements of Foreign Capital (USD 10000) 2011	2012	实际利用外资(万美元) Foreign Capital Actually Used (USD 10000) 2011	2012
总计	**Total**	**22837**	**9713243**	**1691**	**1579**	**2058393**	**2107213**	**1166601**	**1306926**
#中国香港	Hong Kong,China	9776	5642555	788	700	1399096	1319778	746328	801667
中国台湾	Taiwan,China	1849	210985	115	120	42257	69792	14854	11181
日本	Japan	1471	438945	100	75	48948	59070	41856	45971
新加坡	Singapore	400	304391	40	26	82507	46137	40860	55656
韩国	Korea Rep	654	148170	41	51	18760	25695	15983	8913
英国	United Kingdom	341	119374	12	25	13324	18298	5715	3560
法国	France	244	78268	12	12	6052	72258	4638	1094
德国	Germany	342	65200	30	32	18488	12431	3534	6844
意大利	Italy	419	85519	31	23	20202	7675	11337	7557
美国	United States	1927	435427	132	153	61843	77720	28653	40429
加拿大	Canada	344	42808	22	31	5273	10579	1620	2758
澳大利亚	Australia	351	53402	23	25	19299	11101	3716	2875
维尔京群岛	Virgin Islands	1042	868389	58	56	88493	120770	87458	88532

注：年末实有企业指在工商行政管理部门登记注册的外商投资企业。
The number of Foreign－invested enterprises at year－end refer to the enterprises registered at Industry and Commerce Administrative Department.

11－13 对外经济合作情况(2006－2012年)
Economic Cooperation With Foreign Countries and Regions(2006－2012)

项目	Item	2006	2007	2008	2009	2010	2011	2012
新签对外承包工程和劳务合作合同额(万美元)	Amount of Newly Signed Contracts (USD 10000)	181163	174753	336265	247103	246106	295438	361220
对外承包工程和劳务合作营业额(万美元)	Business Income (USD 10000)	203847	208451	209313	239345	291076	302693	382974
对外承包工程和劳务合作在年底在外人数(人)	Population in Foreign Countries and Regions (person)	26978	24462	25054	23504	26261	17836	27149
境外投资企业数(个)	Number of Enterprises Investing Abroad (unit)	425	420	427	475	630	568	634
境外企业中方投资额(万美元)	Amount of Investing Abroad (USD 10000)	30044	60606	86088	123491	336008	344551	389236

11－14 国际旅游发展情况(1979－2012年) Development of International Tourism(1979－2012)

单位:人(person)

年份 Year	入境旅游者人数(人) International Tourists	#外国人 Foreigners	#港澳台同胞 Compatriots from Hong Kong, Macao and Taiwan, China	旅游创汇收入(万美元) Foreign Exchange Earnings (USD 10000)
1979	93094	49021	42901	
1980	138877	68583	68218	
1981	171710	102088	67005	
1982	180271	109309	67972	
1983	184287	114524	64618	1458
1984	213098	131977	73916	1900
1985	272870	178282	84621	2519
1986	293968	190695	90501	4175
1987	330062	206192	104005	4289
1988	392672	169782	182901	5624
1989	294062	84800	187607	3568
1990	496218	116429	342248	5440
1991	554091	176605	351881	7489
1992	685367	234282	403458	10210
1993	728408	289559	393251	11679
1994	612689	329529	261226	18055
1995	672717	366491	283353	23591
1996	729012	412970	293000	29184
1997	811468	453449	328430	34495
1998	819615	414273	364074	36122
1999	947788	506650	408454	41009
2000	1125898	643840	482058	51397
2001	1469502	818686	650816	70693
2002	2041761	1214635	827126	92763
2003	1817986	1069318	748668	87249
2004	2766680	1776392	990288	130047
2005	3480089	2329202	1150887	171623
2006	4268328	2813700	1454628	213270
2007	5111789	3436358	1675431	270821
2008	5396682	3661293	1735389	302408
2009	5706385	3776024	1930361	322358
2010	6847102	4474054	2373048	393020
2011	7736908	5150408	2586500	454173
2012	8659290	5705072	2954218	515174

注：1979－1999年旅游者人数中包括华侨。
Total Tourists number from 1979－1999 in this table included Overseas Chinese.

11－15 旅游事业发展情况(2006－2012 年) Development of Tourism(2006－2012)

项目	Item	2006	2007	2008	2009	2010	2011	2012
国内旅游	**Domestic Tourism**							
人数(万人次)	Number of Touris (10000 person－times)	16149	19100.0	20900	24410	29500	34295	39124
收入(亿元)	Earnings(100 million yuan)	1519.6	1820.0	2040	2424	3046	3785	4476
入境旅游	**International Tourism**							
人数合计(人次)	Total(person－time)	4268328	5111789	5396682	5706385	6847102	7736908	8659290
#外国人	Foreigners	2813700	3436358	3661293	3776024	4474054	5150408	5705072
港澳同胞	Compatriots from Hong Kong and Macao,China	695118	785905	820554	906547	1085362	1173601	1334035
台湾同胞	Compatriots from Taiwan, China	759510	889526	914835	1023814	1287686	1412899	1620183
创汇收入(万美元)	**Foreign Exchange Earnings(USD 10000)**	**213270**	**270821**	**302408**	**322358**	**393020**	**454173**	**515174**

11－16 接待入境旅游者人数(2006－2012年)
Number of International Tourists(2006－2012)

单位:人次(person－time)

国别(地区)	Country(Region)	2006	2007	2008	2009	2010	2011	2012
日本	Japan	529579	655671	661465	655722	708286	773145	717114
韩国	Korea Rep	508447	614454	661668	623905	714301	790920	838539
马来西亚	Malaysia	163041	175444	177103	197084	238386	259275	263866
美国	United States	214944	271406	272776	270430	338155	388266	419638
新加坡	Singapore	112612	129356	135770	128438	160493	167125	168995
泰国	Thailand	89080	100585	103423	100083	104606	113853	125147
德国	Germany	84217	100991	111433	117846	136780	161516	158434
意大利	Italy	74959	97688	96407	103074	124211	156184	194011
法国	France	66371	86619	94438	95883	120369	140761	123699
印度尼西亚	Indonesia	48610	58673	62860	62639	79815	83225	85869
澳大利亚	Australia	61168	75528	77793	73816	93118	102934	115200
英国	United Kingdom	57902	68323	81024	83805	107092	124179	135582
印度	India	45222	60830	61419	70565	85319	91729	110701
菲律宾	Philippines	30491	38019	42903	46148	51418	55099	61038
加拿大	Canada	56790	71301	78835	75366	102507	110807	121858
西班牙	Spain	55409	68525	69117	68112	76984	92656	121332
荷兰	Netherlands	31915	44003	49240	46033	53506	63018	19878
俄罗斯	Russia	40300	50790	61761	81844	93631	113778	62749
瑞典	Sweden	15032	21018	25380	25704	27929	28657	8052
瑞士	Switzerland	11483	18544	22486	23136	26721	26026	28171
新西兰	New Zealand	12675	15359	19165	21757	25126	32411	35208
中国香港	Hong Kong, China	608233	687738	700548	742035	855220	924711	1032449
中国澳门	Macao, China	86885	98167	120006	164512	230142	248990	301586
中国台湾	Taiwan, China	759510	889526	914835	1023814	1287686	1412899	1620183

浙/江/统/计/年/鉴

主要统计指标解释

■ 利用外资

指我国各级政府、部门、企业和其他经济组织通过对外借款、吸收外商直接投资以及用其他方式筹措的境外现汇、设备、技术等。

■ 对外借款

指通过对外正式签订借款协议,从境外筹措的资金,包括外国政府贷款、国际金融组织贷款、外国银行商业贷款、出口信贷以及对外发行债券等。1996 年及以前还包括对外发行股票。

■ 外商直接投资

是指外国企业和经济组织或个人(包括华侨、港澳台胞以及我国在境外注册的企业)按我国有关政策、法规,用现汇、实物、技术等在我国境内开办外商独资企业、与我国境内的企业或经济组织共同举办中外合资经营企业、合作经营企业或作合作开发资源的投资(包括外商投资收益的再投资)。

■ 外商其他投资

指除对外借款和外商直接投资以外的各种利用外资的形式。包括企业在境内外股票市场公开发行的以外币计价的股票(目前主要是在香港证券市场发行的 H 股和在境内证券市场发行的 B 股)发行价总额,国际租赁进口设备的应付款,补偿贸易中外商提供的进口设备、技术、物料的价款,加工装配贸易中外商提供的进口设备、物料的价款。

■ 对外劳承包工程及劳务合作

包括对外承包工程、对外劳务合作及对外设计咨询。其中对外承包工作指各对外承包公司以招标议标承包方式承揽的下列业务:(1)承包国外工程建设项目,(2)承包我国对外经援项目,(3)承包我国驻外机构的工程建设项目,(4)承包我国境内利用外资进行建设的工程项目,(5)与外国承包公司合营或联合承包工程项目时我国公司分包部分,(6)对外承包兼营的房屋开发业务。对外承包工程的营业额是以货币表现的本期内完成的对外承包工程的工作量,包括以前年度签订的合同和本年度新签订的合同在报告期内完成的工作量。对外劳务合作指以收取工资的形式向业主或承包商提供技术和劳动服务的活动。我国对外承包公司在境外开办的合营企业,中国公司同时又提供劳务的,其劳务部分也纳入劳务合作统计。劳务合作营业额按报告期内向雇主提交的结算数(包括工资、加班费和奖金等)统计。对外设计咨询指以服务成果向业主收费的技术服务项目。包括承担地形地貌测绘,地质资源勘探与普查,建设区域规划,提供设计文件、图纸、生产工艺技术资料和工程技术经济咨询,工程项目的可行性考察、研究和评估,进行技术指导和培训人员等;也包括承担国(境)内利用外资进行建设的工程项目的上述规定的设计咨询项目的收取外币部分。

■ 旅游人数

指来我国参观、访问、旅行、探亲、访友、休养、考察、参加会议和从事经济、科技、文化、教育、体育、宗教等活动的外国人、华侨、港澳和台湾同胞的人数。不包括外国在我国的常住机构,如领使馆、通讯社、企业办事处的工作人员;来我国常驻的外国专家、留学生以及在岸逗留不过夜人员。

■ 国际旅游(外汇)收入

指入境旅游的外国人、华侨、港澳台同胞在中国大陆旅游过程中发生的一切旅游支出。

ZHEJIANG STATISTICAL YEARBOOK

Explanatory Notes on Main Statistical Indicators

□ Utilization of Foreign Capital

refers to remittance, equipment and technology financed from abroad, by loans, foreign direct investment and other forms undertaken by the Chinese governments at all levels, by various departments, enterprises and other economic units.

□ Foreign Borrowings

refer to funds borrowed from abroad through formal signing of borrowing agreements with foreign institutions, including loans of foreign governments, loans of international financial institutions, commercial loans of foreign banks, export credit, and funds raised by Chinese bonds (and shares before 1996) issued abroad.

□ Foreign Direct Investment

refers to the investments inside China by foreign enterprises and economic organizations or individuals (including overseas Chinese, compatriots from Hong Kong and Macao, and Chinese enterprises registered abroad), following the relevant policies and laws of China, for the establishment of ventures exclusively with foreign own investment, si no - foreign joint ventures and cooperative enterprises or for co - operative exploration of resources with enterprises or economic organizations in China. It includes the re - investment of the foreign entrepreneurs with the profits gained from the investment.

□ Other Foreign Investment

refers to all forms of utilization of foreign capitals other than foreign borrowings and foreign direct investment. It includes the total value of stock shares in foreign currencies issued by enterprises at domestic or foreign stock exchanges (now mainly consisting of H shares issued at Hong Kong Security Market and B shares issued at domestic security markets), rent payable for the imported equipment through international leasing arrangement, cost of imported equipment, technology and materials provided by foreign counterparts in compensation trade and processing and assembly trade.

□ Overseas Contracted Project and Overseas Labour Services

It includes Overseas Contracted Project 、Overseas Labour Services and Overseas Design and Consultation Services. Overseas Contracted Project refers to projects undertaken by Chinese contractors (project contracting companies) through bidding process. They include: (1) overseas civil engineering construction projects financed by foreign investors; (2) overseas projects financed by the Chinese government through its foreign aid programs; (3) construction projects of Chinese diplomatic missions, trade offices and other institutions stationed abroad; (4) construction projects in China financed by foreign investment; (5) sub - contracted projects to be taken by Chinese contractors through a joint umbrella project with foreign contractor(s); (6) housing development projects. The business income from international contracted projects is the work volume of contracted projects completed during the reference period, expressed in monetary terms, including completed work on projects signed in previous years. Overseas Labour Services refer to the activities of providing technology and labour services to employers or contractors in the forms of receiving salaries and wages. Labour services providing by contractual joint ventures of Chinese international contracting corporations should be included in the statistics of service co - operation with foreign countries. The business income of labour service cooperation is the income in the form of wages and salaries, overtime pay, bonuses and other remuneration received from the employers during the reference period. Overseas Design and Consultation Services refer to projects with income for technical services provided to overseas operators. It includes geographic and topographic mapping, geological resource prospecting and survey, planning of construction areas, provision of design documents, blueprints, materials on production process and techniques, as well as engineering, technical and economic consultation, and feasibility study, research and evaluation of projects. Also included under this category are the above - mentioned services of foreign - financed projects in China that are paid in foreign currencies.

EXPLANATORY NOTES ON MAIN STATISTICAL INDICATORS

□ Number of Tourists

refers to the number of foreigners, overseas Chinese, and compatriots from Hong Kong, Macao and Taiwan coming to China for sightseeing, visits, tours, family reunions, vacations, study tours and other activities of an economic, scientific and technological, cultural, physical culture and religious nature. This does not include the number of employees of foreign organizations stationed in China such as embassies, consulates, news agencies, the offices of corporations and enterprises and foreign experts and students residing in China and the persons staying briefly in China but not for passing the night .

□ Foreign Exchange Earnings from International Tourism

refer to the total expenditures of the foreigners, overseas Chinese, compatriots from Hong Kong, Macao and Taiwan in the process of their tourism in the mainland of China.

2013

浙江统计年鉴

ZHEJIANG STATISTICAL YEARBOOK

CHAPTER 12

财政、金融和保险

Public Finance, Banking and Insurance

12－1 一般预算总收入和总支出(1978－2012年)
Total Financial Budgettary Revenue and Expenditure(1978－2012)

单位:亿元(100 million yuan)

年份 Year	总收入 Total Revenue	#地方 The local	总支出 Total Expenditure	#一般公共服务支出 Expenditure on Public Service	#教育支出 Expenditure on Education	#城乡社区事务支出 Expenditure Urban and Lural Community Affairs	#农林水事务支出 Expenditure on Agriculture, Forestry and Land Reclamation, and Water Conservancy Affairs
1978	27.45		17.43				
1979	25.87		17.74				
1980	31.13		17.34				
1981	34.34		17.12				
1982	36.64		18.88				
1983	41.79		21.94				
1984	46.67		28.80				
1985	58.25		37.40				
1986	68.61		50.96				
1987	76.36		51.24				
1988	85.55		63.14				
1989	98.21		74.77				
1990	101.59		80.23				
1991	108.94		88.43				
1992	118.36		95.31				
1993	166.64		125.04				
1994	209.39	94.63	153.03				
1995	248.50	116.82	180.29				
1996	291.75	139.63	213.71				
1997	340.52	157.33	240.16				
1998	401.80	198.10	286.81				
1999	477.40	245.47	344.04				
2000	658.42	342.77	431.30				
2001	917.76	418.00	597.30				
2002	1166.58	566.85	749.90				
2003	1468.89	706.56	896.77				
2004	1805.16	900.99	1062.94				
2005	2115.36	1066.60	1265.53				
2006	2567.66	1298.2	1471.86	272.88	310.77	127.37	114.03
2007	3239.89	1649.5	1806.79	328.91	383.89	154.63	142.15
2008	3730.06	1933.39	2208.58	372.46	453.99	193.95	177.42
2009	4122.04	2142.51	2653.35	397.69	519.33	224.61	236.08
2010	4895.41	2608.47	3207.88	434.29	606.54	272.30	290.37
2011	5925.00	3150.80	3842.59	471.55	751.42	338.43	373.32
2012	6408.49	3441.23	4161.88	503.61	877.86	307.82	408.20

12-2 地方一般预算收入和支出(2008-2012年)
The Local Financial Budgetary Revenue and Expenditure(2008-2012)

单位:亿元(100 million yuan)

项目	Item	2008	2009	2010	2011	2012
一般预算收入合计	**The Amout of Tax Revenue**	**1933.39**	**2142.51**	**2608.47**	**3150.80**	**3441.23**
税收收入小计	The Amount of Tax Revenue	1792.09	1983.81	2464.96	2952.01	3227.77
国内增值税(25%部分)	Value-added Taxe(25%)	348.92	368.55	398.82	461.75	507.57
营业税	Business Taxe	574.30	663.62	816.68	915.71	1063.49
企业所得税	Company Income Tax	303.10	295.06	374.13	497.56	536.97
个人所得税	Personal Income Tax	115.71	124.11	151.08	185.56	178.93
城市维护建设税	City Maintenance and Construction Tax	110.47	114.13	143.06	200.07	218.09
房产税	Tax on Real Estates	60.12	68.63	71.97	99.19	126.94
契税	Contract Tax	117.10	154.42	227.94	234.17	192.72
其它地方各税	Others	162.37	195.29	281.29	357.99	403.06
非税收入小计	The Amount of Non Tax Revenue	141.30	158.70	143.51	198.79	213.46
排污费收入	Fee on Sewage Treatment	10.71	9.42	9.33	9.54	8.45
教育费附加收入	Extra Charge for Education	52.19	54.97	69.02	95.44	103.70
行政事业性收费收入	Adiministrative Fees Income	33.10	41.94	44.59	40.80	33.60
罚没收入	Penalty and Confiscatory Income	71.01	78.97	70.60	82.76	83.32
其它收入	Others	22.69	20.46	23.41	35.69	38.51
国有企业计划亏损补贴	Subsidies for the Loss of State-owned Enterprises	-48.42	-47.06	-73.45	-65.43	-54.12
一般预算支出合计	**The Local Financial Budgetary Expenditure**	**2208.58**	**2653.35**	**3207.88**	**3842.59**	**4161.88**
一般公共服务	Public Service	372.46	397.69	434.29	471.55	503.61
公共安全	Public Safe	199.62	216.98	260.67	290.87	319.03
教育	Education	453.99	519.33	606.54	751.42	877.86
科学技术	Science and Technology	86.79	99.30	121.40	143.90	165.98
文化体育与传媒	Culture,Physical Culture and the Media	63.76	64.09	77.15	85.09	94.18
社会保障和就业	Social Security and Employment	141.52	153.08	206.39	291.82	345.44
医疗卫生	Medical and Health Sevice	142.87	177.05	224.53	278.98	305.91
环境保护	Environment Protect	46.52	55.42	82.07	78.11	77.70
城乡社区事务	Urban and Rural Community Affairs	193.95	224.61	272.30	338.43	307.82
农林水事务	Agriculture,Forestry and Land Reclamation and Water Conservancy Affairs	177.42	236.08	290.37	373.32	408.20
交通运输	Transportation	59.42	246.36	233.37	273.99	287.64
工业商业等事务	Industrial and Business Affairs	172.03	162.32	248.19	282.35	296.72
其他支出	Others	98.22	101.03	150.60	182.76	171.80

12-3 金融机构存贷款年末余额(1978-2012年)
Deposits and Loans of Financial Institutions(year-end,1978-2012)

单位:亿元(100 million yuan)

年份 Year	全部金融机构本外币存款余额 Deposits	全部金融机构人民币存款余额 RMB Deposits	城乡居民本外币储蓄存款年末余额 Savings Deposits	城乡居民人民币储蓄存款年末余额 RMB Savings Deposits	全部金融机构本外币贷款余额 Loans	全部金融机构人民币贷款余额 RMB Loans
1978		35.79		7.73		48.90
1979		44.92		11.79		54.91
1980		60.74		16.95		73.30
1981		74.26		21.47		85.85
1982		88.20		28.52		97.88
1983		108.14		37.34		109.42
1984		143.17		49.58		161.39
1985		185.66		67.73		210.81
1986		248.68		97.92		288.97
1987		306.44		129.12		365.87
1988		354.26		144.03		433.41
1989		441.13		214.98		505.48
1990		606.01		306.74		618.14
1991		789.64		402.09		749.93
1992		1036.72		514.44		972.09
1993		1316.53		664.64		1247.76
1994		1910.98		990.26		1627.87
1995		2623.60		1377.22		2103.65
1996		3400.19		1844.74		2584.09
1997		4297.07		2293.55		3273.73
1998		5264.21		2847.29		3897.12
1999		6273.15		3261.34		4650.50
2000		7299.57		3594.65		5423.52
2001		8823.12		4262.38		6482.22
2002	11899.34	11242.84	5700.77	5233.73	8791.38	8612.81
2003	15415.67	14758.15	6889.28	6452.21	12418.6	12014.28
2004	17855.05	17236.62	7741.65	7364.06	14982.54	14350.75
2005	21117.94	20494.16	9123.12	8746.02	17122.14	16557.67
2006	25005.92	24413.94	10801.7	10473.47	20757.83	20153.94
2007	29030.34	28504.46	11381.16	11160.73	24939.89	24144.42
2008	35481.20	34806.43	14804.54	14501.49	29649.22	28958.36
2009	45112.01	44336.49	18169.41	17833.44	39223.91	37997.98
2010	54482.29	53441.45	21093.62	20612.16	46938.54	45288.07
2011	60893.14	59727.91	23945.23	23470.25	53239.34	51276.64
2012	66679.08	64886.28	26902.40	26406.81	59509.12	56982.64

注:2008年起含外资金融机构。
Data of this table include foreign financial institutions since 2008.

12－4 金融机构人民币信贷收支表(资金来源)
Credit Funds Balance Sheet of Financial Institution(RMB, Sources of Funds)

单位:亿元(100 million yuan)

项目	Item	2011	2012	比年初 Compared with the Beginning of The Year
资金来源总计	**ALL Sources**	**70238.78**	**70161.91**	**－76.87**
各项存款	Deposits	59727.91	64886.28	5158.37
单位存款	Corporate Deposits	32890.75	34697.37	1806.62
个人存款	Individual Deposits	24013.70	26955.13	2941.43
财政性存款	Fiscal Deposits	1324.24	1404.57	80.33
临时性存款	Temporay Drposits	89.76	121.81	32.05
委托存款	Commission Deposits	114.63	158.66	44.03
其他存款	Other Deposits	1294.83	1548.74	253.91
金融债券	**Bonds**	**172.10**	**362.28**	**190.18**
中长期借款	**Medium－term and Long－term Borrowings**	**115.51**	**170.77**	**55.26**
应付及暂收款	**Accounts Payable and Temporary Collection of Money**	**1435.02**	**1607.93**	**172.91**
其中:应付利息	Interst Payable	551.65	744.13	192.48
同业往来	**Interbank Fund Transfer**	**414.05**	**510.48**	**96.43**
系统内资金往来	**Current of Bankroll in System**			
外汇买卖	**Foreign Exchange Trading**	**10548.78**	**5578.18**	**－4970.60**
其中:结售汇	Exchange Settlement	10369.37	5267.14	－5102.23
各项准备	**ALL Reserves**	**940.22**	**1253.37**	**313.15**
其中:贷款损失准备金	Loan Loss Reserve	926.99	1231.33	304.34
所有者权益	**Creditor's Equity**	**2661.07**	**2938.49**	**277.42**
其中:实收资本	Paid－in Capital	554.92	674.43	119.51
其他	**Others**	**－5775.87**	**－7145.86**	**－1369.99**

注：本表含外资金融机构。
Data of this table include foreign financial institutions.

12－5 金融机构人民币信贷收支表(资金运用,2006－2012 年)
Credit Funds Balance Sheet of Financial Institution(RMB,Use of Funds,2006－2012)

(年末余额)单位:亿元(year－end)(100 million yuan)

项目	Item	2006	2007	2008	2009	2010	2011	2012
资金运用合计	**All Uses**	**24975.06**	**28823.18**	**34872.15**	**44008.27**	**52283.57**	**70238.78**	**70161.91**
各项贷款	**Loans**	**20153.94**	**24144.42**	**28958.36**	**37997.98**	**45288.07**	**51276.64**	**56982.64**
短期贷款	Short－term Loans	11808.26	14600.36	17057.62	21382.81	25715.19	30818.25	34864.43
中长期贷款	Medium－term & Long－term Loans	7420.18	8886.43	10610.95	15100.77	18468.99	19354.38	20347.65
信托贷款	Trusted Loans							
融资租赁	Circulating Funds Tenancy	32.98	81.12	141.57	210.00	298.14	394.33	493.75
委托贷款	Commission Loans	94.86	75.36	78.83	113.46	170.58		
票据融资	Circulating Funds of Bills	794.60	495.97	1046.89	1152.61	607.25	639.96	1061.56
各项垫款	Paying in Advance	4.15	5.18	22.50	38.33	27.51	50.14	198.82
有价证券	**Securities**	**932.56**	**998.57**	**1074.64**	**1654.94**	**1908.49**	**1289.50**	**1579.31**
股权及其他投资	**Eqnity and other Investments**						**437.20**	**1153.55**
应收及预付款	**Collectable Account and Advance Payment**	**118.66**	**462.53**	**577.60**	**583.50**	**450.88**	**853.98**	**564.46**
同业往来	**Interbank Fund Transfer**	**19.33**	**26.76**	**47.25**	**38.27**	**74.61**	**133.51**	**351.51**
系统内资金往来	**Current of bankroll in system**		**2341.30**	**3475.39**			**4806.48**	**3012.22**
二级准备金	**Secondary Reserve Against Deposits**	**1761.32**						
行内资金往来	**Inside－bank Transaction**	**1327.70**			**2975.53**	**4245.72**		
证券业务占款	**Funding of Securities Purchase**							
委托投资	**Consigned Investments**							
金银占款	**Purchase of Gold & Silver**							
固定资产	**Fitness Assets**	**413.70**	**375.55**	**432.79**	**489.82**	**536.01**	**628.88**	**720.79**
外汇占款	**Purchase of Foreign Exchanges**	**28.05**	**33.32**	**57.10**	**－1.75**	**－561.45**	**10379.73**	**5330.31**
库存现金	**Storage Cash**	**203.78**	**252.89**	**247.02**	**269.97**	**335.91**	**429.07**	**463.79**

注：1. 2008 年起含外资金融机构。Data of this table include foreign financial institutions since 2008.
2. 2010 年起按照新的分类方式设置贷款指标。Loans were grouped by new item in 2010.
3. 2011 年前有价证券为有价证券及投资。Data of Securities include securities and investment before 2011.

12－6 保险公司分支机构情况(2012 年底)
Basic Statistics on Institution of Insurance Corporations(End of 2012)

单位:(个)(unit)

城市	City	人寿保险 Life Insurance					财产保险 Property Insurance				
		分公司 Companies at City Level	中心支公司 Centers	支公司 Business Branches	营业部 Business Division	营销服务部 Service Division of Business	分公司 Companies at City Level	中心支公司 Centers	支公司 Business Branches	营业部 Business Division	营销服务部 Service Division of Business
合　计	**Total**	**54**	**150**	**307**	**104**	**925**	**57**	**192**	**741**	**158**	**945**
杭州市	Hangzhou	40	3	45	22	151	33	10	120	40	167
宁波市	Ningbo	14	5	60	1	85	24	7	162	15	216
温州市	Wenzhou		17	27	15	100		23	79	17	126
嘉兴市	Jiaxing		20	24		104		25	67	3	63
绍兴市	Shaoxing		19	24	13	74		25	63	21	72
湖州市	Huzhou		17	21	12	65		18	31	15	49
金华市	Jinhua		18	32	13	115		28	76	15	79
台州市	Taizhou		19	29	15	86		24	68	16	73
衢州市	Quzhou		15	16	13	60		11	23	9	25
丽水市	Lishui		9	18		53		10	37	7	41
舟山市	Zhoushan		8	11		32		11	15		34

12－7 保险公司主要业务经济技术指标(2006－2012 年)
Economic Technical Indicators of Insurance Companies(2006－2012)

单位:亿元(100 million yuan)

项目	Item	2006	2007	2008	2009	2010	2011	2012
保费收入	**Premium**	**363.02**	**441.94**	**576.35**	**645.54**	**834.40**	**879.27**	**984.58**
财产险	Property Insurance	135.69	175.48	203.39	247.41	325.67	387.61	444.45
#机动车辆保险	Motor Vehicle Insurance	102.33	136.16	156.56	196.29	262.14	308.30	352.81
人身意外伤害险	Unforeseen Human Injury Insurance	12.85	14.57	14.75	16.74	20.34	23.88	27.13
健康险	Health Insurance	19.70	18.63	29.09	29.07	30.82	32.81	42.50
寿险	Life Insurance	194.77	233.27	329.13	352.31	457.57	434.97	470.50
各项赔款和给付	**Settled Claim and Payment**	**105.05**	**173.66**	**212.99**	**220.07**	**216.08**	**256.21**	**342.63**
财产险	Property Insurance	72.66	90.19	128.74	128.71	143.93	187.44	250.87
#机动车辆保险	Motor Vehicle Insurance	51.74	69.71	96.10	104.83	120.55	157.12	204.41
人身意外伤害险	Unforeseen Human Injury Insurance	3.68	4.49	3.76	3.67	4.03	4.55	5.09
健康险	Health Insurance	6.32	5.82	8.92	12.30	12.85	15.66	15.93
寿险	Life Insurance	22.39	73.16	71.58	75.39	55.26	48.56	70.74
退保金	**Insurance Withdrawn**	**38.95**	**48.88**	**73.78**	**76.17**	**71.66**	**68.06**	**88.79**
手续费及佣金支出	**Service Charges and Expenditure for Commission**	**28.93**	**37.22**	**50.94**	**57.51**	**61.87**	**61.70**	**67.42**

浙/江/统/计/年/鉴

主要统计指标解释

■ 财政收入

包括:(1) 各项税收　包括增值税、营业税、消费税、土地增值税、城市维护建设税、资源税、城市土地使用税、印花税、固定资产投资方向调节税、个人所得税、企业所得税、农牧业税和耕地占用税等。

(2)专项收入　包括征收排污费、征收城市水资源费收入、教育费附加收入等。

(3) 其他收入　包括基本建设贷款归还收入、国家能源交通重点建设基金收入、国家预算调节基金等。

(4) 国有企业计划亏损补贴　这项为负收入,冲减财政收入。

■ 财政支出

国家财政将筹集起来的资金进行分配使用,以满足经济建设和各项事业的需要,主要包括:

(1) 一般公共服务
(2) 公共安全
(3) 教育
(4) 科学技术
(5) 文化体育传媒
(6) 社会保障和就业
(7) 医疗卫生
(8) 环境保护
(9) 城乡社区事务
(10)农林水事务
(11)交通运输
(12)工业商业等事务

■ 信贷资金

指金融机构以信用方式积聚和分配的货币资金。金融机构信贷资金的来源有各项存款、金融债券发行、应付及暂收款、对国际金融机构负债、流通中货币、各项准备、所有者权益和其他项目等;信贷资金的运用有各项贷款、有价证券及投资、应收入预付款、委托投资、金银占款、外汇占款、库存现金、财政借款及在国际金融机构中的资产等。

■ 存款

指企业、机关、团体或居民根据资金必须收回的原则,把货币资金存入银行或其他信贷机构保管并取得一定利息的一种信用活动形式。根据存款对象或性质的不同可划分为企业存款、财政存款、机关团体存款、基本建设存款、储蓄存款、农村存款、委托存款、其他存款等科目。它是银行信贷资金的主要来源。

■ 贷款

指银行或其他信贷机构根据资金必须归还的原则,按一定利率,为企业、个人等提供资金的一种信用活动形式。我国银行贷款分为短期贷款、中期流动资金贷款、中长期贷款、信托贷款、融资租赁,委托贷款、票据融资、各项垫款等。

■ 保险公司

在中国境内的、经过保险监督管理部门批准设立,并依法登记注册的各类商业保险公司。

■ 保险金额

指保险人承担赔偿或者给付保险责任的最高限额。

■ 保费

指投保人为取得保险人在约定范围内所承担赔偿责任而支付给保险人的费用。

■ 赔款

指保险人根据保险合同的规定,向被保险人支付的赔偿保险责任损失的金额。

■ 给付

包括死伤医疗给付和满期给付。死伤医疗给付是指保险人根据人寿保险及长期健康保险合同的规定,因被保险人在保险期内发生保险责任范围内的保险事故支付给被保险人(或受益人)的金额。满期给付是指被保险人生存期满,保险人按人寿保险合同规定支付给被保险人的满期保险金额。

ZHEJIANG STATISTICAL YEARBOOK

Explanatory Notes on Main Statistical Indicators

□ Financial Revenue

It includes the following main items:

(1) Various tax revenues, including value added tax, business tax, consumption tax, land value added tax, tax on city maintenance and construction, resources tax, tax on use of urban land, stamp tax, tax on adjustment of the orientation of investment in fixed assets, personal income tax, enterprise income tax, tax on agriculture and animal husbandry and tax on occupancy of cultivated land, etc.

(2) Special revenues, including revenue collected from imposing fee on sewage treatment, revenue collected from imposing fee on urban water resources, and extra - charges for education, etc.

(3) Other revenues, including revenue from the repayment of capital construction loan, the funds for the state key construction projects in energy industry and transportation, and the funds for state budget adjustment, etc.

(4) Planned subsidies for the losses of the state - owned enterprises. This is an item of negative revenue, used to eat up part of the government revenue.

□ Financial Expenditure

refers to the distribution and use of the funds the government finance has raised, so as to meet the needs of economic construction and various causes. It includes the following main items:

(1) Public Service

(2) Pubic Safe

(3) Education

(4) Science and Technology

(5) Culture, Physical Culture and the Media

(6) Social Security and Employment

(7) Medical and Health Service

(8) Environment Protect

(9) Urban and Rural Community Affairs

(10) Agriculture, Forestry and Land Reclamation, and Water Conservancy Affairs

(11) Transportation

(12) Industrial and Business Affairs

□ Credit Funds

refer to the funds issued as loans by banking institutions. The sources of credit funds of the banking institutions included deposits, issue of financial bonds , account - pay - able and temporary gathering, liabilities to international financial institutions, currency in circulation, various reserves, owners' rights and interests and other items. The credit funds can be used in forms of loans, securities and investment, account receivable and advance payment, entrusted investment, gold, foreign exchange, cash on hand, government debt and assets in the international financial institutions.

□ Deposit

is a form of credit by which enterprises, institutions, organizations or households can put money into banks and other credit institutions for safekeeping and interest earning under the principle of free withdrawal. According to different depositors, deposits are divided into enterprise deposits, treasury deposits, deposits of government agencies and organizations, capital construction deposits, savings deposits, rural saving deposits, entrusted deposits and other deposits. Deposits are major sources of the credit funds of banks.

□ Loan

is a form of credit by which banks and other creditinstitutions provide funds at certain interest rate to enterprises and individuals in the light of the principle of unconditional repayment. Loans from Chinese banks include circulating capital loans, fixed assets loans, loans to urban and rural individuals engaged in industrial and commercial

EXPLANATORY NOTES ON MAIN STATISTICAL INDICATORS

business and agricultural loans.

□ Insurance Companies

refer to commercial insurance companies of various forms registered by law and established in China with the approval of insurance regulatory agencies.

□ Amount Insured

refers to the maximum that the insurant will get for the claim of the case insured.

□ Premium

is the fee paid by the insurant to the insurer to obtain the obligation of compensation from the insurance within the agreed terms.

□ Settled Claim

is the compensation paid by the insurer to the insurant in accordance with the insurance contract.

□ Payment

includes payment fordeath, injury or medical teatment and mature payment. Payment for death, injury or medical treatment refers to the money paid to the insurant (or the beneficiary) in accordance with the life or health insurance contract when the insurant encounters accidents within the insured period covered in the contract. Mature payment refers to the mature payment to the insurant in accordance with the life insurance contract at the end of the insured period.

2013

浙江统计年鉴

ZHEJIANG STATISTICAL YEARBOOK

CHAPTER 13

城市建设和环境保护

City Construction and Environment

13-1 城市公用事业(2006-2012年) Urban Public Utilities(2006-2012)

项目		Item		2006	2007	2008	2009	2010	2011	2012
自来水全年供水总量	**(万吨)**	**Annual Supply of Tap Water**	**(10000 tons)**	**265807**	**265542**	**267864**	**269809**	**270044**	**273591**	**281165**
#生活用水量		Water Consumption for Residential Use		117597	120314	124350	129393	122841	130583	134079
人均日生活用水量	(升)	Daily Average Water Consumption for Residential Use Per Capita	(Litres)	230.68	189.28	194.22	201.55	185.43	196.30	195.81
用水普及率	(%)	Percentage of Population with Access to Tap Water	(%)	99.40	99.58	99.70	99.81	99.79	99.84	99.88
公共车辆总数	**(辆)**	**Number of Public Transportation Vehicles**	**(unit)**	**17173**	**18712**	**21836**	**19889**	**21589**	**21927**	**25799**
每万人拥有公共车辆	(标台)	Number of Public Transportation Vehicles Owned 10000 Population	(set)	13.08	11.34	13.24	12.24	13.10	13.55	13.74
城市道路面积	**(万平方米)**	**Area of Paved Roads**	**(10000 sq.m)**	**24040**	**25534**	**26736**	**28244**	**30381**	**31998**	**33575**
人均拥有道路面积	(平方米)	Areas of Paved Roads Per Capita	(sq.m)	17.11	14.60	15.20	16.03	16.70	17.53	17.88
排水道长度	**(公里)**	**Length of Sewer Pipelines**	**(km)**	**21217**	**22064**	**23522**	**24456**	**26367**	**28103**	**29786**
液化石油气供气总量	**(万吨)**	**Total Supply of LPG**	**(10000 tons)**	**105.76**	**93.83**	**93.70**	**90.95**	**87.80**	**80.76**	**77.64**
液化石油气家庭用量	(万吨)	Consumption of LPG for Residential Use	(10000 tons)	56.07	68.46	59.22	57.75	55.10	55.02	51.82
用气普及率	(%)	Percentage of Population with Access to LPG	(%)	98.30	97.78	97.72	97.93	99.07	97.06	99.49
城市绿化覆盖面积	**(公顷)**	**Green Area of City**	**(hectare)**	**69732**	**75090**	**81007**	**85854**	**91111**	**119131**	**138877**
园林绿地面积	(公顷)	Green Areas in Gardens	(hectare)	57759	63303	69621	74362	79459	105200	122723
#公园绿地面积		Public Green Areas		13751	15379	16882	18969	20090	21480	23420
人均公园绿地	(平方米)	Public Green Areas Per Capita	(sq.m)	9.79	8.79	9.60	10.76	11.05	11.77	12.47
公园个数	(个)	Number of Parks	(unit)	711	764	842	893	914	954	1015
公园面积	(公顷)	Areas of Parks	(hectare)	10155	11378	12291	13727	12631	13511	14803
环境卫生		**Environmental Sanitation**								
污水处理率	(%)	Sewage Treatment Rate	(%)	61.50	70.08	75.10	78.88	82.74	85.09	87.50
生活垃圾清运量	(万吨)	Volume of Living Garbage Disposal	(10000 tons)	688	772	806.78	925.60	954.78	1018.08	1048.01

13－2 自然资源
Natural Resources

项目		Item		2009	2010	2011	2012
人口		**Population**					
年末人口总数	（万人）	Year－end Population	(10000 persons)	4716.18	4747.95	4781.31	4799.34
人口密度	（人/平方公里）	Density of Population	(person/sq. km)	463	466	470	471
土地		**Land**					
土地面积	（万平方公里）	Land Area	(10000 sq. km)	10.18	10.18	10.18	10.18
山区面积	（%）	Mountains Area	(%)	70.4	70.4	70.4	70.4
平原面积	（%）	Plains Area	(%)	23.2	23.2	23.2	23.2
河流湖泊面积	（%）	Rivers Area	(%)	6.4	6.4	6.4	6.4
气候（主要城市）		**Climate (Main Cities)**					
年平均降雨量	（毫米）	Total Precipitation	(millimeter)	1419.4	1835.2	1302.5	1959.5
年平均气温	（摄氏度）	Average Tempreature	(℃)	18.0	17.5	17.2	17.1
森林		**Forest**					
林地面积	（万公顷）	Area of Afforetated Land	(100 hectare)	660.74	660.74	660.74	660.74
森林覆盖率	（%）	Forest－coverage Rate	(%)	60.58	60.58	60.58	60.58
林木蓄积量	（万立方米）	Volume of Standing Forests	(10000 cu. m)	24225	24225	24225	24225
水资源		**Water Resources**					
水资源总量	（亿标立方米）	Hydropower Resources	(100 million cu. m)	931.35	1397.61	744.21	1444.79
总供水量	（亿标立方米）	Total Amount of Water Supply	(100 million cu. m)	217.07	220.08	222.24	222.31
用水量构成	（%）	Component of Water Use	(%)				
农田灌溉		Farmlands Irrigation		38.30	36.60	34.80	34.10
农牧渔畜		Agriculture, Animal Husbandry and Fishery		7.30	7.20	7.50	7.00
工业		Indrstry		25.50	27.10	27.80	27.30
居民生活		Residential Consumption		11.60	11.80	11.90	12.40
城镇公共用水		Urban Public Consumption		5.00	5.30	5.20	6.30
环境配水		Supplement for Environment		8.89	10.10	10.70	10.90
生态环境用水		Eco－Environmental Water Consumption		3.40	1.90	2.10	2.00
淡水已养殖面积	（千公顷）	Cultivated Freshwater Area	(100 hectare)	219.50	218.95	213.17	213.22
海水已养殖面积	（千公顷）	Cultivated Seawater Area	(100 hectare)	94.51	93.90	90.84	89.75
海岸线总长度	（公里）	Length of Mainland Coastline	(km)	6486	6486	6486	6486
矿产资源（保有储量）	**（万吨）**	**Mineral Resources (Ensured Reserves)**	**(10000 tons)**				
铁矿石		Iron Ore		3625	3551	9460	8604
煤		Coal		9433	9434	9000	9309
沸石（矿石）		Zeolite		12704	12704	12761	12754
叶蜡石（矿石）		Pyrophylite		3345	3965	4427	4892
普通莹石		Fluorite		1793	1783	2841	3129
明矾石		Alumstone		9781	9829	9817	16883
水泥用灰岩		Cement Limestone		263340	259411	316299	334000

13－3 各市水资源总量(2006－2012年)
Total Amount of Water Resource by City(2006－2012)

单位:亿立方米(100 million cu. m)

城市	City	2006	2007	2008	2009	2010	2011	2012
合 计	**Total**	**903.59**	**892.15**	**855.23**	**931.35**	**1397.61**	**744.21**	**1444.79**
杭州市	Hangzhou	109.82	104.13	154.38	141.50	190.40	136.70	221.26
宁波市	Ningbo	55.31	83.20	71.60	87.48	96.22	61.23	129.82
温州市	Wenzhou	173.97	179.92	111.70	140.86	196.47	88.76	183.94
嘉兴市	Jiaxing	13.45	17.86	27.31	26.48	30.04	15.01	36.87
湖州市	Huzhou	28.63	33.64	46.85	46.71	46.30	34.72	56.48
绍兴市	Shaoxing	42.18	58.94	56.55	65.78	75.90	58.58	102.23
金华市	Jinhua	75.99	72.31	79.14	80.48	152.22	80.19	144.34
衢州市	Quzhou	89.64	62.71	86.54	80.73	158.77	81.96	154.15
舟山市	Zhoushan	5.50	5.33	8.08	7.11	7.53	4.26	13.05
台州市	Taizhou	86.63	102.25	67.75	83.96	139.62	63.94	129.58
丽水市	Lishui	222.45	171.86	145.34	170.28	304.13	118.86	273.07

13－4 各市供水总量(2006－2012年)
Total Amount of Water Supply by City(2006－2012)

单位:亿立方米(100 million cu. m)

城市	City	2006	2007	2008	2009	2010	2011	2012
合 计	**Total**	**208.26**	**210.98**	**216.62**	**217.07**	**220.08**	**222.24**	**222.31**
杭州市	Hangzhou	48.73	49.36	56.70	54.29	54.95	56.99	56.45
宁波市	Ningbo	20.33	20.82	21.12	22.57	21.51	22.13	22.21
温州市	Wenzhou	17.28	18.08	19.00	20.90	21.17	20.41	22.66
嘉兴市	Jiaxing	23.57	22.98	20.05	20.04	19.87	19.61	18.99
湖州市	Huzhou	18.80	18.38	17.67	17.21	17.58	18.02	18.01
绍兴市	Shaoxing	20.25	21.90	21.34	22.08	22.53	21.94	21.55
金华市	Jinhua	19.19	19.02	19.63	19.90	19.44	18.91	18.96
衢州市	Quzhou	14.95	14.81	14.59	13.17	13.58	13.92	14.20
舟山市	Zhoushan	1.35	1.39	1.28	1.26	1.37	1.41	1.44
台州市	Taizhou	15.42	15.55	16.34	17.05	19.53	20.05	19.18
丽水市	Lishui	8.40	8.69	8.88	8.61	8.56	8.86	8.66

13－5 主要城市平均气温(2012年) Average Temperature in Major Cities(2012)

单位:0.1摄氏度(0.1℃)

城市名称	City	1月 Jan.	2月 Feb.	3月 Mar.	4月 Apr.	5月 May	6月 June	7月 July	8月 Aug.	9月 Sep.	10月 Oct.	11月 Nov.	12月 Dec.	年平均 Annual Average
杭　州	Hangzhou	29	55	101	182	220	250	305	286	240	192	140	62	172
宁　波	Ningbo	37	61	100	174	214	249	300	288	239	193	144	69	172
温　州	Wenzhou	63	84	116	177	214	254	290	287	251	209	167	101	184
嘉　兴	Jiaxing	26	50	93	168	212	245	297	283	237	188	137	57	166
湖　州	Huzhou	20	46	92	172	215	246	295	280	233	181	130	48	163
绍　兴	Shaoxing	31	56	104	184	223	255	310	290	243	195	144	64	175
金　华	Jinhua	34	69	114	188	224	255	308	290	245	199	148	73	179
衢　州	Quzhou	33	67	110	183	218	250	301	285	240	194	142	69	174
舟　山	Zhoushan	41	57	91	156	199	238	285	279	241	195	151	80	168
丽　水	Lishui	46	70	107	174	212	252	290	282	239	192	147	78	174
临　海	Linhai	47	85	123	192	225	261	302	289	246	203	156	83	184

注：本表由省气象局整理提供。表13－6至13－7同。
The data on this table are provided by Provincial Meteorological Bureau. Table from 13－6 to 13－7 are the same.

13－6 主要城市降水量(2012年) Precipitation in Major Cities(2012)

单位:0.1毫米(0.1 millimeters)

城市名称	City	1月 Jan.	2月 Feb.	3月 Mar.	4月 Apr.	5月 May	6月 June	7月 July	8月 Aug.	9月 Sep.	10月 Oct.	11月 Nov.	12月 Dec.	全年 Annual Total
杭　州	Hangzhou	1083	727	1338	774	1201	4223	914	2311	841	435	754	845	15446
宁　波	Ningbo	928	609	1292	772	1360	3547	1769	3260	1422	239	1219	731	17148
温　州	Wenzhou	809	874	1445	1327	1332	2630	1886	2240	2076	287	1422	897	17225
嘉　兴	Jiaxing	621	498	1010	691	995	2779	1037	2382	478	425	862	639	12417
湖　州	Huzhou	748	564	1005	700	1247	2189	990	2932	476	469	722	656	12698
绍　兴	Shaoxing	1036	912	1475	778	1185	3981	1184	2226	1190	507	783	838	16095
金　华	Jinhua	999	609	1695	1312	1434	3837	1215	2141	925	606	1319	1119	17211
衢　州	Quzhou	893	721	2134	1574	1487	5889	1053	1542	824	500	1279	1137	19033
舟　山	Zhoushan	615	620	1233	693	1372	3425	692	2709	810	419	1408	899	14895
丽　水	Lishui	705	438	1322	863	1278	2566	2525	4381	1518	302	1111	824	17833
临　海	Linhai	718	681	1659	1365	1152	3165	1298	1717	1397	349	1400	626	15527

13－7 主要城市日照时数(2012 年)
Sunshine Hours in Major Cities(2012)

单位:0.1 小时(0.1hours)

城市名称	City	1月 Jan.	2月 Feb.	3月 Mar.	4月 Apr.	5月 May	6月 June	7月 July	8月 Aug.	9月 Sep.	10月 Oct.	11月 Nov.	12月 Dec.	全年 Annual Total
杭　州	Hangzhou	664	813	1313	1660	1585	711	2129	1575	1206	1285	1116	1029	15086
宁　波	Ningbo	911	1000	1595	1808	1636	838	2653	1918	1575	1736	1233	1177	18080
温　州	Wenzhou	562	873	1149	1363	1124	981	2072	1795	1428	1469	888	781	14485
嘉　兴	Jiaxing	1101	1003	1588	1933	1850	1063	2302	1786	1799	1649	1274	1239	18587
湖　州	Huzhou	1112	968	1549	1911	1878	1094	2269	1716	1579	1674	1409	1296	18455
绍　兴	Shaoxing	940	963	1567	1949	1790	1175	2673	1979	1714	1612	1380	1154	18896
金　华	Jinhua	495	842	1266	1545	1512	1012	2609	1993	1562	1671	1214	1110	16831
衢　州	Quzhou	396	756	1246	1352	1328	841	2347	1743	1522	1540	1201	908	15180
舟　山	Zhoushan	890	1019	1589	1813	1615	814	2682	2054	1837	1794	1202	1131	18440
丽　水	Lishui	737	963	1524	1598	1455	815	2319	1815	1558	1841	1069	1140	16834
临　海	Linhai	314	966	1343	1525	1272	713	2369	1787	1492	1689	901	873	15244

13-8 环境保护机构和人员情况(2012 年)
Institutions and Personnel on Environmental Protection(2012)

项目	Item	合计 Total	环保局 Environ-ment Protection Bureau	监测站 Monitoring Station	环境监察 Environ-mental monitoring	科研所 Research Insti-tutions	其他 Others
机构数(个)	**Number of Institutions(unit)**	**606**	**111**	**87**	**89**	**11**	**308**
年末实有人数(人)	Number of Personnel(person)	7100	1470	2209	2047	222	1152
科技人员	Scientific and Technical Personnel	3350					
#高级职称	Senior Titles	813					
中级职称	Medium Titles	1364					

13-9 废水排放及处理利用情况(2006-2012 年)
Discharge and Useage of Industrial Waste Water(2006-2012)

单位:万吨(10000 tons)

项目	Item	2006	2007	2008	2009	2010	2011	2012
废水排放总量	**Waste Water Discharged**	**330694**	**338101**	**350377**	**365017**	**422618**	**420417**	**420960**
工业	Industry	199593	201211	200488	203441	184506	182425	175416
城镇生活及其他	For Living and Others	131101	136890	149889	161575	237740	237592	245049
集中式治理设施污水排放	Centralized Treatment Facilities					372	400	495
工业重复用水率(%)	**Rate of Water Utilized Repeatedly in Industry(%)**	**48.36**	**63.00**	**62.20**	**60.60**	**57.40**	**63.30**	**67.80**

13－10 工业废气排放及处理利用情况(2006－2012年)
Discharge and Useage of Industrial Waste Gas(2006－2012)

项目		Item		2006	2007	2008	2009	2010	2011	2012
工业废气排放总量	**(亿标立方米)**	**Total Volume of Industrial Waste Gas Discharged**	**(100 million cu.m)**	**14702**	**17467**	**17633**	**18860**	**24435**	**24940**	**23967**
燃料燃烧废气排放总量	(万吨)	Waste Gas in the Process of Fuel Burning	(10000 tons)	9216	11542	8881	11913	16472		
生产工艺废气排放量	(万吨)	Volume of Waste Gas from the Process of Production	(10000 tons)	5486	5925	6143	6947	7963		
二氧化硫排放量	**(万吨)**	**Volume of Industrial SO2 Discharged**	**(10000 tons)**	**82.90**	**77.59**	**71.59**	**67.70**	**66.50**	**64.70**	**61.10**
氮氧化物排放量	**(万吨)**	**Volume of Industrial Nitrogen Oxide Discharged**	**(10000 tons)**		**61.40**	**56.40**	**63.80**	**69.40**	**69.10**	**63.50**
烟(粉)尘排放总量	**(万吨)**	**Volume of Industrial Smoke (Powder) Dust Discharged**	**(10000 tons)**	**41.50**	**37.50**	**33.60**	**34.80**	**43.30**	**30.20**	**23.30**

13－11 工业固体废物排放及处理利用情况(2005－2012年)
Discharge and Treatment of Industrial Solid Wastes(2005－2012)

单位:万吨(10000 tons)

项目	Item	2005	2006	2007	2008	2009	2010	2011	2012
工业固体废物生产量	**Volume of Industrial Solid Wastes Produced**	**2514**	**3096**	**3613**	**3785**	**3910**	**4843**	**4529**	**4542**
工业固体废物排放量	Volume of Industrial Solid Wastes Discharged	5.64	5.18	1.44	1.67	0.78	2.54	0.34	0.40
工业固体废物综合利用量	Volume of Industrial Solid Wastes Utilized	2336	2855	3334	3498	3586	3983	4129	4111
工业固体废物贮存总量	Volume of Industrial Solid Wastes Accumulated	24.61	90.15	101.06	222.53	74.70	134.9	45.3	69.3
工业固体废物处置量	Volume of Industrial Solid Wastes Consumed	157.65	161.91	179.06	180.61	255.96	299	362	366
工业固体废物综合利用率(%)	Comprehensive utilization ratio of Industrial Solid Wastes(%)	92.56	91.77	92.23	92.19	91.55	82.07	91.07	90.45

浙/江/统/计/年/鉴

主要统计指标解释

■ 工业废水排放量

指经过企业厂区所有排放口排到企业外部的工业废水量。包括生产废水、外排的直接冷却水、超标排放的矿井地下水和与工业废水混排的厂区生活污水，不包括外排的间接冷却水（清污不分流的间按冷却水应计算在内）。

■ 工业废水排放达标量

指各项指标都达到国家或地方排放标准的外排工业废水量，包括未经处理外排达标的和经过处理后外排达标的两部分。国家排放标准见GB8978-88。

■ 工业废气排放量

指企业厂区内燃料燃烧和生产工艺过程中产生的各种排入空气的含有污染物的气体的总量，以标准状态（273K，101325Pa）计。

■ 工业固体废物产生量

指企业在生产过程中产生的固体状、半固体状和高浓度液体状废弃物的总量，包括危险废物、冶炼废渣、粉煤灰、炉渣、煤矸石、尾矿、放射性废物和其他废物等；不包括矿山开采的剥离废石和掘进废石（煤矸石和呈酸性或碱性的废石除外）。酸性或碱性废石是指采掘的废石其流经水、雨淋水的pH值小于4或pH值大于10.5者。

■ 工业固体废物综合利用量

指通过回收、加工、循环、交换等方式，从固体废物中提取或者使其转化为可以利用的资源、能源和其他原材料的固体废物量（包括当年利用往年的工业固体废物累计贮存量）。如用作农业肥料、生产建筑材料、筑路等。综合利用量由原产生固体废物的单位统计。

ZHEJIANG STATISTICAL YEARBOOK

Explanatory Notes on Main Statistical Indicators

□ Volume of Industrial Waste Water Discharged

refers to the volume of industrial waste water discharged, through all outlets, to the outside of industrial enterprises, including waste water produced, direct - cooling water, underground water from mines that does not meet the standard of discharge, and the domestic sewage mixed up with industrial waste water when discharged, but excluding discharged indirect - cooling water.

□ Volume of Waste Water up to the Standard for Discharge

refers to the volume of discharged industrial waste water that, with or without treatment, has come up to the national or local standards for discharge.

□ Volume of Waste Gas Emission

refers to waste gas emitted from burning of fuels and from production process in the area of the factory, and is measured by 10000 standard cubic metres each year under normal condition.

□ Volume of Industrial Solid Wastes Produced

refers to the total volume of solid, semi - solid or highconcentration liquid residue produced by industrial enterprises in their production process, including dangerous wastes, residues from melting, slag, powdered coal ash, gangue, chemical residues, tailings, radioactive residues and other residues, but excluding stripped or dug stones in mining (except gangue and acid or alkali stones which are stones washed or soaked by water with a pH value smaller than 4 or larger than 10.5.)

□ Volume of Industrial Solid Wastes Utilized in a Comprehensive Way

refers to the volume of solid wastes from which useful materials can be extracted or which can be changed to be utilizable resources, energy or other materials, including the volume of industrial solid wastes stored up in the previous years and utilized in the current year, such as the solid wastes utilized as fertilizers, building materials, for making roads or for other purpose. Statistical data on utilization of industrial solid wastes are collected by solid wastes producing units.

2013

浙江统计年鉴

ZHEJIANG STATISTICAL YEARBOOK

 CHAPTER 14

教育、科技、专利、测绘和标准计量

Education,Science,Patent,Surveying and Mapping and Standard Calculating

14－1 高等学校基本情况(1978－2012年) Basic Statistics on Institutions of Higher Education(1978－2012)

年份 Year	学校数(所) Number of Schools (unit)	招生数(人) New Students Enrollment (person)		在校学生数(人) Students Enrollment (person)		毕业生数(人) Graduates (person)		教职员工数(人) Number of School Staff and Workers (person)	#专任教师 Teachers
		本专科 Regular College Course and Specialized Subject	研究生 Graduates	本专科 Regular College Course and Specialized Subject	研究生 Graduates	本专科 Regular College Course and Specialized Subject	研究生 Graduates		
1978	20	14241		24223		3743		11961	5389
1979	20	9498		32227		1013		13889	6275
1980	22	9387		37815		3710		15619	6886
1981	22	9208		41020		5852		16365	6933
1982	22	10162		36088		14968		18181	7701
1983	24	12750		39008		10411		19274	8219
1984	27	15030		44883		9002		20431	8690
1985	35	19026		52688		11044		22497	9908
1986	37	17877		57352		13027		24723	10804
1987	37	18190		60072		15017		25620	11223
1988	37	19364		60419		18712		26472	11578
1989	37	18270		61045		17323		26772	11574
1990	37	18264		60327		18417		26787	11578
1991	36	18651		59822		18175		27004	11208
1992	35	21217		62226		18267		27821	11105
1993	36	27716		73586		15971		27898	11148
1994	37	30482		87428		17895		28212	11345
1995	37	28094		92857		22443		28194	11491
1996	36	30541		96480		27133		28107	11530
1997	35	33145		102302		26386		28123	11595
1998	32	36668	2155	113543	5991	24296		28327	11816
1999	36	59300	3216	151318	7460	30561	1578	30532	13140
2000	35	93516	4130	212375	9895	32477	1600	40037	18981
2001	38	120195	5577	293078	13237	37230	1882	44347	22168
2002	60	152470	6111	393145	16297	48431	2645	48481	25993
2003	64	173519	6863	484639	19269	78685	3514	48691	29945
2004	68	195617	8029	572759	22062	103123	4858	60833	35766
2005	67	215362	9577	651307	25637	133051	5558	58924	38402
2006	68	237157	10996	719869	27125	162531	8731	69730	42143
2007	77	249749	12326	777982	31409	183863	7387	73704	45622
2008	77	265696	13691	832224	35812	203203	8944	75986	47795
2009	78	261361	16184	866496	43381	218226	7941	77852	49516
2010	80	260111	16575	884867	47991	233741	11156	79785	50969
2011	104	271285	17565	907482	51846	238448	13046	81384	52296
2012	105	280824	18748	932292	54369	247537	15112	83843	54154

注：2011年起包含独立学院。
The data since 2011 include independent College.

14－2 中等职业学校基本情况(1978－2012 年)
Basic Statistics on Secondary Professional Schools(1978－2012)

年份 Year	学校数 (所) Number of Schools (unit)	招生数 (万人) New Students Enrolled (10000 persons)	在校学生数 (万人) Students Enrolled (10000 persons)	毕业生数 (万人) Graduates (10000 persons)	教职员工数 (万人) Staff and Workers (10000 persons)	#专任教师 Teachers
1978	73	1.29	2.79	0.14	0.54	0.24
1979	75	1.24	3.42	0.61	0.55	0.30
1980	81	1.13	3.10	1.44	0.67	0.33
1981	83	1.16	2.67	1.59	0.75	0.35
1982	92	1.19	2.77	1.08	0.85	0.39
1983	96	1.30	3.07	0.98	0.87	0.41
1984	104	1.64	3.66	1.16	0.96	0.44
1985	119	1.99	4.36	1.29	1.12	0.49
1986	130	2.14	5.22	1.27	1.25	0.58
1987	134	2.26	5.79	1.66	1.34	0.65
1988	136	2.31	6.31	1.81	1.40	0.70
1989	140	2.31	6.61	2.02	1.49	0.72
1990	141	2.23	6.67	2.12	1.50	0.73
1991	141	2.41	6.77	2.29	1.52	0.72
1992	142	2.72	7.20	2.27	1.54	0.72
1993	144	3.59	8.48	2.28	1.55	0.72
1994	155	4.92	10.87	2.32	1.58	0.74
1995	158	6.00	13.91	2.90	1.61	0.78
1996	161	7.30	17.72	3.44	1.63	0.80
1997	151	5.68	15.74	3.99	1.64	0.81
1998	150	5.65	16.70	4.58	1.60	0.79
1999	149	5.16	16.52	5.08	1.49	0.78
2000	86	3.54	14.80	5.08	0.97	0.53
2001	82	3.10	12.93	4.77	0.57	0.31
2002	62	4.22	12.25	4.67	0.59	0.34
2003	57	4.67	12.07	4.12	0.60	0.36
2004	53	4.33	12.81	3.22	0.57	0.37
2005	51	4.36	12.94	3.83	0.55	0.37
2006	49	3.39	11.36	4.10	0.50	0.37
2007	402	21.38	63.13	20.56	3.36	2.69
2008	392	21.09	59.36	20.84	3.32	2.69
2009	377	22.81	59.02	19.21	3.32	2.72
2010	358	22.62	60.64	17.29	3.35	2.77
2011	338	22.09	61.59	17.39	3.49	2.91
2012	319	18.89	58.40	19.06	3.58	3.04

注：2007 年起数据口径调整为职业高中和普通中等专业学校。
The data scope were adjusted since 2007, including the vocational high schools and the general secondary specialized schools.

14－3 普通高等教育分类情况(2012 年)
Institutions of Higher Education by Type(2012)

分类	Item	学校数(所) Number of Schools (unit)	本、专科学生(人) Regular College Course and Specialized Subject (person)			教职员工数(人) Number of Schools Staff and Workers (person)	
			毕业生数 Graduates	招生数 New Students Enrolled	在校学生数 Students Enrolled		#专任教师 Teachers
总计	**Total**	**105**	**247537**	**280824**	**932292**	**83843**	**54154**
普通本科	**Institutions of Higher Education**	**56**	**126222**	**153236**	**569188**	**60511**	**38666**
#民办本科	Private Institutions	25	52387	64008	236251	15714	11746
#独立学院	Indenpendency Institutions	22	41044	45131	172757	10896	8469
高等职业学院	**Higher Professional Institutions**	**49**	**121315**	**127588**	**363104**	**23332**	**15488**
#民办	Private Higher Professional Institutions	10	23595	22187	65221	3844	2573

注：独立学院是民办本科其中数。Independent College is among several private undergraduate.

14－4 各级成人教育基本情况
Adult Education by Level

类别	Item	学校数(所) Schools (Unit)			毕(结)业生数(万人) Graduates (10000 persons)			在校学生数(万人) Students Enrollment (10000 persons)		
		2010	2011	2012	2010	2011	2012	2010	2011	2012
成人高等学历教育	**Adult Higher Education**	**9**	**9**	**9**	**11.70**	**10.45**	**9.75**	**25.10**	**24.86**	**26.32**
广播电视大学	Radio and TV Universities	2	2	2	0.54	0.63	0.29	1.40	1.15	1.35
职工高等学校	Schools of Higher Education for Staff and Workers	4	4	4	0.31	0.31	0.26	0.55	0.52	0.46
教育学院	Pedagogical Colleges	3	3	3	0.13	0.14	0.16	0.46	0.59	0.73
普通高校	Institutions of Higher Education	75	75	75	10.72	9.37	9.04	22.68	22.60	23.78
成人中等学历教育	**Secondary Education for Adults**	**53**	**44**	**39**	**1.44**	**1.48**	**1.29**	**3.58**	**3.61**	**3.46**
成人中学	**Secondary Schools for Adults**	**374**	**393**	**343**	**10.96**	**2.96**	**13.37**	**11.65**	**4.30**	**14.31**
成人技术培训学校	**Technical Training Schools for Adults**	**4226**	**4753**	**4599**	**360.18**	**328.92**	**319.20**	**326.59**	**318.87**	**304.79**
成人初等学校	**Primary Schools for Adults**	**81**	**59**	**18**	**0.26**	**0.25**	**0.25**	**0.29**	**0.36**	**0.08**

14－5 技工学校基本情况(1980－2012 年)
Basic Statistics on Technical Schools(1980－2012)

年份 Year	学校数 (所) Number of Schools (unit)	在校学生数 (人) Students Enrolled (person)	毕业生数 (人) Graduates (person)	招生数 (人) New Students Enrolled (person)	教职员工数 (人) Number of School Staff and Workers (person)
1980	140	17093	5895	5139	2709
1981	139	12180	8718	4115	4462
1982	141	9386	5798	3813	3987
1983	142	8536	3935	4260	4266
1984	101	11152	2696	6110	4673
1985	94	14065	4138	6790	5146
1986	94	17122	3529	6717	5936
1987	92	19006	4663	6907	5960
1988	91	18243	6121	6125	5881
1989	94	17323	6377	6060	4464
1990	96	16365	5815	6176	5826
1991	94	18230	5083	7489	6131
1992	98	21663	5414	9480	6373
1993	99	31998	7523	14204	6541
1994	102	38658	10523	17603	6993
1995	104	15149	12140	20852	7273
1996	107	49246	15415	20438	7335
1997	107	56633	13709	24026	6758
1998	106	62052	17268	23916	6560
1999	99	63128	18081	22681	6197
2000	95	60968	21029	22630	7204
2001	97	59068	20410	23983	5914
2002	96	62572	17684	27123	5774
2003	87	70650	15933	33494	5616
2004	83	88652	19062	40536	6335
2005	79	97783	21954	39406	5441
2006	76	101968	25444	39318	7128
2007	72	95295	22940	35323	6348
2008	71	97072	23944	35621	6316
2009	68	103862	26374	37892	5785
2010	68	108791	26328	39120	6875
2011	68	113036	25681	39173	7660
2012	66	106085	26618	35537	8431

14－6 特殊教育情况(1980－2012年)
Basic Statistics on Special Education(1980－2012)

年份 Year	学校数 (所) Number of Schools (unit)	在校学生数 (人) Students Enrolled (person)	毕业生数 (人) Graduates (person)	招生数 (人) New Students Enrolled (person)	教职员工数 (人) Number of School Staff and Workers (person)	#专任教师 Teachers
1980	7	1293	73	203	174	116
1981	7	1347	109	204	177	117
1982	7	1407	118	224	186	136
1983	8	1478	129	271	225	162
1984	11	1668	81	340	258	186
1985	13	1784	150	380	311	231
1986	15	1979	125	412	334	242
1987	18	2303	128	553	410	294
1988	24	2621	201	641	507	370
1989	32	2985	135	594	600	435
1990	43	3443	222	832	729	555
1991	46	3963	142	784	847	639
1992	47	6907	346	918	963	735
1993	53	13202	548	4288	1081	824
1994	55	18038	1172	2774	1291	1003
1995	56	23690	1791	2831	1433	1130
1996	60	22691	1778	2261	1462	1169
1997	61	23919	2190	2306	1419	1154
1998	63	22812	3086	2486	1453	1172
1999	62	21840	3315	2437	1382	1120
2000	62	19749	3701	2445	1396	1139
2001	64	19358	2783	2593	1385	1068
2002	64	16484	2603	2158	1424	1122
2003	63	15357	2561	1947	1445	1133
2004	62	14195	2124	1663	1475	1194
2005	62	12889	1782	1465	1531	1233
2006	63	12160	1717	1535	1576	1281
2007	63	12993	1567	1612	1603	1326
2008	64	12924	1603	1864	1680	1413
2009	64	12268	1649	1751	1605	1351
2010	67	13010	1718	1904	1837	1586
2011	78	13048	1544	2174	2095	1794
2012	79	14425	1550	2741	2185	1915

14 – 7 普通中学基本情况(1978 – 2012 年)
Basic Statistics on Regular Secondary Schools(1978 – 2012)

年份 Year	学校数(所) Number of Schools (unit)	招生数(万人) New Students Enrolled (10000 persons)	在校学生数(万人) Students Enrolled (10000 persons)	毕业生数(万人) Graduates (10000 persons)	教职员工数(万人) Workers and Staff (10000 persons)	#专任教师 Teachers
1978	4097	83.92	214.65	83.59	12.29	9.94
1979	3680	72.29	181.12	80.45	11.04	9.04
1980	3391	64.67	170.04	49.05	11.45	8.53
1981	3243	61.03	155.75	50.75	10.88	8.07
1982	3115	59.93	151.08	44.01	10.34	7.89
1983	3161	61.28	154.91	39.43	10.44	7.90
1984	3199	61.95	166.13	39.50	10.56	7.87
1985	3235	63.29	177.46	41.84	10.94	8.24
1986	3296	65.09	184.04	47.49	11.14	8.41
1987	3346	62.41	182.95	50.19	11.26	8.56
1988	3389	54.34	169.74	52.04	11.53	8.83
1989	3384	58.19	163.34	52.09	11.76	8.95
1990	3353	64.78	169.62	49.92	11.59	8.98
1991	3381	66.01	180.75	46.02	11.87	9.24
1992	3283	66.14	188.38	49.55	12.17	9.53
1993	3259	63.08	185.02	55.67	12.36	9.73
1994	3315	72.82	194.02	56.88	12.72	10.12
1995	3255	80.67	210.54	58.84	13.37	10.77
1996	3240	75.03	223.64	57.41	14.15	11.55
1997	3186	71.92	222.74	68.10	14.74	12.19
1998	3128	76.23	217.67	75.49	15.11	12.52
1999	2995	85.72	228.15	69.91	15.78	13.14
2000	2940	92.51	249.55	66.83	16.52	13.93
2001	2900	89.34	263.00	71.57	17.70	14.73
2002	2781	92.10	270.30	81.36	18.25	15.33
2003	2695	90.99	270.07	88.09	18.78	15.83
2004	2609	84.72	266.14	86.48	19.17	16.29
2005	2524	86.45	261.08	89.71	19.49	16.69
2006	2459	91.93	262.32	88.60	19.82	17.01
2007	2404	90.14	266.55	82.99	20.05	17.34
2008	2377	90.40	269.80	83.40	20.36	17.76
2009	2353	85.47	262.27	87.73	20.56	18.02
2010	2314	83.30	255.15	85.97	20.82	18.29
2011	2314	80.03	244.50	85.30	21.05	18.26
2012	2306	78.85	236.88	81.15	21.15	18.34

14－8 小学基本情况(1978－2012年)
Basic Statistics on Primary Schools(1978－2012)

年份 Year	学校数 (万所) Number of Schools (unit)	招生数 (万人) New Students Enrolled (10000 persons)	在校学生数 (万人) Students Enrolled (10000 persons)	毕业生数 (万人) Graduates (10000 persons)	教职员工数 (万人) Workers and Staff (10000 persons)	#专任教师 Teachers	小学学龄儿童入学率 (%) Percentage of Schoolage Children Enrolled(%)
1978	4.45	104.85	501.43	81.56	18.07	17.35	97.60
1979	4.26	86.44	486.77	72.47	18.38	17.54	97.40
1980	4.17	83.58	482.42	71.07	18.45	17.26	97.00
1981	4.10	74.19	459.83	78.66	17.66	16.50	97.20
1982	3.94	70.63	430.59	81.06	17.09	15.94	97.00
1983	3.82	70.20	407.20	83.03	16.44	15.25	97.40
1984	3.75	70.10	395.46	76.47	16.08	14.82	97.80
1985	3.65	67.78	384.91	75.34	16.09	14.62	98.10
1986	3.56	69.38	378.09	72.15	15.84	14.42	98.30
1987	3.45	57.33	365.15	67.32	15.55	14.16	98.60
1988	3.36	63.19	366.04	58.54	15.78	14.39	98.90
1989	3.27	72.30	375.73	60.16	16.11	14.65	99.10
1990	3.18	64.60	372.43	65.81	14.88	13.46	99.30
1991	2.97	57.85	362.64	65.64	14.97	13.50	99.30
1992	2.73	57.90	355.21	63.74	15.10	13.63	99.40
1993	2.53	64.74	359.23	59.33	15.23	13.77	99.50
1994	2.37	72.71	366.15	66.20	15.46	13.98	99.70
1995	2.26	66.19	362.98	70.01	15.84	14.34	99.70
1996	2.14	63.84	363.80	63.90	16.30	14.85	99.80
1997	1.97	61.39	368.57	57.72	16.84	15.40	99.88
1998	1.69	56.19	365.23	59.59	17.17	15.69	99.92
1999	1.38	65.46	363.31	67.83	17.53	16.00	99.95
2000	1.18	61.58	353.76	71.58	17.57	16.04	99.93
2001	1.00	58.45	346.28	66.66	17.64	15.99	99.97
2002	0.90	57.78	343.75	64.48	17.65	16.01	99.99
2003	0.77	52.45	340.29	59.78	17.54	15.91	99.98
2004	0.67	51.42	344.31	53.24	17.61	16.01	99.99
2005	0.61	48.96	342.40	55.25	17.79	16.22	99.99
2006	0.55	52.99	339.43	62.04	17.98	16.38	99.99
2007	0.48	54.85	335.46	62.81	18.12	16.56	99.99
2008	0.44	55.78	332.28	62.48	18.28	16.78	99.99
2009	0.41	53.91	325.14	57.24	18.45	17.01	99.99
2010	0.40	60.21	333.33	54.13	18.61	17.19	99.99
2011	0.38	62.88	344.06	51.78	18.53	17.44	99.99
2012	0.37	60.72	346.73	53.83	19.03	17.95	99.99

14－9 幼儿园基本情况(1979－2012 年)
Basic Statistics on Kindergartens(1979－2012)

年份 Year	园数 (所) Number of Kindergartens (unit)	班数 (个) Number of Classes (unit)	在园幼儿数 (万人) Number of Children Enrolled (10000 persons)	教职员工数 (人) Staff and Workers (person)	#专任教师 Teachers
1979	3100	8908	28.34	13400	10095
1980	7067	14951	43.39	20601	17473
1981	5235	14605	41.97	20737	17473
1982	6409	14916	44.52	22209	18212
1983	6120	15440	47.19	23198	18839
1984	11511	20043	60.65	28735	24074
1985	12468	21902	65.41	30801	26180
1986	12375	24286	71.90	34210	29012
1987	13366	25980	81.25	37548	31680
1988	12590	26048	80.32	38205	32261
1989	12153	26277	74.85	38955	32703
1990	11824	26684	75.16	39859	33556
1991	11242	28308	85.72	41706	34425
1992	9860	29035	94.30	41052	34024
1993	9179	29396	97.63	43522	35887
1994	11705	31178	99.33	48006	39453
1995	11794	31530	99.43	49377	40220
1996	11915	32654	98.95	50389	40678
1997	12920	34637	100.21	54459	43503
1998	14068	37270	105.90	58867	46500
1999	14864	38637	108.38	61549	47902
2000	15073	41271	112.45	67773	51168
2001	12501	43167	115.13	72593	48195
2002	11920	44483	117.61	75000	49442
2003	11560	44651	117.96	83022	54056
2004	11367	46490	127.85	91772	58732
2005	11472	47153	132.22	98629	62679
2006	11437	48666	138.91	106202	67046
2007	10411	51048	147.78	115965	73164
2008	10212	53755	159.34	127635	79741
2009	10067	55922	167.06	139977	87271
2010	9863	60856	183.05	157174	95101
2011	9649	63850	187.14	168497	100019
2012	9573	65192	188.63	180518	107289

14－10 各级学校女学生和女教师数(2007－2012 年) Female Students and Teachers by Level of Schools(2007－2012)

类别	Category	2007	2008	2009	2010	2011	2012
女学生数 （万人）	Number of Female Students (10000 persons)	353.63	354.29	349.60	352.35	355.04	353.10
普通高等学校	Institutions of Higher Education	40.40	43.15	45.17	46.61	48.59	50.72
中等职业学校	Specialized Secondary Schools	32.62	30.42	30.10	30.63	30.99	29.08
普通中学	Regular Secondary Schools	126.55	128.52	125.26	122.31	117.42	114.13
小学	Primary Schools	154.06	152.21	149.07	152.80	158.04	159.17
女学生占学生总数（%）	Percentage of Female Students to Total Students (%)	47.36	47.34	47.45	47.77	47.69	47.80
普通高等学校	Institutions of Higher Education	51.93	51.85	52.13	52.67	53.55	54.40
中等职业学校	Specialized Secondary Schools	48.77	48.16	47.95	47.70	47.53	47.02
普通中学	Regular Secondary Schools	47.48	47.63	47.76	47.94	48.02	48.18
小学	Primary Schools	45.92	45.81	45.85	45.84	45.93	45.91
女教师数 （万人）	Number of Female Teachers (10000 persons)	23.08	23.83	24.45	25.07	25.59	26.40
普通高等学校	Institutions of Higher Education	1.97	2.08	2.17	2.26	2.32	2.42
中等职业学校	Specialized Secondary Schools	1.61	1.59	1.58	1.60	1.64	1.73
普通中学	Regular Secondary Schools	8.73	9.11	9.36	9.60	9.71	9.82
小学	Primary Schools	10.77	11.06	11.34	11.61	11.92	12.43
女教师占教师总数（%）	Percentage of Female Teachers to Total Teachers (%)	55.43	56.16	56.81	57.50	58.12	58.76
普通高等学校	Institutions of Higher Education	43.20	43.53	43.84	44.41	44.31	44.65
中等职业学校	Specialized Secondary Schools	50.63	51.16	51.63	52.41	53.04	53.53
普通中学	Regular Secondary Schools	50.35	51.27	51.94	52.51	53.18	53.53
小学	Primary Schools	65.04	65.86	66.67	67.55	68.38	69.24

14－11 每万人口中在校学生数和构成(1979－2012 年)
Students Enrollment Per 10 Thousand Population and Its Composition(1979－2012)

年份 Year	各级学校在校学生占全省人口(%) Students Enrollment as Percentage of Total Population(%)	平均每万人口中 Number of Students Per 10000 Population			大、中、小学生占学生总数 Students of Different Level as Percentage of Total Students(%)		
		大学生(人) University and College Students (person)	中学生(人) Secondary School Students (person)	小学生(人) Primary School Students (person)	大学生 University and College Students	中学生 Secondary School Students	小学生 Primary School Students
1979	17.79	8.50	486.60	1283.56	0.5	27.4	72.2
1980	17.27	9.88	456.50	1260.71	0.6	26.4	73.0
1981	16.11	10.60	412.65	1187.73	0.7	25.6	73.7
1982	15.01	9.20	394.84	1097.23	0.6	26.3	73.1
1983	14.43	9.84	405.18	1027.48	0.7	28.1	71.2
1984	14.38	11.24	436.36	990.36	0.8	30.3	68.9
1985	14.37	13.08	469.11	955.22	0.9	32.6	66.5
1986	14.29	14.09	486.19	928.95	1.0	34.0	65.0
1987	13.80	14.58	479.78	886.03	1.1	34.8	64.2
1988	13.36	14.49	443.83	877.83	1.1	33.2	65.7
1989	13.32	14.50	424.92	892.71	1.1	31.9	67.0
1990	13.33	14.25	439.14	879.43	1.1	32.9	66.0
1991	13.29	14.04	463.63	850.99	1.1	34.9	64.0
1992	13.25	14.52	481.58	828.79	1.1	36.3	62.6
1993	13.28	17.06	477.71	832.84	1.3	36.0	62.7
1994	13.72	20.14	508.46	843.42	1.5	37.0	61.5
1995	14.07	21.25	554.97	830.70	1.5	39.5	59.0
1996	14.37	21.93	588.29	826.80	1.5	41.0	57.5
1997	14.48	23.13	591.39	833.44	1.6	40.8	57.6
1998	14.34	25.52	587.47	821.32	1.8	41.0	57.2
1999	14.58	33.87	611.26	813.24	2.3	41.9	55.8
2000	14.86	47.19	554.41	785.92	3.2	43.9	52.9
2001	14.61	61.97	667.40	732.27	4.3	45.2	50.5
2002	14.94	82.31	691.96	719.69	5.5	46.3	48.2
2003	15.01	99.78	699.06	700.65	6.7	46.6	46.7
2004	15.11	116.29	695.51	699.08	7.7	46.0	46.3
2005	14.97	130.49	668.96	686.05	9.1	44.6	46.3
2006	14.86	141.93	674.74	669.25	9.6	45.4	45.0
2007	14.66	157.02	658.03	650.76	10.7	44.9	44.4
2008	14.54	166.53	650.11	637.48	11.5	44.7	43.8
2009	14.18	172.47	628.70	616.33	12.2	44.3	43.5
2010	13.83	171.28	599.78	612.00	12.4	43.4	44.3
2011	13.86	175.60	580.99	629.80	12.7	41.9	45.4
2012	13.72	180.15	558.49	633.06	13.1	40.7	46.2

注：从 2001 年起按常住人口计算。
The data in this table were calculated by resident population since 2001.

14－12 学校教师负担学生数（1979－2012 年）
Students－Teachers Ratio by Level of Schools（1979－2012）

年份 Year	高等学校 Institutions of Higher Education		中等学校 Secondary Schools		小学 Primary Schools	
	教师数（万人） Number of Teachers （10000 persons）	平均每个教师负担学生（人） Student－Teacher Ratio （person）	教师数（万人） Number of Teachers （10000 persons）	平均每个教师负担学生（人） Student－Teacher Ratio （person）	教师数（万人） Number of Teachers （10000 persons）	平均每个教师负担学生（人） Student－Teacherv Ratio （person）
1979	0.63	5.10	9.34	19.80	17.54	27.80
1980	0.69	5.50	8.95	19.50	17.26	28.00
1981	0.69	5.90	8.51	18.80	16.50	27.90
1982	0.77	4.70	8.35	18.60	15.94	27.00
1983	0.82	4.70	8.45	19.00	15.25	26.70
1984	0.87	5.20	8.54	20.40	14.82	26.70
1985	0.99	5.30	9.12	20.70	14.62	26.30
1986	1.08	5.30	9.45	20.90	14.42	26.20
1987	1.12	5.40	9.71	20.40	14.16	25.80
1988	1.16	5.20	10.12	18.30	14.39	25.40
1989	1.16	5.30	10.28	17.40	14.65	25.60
1990	1.16	5.20	10.36	18.00	13.46	27.70
1991	1.12	5.30	10.62	18.60	13.50	26.90
1992	1.11	5.60	10.97	18.80	13.63	26.10
1993	1.11	6.60	11.27	18.30	13.77	26.10
1994	1.13	7.70	11.75	18.80	13.98	26.20
1995	1.15	8.10	12.57	19.30	14.34	25.30
1996	1.15	8.40	13.43	19.30	14.85	24.50
1997	1.16	8.80	13.46	19.40	15.40	23.93
1998	1.18	9.60	14.66	17.80	15.69	23.28
1999	1.31	11.55	15.40	17.73	16.00	22.71
2000	1.90	11.17	14.83	18.24	16.04	22.05
2001	2.22	13.20	17.08	18.48	15.99	21.66
2002	2.60	15.12	18.01	18.35	16.01	21.47
2003	2.99	16.21	18.82	18.04	15.91	21.39
2004	3.58	16.00	19.57	17.50	16.01	21.51
2005	3.84	17.60	19.36	17.04	16.22	21.11
2006	4.21	17.10	20.26	16.40	16.38	20.70
2007	4.56	17.74	20.02	16.47	16.56	20.26
2008	4.78	18.16	20.82	16.28	16.78	19.80
2009	4.95	18.38	21.10	15.72	17.01	19.11
2010	5.10	18.30	21.61	15.12	17.19	19.39
2011	5.23	18.34	21.74	14.60	17.44	19.73
2012	5.42	18.22	21.97	13.92	17.95	19.32

注：2010 年起中等学校教师数包括了技工学校专任教师数。
Since 2010 the number of secondary school teachers in technical schools, including the number of full－time teachers.

14－13 科技活动经费投入情况(1990－2012年)
Basic Statistics on Scientific and Technoligical Activities Funds(1990－2012)

单位:亿元(100 million yuan)

年份 Year	科技活动经费 Scientific and Technoligical Activities Funds	研究与试验发展经费支出 Expenditure on R&D	按执行部门分 By Sector				按经费来源分 By Source			
			研究机构 Research and Development Institutions	高等院校 Colleges and Universities	工业企业 Enterprises	其他部门 Others	政府资金 Government Appropriation Funds	企业资金 Self－raised Funds by Enterprises	国外资金 Overseas Capital	其他资金 Other
1990	8.60	2.04	0.96	0.51	0.52	0.05				
1991	9.86	2.27	0.87	0.69	0.64	0.06				
1992	14.12	3.46	1.21	1.25	0.90	0.09				
1993	17.93	4.43	1.48	1.77	1.04	0.13				
1994	23.21	7.88	1.33	1.82	4.52	0.21				
1995	32.57	9.14	1.85	2.42	4.63	0.24				
1996	37.96	10.50	2.23	2.43	5.56	0.29				
1997	51.33	15.19	2.96	3.04	7.85	1.34				
1998	60.89	19.70	3.10	3.00	11.80	1.80				
1999	76.78	27.05	3.04	3.71	17.80	2.50				
2000	104.89	36.59	3.21	3.33	26.54	3.51	5.73	26.93	0.53	3.40
2001	124.29	44.74	3.32	5.09	32.04	4.29	6.59	32.73	0.64	4.78
2002	150.03	57.65	2.97	6.58	42.58	5.52	6.77	42.20	0.17	8.51
2003	185.20	77.76	4.35	7.88	59.62	5.91	9.46	57.70	0.32	10.28
2004	243.85	115.55	4.62	13.33	91.10	6.50	13.78	97.42	0.63	3.72
2005	321.42	163.29	11.58	13.90	130.41	7.40	24.12	134.74	0.55	3.88
2006	407.85	224.03	12.38	15.99	183.39	12.27	28.00	190.28	1.12	4.63
2007	516.78	286.32	13.63	18.18	235.55	18.96	30.94	246.39	2.50	6.49
2008	619.52	345.76	13.89	19.15	283.73	28.99	37.08	296.46	4.39	7.83
2009	717.08	398.84	12.85	23.91	330.10	31.98	36.63	354.22	2.48	5.51
2010	832.44	494.23	15.36	34.55	407.43	36.89	48.00	435.45	3.27	7.53
2011	1003.40	612.93	18.07	40.81	501.87	52.18	53.56	539.41	9.51	10.45
2012	1143.83	722.59	21.83	44.72	588.61	67.43	60.41	644.37	3.13	14.68

14－14 县级以上政府部门属研究与开发机构情况(1986－2012年)
Basic Statistics on Research and Development Organizations Attached to Goverment at County Level and Above(1986－2012)

年份 Year	机构数 (个) Institutions (unit)	从事科技活动人员数 (人) Specialized Technical Persons (person)	经费收入 (万元) Income (10000 yuan)	政府拨款 Government Appropriations	经费支出 (万元) Expenditures (10000 yuan)	#人员费用 Charge for Person
1986	153		14015	8877	12580	3067
1987	152		17721	10431	15234	3001
1988	156		18920	14073	27715	4065
1989	161		24889	11974	25070	4026
1990	163		33801	15801	29169	5123
1991	164		29623	9330	26494	5001
1992	165		40512	14410	37017	6156
1993	162		47139	14289	45206	9001
1994	161		53069	18251	48025	13993
1995	161		62021	11784	59248	15589
1996	161		72172	25110	63407	18189
1997	162		91503	31795	83434	20806
1998	164		126704	47919	107580	23018
1999	160		126740	50194	113565	28392
2000	146		120587	54365	108129	27263
2001	127		89248	51719	82109	26341
2002	110	5470	89540	54571	80771	28286
2003	104	5095	115029	65770	97981	38157
2004	92	4792	116542	80373	102949	34213
2005	99	5798	144821	109676	120907	31646
2006	99	6178	176610	128341	142664	38853
2007	100	6677	211682	155461	167207	44752
2008	98	7123	247818	177210	203732	51972
2009	97	7517	259300	188672	217138	57000
2010	95	7771	281040	205659	250360	60634
2011	94	8247	324294	223070	289858	71232
2012	97	8971	375690	270412	336575	80561

14－15 县级以上政府部门属研究与开发机构课题情况
Basic Statistics on Topics in Research and Development Organizations Attached to Government at County Level and Above

分类	Item	课题数(项) Topics (unit)			投入人员(人年) Persons (Person－year)			投入经费(万元) Funds (10000 yuan)		
		2010	2011	2012	2010	2011	2012	2010	2011	2012
总计	**Total**	**3278**	**3223**	**3743**	**4211**	**4401**	**5358**	**113576**	**123464**	**133137**
按活动类型分	**By Type**									
基础研究	Fundational Research	262	174	266	293	204	315	7488	4688	4518
应用研究	Applied Research	382	640	645	531	913	953	22176	30325	30817
试验发展	Experimental Development	1034	920	1127	1374	1261	1779	34960	39255	45818
R&D 成果应用	Applying of R&D Results	812	722	924	1039	977	1188	19201	20104	20064
科技服务	Technology Service	788	767	781	975	1046	1123	29751	29093	31920

14－16 县级以上政府部门属研究与机构科学论文与科技著作
Basic Statistics on Papers in Research and Development Organizations Attached to Government at County Level and Above

单位:篇(paper)

项目	Item	科学论文 Papers of Science			#国外发表 Publishing Abroad			科技著作 Works of Science and Technology		
		2010	2011	2012	2010	2011	2012	2010	2011	2012
合计	**Total**	**3508**	**3797**	**3908**	**489**	**588**	**676**	**100**	**153**	**130**
国务院部门属	Attaching to the Sate Council	850	1079	1066	291	354	363	34	34	30
省属	Attaching to Province	1978	2007	2413	175	206	295	51	101	88
市属	Attaching to City	680	711	429	23	28	18	15	18	12

14－17 县级以上政府部门属研究与开发机构情况(2012年)
Basic Statistics on Research and Development Organizations Attached to Government at County Level and Above(2012)

项目	Item	机构数（个）Institutions (unit)	从事科技活动人员数（人）Specialized Technical Persons (person)	经费收入（万元）Income (10000 yuan)	#政府拨款 Government Appropriations	经费支出（万元）Expenditures (10000 yuan)	#科技费用 Charge of Science
总计	**Total**	**97**	**7729**	**457239**	**300288**	**413200**	**336575**
按隶属关系分	**By Relationship of Subordination**						
中央	Central Enterprises	10	1825	136224	103473	118658	100543
地方	The Local	87	5904	321015	196815	294542	236032
按机构地域分	**By Region**						
杭州市	Hangzhou	39	4723	319086	200975	287058	229761
宁波市	Ningbo	10	1074	54499	44144	48666	47273
温州市	Wenzhou	15	908	41962	27697	38828	31292
嘉兴市	Jiaxing	2	197	13013	6367	11309	7479
湖州市	Huzhou	4	155	6700	5567	6162	4476
绍兴市	Shaoxing	2	63	1659	1546	1228	985
金华市	Jinhua	7	171	6826	4142	7271	5102
衢州市	Quzhou	5	40	1205	1026	1217	925
舟山市	Zhoushan	6	122	3120	2388	3074	2480
台州市	Taizhou	4	161	6219	3488	5293	4164
丽水市	Lishui	3	115	2950	2950	3093	2638

14 - 18 县级以上政府部门属研究与开发机构课题情况(1986 - 2012 年)
Basic Statistics on Research and Development Organizations Attached to Government at County Level and Above(1986 - 2012)

年份 Year	课题数 (项) Number of Topics (topic)	投入人员 (人年) Persons (person - year)	投入经费 (万元) Funds (10000 yuan)	人均经费 (元/人年) Funds per Capital (yuan/person - year)	课题平均经费 (元/项) Funds per Topic (yuan/topic)
1986	2568	6506	3590	5518	13980
1987	3272	6892	4467	6481	13652
1988	3066	7053	5180	7344	16895
1989	3134	7405	5644	7622	18009
1990	3120	6276	5551	8845	17792
1991	3457	5506	4720	8572	13653
1992	3452	5533	6772	12239	19618
1993	2941	4948	7418	14992	25223
1994	2540	4401	9262	21045	36465
1995	2453	4301	10058	23385	41003
1996	2315	4331	12792	29536	55257
1997	2440	4390	17798	40542	72943
1998	2534	5568	25194	45248	99424
1999	2558	5070	26927	53110	105266
2000	1989	4040	29664	73426	149140
2001	1790	2818	21663	76874	121022
2002	1746	2812	23329	89262	133614
2003	1700	2944	30816	104674	181271
2004	1540	2769	42463	153351	275734
2005	2121	3383	58242	172161	274597
2006	2834	3787	65945	174135	232392
2007	3539	4372	82918	189657	234298
2008	3151	4542	92146	202875	292434
2009	3132	4457	101017	226648	322532
2010	3278	4211	113576	269713	346480
2011	3223	4401	123464	280536	383072
2012	3743	5358	133137	248483	355697

14－19 高等学校科技活动情况(1986－2012年)
Basic Statistics on Scientific Technological Activities on Higher Education(1986－2012)

年份 Year	科技活动机构数(个) Institutions (unit)	科技活动人员(人) Persons Engaged in Scientific and Technological Activities (person)	经费拨入总额(万元) Funds (10000 yuan)	#政府拨款 Government Appropriations	经费支出总额(万元) Expenditures (10000 yuan)	#仪器设备费 Expenditurs for Instrument and Equipment
1986	31	16086	2760	2061	2191	943
1987	32	15363	2954	1836	2557	823
1988	45	19874	3167	1789	2757	639
1989	44	20166	4514	2039	3926	884
1990	45	20267	5320	2773	4068	881
1991	43	20251	6442	3234	5505	1101
1992	58	20597	11083	5250	9996	2128
1993	234	20940	26974	9129	26563	4917
1994	262	20933	25766	8965	24830	3449
1995	259	21098	28731	7522	24805	3067
1996	259	22111	32341	7404	29516	3417
1997	295	22247	38327	10791	34538	4497
1998	433	23092	45677	11598	45008	4592
1999	365	23869	58749	13654	51850	3035
2000	430	28555	81153	23554	74714	8225
2001	534	34716	108576	37059	90486	11448
2002	405	19659	150651	61506	112630	17339
2003	421	21763	178362	67396	136090	19425
2004	203	29031	209249	90951	178960	27796
2005	191	25077	271011	136055	203204	37122
2006	160	25436	314684	170843	257099	53033
2007	161	26496	350014	178132	261104	41679
2008	169	28594	398755	225555	297278	51504
2009	575	53160	449992	242782	391720	72279
2010	471	56822	596839	348846	539237	61563
2011	494	60216	660167	376049	635506	108295
2012	524	62209	718381	410322	686972	98605

14－20 高等学校自然科学领域研究与发展课题情况(1986－2012 年)
Basic Statistics on Topics of Natural Scientific Research and Development in Institutions of Higher Education(1986－2012)

年份 Year	课题数 (项) Number of Topics (topic)	投入人员 (人年) Persons (person－year)	投入经费 (万元) Funds (10000 yuan)	课题平均经费 (元/项) Funds per Topic (yuan/tipic)
1986	1684		2295	13569
1987	1849		2681	14500
1988	2163		2616	12094
1989	2285		3848	16840
1990	2925		4667	15956
1991	3400		5053	14862
1992	4083		7905	19361
1993	4263		12961	30403
1994	4398		17082	38840
1995	4264		16211	38018
1996	4415		17900	40544
1997	4713		23901	50713
1998	5173		24912	48158
1999	5412		25385	46905
2000	5268		29482	55964
2001	6375	3821	40110	62918
2002	8736	4295	37511	42938
2003	13385	6363	90175	67370
2004	16003	8354	154804	96734
2005	18789	8676	133346	70970
2006	19896	8844	126763	63713
2007	19945	8966	150157	75286
2008	21657	9687	192980	89107
2009	22235	9581	210106	94493
2010	22391	10073	346706	154842
2011	22193	9847	351999	158608
2012	23938	9745	342897	143244

14－21 高等学校自然科学领域研究与发展课题情况
Basic Statistics on Topics of Natural Scientific Research and Development in Institutions of Higher Education

项目	Item	课题数(项) Number of Topics (topic)		投入人员(人年) Persons (person)		投入经费(万元) Funds (10000 yuan)		课题平均经费(元) Funds per Topic (yuan)	
		2011	2012	2011	2012	2011	2012	2011	2012
总计	**Total**	**22193**	**23938**	**9847**	**9745**	**351999**	**342897**	**158608**	**143244**
按活动类型分	**By Type of Activities**								
基础研究	Fundational Research	7481	8775	2993	3405	87637	107290	117146	122268
应用研究	Applied Research	9533	11034	4399	4539	152717	156247	160198	141605
试验发展	Experimental Development	1785	1540	860	730	36988	24015	207216	155944
研究与试验发展成果应用	Applying in R&D Results	1541	1328	779	592	39559	26457	256710	199226
科技服务	Technology Service	1853	1261	816	479	35098	28887	189412	229083

14－22 高等学校自然科学领域研究与发展机构科技著作
Scientific and Technical Works of Research and Development Organizations in Institutions of Higher Education

项目	Item	出版科技专著(部) Science and Technology Workers Published (work)			发表学术论文(篇) Academic Papers Published (paper)			#国外及全国性学术刊物 Published in Foreign Academic Publications		
		2010	2011	2012	2010	2011	2012	2010	2011	2012
合计	**Total**	**99**	**68**	**104**	**31896**	**31273**	**32471**	**11522**	**11266**	**12454**
自然科学	Natural Sciences	12	7	15	7190	7792	8046	3168	3277	3817
工程与技术	Engineering and Technology	46	35	38	12679	13630	13282	4621	4943	5160
医学科学	Medical Sciences	37	24	44	9473	7592	8216	2622	2209	2476
农业科学	Agricultural Sciences	4	2	7	2554	2259	2927	1111	837	1001

14－23 规模以上工业企业科技活动情况(2007－2012 年)
Basic Statistics on Scientific and Technological Activities of Enterprises above Designated Size by Industrial Sector(2007－2012)

单位:亿元(100 million yuan)

项目	Item	2007	2008	2009	2010	2011	2012
有科技活动企业数 (个)	Number of Enterprises with Scientific and Technoligical Activities (unit)	10700	12897	13883	14537	11791	13830
企业有科技机构 (个)	Number of Research Intitutions (unit)	4881	5748	5694	6745	6781	7498
从业人员年平均人数 (万人)	Average Number of Employed Person (10000 persons)	457.95	811.26	797.13	602.72	714.96	712.64
科技活动人员 (万人)	Persons with Scientific and Technoligical Activities (10000 persons)	26.75	31.19	33.31	38.18	40.20	45.53
#高中级职称人员 (万人)	Persons with Senior or Middle Titles (10000 persons)	6.78	7.27	7.26	7.29	7.97	8.66
科技活动经费支出	Internal Expenditures on S&T Activities	419.81	492.35	545.09	675.50	774.76	903.71
#劳务费	Service Fees	103.12	132.06	141.65	181.53	202.90	243.14
原材料费	Material Costs	136.24	159.48	202.00	260.31	314.75	382.47
#新产品开发经费支出	Expenditure on New Product Developmet	353.00	408.06	418.31	526.16	601.47	714.53
委托外单位开发经费支出	Expenditure on Entrustment	27.51	33.98	32.89	36.48	39.56	43.50
研究与试验发展人员 (万人)	Persons Engaged in R&D (10000 persons)	13.29	16.03	18.49	22.39	24.82	29.75
研究与试验发展经费支出	Expenditure on R&D	231.19	274.13	330.10	407.43	479.91	588.61
新产品产值	Output of New Product	5406.2	6753.2	6801.6	8789.3	10749.6	11778.5
新产品销售收入	Sales income of New Product	5147.0	6408.2	6348.6	8352.5	10049.4	11284.0
#出口	Export	1548.60	1970.85	1612.00	2232.92	2535.51	2674.50
专利申请数 (项)	Number of Patent Application (item)	24148	33652	46420	48334	52207	68003
#发明专利 (项)	Patent of Invention (item)	4413	6107	8698	8879	9335	12844
拥有发明专利数 (项)	Owning Invention Patent (item)	7456	11098	11789	14178	18091	20553
技术改造经费支出	Expenditure for Technology Transform	344.36	389.16	329.36	285.37	257.27	246.09
技术引进经费支出	Expenditure for Acquisition of Foreign Technology	20.28	22.67	21.37	24.89	16.94	14.61
消化吸收经费支出	Expenditure for Assimilation of Technology	12.43	10.96	9.91	12.73	8.55	7.97
购买国内技术经费支出	Expenditure for Purchasing of Domestic Technology	12.22	16.67	16.08	14.84	13.33	12.16

注: 1. 2008 年起统计范围为全部规模以上工业企业,其余年份统计范围为全部大中型工业企业及有科技投入的规模以上小型工业企业。
The Data refer to industrial enterprises above designated size since 2008, others refer to Large－sized, medium－sized industrial enterprises, as well as small－sized industrial enterprises which expended on technological activities.
2. 2011 年规模以上工业为主营业务收入为 2000 万及以上工业企业。
Industrial enterprises above designated size are those with annual revenue from principal business over 20 million yuan in 2011.

14－24 大中型工业企业科技活动情况(2007－2012 年)
Basic Statistics on Science and Technology Activities of Large and Medium sized Industrial Enterprises(2007－2012)

单位:亿元(100 million yuan)

项目		Item		2007	2008	2009	2010	2011	2012
企业数	(个)	Number of Enterprises	(unit)	4295	4516	4328	4420	5040	5240
#有科技活动企业数	(个)	Number of Enterprises with Scientific and Technoligical Activities	(unit)	2468	2602	2613	3078	3137	3376
企业有科技机构	(个)	Number of Research Intitutions	(unit)	1861	2102	2247	2733	2583	2689
从业人员年平均人数	(万人)	Average Number of Employed Person	(10000 persons)	347.82	353.30	331.22	352.08	374.11	380.35
科技活动人员	(万人)	Persons Related with Scientific and Technoligical Activities	(10000 persons)	15.47	17.86	18.62	23.09	25.48	28.05
#高中级职称人员	(万人)	Persons with Senior or Middle Titles	(10000 persons)	4.01	4.31	4.19	4.54	4.92	5.03
科技活动经费内部支出		Internal Expenditures on S&T Activities		280.17	325.41	338.53	441.25	519.36	592.37
#劳务费		Service Fees		70.18	89.78	91.22	121.07	138.09	161.23
原材料费		Material Costs		90.31	105.49	124.75	173.00	215.36	257.90
#新产品开发经费支出		Expenditure on New Product Developmet		239.09	273.89	261.35	349.64	411.35	480.50
委托外单位开发经费支出		Expenditure on Entrustment		20.69	25.85	24.40	28.45	32.03	35.25
研究与试验发展人员	(万人)	Persons Engaged in R&D	(10000 persons)	8.16	9.84	10.78	13.82	15.67	18.58
研究与试验发展经费支出		Expenditure on R&D		161.76	192.52	215.85	272.34	321.24	389.73
新产品产值		Output of New Product		4190.21	4958.88	4826.22	6584.46	8046.62	9037.27
新产品销售收入		Sales income of New Porduct		4016.58	4767.36	4526.20	6282.62	7537.02	8697.36
#出口		Export		1265.22	1521.87	1182.57	1775.97	1967.37	2083.53
专利申请数	(项)	Number of Patent Application	(item)	13669	15897	19964	22859	25529	31218
#发明专利	(项)	Patent of Invention	(item)	2154	2643	3837	4241	5071	6513
拥有发明专利数	(项)	Owning Invention Patent	(item)	3661	4756	5189	6924	9693	11495
技术改造经费支出		Expenditure for Technology Transform		296.06	306.62	240.24	226.64	209.97	202.61
技术引进经费支出		Expenditure for Acquisition of Foreign Technology		15.76	16.16	16.14	21.33	14.55	12.97
消化吸收经费支出		Expenditure for Assimilation of Technology		9.71	7.35	7.12	10.59	7.29	6.78
购买国内技术经费支出		Expenditure for Purchasing of Domestic Technology		9.61	12.10	11.58	10.70	10.54	9.03

14－25 大中型工业企业科技活动情况(2012 年)
Basic Statistics on Scientific and Technological Activities in Large and Medium sized Industrial Enterprises(2012)

项目	Item	企业数(个) Number of Enterprises (unit)	有R&D的企业数(个) Number of Enterprises with R&D (unit)	企业办科技机构(个) Number of Institutions Found by Enterprises (unit)	企业办机构仪器设备原价(万元) Original Value of Machines (10000 yuan)	企业科技活动人员数(人) Persons with Scientific and Technical Activities (person)	R&D人员 Persons Engaged in R&D
总计	**Total**	**5240**	**2534**	**2689**	**2605427.7**	**280488**	**185788**
按企业规模分	**By Scale**						
大型企业	Large－sized Enterprises	592	415	610	1381418.9	125215	81423
中型企业	Medium－sized Enterprises	4648	2119	2079	1224008.8	155273	104365
按登记注册类型分	**By Status of Registration**						
国有	State－owned Enterprises	103	28	22	14821.3	3598	2088
集体	Collective Owned Enterprises	8	2	1	622.5	103	101
股份合作	Cooperative Enterprises	16	9	8	4168.2	433	361
国有联营	State Joint Ownership Enterprises	1		1	25.2	16	
国有与集体联营	Joint State－Collective Enterprises	1					
其他联营	Other Joint Ownership Enterprises						
国有独资公司	State Sole Funded Corporations	26	10	15	11860.0	1697	1023
其他有限责任公司	Other Limited Liability Corporations	784	433	458	426250.7	50480	36347
股份有限公司	Share－holding Corporations Ltd.	317	268	354	495982.0	52948	37243
私营独资	Private Funded Enterprises	84	31	34	13140.8	1829	1311
私营合伙	Private Partnership Corporations	18	7	8	2698.0	526	360
私营有限责任公司	Private Limited Liability Corporations	2126	942	985	509547.6	71455	44482
私营股份有限公司	Private Share－holding Corporations Ltd.	94	70	89	137927.3	11192	8257
与港澳台商合资经营	Joint－venture Enterprises with Hong Kong, Macao and Taiwan	509	229	237	381928.1	23804	14112
与港澳台商合作经营	Cooperative with Hong Kong, Macao and Taiwan	14	6	5	1087.7	309	197
港澳台商独资经营企业	Enterprises with Sole Fund From Hong Kong, Macao and Taiwan	323	131	120	238908.3	18144	10898
港澳台商投资股份有限公司	Share－holding Corporations Ltd. with Funds From Hong Kong, Macao and Taiwan	17	13	15	20630.3	3580	3173
中外合资经营	Joint－venture Enterprises	446	205	208	209058.1	24629	15397
中外合作经营	Cooperation Enterprises	7	4	3	408.2	102	61
外商独资	Foreign Sole Funded Corporations	317	126	107	105118.3	13636	8983
外商投资股份有限公司	Foreign Investment Share－holding Corportations Ltd.	19	12	13	29285.7	1291	935
按隶属关系分	**By Relationship**						
中央企业	Central Enterprises	41	19	15	14181.8	2564	1467
地方企业	Local Enterprises	5199	2515	2674	2591246	277924	184321

续表 Continued

项目	Item	科技活动经费内部支出 Internal Expenditures on S&T Activities	R&D 支出 Expenditure on R&D	#新产品开发经费支出 Expenditure on New Product Development	发明专利申请数（项）Number of Patent Applications (item)	有效发明专利数（项）Patent of Inventions Owned (item)
总计	**Total**	**5923737**	**3897266.7**	**4805000.7**	**6513**	**11495**
按企业规模分	**By Scale**					
大型企业	Large - sized Enterprises	2980700	1952307.2	2474810.8	2615	5472
中型企业	Medium - sized Enterprises	2943037	1944959.5	2330189.9	3898	6023
按登记注册类型分	**By Status of Registration**					
国有	State - owned Enterprises	81460.4	42800.3	61492.7	402	204
集体	Collective Owned Enterprises	1639.7	1622.1	1622.1		
股份合作	Cooperative Enterprises	7948	7229.4	7854.5	19	22
国有联营	State Joint Ownership Enterprises	137		136.5		
国有与集体联营	Joint State - Collective Enterprises					
其他联营	Other Joint Ownership Enterprises					
国有独资公司	State Sole Funded Corporations	37623.4	23629.6	28642.2	23	30
其他有限责任公司	Other Limited Liability Corporations	1085216	771793.5	864570.6	968	1613
股份有限公司	Share - holding Corporations Ltd.	1073068	782278.9	899804.6	1135	2218
私营独资	Private Funded Enterprises	22648	16253.1	17011.7	17	96
私营合伙	Private Partnership Corporations	6361	4429.4	4308.1	3	16
私营有限责任公司	Private Limited Liability Corporations	1341542	801045.2	1043062.9	1520	2140
私营股份有限公司	Private Share - holding Corporations Ltd.	318390	246616.7	273642.2	311	467
与港澳台商合资经营	Joint - venture Enterprises with Hong Kong, Macao and Taiwan	580217	307638.2	436198.3	448	838
与港澳台商合作经营	Cooperative with Hong Kong, Macao and Taiwan	5092	3961.1	4527.8		
港澳台商独资经营企业	Enterprises with Sole Fund From Hong Kong, Macao and Taiwan	405098	271624.8	351297.6	772	2379
港澳台商投资股份有限公司	Share - holding Corporations Ltd. with Funds From Hong Kong, Macao and Taiwan	104198	97044.9	101322.2	66	127
中外合资经营	Joint - venture Enterprises	541891	315700.1	450637.1	539	856
中外合作经营	Cooperation Enterprises	2417	924.8	2250.9	1	
外商独资	Foreign Sole Funded Corporations	270646	172975.3	222375.3	239	360
外商投资股份有限公司	Foreign Investment Share - holding Corportations Ltd.	22956	16756.1	20593.3	36	64
按隶属关系分	**By Relationship**					
中央企业	Central Enterprises	54153.9	28305.0	38765.0	384	222
地方企业	Local Enterprises	5869583	3868962	4766236	6129	11273

注：2012 年大中型工业企业统计口径有变化。Statistical LMEs have changed since 2012.

14－26 “星火”计划项目情况
Basic Statistics on “Sparkle” Programmes

项目	Item	验收项目数(项) Programmes (item)			新增经济效益(万元) Newly Added Economic Efficiency (10000 yuan)					
					新增产值 Newly Added Output Value			新增利税 Newly Added Profits and Taxes		
		2010	2011	2012	2010	2011	2012	2010	2011	2012
合计	**Total**	**241**	**412**	**476**	**807671**	**713636**	**568645**	**110900**	**73674**	**73786**
国家级	Country Level	66	91	120	609371	547494	399941	83880	50926	47066
省级	Province Level	35	40	16	56300	67200	29516	7500	9451	5664
市县级	City and County Level	140	281	340	142000	98942	139189	19520	13297	21056

14－27 “星火”计划项目情况(1986－2012年)
Basic Statistics on “Sparkle” Programmes(1986－2012)

单位:项(item)

年份 Year	国家级 Country Level		省级 Province Level		市县级 City and County Level	
	立项 Programmes	验收 Checked and Accepted	立项 Programmes	验收 Checked and Accepted	立项 Programmes	验收 Checked and Accepted
1986	29	7	70	188	203	44
1987	33	3	71	11	191	21
1988	38		66	2	185	2
1989	10		71	3	208	6
1990	28	8	79	44	298	102
1991	37	9	81	66	343	159
1992	37	26	89	65	413	161
1993	44	40	149	78	246	124
1994	43	14	152	34	302	100
1995	45	19	165	54	379	175
1996	58	17	119	38	509	165
1997	74	26	144	37	587	193
1998	82	35	144	35	636	200
1999	79	42	143	75	656	285
2000	80	54	171	83	540	261
2001	88	39	156	61	665	303
2002	100	35	84	45	785	535
2003	115	58	138	65	831	498
2004	118	65	116	51	493	330
2005	107	40	131	49	591	244
2006	147	55	132	36	495	339
2007	165	48	23	44	537	320
2008	177	59	13	33	491	177
2009	13	62	13	35	269	134
2010	210	66	13	35	404	140
2011	265	91	16	40	300	281
2012	236	120	16	16	375	340

注：1.从2007年起,我省“星火”计划项目管理口径发生变化。
1. The data of “Sparkle Plan” Programmes by province level are adjusted since 2007.
2. 2009年国家星火只安排了重点项目,没有设立一般项目。
2. The data of “Sparkle Plan” Programmes by country level includes key projects, except general projects in 2009.

14－28 科协系统科技活动情况
Basic Statistics on Scientific and Technological Activities

项目	Item	科协合计 Total Associations with Science and Technology System		省科协 Associations at province Level		市科协 Associations at City level		县级科协 Associations at County Level	
		2011	2012	2011	2012	2011	2012	2011	2012
机构数 (个)	**Institutions (unit)**	**102**	**104**	**1**	**1**	**11**	**11**	**90**	**92**
人员数 (人)	**Personnel (person)**	**1347**	**1476**	**239**	**200**	**361**	**367**	**747**	**909**
学术活动	**Academic Activities**								
学术会议	Academic Meetings								
次数 (次)	Number (time)	1510	575	9	31	505	258	996	286
参加人数 (人)	Participants (person)	234575	119771	1551	9621	144660	54926	88364	55224
继续教育	Continuing Education								
办培训班 (个)	Training Classes (class)	7369	1093	44	9	1038	213	6287	871
结业人数 (人次)	People Graduated (person－time)	552199	81223	3134	811	117386	11736	431679	68676
科普活动	Activities for Popular Science								
宣讲活动 (次)	Propaganda Activity (time)	7867	8420	80	93	1087	1581	6700	6746
受众 (人次)	Audience (time)	2786515	7030341	16800	3100000	1341882	461513	1427833	3468828
出版	**Publications**								
编著科技图书 (种)	Books Edited (kind)	36	129		3	12	28	24	98
年发行总量 (册)	Number of Annual Published (copy)	1671500	2103100		1000	370000	1622300	1301500	479800

注：2012 年开始科协统计口径有变化，后表同。
Data of this table is adjusted since 2012, following tables are the same.

14－29 科协系统省级学会情况(2006－2012 年)
Basic Statistics on Academy in Science Systems(2006－2012)

项目		Item		2006	2007	2008	2009	2010	2011	2012
机构数	**(个)**	**Institutions**	**(unit)**	**149**	**153**	**156**	**157**	**160**	**162**	**162**
会员数	**(人)**	**Personnel**	**(person)**	**158427**	**155008**	**156523**	**169856**	**171028**	**181803**	**200156**
学术活动		**Academic Activities**								
学术会议		Domestic Academic Meetings								
次数	(次)	Number	(time)	634	652	621	637	587	656	768
参加人数	(人)	Participants	(person)	76158	70349	82543	81493	79565	88064	95156
交流论文数	(篇)	Papers Presented	(paperr)	2115	33617	26074	23475	16959	21940	27289
科技培训		Training								
继续教育	(个)	Continuing Education	(unit)	460	440	435	335	363	388	234
结业人数	(人次)	Number of Students Graduated	(time)	45929	56007	46892	29666	46121	49922	28115
科普活动		Activities for Popular Science								
宣讲活动	(次)	Propaganda Activity	(time)	668	674	588	613	734	874	909
受众人数	(人次)	Audience Numbers	(person)	322887	208156	153174	235496	335215	374632	263943
青少年科技竞赛次数	(次)	Teenagers Participating in Science technology Competitions	(time)	41	50	20	25	31	32	58
咨询活动		Consultative Activities								
出版		**Publications**								
主办科技期刊	(种)	Journals by held	(kind)	46	42	46	48	47	45	50
年发行总数	(册)	Number of Copies Distributed	(cope)	1382500	1448900	817295	1518030	1614535	1137611	2212513
编著科技图书	(种)	Academic Newspaper	(kind)	36	32	36	20	5	11	44
年发行总量	(册)	Number of Copies Distributed	(cope)	91500	130800	121001	142500	53100	40400	150300

14－30 专利申请量和授权量(2006－2012 年)
Patent Applications Accepted and Approved(2006－2012)

项目	Item	2006	2007	2008	2009	2010	2011	2012
申请量合计(项)	**Number of Patent Applications Accepted(item)**	**52975**	**68933**	**89965**	**108563**	**120782**	**177081**	**249373**
发明	Inventions	8328	9532	12063	15655	18024	24745	33265
实用新型	Utility Models	15929	19270	25168	40436	50249	75875	108599
外观设计	Outward Designs	28718	40131	52734	52472	52509	76461	107509
授权量合计(项)	**Number of Patent Applications Approved(item)**	**30968**	**42069**	**52955**	**79945**	**114643**	**130190**	**188431**
发明	Inventions	1423	2213	3269	4818	6409	9135	11459
实用新型	Utility Models	10489	16108	20002	25295	47615	56030	84897
外观设计	Outward Designs	19056	23748	29684	49832	60616	65025	92075

14－31 测绘部门主要指标完成情况(2006－2012 年)
Major Indicators of Surveying and Mapping Department(2006－2012)

项目		Item		2006	2007	2008	2009	2010	2011	2012
测绘生产总投入	(亿元)	Gross Investment on Surveying and Mapping	(100 million yuan)	9.11	9.86	11.42	12.83	15.13	25.10	27.95
测绘生产总值	(万元)	Gross Output Value	(10000 yuan)	20106	22250	23348	30656	35920	34496	40576
年末测绘人数	(人)	Personnel	(person)	7741	7796	8682	9686	10295	10774	11742
1:1 万地形图测制与更新	(副/幅)	1:10000 Topographic Maps and Updated	(Suit)	822	913	743	1446	1819	1473	1657
1:5 千地形图测制与更新	(副/幅)	1:5000 Topographic Maps and Updated	(Suit)		410			124	338	162
提供各种比例尺地形图	(张)	Topographic Maps of All Kinds	(Piece)	33564	68443	86603	72404	53470	108450	87825

注：自 2011 年起测绘生产总值的计算口径进行了调整。Gross Output Value is adjusted since 2011.

14－32 标准计量、质量监督机构和人员数(2006－2012 年)
Institutions and Personnel Engaged in Standard Measuring and Quality Supervising (2006－2012)

项目		Item		2006	2007	2008	2009	2010	2011	2012
质量技术监督行政部门及其技术机构	(个)	Number of Institutions Engaged in Standard Measuring	(unit)	192	190	191	250	254	251	266
省级机构数	(个)	Institutions at Province Level	(unit)	15	15	15	15	15	15	15
市级机构数	(个)	Institutions at City Level	(unit)	51	51	52	51	52	52	57
县(市、区)级机构数	(个)	Institutions at County Level	(unit)	126	124	124	184	187	184	194
产品质量监督检验机构数	(个)	Number of Institutions Engaged in Quality Supervising	(unit)	987	1024	1116	1122	1195	1294	1360
省级院	(所)	Institutions at Province Level	(unit)	121	125	132	128	127	134	153
市级院	(所)	Institutions at City Level	(unit)	392	406	410	429	498	487	495
县级院	(所)	Institutions at County Level	(unit)	474	493	574	565	570	673	712
年末职工总数	(人)	Number of Staff and Workers year－end (person)	(person)	5133	5295	5747	5732	5915	6131	6018
专业技术人员	(人)	Specialized Technological Personnel	(person)	2433	2545	2777	2718	2679	2864	2648
业务管理人员	(人)	Professional Management Personnel	(person)	774	701	884	895	1002	1213	823
行政人员	(人)	Administrative Personnel	(person)	1544	1621	1761	1874	1945	1806	2315
工人	(人)	Workers	(person)	382	428	325	245	285	248	232
已建省级社会公用计量标准	(大类)	Social Public Measurement Standard Established at Province Level	(type)	10	10	10	15	10	10	10
已建市级社会公用计量标准	(大类)	Social Public Measurement Standard Established at City Level	(type)	10	10	10	58	10	10	10
已开展强制检定工作计量器具	(项)	Measurement Implement Tested Compulsively	(item)	43	42	41	41	41	41	41

续表 Continued

项目		Item		2006	2007	2008	2009	2010	2011	2012
强制检定计量器具实际检出数	（万台件）	Actual Quantity Checked by Measurement Implement Tested Compulsively	(10000 units)	96	140.77	216.07	586.35	588.46	616.24	1701.60
计量仪器检定	（万台件）	Quantity Checked by Measurement Implement	(10000 units)	135	150.20	217.09	613.65	614.50	711.91	1850.23
产品质量监督检验受检企业数	（个）	Number of Enterprises Passed Quality Check	(unit)	25612	25101	22844	28617	27948	26593	26412
本年度财政拨款	（万元）	Financial Allocations	(10000 yuan)	59348	85812	94233	102674	106977	147006	197577
#省级机构拨款		Province Level		11118	22704	19809	31298	26969	22356	27422
市级机构拨款		City Level		19605	25263	32541	30947	35952	60492	83156
县级机构拨款		County Level		28625	37845	41883	40429	44055	64157	86999
固定资产总值	（万元）	Total Value of Fixed Assets	(10000 yuan)	116160	138284	166794	193566	216826	248366	268170
省级固定资产	（万元）	Province Level	(10000 yuan)	18729	24988	29247	28597	35268	42789	42776
市级固定资产	（万元）	City Level	(10000 yuan)	43790	53829	64919	88730	94677	114243	125100
县级固定资产	（万元）	County Level	(10000 yuan)	53641	59466	72628	76239	86882	91334	100295
现有工作用房	（万平方米）	Floor Space of Working Houses	(10000 sq. m)	34.48	33.44	34.41	36.55	43.97	47.55	54.64
标准馆藏总量	（万件）	Volume of Standard Measurement Implement Collected	(10000 pieces)	20	25	35	41	65	54	55
国内标准		Domestic Standard		13.0	13.5	13.0	15.2	15.2	15.0	14.5
国外标准		Foreign Standard		7.0	11.5	22.0	25.8	50.5	39.0	40.5
打击假冒伪劣案件立案数	（个）	Cases of Imitions and Poor Guantity Production Registered	(case)	11000	10310	8778	6260	6252	5273	5301

14 - 33 按行业分的事业单位专业技术人员(2012 年)
Specialized Technical Personnel in Enterprises by Sector(2012)

单位:人(person)

项目	Item	总数 Total	高级岗位 Senior		中级岗位 Medium	
			四级及以上 The forth and above	五至七级 The fifth to seventh	八至九级 The eighth to ninth	十级 The tenth
总计	**Total**	**793098**	**11440**	**104210**	**155473**	**188025**
农、林、牧、渔业	Farming, Forestry, Animal Husbandry and Fishery	21533	161	1905	4348	5205
采矿业	Mining and Quarrying					
制造业	Manufacturing					
电力、热力、燃气及水生产和供应业	Electricity, Heat, Gas and Water Production and Supply					
建筑业	Construction	2050	21	425	435	404
批发和零售业	Wholesale and Retail Sale Trade					
交通运输、仓储和邮政业	Transport, Storage and Post	8114	53	1246	1367	1987
住宿和餐饮业	Hotels and Catering Services	194		3	34	43
信息传输、软件和信息技术服务业	Information Transmission, Software and Information Technology	1411	8	110	204	271
金融业	Finance	692		21	42	123
房地产业	Real Estate	1816	8	224	417	426
租赁和商务服务业	Leasing and Commercial Services	519	2	14	91	110
科学研究和技术服务业	Scientific Research and Technic Services	14671	567	3425	2726	3792
水利、环境和公共设施管理业	Water Conservancy, Environment and Public Facilities Management	15326	242	2216	3023	3346
居民服务、修理和其他服务业	Resident Services, Repair and Other Services	1388	3	96	263	298
教育	Education	456128	4782	68711	104502	122162
卫生和社会工作	Health Care and Social Work	212500	4922	20295	28800	37012
文化、体育和娱乐业	Culture, Sports and Recreation	25398	621	3195	4320	5962
公共管理、社会保障和社会组织	Public Management, Social Security and Social Organization	31358	50	2324	4901	6884

续表 Continued

单位:人(person)

项目	Item	按职务分 By Post			
		初级岗位 Junior			其他 Others
		十一级 The eleventh	十二级 The twelvth	十三级 The thirteenth	
总计	**Total**	**84117**	**162185**	**56852**	**30796**
农、林、牧、渔业	Farming, Forestry, Animal Husbandry and Fishery	3159	4652	1785	318
采矿业	Mining and Quarrying				
制造业	Manufacturing				
电力、热力、燃气及水生产和供应业	Electricity, Heat, Gas and Water Production and Supply				
建筑业	Construction	249	374	118	24
批发和零售业	Wholesale and Retail Sale Trade				
交通运输、仓储和邮政业	Transport, Storage and Post	747	1815	788	111
住宿和餐饮业	Hotels and Catering Services	24	41	48	1
信息传输、软件和信息技术服务业	Information Transmission, Software and Information Technology	165	448	179	26
金融业	Finance	39	45	54	368
房地产业	Real Estate	224	387	113	17
租赁和商务服务业	Leasing and Commercial Services	108	144	36	14
科学研究和技术服务业	Scientific Research and Technic Services	1134	2254	382	391
水利、环境和公共设施管理业	Water Conservancy, Environment and Public Facilities Management	1863	3265	1003	368
居民服务、修理和其他服务业	Resident Services, Repair and Other Services	196	382	121	29
教育	Education	46794	82328	14464	12385
卫生和社会工作	Health Care and Social Work	22447	51616	32544	14864
文化、体育和娱乐业	Culture, Sports and Recreation	2690	5900	2062	648
公共管理、社会保障和社会组织	Public Management, Social Security and Social Organization	4278	8534	3155	1232

14－34 按行业分的企业单位专业技术人员(2012 年) Specialized Technical Personnel in Enterprises by Sector(2012)

单位:人(person)

项目	Item	总数 Total	按职务分 By Post 高级职务 Senior	#正高级职务 Chief Senior	中级职务 Medium	初级职务 Junior	未聘任专业技术职务 Not Appointed
总计	**Total**	**120217**	**7417**	**199**	**31975**	**54541**	**26284**
农、林、牧、渔业	Farming, Forestry, Animal Husbandry and Fishery	1224	50		303	806	65
采矿业	Mining and Quarrying	1129	95		367	633	34
制造业	Manufacturing	21359	1495	37	6352	9760	3752
电力、热力、燃气及水生产和供应业	Electricity, Heat, Gas and Water Production and Supply	13156	931		3837	7022	1366
建筑业	Construction	11669	1007		3490	5306	1866
批发和零售业	Wholesale and Retail Sale Trade	15080	396	3	3004	6844	4836
交通运输、仓储和邮政业	Transportation, Storage and Post	20062	1387	1	5633	10375	2667
住宿和餐饮业	Hotels and Catering Services	2773	32		203	798	1740
信息传输、软件和信息技术服务业	Information Transmission, Software and Information Technology	720	19		101	238	362
金融业	Finance	10683	153	2	2497	3519	4514
房地产业	Real Estate	3196	327	4	1295	1190	384
租赁和商务服务业	Leasing and Commercial Services	2096	73	1	409	1367	247
科学研究和技术服务业	Scientific Research and Technic Services	2194	355	18	714	885	240
水利、环境和公共设施管理业	Water Conservancy, Environment and Public Facilities Management	4427	261	1	1371	2199	596
居民服务、修理和其他服务业	Resident Services, Repair and Other Services	3716	300		1045	1801	570
教育	Education	269	38	6	183	46	2
卫生和社会工作	Health Care and Social Work	294	19		139	115	21
文化、体育与娱乐业	Culture, Sports and Recreation	6170	479	126	1032	1637	3022
公共管理、社会保障和社会组织	Public Management, Social Security and Social Organization						

续表 Continued 单位:人(person)

项目	Item	按专业分 By Occupation					
		#工程技术人员 Engine－ering	#农业技术人员 Agricu－lature	#科学技术人员 Scientific Research	#卫生技术人员 Medical Profess－ionals	#教学人员 Teaching	#其他专技人员 Others
总计	**Total**	**55053**	**645**	**284**	**3351**	**813**	**60071**
农、林、牧、渔业	Farming, Forestry, Animal Husbandry and Fishery	316	231	15	19	4	639
采矿业	Mining and Quarrying	348			265		516
制造业	Manufacturing	12671	71	57	1010	269	7281
电力、热力、燃气及水生产和供应业	Electricity, Heat, Gas and Water Production and Supply	8309	3	1	23	14	4806
建筑业	Construction	9204			18	11	2436
批发和零售业	Wholesale and Retail Sale Trade	1943	151	7	896	10	12073
交通运输、仓储和邮政业	Transportation, Storage and Post	9285	91	1	100	253	10332
住宿和餐饮业	Hotels and Catering Services	184			4	2	2583
信息传输、软件和信息技术服务业	Information Transmission, Software and Information Technology	335	22	39			324
金融业	Finance	495			30	4	10154
房地产业	Real Estate	1757	5	3		9	1422
租赁和商务服务业	Leasing and Commercial Services	370	4		691	4	1027
科学研究和技术服务业	Scientific Research and Technic Services	1855	34	114	1	2	188
水利、环境和公共设施管理业	Water Conservancy, Environment and Public Facilities Management	2715	23	46	9	2	1632
居民服务、修理和其他服务业	Resident Services, Repair and Other Services	2648	3		5	4	1056
教育	Education	20			3	219	27
卫生和社会工作	Health Care and Social Work	6			273		15
文化、体育与娱乐业	Culture, Sports and Recreation	2592	7	1	4	6	3560
公共管理、社会保障和社会组织	Public Management, Social Security and Social Organization						

浙/江/统/计/年/鉴

主要统计指标解释

■ 普通高等学校

指按照国家规定的设置标准和审批程序批准举办，通过国家统一招生考试，招收高中毕业生为主要培养对象，实施高等教育的全日制大学、独立设置的学院和高等专科学校、短期职业大学。

■ 成人高等学校

指按照国家有关规定审批，招收通过全国成人高教统一招生考试的具有高中毕业或同等学历的在职从业人员利用脱产、半脱产、业余或函授等多种形式对其实施高等学历教育，培养高等教育专科或本科毕业水平的专门人才，修业年限、课程设置和总学时数均按高等学历教育要求付诸实施的学校。包括广播电视大学、职工高等学校、农民高等学校、管理干部学院、教育学院、独立设置的函授学院等。

■ 小学学龄儿童入学率

指调查范围内已入小学学习的学龄儿童占校内外学龄儿童总数（包括弱智儿童在内，但不包括盲聋哑儿童）的比重。计算公式

$$\text{小学学龄儿童入学率}=\frac{\text{已入学的小学学龄儿童数}}{\text{校内外小学学龄儿童总数}}\times 100\%$$

■ 独立研究与开发机构

指有明确的任务和研究方向，有一定学术水平的业务骨干和一定数量的研究人员，具有研究、开发、开展学术工作的基本条件，主要进行科学研究与技术开发活动，并且在行政上有独立的组织形式，财务上独立核算盈亏，有权与其他单位签订合同，在银行有单独户头的单位。包括国务院各部门、中国科学院、中国社会科学院和各省、自治区、直辖市以及地（市）以上（含地，市）各部门所属的国有独立的科学研究与技术开发机构。

■ 科学家和工程师

指具有大学本科及以上学历的和不具备上述学历但有高、中级职称的人员。

ZHEJIANG STATISTICAL YEARBOOK

Explanatory Notes on Main Statistical Indicators

□ Regular Institutions of Higher Education

refer to educational establishments set up according to the government evaluation and approval procedures, enrolling graduates from senior secondary schools and providing higher education courses and training for senior professionals. They include full-time universities, colleges, high professional schools and short-term professional universities.

□ Institutions of Higher Education for Adults

refer to educational establishments, set up in line with relevant rules approved by the government, enrolling staff and workers with senior secondary school or equivalent education, and providing higher education courses in many forms of full-time, part-time, spare-time, or correspondence for adults. Professionals thus trained receive a qualification equivalent to graduates studying regular courses at regular universities, colleges and professional colleges. Institutions of higher learning for adults include Radio and TV universities, schools of high education for staff and workers and peasants, colleges for management cadres, pedagogical colleges, independent correspondence colleges.

□ Enrollment Rate of Primary School-age Children

refers to the proportion of school-age children enrolled at schools to the total number of school-age children both in and outside schools (including retarded children, but excluding blind, deaf and mute children). The formula is:

$$\text{Enrollment Rate of Primary School-age Children} = \frac{\text{Total Primary School-age Children at Schools}}{\text{Total Primary School-age Children Both at and Outside Schools}} \times 100\%$$

□ Independent Research and Development Institutions

refer to the state-owned insitutions which have direct mission and research purpose, a certain number of core member with higher research level and a certain number of research personnel, favorable conditions for R&D and engaging in scientific rese arch and technological development. The institutions also have their own indepen dent organization and finance, authority to sign contracts with other units, with their own accounts in banks. Independent research and development institutions include the institutions attached to central government agencies, Chinese Acade my of Sciences. Chinese Academy of Social Sciences and the institutions attached to local governments.

□ Scientists and Engineers

refer to persons who have completed university or higher education or obtained titles of senior and middle-level professional positions.

2013

浙江统计年鉴

ZHEJIANG STATISTICAL YEARBOOK

 CHAPTER 15

文化、体育和卫生

Culture, Sports and Public Health

15－1 文化部门文化、艺术、文物机构数(1978－2012 年)
Number of Institutions for Culture, Arts and Heritage (1978－2012)

单位:个(unit)

年份 Year	电影放映单位 Film Projection Units	艺术表演团体 Art Performance Troupes	文化馆、站 Cultural Centers, Stations	#文化馆 Cultural Centers	公共图书馆 Public Libraries	博物馆 Museums
1978	4375	128	1125	76	63	19
1979	4320	161	1332	79	69	17
1980	4218	170	1659	79	69	19
1981	4126	147	1753	79	70	20
1982	4095	135	2124	82	73	20
1983	4625	131	2954	86	73	20
1984	5242	133	3607	91	74	21
1985	5592	126	3598	93	76	21
1986	5375	122	3617	95	78	35
1987	5089	112	3619	93	80	40
1988	4896	98	3501	87	80	45
1989	4673	90	3547	87	80	47
1990	4580	90	3554	85	80	51
1991	4436	91	3695	85	80	55
1992	4050	89	2065	84	80	55
1993	3600	89	2033	84	81	58
1994	3327	87	2010	84	82	58
1995	3029	83	1974	83	81	59
1996	2817	85	2114	83	81	61
1997	2766	86	2014	83	81	63
1998	2723	82	2016	83	82	68
1999	2381	82	1956	84	83	69
2000	2129	79	1932	84	83	65
2001	1868	80	1640	86	83	69
2002	1984	80	1676	86	83	70
2003	83	77	1650	87	83	70
2004	1758	71	1634	87	84	73
2005	1505	68	1592	87	90	73
2006	1829	68	1593	87	92	72
2007	1626	71	1582	87	93	75
2008		71	1593	87	94	81
2009	100	72	1613	88	96	90
2010	136	70	1612	89	97	90
2011	160	77	1449	104	97	89
2012	196	65	1447	102	97	103

注：1. 2003 年电影放映单位为发行机构数,2009 年起为电影院线数。
The film projection units in 2003 refer to publishing institutions, as it refer to the data of movie theater line number since 2009.
2. 2011 年“群艺馆”更名为“文化馆”,2011 年之前“文化馆”单位数未包括“群艺馆”。
“Art House” was renamed “Museum” in 2011, before 2011 the number of “Museum” did not include the number of “Mass Art”.

15－2 文化部门文化及相关产业机构和人员数(2012 年)
Number of Cultural Institutions and Persons(2012)

单位:个、人(unit,person)

类别	Category	文化部门 Cultural Department		按登记注册类型分 By Registration			
				国有单位 State－owned Units		集体单位 Collective－owned Units	
		机构数 Institutions	人数 Persons	机构数 Institutions	人数 Persons	机构数 Institutions	人数 Persons
总计	**Total**	**2147**	**24776**	**2105**	**23342**	**4**	**57**
艺术业	Art Institutions	128	5128	116	4675	2	54
图书馆	Libraries	97	3096	97	3096		
群众文化服务	Mass Cultural Services	1447	6459	1447	6459		
艺术教育业	Art and Education	5	791	5	791		
文化市场经营机构	Cultural Market Operators	1	5	1	5		
文艺科研	Cultural,Art and Science Research	7	145	6	56		
文物业	Cultural Relic	208	4500	205	4492		
其他文化及相关产业	Other Cultural and Related Institutions	254	4652	228	3768	2	3

15－3 电影放映情况(2006－2012 年)
Considions of Film Projection(2006－2012)

项目	Item	2006	2007	2008	2009	2010	2011	2012
放映单位 (个)	**Projection Units (unit)**	**1829**	**1626**		**100**	**136**	**160**	**196**
放映场次 (万场)	Number of Projection (10000 shows)	27	33	38	43	69	108	151
观众人数 (万人次)	Number of Audiences (10000 person－times)	600	871	915	1299	2021	2624	3440
放映收入 (万元)	Projection Income (10000 yuan)	14000	21000	27300	42144	71450	97533	137500

注：2009 年为电影院线数。The data of film projection units refers to the data of move theater line number since 2009.

15－4 文化馆(站)业务活动和经费情况
Basic Statistics on Activities and Expenditures of Cultural Centers

项目	Item	总计 Total			文化馆 Cultural Centers			文化站 Cultural Stations		
		2010	2011	2012	2010	2011	2012	2010	2011	2012
单位数 (个)	**Number of Units (unit)**	**1612**	**1449**	**1447**	**89**	**104**	**102**	**1511**	**1345**	**1345**
举办展览 (个)	Number of Exhibitions (unit)	7380	6510	7053	774	1042	1211	6430	5468	5842
组织文艺活动 (次)	Entertainment Activities (Times)	36619	35368	40738	9116	9257	8455	25893	26111	32283
举办训练班班次 (次)	Number of Training Classes (Times)	18539	19969	25300	4225	6821	9447	13478	13148	15853
培训人次 (千人次)	Persons Training Courses (1000 person－times)	1034	1204	1498	147	304	460	841	900	1038
由本馆(站)指导单位	**Units Responsible for Guilding Centers(Stations)**									
群众业余文艺团队 (个)	Part time Art Groups (Number)	33903	27155	30441	6297	2532	2731	27260	24623	27710
总支出 (万元)	**Total Expenditures (10000 yuan)**	**101392**	**121547**	**149577**	**25693**	**41633**	**50314**	**61466**	**79913**	**99263**
#事业支出 (万元)	Operating Expenditures (10000 yuan)	93167	66443	73871	25331	27378	34111	56978	39065	39760

注：1.2011 年“群艺馆”更名为“文化馆”,2011 年之前“文化馆”数据未包括“群艺馆”。
“Art House” was renamed “Museum” in 2011, before 2011 the number of “Museum” did not include the number of “Art House”.
2.2011 年之后事业支出为基本支出,不包含项目支出。
Basic expenditure after business expenses, excluding project expenditures since 2011.

15－5 博物馆、文物保护管理单位基本情况
Basic Statistics on Museums and Cultural Relic Protiction & Management Agencies

项目	Item	博物馆 Museums			文物保护管理单位 Protection & Management Agencies		
		2010	2011	2012	2010	2011	2012
单位数 （个）	**Number of Units （unit）**	**90**	**89**	**103**	**92**	**91**	**89**
藏　品 （件）	**Number of Collections （case）**	**658932**	**668296**	**723413**	**68757**	**68451**	**61540**
#一级品	Grade One	1885	1911	2011	280	278	232
业务活动	**Vocational Activities**						
陈列、展览 （个）	Number of Displays(Exhibitions) （unit）	1039	915	1025	123	141	140
参观人数 （万人次）	Number of Visitors （10000 person－times）	1862	2120	2716	1334	1196	1170
本年收入 （万元）	**Total Income （10000 yuan）**	**81065**	**60748**	**67567**	**50913**	**55459**	**61738**
本年支出 （万元）	**Total Expenditure （10000 yuan）**	**70497**	**62758**	**66024**	**42645**	**47673**	**57855**
固定资产原值 （万元）	**Original Value of Fixed Assets （10000 yuan）**	**70786**	**94955**	**117989**	**68280**	**80965**	**92579**

15－6 公共图书馆基本情况(2006－2012年)
Basic Statistics on Public Libraries(2006－2012)

项目	Item	2006	2007	2008	2009	2010	2011	2012
单位数 （个）	**Number of Units （unit）**	**92**	**93**	**94**	**96**	**97**	**97**	**97**
从业人员 （人）	Staff and Workers （person）	2433	2332	2526	2646	3040	3091	3096
总藏量 （万册件）	**Total Collections （10000 volume－tome）**	**2497**	**2699**	**3179**	**3552**	**3761**	**4464**	**5344**
有效借书证数 （万个）	Number of Library Cards Borrowed （10000 units）	83	97	129	139	177	203	241
书刊文献外借人次 （万人次）	Number of Persons Borrowing Books and Papers （10000 person－times）	815	981	1180	1214	1376	1766	1677
书刊文献外借册次 （万册次）	Number of Books and Papers Borrowed by the Readers （10000 volume－times）	1612	1919	2386	2785	2924	3660	3900
经费总支出 （万元）	**Total Expenditure （10000 yuan）**	**25951**	**31151**	**38113**	**44880**	**47316**	**56470**	**734462**
本年新购藏量 （万册）	Number of Books Purchased During the Year （10000 volumes）	191	202	448	321	337	450	628
固定资产原值 （万元）	**Original Value of Fixed Assets （10000 yuan）**	**82918**	**93057**	**105130**	**119547**	**128663**	**142779**	**167655**
实际使用房建筑面积 （万平方米）	Space of Actual Building Area （10000 sq. m）	45	47	55	56	58	63	69
阅览室座席数 （千个）	**Seating Capacity of Reading Rooms （1000 seats）**	**28**	**28**	**31**	**35**	**35**	**36**	**40**

15－7 报纸和杂志出版数量
Number of Newspapers and Magazines Published

项目	Item	种数(种) Number of Publications (kind)			总印量(万册、万份) Total Printed Copies (10000 Copies)			总印张(千印张) Total Printed Sheets (1000 sheets)		
		2010	2011	2012	2010	2011	2012	2010	2011	2012
报纸	**Newspaper**	**70**	**71**	**71**	**325048**	**359090**	**347100**	**14734582**	**16055487**	**16283603**
综合报	Synthetical Newspapers	41	42	44	244679	275588	280346	11855466	13230290	14299205
专业报	Special Newspapers	29	29	27	80369	83502	66754	2879116	2825197	1984398
杂志	**Magazines**	**218**	**220**	**222**	**7201**	**8001**	**8312**	**277291**	**380441**	**429265**
综合	Synthesis	23	23	22	17	23	21	1351	1580	1483
哲学、社会科学	Philosophy and Social Science	46	44	46	1789	2217	2217	88860	117608	131634
自然科学技术	Natural Science and Technology	105	106	106	504	495	654	29360	28297	33478
文化教育	Culture and Education	29	30	32	4111	4504	4695	115090	169422	204424
文学艺术	Literature and Arts	15	17	16	780	762	725	42630	63534	58245
画刊	Pictorial			4			104			4931
#少年儿童读物	Books for Children			6			1725			43099

15－8 图书出版数量
Number of Books Published

项目	Item	本版图书种数(种) Number of Publications (kind)		租型图书种数(种) Number of Publications for Lease (kind)		总印数(万册、万份) Total Printed Copies (10000 Copies)		总印张(千印张) Total Printed Sheets (10000 sheets)	
		2011	2012	2011	2012	2011	2012	2011	2012
图书总计	**Total**	**9492**	**11478**	**296**	**272**	**32608**	**37250**	**2106467**	**2361735**
使用《中国标准书号》部分合计	Publications with“China Standard Book Number”	9320	11357	296	272	31044	37120	2063749	2352682
#哲学	Philosophy	108	111		4	77	71	8907	9071
社会科学总论	General Social Science	170	260			52	199	8838	19798
文化、科学、教育、体育	Culture, Science, Education and Sports	4904	5583	286	257	26396	27565	1644359	1733975
文学	Literature	829	1199			972	1418	97360	135392
艺术	Arts	808	900			466	514	35119	37637
自然科学总论	General Natural Science	11	23			3	12	349	1455
不使用《中国标准书号》部分合计	Publications without“China Standard Book Number”	172	121			1564	130	42718	9053

15－9 电视节目制作情况(2006－2012 年) Prodiction of Television Programs(2006－2012)

项目		Item		2006	2007	2008	2009	2010	2011	2012
基本情况		**Basic Statistics**								
省市级电视台	(座)	Television Station	(set)	12	12	12	12	12	12	12
电视节目套数	(套)	Sets of Television Programs	(Set)	111	114	114	114	115	116	116
电视发射台及转播台	(座)	Number of TV Transmission Stations and Relaying Stations at 1 kw and Higher Level	(set)	128	117	110	104	98	97	97
播出时间	(小时)	Broadcasting Hours (Hour/per week)	(hour)	608806	659073	679332	700188	712130	722035	733784
新闻资讯节目		News and Informating Programs		64457	74528	75456	75452	82533	86552	94558
专题服务节目		Special Subject Service Programs		53100	58954	63925	64751	66995	72850	73588
综艺益智节目		Programs of General Entertainment		31509	32278	33734	32120	35839	38317	38789
影视剧节目		Movie and Teleplay Programs		299631	302255	302801	313022	319215	322303	329109
广告节目		Advertisement		92017	101530	109865	122910	122267	122537	123652
其他节目		Other Programs		68088	89526	93551	91931	85280	79475	74085
电视人口覆盖率	(%)	Viewer Rating	(%)	98.95	99.07	99.13	99.27	99.35	99.38	99.60
中央电视台(一套节目)	(%)	CCTV －1	(%)	97.24	97.53	98.34	98.42	98.52	98.63	98.91
浙江电视台(一套节目)	(%)	ZJTV －1	(%)	98.12	97.53	98.47	98.60	98.72	98.70	99.16
有线电视入户率	(%)	Rate of Households with Cable Television	(%)	63.72	66.69	66.93	69.61	74.13	82.78	83.89

15－10 广播节目制作情况(2006－2012年)
Production of Broadcasting Programs(2006－2012)

项目		Item		2006	2007	2008	2009	2010	2011	2012
基本情况		**Basic Stations**								
省市级广播电台	(座)	Broadcasting Stations	(set)	12	12	12	12	12	12	12
广播节目套数	(套)	Sets of Broadcasting Programs	(Set)	104	106	106	106	107	107	108
中短波广播发射台和转播台	(座)	Number of Broadcasting Transmission Stations and Relaying Stations	(set)	36	36	36	37	37	37	36
县级广播电视台	(个)	Number of Broadcast Stations at County and Higher Level	(unit)	66	66	66	66	66	66	66
广播人口综合覆盖率	(%)	Listener Rating	(%)	98.56	98.73	98.92	99.09	99.17	99.20	99.54
中央人民广播电台第一套节目	(%)	Channel 1,Central People Broadcasting Station	(%)	97.64	97.84	98.05	98.13	98.26	98.40	98.81
浙江电台第一套节目	(%)	Zhejiang Channel 1	(%)	98.17	97.73	98.31	98.45	98.61	98.56	98.97
全年公共广播节目播出时间	(小时)	Broadcasting Hours Per Day	(hours)	657249	672587	687024	694857	709854	713198	714622
新闻咨讯类节目		News Programs		118522	130482	127897	127753	123775	140654	145666
专题服务类节目		Special Subject Programs		143389	153390	147620	145694	158029	176263	174486
综艺类节目		Programs of Entertainment		177122	162042	161767	177756	179135	178555	179916
广播剧类节目		Educational Programs		20235	21285	23859	24279	25821	26072	26662
广告类		Advertisement		77989	71196	78723	76959	74354	72488	72741
其他类节目		Service Programs		119992	134188	147158	142413	148739	119166	115105

15-11 体委系统职工人数(2012年)
Number of Staff and Workers in Sports Commissions(2012)

单位:人(person)

类别	Category	总计 Total	体育行政机关 Sports Commis-sion Organizations	运动项目管理部门 Sports Manag-ement	职业运动技术学院 Profes-sional Sports and Technical Colleges	体育运动学校 Physical Education and Sports Schools	竞技(业余)体校 Amateur Sports Schools	体育场所 Public Sports Places	训练基地 Training bases	体育科研机构 Sports Science Research Institutions	其他事业单位 Others
总计	**Total**	**6253**	**1514**	**1127**	**510**	**496**	**1031**	**840**	**76**	**21**	**638**
公务员	Government Office Worker	696	696								
运动员	Athletes	936		772							
专职教练员(教练员)	Full-time Coaches	817		261	8	142	314	23			13
专职教师(文化教师)	Full-time Teachers	473			54	144	219				
科研人员	Scientific and Technical Personnel	56			11	9	15			17	
医务人员	Medical Personnel	79			49	6	17				
管理人员	Administrative Personnel	1525	615	94	100	108	206	349	23	4	313
工勤人员	workers	763	95		270	41	88	224	5		40
其他人员	Others	908	108		18	46	172	244	48		272

注：业余体校包括重点业余体校和普通业余体校。
Sparetime sports schools included key and ordinary spare schools.

15-12 等级运动员、裁判员人数(2008-2012年)
Number of Athletes and Referees in Different Levels(2008-2012)

单位:人(person)

项目	Item	2008	2009	2010	2011	2012
等级运动员	**Number of Athletes in Grades**	**2469**	**2408**	**2032**	**1950**	**2889**
国际级健将	International Master of Sports	4	4	15	9	12
国家级健将	National Master of Sports	45	39	65	122	126
一级	First Grade Sportsmen	251	277	472	633	517
二级	Second Grade Sportsmen	2169	2088	1480	1186	2234
等级裁判员	**Number of Referees in Grades**	**1510**	**2196**	**1619**	**1671**	**1430**
国际裁判员	International Referees	10		1		
国家级裁判员	National Referees	8		38	26	58
一级	First Grade Referees	337	390	417	214	247
二级	Second Grade Referees	1155	1806	1163	1431	1125

15－13 运动员分项获奖情况(2008－2012 年)
Awards Won by Athletes by Item(2008－2012)

单位:项(item)

项目	Item	世界冠军 World Championships					亚洲冠军 Asia Championships					全国冠军 National Championships				
		2008	2009	2010	2011	2012	2008	2009	2010	2011	2012	2008	2009	2010	2011	2012
合计	**Total**	**12**	**11**	**7**	**11**	**15**	**12**	**23**	**31**	**14**	**36**	**101**	**59**	**173**	**203**	**208**
举重	Weightlifting				2						8	6	1		6	1
游泳	Swimming		2		3	7		11	8		13	14	9	21	30	24
田径	Track and Field						2	1			2	12	5	8	11	6
棋类	Chess	2	2					1		2	2	3	4	1		2
羽毛球	Badminton		1	1									2		1	2
射击	Shooting		1	1	1	1	4	1	5		1	12		2	1	10
拳击	Boxing					1			1	4	2	5		7	6	3
体操	Gymnastics	5							1		1	6	1		1	1
皮划艇	Canoe/Kayak	5					2	9	6			8	15	3	8	7
其他	Others		5	5	5	6	4		10	8	7	35	22	131	139	152

15－14 群众体育活动和新建体育场地情况
Basic Statistics on Activities of Mass Sports and Number of Newly－built Sports Ground

项目		Item		2009	2010	2011	2012
群众体育活动		**Activities of Mass Sports**					
#省级	(次)	Provincial Level	(unit)	62	117	79	211
参加人数	(万人)	Number of active persons	(10000 persons)	35	34	7	13
#市级	(次)	City level	(item)	591	692	1195	1319
参加人数	(万人)	Number of active persons	(10000 persons)	48.5	113.0	97.0	51.0
#县级	(次)	County level	(item)	6647	7073	5532	7616
参加人数	(万人)	Number of active persons	(10000 persons)	212.6	234.0	200.0	298.0
国民体质监测		**Monitor Wational constitution**					
站点数	(个)	Sites	(unit)	759	572	592	597
累计受测人员数	(万人)	Accumulative persons involved monitoring	(10000 persons)	43.9	57.6	62.3	71.6
本年受测人员数	(万人)	Persons involved monitoring this year	(10000 persons)	11.7	16.5	15.0	15.6
测试达标人员数	(万人)	Number of persons reached the Standards	(10000 persons)	10.2	14.6	13.4	14.1
测试达标率	(%)	Attainment rate	(Percentage)	87.1	88.7	88.9	89.9
体育俱乐部		**Sport Club**					
个数	(个)	Number of Sport Club	(unit)	1044	1157	1378	1944
#国家级	(个)	National level	(unit)				
#省级	(个)	Provincial level	(unit)	508	516	493	788
教练员	(人)	Coach	(person)	1572	2132	2454	2685
会员数	(万人)	Club members	(10000 persons)	13.4	15.8	13.9	17.4
年组织活动参加人数	(万人)	Number of active persons	(10000 persons)	113.8	49.5	35.3	36.6
政府命名群众体育场地		**Sports Ground**					
数量	(个)	Number of Sports Ground	(unit)	288	347	89	913
占地面积	(千平方米)	Area of Sports Ground	(1000 sq. m)	677.0	754.7	690.1	2071.3
场地面积	(千平方米)	Space of sports Ground	(1000 sq. m)	564.1	304.6	408.6	1556.4

15－15 卫生事业情况(2007－2012 年)
Statistics on Health Undertakings(2007－2012)

项目	Item	2007	2008	2009	2010	2011	2012
卫生机构数合计(个)	**Total Number of Health Institutions(unit)**	**15870**	**15291**	**15618**	**29941**	**30515**	**30267**
医院	Hospital	636	635	652	687	731	782
疗养院	Sanatoriam	17	15	13	14	12	16
社区卫生服务中心(站)	Center of Community Service	5113	5191	5313	6105	6526	6622
卫生院	Commune Hospital	2031	1849	1821	1550	1205	1151
门诊部	Clinics	620	632	620	712	746	822
诊所医务室卫生所	Consulting Room	6831	6357	6581	6634	6879	7253
专科防治所站	Specialized Prevention Station	29	27	25	25	25	22
疾控中心防疫站	Sanitation and Antiepidemic Institutions	98	100	101	101	100	99
#卫生防疫站	Sanitaion Station	2	2	1			
妇幼保健机构	Maternity and Child Care Institutions	87	87	87	87	85	86
卫生监督所	Sanitation Supervisory Station	97	98	99	100	100	100
医学科学研究机构	Research Institutions of Medical Science	10	9	8	8	8	7
医学在职培训机构	Training Institutions	44	48	47	47	44	44
村卫生室	Clinics by Village				13643	13851	13091
其他卫生机构	Others	257	243	251	228	203	172
床位合计数(张)	**Total Beds(bed)**	**155622**	**161203**	**170187**	**184097**	**194759**	**213267**
#医院	Hospital	123355	129844	137512	150986	162905	180722
社区服务中心(站)	Center of Community Service	2216	3690	3526	6219	9425	8463
卫生院	Commune Hospital	21206	19784	20365	18339	14274	14893
门诊部	Clinics	519	471	502	495	268	496
妇幼保健机构	Maternity and Child Care Institutions	4597	4640	5092	5491	5845	6568
专科防治所站	Specialized Prevention Sation	724	732	687	722	610	634
其他卫生机构	Others	3005	2042	2503	1845	1432	1491
卫生人员合计(人)	**Persons Engaged in Health Institutions(persons)**	**275047**	**288344**	**309451**	**352883**	**374157**	**399930**
卫生技术人员	Medical Technical Personnel	230452	242912	260028	288491	306922	328660
#医生	Doctors	100423	101897	107930	120444	124497	129998
其他技术人员	Others	11204	11927	12683	13856	15014	16068
管理人员	Management Personnel	13531	13127	13660	14492	14015	13599
工勤人员	Logistics Workers	19860	20378	23080	25049	27373	31825
乡村医生和卫生员	Doctors and Health Workers in Rural Area				10995	10883	9778
在卫生技术人员中	Among them						
执业医师	Licenced Doctors	81293	83387	89712	99375	103554	109484
执业助理医师	Licenced Assistant Doctors	19130	18510	18218	21069	20943	20514
注册护士	Registered Nurses	72008	78284	87843	99615	109275	121313
药剂人员	Medical Pharmacists	17311	17212	17996	19168	20339	21613
检验人员	Laboratory Technicians	10691	13887	14440	15614	16126	16950
其他	Others	30019	31682	31819	33650	36685	38786
平均每千人口拥有卫生技术人员(按常住人口计算)	Number of Medical Technical Personnel Per 1000 Population(Calculated by Number of Permanent population)	4.47	4.66	4.93	5.30	5.62	6.00
#医生	Doctors	1.95	1.95	2.05	2.21	2.28	2.37
平均每千人口拥有卫生技术人员(按户籍人口计算)	Number of Medical Technical Personnel Per 1000 Population(Calculated by Number of Household population)	4.95	5.18	5.51	6.08	6.42	6.85
#医生	Doctors	2.16	2.17	2.29	2.54	2.60	2.71

15－16 医院诊疗次数和入院人数(2012 年)
Number of Hospital Patients(2012)

类别	Type	机构数(个) Number of Institu－tions (unit)	诊疗人次数(万人次) Total Number of Patients Treate (10000 person－times)	#门、急诊 Out－Patients and Emer－gency Patients	入院人数(人) Hospital Admiss－ions (person)	每百门急诊次入院人数(人) Hospital Admiss－ions Per 100 Patient－time (person)
医院合计	**Hospitals**	**782**	**20644**	**20499**	**5628735**	**2.75**
综合医院	**General Hospitals**	**392**	**14563**	**14471**	**4314983**	**2.98**
中医医院	**Hospitals of Chinese Medicine**	**122**	**3999**	**3963**	**743340**	**1.88**
中西医结合医院	**Hospitals which Integrate Traditional Chinese Therapeutics with Western Therapeutics**	**16**	**345**	**335**	**59046**	**1.77**
专科医院	**Specialized Hospitals**	**248**	**1737**	**1729**	**510752**	**2.95**
传染病院	Hospitals for Infectious Diseases	3	42	42	23044	5.55
精神病院	Mental Hospitals	41	316	313	71299	2.28
肿瘤医院	Tumor Hospitals	4	64	64	70534	10.96
眼科病院	Ophthalmology Hospitals	13	120	119	28195	2.37
妇幼保健院	**Hospitals for Maternity and Children Care**	**57**	**1416**	**1380**	**362907**	**2.63**
社区卫生服务中心	**Center of Community Service**	**483**	**7392**	**7103**	**84692**	**0.12**
卫生院	**Rural Hospitals**	**1151**	**7581**	**7400**	**196450**	**0.27**
门诊部	**Clinics**	**822**	**890**	**841**	**21921**	

15－17 医院机构病床使用情况(2012 年)
Utilization of Hospital Beds(2012)

类别	Type	入院人数(人) Hospital Admissions (person)	治愈率(%) Care Rate (%)	病床使用率(%) Utilization Rate of Beds (%)	病床周转次数(次) Turnover of Beds (time)	出院者平均住院日(日) Average Hospitalization Period (day)
合计	**Total**	**6312157**		**88.7**	**31.1**	**10.7**
医院	Health Departments	5628735		95.4	32.4	11.2
社区卫生服务中心	Center of Community Service	84692		42.8	11.1	13.6
卫生院	Rural Hospitals	196450		33.7	14.5	7.6
门诊部	Clinics	21921				

15－18 县(区)村卫生室基本情况
Basic Conditions of Rual Clinics on Country

项目	Item	总计 Total 2011	总计 Total 2012	村办 Villiage－run 2011	村办 Villiage－run 2012	乡卫生院设点 Township－run 2011	乡卫生院设点 Township－run 2012
机构数 (个)	Number of Institutions (unit)	13851	13091	9700	9069	1026	1162
执业(助理)医师 (个)	Licensed(Assistant)Doctors (unit)	6275	5742	4707	4456		
注册护士 (人)	Registered Nurse (person)	430	471	323	366		
乡村医生和卫生员 (人)	Rural Doctors and Health Workers (person)	10833	9778	7308	6867	1028	536
乡村医生数 (人)	Rural Doctors (person)	10415	9127	7064	6484	992	520
#大专及以上学历	College and Above	819	819	555	555	23	23
中专学历及中专水平	The Level on Special Secondary School	5962	5962	3916	3916	773	773
在职培训合格者	Persons Passed Training	3615	3615	2575	2575	196	196
卫生员 (人)	Health Workers (person)	418	651	244	383	36	16
年内培训人次数 (人次)	Training Number (Times)	15969	20864	11311	14704	1068	1383
当年考核合格的乡村医生数 (人)	Doctor Number (person)	5001	4522	3561	3200	467	348
年总收入 (千元)	Total Income (1000 yuan)	101943	102515	73577	73971	4241	4704
#上级补助收入	Subsidies of the Higher Level	2861	5752	1450	3090	783	1026
村或集体补助收入	Subiness of Villiage	151	46	139	43	1	
医疗和药品收入	Medical and Pharmaceutical Income	97216	149912	70939	108871	3404	6297
年总支出 (千元)	Total Expenditure (1000 yuan)	92659	96388	68292	71215	3940	4413
#人员经费	Persons Expenditure	38380	36906	28462	26557	1698	1766
药品支出	Medicines Expenditure	51594	50355	37792	36971	2034	2328
诊疗人次数 (万人)	Patients Treated (10000 persons－times)	3589.7	3788.1	2660.9	2743.0	106.0	145.9
其中:出诊人次数 (万人)	Medical Treatment Outside (10000 persons－times)	117.1	108.9	76.8	75.5	4.2	6.8
报告疑似传染病例数 (数)	The Number of Suspected Infections Diseases (person)	5548	6414	3950	4459	124	1343
参加乡镇卫生院例会次数 (次)	The Number of Rural Hospital to Psrticipate in Regular Meetings (Times)	86311	84841	60220	57763	5513	6638

按设置/主办单位分 by Ownership						按行医方式分 by Type					
联合办 Combination		私人办 Privata - run		其他 Others		中医 Chinese Medicine		西医 Western Medicine		中西医结合 Combining Chinese Medicine With Western Medicine	
2011	2012	2011	2012	2011	2012	2011	2012	2011	2012	2011	2012
259	220	2414	2214	452	426	227	210	12831	12152	793	729
272	210	1034	818	262	258	202	168	5628	5463	445	464
3	3	79	78	25	24	2	3	401	463	27	41
79	89	2078	1973	340	313	94	82	10128	9125	611	571
77	85	1995	1782	287	256	90	78	9763	8542	562	507
6	6	192	192	43	43	12	12	749	749	58	58
49	49	1059	1059	165	165	52	52	5563	5563	347	347
22	22	743	743	79	79	26	26	3432	3432	157	157
2	4	83	191	53	57	4	4	365	583	49	64
175	196	3031	3961	384	620	209	334	15165	19286	595	1244
23	27	858	862	92	85	41	40	4710	4262	250	220
2880	2450	18125	17804	3120	3586	1889	1638	94161	94392	5893	6486
22	25	447	1137	159	475	39	74	2616	5295	206	383
		10	2			1		149	44		2
2843	4081	17122	25607	2909	5057	1829	2466	89800	137982	5588	9464
2589	2356	14943	14986	2895	3418	1727	1435	85484	88855	5448	6099
1095	1004	5847	6101	1278	1478	669	591	35613	34056	2099	2258
1487	1248	8766	8096	1514	1711	1015	749	47514	46300	3065	3306
72.9	99.7	628.0	688.1	121.9	111.4	62.7	58.9	3321.9	3503.1	205.2	226.2
1.6	1.0	29.4	23.2	5.2	2.4	1.0	0.9	103.9	87.8	12.2	20.2
2	7	1451	570	21	35	143	134	5044	5931	361	349
394	467	18211	18078	1973	1895	1213	1200	80914	79698	4184	3943

15－19 城市和农村前十位疾病死亡原因和构成
Main 10 Causes of Death by Diseases in Urban and Rural Areas

2011				2012			
位次 No.	城市死因	Cause of Death in Urban Area	占死亡总数(%) As % of Total Death	位次 No.	城市死因	Cause of Death in Urban Area	占死亡总数(%) As % of Total Death
1	恶性肿瘤	Malignant Tumour	30.03	1	恶性肿瘤	Malignant Tumour	29.39
2	脑血管病	Cerebrovasular Disease	18.21	2	脑血管病	Cerebrovasular Disease	18.22
3	呼吸系统疾病	Respiratory Disease	16.17	3	呼吸系统疾病	Respiratory Disease	16.10
4	心脏病	Heart Trouble	11.98	4	心脏病	Heart Trouble	12.91
5	损伤和中毒	Trauma and Toxicosis	8.37	5	损伤和中毒	Trauma and Toxicosis	8.34
6	内分泌、营养和代谢的其他疾病	Other Diseases of Endocrine, Nutrilion and Supersession	3.10	6	内分泌、营养和代谢的其他疾病	Other Diseases of Endocrine, Nutrilion and Supersession	3.14
7	消化系统疾病	Disease of Digestion System	1.99	7	消化系统疾病	Disease of Digestion System	2.15
8	神经系统疾病	Mental Disease	1.56	8	神经系统疾病	Mental Disease	1.69
9	传染病和寄生虫病	Infections and Parasite Disease	1.54	9	传染病和寄生虫病	Infections and Parasite Disease	1.45
10	泌尿生殖系统疾病	Urinary Disease	1.31	10	泌尿生殖系统疾病	Urinary Disease	1.11
	合计	Total	94.26		合计	Total	94.50

2011				2012			
位次 No.	农村死因	Cause of Death in Rural Area	占死亡总数(%) As % of Total Death	位次 No.	农村死因	Cause of Death in Rural Area	占死亡总数(%) As % of Total Death
1	恶性肿瘤	Malignant Tumour	28.01	1	恶性肿瘤	Malignant Tumour	28.13
2	脑血管病	Cerebrovasular Disease	17.73	2	脑血管病	Cerebrovasular Disease	17.96
3	呼吸系统疾病	Respiratory Disease	16.26	3	呼吸系统疾病	Respiratory Disease	16.61
4	心脏病	Heart Trouble	11.50	4	心脏病	Heart Trouble	11.68
5	损伤和中毒	Trauma and Toxicosis	10.77	5	损伤和中毒	Trauma and Toxicosis	10.26
6	消化系统疾病	Disease of Digestion System	2.63	6	消化系统疾病	Disease of Digestion System	2.42
7	神经系统疾病	Mental Disease	2.15	7	神经系统疾病	Mental Disease	2.31
8	内分泌、营养和代谢的其他疾病	Other Diseases of Endocrine, Nutrilion and Supersession	2.02	8	内分泌、营养和代谢的其他疾病	Other Diseases of Endocrine, Nutrilion and Supersession	2.15
9	传染病和寄生虫病	Infections and Parasite Disease	1.55	9	传染病和寄生虫病	Infections and Parasite Disease	1.47
10	泌尿生殖系统疾病	Urinary Disease	1.25	10	泌尿生殖系统疾病	Urinary Disease	1.15
	合计	Total	93.87		合计	Total	94.14

浙/江/统/计/年/鉴

主要统计指标解释

■ 文化事业机构

指从事专业文化工作和为专业文化工作服务的独立建制的单独核算的单位。不包括这些单位另外举办独立核算的其他机构和各部门的业余文化组织。

■ 艺术表演团体

指从事戏曲、音乐、舞蹈、杂技等专业艺术表演，有独立帐户，实行单独核算的团体。不包括半工半艺、半农半艺和民间职业剧团。

■ 电影放映单位

指具有放映机器设备、固定或不固定的放映场所与专职或兼职的放映技术人员，经有关部门登记批准，经常为一定的观众对象放映电影的机构。包括经批准对外开放进行营业，并与电影发行放映管理机构分帐的专用放映单位和军委系统租片单位。

■ 等级运动员人数

指经考核正式批准授予等级运动员称号的人数。运动员等级分为国际级运动健将、运动健将、一级运动员、二级运动员、三级运动员、少年级运动员 。

■ 等级裁判员人数

指经考核正式批准授予等级裁判员称号的人数。裁判员等级分为国际裁判、国家级裁判、一级裁判、二级裁判、三级裁判。

■ 医院

指名称为医院，设有固定床位能收容病人住院并能为病人提供医疗、护理服务的医疗机构。包括县及县以上医院、农村乡卫生院、其他医院三部分。按所属性质分为卫生部门、工业及其他部门，集体经济单位三类。其中县及县以上医院按业务性质分为综合医院和专科医院。

■ 卫生技术人员

指卫生事业机构支付工资的全部固定职工和合同制职工中现任职务为卫生技术工作的专业人员。包括中医师、西医师、中西医结合高级医师、护师、中药师、西药师、检验师、其他技师、中医士、西医士、护士、助产士、中药剂士、西药剂士 、检验士、其他技士、其他中医、护理员、中药剂员、西药剂员、检验员，其他初级卫生技术人员。

■ 医生

指领取职业医生证书，从事医疗工作的专业人员。分为中医医生、西医医生和助理中西医医生。

ZHEJIANG STATISTICAL YEARBOOK

Explanatory Notes on Main Statistical Indicators

□ Cultural Institutions

refer to units which have their own organizational system and independent accounting system and specialize in or serve cultural development. They exclude other establishments run by these cultural institutions and amateur cultural groups established by various departments.

□ Art Troupe

refers to the troupe which is engaged in drama, opera, music, dance, acrobatics or other art performance, opens independent accounts with banks and has self – supporting accounting system; excluding the troupes which are engaged partly in industrial or agricultural activities, partly in art performance and the professional troupes organized by the people.

□ Film Projection Units

refer to units with film projection equipment, full or part – time projectionists, permanent or non – permanent places, approved by related administrative departments to show films regularly for certain groups of audience, including those film projection units which have been approved to give commercial shows and run business with independent accounting system as well as those film – renting units of the military system.

□ Number of Athletes in Grades

refers to the number of at athletes who have been given titles through examination. The titles of athletes include international masters of sports, masters of sports, first – grade, second – grade and third – grade sportsmen and young athletes.

□ Number of Referees in Grades

refers to the number of referees who have been given titles after examination. They are classified as international referees, national referees and referees of the first, second and third grades.

□ Hospitals

refer to medical institutions named as "hospital" with permanent hospital beds, which are able to take in patients and provide them with medical and nursing services. Hospitals are classified into three categories: hospitals at or above the county level, hospitals of rural townships, and other hospitals. According to their ownership, hospitals can be classified into three categories: hospitals under the public health departments, hospitals under industrial and other departments and Collective Owned hospitals. Hospitals at or above county level are divided into comprehensive and specialized hospitals.

□ Medical Technical Personnel

refers to all permanent medical staff and workers employed by medical institutions, including doctors of Chinese and Western medicine, senior doctors who integrate traditional Chinese thrapeutics with Western thrapeutics in practice, senior nurses, pharmacists of Chinese and Western medicine, laboratory specialists, other specialists, paramedics of Chinese and Western medicine, nurses, midwives, druggists in Chinese and Western medicine, laboratory technicians, other technicians, other practitioners of Chinese medicine, nursing attendants, pharmacological workers of Chinese and Western medicine, laboratory workers, and other primary medical personnel.

□ Doctors

refer to qualified professional medical workers approved to practice by public health departments. They are classified into doctors of Chinese medicine, doctors of Western medicine, Assistant Doctors.

2013

浙江统计年鉴

ZHEJIANG STATISTICAL YEARBOOK

 CHAPTER 16

档案、司法、社会福利和工会组织

Archives, Judicature, Social Welfare and Labour Union

16－1 档案事业机构和人员数
Number of Persons and Archiving Instituions

项目	Item	机构数（个）Number of Institutions (unit)		专职人员数（人）Full－time Persons (person)		#女性 Female		#大专以上文化程度 College and Higher Level	
		2011	2012	2011	2012	2011	2012	2011	2012
总计	**Total**	**570**	**4680**	**2234**	**5881**	**1270**	**3987**	**2085**	**5329**
档案行政管理部门	Administrative Department of ArchivesDepartment of Archives	100	100	1156	1285	515	571	1095	1233
档案馆	Archives	115	114	419	452	203	232	384	425
档案室（处、科）	Archive Offices(Sections)	355	4466	659	4144	552	3184	606	3671

16－2 档案馆档案资料馆藏和利用情况（2005－2012年）
Conditions and Files Stored and Used in the Archives(2005－2012)

项目	Item	2005	2006	2007	2008	2009	2010	2011	2012
馆藏档案	**Archives Stored**								
全　宗　（个）	Whole Volume (unit)	16954	17377	17772	17888	18260	18606	19289	19491
案　卷　（万卷）	Files (10000 volumes)	825	915	1066	1118	1173	1310	1399	1446
录音录像影片　（盘）	Records,Films on Videotape (copy)	14568	14020	16824	17801	23855	23282	24778	29194
照　片　（万张）	Pictures (10000 Pieces)	53.00	103.00	135.00	144.94	158.87	170.00	177.56	185.40
馆藏资料　（万册）	**Number of Material Stored (10000 volumes)**	**102.00**	**107.00**	**114.00**	**116.53**	**124.75**	**127.00**	**124.95**	**124.22**
档案馆面积（平方米）	**Areas of Archives (sq. m)**	**202277**	**222319**	**268856**	**298709**	**318659**	**351321**	**399899**	**389569**
#库房建筑面积	Areas of Storerooms	98140	99403	120018	126447	127168	126535	132358	132231
档案资料利用	**Use of Archive Material**								
利用人次　（万人次）	Number of Persons Using Material (10000 person－times)	16.00	20.00	20.00	21.85	26.36	27.00	64.06	50.66
利用档案　（万卷、次）	Number of Archives Used (10000 volume－times)	51.00	56.00	63.00	74.75	56.09	56.06	186.00	138.49
利用资料　（万册、次）	Number of Material Used (10000 volume－times)	1.00	2.90	3.60	2.69	3.69	4.00	2.67	7.10
复　制　（万页）	Copies (10000 pages)	57.00	126.00	80.00	90.66	87.27	102.41	137.11	
开放档案	**Opening Archives**								
全　宗　（个）	Whole Volume (unit)	9756	9961	10240	10517	10580	11062	11866	11711
案　卷　（万卷）	Files (10000 volumes)	193.00	227.00	233.00	256.22	282.83	301.96	321.61	328.11

16－3 律师、公证及调解工作基本情况(2006－2012 年)
Basic Statistics on Lawyers, Notarization and Mediation(2006－2012)

项目		Item		2006	2007	2008	2009	2010	2011	2012
律师工作		**Lawyers**								
律师事务所	(个)	Number of Law Offices	(unit)	585	609	700	787	868	957	1021
律师工作人员	(人)	Number of Lawyers	(person)	8688	9575	10441	11917	12994	14623	15698
聘请担任常年法律顾问单位	(处)	Number of Units with Permanent Legal Advisors	(unit)	25122	26589	27727	28144	33076	35941	63978
民事诉讼代理	(件)	Agent of Civil Cases	(case)	90353	150701	140515	168615	152714	158360	173321
刑事辩护及代理	(件)	Defending and Agent of Criminal Cases	(case)	26480	45662	44836	24813	28410	25576	27396
非诉讼法律事务	(件)	Agent of Non litigious Legal Affairs	(case)	30892	21949	18212	14541	16645	18364	15949
解答法律咨询	(人次)	Legal Advisory Services	(person－times)	244914	219773	203023	245373	191413	196616	190738
代写法律事务文书	(件)	Agent of Legal Document Written on Behalf of Clients	(case)	48054	25515	34102	22374	23091	20927	20201
公证工作		Notarization								
公证处	(个)	Number of Notary Offices	(unit)	90	92	93	92	92	92	92
公证人员	(人)	Notarial Personnel	(person)	915	916	940	957	1044	1133	1186
#公证员		Notaries		347	346	346	365	383	395	408
公证员助理		Assistant Notaries		273	291	321	306	378	443	447
办理国内公证文书	(件)	Number of Domestic Notarized Documents	(case)	369093	387855	360655	447429	486654	483449	494958
#经济合同公证	(件)	Notarized Business Contracts	(case)	168964	164283	134058	167300	192312	190298	199471
人民调解工作		**People's Mediation**								
专职司法助理员	(人)	Number of Full－time Judicial Assistants	(person)	2378	2875	3051	3269	5005	3527	4533
人民调解委员会	(个)	Number of People's Mediation Committees	(unit)	47077	46636	47779	47056	46688	45805	45050
调解人员	(人)	Number of Mediators	(person)	172722	168914	175616	175849	174422	174570	173677
调解民事纠纷	(件)	Number of Civil Disputes Mediated	(case)	198738	238795	295042	357388	408744	492858	562072
法律援助机构	(个)	Assistance Institution of Law	(unit)	102	102	102	102	102	102	102
工作人员	(人)	Staff and Workers	(person)	454	454	461	461	511	501	530
承办案件总数	(件)	Number of Cases Accepted	(case)	20861	24125	28408	37730	41811	44917	58965
受援人总数	(人)	Number of Persons Being Assisted	(person)	31100	34422	45263	44509	47210	53153	73053

16－4 涉外公证文书分类(2006－2012 年)
Foreign－related Notarial Documents by Type(2006－2012)

单位:件(case)

项目	Item	2006	2007	2008	2009	2010	2011	2012
合　计	**Total**	**203417**	**220712**	**211895**	**210341**	**200432**	**199146**	**197025**
收养子女	Children Adoption	90	61	51	113	100	91	90
遗　嘱	Testaments	7	3	8	20	4	9	5
出　生	Births	38671	42665	38897	39385	35439	34653	33656
死　亡	Deaths	541	490	683	739	577	521	537
生存、居住	Survival and Residence	840	1195	618	692	793	902	671
学　历	Schooling	6494	7904	6750	6372	5755	5632	5180
经　历	Personal Histories	1521	1158	1177	1064	1021	616	906
婚姻状况	Marriages	15266	13435	13779	14983	12805	14428	12237
亲属关系	Kinship	19233	20340	19122	19354	20409	21143	18574
继承权	Rights of Inheritance	558	250	769	530	18	103	55
受、未受刑事处分	Criminal Records & Uncriminal Records	28916	32189	27131	27883	20334	18139	15876
声明书	Declarations	6357	5095	5540	5069	6938	7087	5591
委托书	Trust Deeds	2811	3011	2976	3689	3728	4075	2752
文本相符	Confirmation of Copies and Photo－offset Copies to Originals	24720	25400	29910	27685	29626	30909	35323
签名印鉴属实	Confirmation of Signatures and Seals			32726	30301	31381	29503	19376
其　他	Others	57302	67516	31758	32462	31504	31335	46196

16－5 调解民间纠纷分类(2006－2012 年)
Civil Disputes Mediated by Type(2006－2012)

单位:件(case)

分类	Item	2006	2007	2008	2009	2010	2011	2012
合　计	**Total**	**198738**	**238795**	**295042**	**357388**	**408744**	**492858**	**562072**
婚　姻	Marriages	28986	31767	32962	40078	45628	52534	50762
邻　里	Neighbor Disputes	42165	51827	64030	75971	88362	99751	103940
合　同	Contracts	10229	9956	11631	14176	15369	14851	17146
损害赔偿	Compensation for Damages	33032	39192	69230	91245	60703	60728	57361
劳　动	Labour Dispates	21579	26017	29201	31620	32529	36342	34956
村务管理	Management of Rural Business	3032	3360	4659	4750	3687	5205	5479
土地承包	Contracts of Land	7486	9034	9634	10643	13268	15744	15485
征地拆迁	Land Expropriating and Rehouse	8125	10350	10556	12570	18113	14753	12733
计划生育	Family Planning	853	1177	1321	1329	1031	671	1029
施工扰民	Fazing Civilian with Construction	2274	2518	3010	3482			4242
房屋、宅基地	Housing and Housing Sites	13042	14586	15877	20355	22931	24610	24092
其　他	Others	27935	39011	42931	51169	107123	167669	234847

16-6 国内公证文书分类(2006-2012年)
Domestic Notarial Documents by type(2006-2012)

单位:件(case)

分类	Item	2006	2007	2008	2009	2010	2011	2012
总计	**Domestic Notarial Documents**	**369093**	**387855**	**360655**	**447429**	**486654**	**483449**	**494958**
经济公证	**Notarized Documents on Economic Affairs**	**168964**	**164283**	**134058**	**167300**	**192312**	**190298**	**199471**
购　销	Purchases and Sales of Production	746	235	274	181	382	45	25
联　营	Joint Business	83	116	296	4	13	2	23
拍　卖	Auctions	4545	3234	2768	3956	3744	5545	3785
贷　款	Loans	100157	98029	78866	103315	115540	118531	119889
担　保	Guarantees	1799	1443	691	218	264	69	277
招标、投标	Bidding	20493	17312	8728	9908	12485	11144	11876
科技协作	Coordination of Science and Technology	1	8	1	85	11		1
供用电	Supply and Use of Electric Power	31				40		
劳务合同	Labor Contracts	632	559	316	154	278	63	307
建筑工程承包	Construction Project Contracts	1355	1522	1300	863	1467	1220	902
工商服务业承包	Industrial and Commercial Service Contracts	75	108	697	1041	647	529	431
农林牧副渔业承包	Farming, Forestry, Animal Husbandry, Sideline Production and Fishery Contracts	517	725	260	266	160	79	147
财产租赁	Property Leases	290	461	312	73	931	23	61
企业租赁	Enterprise Leases	19	7	12	8	2	10	45
资产经营责任制	System of Asset Business Responsibility	12	2			105	70	64
还款协议	Repayment Agreement		866	673	509	555	416	649
土地使用权出让转让	Transferring or Renting the Use Right of Land		5272	4059	4274	4182	3368	2823
其他经济合同	Other Business Contracts	4882	4544	5207	4980	7476	6909	10072
法人(代表人)资格	Legal Person (Agent) Identification	456	464	311	508	463	674	589
法人委托书	Legal Person Trust Deeds	8322	9642	10430	14059	15147	13936	12806
公司章程	Corporation Constitutions	153	268	86	85	75	4	22
执行许可证明	Operating Permits	1751	777	810	879	880	820	1393
其　他	Others	22645	18689	17961	21934	27465	26841	33284

续表 Continued 单位:件(case)

分类	Item	2006	2007	2008	2009	2010	2011	2012
民事公证	**Notarized Documents on Civil Relations**	**200129**	**223572**	**226597**	**280129**	**294342**	**293151**	**295487**
收　养	Child Adoption	62	57	58	373	228	158	103
解除收养	Adoption Renouncements	2	8	281	8	133	8	6
继承权	Rights of Inheritance	17743	21809	22868	30123	32178	38220	38131
遗　嘱	Testaments	4796	5001	5851	6322	6406	6098	4889
产　权	Property Rights	5421	6553	4251	2240	2748	2478	2106
亲属关系	Kinship	1297	1390	1131	1327	2133	2631	3036
死　亡	Death Certificates	37	54	81	100	778	83	126
房屋买卖	Purchases and Sales Of Houses	9894	9713	6103	13061	8874	6725	5970
房屋租赁	House Leases	554	255	343	232	134	799	226
留学协议	Foreign Study Contracts	392	191	143	71	114	154	272
遗赠扶养协议	Donations and Family Fostering	277	229	180	543	698	260	270
委托书	Trust Deeds	55963	71647	60208	108375	109487	96067	88395
赠与书	Presentation Documents	4488	4689	4681	6005	6663	6725	7496
声明书	Declarations	8737	8677	10002	15881	14443	15867	16359
现场监督	Field Supervision	21625	14936	38285	12545	11242	32181	13877
文本相符	Confirmation of Copies and Photo－offset Copies to Originals	2487	4694	5828	4165	4682	6372	17820
签名印鉴属实	Confirmation of Signatures and Seals	2487	4694	3834	8457	10494	14094	19738
宅基地使用权	Rights to Housing Site	830	1686	1137	572	417	204	183
证据保全	Evidence Preservation	4731	6969	9873	10307	12504	11945	11813
拆迁协议	Housing Demolition Agreements			5243	6259	11500	2956	3951
计划生育协议	Birth Control Contracts	2038	2215	24	16	13	4	12
夫妻财产协议	Property Agreements Between Spouses			3626	5976	5267	4371	3879
其他民事协议	Other Civil Agreements	12651	31606	12824	12318	12004	13403	13477
其　他	Others	46104	31193	29742	34853	41202	31348	43352

16－7 社会福利事业单位基本情况(2006－2012 年)
Basic Statiatics on Social Welfare Institutions(2006－2012)

项目		Item		2006	2007	2008	2009	2010	2011	2012
收养性社会福利单位	**(个)**	**Adoptive Social Welfare Institutions**	**(unit)**	**1654**	**1641**	**1591**	**1633**	**1695**	**1863**	**1979**
床位数	**(万张)**	**Hospital Beds**	**(10000 bed)**	**12.89**	**14.78**	**15.49**	**17.25**	**19.42**	**21.80**	**24.92**
收养人数	**(万人)**	**Number of Persons Adopted**	**(10000 persons)**	**8.86**	**10.53**	**9.87**	**10.40**	**10.88**	**11.96**	**12.70**
福利企业单位	**(个)**	**Number of Social Welfare Enterprises and Institutions**	**(unit)**	**3240**	**2926**	**2771**	**2769**	**2708**	**2664**	**2574**
福利企业单位全部职工数	**(万人)**	**Total Number of Staff and Workers Engaged in Welfare Institutions**	**(10000 persons)**	**23.95**	**25.90**	**26.67**	**26.53**	**26.71**	**27.03**	**25.64**
#残疾人数		Number of Disabled Persons		9.62	10.04	10.34	10.00	10.00	9.88	9.78
殡葬事业单位	**(个)**	**Funeral and Interment Services Institutions**	**(unit)**	**204**	**208**	**220**	**226**	**240**	**240**	**251**

16－8 享受国家抚恤、补助及救济人员情况(2006－2012 年)
Pensons Enjoying Subsidy and Commiseration of Country(2006－2012)

单位:人、户(persons,household)

项目	Item	2006	2007	2008	2009	2010	2011	2012
享受定期抚恤人数	Number of Persons Receiving Periodical Commiseration	5808	5669	5486	5478	5501	5382	5419
革命伤残人员抚恤人数	Number of Persons Receiving Disability Commiseration	21398	22141	22458	22255	22004	21879	22232
享受定期补助优抚对象数	Number of Persons Receiving Periodical Subsidies	72742	95090	91379	90299	90653	119449	182445
#在乡复员军人数	Rural Demobilized Soldier	41762	39321	36447	33972	31910	29711	27418
在乡退伍军人数	Rural Veteran	30474	29507	29995	29543	30780	34688	26224
社会困难户得到国家临时救济人数	Number of Persons in Poor Households Receiving Temporary Government Relief Funds	212734	163460	166894	182088	138000	213895	157164
精减退职老弱残职工得到救济人数	Number of Laid off, Retired, Elderly and Disabled Staff and Workers Receiving Relief Funds	10605	10655	10243	9712			
享受原工资40%救济人数	Persons Receiving 40% of Their Original Wages	2433	2237	2098	1955			
享受定期定量救济人数	Persons Receiving Periodical and Fixed Relief Funds	9890	9472	11287	9377			

16－9 最低生活保障和救济情况(2006－2012年)
Basic Statistics of Lowest Cost－of－Living and Relief(2006－2012)

项目	Item		2006	2007	2008	2009	2010	2011	2012
最低生活保障人数（万人）	Number of Person Receiving Lowest Cost－of－Living	(10000 persons)	62.90	65.16	70.08	70.40	70.67	71.09	68.56
#城镇	In Urban Areas		8.93	9.02	9.28	9.33	8.98	8.76	7.85
#农村(含五保)	In Rural Areas (Including Beneficiaries)		53.97	56.14	60.80	61.08	61.70	62.33	60.71
保障资金总额（亿元）	Amount of Security Money	(100 million yuan)	6.52	7.69	10.68	12.15	14.71	18.98	22.19
#城镇	In Urban Areas		1.60	1.97	2.73	2.97	3.44	4.17	4.37
#农村(不含五保)	In Rural Areas (Not Including Beneficiaries)		4.92	5.72	7.95	9.18	11.27	14.81	17.82
医疗救助支出（亿元）	Expenditure of Medical Care Relief	(100 million yuan)	2.30	3.26	4.19	5.10	6.03	6.50	7.72
自然灾害救济支出（亿元）	Expenditure of Natural Disasters Relief	(100 million yuan)	4.82	1.97	1.55	1.28	1.12	1.73	2.37

注：农村最低生活保障人数中包含了农村五保供养人数。
Number of Persons Receiving Lowest Cost－of－Living in Rural Areas include Number of Persons with Livlihood Guaranteed in Five Aspects.

16－10 内地居民婚姻登记情况(2006－2012年)
Conditions of Marriages(2006－2012)

项目		Item		2006	2007	2008	2009	2010	2011	2012
准予登记结婚数	**（对）**	**Registered Marriages**	**(couple)**	**413213**	**381227**	**413774**	**427614**	**431568**	**440931**	**441984**
初婚数	（人）	First Marriages	(person)	758086	687337	750003	755950	757741	775973	770792
恢复结婚数	（对）	Resume Marriages	(couple)	3451	3550	4670	5856	7527	8796	10229
再婚数	（人）	Remarriages	(person)	74816	75117	77545	99278	105395	105889	113176
男	（人）	Male	(person)	37517	37772	36021	47832	48384	51631	53731
女	（人）	Female	(person)	37299	37345	41524	51446	57011	54258	59445
准予登记离婚数	**（对）**	**Divorces Approved**	**(couple)**	**60306**	**66901**	**73689**	**82902**	**87671**	**90442**	**98082**

16－11 工会工作情况(2006－2012 年)
Basic Statistics on Unions(2006－2012)

项目		Item		2006	2007	2008	2009	2010	2011	2012
工会情况		**Basic Statistics on Unions**								
基层工会组织数	**(个)**	**Number of Grass Roots Unions**	**(unit)**	**80774**	**91203**	**102339**	**110416**	**117501**	**134706**	**143885**
全省已建立工会组织的基层单位职工和会员人数		**Membership and Number of Staff and Workers in Grass Roots Unions**								
在岗职工人数	(万人)	Number of Staff and Workers	(10000 persons)	1050.43	1194.84	1306.58	1415.99	1569.35	1770.70	2011.04
#女职工		Female		464.95	525.16	580.08	624.35	687.79	778.49	862.39
会员人数	(万人)	Membership	(10000 persons)	959.27	1078.60	1190.04	1307.32	1468.97	1669.22	1925.75
#女会员		Female		407.97	476.09	537.75	583.74	652.65	739.90	831.71
工会专职干部	(万人)	Full－time Cadres	(10000 persons)	1.10	1.27	1.34	1.56	1.38	1.80	1.75
提出合理化建议	**(万件)**	**Advanced Rationa－lization Proposals**	**(10000 cases)**	**25.95**	**22.98**	**29.31**	**27.39**	**34.14**	**36.00**	**46.53**
建立劳动保护监督检查委员会	**(个)**	**Commissions for Labour protection Supervising and inspecting**	**(unit)**			**38637**	**42657**	**48577**	**66083**	**70031**
建立了工会劳动法律监督组织	**(个)**	**Organization of Labor Law Supervision Established by Grass Roots Unions**	**(unit)**	**19118**	**22540**	**29542**	**38657**	**45075**	**53883**	**57646**
建立劳动争议调解委员会	**(个)**	**Labour dispute mediation Committee**	**(unit)**			**35812**	**46005**	**53437**	**63753**	**62278**
劳动争议调解委员会调解成功劳动争议	**(件)**	**Disputes resolved through mediation by the committees**	**(unit)**			**10411**	**9653**	**6421**	**10459**	**8733**
妇联工作情况		**Condition of the Women Federation**								
妇联的基层组织数	(个)	Number of Grass Roots Women Federation	(unit)	35995	34955	33604	34503	34337	33508	33548
接受技术培训人数	(万人)	Number of Women Participating in Technical Training	(10000 persons)	69.90	57.80	75.30	53.30	70.33	38.68	25.94
巾帼文明示范岗		**The Demonstration Posts of Women Civilization**								
巾帼文明示范岗数	(个)	Number of Posts	(unit)	3491	2961	2891	2665	2423	2437	1955
评选巾帼建功标兵数	(人)	Number of Persons	(person)	1036	721	1078	814	912	864	885
来信来访处理情况		**Treatment of the Letters From the People and the Persons Coming to Visit**								
女职工劳动保护信访案件	(件)	Petition Letter and Visit Cases about Women Laber Protection	(Piece)	1587	1241	678	897	1022	505	453
侵犯妇女财产权利信访案件	(件)	Petition Letter and Visit Cases about Woman's Property Right be Violated	(Piece)	2821	4351	3136	1581	1487	892	1034
五好文明家庭	**(户)**	**Civilized Families**	**(door)**	**1364448**	**1568083**	**1507932**	**467578**	**309537**		

浙/江/统/计/年/鉴

主要统计指标解释

■ 社会福利事业单位

指集中收养社会孤老,残,幼的机构。包括由民政部门管理的社会福利院、儿童福利院、精神病人福利院和城镇集体办的福利院,以及农村集体举办的敬老院。

■ 社会福利事业单位收养人数

包括民政部门管理和城镇及农村集体举办的社会福利事业单位中收养的老人,少年儿童,缺乏生活自理能力的残疾人员和精神病人。

■ 社会福利企业单位

指以安置城镇有一定劳动能力的盲,聋,哑和肢体残疾人员就业为目的,享受国家减免税待遇的国有或集体经济性质的企业。包括福利工厂、福利商业服务业、假肢厂和安置农场等单位。

■ 律师

指受聘参加法律顾问处工作,担任法律顾问、刑(民)事代理人、刑事辩护人、办理非诉讼事件、解答法律询问、代定法律事务文书等主要从事律师业务的专职法律工作者和兼职律师。

■ 公证人员

指在国家公证机关依法办理公证事务的司法人员。包括公证员、助理公证员和在公证员和在公证处工作的其他人员。

■ 办理公证文书

指公证处在一定时期内办结的公证文书件数。公证文书系按司法部规定或批准的格式制作。包括国内公证和涉外公证两部分。其中国内公证分为经济合同公证和民事法律关系公证两大类。

■ 调解人员

在人民调解委员会担负调解民间一般民事纠纷和轻微违法行为所引起和纠纷的工作人员。包括调解委员会的委员和调解小组的调解员。

■ 调解民间纠纷

指调解委员会依照法律规定,根据自愿原则,用说服教育的方法调解民间发生的有关民事权利和义务的争执,促成当事双方达到协议和谅解,解决纠纷。包括婚姻家庭纠纷,财产权益纠纷等。不包括法院受理调解的民事案件数。

■ 受理劳动争议案件数

是指劳动争议仲裁委员会根据国家有关规定,对劳动争议当事人的申请予以审查,符合受理条件而正式立案,准备处理的劳动争议案件数。

■ 离休、退休、退职人员

指正式办理了离休、退休、退职手续,并享受相应的离休、退休、退职待遇的人员。

■ 保险福利费用

指企业、事业、机关单位在工资以外实际支付给职工和离休、退休、退职人员个人以及用于集体的劳动保险和福利费用。

ZHEJIANG STATISTICAL YEARBOOK

Explanatory Notes on Main Statistical Indicators

□ Social Welfare Institutions

refer to institutions taking care of old people without children, handicapped people and orphans. They include social welfare institutions run by civil affairs departments, children' s welfare institutions social welfare institutions for mental patients, and Collective Owned old people' s homes in tual areas.

□ Number of People Taken in by Social Welfare Institutions

refers to the number of old people, children, totally dependent handicapped people and mental patiens taken in by scoial welfare institutions run by civil affairs departments and those run by collective units in urban and rural aress.

□ Social Welfare Enterprises

are Collective Owned enterprises which employ the blind, deaf-mute, and other handicapped people who are able to work in cities and towns and enjoy exemption from state taxes, including welfare plants, welfare commercial services, artificial limb plants and farms, etc.

□ Lawyers

are legal workers who are employed full-time by legal counseling firms to act as legal advisres, agents in criminal or civil lawsuits, or defenders in criminal lawsuits, or to handle non-litigious legal affairs, to advise on matters of law or to write legal papers for others. Both full-time and part-time lawyers are included.

□ Notary Personnel

refers to judicial workers of the state notary offices handing notarization work according to law. They include notaries, assistant notaries, and other people working for notary offices.

□ Notarized Documents

refer to the documents settled by notary offices in a year. The notarial documents are drawn up in accordance with the regulations of the Ministry of Justice, including domestic documents and foreign-related documents. Domestic documents are divided into two major categoriees, documents on economic contracts and documents on civil legal relations.

□ Mediators

refer to workers on people' s mediation committees responsible for mediating in civil dispites and cases of slight infraction of the law. They include members of the mediation committees and mediators of mediation groups.

□ Mediation of Civil Disputes

refers to mediation committees' work in mediating in civi ldisputes concerning civil rights and duties through persuasion and education in accordance with the provisions of law on a voluntary basis, so as to solve disputes by helping the parties involved come to an agreement and understanding. These disputes include divorce cases and disputes over property ownership, but exclude the civil cases to be handled by the court.

□ Number of Labour Dispute Cases Accepted

refers to the number of cases of labour dispute submitted that, after being reviewed by the labour dispute arbitration committees in line with the relevant state regulations, are accepted and registered for trearment.

□ Retired or Resigned Personnel

refers to the persons who have formally gone through the formalities for their retorement or quitting work and enjoy the corresponding treatments.

□ Insurance and welfare funds

refers to labour insurance and welfare fund paid by enterprises, organizations and institutions to their staff and workers as well as retired and resigned in addition to their wages and salaries.

2013

浙江统计年鉴

ZHEJIANG STATISTICAL YEARBOOK

CHAPTER 17

各市、县国民经济主要经济指标

Major Indicators of National Economy by City, Prefecture and County

17－1 各市土地面积和行政区划(2012 年)
Land Area and Administrative Divisions by City (2012)

城市	City	土地面积(平方公里) Land Area (sq. km)	市辖区(个) Districts Under City Administration (unit)	县(县级市)(个) Counties (Cities) (unit)	建制镇(个) Towns (unit)	乡(个) Townships (unit)	村(个) Villages (unit)
浙东北	**Eastern and Northern Region**	**45833**	**21**	**25**	**349**	**71**	**8669**
杭州市	Hangzhou	16571	8	5	86	23	2072
宁波市	Ningbo	9816	6	5	78	11	2567
嘉兴市	Jiaxing	3915	2	5	44		815
湖州市	Huzhou	5820	2	3	41	11	985
绍兴市	Shaoxing	8256	1	5	79	15	2186
舟山市	Zhoushan	1455	2	2	21	11	344
浙西南	**Western and Southern Region**	**58308**	**11**	**33**	**301**	**208**	**19829**
温州市	Wenzhou	11786	3	8	64	6	5403
金华市	Jinhua	10942	2	7	76	36	4803
衢州市	Quzhou	8845	2	4	45	43	1748
台州市	Taizhou	9411	3	6	64	28	5025
丽水市	Lishui	17324	1	8	52	95	2850

17－2 各市国民经济主要指标(2012 年)
Main Indicators of National Economy by City (2012)

城 市	City	年末总人口(万人) Total Population by year－end (10000 persons)	生产总值(亿元) Gross Domestic Product (100 million yuan)	第一产业 Primary Industry	第二产业 Secondary Industry	#工业 Industry
浙东北	**Eastern and Northern Region**	**2422.14**	**23446.30**	**1065.52**	**11924.32**	**10626.19**
杭州市	Hangzhou	700.52	7802.01	255.11	3572.63	3168.75
宁波市	Ningbo	577.71	6582.21	268.52	3516.84	3170.07
嘉兴市	Jiaxing	344.52	2890.57	151.39	1603.08	1443.02
湖州市	Huzhou	261.38	1664.30	122.65	886.42	796.75
绍兴市	Shaoxing	440.83	3654.03	184.80	1962.41	1751.79
舟山市	Zhoushan	97.18	853.18	83.06	382.94	295.81
浙西南	**Western and Southern Region**	**2377.21**	**11157.56**	**608.71**	**5582.99**	**4890.24**
温州市	Wenzhou	800.21	3669.18	114.22	1852.99	1625.00
金华市	Jinhua	470.63	2710.77	134.46	1344.69	1164.53
其中:义乌市	Yiwu	75.33	806.03	21.41	333.30	283.83
衢州市	Quzhou	252.83	972.25	79.75	516.34	442.16
台州市	Taizhou	590.95	2911.26	200.91	1419.47	1273.64
丽水市	Lishui	262.59	894.10	79.37	449.50	384.90

续表 1 Continued

城 市	City	第三产业 Tertiary Industry	人均生产总值(元) Per Capita GDP (yuan)	全社会从业人员年末数(万人) Total Employed Persons by year－end (10000 persons)	社会消费品零售总额(亿元) Total Retail Sales of Consumer Goods (100 million yuan)
浙东北	**Eastern and Northern Region**	**10456.46**		**2070.26**	**8510.70**
杭州市	Hangzhou	3974.27	111758	644.43	2944.63
宁波市	Ningbo	2796.85	114065	501.58	2329.26
嘉兴市	Jiaxing	1136.10	84080	327.13	1083.74
湖州市	Huzhou	655.24	63714	180.32	703.87
绍兴市	Shaoxing	1506.82	82966	343.90	1158.66
舟山市	Zhoushan	387.18	87883	72.90	290.54
浙西南	**Western and Southern Region**	**4965.87**		**1583.14**	**5261.44**
温州市	Wenzhou	1701.98	45906	577.88	1929.29
金华市	Jinhua	1231.62	57694	343.45	1260.41
其中:义乌市	Yiwu	451.32	107420	93.22	398.74
衢州市	Quzhou	376.16	38476	133.35	396.36
台州市	Taizhou	1290.87	49438	389.26	1304.30
丽水市	Lishui	365.23	34132	139.20	371.09

续表 2 Continued

城市	City	固定资产投资(亿元) Investment in Fixed Assets (100 million yuan)	出口总额(亿美元) Exports (USD 100 million)	财政总收入(亿元) Total Financial Revenue (100 million yuan)	地方财政收入(亿元) Local Financial Revenue (100 million yuan)
浙东北	**Eastern and Northern Region**	**11530.38**	**1644.87**	**4485.96**	**2333.09**
杭州市	Hangzhou	3722.75	412.62	1627.89	859.99
宁波市	Ningbo	2901.43	614.45	1536.51	725.50
嘉兴市	Jiaxing	1642.31	196.03	471.92	257.73
湖州市	Huzhou	970.73	73.96	246.88	138.55
绍兴市	Shaoxing	1722.56	255.57	469.31	265.76
舟山市	Zhoushan	570.60	92.24	133.45	85.56
浙西南	**Western and Southern Region**	**5517.80**	**600.83**	**1522.36**	**852.98**
温州市	Wenzhou	2110.34	176.96	517.89	289.64
金华市	Jinhua	1126.80	213.13	376.47	214.89
其中:义乌市	Yiwu	293.59	90.05	101.46	57.42
衢州市	Quzhou	566.13	18.59	106.39	63.42
台州市	Taizhou	1242.56	172.39	408.95	220.42
丽水市	Lishui	471.98	19.76	112.66	64.61

续表 3 Continued

城市	City	地方财政支出(亿元) Local Financial Expenditure (100million yuan)	城乡居民储蓄存款年末余额(亿元) Savings Deposits of Urban and Rural Residents (100 million yuan)	城镇居民人均可支配收入(元) Per Capita Disposable Income of Urban Residents (yuan)	农村居民人均纯收入(元) Per Capita Net Income of Rural Residents (yuan)
浙东北	**Eastern and Northern Region**	**2476.86**	**16548.99**		
杭州市	Hangzhou	786.28	6089.98	35704	17017
宁波市	Ningbo	828.44	4208.81	38043	18475
嘉兴市	Jiaxing	260.70	2155.49	35696	18636
湖州市	Huzhou	167.51	1082.79	32987	17188
绍兴市	Shaoxing	278.71	2503.32	36911	17706
舟山市	Zhoushan	155.22	508.59	34224	18601
浙西南	**Western and Southern Region**	**1254.50**	**10353.99**		
温州市	Wenzhou	387.79	3843.30	34820	14719
金华市	Jinhua	271.95	2684.35	33164	13286
其中:义乌市	Yiwu	54.54	1053.14	44509	19147
衢州市	Quzhou	138.89	608.73	26232	10714
台州市	Taizhou	287.93	2385.14	33979	14567
丽水市	Lishui	167.94	832.46	26309	8855

17－3 全社会从业人员数(2012 年底)
Total Employed Persons (End of 2012)

单位:万人(10000 persons)

城市	City	全社会从业人员数 Total Employed Persons	第一产业 Primary Industry	第二产业 Secondary Industry	第三产业 Tertiary Industry
浙东北	**Eastern and Northern Region**	**2070.26**	**220.27**	**1060.46**	**789.52**
杭州市	Hangzhou	644.43	70.39	290.01	284.03
宁波市	Ningbo	501.58	29.74	275.27	196.57
嘉兴市	Jiaxing	327.13	32.45	197.82	96.85
湖州市	Huzhou	180.32	25.83	92.01	62.48
绍兴市	Shaoxing	343.90	51.38	180.08	112.44
舟山市	Zhoushan	72.90	10.48	25.27	37.15
浙西南	**Western and Southern Region**	**1583.14**	**319.37**	**652.91**	**610.86**
温州市	Wenzhou	577.88	67.09	245.43	265.36
金华市	Jinhua	343.45	68.40	161.87	113.18
其中:义乌市	Yiwu	93.22	6.66	56.05	30.51
衢州市	Quzhou	133.35	53.12	40.17	40.06
台州市	Taizhou	389.26	75.47	170.55	143.24
丽水市	Lishui	139.20	55.29	34.89	49.02

17－4 各市年末城镇从业人员数(2012 年)
Employed Persons in Towns by City (End of 2012)

单位:万人(10000 persons)

城市	City	年末城镇从业人员数 Total Employed Persons in Towns	农、林、牧、渔业 Agriculture	采矿业 Mining and Quarrying	制造业 Manufac－turing	电力、煤气及水的生产和供应业 Electricity, Gas and Water Production and Supply	建筑业 Construction	交通运输仓储及邮电通信业 Transport, Storage, Post & Telecom－munication
浙东北	**Eastern and Northern Region**	**731.25**	**0.38**	**1.13**	**270.28**	**7.69**	**190.41**	**21.42**
杭州市	Hangzhou	281.90	0.13	0.14	80.47	2.15	72.25	9.75
宁波市	Ningbo	174.70	0.06	0.01	81.99	1.91	33.11	6.04
嘉兴市	Jiaxing	79.19	0.08		48.97	1.19	2.93	1.65
湖州市	Huzhou	47.14	0.02	0.67	18.24	0.71	11.75	0.98
绍兴市	Shaoxing	130.67	0.06	0.21	36.54	1.22	68.50	1.47
舟山市	Zhoushan	17.65	0.03	0.10	4.07	0.51	1.87	1.53
浙西南	**Western and Southern Region**	**335.82**	**0.45**	**0.26**	**101.86**	**4.97**	**103.64**	**7.92**
温州市	Wenzhou	111.54	0.05	0.17	42.32	1.70	25.89	3.07
金华市	Jinhua	88.38	0.07	0.02	15.95	0.79	43.06	2.01
其中:义乌市	Yiwu	11.48			2.79	0.12	1.95	0.52
衢州市	Quzhou	20.25	0.03	0.04	6.57	0.51	1.97	0.51
台州市	Taizhou	96.80	0.14	0.02	33.38	1.19	31.40	1.85
丽水市	Lishui	18.85	0.16	0.01	3.64	0.78	1.32	0.48

续表 1 Continued

单位:万人(10000 persons)

城市	City	信息传输、计算机服务和软件业 Information Transmission, Computer Services and Software	批发和零售贸易 Wholesale and Retail Sale Trade	住宿、餐饮业 Hotels and Catering Services	金融业 Finance	房地产业 Real Estate	租赁和商业服务 Leasing and Commercial Services	科学研究、技术服务和地质勘查 Technic and Geological Prospecting
浙东北	**Eastern and Northern Region**	**11.32**	**30.61**	**12.96**	**22.14**	**13.86**	**20.54**	**14.50**
杭州市	Hangzhou	8.40	17.40	8.45	8.95	7.77	9.70	10.30
宁波市	Ningbo	1.20	6.07	1.93	6.78	2.49	5.53	1.88
嘉兴市	Jiaxing	0.52	2.58	0.89	1.78	1.52	2.58	0.95
湖州市	Huzhou	0.42	1.69	0.43	1.51	0.66	0.70	0.40
绍兴市	Shaoxing	0.55	2.19	0.91	2.39	0.69	1.15	0.63
舟山市	Zhoushan	0.23	0.68	0.35	0.73	0.73	0.88	0.34
浙西南	**Western and Southern Region**	**2.74**	**8.63**	**3.36**	**14.25**	**3.58**	**6.65**	**2.98**
温州市	Wenzhou	0.78	2.69	1.41	4.52	1.60	2.61	1.03
金华市	Jinhua	0.70	2.00	0.75	2.83	0.61	1.55	0.43
其中:义乌市	Yiwu	0.05	0.28	0.10	0.69	0.26	0.53	0.11
衢州市	Quzhou	0.27	0.66	0.24	1.36	0.16	0.25	0.26
台州市	Taizhou	0.68	2.41	0.70	4.36	1.10	1.68	0.96
丽水市	Lishui	0.31	0.87	0.26	1.18	0.11	0.56	0.30

续表 2 Continued

单位:万人(10000 persons)

城市	City	水利、环境和公共设施管理业 Water Conservancy, Environment and Public Facilities Management	居民服务和其他服务业 Resident Services and Other Services	教育 Education	卫生、社会保障和社会福利业 Health Care, Social Security and Social Welfare	文化、体育和娱乐业 Culture Sports and Recreation	公共管理和社会组织 Public Management and Social Organization
浙东北	**Eastern and Northern Region**	**9.49**	**1.65**	**39.84**	**23.00**	**3.00**	**35.00**
杭州市	Hangzhou	4.90	0.91	16.14	9.00	2.00	13.00
宁波市	Ningbo	1.63	0.49	8.45	5.00	1.00	9.00
嘉兴市	Jiaxing	0.92	0.10	5.16	3.00		4.00
湖州市	Huzhou	0.58	0.05	3.09	2.00		3.00
绍兴市	Shaoxing	0.97	0.05	5.57	3.00		4.00
舟山市	Zhoushan	0.49	0.05	1.43	1.00		2.00
浙西南	**Western and Southern Region**	**3.42**	**0.35**	**26.41**	**14.00**	**1.00**	**28.00**
温州市	Wenzhou	0.54	0.14	9.14	5.00	1.00	8.00
金华市	Jinhua	1.42	0.05	5.74	3.00		7.00
其中:义乌市	Yiwu	0.27	0.02	1.18	1.00		2.00
衢州市	Quzhou	0.20	0.02	2.39	1.00		3.00
台州市	Taizhou	0.89	0.11	6.15	3.00		6.00
丽水市	Lishui	0.37	0.03	2.99	2.00		4.00

17-5 各市农、林、牧、渔业总产值(2012年) Gross Output Value of Farming, Forestry, Animal Husbandry and Fishery by Gity(2012)

单位:亿元(100 million yuan)

城市	City	农、林、牧、渔业总产值 Total Output Value	农业产值 Farming	林业产值 Forestry	牧业产值 Animal Husbandry	渔业产值 Fishery	农林牧渔业服务业产值 Services
浙东北	**Eastern and Northern Region**	**1708.91**	**808.67**	**98.02**	**348.73**	**418.68**	**34.82**
杭州市	Hangzhou	384.34	207.72	38.18	86.85	42.00	9.59
宁波市	Ningbo	419.81	201.19	11.43	64.70	136.73	5.76
嘉兴市	Jiaxing	253.85	120.60	0.92	94.08	28.84	9.42
湖州市	Huzhou	208.48	93.63	23.12	45.83	37.97	7.94
绍兴市	Shaoxing	278.77	175.41	24.02	52.09	25.40	1.84
舟山市	Zhoushan	163.67	10.12	0.35	5.19	147.73	0.27
浙西南	**Western and Southern Region**	**1003.93**	**468.02**	**46.66**	**220.23**	**255.82**	**13.20**
温州市	Wenzhou	185.11	79.59	4.37	38.99	58.90	3.27
金华市	Jinhua	212.96	121.13	6.47	68.82	11.69	4.85
其中:义乌市	Yiwu	31.39	18.19	0.60	11.03	1.29	0.28
衢州市	Quzhou	135.20	61.30	10.49	57.21	5.17	1.03
台州市	Taizhou	349.15	126.41	5.99	35.65	177.93	3.17
丽水市	Lishui	121.50	79.60	19.33	19.58	2.13	0.87

17-6 各市播种面积(2012年) Sown Area by City (2012)

城市	City	农作物播种面积(千公顷) Swon Area of Farm Crop (1000 hectares)	#粮食 Grain	#谷物 Cereal	#油料 Oilbearing Crops	#棉花 Cotton	#蔬菜 Vegetable	果用瓜 Melo used as Fruit
浙东北	**Eastern and Northern Region**	**1598.72**	**856.37**	**664.56**	**127.86**	**10.90**	**370.87**	**59.68**
杭州市	Hangzhou	370.12	165.44	108.97	41.42	0.62	97.24	11.92
宁波市	Ningbo	309.45	148.53	104.15	14.70	5.98	80.73	19.95
嘉兴市	Jiaxing	340.45	207.89	179.70	22.29	1.88	81.46	10.00
湖州市	Huzhou	224.25	136.14	111.93	21.61	0.15	36.76	5.80
绍兴市	Shaoxing	331.13	187.75	155.56	25.79	2.07	66.72	10.11
舟山市	Zhoushan	23.32	10.61	4.25	2.05	0.20	7.97	1.90
浙西南	**Western and Southern Region**	**1174.20**	**680.22**	**495.54**	**98.94**	**10.01**	**252.40**	**41.73**
温州市	Wenzhou	247.08	156.60	118.44	12.45	0.07	56.74	9.93
金华市	Jinhua	274.82	154.84	114.93	25.90	7.22	43.54	10.58
其中:义乌市	Yiwu	30.64	17.66	11.25	1.50	0.02	7.37	1.46
衢州市	Quzhou	230.22	134.00	105.41	39.24	1.99	36.05	5.26
台州市	Taizhou	251.37	137.44	95.82	11.30	0.72	70.29	12.67
丽水市	Lishui	170.71	97.33	60.94	10.04	0.02	45.77	3.29

17-7 各市主要农产品产量(2012年)
Output of Major Farm Products by City (2012)

单位:吨(ton)

城市	City	粮食 Grain	#谷物 Cereal	油菜籽 Rapeseeds	棉花 Cotton	水果 Fruit	#柑桔 Citrus	茶叶 Tea	蚕茧 Silkworm Cocoons
浙东北	**Eastern and Northern Region**	**5370971**	**4602525**	**245359**	**13751**	**3636477**	**509436**	**111007**	**56580**
杭州市	Hangzhou	968847	738452	76589	876	818659	176031	32283	15514
宁波市	Ningbo	865700	704561	23038	7133	1262397	245945	16604	
嘉兴市	Jiaxing	1384286	1270116	55255	2817	592762	42048	99	24978
湖州市	Huzhou	899386	797791	46250	227	259348	716	10615	13334
绍兴市	Shaoxing	1200558	1065001	41369	2517	619278	18539	51319	2754
舟山市	Zhoushan	52194	26604	2858	181	84033	26157	87	
浙西南	**Western and Southern Region**	**3937323**	**3221621**	**148758**	**16140**	**3401920**	**1426168**	**63833**	**4535**
温州市	Wenzhou	927081	776827	17923	108	406266	68225	4973	2
金华市	Jinhua	897784	742526	40789	11363	574040	112352	20336	1825
其中:义乌市	Yiwu	105658	74423	1982	31	91813	17705	960	30
衢州市	Quzhou	796868	686103	58902	3694	809552	625968	6847	890
台州市	Taizhou	791920	622563	16990	941	1215825	443978	4526	328
丽水市	Lishui	523670	393602	14154	34	396237	175645	27151	1490

续表 Continued

单位:吨(ton)

城市	City	生猪年末存栏头数(万头) Year-end Hogs (10000 heads)	牛年末存栏头数(头) Year-end Cattle (head)	羊年末存栏只数(万只) Year-end Sheep and Goats (10000 heads)	肉产量(吨) Output of Meat (ton)	#猪肉 Pork (ton)	禽蛋产量(吨) Poultry Eggs (ton)	牛奶产量(吨) Cow Milk (ton)	水产品产量(吨) Output of Aquatic Production (ton)
浙东北	**Eastern and Northern Region**	**852**	**58611**	**134**	**1333713**	**994203**	**441930**	**94724**	**3252863**
杭州市	Hangzhou	211	20044	19	334907	260802	155371	41080	210527
宁波市	Ningbo	118	18253	9	212430	157209	86602	26822	991531
嘉兴市	Jiaxing	275	4675	62	392718	301482	84114	15314	187628
湖州市	Huzhou	108	3758	30	189648	112221	57703	4845	283544
绍兴市	Shaoxing	125	11171	12	182493	144288	52013	6313	96594
舟山市	Zhoushan	15	710	2	21517	18201	6127	350	1483039
浙西南	**Western and Southern Region**	**692**	**170865**	**42**	**944660**	**754922**	**187814**	**98667**	**2140938**
温州市	Wenzhou	85.38	40845	15.03	131526	96288	49469	18359	576869
金华市	Jinhua	185.16	43757	8.54	255992	213570	56073	68028	73862
其中:义乌市	Yiwu	27.63	751	1.23	45968	38028	5141	993	4200
衢州市	Quzhou	282.30	23515	4.53	320125	277623	23071	1691	54087
台州市	Taizhou	80.76	30249	6.23	139118	93673	48771	9222	1417871
丽水市	Lishui	58.65	32499	8.00	97899	73768	10430	1367	18249

17－8 各市农业现代化情况(2012 年)
Agricultural Modernization by City (2012)

城市	City	农业机械总动力(万千瓦) Total Power of Agricultural Machinery (10000 million kw)	农村用电量(万千瓦小时) Electricity Consumed in Rural Area (10000 million kw. h)	农用化肥施用量(折纯)(吨) Consumption of Chemical Fertilizers (pure) (ton)	机耕面积(千公顷) Area Ploughed by Tractors (1000 hectares)	有效灌溉面积(千公顷) Irrigated Area (1000 hectares)	旱涝保收面积(千公顷) Stable Yields Ensured Despite Disasters (1000 hectares)
浙东北	**Eastern and Northern Region**	**1438.50**	**6292875**	**487926**	**824.28**	**867.91**	**714.37**
杭州市	Hangzhou	343.40	1097190	108363	173.04	167.09	137.88
宁波市	ningbo	313.39	1738039	111774	184.90	191.45	151.77
嘉兴市	jiaxing	154.75	1011357	104862	154.69	198.77	174.71
湖州市	huzhou	168.03	371230	52625	132.89	136.37	126.83
绍兴市	shaoxing	243.29	1952736	105268	169.75	160.30	111.96
舟山市	zhoushan	215.64	122323	5034	9.02	13.93	11.21
浙西南	**Western and Southern Region**	**1145.74**	**2405827**	**433579**	**618.71**	**603.11**	**405.68**
温州市	wenzhou	244.18	902710	86419	153.75	126.95	77.49
金华市	jinhua	258.32	396128	119634	151.39	160.02	116.21
其中:义乌市	yiwu	29.20	103224	13046	17.69	20.46	15.49
衢州市	quzhou	164.66	95447	75478	119.03	95.53	74.15
台州市	taizhou	367.74	957734	90370	136.64	128.54	85.40
丽水市	lishui	110.83	53808	61678	57.90	92.07	52.43

17－9 各市规模以上工业企业单位数(2012 年)
Number of Industrial Enterprises Above Designated Size by City (2012)

单位:个(unit)

城市	City	工业企业单位数 Number of Enterprises	内资企业 Domestic－funded Enterprises	港澳台商投资企业 Enterprises with Investment from Hong Kong, Macao and Taiwan	外商投资企业 Enterprises with Foreign Investment
浙东北	**Eastern and Northern Region**	**23548**	**17826**	**2922**	**2800**
杭州市	Hangzhou	5927	4681	553	693
宁波市	Ningbo	6804	4703	1118	983
嘉兴市	Jiaxing	4324	3250	494	580
湖州市	Huzhou	2428	1926	259	243
绍兴市	Shaoxing	3682	2916	487	279
舟山市	Zhoushan	383	350	11	22
浙西南	**Western and Southern Region**	**12956**	**12008**	**407**	**541**
温州市	Wenzhou	4290	4004	104	182
金华市	Jinhua	3248	2975	126	147
其中:义乌市	Yiwu	662	611	28	23
衢州市	Quzhou	940	885	22	33
台州市	Taizhou	3378	3081	141	156
丽水市	Lishui	1100	1063	14	23

17－10 各市规模以上工业总产值(2012 年)
Gross Output Value of Industry by City Above Designated Size (2012)

单位:亿元(100 million yuan)

城市	City	工业总产值 Gross Output Value of Industry	内资企业 Domestic－funded Enterprises	港澳台商投资企业 Enterprises with Investment from Hong Kong, Macao and Taiwan	外商投资企业 Enterprises with Foreign Investment
浙东北	**Eastern and Northern Region**	**44242.21**	**30374.16**	**6999.78**	**6868.27**
杭州市	Hangzhou	12962.28	9111.31	1480.36	2370.61
宁波市	Ningbo	12155.08	7113.45	2886.27	2155.35
嘉兴市	Jiaxing	6039.93	4042.46	764.58	1232.89
湖州市	Huzhou	3333.83	2534.25	444.38	355.20
绍兴市	Shaoxing	8551.25	6701.79	1257.07	592.40
舟山市	Zhoushan	1199.83	870.90	167.11	161.83
浙西南	**Western and Southern Region**	**14465.40**	**12966.04**	**560.90**	**938.45**
温州市	Wenzhou	4248.62	3875.20	101.07	272.36
金华市	Jinhua	3791.97	3393.92	189.91	208.14
其中:义乌市	Yiwu	689.66	593.87	62.10	33.70
衢州市	Quzhou	1331.00	1209.00	40.43	81.57
台州市	Taizhou	3530.81	2982.97	205.79	342.05
丽水市	Lishui	1562.99	1504.96	23.70	34.33

17－11 各市工业企业经济指标(2012 年)
Main Indicators of Industrial Enterprises by City (2012)

单位:亿元(100 million yuan)

城市	City	从业人员平均人数(万人) Average Number of Employed Persons (10000 persons)	流动资产年平均余额 Annual Average Balance of Circulating Assets	固定资产净值年平均余额 Annual Average Balance of Net Value of Fixed Assets	主营业务收入 Revenues in Main Business
浙东北	**Eastern and Northern Region**	**474.64**	**23680.18**	**11468.89**	**42952.08**
杭州市	Hangzhou	122.58	7214.72	2956.05	12528.86
宁波市	Ningbo	147.06	6377.62	3143.03	11795.98
嘉兴市	Jiaxing	82.00	3145.01	2344.76	5907.52
湖州市	Huzhou	34.12	1490.56	712.12	3365.13
绍兴市	Shaoxing	80.13	4620.89	1870.75	8333.61
舟山市	Zhoushan	8.75	831.38	442.17	1020.98
浙西南	**Western and Southern Region**	**243.15**	**8620.24**	**3752.68**	**13831.36**
温州市	Wenzhou	84.10	2790.91	970.18	4010.58
金华市	Jinhua	60.30	2376.14	1000.44	3594.80
其中:义乌市	Yiwu	12.94	444.03	216.17	667.82
衢州市	Quzhou	15.51	665.53	461.91	1368.40
台州市	Taizhou	65.53	2107.58	953.22	3334.40
丽水市	Lishui	17.71	680.08	366.94	1523.19

续表 Continued

单位:亿元(100 million yuan)

城市	City	利税总额 Total Profits and Taxes	产品销售税金及附加 Sales Tax and Extra Charges	本年应交增值税 Tax Payable of Value Added	利润总额 Total Profits
浙东北	**Eastern and Northern Region**	**3922.50**	**543.01**	**1141.67**	**2237.82**
杭州市	Hangzhou	1339.47	206.87	361.02	771.58
宁波市	Ningbo	1112.86	258.87	300.78	553.21
嘉兴市	Jiaxing	490.83	19.89	191.00	279.94
湖州市	Huzhou	271.10	16.99	85.70	168.41
绍兴市	Shaoxing	677.05	34.85	187.53	454.67
舟山市	Zhoushan	31.19	5.55	15.64	10.00
浙西南	**Western and Southern Region**	**1329.80**	**67.83**	**411.90**	**850.07**
温州市	Wenzhou	356.79	21.29	125.68	209.82
金华市	Jinhua	352.71	17.79	102.59	232.33
其中:义乌市	Yiwu	65.55	3.52	13.71	48.32
衢州市	Quzhou	146.13	6.30	41.85	97.98
台州市	Taizhou	300.20	16.47	102.96	180.77
丽水市	Lishui	173.98	5.98	38.82	129.18

17－12 各市客运量和货运量(2012 年)
Passenger Traffic and Freight Traffic by City (2012)

城市	City	客运量(万人) Passenger Traffic (10000 persons)				货运量(万吨) Freight Traffic (10000 tons)		
		铁路 Railways	公路 Highways	水运 Waterways	航空 Civil Aviation	铁路 Railways	公路 Highways	水运 Waterways
浙东北	**Eastern and Northern Region**	**6659.55**	**110434**	**3134.44**	**1561.57**	**3066.10**	**68227**	**57928.14**
杭州市	Hangzhou	3112.38	31126	592.00	988.57	322.47	23243	6503.00
宁波市	Ningbo	2237.47	27110	122.79	526.60	2594.34	16570	14113.00
嘉兴市	Jiaxing	821.62	11469	52.00		29.21	8432	8415.00
湖州市	Huzhou		9431	45.11			7081	12386.14
绍兴市	Shaoxing	488.08	17414	98.00		120.08	8204	1223.00
舟山市	Zhoushan		13884	2224.54	46.40		4697	15288.00
浙西南	**Western and Southern Region**	**2541.34**	**110907**	**348.76**	**428.25**	**1269.75**	**45317**	**12879.73**
温州市	Wenzhou	607.41	33549	50.21	294.60	646.93	8022	3244.06
金华市	Jinhua	1196.32	29931	29.20	93.68	147.36	12691	74.00
其中:义乌市	Yiwu	614.30	9961		93.68	31.18	3668	
衢州市	Quzhou	215.76	11485	6.62	19.01	368.47	8364	4.00
台州市	Taizhou	426.00	30210	217.00	20.96	8.00	11744	9493.00
丽水市	Lishui	95.85	5732	45.73		98.99	4496	64.67

17－13 各市公路里程、邮电通信和用电量情况(2012 年)
Length of Highways, Posts and Telecommunications and Electricity by City (2012)

城市	City	境内公路里程(公里) Length of Highways (km)	#高速公路 Expressway	民用汽车拥有量(辆) Civil Motor Vehicles (unit)	固定电话用户(万户) Telephone Subscribers (10000 subscribers)	年末移动电话用户数(万户) Number of Mobile Telephones Subscribers (10000 subscribers)
浙东北	**Eastern and Northern Region**	**52962.39**	**2076.00**	**4619564**	**1160.30**	**4213.87**
杭州市	Hangzhou	14938.58	550.00	1761001	346.22	1438.67
宁波市	Ningbo	10661.00	463.00	1232485	308.00	1088.00
嘉兴市	Jiaxing	7863.00	348.00	574269	155.89	544.82
湖州市	Huzhou	8110.93	289.00	338897	101.70	324.26
绍兴市	Shaoxing	9587.19	394.00	627394	195.06	663.83
舟山市	Zhoushan	1801.69	32.00	85518	53.43	154.29
浙西南	**Western and Southern Region**	**53337.96**	**1543.00**	**3112272**	**687.85**	**3332.47**
温州市	Wenzhou	7915.53	289.00	1096379	254.47	1110.40
金华市	Jinhua	11861.73	310.00	849496	167.15	950.31
其中:义乌市	Yiwu	1380.61	54.00	263327	47.74	303.12
衢州市	Quzhou	7822.90	317.00	177318	52.09	208.20
台州市	Taizhou	11453.00	298.00	793273	165.07	782.99
丽水市	Lishui	14284.80	329.00	195806	49.07	280.57

续表　Continued

城市	City	国际互联网用户数(户) Users of International Computer Network (subscriber)	电信业务收入(万元) Telecom Business Income (10000 yuan)	全年用电量(亿千瓦小时) Total Electricity Consumption (100 million kw. h)	#工业用电 Industrial Consumption	#城乡居民生活用电 Residential Consumption
浙东北	**Eastern and Northern Region**	**835.80**	**4549774**	**2002.56**	**1495.64**	**221.38**
杭州市	Hangzhou	275.91	1597281	591.72	396.19	79.32
宁波市	Ningbo	231.18	1160429	514.09	384.59	59.31
嘉兴市	Jiaxing	112.37	789241	351.42	289.23	26.49
湖州市	Huzhou	60.06	312329	165.84	126.50	19.22
绍兴市	Shaoxing	125.75	538925	337.71	276.83	29.86
舟山市	Zhoushan	30.53	151569	41.77	22.29	7.18
浙西南	**Western and Southern Region**	**533.66**	**2945277**	**1015.25**	**714.34**	**170.52**
温州市	Wenzhou	201.65	1198815	326.95	210.51	71.95
金华市	Jinhua	131.92	706038	273.98	202.91	34.12
其中:义乌市	Yiwu	41.64	244731	67.73	43.66	8.72
衢州市	Quzhou	35.81	145000	116.08	94.96	10.54
台州市	Taizhou	126.54	716548	227.33	156.67	42.12
丽水市	Lishui	37.74	178876	70.90	49.29	11.78

17－14 各市固定资产投资(2012 年)
Investment in Fixed Assets by City (2012)

单位:亿元(100 million yuan)

城市	City	固定资产投资 Inventment in Fixed Assets	第一产业 Primary Industry	第二产业 Secondary Industry	第三产业 Tertiary Industry
浙东北	**Eastern and Northern Region**	**11530.38**	**69.65**	**4058.93**	**7401.80**
杭州市	Hangzhou	3722.75	4.27	853.16	2865.33
宁波市	Ningbo	2901.43	27.02	819.87	2054.54
嘉兴市	Jiaxing	1642.31	14.08	785.92	842.30
湖州市	Huzhou	970.73	7.94	529.78	433.00
绍兴市	Shaoxing	1722.56	9.40	881.40	831.77
舟山市	Zhoushan	570.60	6.94	188.80	374.86
浙西南	**Western and Southern Region**	**5517.80**	**88.76**	**2009.43**	**3419.61**
温州市	Wenzhou	2110.34	43.03	477.95	1589.36
金华市	Jinhua	1126.80	6.07	564.62	556.11
其中:义乌市	Yiwu	293.59	0.88	89.88	202.82
衢州市	Quzhou	566.13	15.21	304.56	246.36
台州市	Taizhou	1242.56	10.16	503.46	728.93
丽水市	Lishui	471.98	14.28	158.84	298.86

续表 Continued 单位:亿元(100 million yuan)

城市	City	#房地产开发投资 Real Estate Development	#住宅 Residential Buildings	新增固定资产 Newly Increased Fixed Assets	商品房屋销售面积(万平方米) Floor Space of Commerical Houses Sold (10000 sq. m)	商品房屋销售额 Total Value of Commerical Houses Sold
浙东北	**Eastern and Northern Region**	**3735.41**	**2391.05**	**5663.56**	**2965.85**	**3139.72**
杭州市	Hangzhou	1597.36	1001.74	1686.92	1089.62	1465.26
宁波市	Ningbo	884.35	515.65	1381.56	590.22	663.39
嘉兴市	Jiaxing	415.88	279.30	878.24	450.31	322.48
湖州市	Huzhou	211.17	143.41	457.08	273.56	186.04
绍兴市	Shaoxing	467.71	347.25	857.88	483.74	418.91
舟山市	Zhoushan	158.94	103.71	401.88	78.40	83.63
浙西南	**Western and Southern Region**	**1490.85**	**1056.87**	**2834.74**	**1039.40**	**1122.95**
温州市	Wenzhou	687.50	466.48	854.07	204.25	354.83
金华市	Jinhua	285.19	203.03	638.74	322.51	315.93
其中:义乌市	Yiwu	106.42	68.81	214.85	42.05	82.85
衢州市	Quzhou	75.79	60.31	399.48	104.10	70.24
台州市	Taizhou	357.38	264.54	587.14	319.72	305.31
丽水市	Lishui	84.99	62.50	355.30	88.82	76.63

17－15 各市国内贸易情况(2012年)
The Situation of Domestic Trade by City(2012)

城市	City	社会消费品零售总额(亿元) Total Retail Sales of Consumer Goods (100 million yuan)	限额以上批发、零售贸易业商品销售总额(亿元) Total Sales of Wholesale and Retailsale Trade Above Designated Size (100 million yuan)	限额以上批发零售企业数(个) Number of Wholesale and retail enterprises above the Designated Size (unit)	零售 Retail
浙东北	**Eastern and Northern Region**	**8510.70**	**26812.02**	**8877**	**2293**
杭州市	Hangzhou	2944.63	13240.57	3420	809
宁波市	Ningbo	2329.26	8087.66	2521	598
嘉兴市	Jiaxing	1083.74	1722.02	1238	324
湖州市	Huzhou	703.87	1297.79	436	181
绍兴市	Shaoxing	1158.66	1654.42	1003	290
舟山市	Zhoushan	290.54	809.55	259	91
浙西南	**Western and Southern Region**	**5261.44**	**5800.62**	**3939**	**1359**
温州市	Wenzhou	1929.29	2464.68	1976	502
金华市	Jinhua	1260.41	1141.46	734	307
其中:义乌市	Yiwu	398.74	255.38	207	81
衢州市	Quzhou	396.36	418.24	272	121
台州市	Taizhou	1304.30	1321.37	705	277
丽水市	Lishui	371.09	454.87	252	152

17－16 各市外贸及利用外资情况(2012年)
The Situation of Foreign Trade and the Use of Foreign Capital by City(2012)

城市	City	进口总额(亿美元) Total imports (100 million USD)	出口总额(亿美元) Total exports (100 million USD)	外国和港澳台地区在华直接投资 Foreign Funded Enterprises and Enterprises Funded by Entrepreneurs from Hong Kong, Macao & Taiwan	
				新签项目(合同)数(个) Newly Signed Contracts(unit)	实际使用外资金额(万美元) Amount of Foreign Capital Actually Use (USD 10000)
浙东北	**Eastern and Northern Region**	**787.03**	**1644.87**	**1342**	**1175810**
杭州市	Hangzhou	204.22	412.62	510	496061
宁波市	Ningbo	351.27	614.45	262	285252
嘉兴市	Jiaxing	91.41	196.03	234	178159
湖州市	Huzhou	13.40	73.96	192	102599
绍兴市	Shaoxing	65.41	255.57	134	95400
舟山市	Zhoushan	61.32	92.24	10	18339
浙西南	**Western and Southern Region**	**89.63**	**600.83**	**173**	**131123**
温州市	Wenzhou	27.42	176.96	29	39836
金华市	Jinhua	14.26	213.13	88	28314
其中:义乌市	Yiwu	34235.00	900507.00	46	11261
衢州市	Quzhou	11.59	18.59	14	5067
台州市	Taizhou	33.83	172.39	25	47520
丽水市	Lishui	2.53	19.76	17	10386

17-17 各市国际旅游事业情况(2012年) International Tourism by City (2012)

城市	City	海外游客人数(人) Total Number of International Tourists (person)	#外国人 Foreigners	#港澳台同胞 Compatriots from Hong Kong Macao and Taiwan, China	国际旅游收入(万美元) Total International Income From Tourism (USD 10000)
浙东北	**Eastern and Northern Region**	**6725418**	**3479789**	**3245629**	**378567**
杭州市	Hangzhou	3311225	1486520	1824705	220165
宁波市	Ningbo	1162088	631033	531055	73428
嘉兴市	Jiaxing	781860	501421	280439	27658
湖州市	Huzhou	473020	258015	215005	17323
绍兴市	Shaoxing	686757	416869	269888	24128
舟山市	Zhoushan	310468	185931	124537	15865
浙西南	**Western and Southern Region**	**1933999**	**1413137**	**520862**	**136607**
温州市	Wenzhou	575397	440546	134851	31887
金华市	Jinhua	776994	619365	157629	42451
其中:义乌市	Yiwu	590258	504526	85732	36660
衢州市	Quzhou	135657	60181	75476	6659
台州市	Taizhou	240042	108965	131077	8726
丽水市	Lishui	205909	184080	21829	46884

17-18 各市财政收支情况(2012年) Total Financial Revenve and Expenditure by City (2012)

单位:万元(10000 yuan)

城市	City	财政总收入 Total Financial Revenue	地方财政预算内收入 Total Local Government Budgetary Financial Revenue	地方财政预算内支出 Total Local Government Financial Expenditures	#一般性公共服务支出 Expenses for Public Service	#教育支出 Expenses for Education
浙东北	**Eastern and Northern Region**	**44859606**	**23330887**	**24768647**	**3015678**	**4793037**
杭州市	Hangzhou	16278879	8599875	7862800	893776	1469766
宁波市	Ningbo	15365101	7255003	8284437	1004625	1417046
嘉兴市	Jiaxing	4719213	2577319	2607030	336149	649278
湖州市	Huzhou	2468788	1385508	1675076	220436	371108
绍兴市	Shaoxing	4693118	2657555	2787074	363184	672450
舟山市	Zhoushan	1334507	855627	1552230	197508	213389
浙西南	**Western and Southern Region**	**15223553**	**8529811**	**12545006**	**1757062**	**3178298**
温州市	Wenzhou	5178928	2896419	3877865	527321	1036367
金华市	Jinhua	3764700	2148887	2719529	347937	723812
其中:义乌市	Yiwu	1014635	574188	545403	105532	128005
衢州市	Quzhou	1063893	634154	1388933	207725	311083
台州市	Taizhou	4089456	2204230	2879269	420778	739748
丽水市	Lishui	1126576	646121	1679410	253301	367288

17－19 各市金融保险情况(2012 年)
Finace and Insurance by City (2012)

单位:亿元(100 million yuan)

城市	City	金融机构年末存款余额 Deposits	城乡居民储蓄年末余额 Residents´ Savings Deposits	金融机构年末贷款余额 Loans	保费 Premium	赔款、给付 Settled Claim
浙东北	**Eastern and Northern Region**	**46325.83**	**16548.99**	**42059.72**	**631.43**	**214.52**
杭州市	Hangzhou	20148.77	6089.98	18090.80	247.92	85.41
宁波市	Ningbo	11980.50	4208.81	11961.02	164.71	64.27
嘉兴市	Jiaxing	4597.34	2155.49	3670.52	74.71	18.31
湖州市	Huzhou	2285.66	1082.79	1912.40	47.55	14.59
绍兴市	Shaoxing	5923.60	2503.32	5129.15	75.22	24.65
舟山市	Zhoushan	1389.97	508.59	1295.83	21.33	7.29
浙西南	**Western and Southern Region**	**20353.25**	**10353.99**	**17449.40**	**361.74**	**114.39**
温州市	Wenzhou	7744.94	3843.30	7013.00	118.47	36.96
金华市	Jinhua	5324.39	2684.35	4346.85	106.52	32.95
其中:义乌市	Yiwu	1985.91	1053.14	1514.31		
衢州市	Quzhou	1299.52	608.73	1078.53	26.13	8.11
台州市	Taizhou	4509.17	2385.14	3893.16	84.40	29.17
丽水市	Lishui	1475.23	832.46	1117.86	26.22	7.19

17-20 各市社会保险福利情况(2012 年)
Basic Statistics on Social Insurance & Welfare by City (2012)

单位:万人(10000 persons)

城市	City	基本养老保险参保人数 Persons Participating in the Basic Retirement Security Program	基本医疗保险参保人数 Persons Participating in the Basic Health Care Program	失业保险人数 Persons Participating in the Unemployment Insurance Program
浙东北	**Eastern and Northern Region**	**1485.30**	**1778.62**	**782.24**
杭州市	Hangzhou	492.62	804.80	299.78
宁波市	Ningbo	474.30	430.48	216.22
嘉兴市	Jiaxing	192.96	221.39	94.83
湖州市	Huzhou	97.51	114.30	52.72
绍兴市	Shaoxing	188.69	156.21	99.7
舟山市	Zhoushan	39.22	51.43	19.07
浙西南	**Western and Southern Region**	**609.46**	**845.40**	**283.34**
温州市	Wenzhou	240.25	176.51	95.59
金华市	Jinhua	117.13	113.39	65.41
其中:义乌市	Yiwu	26.72	28.26	13.86
衢州市	Quzhou	56.79	155.09	21.51
台州市	Taizhou	148.69	161.12	82.27
丽水市	Lishui	46.61	239.29	18.56

续表 Continued

单位:万人(10000 persons)

城市	City	社会福利院数(个) Social Welfare Homes(unit)	社会福利院床位数(张) Beds of Social Welfare Homes(bed)	社区服务设施数(个) Number of Community Service Facilities Established in Urban Areas (unit)	居民最低生活保障线以下人数(人) Residents under Minimum Life Guarantee Relief (person)
浙东北	**Eastern and Northern Region**	**942**	**136618**	**12021**	**48852**
杭州市	Hangzhou	273	41616	4689	12425
宁波市	Ningbo	236	30945	1105	10289
嘉兴市	Jiaxing	103	19618	1254	6231
湖州市	Huzhou	69	12788	988	8462
绍兴市	Shaoxing	212	26521	3581	9166
舟山市	Zhoushan	49	5130	404	2279
浙西南	**Western and Southern Region**	**1010**	**119888**	**10106**	**28997**
温州市	Wenzhou	356	38663	6283	12850
金华市	Jinhua	132	24521	169	3810
其中:义乌市	Yiwu	14	4606	3	164
衢州市	Quzhou	103	13490	272	4102
台州市	Taizhou	340	32909	3165	4005
丽水市	Lishui	79	10305	217	4230

17－21 各市各类学校在校学生数(2012 年)
Student Enrollment by Type of School and by City (2012)

城市	City	高等学校（人）Institutions of Higher Education (person)	中等职业学校（人）Vocational Secondary Schools (person)	普通中学（万人）Regular Secondary Schools (10000 persons)	小学（万人）Primary Schools (10000 persons)
浙东北	**Eastern and Northern Region**	**774192**	**347387**	**123.51**	**168.83**
杭州市	Hangzhou	459181	100515	33.14	47.26
宁波市	Ningbo	145358	80294	29.52	47.88
嘉兴市	Jiaxing	60753	59968	18.34	23.10
湖州市	Huzhou	26153	33590	13.14	15.69
绍兴市	Shaoxing	59758	64422	25.83	30.24
舟山市	Zhoushan	22989	8598	3.54	4.66
浙西南	**Western and Southern Region**	**236325**	**304565**	**113.39**	**177.89**
温州市	Wenzhou	76547	71517	37.92	60.25
金华市	Jinhua	78845	82155	24.42	39.64
其中:义乌市	Yiwu	7740	14305	4.70	8.42
衢州市	Quzhou	11687	34412	11.57	14.56
台州市	Taizhou	31132	82928	28.11	47.32
丽水市	Lishui	38114	33553	11.37	16.12

17－22 各市专利申请(2012 年)
Patent Application by City (2012)

城市	City	专利申请受理量(项) Patent Application Accepted (item)	专利申请授权量(项) Patent Application Approved (item)	#发明 Invention
浙东北	**Eastern and Nortern Region**	**180389**	**135160**	**9348**
杭州市	Hangzhou	53785	40651	5526
宁波市	Ningbo	73647	59175	2065
嘉兴市	Jiaxing	16078	12008	490
湖州市	Huzhou	12656	9870	506
绍兴市	Shaoxing	22023	12360	646
舟山市	Zhoushan	2200	1096	115
浙西南	**Western and Soutern Region**	**68964**	**53596**	**2157**
温州市	Wenzhou	24183	17267	725
金华市	Jinhua	21491	17634	423
其中:义乌市	Yiwu	6568	5117	84
衢州市	Quzhou	4899	3208	133
台州市	Taizhou	14111	12182	793
丽水市	Lishui	4280	3305	83

17－23 各市文化和卫生事业主要指标(2012 年) Main Indicators of Culture and Public Healthy by City (2012)

城市	City	体育场馆数(个) Number of Sports Grounds and Gymnasiums (unit)	剧场、影剧院数(个) Number of Theaters and Music Halls (unit)	公共图书馆图书藏量(千册件) Total Collections of Books in Public Libraries (1000 copies)	医院卫生院数(个) Number of Health Institutions (unit)	医院卫生院床位数(张) Number of Beds in Health Institutions (bed)	医生数(人) Doctors (person)
浙东北	**Eastern and Northern Region**	**327**	**183**	**36646**	**958**	**122101**	**74485**
杭州市	Hangzhou	127	53	17380	298	44778	27369
宁波市	Ningbo	41	48	7327	204	26311	19055
嘉兴市	Jiaxing	48	43	5937	127	16967	8458
湖州市	Huzhou	37	5	2033	112	10982	6262
绍兴市	Shaoxing	61	27	2931	147	18501	10638
舟山市	Zhoushan	13	7	1038	70	4562	2703
浙西南	**Western and Southern Region**	**217**	**111**	**15888**	**1160**	**79087**	**54523**
温州市	Wenzhou	35	10	7741	368	25457	19537
金华市	Jinhua	94	21	2301	233	19174	10166
其中:义乌市	Yiwu	22	5	608	23	3145	1925
衢州市	Quzhou	11	14	1375	136	8011	6386
台州市	Taizhou	56	43	3084	192	17809	12944
丽水市	Lishui	21	23	1387	231	8636	5490

17－24 各市、县国民经济主要指标(2012 年)
Main Indicators of National Economy by City and County (2012)

市县名称	City and County	土地面积（平方公里）Land Area (sq. km)	年末总人口（万人）Total Population by year－end (10000 persons)	生产总值（亿元）Gross Domestic Product (100 million yuan)	第一产业 Primary Industry	第二产业 Secondary Industry	#工业 Industry
杭州市区	Hangzhou District	3068	445.43	6213.25	112.84	2673.59	2346.62
富阳市	Fuyang	1808	65.60	541.83	35.99	322.30	301.90
临安市	Linan	3124	52.60	381.35	33.65	218.43	202.27
建德市	Jiande	2364	50.92	247.73	25.81	137.33	126.76
桐庐县	Tonglu	1780	40.42	258.13	19.74	152.88	138.08
淳安县	Chunan	4427	45.55	159.73	27.08	68.10	53.14
宁波市区	Ningbo District	2462	226.11	3950.98	60.67	2050.92	1850.72
余姚市	Yuyao	1501	83.45	709.07	43.46	422.33	393.77
慈溪市	Cixi	1361	104.19	958.21	46.54	560.04	521.22
奉化市	Fenhua	1268	48.35	274.25	27.67	130.31	111.74
象山县	Xiangshan	1382	54.03	337.16	53.77	158.39	116.97
宁海县	Ninghai	1843	61.57	352.53	36.41	194.84	175.65
温州市区	Wenzhou District	1187	149.66	1444.13	11.17	690.76	570.17
瑞安市	Ruian	1271	121.60	559.32	18.80	276.36	246.07
乐清市	Yueqing	1174	127.16	599.43	19.69	348.97	319.74
洞头县	Dongtou	100	13.06	44.14	3.81	18.68	11.53
永嘉县	Yongjia	2674	96.27	261.02	9.84	159.49	132.62
平阳县	Pingyang	1051	87.30	259.76	13.41	128.59	107.89
苍南县	Cangnan	1272	129.99	325.52	26.09	154.02	128.07
文成县	Wenchen	1293	39.12	52.67	5.84	18.69	12.51
泰顺县	Taishun	1762	36.05	51.98	5.58	19.44	11.37
嘉兴市区	Jiaxing District	968	84.84	712.82	31.64	347.74	306.27
平湖市	Pinghu	537	48.89	422.84	17.87	262.37	249.96
海宁市	Haining	668	66.61	581.25	25.30	339.63	294.47
桐乡市	Tongxiang	727	67.99	526.87	31.89	277.27	245.03
嘉善县	Jiashan	507	38.60	345.36	23.68	198.99	181.89
海盐县	Haiyan	508	37.59	301.20	21.01	177.07	165.38
湖州市区	Huzhou District	1565	109.57	745.64	45.52	397.25	358.87
德清县	Deqing	938	43.26	307.25	21.30	175.30	160.75
长兴县	ChangXing	1431	62.60	370.79	30.48	199.57	173.19
安吉县	Anji	1886	45.95	246.00	25.34	119.02	108.66
绍兴市区	Shaoxing District	362	65.55	591.98	8.21	257.30	216.84
诸暨市	Zhuji	2311	107.35	821.90	46.69	459.94	404.96
上虞市	Shangyu	1403	77.85	577.46	39.24	321.47	279.49

续表 1 Continued

市县名称	City and County	土地面积（平方公里）Land Area (sq. km)	年末总人口（万人）Total Population by year-end (10000 persons)	生产总值（亿元）Gross Domestic Product (100 million yuan)	第一产业 Primary Industry	第二产业 Secondary Industry	#工业 Industry
嵊州市	Shengzhou	1790	73.46	363.98	35.29	185.91	168.23
绍兴县	shaoxing	1177	72.72	1014.77	35.65	589.33	542.40
新昌县	Xinchang	1213	43.91	282.94	19.71	148.59	140.00
金华市区	Jinhua District	2049	93.92	513.41	30.88	224.15	185.68
兰溪市	Lanxi	1312	66.60	231.13	22.28	132.64	120.86
东阳市	Dongyang	1747	82.80	373.58	17.98	186.50	152.64
义乌市	Yiwu	1105	75.33	806.03	21.41	333.30	283.83
永康市	Yongkang	1047	57.95	392.09	8.76	245.29	225.20
武义县	Wuyi	1568	33.90	164.52	14.44	91.55	80.95
浦江县	Pujiang	918	39.14	167.24	9.10	99.61	91.05
磐安县	Panan	1195	20.99	62.76	9.60	31.66	24.31
衢州市区	Quzhou District	2354	83.11	403.17	27.78	205.44	172.73
江山市	Jiangshan	2019	60.29	216.19	19.88	122.10	110.29
常山县	Changshan	1097	33.58	98.96	7.57	52.51	42.75
开化县	Kaihua	2231	35.48	87.26	11.49	40.76	32.90
龙游县	Longyou	1143	40.37	163.07	13.04	95.52	83.49
舟山市区	District	1034	70.35	622.75	43.46	278.89	211.17
岱山县	Daishan	324	18.96	164.50	23.52	93.35	80.13
嵊泗县	Shengsi	97	7.86	65.87	16.08	10.28	4.09
台州市区	Taizhou District	1536	156.90	1049.39	40.28	495.25	447.57
温岭市	Wenling	836	120.60	683.84	53.53	324.48	296.92
临海市	Linhai	2171	117.85	387.77	35.99	197.45	174.01
玉环县	Yuhuan	378	42.55	370.54	25.31	224.95	214.07
三门县	Sanmen	1072	43.53	130.19	21.00	54.81	39.45
天台县	Tiantai	1426	59.22	148.36	11.69	64.43	54.50
仙居县	Xianju	1992	50.29	125.70	13.11	55.42	44.67
丽水市区	Lishui District	1502	39.28	232.15	15.23	100.71	83.37
龙泉市	Longquan	3059	28.86	85.95	11.49	40.59	33.23
青田县	Qingtian	2493	52.14	154.84	6.78	92.55	81.91
云和县	Yunhe	984	11.35	43.92	3.96	23.71	20.22
庆元县	Qingyuan	1898	20.64	43.30	6.58	19.99	15.07
缙云县	Jinyun	1494	45.89	156.12	8.67	92.67	85.14
遂昌县	Suichang	2539	23.24	76.71	9.34	35.23	30.87
松阳县	Songyang	1406	23.90	66.23	11.46	30.32	25.47
景宁自治县	Jingning	1949	17.31	35.38	5.85	13.04	9.02

续表 2 Continued

市县名称	City and County	第三产业 Tertiary Industry	人均生产总值(元) Per－capita GDP (yuan)	社会消费品零售总额(亿元) Total Retail Sales of Consumer Goods (100 million yuan)	固定资产投资(亿元) Investment in Fixed Assets (100 million yuan)	财政总收入(亿元) Total Financia Revenue (100 million yuan)
杭州市区	Hangzhou District	3426.82	140291	2521.69	3016.08	1424.49
富阳市	Fuyang	183.54	82738	121.76	234.38	78.47
临安市	Linan	129.27	72431	102.69	137.99	44.17
建德市	Jiande	84.58	48535	67.33	96.16	29.55
桐庐县	Tonglu	85.51	63819	85.14	141.20	34.01
淳安县	Chunan	64.55	35022	46.00	96.95	17.20
宁波市区	Ningbo District	1839.39	175268	1245.86	1687.18	1131.18
余姚市	Yuyao	243.27	84970	305.16	361.54	112.85
慈溪市	Cixi	351.63	91985	391.98	443.28	146.04
奉化市	Fenhua	116.27	56699	109.83	128.14	44.60
象山县	Xiangshan	125.01	62322	148.22	137.58	46.68
宁海县	Ninghai	121.28	57291	128.21	143.70	55.16
温州市区	Wenzhou District	742.21	97090	1038.35	730.63	236.89
瑞安市	Ruian	264.16	46088	236.38	316.41	72.00
乐清市	Yueqing	230.77	47351	210.76	362.00	91.68
洞头县	Dongtou	21.65	33971	14.44	47.40	7.75
永嘉县	Yongjia	91.69	27146	89.57	176.35	35.92
平阳县	Pingyang	117.76	29729	107.84	181.41	28.70
苍南县	Cangnan	145.42	24883	184.52	220.47	32.12
文成县	Wenchen	28.14	13545	23.99	38.38	6.40
泰顺县	Taishun	26.97	14295	23.45	37.28	6.43
嘉兴市区	Jiaxing District	333.43	84297	300.53	444.83	145.57
平湖市	Pinghu	142.60	86582	121.57	228.91	73.89
海宁市	Haining	216.33	87457	242.80	303.67	81.52
桐乡市	Tongxiang	217.72	77665	216.08	255.23	75.99
嘉善县	Jiashan	122.69	89558	120.53	210.28	52.25
海盐县	Haiyan	103.12	80263	82.24	199.39	42.71
湖州市区	Huzhou District	302.86	68132	355.88	437.34	97.52
德清县	Deqing	110.65	71097	104.85	173.75	50.89
长兴县	ChangXing	140.74	59229	148.38	248.81	62.17
安吉县	Anji	101.64	53527	94.75	110.83	36.30
绍兴市区	Shaoxing District	326.47	90513	329.40	351.38	103.76
诸暨市	Zhuji	315.27	76616	231.22	411.10	92.60
上虞市	Shangyu	216.75	74227	180.34	296.54	72.93

续表 3 Continued

市县名称	City and County	第三产业 Tertiary Industry	人均生产总值（元） Per - capita GDP (yuan)	社会消费品零售总额（亿元） Total Retail Sales of Consumer Goods (100 million yuan)	固定资产投资（亿元） Investment in Fixed Assets (100 million yuan)	财政总收入（亿元） Total Financia Revenue (100 million yuan)
嵊州市	Shengzhou	142.79	49547	153.87	139.17	33.73
绍兴县	shaoxing	389.79	139686	167.45	428.11	127.76
新昌县	Xinchang	114.63	64541	96.38	96.26	38.54
金华市区	Jinhua District	258.39	54766	307.68	251.91	86.11
兰溪市	Lanxi	76.21	34693	94.33	106.28	31.21
东阳市	Dongyang	169.10	45246	174.26	154.90	50.37
义乌市	Yiwu	451.32	107420	398.74	293.59	101.46
永康市	Yongkang	138.04	67780	127.17	139.11	54.94
武义县	Wuyi	58.52	48569	62.16	81.06	23.68
浦江县	Pujiang	58.53	42698	74.73	65.25	20.38
磐安县	Panan	21.50	29902	21.35	34.71	8.31
衢州市区	Quzhou District	169.95	48488	154.84	217.58	59.05
江山市	Jiangshan	74.22	35906	75.35	107.44	18.41
常山县	Changshan	38.88	29547	38.77	81.33	8.99
开化县	Kaihua	35.01	24610	44.53	54.03	7.39
龙游县	Longyou	54.51	40378	82.87	105.76	12.55
舟山市区	District	300.41	88719	225.82	460.79	109.98
岱山县	Daishan	47.63	86561	44.72	76.52	17.58
嵊泗县	Shengsi	39.51	83552	20.00	33.29	5.89
台州市区	Taizhou District	513.86	67108	547.46	423.91	176.38
温岭市	Wenling	305.83	56860	326.68	235.91	72.20
临海市	Linhai	154.33	33009	147.58	173.39	52.69
玉环县	Yuhuan	120.28	87395	106.08	91.42	55.21
三门县	Sanmen	54.37	30011	52.73	132.63	17.95
天台县	Tiantai	72.24	25179	68.20	88.83	19.85
仙居县	Xianju	57.17	25114	55.57	96.46	14.68
丽水市区	Lishui District	116.21	59299	139.09	131.65	39.79
龙泉市	Longquan	33.86	29706	31.51	53.05	7.58
青田县	Qingtian	55.51	29897	51.50	66.12	18.80
云和县	Yunhe	16.24	38706	15.74	27.05	5.22
庆元县	Qingyuan	16.73	21054	19.41	28.03	3.54
缙云县	Jinyun	54.77	34088	44.33	74.06	14.55
遂昌县	Suichang	32.14	33066	28.90	32.37	8.38
松阳县	Songyang	24.46	27756	23.49	33.55	5.30
景宁自治县	Jingning	16.49	20433	17.12	26.09	9.50

续表 4 Continued

市县名称	City and County	地方财政收入（亿元）Local Financial Revenue (100 million yuan)	地方财政支出（亿元）Local Financial Expendi－ture (100 million yuan)	城乡居民储蓄存款年末余额（亿元）Savings Deposits of Urban and Rural Residents (100 million yuan)	城镇居民人均可支配收入（元）Per Capita Disposable Income of Urban Residents (yuan)	农村居民人均纯收入（元）Per Capita Net Income of Rural Residents (yuan)
杭州市区	Hangzhou District	747.60	622.29	5234.80	37511	
富阳市	Fuyang	42.01	47.96	290.79	32739	17397
临安市	Linan	23.66	36.29	179.98	30903	15764
建德市	Jiande	16.00	25.25	148.25	28802	13059
桐庐县	Tonglu	19.51	27.48	138.70	30226	15237
淳安县	Chunan	11.21	27.00	97.46	24811	9418
宁波市区	Ningbo District	500.93	547.51	2447.02	37902	20164
余姚市	Yuyao	61.69	67.82	507.26	37217	17977
慈溪市	Cixi	81.39	86.60	752.78	37711	20383
奉化市	Fenhua	24.37	38.99	198.91	36293	17675
象山县	Xiangshan	27.28	45.81	141.91	36872	16388
宁海县	Ninghai	29.84	41.71	160.93	36496	16547
温州市区	Wenzhou District	135.14	139.55	1928.93	38601	18284
瑞安市	Ruian	40.65	46.62	547.21	38988	15987
乐清市	Yueqing	45.72	46.48	504.38	37920	17454
洞头县	Dongtou	3.39	13.18	16.82	25737	11858
永嘉县	Yongjia	18.45	34.74	239.34	27731	11549
平阳县	Pingyang	17.12	27.51	198.22	28761	11827
苍南县	Cangnan	19.33	38.07	250.14	28897	11568
文成县	Wenchen	4.93	21.39	105.86	22708	8387
泰顺县	Taishun	4.92	20.26	52.40	21664	8162
嘉兴市区	Jiaxing District	84.02	87.27	628.05	33626	18264
平湖市	Pinghu	38.02	37.44	272.56	37509	18547
海宁市	Haining	44.29	43.32	427.80	37634	19364
桐乡市	Tongxiang	41.76	41.23	401.87	36591	18386
嘉善县	Jiashan	27.31	27.99	227.87	36405	18496
海盐县	Haiyan	22.33	23.46	197.34	37682	18726
湖州市区	Huzhou District	54.77	69.63	563.39	33297	17480
德清县	Deqing	27.19	29.79	193.57	33377	17669
长兴县	ChangXing	35.51	38.86	181.78	33439	17462
安吉县	Anji	21.08	29.22	144.05	32211	15836
绍兴市区	Shaoxing District	63.75	68.74	679.69	34563	18846
诸暨市	Zhuji	52.62	55.69	478.95	39950	19107
上虞市	Shangyu	39.19	39.92	379.36	37981	17686

续表 5 Continued

市县名称	City and County	地方财政收入（亿元）Local Financial Revenue (100 million yuan)	地方财政支出（亿元）Local Financial Expendi - ture (100 million yuan)	城乡居民储蓄存款年末余额（亿元）Savings Deposits of Urban and Rural Residents (100 million yuan)	城镇居民人均可支配收入（元）Per Capita Disposable Income of Urban Residents (yuan)	农村居民人均纯收入（元）Per Capita Net Income of Rural Residents (yuan)
嵊州市	Shengzhou	19.75	26.85	232.92	37098	14909
绍兴县	shaoxing	70.44	62.61	589.59	40805	21813
新昌县	Xinchang	20.00	24.89	142.80	34410	14609
金华市区	Jinhua District	52.59	67.72	473.12	32280	12555
兰溪市	Lanxi	16.15	26.74	148.43	24098	9721
东阳市	Dongyang	30.11	39.24	316.77	30395	15008
义乌市	Yiwu	57.42	54.54	1053.14	44509	19147
永康市	Yongkang	30.12	32.37	367.58	32380	14566
武义县	Wuyi	12.43	20.46	125.70	22278	9757
浦江县	Pujiang	11.54	16.80	150.87	27840	11191
磐安县	Panan	4.53	14.08	48.74	21816	7878
衢州市区	Quzhou District	33.93	57.38	259.48	28187	10926
江山市	Jiangshan	11.14	24.30	137.13	25499	12131
常山县	Changshan	5.72	17.36	56.90	20885	10361
开化县	Kaihua	4.57	19.40	62.38	19467	9538
龙游县	Longyou	8.05	20.46	92.85	25242	11306
舟山市区	District	70.93	115.85	409.03	34754	
岱山县	Daishan	9.77	25.10	70.49	29916	18774
嵊泗县	Shengsi	4.86	14.27	29.08	30185	17832
台州市区	Taizhou District	98.18	106.65	1053.80	35926	16208
温岭市	Wenling	38.87	48.69	536.65	34444	16639
临海市	Linhai	28.61	41.71	285.92	31597	13915
玉环县	Yuhuan	25.11	29.67	203.46	40665	18257
三门县	Sanmen	10.68	20.64	81.11	27592	11440
天台县	Tiantai	11.07	22.15	112.99	27691	11333
仙居县	Xianju	7.90	18.41	111.20	25454	10460
丽水市区	Lishui District	24.90	39.69	211.71	28087	10841
龙泉市	Longquan	4.64	15.13	59.26	27930	9127
青田县	Qingtian	10.54	24.42	289.42	27579	9153
云和县	Yunhe	2.87	10.41	29.58	25188	8580
庆元县	Qingyuan	2.15	13.04	28.60	22669	8079
缙云县	Jinyun	7.44	17.73	99.31	27113	9077
遂昌县	Suichang	4.67	15.26	47.11	27534	9056
松阳县	Songyang	3.30	14.83	44.55	24374	8223
景宁自治县	Jingning	4.09	17.43	22.91	22862	8384

17－25 各市、县全社会从业人员数(2012 年底)
Total Employed Persons by City and County (End of 2012)

单位:万人(10000 persons)

市县名称	City and County	全社会从业人员数 Total Employed Persons	第一产业 Primary Industry	第二产业 Secondary Industry	第三产业 Tertiary Industry
杭州市区	District	474.06	23.85	225.34	224.87
富阳市	Fuyang	48.38	9.43	25.11	13.84
临安市	Linan	38.75	7.63	19.85	11.27
建德市	Jiande	26.51	9.78	9.07	7.66
桐庐县	Tonglu	31.20	6.50	17.04	7.66
淳安县	Chunan	23.04	11.42	4.97	6.65
宁波市区	District	233.59		135.66	110.07
余姚市	Yuyao	65.62	8.14	32.27	25.21
慈溪市	Cixi	84.00	10.40	50.30	23.30
奉化市	Fenhua	35.05	6.37	18.01	10.67
象山县	Xiangshan	36.22	8.17	16.93	11.12
宁海县	Ninghai	47.10	8.80	22.10	16.20
温州市区	District				
瑞安市	Ruian	72.12	8.57	38.99	24.56
乐清市	Yueqing	73.58	11.65	30.55	31.38
洞头县	Dongtou	4.80	1.09	1.76	1.95
永嘉县	Yongjia	46.57	8.60	24.11	13.86
平阳县	Pingyang	43.69	12.46	17.80	13.43
苍南县	Cangnan	61.48	17.06	25.14	19.28
文成县	Wenchen	15.51	5.18	4.14	6.19
泰顺县	Taishun	17.66	5.63	6.57	5.46
嘉兴市区	District	77.01	8.13	42.04	26.84
平湖市	Pinghu	44.93	3.62	29.67	11.65
海宁市	Haining	64.61	5.84	40.14	18.63
桐乡市	Tongxiang	71.47	5.82	45.87	19.77
嘉善县	Jiashan	41.19	4.49	23.69	13.00
海盐县	Haiyan	27.92	4.54	16.41	6.97
湖州市区	District				
德清县	Deqing	31.30	3.92	18.64	8.74
长兴县	ChangXing	40.98	6.17	19.72	15.09
安吉县	Anji	29.15	6.63	12.15	10.37
绍兴市区	District				
诸暨市	Zhuji	81.17	13.36	46.19	21.62

续表 Continued 单位:万人(10000 persons)

市县名称	City and County	全社会从业人员数 Total Employed Persons	第一产业 Primary Industry	第二产业 Secondary Industry	第三产业 Tertiary Industry
上虞市	Shangyu	52.24	11.92	29.50	10.82
嵊州市	Shengzhou	46.71	10.47	24.89	11.35
绍兴县	shaoxing	70.40	6.18	41.71	22.51
新昌县	Xinchang	27.76	7.30	12.64	7.82
金华市区	District	69.67	6.60	36.75	26.32
兰溪市	Lanxi	35.82	14.19	16.78	4.85
东阳市	Dongyang	51.52	9.70	27.08	14.74
义乌市	Yiwu	93.22	6.66	56.05	30.51
永康市	Yongkang	48.85	8.17	28.94	11.74
武义县	Wuyi	20.91	4.80	10.74	5.37
浦江县	Pujiang	30.53	6.12	17.17	7.24
磐安县	Panan	11.70	5.20	4.98	1.52
衢州市区	District	48.06	19.71	13.34	15.01
江山市	Jiangshan	27.72	9.39	9.65	8.68
常山县	Changshan	15.97	7.18	3.98	4.81
开化县	Kaihua	15.21	7.17	4.05	3.99
龙游县	Longyou	23.56	8.98	7.82	6.76
舟山市区	District	50.84	6.67	19.69	24.48
岱山县	Daishan	13.10	3.27	4.37	5.46
嵊泗县	Shengsi	4.45	1.25	0.80	2.40
台州市区	District	123.00	16.20	67.33	39.47
温岭市	Wenling	95.42	18.47	43.41	33.54
临海市	Linhai	61.16	16.79	30.29	14.08
玉环县	Yuhuan	43.31	4.56	27.51	11.24
三门县	Sanmen	21.23	6.49	9.74	5.00
天台县	Tiantai	22.51	8.63	6.20	7.68
仙居县	Xianju	17.43	7.25	5.45	4.73
丽水市区	District	27.68	6.50	8.70	12.48
龙泉市	Longquan	15.89	6.86	4.28	4.75
青田县	Qingtian	18.89	6.41	6.43	6.05
云和县	Yunhe	7.90	2.46	2.85	2.59
庆元县	Qingyuan	8.35	4.29	2.25	1.81
缙云县	Jinyun	24.92	9.78	5.49	9.65
遂昌县	Suichang	11.53	5.82	3.09	2.62
松阳县	Songyang	12.87	4.68	5.03	3.16
景宁自治县	Jingning	5.89	3.27	0.87	1.75

17－26 各市、县年末城镇从业人员数(2012 年底)
Employed Persons in Towns by City and County (End of 2012)

单位:万人(10000 persons)

市县名称	City and County	年末城镇从业人员数 Total Employed Persons in Towns	农、林、牧、渔业 Agriculture	采矿业 Mining and Quarrying	制造业 Manufac－turing	电力、煤气及水的生产和供应业 Electricity, Gas and Water Production and Supply	建筑业 Construction	交通运输仓储及邮电通信业 Transport, Storage, Post & Telecom munication
杭州市区	Hangzhou District	245.90	0.06	0.05	66.07	1.37	65.99	8.94
富阳市	Fuyang	12.82		0.03	4.88	0.31	3.26	0.26
临安市	Linan	9.52		0.02	4.47	0.14	2.06	0.15
建德市	Jiande	4.81	0.01	0.03	1.82	0.13	0.22	0.13
桐庐县	Tonglu	4.97		0.01	2.50	0.14	0.20	0.09
淳安县	Chunan	3.88	0.05	0.01	0.73	0.06	0.52	0.17
宁波市区	Ningbo District	99.25	0.02	0.01	50.74	0.87	6.69	5.10
余姚市	Yuyao	15.23	0.01		10.35	0.24	0.35	0.26
慈溪市	Cixi	15.92	0.03		10.42	0.25	0.38	0.28
奉化市	Fenhua	5.84			3.41	0.11	0.10	0.12
象山县	Xiangshan	31.38			3.59	0.16	25.08	0.13
宁海县	Ninghai	7.07	0.01		3.47	0.28	0.51	0.15
温州市区	Wenzhou District	42.84			12.18	0.75	9.61	2.02
瑞安市	Ruian	10.65			5.12	0.15	0.97	0.22
乐清市	Yueqing	21.83	0.01		13.61	0.27	3.31	0.23
洞头县	Dongtou	0.78			0.10	0.04	0.04	0.05
永嘉县	Yongjia	10.63	0.01		5.92	0.17	1.89	0.19
平阳县	Pingyang	7.99	0.01		3.38	0.06	1.74	0.09
苍南县	Cangnan	9.61		0.16	1.96	0.08	3.76	0.19
文成县	Wenchen	1.79	0.01		0.05	0.10	0.55	0.05
泰顺县	Taishun	5.41		0.01		0.08	4.03	0.03
嘉兴市区	Jiaxing District	25.33	0.03		12.72	0.31	1.51	0.88
平湖市	Pinghu	13.08	0.01		9.75	0.32	0.02	0.18
海宁市	Haining	12.54	0.01		8.53	0.16	0.11	0.18
桐乡市	Tongxiang	10.95	0.03		6.29	0.18	0.76	0.18
嘉善县	Jiashan	10.90			8.24	0.10	0.11	0.10
海盐县	Haiyan	6.39	0.01		3.43	0.12	0.41	0.14
湖州市区	Huzhou District	23.88	0.01	0.08	6.98	0.34	7.88	0.68
德清县	Deqing	9.85		0.24	5.83	0.13	1.29	0.09
长兴县	ChangXing	7.71		0.04	3.32	0.14	1.54	0.15
安吉县	Anji	5.39	0.01		2.10	0.10	1.05	0.06
绍兴市区	Shaoxing District	33.16		0.19	7.42	0.36	16.95	0.83
诸暨市	Zhuji	31.57	0.02	0.03	6.59	0.15	19.89	0.12

续表 1 Continued 单位:万人(10000 persons)

市县名称	City and County	年末城镇从业人员数 Total Employed Persons in Towns	农、林、牧、渔业 Agriculture	采矿业 Mining and Quarrying	制造业 Manufac－turing	电力、煤气及水的生产和供应业 Electricity, Gas and Water Production and Supply	建筑业 Construction	交通运输仓储及邮电通信业 Transport, Storage, Post & Telecom munication
上虞市	Shangyu	21.58			6.89	0.14	11.30	0.12
嵊州市	Shengzhou	5.58			2.88	0.11	0.39	0.17
绍兴县	shaoxing	32.96	0.03		9.86	0.37	18.78	0.16
新昌县	Xinchang	5.82	0.01		2.90	0.08	1.19	0.07
金华市区	Jinhua District	19.55	0.04		4.27	0.11	6.53	0.83
兰溪市	Lanxi	6.20	0.01	0.02	2.25	0.15	1.59	0.14
东阳市	Dongyang	38.00	0.01		3.60	0.12	30.38	0.20
义乌市	Yiwu	11.48			2.79	0.12	1.95	0.52
永康市	Yongkang	5.06			1.04	0.10	0.52	0.11
武义县	Wuyi	2.09			0.44	0.09	0.08	0.08
浦江县	Pujiang	2.64			0.95	0.06	0.08	0.09
磐安县	Panan	3.36		0.01	0.61	0.04	1.94	0.05
衢州市区	Quzhou District	11.12			4.15	0.21	1.03	0.32
江山市	Jiangshan	2.86			0.95	0.13	0.08	0.03
常山县	Changshan	1.67			0.20	0.05	0.32	0.03
开化县	Kaihua	1.28	0.03		0.15	0.05	0.01	0.05
龙游县	Longyou	3.32		0.04	1.12	0.07	0.53	0.09
舟山市区	Zhoushan District	14.37	0.03		3.41	0.36	1.51	1.33
岱山县	Daishan	2.15		0.09	0.62	0.10	0.18	0.13
嵊泗县	Shengsi	1.15		0.01	0.04	0.05	0.19	0.08
台州市区	Taizhou District	45.19	0.05		15.71	0.55	14.99	0.97
温岭市	Wenling	10.92			2.71	0.10	3.30	0.17
临海市	Linhai	16.01	0.02		4.51	0.27	7.02	0.37
玉环县	Yuhuan	11.03			8.01	0.08	0.45	0.13
三门县	Sanmen	3.59	0.06		0.47	0.10	1.61	0.06
天台县	Tiantai	5.28	0.01	0.01	0.85	0.05	2.15	0.09
仙居县	Xianju	4.79		0.01	1.12	0.05	1.88	0.06
丽水市区	Lishui District	5.75	0.02		1.01	0.17	0.09	0.16
龙泉市	Longquan	2.01	0.04		0.09	0.09	0.54	0.07
青田县	Qingtian	2.66	0.01	0.01	1.02	0.10	0.03	0.02
云和县	Yunhe	1.32			0.21	0.07	0.36	0.04
庆元县	Qingyuan	0.96	0.03		0.03	0.07	0.01	0.03
缙云县	Jinyun	2.01	0.01		0.38	0.08	0.06	0.06
遂昌县	Suichang	1.96	0.03		0.89	0.07	0.03	0.04
松阳县	Songyang	1.09	0.02			0.06	0.05	0.03
景宁自治县	Jingning	1.09	0.01			0.07	0.16	0.02

续表 2 Continued 单位:万人(10000 persons)

市县名称	City and County	信息传输、计算机服务和软件业 Information Transmission, Computer Services and Software	批发和零售贸易 Wholesale and Retail Sale Trade	住宿、餐饮业 Hotels and Catering Services	金融业 Finance	房地产业 Real Estate	租赁和商业服务 Leasing and Commercial Services	科学研究、技术服务和地质勘查 Technic and Geological Prospecting
杭州市区	Hangzhou District	8.18	16.25	7.96	8.24	7.10	8.93	9.78
富阳市	Fuyang	0.08	0.29	0.11	0.23	0.20	0.25	0.12
临安市	Linan	0.04	0.18	0.05	0.12	0.17	0.15	0.05
建德市	Jiande	0.03	0.14	0.02	0.16	0.08	0.23	0.20
桐庐县	Tonglu	0.03	0.19	0.07	0.12	0.10	0.06	0.04
淳安县	Chunan	0.03	0.36	0.24	0.09	0.12	0.09	0.12
宁波市区	Ningbo District	0.99	4.97	1.55	5.95	2.14	4.63	1.48
余姚市	Yuyao	0.08	0.22	0.21	0.24	0.10	0.14	0.12
慈溪市	Cixi	0.04	0.56	0.03	0.20	0.14	0.25	0.14
奉化市	Fenhua	0.03	0.15	0.02	0.15	0.03	0.15	0.05
象山县	Xiangshan	0.03	0.07	0.08	0.12	0.01	0.20	0.04
宁海县	Ninghai	0.02	0.10	0.04	0.13	0.06	0.14	0.06
温州市区	Wenzhou District	0.57	1.64	0.88	3.56	0.95	1.69	0.74
瑞安市	Ruian	0.05	0.25	0.11	0.21	0.14	0.20	0.06
乐清市	Yueqing	0.01	0.29	0.16	0.16	0.14	0.47	0.06
洞头县	Dongtou	0.01	0.03		0.02	0.02	0.03	0.01
永嘉县	Yongjia	0.03	0.13	0.05	0.14	0.07	0.02	0.05
平阳县	Pingyang	0.03	0.10	0.06	0.13	0.10	0.04	0.05
苍南县	Cangnan	0.07	0.14	0.10	0.17	0.12	0.08	0.03
文成县	Wenchen	0.01	0.03	0.03	0.06	0.04	0.04	0.01
泰顺县	Taishun	0.01	0.08	0.02	0.06	0.03	0.04	0.01
嘉兴市区	Jiaxing District	0.42	1.37	0.33	1.46	0.93	0.68	0.56
平湖市	Pinghu	0.04	0.21	0.14	0.06	0.12	0.27	0.04
海宁市	Haining	0.02	0.25	0.15	0.08	0.19	0.49	0.12
桐乡市	Tongxiang	0.03	0.25	0.13	0.07	0.11	0.38	0.06
嘉善县	Jiashan		0.30	0.08	0.06	0.09	0.21	0.11
海盐县	Haiyan	0.01	0.21	0.06	0.05	0.09	0.55	0.05
湖州市区	Huzhou District	0.37	1.10	0.20	1.25	0.43	0.45	0.29
德清县	Deqing	0.01	0.19	0.12	0.06	0.08	0.12	0.06
长兴县	ChangXing	0.04	0.31	0.07	0.10	0.09	0.05	0.02
安吉县	Anji		0.09	0.04	0.10	0.07	0.07	0.03
绍兴市区	Shaoxing District	0.36	0.90	0.44	1.86	0.19	0.40	0.31
诸暨市	Zhuji	0.04	0.54	0.15	0.10	0.18	0.13	0.07

续表 3 Continued 单位:万人(10000 persons)

市县名称	City and County	信息传输、计算机服务和软件业 Information Transmission, Computer Services and Software	批发和零售贸易 Wholesale and Retail Sale Trade	住宿、餐饮业 Hotels and Catering Services	金融业 Finance	房地产业 Real Estate	租赁和商业服务 Leasing and Commercial Services	科学研究、技术服务和地质勘查 Technic and Geological Prospecting
上虞市	Shangyu	0.07	0.35	0.17	0.12	0.06	0.26	0.08
嵊州市	Shengzhou		0.04	0.04	0.08	0.02	0.05	0.05
绍兴县	shaoxing	0.06	0.23	0.08	0.18	0.20	0.25	0.08
新昌县	Xinchang	0.02	0.13	0.03	0.05	0.04	0.05	0.03
金华市区	Jinhua District	0.45	1.06	0.20	1.14	0.20	0.28	0.15
兰溪市	Lanxi	0.04	0.14	0.03	0.14	0.06	0.02	0.04
东阳市	Dongyang	0.03	0.18	0.27	0.27	0.03	0.43	0.05
义乌市	Yiwu	0.05	0.28	0.10	0.69	0.26	0.53	0.11
永康市	Yongkang	0.09	0.25	0.10	0.29	0.04	0.21	0.04
武义县	Wuyi	0.05	0.04	0.01	0.13		0.02	0.02
浦江县	Pujiang		0.03	0.03	0.12	0.02	0.03	0.02
磐安县	Panan		0.02	0.03	0.06		0.02	0.01
衢州市区	Quzhou District	0.21	0.47	0.13	0.94	0.09	0.16	0.15
江山市	Jiangshan	0.01	0.03	0.04	0.14	0.04	0.02	0.04
常山县	Changshan	0.01	0.02	0.07	0.06	0.01	0.04	0.02
开化县	Kaihua	0.01	0.02		0.10	0.01		0.02
龙游县	Longyou	0.03	0.11		0.12	0.01	0.02	0.03
舟山市区	Zhoushan District	0.23	0.61	0.34	0.67	0.65	0.81	0.30
岱山县	Daishan	0.01	0.04		0.04	0.07	0.01	0.03
嵊泗县	Shengsi		0.04	0.01	0.02	0.02	0.05	0.01
台州市区	Taizhou District	0.54	1.43	0.34	3.16	0.54	0.65	0.40
温岭市	Wenling	0.02	0.20		0.58	0.13	0.61	0.11
临海市	Linhai	0.05	0.30	0.10	0.19	0.15	0.09	0.23
玉环县	Yuhuan	0.02	0.19	0.11	0.14	0.11	0.09	0.03
三门县	Sanmen	0.01	0.05	0.02	0.07	0.07	0.01	0.03
天台县	Tiantai	0.03	0.11	0.07	0.11	0.06	0.16	0.10
仙居县	Xianju	0.01	0.13	0.06	0.09	0.03	0.08	0.05
丽水市区	Lishui District	0.23	0.47	0.14	0.67	0.03	0.23	0.16
龙泉市	Longquan	0.01	0.09	0.05	0.06	0.01	0.02	0.02
青田县	Qingtian	0.01	0.02		0.12	0.01	0.05	0.02
云和县	Yunhe		0.03		0.03	0.01	0.02	0.01
庆元县	Qingyuan	0.02	0.01	0.01	0.05		0.01	0.02
缙云县	Jinyun	0.01	0.04	0.02	0.09	0.01	0.11	0.02
遂昌县	Suichang	0.01	0.01	0.04	0.05	0.02	0.02	0.02
松阳县	Songyang	0.01	0.02		0.05	0.01	0.11	0.02
景宁自治县	Jingning	0.01	0.18		0.04	0.01	0.01	0.01

续表 4 Continued

单位:万人(10000 persons)

市县名称	City and County	水利、环境和公共设施管理业 Water Conservancy, Environment and Public Facilities Management	居民服务和其他服务业 Resident Services and Other Services	教育 Education	卫生、社会保障和社会福利业 Health Care, Social Security and Social Welfare	文化、体育和娱乐业 Culture, Sports and Recreation	公共管理和社会组织 Public Management and Social Organization
杭州市区	Hangzhou District	3.95	0.87	12.91	7.29	2.10	9.87
富阳市	Fuyang	0.45	0.01	1.04	0.45	0.06	0.82
临安市	Linan	0.18	0.01	0.75	0.35	0.04	0.60
建德市	Jiande	0.12	0.01	0.52	0.34	0.06	0.55
桐庐县	Tonglu	0.11	0.01	0.49	0.30	0.02	0.50
淳安县	Chunan	0.09		0.43	0.21	0.09	0.47
宁波市区	Ningbo District	0.93	0.43	4.43	3.14	0.65	4.54
余姚市	Yuyao	0.13	0.02	1.03	0.57	0.04	1.13
慈溪市	Cixi	0.28	0.02	1.20	0.69	0.09	0.91
奉化市	Fenhua	0.10	0.01	0.45	0.32	0.04	0.61
象山县	Xiangshan	0.04	0.01	0.61	0.34	0.05	0.80
宁海县	Ninghai	0.15	0.01	0.74	0.41	0.06	0.72
温州市区	Wenzhou District	0.11	0.07	2.76	2.18	0.35	2.78
瑞安市	Ruian	0.19	0.02	1.24	0.67	0.10	0.95
乐清市	Yueqing	0.06	0.01	1.38	0.54	0.10	1.02
洞头县	Dongtou	0.01		0.14	0.05	0.01	0.22
永嘉县	Yongjia	0.06	0.01	0.83	0.27	0.06	0.74
平阳县	Pingyang	0.04	0.01	0.95	0.34	0.08	0.78
苍南县	Cangnan	0.03	0.01	1.20	0.40	0.09	1.02
文成县	Wenchen	0.03		0.25	0.13	0.03	0.37
泰顺县	Taishun	0.02	0.01	0.39	0.13	0.03	0.42
嘉兴市区	Jiaxing District	0.14	0.04	1.52	1.04	0.16	1.24
平湖市	Pinghu	0.14	0.01	0.67	0.32	0.09	0.71
海宁市	Haining	0.12	0.02	0.97	0.46	0.05	0.62
桐乡市	Tongxiang	0.41	0.01	0.95	0.44	0.05	0.61
嘉善县	Jiashan	0.07	0.01	0.54	0.27	0.04	0.57
海盐县	Haiyan	0.05	0.01	0.50	0.23	0.03	0.45
湖州市区	Huzhou District	0.29	0.01	1.36	0.89	0.10	1.19
德清县	Deqing	0.14	0.03	0.53	0.30	0.06	0.56
长兴县	ChangXing	0.07		0.73	0.35	0.03	0.65
安吉县	Anji	0.08	0.01	0.47	0.33	0.05	0.72
绍兴市区	Shaoxing District	0.17	0.01	1.14	0.69	0.12	0.81
诸暨市	Zhuji	0.31	0.01	1.56	0.71	0.06	0.90

续表 5 Continued 单位:万人(10000 persons)

市县名称	City and County	水利、环境和公共设施管理业 Water Conservancy, Environment and Public Facilities Management	居民服务和其他服务业 Resident Services and Other Services	教育 Education	卫生、社会保障和社会福利业 Health Care, Social Security and Social Welfare	文化、体育和娱乐业 Culture, Sports and Recreation	公共管理和社会组织 Public Management and Social Organization
上虞市	Shangyu	0.14	0.01	0.78	0.39	0.04	0.64
嵊州市	Shengzhou	0.06	0.01	0.70	0.37	0.05	0.55
绍兴县	shaoxing	0.17		0.97	0.59	0.08	0.88
新昌县	Xinchang	0.11	0.01	0.41	0.23	0.02	0.43
金华市区	Jinhua District	0.19	0.01	1.57	0.89	0.15	1.48
兰溪市	Lanxi	0.12		0.55	0.31	0.06	0.52
东阳市	Dongyang	0.35	0.01	0.79	0.49	0.08	0.73
义乌市	Yiwu	0.27	0.02	1.18	0.62	0.09	1.90
永康市	Yongkang	0.33	0.01	0.68	0.43	0.02	0.81
武义县	Wuyi	0.06		0.38	0.22	0.01	0.46
浦江县	Pujiang	0.05		0.39	0.24	0.02	0.51
磐安县	Panan	0.04		0.20	0.09	0.02	0.24
衢州市区	Quzhou District	0.09	0.01	1.00	0.56	0.12	1.48
江山市	Jiangshan	0.02		0.51	0.27	0.01	0.53
常山县	Changshan	0.03		0.26	0.13	0.03	0.40
开化县	Kaihua	0.03		0.26	0.15	0.02	0.36
龙游县	Longyou	0.02		0.35	0.16	0.02	0.58
舟山市区	Zhoushan District	0.37	0.05	1.13	0.68	0.16	1.73
岱山县	Daishan	0.06		0.20	0.13	0.02	0.41
嵊泗县	Shengsi	0.06		0.10	0.20	0.02	0.26
台州市区	Taizhou District	0.34	0.05	1.80	1.20	0.19	2.28
温岭市	Wenling	0.18	0.01	1.22	0.68	0.04	0.84
临海市	Linhai	0.09	0.02	1.19	0.61	0.04	0.76
玉环县	Yuhuan	0.09	0.01	0.50	0.29	0.04	0.72
三门县	Sanmen	0.04		0.37	0.20	0.04	0.38
天台县	Tiantai	0.09	0.01	0.61	0.27	0.05	0.45
仙居县	Xianju	0.05	0.01	0.45	0.21	0.03	0.47
丽水市区	Lishui District	0.07		0.72	0.63	0.09	0.85
龙泉市	Longquan	0.06		0.33	0.14	0.03	0.36
青田县	Qingtian	0.05	0.01	0.46	0.18	0.04	0.49
云和县	Yunhe	0.03		0.14	0.07	0.02	0.28
庆元县	Qingyuan	0.01		0.25	0.09	0.01	0.31
缙云县	Jinyun	0.04		0.44	0.21	0.02	0.41
遂昌县	Suichang	0.06		0.24	0.11	0.02	0.31
松阳县	Songyang	0.03		0.24	0.11	0.02	0.30
景宁自治县	Jingning	0.02		0.16	0.07	0.02	0.29

17－27 各市、县农、林、牧、渔业总产值(2012 年)
Gross Output Value of Farming, Forestry, Animal Husbandry and Fishery by City and County (2012)

单位:万元(10000 yuan)

市县名称	City and County	农、林、牧、渔业总产值 Total Output Value of Agriculture	农业产值 Farming	林业产值 Forestry	牧业产值 Animal Husbandry	渔业产值 Fishery	农林牧渔业服务业产值 Services
杭州市区	District	1770253	923601	76822	385344	317853	66633
建德市	Jiande	407572	218145	18918	138414	23236	8859
桐庐县	Tonglu	290086	175386	24908	62749	21770	5273
富阳市	Fuyang	506776	281680	73356	118321	29879	3540
临安市	Linan	486228	225009	148579	97259	8348	7033
淳安县	Chunan	382488	253370	39219	66417	18920	4562
宁波市区	District	913864	620735	24793	166123	82292	19921
余姚市	Yuyao	671526	435762	30324	143426	56998	5016
慈溪市	Cixi	679938	429248	4972	95888	133064	16766
奉化市	Fenhua	448934	185856	31655	83473	143000	4950
象山县	Xiangshan	981162	186206	6883	83005	696417	8651
宁海县	Ninghai	502634	154117	15674	75062	255486	2295
温州市区	District	182918	109885	1293	57963	12339	1438
瑞安市	Ruian	309374	132228	3479	55906	113296	4465
洞头县	Dongtou	88785	1650	264	1570	85091	210
乐清市	Yueqing	297366	117909	1552	65744	99494	12667
永嘉县	Yongjia	155697	84166	12134	50218	7034	2145
平阳县	Pingyang	243887	93745	5592	67717	72689	4144
苍南县	Cangnan	405396	139652	7467	54532	197904	5841
文成县	Wenchen	86296	57846	6100	20656	680	1014
泰顺县	Taishun	81429	58803	5865	15550	429	782
嘉兴市区	District	622878	223369	832	301826	82079	14772
海宁市	Haining	381991	156408	2480	144653	62282	16168
平湖市	Pinghu	268420	140836	1251	66856	41914	17563
嘉善县	Jiashan	482835	298796	224	123728	50898	9189
海盐县	Haiyan	307389	147573	2843	117502	25339	14132
桐乡市	Tongxiang	475002	238978	1568	186194	25930	22332
湖州市区	District	766979	258759	25396	237487	204629	40708
德清县	Deqing	389834	59579	64719	132924	108968	23644
长兴县	ChangXing	548696	377331	51667	60090	49012	10596
安吉县	Anji	379319	240590	89375	27767	17132	4455
绍兴市区	District	127392	67899	3086	38438	16199	1770
诸暨市	Zhuji	708670	391777	92016	148362	72357	4158
上虞市	Shangyu	626406	397925	34142	93461	95339	5539

续表 Continued 单位:万元(10000 yuan)

市县名称	City and County	农、林、牧、渔业总产值 Total Output Value of Agriculture	农业产值 Farming	林业产值 Forestry	牧业产值 Animal Husbandry	渔业产值 Fishery	农林牧渔业服务业产值 Services
嵊州市	Shengzhou	523846	373994	44018	98655	5379	1800
绍兴县	shaoxing	531661	314340	41123	112529	60988	2681
新昌县	Xinchang	269706	208173	25859	29464	3738	2472
金华市区	District	551605	250800	13436	235060	34615	17694
兰溪市	Lanxi	376554	181460	3089	142801	42566	6638
东阳市	Dongyang	265120	189644	11434	46949	8343	8750
义乌市	Yiwu	313928	181875	6039	110309	12927	2778
永康市	Yongkang	128625	80949	4135	28666	9576	5299
武义县	Wuyi	223147	134244	10086	69119	5437	4261
浦江县	Pujiang	129063	81342	2736	40099	3203	1683
磐安县	Panan	141596	110994	13718	15173	278	1433
衢州市区	District	480075	195106	29144	233292	19839	2694
江山市	Jiangshan	352919	162950	15725	162439	9395	2410
常山县	Changshan	115994	62711	18603	27108	5004	2568
开化县	Kaihua	167711	116593	24854	21440	3514	1310
龙游县	Longyou	235302	75599	16606	127783	13963	1351
舟山市区	District	865333	81540	2449	42040	736941	2363
岱山县	Daishan	504717	18277	1010	8420	476860	150
嵊泗县	Shengsi	266603	1414	55	1408	263526	200
台州市区	District	683152	319791	4089	66318	287567	5387
玉环县	Yuhuan	466439	64573	837	18505	377176	5348
三门县	Sanmen	408311	90419	5249	31030	281433	180
天台县	Tiantai	177450	115568	13908	43670	3419	885
仙居县	Xianju	200861	137424	19458	38287	4387	1305
温岭市	Wenling	969610	246179	654	83232	622996	16549
临海市	Linhai	585687	290138	15691	75421	202354	2083
丽水市区	District	227683	159194	19894	41214	5333	2048
龙泉市	Longquan	182058	118256	39736	21755	1572	739
青田县	Qingtian	101857	64426	13228	16819	6432	952
云和县	Yunhe	61601	47426	4618	6748	1039	1770
庆元县	Qingyuan	100398	60235	29812	8409	1633	309
缙云县	Jinyun	132871	74903	17366	38302	1509	791
遂昌县	Suichang	148138	87546	35568	22971	1227	826
松阳县	Songyang	170165	121158	19530	27853	1261	363
景宁县	Jingning	90277	62819	13563	11717	1276	902

17－28 各市、县农作物播种面积(2012年)
Sown Area by City and County (2012)

单位:千公顷(1000 hectares)

县市名称	City and County	农作物播种面积(千公顷) Sown Area of Farm Crops (1000 hectares)	#粮食 Grain	#谷物 Cereal	#油料 Oilbearing Crops	#棉花 Cotton	#蔬菜 Vegetable	#果用瓜 Melon Used as Fruit
杭州市区	District	173.85	71.83	51.56	9.17	0.36	58.10	4.44
建德市	Jiande	36.10	17.21	11.68	6.02	0.11	7.31	2.19
桐庐县	Tonglu	33.79	15.85	9.34	7.05		6.15	1.39
富阳市	Fuyang	50.47	23.14	15.72	8.22		10.33	2.03
临安市	Linan	32.38	15.25	9.76	3.20		6.45	0.87
淳安县	Chunan	43.53	22.16	10.91	7.76	0.14	8.91	0.99
宁波市区	District	83.54	38.37	32.46	1.28	0.07	20.30	5.89
余姚市	Yuyao	63.00	32.82	27.13	3.22	1.45	17.11	2.00
慈溪市	Cixi	80.38	28.89	11.08	7.05	3.37	27.55	7.47
奉化市	Fenhua	22.25	11.46	9.69	0.41		2.52	0.83
象山县	Xiangshan	31.20	17.46	10.97	1.20	0.05	8.96	1.97
宁海县	Ninghai	29.09	19.54	12.83	1.56	1.04	4.28	1.79
温州市区	District	22.75	9.24	7.04	0.94		10.58	0.80
瑞安市	Ruian	37.01	21.40	18.95	2.58		9.66	2.45
洞头县	Dongtou	1.27	0.84	0.09	0.18		0.24	0.01
乐清市	Yueqing	36.50	25.61	21.80	2.08	0.06	6.07	1.08
永嘉县	Yongjia	30.82	20.67	14.78	2.84	0.01	5.08	1.39
平阳县	Pingyang	34.37	24.20	19.01	1.56		5.41	1.84
苍南县	Cangnan	43.73	30.50	24.66	0.59		9.55	1.73
文成县	Wenchen	20.83	11.97	5.23	0.65		5.52	0.55
泰顺县	Taishun	19.82	12.17	6.89	1.03		4.65	0.09
嘉兴市区	District	86.55	53.08	45.11	4.84	0.24	21.87	3.76
海宁市	Haining	50.15	27.52	20.83	5.12	0.20	11.63	1.23
平湖市	Pinghu	53.69	39.33	37.66	4.83	0.37	7.59	1.05
嘉善县	Jiashan	48.31	28.60	25.91	0.79		15.59	1.92
海盐县	Haiyan	44.45	31.85	27.95	3.24	0.76	7.35	0.92
桐乡市	Tongxiang	57.30	27.51	22.23	3.46	0.31	17.42	1.11
湖州市区	District	79.55	51.66	40.37	8.71	0.05	14.82	1.18
德清县	Deqing	19.62	13.35	9.42	1.01	0.09	3.29	0.77
长兴县	ChangXing	84.76	45.68	42.08	8.56	0.01	11.95	2.51
安吉县	Anji	40.31	25.46	20.06	3.33	0.01	6.70	1.36
绍兴市区	District	14.54	8.52	7.79	0.91	0.01	3.21	0.43

续表 Continued 单位:千公顷(1000 hectares)

县市名称	City and County	农作物播种面积(千公顷) Sown Area of Farm Crops (1000 hectares)	#粮食 Grain	#谷物 Cereal	#油料 Oilbearing Crops	#棉花 Cotton	#蔬菜 Vegetable	#果用瓜 Melon Used as Fruit
诸暨市	Zhuji	94.07	56.16	47.09	5.81	0.01	16.17	2.47
上虞市	Shangyu	83.88	49.67	42.15	6.91	1.76	17.90	3.60
嵊州市	Shengzhou	55.91	28.67	21.36	4.15	0.13	12.52	1.44
绍兴县	shaoxing	53.10	30.21	27.57	3.17	0.04	11.43	1.48
新昌县	Xinchang	29.65	14.52	9.61	4.83	0.12	5.49	0.68
金华市区	District	57.04	28.26	22.20	5.77	1.53	8.63	2.42
兰溪市	Lanxi	47.82	23.26	17.20	9.84	5.44	5.60	1.37
东阳市	Dongyang	47.50	32.16	25.05	2.01	0.11	5.63	1.58
义乌市	Yiwu	30.64	17.66	11.25	1.50	0.02	7.37	1.46
永康市	Yongkang	19.47	13.04	10.65	0.58		3.59	0.90
武义县	Wuyi	30.39	18.53	14.82	2.82	0.01	5.21	1.02
浦江县	Pujiang	24.05	13.70	8.89	2.96	0.10	4.14	1.08
磐安县	Panan	17.91	8.22	4.87	0.43		3.38	0.77
衢州市区	District	68.96	36.67	26.72	8.64	0.04	15.17	2.97
江山市	Jiangshan	59.55	36.83	30.49	9.96	0.70	8.30	0.56
常山县	Changshan	22.61	13.91	11.60	3.98	0.06	3.53	0.34
开化县	Kaihua	31.96	16.82	10.91	7.09	0.06	5.09	0.52
龙游县	Longyou	47.15	29.77	25.69	9.57	1.15	3.97	0.86
舟山市区	District	18.65	8.50	3.52	1.63	0.20	6.19	1.58
岱山县	Daishan	4.43	2.06	0.73	0.42		1.60	0.32
嵊泗县	Shengsi	0.24	0.06				0.18	
台州市区	District	47.62	21.99	16.21	0.36	0.07	18.88	2.41
玉环县	Yuhuan	10.61	4.27	1.85	0.75	0.15	4.22	1.00
三门县	Sanmen	25.42	15.77	10.24	1.69	0.17	5.07	2.11
天台县	Tiantai	35.31	23.60	18.25	1.74	0.06	6.31	0.80
仙居县	Xianju	33.07	18.14	12.42	4.42		5.98	0.94
温岭市	Wenling	52.09	25.64	17.22	0.54	0.16	17.42	2.97
临海市	Linhai	47.25	28.03	19.63	1.79	0.10	12.42	2.46
丽水市区	District	24.46	9.55	4.64	1.46		10.80	1.19
龙泉市	Longquan	26.19	16.16	12.08	1.26		6.05	0.20
青田县	Qingtian	19.33	12.69	7.98	0.70	0.01	4.50	0.52
云和县	Yunhe	7.32	5.04	2.89	0.16		1.71	0.22
庆元县	Qingyuan	14.59	10.69	8.31	0.12		2.80	0.10
缙云县	Jinyun	20.37	10.77	7.53	1.74	0.01	5.96	0.52
遂昌县	Suichang	24.60	13.64	7.23	2.67		4.87	0.18
松阳县	Songyang	18.01	10.67	5.46	1.63		4.06	0.09
景宁县	Jingning	15.86	8.12	4.83	0.29		5.02	0.28

17－29 各市、县主要农产品产量(2012 年)
Output of Major Farm Products by City and County (2012)

单位:吨(ton)

县市名称	City and County	粮食 Grain	#谷物 Cereal	油菜籽 Rapeseeds	棉花 Cotton	水果 Fruit	#柑桔 Citrus	茶叶 Tea	蚕茧 Silkworm Cocoons
杭州市区	Hangzhou District	446119	368092	18109	530	231009	1193	11895	302
建德市	Jiande	99023	77672	9904	150	175155	95904	2766	921
桐庐县	Tonglu	92439	62680	12039	2	88422	6397	1814	3687
富阳市	Fuyang	148223	111466	17182		152685	4972	6116	2064
临安市	Linan	89293	63095	6339	1	48629	622	2338	2477
淳安县	Chunan	93750	55447	13016	193	122759	66943	7354	6063
宁波市区	Ningbo District	256721	230941	1389	77	342107	44664	6073	
余姚市	Yuyao	209193	184508	6596	1740	184886	2406	4745	
慈溪市	Cixi	121876	64246	12080	3868	301069	5850	146	
奉化市	Fenhua	72040	66541	237		83580	11135	1277	
象山县	Xiangshan	104541	78778	1101	41	194922	113585	1510	
宁海县	Ninghai	101329	79547	1635	1407	155833	68305	2853	
温州市区	Wenzhou District	58102	48612	1623	2	62758	26935	36	
瑞安市	Ruian	142766	132451	3482		74131	6703	68	
洞头县	Dongtou	2747	594	185		204			
乐清市	Yueqing	160852	145877	3187	88	57932	9100	170	
永嘉县	Yongjia	112860	88399	4080	16	62911	9981	628	
平阳县	Pingyang	143721	124303	2138		52513	3973	534	2
苍南县	Cangnan	177363	157670	916		51244	10646	773	
文成县	Wenchen	63869	35076	928		32150	592	268	
泰顺县	Taishun	64801	43845	1384	2	12423	295	2496	
嘉兴市区	Jiaxing District	353540	322164	11159	360	217805	148		2291
海宁市	Haining	183144	156080	12800	355	92213	17574		7163
平湖市	Pinghu	261196	254724	12352	472	38849	975		2
嘉善县	Jiashan	186945	177708	1726		87092	4095		2
海盐县	Haiyan	204505	189960	8523	942	83748	18616	99	2557
桐乡市	Tongxiang	194956	169480	8695	688	73055	640		12963
湖州市区	Huzhou District	367058	317451	21116	48	45929	161	380	7132
德清县	Deqing	93815	73357	2177	163	29297	89	1304	3202
长兴县	ChangXing	289130	276806	16751	9	134393	382	4517	1123
安吉县	Anji	149383	130177	6206	7	49729	84	4414	1877
绍兴市区	Shaoxing District	59071	56213	1851	26	17720	60	430	
诸暨市	Zhuji	384835	339683	8506	18	140319	4913	12501	406
上虞市	Shangyu	294151	268211	13593	2050	237057	1954	2992	738

续表 1 Continued 单位:吨(ton)

县市名称	City and County	粮食 Grain	#谷物 Cereal	油菜籽 Rapeseeds	棉花 Cotton	水果 Fruit	#柑桔 Citrus	茶叶 Tea	蚕茧 Silkworm Cocoons
嵊州市	Shengzhou	170924	141943	5097	114	114941	9394	20601	812
绍兴县	shaoxing	210243	196601	6041	127	73249	334	8797	33
新昌县	Xinchang	81334	62350	6281	182	35992	1884	5998	765
金华市区	Jinhua District	167799	139998	8945	2380	155705	42526	3888	7
兰溪市	Lanxi	128629	108864	16942	8669	81683	21981	1349	478
东阳市	Dongyang	186279	165775	2943	147	67156	12095	1316	373
义乌市	Yiwu	105658	74423	1982	31	91813	17705	960	30
永康市	Yongkang	86566	77197	856	1	60902	12007	25	94
武义县	Wuyi	106696	93558	4195	17	50245	4121	9432	463
浦江县	Pujiang	75776	54981	4695	118	51100	1871	1164	55
磐安县	Panan	40381	27730	231		15436	46	2202	325
衢州市区	Quzhou District	208743	170657	11867	43	490203	399403	1138	52
江山市	Jiangshan	228233	204273	13719	1081	55768	26440	1317	7
常山县	Changshan	79776	71899	6489	78	133549	119937	121	34
开化县	Kaihua	101253	75837	10618	57	28860	4946	1570	797
龙游县	Longyou	178863	163437	16209	2435	101172	75242	2701	
舟山市区	Zhoushan District	41812	22363	2350	181	71471	22326	50	
岱山县	Daishan	10136	4241	508		12382	3681	37	
嵊泗县	Shengsi	246				180	150		
台州市区	Taizhou District	137308	116166	369	89	238142	82313	52	
玉环县	Yuhuan	24098	13063	941	260	95126	43122	6	
三门县	Sanmen	85934	63232	2572	215	146067	73673	706	
天台县	Tiantai	120379	102636	2327	43	77315	20526	2060	62
仙居县	Xianju	101628	77007	7060	15	88293	8362	638	119
温岭市	Wenling	155386	121323	701	181	234684	21350	49	
临海市	Linhai	167187	129136	3020	138	336198	194632	1015	147
丽水市区	Lishui District	48690	29716	1920	1	168782	82002	1795	2
龙泉市	Longquan	97513	84192	1553		9898	1901	1410	
青田县	Qingtian	66024	47772	895	6	79032	45867	171	
云和县	Yunhe	23658	17581	202		8709	714	873	
庆元县	Qingyuan	60279	51922	174		11236	7348	505	
缙云县	Jinyun	63371	48664	3029	18	48034	3767	2302	1447
遂昌县	Suichang	67463	45477	3427		7829	1370	7632	
松阳县	Songyang	53605	34908	2684	9	51308	29647	10603	41
景宁县	Jingning	43067	33370	270		11409	3029	1860	

续表 2 Continued 单位:吨(ton)

县市名称	City and County	生猪年末存栏头数(万头) Year-end Hogs (10000 heads)	牛年末存栏头数(头) Year-end Cattle (head)	羊年末存栏只数(万只) Year-end Sheep and Goats (10000 heads)	肉产量(吨) Output of Meat (ton)	#猪肉(吨) Pork (ton)	禽蛋产量(吨) Poultry Eggs (ton)	牛奶产量(吨) Cow Milk (ton)	水产品产量(吨) Output of Aquatic Production (ton)
杭州市区	Hangzhou District	117.21	7445	11.69	179548	140264	319812	26061	161942
建德市	Jiande	20.58	1655	1.03	28626	17835	100815	593	12396
桐庐县	Tonglu	13.37	2395	1.40	19731	16535	6976		7446
富阳市	Fuyang	20.78	3410	3.09	52734	37065	10116	8320	10960
临安市	Linan	20.80	3161	1.48	34710	30500	6319	6106	4803
淳安县	Chunan	18.02	1978	0.24	19558	18603	4201		12980
宁波市区	Ningbo District	26.59	5583	0.97	53399	40837	94236	16391	44083
余姚市	Yuyao	21.94	2350	1.84	50506	29195	8184	3025	31679
慈溪市	Cixi	22.48	978	2.13	35507	28290	9966	2018	50590
奉化市	Fenhua	17.31	2026	1.19	25217	20528	17511	2662	136334
象山县	Xiangshan	13.97	965	1.82	23636	19615	10964		582441
宁海县	Ninghai	15.23	6351	1.11	24165	18744	14502	2726	146404
温州市区	Wenzhou District	9.86	3497	0.34	22526	13372	35898	4365	4949
瑞安市	Ruian	16.42	5195	0.78	20169	16291	7302	4188	85710
洞头县	Dongtou	0.36	12	0.26	529	373	196		148747
乐清市	Yueqing	14.81	5874	0.84	19653	14617	14602	4687	72174
永嘉县	Yongjia	13.50	11659	4.78	21749	15925	4392	189	3555
平阳县	Pingyang	10.69	5063	1.54	13144	9976	3993	2978	57189
苍南县	Cangnan	12.51	4035	3.10	18017	15046	10775	1345	203298
文成县	Wenchen	2.90	2799	1.50	8725	5953	1080	7	789
泰顺县	Taishun	4.33	2711	1.89	7014	4735	646	600	458
嘉兴市区	Jiaxing District	81.63	864	6.66	134211	116651	250862	4216	54788
海宁市	Haining	25.41	2817	21.92	52596	23122	5006	8100	43705
平湖市	Pinghu	45.08	797	1.37	31502	27481	7291	2118	32559
嘉善县	Jiashan	45.22	191	0.74	63891	54860	18954	880	26556
海盐县	Haiyan	49.10		7.13	53766	41972	1807		14658
桐乡市	Tongxiang	28.44	6	24.54	56752	37396	35659		15362
湖州市区	Huzhou District	35.93	119	17.72	103379	44445	147824		144476
德清县	Deqing	56.27	1239	5.26	58809	51678	21447	2810	87602
长兴县	ChangXing	9.81	1228	5.93	17685	10218	14561	570	39228
安吉县	Anji	5.93	1172	1.16	9775	5880	1496	1465	12238
绍兴市区	Shaoxing District	5.47	50	0.10	10040	5770	15810	14	8910
诸暨市	Zhuji	31.59	2709	1.89	51814	39330	20312	38	15630
上虞市	Shangyu	34.00	1508	3.44	40751	31302	5221	540	38804

续表 3 Continued 单位:吨(ton)

县市名称	City and County	生猪年末存栏头数(万头) Year - end Hogs (10000 heads)	牛年末存栏头数(头) Year - end Cattle (head)	羊年末存栏只数(万只) Year - end Sheep and Goats (10000 heads)	肉产量(吨) Output of Meat (ton)	#猪肉(吨) Pork (ton)	禽蛋产量(吨) Poultry Eggs (ton)	牛奶产量(吨) Cow Milk (ton)	水产品产量(吨) Output of Aquatic Production (ton)
嵊州市	Shengzhou	22.45	4434	4.00	33375	29228	4984	4000	4015
绍兴县	shaoxing	26.22	609	2.05	39939	33470	12332	1721	26452
新昌县	Xinchang	5.35	1861	0.83	6574	5188	2391		2783
金华市区	Jinhua District	70.84	33794	1.91	91237	78089	169326	64927	19930
兰溪市	Lanxi	35.45	2474	1.71	44671	37377	19696	1329	19339
东阳市	Dongyang	8.57	1360	1.17	14452	12601	4545		9485
义乌市	Yiwu	27.63	751	1.23	45968	38028	5141	993	4200
永康市	Yongkang	5.56	460	0.29	9396	7478	985	2	10768
武义县	Wuyi	20.74	2590	0.96	28646	21382	822	761	5371
浦江县	Pujiang	11.83	883	0.36	16590	14443	3463		4559
磐安县	Panan	4.54	1445	0.91	5032	4172	1476	16	210
衢州市区	Quzhou District	115.67	10295	2.14	138161	128407	266568	1605	16872
江山市	Jiangshan	67.30	5321	0.61	73138	61604	4060	50	12070
常山县	Changshan	12.88	1784	0.63	15272	12404	1952	36	5209
开化县	Kaihua	9.83	2440	0.17	10011	8946	721		3886
龙游县	Longyou	76.62	3675	0.98	83543	66262	8456		16050
舟山市区	Zhoushan District	12.84	604	0.95	17675	14864	32539	348	833768
岱山县	Daishan	2.31	94	0.53	3047	2600	655	2	350961
嵊泗县	Shengsi	0.22	12	0.15	795	737	29		298310
台州市区	Taizhou District	15.57	4365	0.37	25259	19900	45159	6079	328053
玉环县	Yuhuan	3.76	881	0.46	10064	6610	2882	10	249602
三门县	Sanmen	4.97	2239	0.95	8696	7177	7292	104	208152
天台县	Tiantai	13.75	7410	0.84	20192	8117	2824	17	2725
仙居县	Xianju	9.91	7502	1.10	13503	10948	3256	1429	4272
温岭市	Wenling	14.15	1941	0.62	39517	20778	12041	520	503863
临海市	Linhai	18.65	5911	1.89	21887	20143	6903	1063	121204
丽水市区	Lishui District	11.13	2943	0.69	21645	14791	2670	206	4085
龙泉市	Longquan	8.97	3128	0.72	11426	10125	324	99	2170
青田县	Qingtian	7.12	8658	1.93	11227	9385	685		2762
云和县	Yunhe	2.23	1806	0.11	3769	2311	85	18	1303
庆元县	Qingyuan	3.37	2522	0.94	4130	3058	349		946
缙云县	Jinyun	6.33	1590	1.64	15213	8177	4160	44	2330
遂昌县	Suichang	7.68	4449	0.31	10795	9385	965		1288
松阳县	Songyang	8.09	2191	0.15	14061	12531	924	1000	2125
景宁县	Jingning	3.73	5212	1.51	5633	4005	268		1240

17－30 各市、县农业现代化情况(2012 年)
Agricultural Modernization by City and County (2012)

市县名称	City and County	农业机械总动力(千瓦) Total Power of Agricultural Machinery (kw)	农村用电量(万千瓦小时) Electricity Consumed in Rural Areas (10000 kw.h)	农用化肥施用量(折纯)(吨) Consumption of Chemical Fertilizers (pure) (ton)	机耕面积(千公顷) Area Ploughed by Tractors (1000 hectares)	有效灌溉面积(千公顷) Irrigated Area (1000 hectares)	旱涝保收面积(千公顷) Stable Yields Ensured Despite Disasters (1000 hectares)
杭州市区	District	1672155	557133	47836	91.50	90.94	80.53
建德市	Jiande	295880	20756	18290	23.49	14.57	12.28
桐庐县	Tonglu	260515	62405	8126	15.32	12.250	9.26
富阳市	Fuyang	454527	339733	9607	16.87	21.730	15.35
临安市	Linan	464502	104990	16851	14.30	18.33	12.700
淳安县	Chunan	286421	12173	7653	11.55	9.27	7.77
宁波市区	District	44870	584582	28398	52.33	57.09	38.82
余姚市	Yuyao	629640	243328	12685	39.17	36.73	26.67
慈溪市	Cixi	466473	655674	25906	45.81	41.20	37.67
奉化市	Fenhua	496404	112041	20648	13.74	25.70	22.00
象山县	Xiangshan	811553	51011	12998	18.07	17.28	16.80
宁海县	Ninghai	297544	91403	11139	15.79	13.45	9.81
温州市区	District	183592	307945	8321	18.81	13.08	6.93
瑞安市	Ruian	425977	96561	14403	32.45	21.05	15.99
洞头县	Dongtou	160737	3348	123	0.15	0.11	0.05
乐清市	Yueqing	275921	115740	13350	27.06	22.34	11.87
永嘉县	Yongjia	196055	206723	13064	12.34	13.02	6.18
平阳县	Pingyang	284622	77305	14183	25.51	21.50	11.87
苍南县	Cangnan	467364	77240	8320	27.66	23.23	19.38
文成县	Wenchen	77303	10250	6362	5.70	5.91	2.36
泰顺县	Taishun	64275	7598	8293	4.07	6.71	2.86
嘉兴市区	District	294682	186455	27112	32.94	41.96	37.85
海宁市	Haining	271798	171420	8271	22.03	33.22	27.60
平湖市	Pinghu	248397	203823	23393	30.59	30.66	28.29
嘉善县	Jiashan	246783	130413	9977	27.06	28.90	24.90
海盐县	Haiyan	163263	94018	17590	16.95	25.16	24.80
桐乡市	Tongxiang	322593	225228	18519	25.12	38.87	31.27
湖州市区	District	612674	152088	17141	43.92	47.95	46.53
德清县	Deqing	348248	138825	5830	9.14	21.40	20.41
长兴县	ChangXing	359708	55535	16675	56.42	45.11	45.11
安吉县	Anji	359667	24782	12979	23.40	21.91	14.78
绍兴市区	District	105508	169736	4615	11.51	7.39	7.36
诸暨市	Zhuji	845414	496444	35907	40.66	39.30	32.13
上虞市	Shangyu	561264	165383	34419	54.30	42.67	22.92

续表 Continued

市县名称	City and County	农业机械总动力（千瓦）Total Power of Agricultural Machinery (kw)	农村用电量（万千瓦小时）Electricity Consumed in Rural Areas (10000 kw. h)	农用化肥施用量（折纯）（吨）Consumption of Chemical Fertilizers (pure) (ton)	机耕面积（千公顷）Area Ploughed by Tractors (1000 hectares)	有效灌溉面积（千公顷）Irrigated Area (1000 hectares)	旱涝保收面积（千公顷）Stable Yields Ensured Despite Disasters (1000 hectares)
嵊州市	Shengzhou	376992	75200	11443	25.79	37.24	22.31
绍兴县	shaoxing	369746	1005391	7704	30.25	21.15	19.04
新昌县	Xinchang	174003	40582	11180	7.25	12.55	8.20
金华市区	District	592721	48841	32291	28.36	39.470	32.600
兰溪市	Lanxi	307372	98300	27898	27.88	29.28	16.42
东阳市	Dongyang	479010	52345	15009	29.07	23.34	16.85
义乌市	Yiwu	291996	103224	13046	17.69	20.46	15.49
永康市	Yongkang	338498	48320	8474	15.63	15.91	13.77
武义县	Wuyi	200199	14834	14101	21.66	15.80	11.91
浦江县	Pujiang	137338	22921	4441	8.02	10.94	9.02
磐安县	Panan	236095	7343	4374	3.08	4.82	0.15
衢州市区	District	578246	32008	23780	27.51	26.63	22.20
江山市	Jiangshan	389732	24173	15729	31.54	23.30	16.73
常山县	Changshan	171476	20163	10008	19.38	11.28	7.00
开化县	Kaihua	171814	5854	8101	14.94	11.50	9.46
龙游县	Longyou	335373	13249	17860	25.66	22.82	18.76
舟山市区	District	1116374	109883	3683	6.99	11.77	10.21
岱山县	Daishan	567632	9300	1326	1.97	2.12	0.97
嵊泗县	Shengsi	472355	3140	25	0.06	0.04	0.03
台州市区	District	877866	364865	29291	29.742	34.800	22.473
玉环县	Yuhuan	304862	87177	2589	3.66	5.12	2.76
三门县	Sanmen	315616	35800	6325	15.17	10.44	0.60
天台县	Tiantai	163113	29817	7135	10.43	13.26	10.51
仙居县	Xianju	201428	26250	4085	18.79	13.25	6.66
温岭市	Wenling	1208142	273415	18144	25.13	28.52	20.60
临海市	Linhai	606386	140410	22801	33.71	23.150	21.80
丽水市区	District	152552	4793	12020	9.40	12.11	8.02
龙泉市	Longquan	214305	7424	7262	10.57	18.39	11.39
青田县	Qingtian	71567	13000	2422	3.31	12.12	4.53
云和县	Yunhe	64791	1683	597	2.83	4.49	2.09
庆元县	Qingyuan	99784	2458	7293	5.93	10.13	6.19
缙云县	Jinyun	171268	10374	6972	11.70	10.27	7.99
遂昌县	Suichang	104021	5291	9251	7.65	8.73	4.18
松阳县	Songyang	137719	6341	11838	3.71	8.770	5.82
景宁县	Jingning	92320	2444	4023	2.78	7.06	2.22

17－31 各市、县规模以上工业企业单位数(2012 年)
Number of Industrial Enterprises Above Designated Size by City and County(2012)

单位:个(unit)

市县名称	City and County	工业企业单位数 Number of Enterprises	内资企业 Domestic－Funded Enterprises	港澳台商投资企业 Enterprises with Investment from Hong Kong, Macao and Taiwan	外商投资企业 Enterprises with Foreign Investment
杭州市区	Hangzhou District	3862	2896	400	566
富阳市	Fuyang	671	551	60	60
临安市	Linan	550	500	26	24
建德市	Jiande	369	351	9	9
桐庐县	Tonglu	351	269	53	29
淳安县	Chunan	124	114	5	5
宁波市区	Ningbo District	3240	2012	640	588
余姚市	Yuyao	1111	784	194	133
慈溪市	Cixi	1155	894	155	106
奉化市	Fenhua	437	350	36	51
象山县	Xiangshan	403	315	35	53
宁海县	Ninghai	458	348	58	52
温州市区	Wenzhou District	1486	1327	47	112
瑞安市	Ruian	888	857	7	24
乐清市	Yueqing	913	886	15	12
洞头县	Dongtou	19	15	4	
永嘉县	Yongjia	335	313	10	12
平阳县	Pingyang	275	242	18	15
苍南县	Cangnan	322	313	3	6
文成县	Wenchen	33	32		1
泰顺县	Taishun	19	19		
嘉兴市区	Jiaxing District	73	616	106	151
平湖市	Pinghu	571	390	57	124
海宁市	Haining	1020	830	101	89
桐乡市	Tongxiang	854	672	100	82
嘉善县	Jiashan	601	401	93	107
海盐县	Haiyan	405	341	37	27
湖州市区	Huzhou District	891	722	79	90
德清县	Deqing	605	411	117	77
长兴县	ChangXing	580	512	31	37
安吉县	Anji	352	281	32	39
绍兴市区	Shaoxing District	513	320	117	76
诸暨市	Zhuji	844	710	80	54
上虞市	Shangyu	552	436	68	48

续表 Continued 单位:个(unit)

市县名称	City and County	工业企业单位数 Number of Enterprises	内资企业 Domestic - Funded Enterprises	港澳台商投资企业 Enterprises with Investment from Hong Kong, Macao and Taiwan	外商投资企业 Enterprises with Foreign Investment
嵊州市	Shengzhou	367	285	60	22
绍兴县	shaoxing	1196	979	148	69
新昌县	Xinchang	210	186	14	10
金华市区	Jinhua District	539	457	41	41
兰溪市	Lanxi	376	341	18	17
东阳市	Dongyang	359	337	8	14
义乌市	Yiwu	662	611	28	23
永康市	Yongkang	489	470	8	11
武义县	Wuyi	437	417	3	17
浦江县	Pujiang	272	243	13	16
磐安县	Panan	114	99	7	8
衢州市区	Quzhou District	286	266	4	16
江山市	Jiangshan	284	265	10	9
常山县	Changshan	100	95	3	2
开化县	Kaihua	81	79	1	1
龙游县	Longyou	189	180	4	5
舟山市区	Zhoushan District	314	292	7	15
岱山县	Daishan	57	47	3	7
嵊泗县	Shengsi	12	11	1	
台州市	Taizhou District	1068	992	39	37
温岭市	Wenling	867	801	28	38
临海市	Linhai	433	386	28	19
玉环县	Yuhuan	632	567	29	36
三门县	Sanmen	144	133	1	10
天台县	Tiantai	127	112	7	8
仙居县	Xianju	107	90	9	8
丽水市区	Lishui District	212	203	5	4
龙泉市	Longquan	166	162	1	3
青田县	Qingtian	156	146	2	8
云和县	Yunhe	37	36		1
庆元县	Qingyuan	54	53	1	
缙云县	Jinyun	253	248	4	1
遂昌县	suichang	56	50	1	5
松阳县	Songyang	129	129		
景宁自治县	Jingning	37	36		1

17-32 各市、县规模以上工业总产值(2012 年)
Gross Output Value of Industry Above Designated Size by City and County(2012)

单位:亿元(100 million yuan)

市县名称	City and County	工业总产值 Gross Output Value of Industry	内资企业 Domestic - Funded Enterprises	港澳台商投资企业 Enterprises with Investment from Hong Kong, Macao and Taiwan	外商投资企业 Enterprises with Foreign Investment
杭州市区	Hangzhou District	10142.74	6711.30	1254.82	2176.62
富阳市	Fuyang	1175.40	987.56	96.52	91.32
临安市	Linan	618.27	549.86	32.28	36.14
建德市	Jiande	404.63	375.78	8.70	20.15
桐庐县	Tonglu	413.09	295.50	83.58	34.01
淳安县	Chunan	208.16	191.33	4.46	12.37
宁波市区	Ningbo District	8113.39	4252.31	2178.55	1682.53
余姚市	Yuyao	1127.50	726.23	256.33	144.94
慈溪市	Cixi	1608.98	1166.00	264.29	178.69
奉化市	Fenhua	353.70	212.82	97.59	43.28
象山县	Xiangshan	435.13	330.56	44.75	59.82
宁海县	Ninghai	516.37	425.52	44.76	46.09
温州市区	Wenzhou District	1538.55	1369.93	49.27	119.35
瑞安市	Ruian	703.89	646.93	6.03	50.93
乐清市	Yueqing	1061.25	980.90	19.52	60.82
洞头县	Dongtou	49.82	47.38	2.43	
永嘉县	Yongjia	381.84	367.57	7.08	7.19
平阳县	Pingyang	229.92	186.61	13.09	30.22
苍南县	Cangnan	240.41	233.26	3.64	3.50
文成县	Wenchen	23.04	22.69		0.35
泰顺县	Taishun	19.92	19.92		
嘉兴市区	Jiaxing District	1416.03	940.34	155.53	320.16
平湖市	Pinghu	1016.94	527.15	121.17	368.63
海宁市	Haining	1156.32	801.87	156.19	198.26
桐乡市	Tongxiang	1132.96	915.83	134.59	82.54
嘉善县	Jiashan	749.21	369.26	147.78	232.18
海盐县	Haiyan	568.46	488.00	49.32	31.13
湖州市区	Huzhou District	1411.05	1088.26	108.95	213.84
德清县	Deqing	787.40	499.52	189.78	98.10
长兴县	ChangXing	755.73	650.58	103.74	1.41
安吉县	Anji	379.65	295.88	41.92	41.85
绍兴市区	Shaoxing District	1124.27	713.93	319.65	90.69
诸暨市	Zhuji	1932.35	1730.01	131.89	70.45
上虞市	Shangyu	1324.02	1049.81	172.16	102.04

续表 Continued 单位:亿元(100 million yuan)

市县名称	City and County	工业总产值 Gross Output Value of Industry	内资企业 Domestic - Funded Enterprises	港澳台商投资企业 Enterprises with Investment from Hong Kong, Macao and Taiwan	外商投资企业 Enterprises with Foreign Investment
嵊州市	Shengzhou	395.75	278.48	70.75	46.52
绍兴县	shaoxing	3310.46	2491.61	541.59	277.26
新昌县	Xinchang	464.41	437.95	21.04	5.42
金华市区	Jinhua District	635.91	497.87	74.22	63.81
兰溪市	Lanxi	603.00	562.29	14.27	26.44
东阳市	Dongyang	376.34	349.88	9.99	16.47
义乌市	Yiwu	689.66	593.87	62.10	33.70
永康市	Yongkang	729.61	695.80	4.82	28.99
武义县	Wuyi	408.34	388.80	3.89	15.66
浦江县	Pujiang	289.78	256.30	17.12	16.35
磐安县	Panan	59.34	49.11	3.50	6.73
衢州市区	Quzhou District	617.07	544.12	26.35	46.60
江山市	Jiangshan	298.75	280.49	4.46	13.79
常山县	Changshan	87.29	84.27	2.00	1.02
开化县	Kaihua	91.25	88.03	2.49	0.73
龙游县	Longyou	236.65	212.09	5.13	19.43
舟山市区	Zhoushan District	915.10	667.04	164.74	83.32
岱山县	Daishan	278.68	198.05	2.12	78.51
嵊泗县	Shengsi	6.06	5.82	0.24	
台州市区	Taizhou District	1284.41	1115.42	84.73	84.26
温岭市	Wenling	659.89	576.58	42.54	40.77
临海市	Linhai	552.32	495.49	25.58	31.25
玉环县	Yuhuan	619.28	433.23	36.35	149.70
三门县	Sanmen	157.26	146.88	0.31	10.07
天台县	Tiantai	159.70	137.10	5.74	16.86
仙居县	Xianju	97.96	78.26	10.55	9.14
丽水市区	Lishui District	389.20	376.34	3.05	9.81
龙泉市	Longquan	134.09	130.54	0.39	3.16
青田县	Qingtian	298.39	272.25	13.56	12.59
云和县	Yunhe	59.55	59.29		0.26
庆元县	Qingyuan	44.21	42.92	1.29	
缙云县	Jinyun	346.09	337.58	5.18	3.33
遂昌县	suichang	142.31	137.52	0.24	4.55
松阳县	Songyang	133.63	133.63		
景宁自治县	Jingning	15.52	14.88		0.64

17－33 各市、县工业企业经济指标(2012 年)
Main Indicators of Industrial Enterprises by City and County (2012)

单位:亿元(100 million yuan)

市县名称	City and County	从业人员平均人数(万人) Average Number of Employed Persons (10000 persons)	流动资产合计 Circulating Assets	固定资产净值合计 Net Value of Fixed Assets	主营业务收入 Revenues in Main Business
杭州市区	District	93.85	5723.66	2331.56	9797.80
富阳市	Fuyang	10.31	748.36	267.17	1142.60
临安市	Linan	8.20	348.17	129.74	594.32
建德市	Jiande	4.14	173.05	99.84	395.13
桐庐县	Tonglu	4.25	165.45	92.10	395.80
淳安县	Chunan	1.84	56.02	35.64	203.21
宁波市区	District	75.58	3727.35	2055.50	7984.66
余姚市	Yuyao	18.76	753.56	248.16	1077.36
慈溪市	Cixi	27.94	1003.03	331.12	1491.01
奉化市	Fenhua	8.76	231.28	100.94	345.13
象山县	Xiangshan	9.14	329.98	184.97	411.23
宁海县	Ninghai	6.88	332.41	222.36	486.59
温州市区	District	34.93	907.85	344.30	1316.00
瑞安市	Ruian	14.23	470.97	149.53	685.08
乐清市	Yueqing	17.58	822.34	237.49	1054.54
洞头县	Dongtou	0.28	15.35	6.80	82.49
永嘉县	Yongjia	7.92	262.41	93.64	369.16
平阳县	Pingyang	5.00	114.38	53.37	225.74
苍南县	Cangnan	3.65	177.26	71.30	237.23
文成县	Wenchen	0.28	11.41	6.39	21.40
泰顺县	Taishun	0.24	8.94	7.35	18.94
嘉兴市区	District	19.00	695.83	484.57	1409.68
平湖市	Pinghu	17.00	604.70	465.91	1020.12
海宁市	Haining	16.00	686.57	361.82	1115.84
桐乡市	Tongxiang	13.00	464.46	357.11	1099.82
嘉善县	Jiashan	11.00	374.50	202.90	699.35
海盐县	Haiyan	7.00	318.94	472.46	562.72
湖州市区	District	12.26	683.92	256.51	1336.47
德清县	Deqing	8.91	270.15	144.19	740.71
长兴县	ChangXing	7.08	365.85	210.39	918.48
安吉县	Anji	5.87	170.64	101.03	369.47
绍兴市区	District	12.02	645.95	369.67	1119.86
诸暨市	Zhuji	15.97	1008.78	318.77	1907.61
上虞市	Shangyu	12.92	802.42	295.00	1251.88

续表 Continued 单位:亿元(100 million yuan)

市县名称	City and County	从业人员平均人数(万人) Average Number of Employed Persons (10000 persons)	流动资产合计 Circulating Assets	固定资产净值合计 Net Value of Fixed Assets	主营业务收入 Revenues in Main Business
嵊州市	Shengzhou	6.76	238.40	84.11	378.85
绍兴县	shaoxing	26.70	1560.78	712.44	3216.20
新昌县	Xinchang	5.76	364.57	90.76	459.21
金华市区	District	9.37	429.29	165.73	582.66
兰溪市	Lanxi	5.52	273.81	180.66	568.42
东阳市	Dongyang	7.51	240.55	118.97	360.78
义乌市	Yiwu	12.94	444.03	216.17	667.82
永康市	Yongkang	10.84	553.30	153.59	715.06
武义县	Wuyi	7.79	244.42	87.49	369.26
浦江县	Pujiang	4.81	152.02	62.78	277.21
磐安县	Panan	1.52	38.72	15.05	53.58
衢州市区	District	6.74	327.07	244.19	674.58
江山市	Jiangshan	3.48	112.87	74.63	296.10
常山县	Changshan	1.36	36.07	34.31	84.49
开化县	Kaihua	0.77	84.10	31.10	91.17
龙游县	Longyou	3.15	105.42	77.67	222.06
舟山市区	District	7.21	523.69	286.11	763.32
岱山县	Daishan	1.46	304.51	151.80	251.45
嵊泗县	Shengsi	0.08	3.18	4.26	6.21
台州市区	District	21.44	836.88	345.76	1273.54
温岭市	Wenling	14.42	316.78	114.29	615.98
临海市	Linhai	9.57	364.09	141.34	476.43
玉环县	Yuhuan	12.63	323.09	216.41	581.95
三门县	Sanmen	2.87	105.92	50.82	139.38
天台县	Tiantai	2.39	104.19	57.72	151.44
仙居县	Xianju	2.21	56.64	26.87	95.68
丽水市区	District	4.54	215.88	100.84	439.81
龙泉市	Longquan	1.83	45.87	27.51	127.15
青田县	Qingtian	3.04	154.56	99.25	282.52
云和县	Yunhe	0.72	8.67	9.80	55.48
庆元县	Qingyuan	0.89	14.22	13.65	42.25
缙云县	Jinyun	3.78	132.26	52.73	321.92
遂昌县	Suichang	1.32	57.64	32.30	111.44
松阳县	Songyang	1.29	43.98	24.07	127.78
景宁自治县	Jingning	0.30	7.00	6.79	14.85

17－34 各市、县客运量和货运量(2012 年)
Passenger Traffic and Freight Traffic by City and County (2012)

市县名称	City and County	客运量(万人) Passenger Traffic (10000 persons)			货运量(万吨) Freight Traffic (10000 tons)		
		铁路 Railways	公路 Highways	水运 Waterways	铁路 Railways	公路 Highways	水运 Waterways
杭州市区	District	3112.38	19497	273.00	239.23	17443	5768.00
富阳市	Fuyang		3157	1.00		1413	390.00
临安市	Linan		2769	31.00		1861	52.00
建德市	Jiande		2199	15.00		1265	143.00
桐庐县	Tonglu		2519	16.00		779	88.00
淳安县	Chunan		985	256.00	83.24	482	62.00
宁波市区	District	1767.83	13880	8.98	2417.72	11160	10443.00
余姚市	Yuyao	336.79	2860	0.20	134.18	1455	38.00
慈溪市	Cixi		3050		42.44	1430	10.00
奉化市	Fenhua	22.64	2520			1105	370.00
象山县	Xiangshan		2250	80.00		690	2362.00
宁海县	Ninghai	110.21	2550	33.61		730	890.00
温州市区	District		10526			2875	993.71
瑞安市	Ruian		3549	4.48		1382	88.01
乐清市	Yueqing		5673			1070	615.53
洞头县	Dongtou		988	33.21		85	1136.75
永嘉县	Yongjia		3975			1064	92.55
平阳县	Pingyang		3198	12.50		649	78.37
苍南县	Cangnan		4452			705	238.69
文成县	Wenchen		766	0.02		146	0.45
泰顺县	Taishun		422			46	
嘉兴市区	District	470.47	2466	52.00	21.12	2451	1783.00
平湖市	Pinghu		1863			1832	1071.00
海宁市	Haining	147.21	3267		2.95	885	1033.00
桐乡市	Tongxiang	105.47	1644			991	1759.00
嘉善县	Jiashan	98.47	1450		5.14	1635	1538.00
海盐县	Haiyan		779			638	1231.00
湖州市区	District		4766	8.74		2342	3673.08
德清县	Deqing		1402	22.07		1179	1094.25
长兴县	ChangXing		1478	14.30		2135	5247.55
安吉县	Anji		1785			1425	2371.26
绍兴市区	District						
诸暨市	Zhuji	159.78	3903	28.00	7.24	1869	366.00
上虞市	Shangyu	90.71	2465		6.41	1085	238.00

续表 Continued

市县名称	City and County	客运量(万人) Passenger Traffic (10000 persons)			货运量(万吨) Freight Traffic (10000 tons)		
		铁路 Railways	公路 Highways	水运 Waterways	铁路 Railways	公路 Highways	水运 Waterways
嵊州市	Shengzhou		2469			1101	193.00
绍兴县	shaoxing		3934	65.00	1.82	2313	258.00
新昌县	Xinchang		1805	3.00		932	
金华市区	District	496.62	7916		102.47	2205	
兰溪市	Lanxi	3.62	2012	20.20	3.64	736	74.00
东阳市	Dongyang		3846	9.00		1550	
义乌市	Yiwu	614.30	9961		31.18	3668	
永康市	Yongkang	59.02	3250		5.62	3160	
武义县	Wuyi	22.76	1120		3.88	604	
浦江县	Pujiang		1092		0.57	505	
磐安县	Panan		735			264	
衢州市区	District	145.20	4551	3.82	63.92	3176	
江山市	Jiangshan	48.97	2257	0.82	290.14	2567	
常山县	Changshan		1153			837	
开化县	Kaihua		1725			424	
龙游县	Longyou	21.60	1799	1.97	14.42	1359	4.00
舟山市区	District		11800	1515.24		3706	10766.00
岱山县	Daishan		1743	552.58		827	2706.00
嵊泗县	Shengsi		341	156.72		164	1816.00
台州市区	District	171.00	11197	10.00	8.00	5632	5538.00
温岭市	Wenling	184.00	5202			3638	1204.00
临海市	Linhai	38.00	2947			633	968.00
玉环县	Yuhuan		8175	207.00		1099	1046.00
三门县	Sanmen	33.00	1265			188	737.00
天台县	Tiantai		756			289	
仙居县	Xianju		668			265	
丽水市区	District	50.42	1784	14.45	78.87	2145	0.65
龙泉市	Longquan		539	4.06		348	0.23
青田县	Qingtian	24.70	1123	5.00	11.91	340	52.89
云和县	Yunhe		223	14.78		162	1.29
庆元县	Qingyuan		213			310	
缙云县	Jinyun	20.73	893		8.21	330	
遂昌县	Suichang		475	3.21		299	
松阳县	Songyang		272			445	
景宁自治县	Jingning		210	4.23		117	9.61

17－35 各市、县公路里程邮电通信和用电量情况(2012年)
Length of Highways, Posts and Telecommunications, Electricity Consumption by City and County(2012)

市县名称	City and County	境内公路里程(公里) Length of Highways (km)	#高速公路 Expressway	民用汽车拥有量(辆) Civilb Motor Vehicles (unit)	固定电话用户(万户) Telephone Subscribers (10000 subscribers)	年末移动电话用户数(万户) Number of Mobile Telephones Subscribers (10000 subscribers)
杭州市区	Hangzhou District	4781.40	282	1487867	276.67	1159.23
富阳市	Fuyang	1918.93	37	93424	18.59	83.63
临安市	Linan	2231.95	104	80434	16.86	68.76
建德市	Jiande	1846.07	84	34099	11.66	45.49
桐庐县	Tonglu	1637.44	29	45619	12.55	46.90
淳安县	Chunan	2522.79	13	19558	9.87	34.66
宁波市区	Ningbo District	3250.91	211	670568	161.50	495.61
余姚市	Yuyao	1798.57	42	162314	38.97	153.41
慈溪市	Cixi	1551.07	82	197443	50.90	223.71
奉化市	Fenghua	1247.09	55	68440	20.60	62.46
象山县	Xiangshan	1269.72	22	64570	20.61	79.36
宁海县	Ninghai	1543.39	51	69150	15.42	73.45
温州市区	Wenzhou District	1021.33	53	400604	95.81	431.10
瑞安市	Ruian	1342.27	15	213567	40.83	165.39
乐清市	Yueqing	1019.73	68	144311	40.03	159.55
洞头县	Dongtou	160.22		8818	2.72	11.24
永嘉县	Yongjia	1131.83	102	120518	19.87	87.64
平阳县	Pingyang	638.16	27	66570	17.57	81.32
苍南县	Cangnan	841.37	24	102096	27.98	133.13
文成县	Wenchen	775.24		19738	5.40	17.89
泰顺县	Taishun	985.38		20157	4.25	23.15
嘉兴市区	Jiaxing District	1596.00	115	180771	45.09	167.22
平湖市	Pinghu	1228.00	46	63542	20.68	71.76
海宁市	Haining	1333.00	74	94149	30.11	91.82
桐乡市	Tongxiang	1975.00	44	113591	26.13	104.92
嘉善县	Jiashan	756.00	37	65841	18.09	65.28
海盐县	Haiyan	975.00	32	56375	15.78	43.82
湖州市区	Huzhou District	2618.61	121	158936	50.62	164.99
德清县	Deqing	1116.11	44	52394	16.27	48.13
长兴县	Changxing	2152.23	89	68943	18.06	61.62
安吉县	Anji	2223.99	35	58624	16.75	49.52
绍兴市区	Shaoxing District	451.16				
诸暨市	Zhuji	2531.69	131	168642	43.41	142.21
上虞市	Shangyu	1511.09	61	84516	30.47	92.17

续表 1 Continued

市县名称	City and County	境内公路里程(公里) Length of Highways (km)	#高速公路 Expressway	民用汽车拥有量(辆) Civilb Motor Vehicles (unit)	固定电话用户(万户) Telephone Subscribers (10000 subscribers)	年末移动电话用户数(万户) Number of Mobile Telephones Subscribers (10000 subscribers)
嵊州市	Shengzhou	2176.23	100	60580	24.92	76.98
绍兴县	Shaoxing	1607.68	37	130811	41.82	120.16
新昌县	Xinchang	1309.33	40	41391	14.33	51.62
金华市区	Jinhua District	2492.84	73	157278	35.61	191.99
兰溪市	Lanxi	1313.16	15	45627	14.12	60.77
东阳市	Dongyang	2272.24	82	109036	23.46	123.88
义乌市	Yiwu	1380.61	54	263327	47.74	303.12
永康市	Yongkang	1083.59	27	165360	21.07	129.92
武义县	Wuyi	1359.96	26	41065	9.35	54.44
浦江县	Pujiang	820.74	13	53563	12.11	64.99
磐安县	Panan	1138.60	19	14240	3.69	21.21
衢州市区	Quzhou District	2223.48	39	73209	20.53	88.04
江山市	Jiangshan	1729.43	76	45408	10.52	39.92
常山县	Changshan	945.49	73	15524	5.68	24.97
开化县	Kaihua	1493.04	50	17301	5.61	23.47
龙游县	Longyou	1431.46	80	25876	9.75	31.80
舟山市区	Zhoushan District	1260.53	32	73934	42.06	122.32
岱山县	Daishan	376.75		9137	8.11	22.30
嵊泗县	Shengsi	164.41		2447	3.26	9.66
台州市区	Taizhou District	2309.00	34	337147	60.06	287.91
温岭市	Wenling	1726.00	11	179511	34.31	181.22
临海市	Linhai	2129.00	85	101242	22.74	114.14
玉环县	Yuhuan	562.00		72284	20.29	85.19
三门县	Sanmen	1198.00	21	26182	8.45	34.65
天台县	Tiantai	1772.00	42	40737	10.87	41.26
仙居县	Xianju	1757.00	106	36170	8.36	38.63
丽水市区	Lishui District	1287.80	69	66535	13.74	69.00
龙泉市	Longquan	2374.10	32	21584	4.34	29.66
青田县	Qingtian	2132.10	67	23892	8.32	44.57
云和县	Yunhe	866.10	44	9118	2.19	15.94
庆元县	Qingyuan	1464.30		8893	2.48	17.05
缙云县	Jinyun	1379.00	35	30609	8.26	42.62
遂昌县	Suichang	1649.70	29	12889	4.12	23.77
松阳县	Songyang	1347.00	53	14362	3.62	23.28
景宁自治县	Jingning	1784.70		7463	1.99	14.68

续表 2 Continued

市县名称	City and County	电信业务收入(万元) Telecom Business Income (10000 yuan)	全年用电量(万千瓦小时) Total Electricity Consumption (10000 kw.h)	#工业用电 Industrial Consumption	#城乡居民生活用电 Residential Consumption
杭州市区	Hangzhou District	1370113	4449519	2789334	636188
富阳市	Fuyang	73391	671608	577150	52915
临安市	Linan	56604	294283	222350	39483
建德市	Jiande	35081	249322	207571	23043
桐庐县	Tonglu	38815	159641	105784	27456
淳安县	Chunan	23277	92799	59743	14161
宁波市区	Ningbo District	654720	3012523	2260968	296978
余姚市	Yuyao	127465	653552	516986	70513
慈溪市	Cixi	186136	836957	638513	109741
奉化市	Fenghua	61969	247141	179424	36946
象山县	Xiangshan	60556	165369	93998	36293
宁海县	Ninghai	69583	225373	156030	42663
温州市区	Wenzhou District	483609	1203312	746335	240667
瑞安市	Ruian	174091	599896	426820	122263
乐清市	Yueqing	179847	456378	273951	121921
洞头县	Dongtou	10806	19918	6411	7575
永嘉县	Yongjia	90611	222985	146627	48561
平阳县	Pingyang	83400	231489	148511	55548
苍南县	Cangnan	139734	468737	322732	101677
文成县	Wenchen	15192	36421	20754	9628
泰顺县	Taishun	21525	30377	12874	11691
嘉兴市区	Jiaxing District	260983	930296	734622	72739
平湖市	Pinghu	98758	471001	398437	34333
海宁市	Haining	133792	625500	510455	45985
桐乡市	Tongxiang	142713	696641	586778	52384
嘉善县	Jiashan	92154	427717	353623	36820
海盐县	Haiyan	60841	357459	302766	22618
湖州市区	Huzhou District	166998	702950	508943	87181
德清县	Deqing	44045	308386	244077	30759
长兴县	Changxing	54874	462986	383925	42076
安吉县	Anji	46412	184067	128075	32135
绍兴市区	Shaoxing District		548642	396203	60734
诸暨市	Zhuji	112773	689912	564656	73416
上虞市	Shangyu	70662	381631	297084	40929

续表 3 Continued

市县名称	City and County	电信业务收入（万元）Telecom Business Income (10000 yuan)	全年用电量（万千瓦小时）Total Electricity Consumption (10000 kw. h)	#工业用电 Industrial Consumption	#城乡居民生活用电 Residential Consumption
嵊州市	Shengzhou	51272	190070	128703	38746
绍兴县	Shaoxing	112296	1391248	1244942	60921
新昌县	Xinchang	32367	154284	115417	23899
金华市区	Jinhua District	160674	427253	263243	76146
兰溪市	Lanxi	37378	543443	498158	27197
东阳市	Dongyang	82073	318719	224365	53554
义乌市	Yiwu	244731	677308	436574	87238
永康市	Yongkang	91307	333413	254373	46934
武义县	Wuyi	32950	172466	139071	17878
浦江县	Pujiang	45558	217698	175489	25347
磐安县	Panan	11368	32262	20507	6905
衢州市区	Quzhou District	68500	630272	539532	43069
江山市	Jiangshan	27000	195948	151098	22670
常山县	Changshan	13700	107310	88115	11074
开化县	Kaihua	13200	51930	33376	10577
龙游县	Longyou	22600	173023	135144	18043
舟山市区	Zhoushan District	122970	324500	180671	56923
岱山县	Daishan	19807	55828	35695	10567
嵊泗县	Shengsi	8792	37400	6544	4269
台州市区	Taizhou District	297678	865363	598744	142300
温岭市	Wenling	154916	486731	324382	105955
临海市	Linhai	89004	303593	209980	57683
玉环县	Yuhuan	81351	327387	250366	53671
三门县	Sanmen	29166	99803	61722	18668
天台县	Tiantai	34402	95218	57831	23555
仙居县	Xianju	30033	74029	42751	19355
丽水市区	Lishui District	61572	170485	103126	29744
龙泉市	Longquan	16367	44681	24493	11542
青田县	Qingtian	27730	125754	85584	23535
云和县	Yunhe	8564	67580	56550	6530
庆元县	Qingyuan	8585	19752	9831	5600
缙云县	Jinyun	23328	146573	117254	17938
遂昌县	Suichang	12850	69893	55109	8723
松阳县	Songyang	12114	43652	29179	9014
景宁自治县	Jingning	7764	15325	6482	5220

17－36 各市、县固定资产投资(2012 年)
Investment in Fixed Assets by City and County (2012)

单位:亿元(100 million yuan)

市县名称	City and County	固定资产投资 Investment in Fixes Assets	第一产业 Primary Industry	第二产业 Secondary Industry	第三产业 Tertiary Industry
杭州市区	Hangzhou District	3016.08	1.17	556.72	2458.19
富阳市	Fuyang	234.38	0.42	103.72	130.24
临安市	Linan	137.99	0.60	64.05	73.34
建德市	Jiande	96.16	1.24	46.69	48.22
桐庐县	Tonglu	141.20	0.64	55.76	84.81
淳安县	Chunan	96.95	0.20	26.22	70.53
宁波市区	Ningbo District	1687.18	2.94	419.14	1265.09
余姚市	Yuyao	361.54	1.60	128.17	231.78
慈溪市	Cixi	443.28	7.92	178.41	256.95
奉化市	Fenghua	128.14	7.47	21.17	99.50
象山县	Xiangshan	137.58	4.61	31.09	101.89
宁海县	Ninghai	143.70	2.48	41.89	99.33
温州市区	Wenzhou District	730.63	2.40	124.97	603.25
瑞安市	Ruian	316.41	6.16	81.66	228.59
乐清市	Leqing	362.00	4.48	101.81	255.71
洞头县	Dontou	47.40	1.28	17.42	28.71
永嘉县	Yongjia	176.35	5.06	33.87	137.42
平阳县	Pingyang	181.41	2.73	54.80	123.88
苍南县	Cangnan	220.47	9.78	55.30	155.39
文成县	Wencheng	38.38	3.71	4.50	30.17
泰顺县	taishun	37.28	7.42	3.62	26.23
嘉兴市区	Jiaxing District	444.83	6.28	151.23	287.33
平湖市	Pinghu	228.91	1.89	133.92	93.10
海宁市	Haining	303.67	1.06	145.65	156.95
桐乡市	Tongxiang	255.23	2.01	124.96	128.25
嘉善县	Jiashan	210.28	0.89	109.05	100.34
海盐县	Haiyan	199.39	1.94	121.11	76.33
湖州市区	Huzhou District	437.34	3.59	221.22	212.52
德清县	Deqing	173.75	3.03	104.32	66.40
长兴县	Changxing	248.81	1.32	133.41	114.08
安吉县	Anji	110.83		70.83	40.00
绍兴市区	Shaoxing District	351.38	0.93	114.75	235.70
诸暨市	Zhuji	411.10	1.69	235.16	174.25
上虞市	Shangyu	296.54	2.46	169.07	125.01

续表 1 Continued

单位:亿元(100 million yuan)

市县名称	City and County	固定资产投资 Investment in Fixes Assets	第一产业 Primary Industry	第二产业 Secondary Industry	第三产业 Tertiary Industry
嵊州市	Shengzhou	139.17	1.99	83.77	53.41
绍兴县	Shaoxing	428.11	1.90	218.13	208.08
新昌县	Xinchang	96.26	0.43	60.52	35.31
金华市区	Jinhua District	251.91	2.23	129.68	120.00
兰溪市	Lanxi	106.28	1.01	71.56	33.71
东阳市	Dongyang	154.90	1.18	87.85	65.87
义乌市	Yiwu	293.59	0.88	89.88	202.82
永康市	Yongkang	139.11	0.08	73.23	65.80
武义县	Wuyi	81.06	0.13	53.97	26.96
浦江县	Pujiang	65.25	0.04	42.68	22.53
磐安县	Panan	34.71	0.52	15.77	18.42
衢州市区	Quzhou District	217.58	5.90	109.81	101.87
江山市	Jiangshan	107.44	1.46	55.46	50.52
常山县	Changshan	81.33	6.74	47.98	26.61
开化县	Kaihua	54.03	0.70	20.16	33.18
龙游县	Longyou	105.76	0.42	71.15	34.18
舟山市区	District	460.79	0.86	152.82	307.12
岱山县	Daishan	76.52	2.68	33.01	40.84
嵊泗县	Shengsi	33.29	3.41	2.97	26.91
台州市区	Taizhou District	423.91	0.17	124.96	298.78
温岭市	Wenling	235.91	2.85	79.66	153.40
临海市	Linhai	173.39	1.28	90.60	81.51
玉环县	Yuhuan	91.42	0.02	35.99	55.41
三门县	Sanmen	132.63	1.95	94.47	36.21
天台县	Tiantai	88.83	2.62	39.14	47.06
仙居县	Xianju	96.46	1.26	38.65	56.55
丽水市区	Lishui District	131.65	2.03	32.59	97.03
龙泉市	Longquan	53.05	0.15	18.19	34.71
青田县	Qingtian	66.12	1.79	27.48	36.85
云和县	Yunhe	27.05	1.81	8.13	17.11
庆元县	Qingyuan	28.03	2.07	7.68	18.28
缙云县	Jinyun	74.06	2.01	26.53	45.52
遂昌县	Suichang	32.37	1.14	15.25	15.98
松阳县	Songyang	33.55	1.72	15.15	16.69
景宁自治县	Jingning	26.09	1.56	7.84	16.69

续表 2 Continued

单位:亿元(100 million yuan)

市县名称	City and County	#房地产开发投资 Real Estate	#住宅 Residential Buildings	新增固定资产 Newly Increased Fixed Assets	商品房屋销售面积(万平方米) Floor Space of Commercial Houses Sold (10000 sq. m)	商品房屋销售额(亿元) Total Value of Commercial Houses
杭州市区	Hangzhou District	1374.94	841.19	1330.42	922.31	1328.69
富阳市	Fuyang	71.06	47.34	102.22	32.79	40.98
临安市	Linan	45.51	38.18	90.33	51.84	37.74
建德市	Jiande	20.64	11.70	36.96	14.80	9.34
桐庐县	Tonglu	52.97	37.82	72.29	46.19	26.01
淳安县	Chunan	32.24	25.51	54.69	21.69	22.50
宁波市区	Ningbo District	517.94	275.28	856.16	339.91	405.31
余姚市	Yuyao	135.44	81.40	201.17	87.27	98.98
慈溪市	Cixi	127.42	92.50	129.45	86.35	85.23
奉化市	Fenghua	34.09	21.76	57.78	16.95	19.63
象山县	Xiangshan	44.45	30.47	78.03	25.25	28.65
宁海县	Ninghai	25.02	14.23	58.96	34.48	25.60
温州市区	Wenzhou District	260.96	169.03	265.42	71.95	173.53
瑞安市	Ruian	97.00	65.25	132.32	27.90	55.79
乐清市	Leqing	121.98	82.35	97.89	22.06	30.20
洞头县	Dontou	3.45	2.75	26.31	2.84	2.79
永嘉县	Yongjia	79.06	61.02	112.83	7.95	17.02
平阳县	Pingyang	43.71	34.21	63.93	23.85	22.20
苍南县	Cangnan	62.51	39.50	109.22	37.77	45.62
文成县	Wencheng	10.95	7.53	23.62	2.34	1.10
泰顺县	taishun	7.87	4.83	22.54	7.60	6.58
嘉兴市区	Jiaxing District	149.30	89.88	252.47	183.20	136.17
平湖市	Pinghu	45.74	32.42	145.43	56.62	34.87
海宁市	Haining	65.18	49.28	141.23	57.91	46.93
桐乡市	Tongxiang	62.40	32.80	139.38	71.25	49.96
嘉善县	Jiashan	51.29	39.82	119.46	42.33	30.09
海盐县	Haiyan	41.96	35.11	80.28	39.00	24.47
湖州市区	Huzhou District	102.93	73.58	137.20	130.48	95.03
德清县	Deqing	27.97	22.98	78.71	32.95	24.66
长兴县	Changxing	59.42	30.84	179.04	53.21	34.20
安吉县	Anji	20.85	16.01	62.14	56.92	32.15
绍兴市区	Shaoxing District	150.87	121.21	96.00	90.35	102.46
诸暨市	Zhuji	79.43	44.06	212.97	130.27	113.13
上虞市	Shangyu	60.30	53.05	170.62	44.86	38.10

续表 3 Continued

单位:亿元(100 million yuan)

市县名称	City and County	#房地产开发投资 Real Estate	#住宅 Residential Buildings	新增固定资产 Newly Increased Fixed Assets	商品房屋销售面积(万平方米) Floor Space of Commercial Houses Sold (10000 sq. m)	商品房屋销售额(亿元) Total Value of Commercial Houses
嵊州市	Shengzhou	24.75	17.39	57.95	38.42	31.42
绍兴县	Shaoxing	130.07	94.20	276.28	135.86	105.86
新昌县	Xinchang	22.30	17.35	44.06	43.98	27.94
金华市区	Jinhua District	69.98	51.69	75.28	111.35	87.87
兰溪市	Lanxi	16.62	10.29	35.63	28.88	21.44
东阳市	Dongyang	33.55	24.83	87.23	64.37	45.72
义乌市	Yiwu	106.42	68.81	214.85	42.05	82.85
永康市	Yongkang	27.10	22.61	108.78	35.92	41.33
武义县	Wuyi	13.23	11.64	68.08	13.92	13.64
浦江县	Pujiang	13.03	9.10	42.07	18.81	19.73
磐安县	Panan	5.26	4.05	6.83	7.21	3.37
衢州市区	Quzhou District	45.07	36.74	93.60	58.40	37.73
江山市	Jiangshan	12.56	8.79	66.34	25.60	17.51
常山县	Changshan	4.59	2.49	67.27	6.10	5.95
开化县	Kaihua	5.24	4.97	57.52	5.90	3.62
龙游县	Longyou	8.33	7.31	114.75	8.10	5.43
舟山市区	District	141.61	90.79	342.31	69.20	76.11
岱山县	Daishan	16.51	12.24	35.66	6.55	6.27
嵊泗县	Shengsi	0.82	0.67	23.90	2.65	1.25
台州市区	Taizhou District	179.29	130.02	134.82	142.39	153.72
温岭市	Wenling	71.08	49.96	133.08	49.49	53.50
临海市	Linhai	29.88	22.74	131.43	45.78	33.96
玉环县	Yuhuan	23.03	18.33	20.30	8.19	9.62
三门县	Sanmen	16.64	11.30	75.11	18.42	9.46
天台县	Tiantai	17.16	13.52	26.82	38.98	33.86
仙居县	Xianju	20.29	18.68	65.59	16.47	11.19
丽水市区	Lishui District	37.12	28.24	149.67	35.96	34.89
龙泉市	Longquan	9.45	6.51	35.14	8.91	6.72
青田县	Qingtian	10.53	7.66	45.49	28.98	24.25
云和县	Yunhe	1.65	0.62	5.36	2.59	1.69
庆元县	Qingyuan	0.84	0.72	7.98	0.69	0.42
缙云县	Jinyun	18.31	12.92	46.63	6.82	4.88
遂昌县	Suichang	1.14	1.12	22.16	1.49	0.82
松阳县	Songyang	3.74	3.30	34.25	2.58	1.99
景宁自治县	Jingning	2.22	1.40	8.62	0.80	0.98

17－37 各市、县国内贸易情况(2012 年)
Domestic and Foreign Trade by City and County (2012)

市县名称	City and County	社会消费品零售总额(亿元) Total Retail Sales of Consumer Goods (100 million yuan)	限额以上批发、零售贸易业商品销售总额(亿元) Total Sales of Wholesale and Retailsale Trade Above Designated Size(100 million yuan)	限额以上批发零售企业数(个) Number of Wholesale and retail enterprises above Designaged Size(unit)	#零售 Retail
杭州市区	District	2521.69	12760.33	2956	635
富阳市	Fuyang	121.76	227.48	204	51
临安市	Linan	102.69	86.49	89	51
建德市	Jiande	67.33	48.65	48	18
桐庐县	Tonglu	85.14	76.69	86	30
淳安县	Chunan	46.00	40.93	37	24
宁波市区	District	1245.86	6916.82	1932	365
余姚市	Yuyao	305.16	428.93	194	61
慈溪市	Cixi	391.98	476.44	163	77
奉化市	Fenhua	109.83	84.63	73	28
象山县	Xiangshan	148.22	114.24	75	21
宁海县	Ninghai	128.21	66.59	84	46
温州市区	District	1038.35	1745.99	1115	236
瑞安市	Ruian	236.38	268.02	288	59
乐清市	Yueqing	210.76	181.58	212	74
洞头县	Dongtou	14.44	40.22	22	4
永嘉县	Yongjia	89.57	85.57	66	32
平阳县	Pingyang	107.84	39.16	89	31
苍南县	Cangnan	184.52	96.09	158	48
文成县	Wenchen	23.99	4.10	17	11
泰顺县	Taishun	23.45	3.95	9	7
嘉兴市区	District	300.53	774.44	395	123
平湖市	Pinghu	121.57	258.73	171	30
海宁市	Haining	242.80	316.05	247	52
桐乡市	Tongxiang	216.08	156.35	251	80
嘉善县	Jiashan	120.53	113.26	100	21
海盐县	Haiyan	82.24	103.18	74	18
湖州市区	District	355.88	648.03	211	83
德清县	Deqing	104.85	208.15	76	25
长兴县	ChangXing	148.38	393.46	100	41
安吉县	Anji	94.75	48.16	49	32
绍兴市区	District	329.40	571.84	258	89
诸暨市	Zhuji	231.22	332.44	188	66
上虞市	Shangyu	180.34	174.09	122	35

续表 Continued

市县名称	City and County	社会消费品零售总额(亿元) Total Retail Sales of Consumer Goods (100 million yuan)	限额以上批发、零售贸易业商品销售总额(亿元) Total Sales of Wholesale and Retailsale Trade Above Designated Size(100 million yuan)	限额以上批发零售企业数(个) Number of Wholesale and retail enterprises above Designaged Size(unit)	#零售 Retail
嵊州市	Shengzhou	153.87	44.91	77	35
绍兴县	shaoxing	167.45	488.55	304	39
新昌县	Xinchang	96.38	42.59	54	26
金华市区	District	307.68	514.62	202	85
兰溪市	Lanxi	94.33	57.81	63	23
东阳市	Dongyang	174.26	93.87	66	39
义乌市	Yiwu	398.74	255.38	207	81
永康市	Yongkang	127.17	163.18	96	32
武义县	Wuyi	62.16	23.17	48	26
浦江县	Pujiang	74.73	24.56	40	11
磐安县	Panan	21.35	8.87	12	10
衢州市区	District	154.84	323.96	138	55
江山市	Jiangshan	75.35	31.45	44	25
常山县	Changshan	38.77	8.63	19	11
开化县	Kaihua	44.53	10.93	23	14
龙游县	Longyou	82.87	43.28	48	16
舟山市区	District	225.82	789.31	224	75
岱山县	Daishan	44.72	5.71	22	12
嵊泗县	Shengsi	20.00	14.53	13	4
台州市区	District	547.46	920.42	356	127
温岭市	Wenling	326.68	183.88	139	49
临海市	Linhai	147.58	78.37	62	38
玉环县	Yuhuan	106.08	90.69	85	28
三门县	Sanmen	52.73	15.21	21	8
天台县	Tiantai	68.20	12.48	18	13
仙居县	Xianju	55.57	20.32	24	14
丽水市区	District	139.09	256.09	108	72
龙泉市	Longquan	31.51	19.94	13	10
青田县	Qingtian	51.50	11.61	21	9
云和县	Yunhe	15.74	10.86	17	8
庆元县	Qingyuan	19.41	1.19	8	8
缙云县	Jinyun	44.33	17.80	34	17
遂昌县	Suichang	28.90	15.43	29	15
松阳县	Songyang	23.49	3.85	9	6
景宁自治县	Jingning	17.12	118.09	13	7

17－38 各市、县外贸及利用外资情况(2012 年)
Foreign Trade and Utlization of Foreign Capital by City and County (2012)

市县名称	City and County	进口总额(万美元) Total imports (USD 10000)	出口总额(万美元) Total exports (USD 10000)	外国和港澳台地区在华直接投资 Foreign Funded Enterprises and Enterprises Funded by Entrepreneurs from Hong Kong, Macao & Taiwan	
				新签项目(合同)数(个) Newly Signed Contracts (unit)	实际使用外资金额(万美元) Amount of Foreign Capital Actually Use (USD 10000)
杭州市区	District	1876063	3714037	462	434059
富阳市	Fuyang	114900	109546	13	21117
临安市	Linan	28068	114271	5	15244
建德市	Jiande	10941	75740	3	2580
桐庐县	Tonglu	6590	96564	20	13061
淳安县	Chunan	5607	15997	7	10000
宁波市区	District	3049523	4121772	102	202301
余姚市	Yuyao	184844	593911	67	36676
慈溪市	Cixi	186754	842179	47	25452
奉化市	Fenhua	48463	186296	10	5596
象山县	Xiangshan	25672	195022	15	7575
宁海县	Ninghai	17487	205346	21	7652
温州市区	District	152440	1071879	18	26572
瑞安市	Ruian	56917	298168	2	3927
乐清市	Yueqing	29745	202963	4	2096
洞头县	Dongtou	8247	5462		210
永嘉县	Yongjia	9587	69415	1	
平阳县	Pingyang	10903	61399	1	1564
苍南县	Cangnan	6266	55901	3	5467
文成县	Wenchen	84	2344		
泰顺县	Taishun	2	2070		
嘉兴市区	District	217374	563487	91	58017
平湖市	Pinghu	334036	361737	47	33725
海宁市	Haining	102634	398762	20	23480
桐乡市	Tongxiang	131181	255273	28	22693
嘉善县	Jiashan	82621	229894	33	33723
海盐县	Haiyan	46252	151106	15	6521
湖州市区	District	72756	244895	75	52472
德清县	Deqing	37344	160359	50	17309
长兴县	ChangXing	12272	133111	42	19213
安吉县	Anji	11651	201274	25	13605
绍兴市区	District			16	14132
诸暨市	Zhuji	100242	474748	14	22109

续表 Continued

市县名称	City and County	进口总额（万美元）Total imports (USD 10000)	出口总额（万美元）Total exports (USD 10000)	外国和港澳台地区在华直接投资 Foreign Funded Enterprises and Enterprises Funded by Entrepreneurs from Hong Kong, Macao & Taiwan	
				新签项目（合同）数（个）Newly Signed Contracts (unit)	实际使用外资金额（万美元）Amount of Foreign Capital Actually Use (USD 10000)
上虞市	Shangyu	48174	274693	40	25351
嵊州市	Shengzhou	9482	158388	5	8013
绍兴县	shaoxing	309084	974143	56	23238
新昌县	Xinchang	11833	149547	3	2557
金华市区	District	11611	263947	18	8568
兰溪市	Lanxi	36403	85576	7	3703
东阳市	Dongyang	22113	193943	9	1354
义乌市	Yiwu	34235	900507	46	11261
永康市	Yongkang	26890	365003	1	812
武义县	Wuyi	2861	211169	4	2111
浦江县	Pujiang	7332	82243	2	357
磐安县	Panan	1132	28928	1	148
衢州市区	District	104694	99223	6	1329
江山市	Jiangshan	1038	45979	4	665
常山县	Changshan	366	10257	2	214
开化县	Kaihua	1352	9782		
龙游县	Longyou	8441	20687	2	2859
舟山市区	District	458130	719430	8	14620
岱山县	Daishan	38400	174813	1	3618
嵊泗县	Shengsi	116627	28205	1	101
台州市区	District	277911	656580	12	8213
温岭市	Wenling	14497	341184	2	1208
临海市	Linhai	19210	228690		1304
玉环县	Yuhuan	18254	319070	3	35471
三门县	Sanmen	2720	65995	3	74
天台县	Tiantai	4332	56321	2	718
仙居县	Xianju	1387	56041	3	532
丽水市区	District	15786	43541	5	400
龙泉市	Longquan	455	20228	1	400
青田县	Qingtian	5719	30052	1	3100
云和县	Yunhe	112	7833		800
庆元县	Qingyuan	33	5543	3	250
缙云县	Jinyun	1232	59906	1	611
遂昌县	Suichang	1616	11110	1	100
松阳县	Songyang	184	16904	1	852
景宁自治区	Jingning	211	2471		250

17－39 各市、县财政收支情况(2012 年)
Total Financial Revenue and Expenditure by City and County (2012)

单位:亿元(100 million yuan)

市县名称	City and County	财政总收入 Total Financial Revenue	地方财政预算内收入 Total Local Government Budgetary Financial Revenue	地方财政预算内支出 Total Local Government Financial Expenditures	一般性公共服务支出 Expenses for Public Service	#教育事业费 Expenses for Education
杭州市区	District	1424.49	747.60	622.29	70.03	103.85
富阳市	Fuyang	78.47	42.01	47.96	5.20	14.41
临安市	Linan	44.17	23.66	36.29	4.11	9.46
建德市	Jiande	29.55	16.00	25.25	3.08	6.39
桐庐县	Tonglu	34.01	19.51	27.48	3.93	6.63
淳安县	Chunan	17.20	11.21	27.00	3.03	6.24
宁波市区	District	1131.18	500.93	547.51	64.36	83.82
余姚市	Yuyao	112.85	61.69	67.82	9.23	13.29
慈溪市	Cixi	146.04	81.39	86.60	11.50	19.43
奉化市	Fenhua	44.60	24.37	38.99	4.70	7.72
象山县	Xiangshan	46.68	27.28	45.81	4.76	8.87
宁海县	Ninghai	55.16	29.84	41.71	5.90	8.57
温州市区	District	236.89	135.14	139.55	20.99	32.13
瑞安市	Ruian	72.00	40.65	46.62	5.99	14.24
乐清市	Yueqing	91.68	45.72	46.48	5.20	16.35
洞头县	Dongtou	7.75	3.39	13.18	1.90	2.30
永嘉县	Yongjia	35.92	18.45	34.74	5.30	10.09
平阳县	Pingyang	28.70	17.12	27.51	3.53	8.66
苍南县	Cangnan	32.12	19.33	38.07	4.44	10.89
文成县	Wenchen	6.40	4.93	21.39	2.63	4.29
泰顺县	Taishun	6.43	4.92	20.26	2.76	4.69
嘉兴市区	District	145.57	84.02	87.27	10.69	17.36
平湖市	Pinghu	73.89	38.02	37.44	5.14	8.64
海宁市	Haining	81.52	44.29	43.32	6.29	11.65
桐乡市	Tongxiang	75.99	41.76	41.23	4.76	12.62
嘉善县	Jiashan	52.25	27.31	27.99	3.96	7.45
海盐县	Haiyan	42.71	22.33	23.46	2.79	7.21
湖州市区	District	97.52	54.77	69.63	8.17	13.88
德清县	Deqing	50.89	27.19	29.79	5.08	6.36
长兴县	ChangXing	62.17	35.51	38.86	4.92	9.98
安吉县	Anji	36.30	21.08	29.22	3.87	6.88
绍兴市区	District	103.76	63.75	68.74	9.29	14.90
诸暨市	Zhuji	92.60	52.62	55.69	6.29	15.31
上虞市	Shangyu	72.93	39.19	39.92	6.05	9.99

续表 Continued 单位:亿元(100 million yuan)

市县名称	City and County	财政总收入 Total Financial Revenue	地方财政预算内收入 Total Local Government Budgetary Financial Revenue	地方财政预算内支出 Total Local Government Financial Expenditures	一般性公共服务支出 Expenses for Public Service	#教育事业费 Expenses for Education
嵊州市	Shengzhou	33.73	19.75	26.85	3.25	8.40
绍兴县	shaoxing	127.76	70.44	62.61	8.14	12.10
新昌县	Xinchang	38.54	20.00	24.89	3.29	6.55
金华市区	District	86.11	52.59	67.72	7.24	16.15
兰溪市	Lanxi	31.21	16.15	26.74	2.44	7.59
东阳市	Dongyang	50.37	30.11	39.24	4.41	11.90
义乌市	Yiwu	101.46	57.42	54.54	10.55	12.80
永康市	Yongkang	54.94	30.12	32.37	4.05	10.16
武义县	Wuyi	23.68	12.43	20.46	2.60	5.39
浦江县	Pujiang	20.38	11.54	16.80	1.85	5.12
磐安县	Panan	8.31	4.53	14.08	1.65	3.27
衢州市区	District	59.05	33.93	57.38	9.18	12.32
江山市	Jiangshan	18.41	11.14	24.30	3.57	6.02
常山县	Changshan	8.99	5.72	17.36	2.59	3.79
开化县	Kaihua	7.39	4.57	19.40	2.91	3.86
龙游县	Longyou	12.55	8.05	20.46	2.52	5.11
舟山市区	District	109.98	70.93	115.85	14.84	16.37
岱山县	Daishan	17.58	9.77	25.10	2.82	3.12
嵊泗县	Shengsi	5.89	4.86	14.27	2.09	1.85
台州市区	District	176.38	98.18	106.65	17.42	25.16
温岭市	Wenling	72.20	38.87	48.69	5.38	12.13
临海市	Linhai	52.69	28.61	41.71	5.33	12.36
玉环县	Yuhuan	55.21	25.11	29.67	4.77	6.94
三门县	Sanmen	17.95	10.68	20.64	3.02	4.95
天台县	Tiantai	19.85	11.07	22.15	3.78	6.93
仙居县	Xianju	14.68	7.90	18.41	2.38	5.51
丽水市区	District	39.79	24.90	39.69	6.38	8.70
龙泉市	Longquan	7.58	4.64	15.13	2.19	3.40
青田县	Qingtian	18.80	10.54	24.42	4.26	5.22
云和县	Yunhe	5.22	2.87	10.41	1.84	1.79
庆元县	Qingyuan	3.54	2.15	13.04	1.81	2.96
缙云县	Jinyun	14.55	7.44	17.73	2.29	5.14
遂昌县	Suichang	8.38	4.67	15.26	2.08	3.10
松阳县	Songyang	5.30	3.30	14.83	2.10	3.20
景宁自治县县	Jingning	9.50	4.09	17.43	2.37	3.23

17-40 各市、县金融业、社会保险、福利情况(2012年)
Basic Statistics on Finace and Social Insurance and Welfare by City and County (2012)

市县名称	City and County	金融机构年末存款余额(亿元) Deposits in Financial Institutions (100 million yuan)	#城乡居民储蓄存款年末余额(亿元) Savings Deposit of Urban and Rural Residents (100 million yuan)	金融机构年末贷款余额(亿元) Loans in Financial Institutions (100 million yuan)	基本养老保险参保人数(万人) Persons Participating in the Basic Retirement Security program (10000 persons)	基本医疗保险参保人数(万人) Persons Participating in the Basic Health Care Program (10000 persons)	失业保险人数(万人) Persons Participating in the Unemployment Insurance Program (10000 persons)
杭州市区	Hangzhou District	18371.92	5234.80	16506.19	408.79	561.01	259.96
富阳市	Fuyang	678.48	290.79	674.16	28.15	67.38	16.67
临安市	Linan	363.63	179.98	315.31	17.69	50.36	7.28
建德市	Jiande	243.67	148.25	212.49	16.24	46.15	6.89
桐庐县	Tonglu	273.85	138.70	224.56	12.94	37.42	5.06
淳安县	Chunan	217.22	97.46	158.10	8.81	42.49	3.93
宁波市区	Ningbo District	8240.19	2447.02	8102.38	291.05	283.51	151.21
余姚市	Yuyao	1096.34	507.26	1062.08	54.45	50.25	17.43
慈溪市	Cixi	1586.19	752.78	1442.06	69.02	40.75	21.12
奉化市	Fenhua	360.58	198.91	406.35	20.29	23.13	8.17
象山县	Xiangshan	326.88	141.91	474.90	18.99	15.83	9.34
宁海县	Ninghai	370.32	160.93	473.24	20.52	17.01	8.95
温州市区	Wenzhou District	4293.82	1928.93	3820.53	95.98	96.54	43.65
瑞安市	Ruian	975.20	547.21	927.67	40.91	29.12	14.01
乐清市	Yueqing	1026.31	504.38	979.72	33.83	15.92	13.79
洞头县	Dongtou	45.81	16.82	35.38	2.62	1.47	0.63
永嘉县	Yongjia	392.96	239.34	337.71	20.24	9.14	7.42
平阳县	Pingyang	316.14	198.22	268.79	18.48	9.56	6.68
苍南县	Cangnan	450.07	250.14	499.37	21.47	10.28	7.28
文成县	Wenchen	151.18	105.86	76.03	2.90	2.18	1.03
泰顺县	Taishun	93.45	52.40	67.81	3.82	2.31	1.10
嘉兴市区	Jiaxing District	1551.00	628.05	1219.99	55.47	58.74	26.56
平湖市	Pinghu	608.29	272.56	450.89	32.64	36.27	16.65
海宁市	Haining	890.37	427.80	682.04	30.98	35.36	18.20
桐乡市	Tongxiang	721.44	401.87	548.78	34.55	40.66	13.80
嘉善县	Jiashan	455.30	227.87	353.91	20.54	25.39	10.28
海盐县	Haiyan	370.94	197.34	414.91	18.78	24.97	9.34
湖州市区	Huzhou District	1188.98	563.39	939.05	41.25	47.05	23.03
德清县	Deqing	393.30	193.57	308.92	21.27	23.81	12.07
长兴县	ChangXing	425.01	181.78	363.06	17.78	27.73	9.77
安吉县	Anji	278.38	144.05	301.37	17.20	15.71	7.85
绍兴市区	Shaoxing District	2073.68	679.69	1941.71	53.15	48.52	30.62
诸暨市	Zhuji	995.75	478.95	868.19	31.31	19.61	15.57

续表 1 Continued

市县名称	City and County	金融机构年末存款余额（亿元）Deposits in Financial Institutions (100 million yuan)	#城乡居民储蓄存款年末余额（亿元）Savings Deposit of Urban and Rural Residents (100 million yuan)	金融机构年末贷款余额（亿元）Loans in Financial Institutions (100 million yuan)	基本养老保险参保人数（万人）Persons Participating in the Basic Retirement Security program (10000 persons)	基本医疗保险参保人数（万人）Persons Participating in the Basic Health Care Program (10000 persons)	失业保险人数（万人）Persons Participating in the Unemployment Insurance Program (10000 persons)
上虞市	Shangyu	801.45	379.36	682.84	31.75	25.53	14.95
嵊州市	Shengzhou	401.14	232.92	300.20	20.16	16.78	9.83
绍兴县	shaoxing	1353.40	589.59	1129.03	39.58	31.91	20.74
新昌县	Xinchang	298.17	142.80	207.20	12.74	13.86	7.99
金华市区	Jinhua District	1104.17	473.12	896.14	30.45	31.00	20.80
兰溪市	Lanxi	278.01	148.43	241.99	10.07	10.87	6.55
东阳市	Dongyang	600.69	316.77	446.23	18.46	17.15	9.29
义乌市	Yiwu	1985.91	1053.14	1514.31	26.72	28.26	13.86
永康市	Yongkang	775.65	367.58	714.93	14.63	11.34	6.84
武义县	Wuyi	242.85	125.70	245.06	7.77	6.83	3.35
浦江县	Pujiang	244.93	150.87	222.11	6.38	5.57	3.46
磐安县	Panan	92.18	48.74	66.08	2.66	2.37	1.25
衢州市区	Quzhou District	653.96	259.48	536.02	29.87	81.83	10.77
江山市	Jiangshan	251.94	137.13	237.76	10.19	56.05	3.75
常山县	Changshan	104.34	56.90	82.51	5.27	6.96	1.88
开化县	Kaihua	112.91	62.38	73.44	4.15	3.89	1.86
龙游县	Longyou	176.37	92.85	148.80	7.29	6.36	3.26
舟山市区	Zhoushan District	1182.74	409.03	1146.09	29.79	40.40	15.76
岱山县	Daishan	142.82	70.49	111.28	6.61	7.44	2.41
嵊泗县	Shengsi	64.41	29.08	38.46	2.81	3.59	0.91
台州市区	Taizhou District	2178.71	1053.80	1914.12	55.36	57.05	32.22
温岭市	Wenling	884.30	536.65	702.24	30.22	31.23	15.62
临海市	Linhai	514.69	285.92	401.99	24.03	23.73	14.21
玉环县	Yuhuan	382.60	203.46	341.93	14.56	21.57	7.75
三门县	Sanmen	148.74	81.11	195.99	7.04	6.78	3.12
天台县	Tiantai	204.41	112.99	181.80	9.85	12.67	4.87
仙居县	Xianju	195.72	111.20	155.09	7.64	8.09	4.48
丽水市区	Lishui District	498.96	211.71	472.40	13.43	42.93	5.49
龙泉市	Longquan	97.11	59.26	82.58	4.97	27.21	2.02
青田县	Qingtian	367.91	289.42	171.43	5.56	35.57	2.14
云和县	Yunhe	55.33	29.58	37.05	2.37	11.01	1.00
庆元县	Qingyuan	56.96	28.60	45.24	2.99	18.65	1.07
缙云县	Jinyun	177.33	99.31	136.63	7.14	44.17	2.24
遂昌县	Suichang	86.77	47.11	74.93	4.48	21.96	2.07
松阳县	Songyang	80.90	44.55	62.34	3.32	22.24	1.37
景宁自治县	Jingning	53.96	22.91	35.25	2.34	15.57	1.16

续表 2 Continued

市县名称	City and County	社会福利院数（个）Social Welfare Homes (unit)	社会福利院床位数（张）Beds of Social Welfare Homes (bed)	社区服务设施数（个）Number of Community Service Facilities Established in Urban Areas (unit)	居民最低生活保障线以下人数（人）Residents under Minimum Life Guarantee Relief (person)
杭州市区	Hangzhou District	160	27392	3346	9357
富阳市	Fuyang	29	3338	244	325
临安市	Linan	23	3481	139	358
建德市	Jiande	24	2831	331	665
桐庐县	Tonglu	13	2154	178	1001
淳安县	Chunan	24	2420	451	719
宁波市区	Ningbo District	110	15254	492	7189
余姚市	Yuyao	24	3570	206	908
慈溪市	Cixi	15	3702	325	644
奉化市	Fenhua	16	1895	21	697
象山县	Xiangshan	55	3316	53	549
宁海县	Ninghai	16	3208	8	302
温州市区	Wenzhou District	64	10062	2226	7667
瑞安市	Ruian	137	14801	736	1548
乐清市	Yueqing	26	1839	316	453
洞头县	Dongtou	6	430	412	59
永嘉县	Yongjia	29	2780	1643	745
平阳县	Pingyang	34	3701	582	757
苍南县	Cangnan	27	2568		847
文成县	Wenchen	16	1432	88	277
泰顺县	Taishun	17	1050	280	497
嘉兴市区	Jiaxing District	34	5650	288	2276
平湖市	Pinghu	12	2913	235	1472
海宁市	Haining	20	2954	169	946
桐乡市	Tongxiang	17	3550	126	465
嘉善县	Jiashan	11	2588	217	708
海盐县	Haiyan	9	1963	219	364
湖州市区	Huzhou District	15	3687	500	3445
德清县	Deqing	18	2459	330	760
长兴县	ChangXing	20	3226	100	3100
安吉县	Anji	16	2012	58	1157
绍兴市区	Shaoxing District	31	4202	1238	2673
诸暨市	Zhuji	39	5670	364	5413

续表 3 Continued

市县名称	City and County	社会福利院数（个）Social Welfare Homes (unit)	社会福利院床位数（张）Beds of Social Welfare Homes (bed)	社区服务设施数（个）Number of Community Service Facilities Established in Urban Areas (unit)	居民最低生活保障线以下人数（人）Residents under Minimum Life Guarantee Relief (person)
上虞市	Shangyu	26	4313	27	1810
嵊州市	Shengzhou	68	5723	29	786
绍兴县	shaoxing	30	4850	1827	3035
新昌县	Xinchang	18	1763	96	321
金华市区	Jinhua District	24	4516	46	1507
兰溪市	Lanxi	21	2710	23	946
东阳市	Dongyang	26	5870	14	160
义乌市	Yiwu	14	4606	3	164
永康市	Yongkang	17	2110	17	204
武义县	Wuyi	14	1918	35	171
浦江县	Pujiang	6	1680	16	413
磐安县	Panan	10	1111	15	245
衢州市区	Quzhou District	30	3667	119	1155
江山市	Jiangshan	25	3275	63	561
常山县	Changshan	21	3079	30	891
开化县	Kaihua	17	1871	30	663
龙游县	Longyou	10	1598	30	832
舟山市区	Zhoushan District	30	3853	332	1657
岱山县	Daishan	13	928	56	252
嵊泗县	Shengsi	6	349	16	370
台州市区	Taizhou District	80	9581	691	1086
温岭市	Wenling	82	7250	498	387
临海市	Linhai	60	6513	625	899
玉环县	Yuhuan	24	2291	287	857
三门县	Sanmen	38	2168	268	183
天台县	Tiantai	36	2520	381	377
仙居县	Xianju	20	2586	415	216
丽水市区	Lishui District	11	1642	90	1132
龙泉市	Longquan	10	970	13	497
青田县	Qingtian	14	1842	22	676
云和县	Yunhe	3	582	31	276
庆元县	Qingyuan	8	685	16	407
缙云县	Jinyun	13	2220	6	101
遂昌县	Suichang	7	930	7	262
松阳县	Songyang	6	834	18	287
景宁自治县	Jingning	7	600	14	592

17－41 各市、县各类学校在校学生数(2012 年)
Student Enrollment by Type of School ,City and County (2012)

市县名称	City and County	高等学校（人）Institutions of Higher Education (person)	中等职业学校（人）Specialized Secondary Schools (person)	普通中学（万人）Regular Secondary Schools (10000 persons)	小学（万人）Primary Schools (10000 persons)
杭州市	Hangzhou	437845	71279	21.24	33.87
富阳市	Fuyang		10398	3.51	4.37
临安市	Linan	21336	5989	2.24	2.84
建德市	Jiande		5660	2.38	2.14
桐庐县	Tonglu		3042	1.78	2.25
淳安县	Chunan		4147	1.99	1.79
宁波市	Ningbo	145358	34846	12.69	20.77
余姚市	Yuyao		10717	4.24	6.76
慈溪市	Cixi		14195	5.36	9.00
奉化市	Fenhua		6744	2.20	3.29
象山县	Xiangshan		5994	2.24	3.42
宁海县	Ninghai		7798	2.80	4.64
温州市	Wenzhou	76547	22960	8.39	15.48
瑞安市	Ruian		8921	5.62	10.21
乐清市	Yueqing		9438	6.15	10.06
洞头县	Dongtou		557	0.42	0.56
永嘉县	Yongjia		7306	4.58	6.44
平阳县	Pingyang		9609	3.84	5.48
苍南县	Cangnan		9899	6.38	8.60
文成县	Wenchen		822	0.97	1.50
泰顺县	Taishun		2005	1.57	1.92
嘉兴市	Jiaxing	51375	17029	5.06	5.83
平湖市	Pinghu		8225	2.46	2.83
海宁市	Haining	9378	11988	3.18	4.42
桐乡市	Tongxiang		11656	3.62	5.11
嘉善县	Jiashan		4828	2.03	2.60
海盐县	Haiyan		6242	1.98	2.30
湖州市	Huzhou	26153	11920	4.99	6.87
德清县	Deqing		4377	2.34	2.54
长兴县	ChangXing		11911	3.33	3.71
安吉县	Anji		5382	2.48	2.57
绍兴市	Shaoxing	59758	14793	3.73	5.38
诸暨市	Zhuji		15225	8.11	7.53
上虞市	Shangyu		9530	3.95	4.60

续表 Continued

市县名称	City and County	高等学校（人）Institutions of Higher Education (person)	中等职业学校（人）Specialized Secondary Schools (person)	普通中学（万人）Regular Secondary Schools (10000 persons)	小学（万人）Primary Schools (10000 persons)
嵊州市	Shengzhou		6695	3.32	3.91
绍兴县	shaoxing		13619	4.67	6.09
新昌县	Xinchang		4560	2.06	2.73
金华市	Jinhua	57160	35308	5.28	7.41
兰溪市	Lanxi		6240	3.07	3.40
东阳市	Dongyang	13945	9879	4.11	6.67
义乌市	Yiwu	7740	14305	4.70	8.42
永康市	Yongkang		6646	2.95	6.16
武义县	Wuyi		2872	1.41	2.72
浦江县	Pujiang		4749	1.94	3.57
磐安县	Panan		2156	0.97	1.28
衢州市	Quzhou	11687	16930	4.23	5.03
江山市	Jiangshan		7942	2.83	3.67
常山县	Changshan		1573	1.27	1.83
开化县	Kaihua		3058	1.39	1.88
龙游县	Longyou		4909	1.84	2.14
舟山市	Zhoushan	22989	7507	2.74	3.65
岱山县	Daishan		786	0.55	0.73
嵊泗县	Shengsi		305	0.25	0.28
台州市	Taizhou	23033	22103	8.11	13.68
温岭市	Wenling		13250	5.24	9.87
临海市	Linhai	8099	22551	5.70	8.59
玉环县	Yuhuan		5026	1.81	4.74
三门县	Sanmen		4187	1.63	2.76
天台县	Tiantai		9753	3.05	3.66
仙居县	Xianju		6058	2.58	4.00
丽水市	Lishui	38114	10477	2.26	3.18
龙泉市	Longquan		3384	1.20	1.78
青田县	Qingtian		3575	1.91	2.95
云和县	Yunhe		2014	0.49	0.76
庆元县	Qingyuan		2169	0.81	1.09
缙云县	Jinyun		5857	2.24	2.87
遂昌县	Suichang		2650	0.92	1.26
松阳县	Songyang		2105	1.01	1.33
景宁自治县	Jingning		1322	0.54	0.88

17－42 各市、县专利申请(2012 年)
Patent Application by City and County (2012)

市县名称	City and County	专利申请受理量(项) Patent Application Accepted (item)	专利申请授权量(项) Patent Application Approved (item)	#发明 Invention
杭州市区	Hangzhou District	42781	31785	5160
富阳市	Fuyang	4647	3586	141
临安市	Linan	2879	2696	127
建德市	Jiande	1253	664	49
桐庐县	Tonglu	1542	1474	34
淳安县	Chunan	683	446	15
宁波市区	Ningbo District	38210	30396	1393
余姚市	Yuyao	12869	10819	190
慈溪市	Cixi	15469	12348	303
奉化市	Fenghua	2765	1943	62
象山县	Xiangshan	1666	1512	41
宁海县	Ninghai	2668	2157	76
温州市区	Wenzhou District	9601	6540	293
瑞安市	Ruian	3649	2665	106
乐清市	Yueqing	5367	3900	200
洞头县	Dongtou	173	164	5
永嘉县	Yongjia	1128	954	46
平阳县	Pingyang	1625	1157	53
苍南县	Cangnan	2108	1482	13
文成县	Wencheng	271	196	4
泰顺县	Taishun	261	209	5
嘉兴市区	Jiaxing District	3466	2300	201
平湖市	Pinghu	2324	1577	36
海宁市	Haining	3446	3203	65
桐乡市	Tongxiang	2924	2353	97
嘉善县	Jiashan	2144	1253	45
海盐县	Haiyan	1774	1322	46
湖州市区	Huzhou District	4999	4400	153
德清县	Deqing	2872	1939	157
长兴县	Changxing	2941	1964	144
安吉县	Anji	1844	1567	52
绍兴市区	Shaoxing District			
诸暨市	Zhuji	3407	2803	89
上虞市	Shangyu	3489	2353	127

续表 Continued

市县名称	City and County	专利申请受理量（项）Patent Application Accepted (item)	专利申请授权量（项）Patent Application Approved (item)	#发明 Invention
嵊州市	Shengzhou	2401	1227	72
绍兴县	Shaoxing	7082	3134	93
新昌县	Xinchang	3756	1541	118
金华市区	Jinhua District	3814	3366	134
兰溪市	Lanxi	988	897	31
东阳市	Dongyang	2460	2423	83
义乌市	Yiwu	6568	5117	84
永康市	Yongkang	4767	3866	43
武义县	Wuyi	1053	757	16
浦江县	Pujiang	798	619	29
磐安县	Panan	1043	589	3
衢州市区	Quzhou District	3348	1935	87
江山市	Jiangshan	711	678	18
常山县	Changshan	355	192	5
开化县	Kaihua	275	149	14
龙游县	Longyou	210	254	9
舟山市区	Zhoushan District	1871	934	105
岱山县	Daishan	251	108	7
嵊泗县	Shengsi	78	54	3
台州市区	Taizhou District	5987	5040	286
温岭市	Wenling	2897	1989	98
临海市	Linhai	1785	2216	166
玉环县	Yuhuan	1870	1737	158
三门县	Sanmen	450	276	35
天台县	Tiantai	748	617	28
仙居县	Xianju	374	307	22
丽水市区	Lishui District	947	713	30
龙泉市	Longquan	138	115	15
青田县	Qingtian	377	316	4
云和县	Yunhe	375	341	
庆元县	Qingyuan	171	118	3
缙云县	Jinyun	638	565	13
遂昌县	Suichang	444	299	15
松阳县	Songyang	748	493	1
景宁自治县	Jingning	442	345	2

17－43 各市、县文化和卫生事业主要指标(2012 年)
The Culture and Public Health by City and county (2012)

市县名称	City and County	体育场馆数(个) Number of Sports and Gymnsiums (unit)	剧场和影剧院数(个) Number of Theaters and Music Halls (unit)	公共图书馆图书藏量(千册件) Total Collections of Books in Public Libraries (1000 copies)	医院卫生院数(个) Number of Health Institutions (unit)	医院卫生院床位数(张) Number of Beds in Health Institutions (bed)	医生数(人) Doctors (person)
杭州市区	District	82	43	15658	146	37383	22004
富阳市	Fuyang	16	2	304	25	1530	1589
临安市	Linan	13	3	429	50	1837	1168
建德市	Jiande	3	1	449	30	1721	1014
桐庐县	Tonglu	5	3	401	20	1213	899
淳安县	Chunan	8	1	139	27	1094	695
宁波市区	District	16	26	5522	84	16134	10644
余姚市	Yuyao	2	10	455	22	2508	1923
慈溪市	Cixi	12	4	542	16	2483	2872
奉化市	Fenhua	4	2	195	30	2106	1166
象山县	Xiangshan	3	3	319	23	1504	1103
宁海县	Ninghai	4	3	293	29	1576	1347
温州市区	District	12	4	4499	95	12888	7237
瑞安市	Ruian	7	1	432	31	3215	3061
乐清市	Yueqing	3	1	756	54	2861	3049
洞头县	Dongtou		1	210	8	172	202
永嘉县	Yongjia	1		533	48	1309	1571
平阳县	Pingyang	5	1	534	34	1665	1620
苍南县	Cangnan			330	47	2300	1940
文成县	Wenchen	5	1	379	12	519	426
泰顺县	Taishun	2	1	69	39	528	431
嘉兴市区	District	13	7	2193	34	6811	2988
平湖市	Pinghu	7	7	570	14	1689	1092
海宁市	Haining	9	9	887	21	2866	1514
桐乡市	Tongxiang	7	10	1077	23	2861	1374
嘉善县	Jiashan	7	5	518	17	1515	768
海盐县	Haiyan	5	5	692	18	1225	722
湖州市区	District	14	3	997	24	5291	3061
德清县	Deqing	10		294	18	1793	1007
长兴县	ChangXing	10	1	477	35	2399	1261
安吉县	Anji	3	1		35	1499	933
绍兴市区	District	13	6	1288	17	4764	2315
诸暨市	Zhuji	9	7	283	32	3935	2363
上虞市	Shangyu	7	4	376	26	2468	1445

续表 Continued

市县名称	City and County	体育场馆数（个）Number of Sports and Gymnsiums (unit)	剧场和影剧院数（个）Number of Theaters and Music Halls (unit)	公共图书馆图书藏量（千册件）Total Collections of Books in Public Libraries (1000 copies)	医院卫生院数（个）Number of Health Institutions (unit)	医院卫生院床位数（张）Number of Beds in Health Institutions (bed)	医生数（人）Doctors (person)
嵊州市	Shengzhou	6	3	501	25	2106	1391
绍兴县	shaoxing	22	4	170	28	3347	2190
新昌县	Xinchang	4	3	313	19	1881	934
金华市区	District	24	4	406	63	6139	2772
兰溪市	Lanxi	6	1	135	30	1359	1056
东阳市	Dongyang	11	2	300	26	3072	1604
义乌市	Yiwu	22	5	608	23	3145	1925
永康市	Yongkang	12	3	279	21	2020	1226
武义县	Wuyi	8	2	234	23	1053	577
浦江县	Pujiang	7	2	208	25	1808	693
磐安县	Panan	4	2	131	22	578	313
衢州市区	District	5	7	747	48	3838	2925
江山市	Jiangshan	3	2	182	11	1383	1124
常山县	Changshan	1	2	170	18	708	604
开化县	Kaihua	1	1	184	25	873	767
龙游县	Longyou	1	2	92	34	1209	966
舟山市区	District	10	3	727	43	3758	2175
岱山县	Daishan	2	2	205	18	478	365
嵊泗县	Shengsi	1	2	106	9	326	163
台州市区	District	18	13	947	52	5984	4158
温岭市	Wenling	8	13	428	50	4135	2783
临海市	Linhai	10	4	480	27	3449	2400
玉环县	Yuhuan	4	6	910	12	1102	899
三门县	Sanmen	5	2	98	14	769	726
天台县	Tiantai	9	2	95	17	1338	1082
仙居县	Xianju	2	3	127	20	1032	896
丽水市区	District	9	4	292	25	3448	1883
龙泉市	Longquan	2	4	153	40	785	503
青田县	Qingtian	2	2	175	34	636	563
云和县	Yunhe	1	2	150	12	348	284
庆元县	Qingyuan	1	2	85	22	462	344
缙云县	Jinyun	2	2	186	23	1464	806
遂昌县	Suichang	1	2	125	23	577	510
松阳县	Songyang	2	3	151	26	577	376
景宁自治县	Jingning	1	2	70	26	339	221

2013

浙江统计年鉴

ZHEJIANG STATISTICAL YEARBOOK

附　录

Appendix

附表1 企业家信心指数和企业景气指数(2009年-2012年)

行业	1季度				2季度			
	2009年	2010年	2011年	2012年	2009年	2010年	2011年	2012年
企业家信心指数	**97.9**	**138.3**	**134.5**	**111.3**	**109.7**	**133.4**	**127.8**	**112.0**
工业	94.6	137.3	140.4	114.3	105.2	136.0	131.4	115.7
建筑业	105.9	150.1	149.3	115.3	124.7	143.7	139.3	119.3
交通运输、仓储及邮政业	77.6	105.7	102.4	93.8	85.5	118.0	115.2	85.9
批发和零售业	95.6	138.4	125.6	113.5	96.1	126.6	119.8	105.2
房地产业	86.6	139.3	103.1	60.6	122.5	98.4	91.0	81.2
社会服务业	113.2	142.6	132.7	140.6	125.5	147.0	146.7	137.5
信息传输、计算机服务和软件业	131.2	169.1	154.9	158.9	153.0	168.4	152.4	158.6
住宿和餐饮业	102.0	133.6	135.4	132.1	107.9	126.7	127.8	121.5
企业景气指数	**107.5**	**134.6**	**134.1**	**115.4**	**120.8**	**138.6**	**135.6**	**124.7**
工业	100.3	134.1	133.3	112.9	116.8	139.0	135.1	127.0
建筑业	124.2	146.1	134.3	123.4	141.6	144.8	147.5	131.2
交通运输、仓储及邮政业	85.7	106.2	112.3	100.0	100.7	127.7	124.4	102.5
批发和零售业	115.5	140.3	143.7	121.9	120.0	135.2	139.5	123.4
房地产业	108.3	130.7	127.1	92.9	120.4	117.3	115.9	100.4
社会服务业	115.3	124.6	140.9	130.4	133.2	151.3	145.2	140.6
信息传输、计算机服务和软件业	154.4	150.5	164.3	150.0	150.4	172.6	159.8	168.2
住宿和餐饮业	110.2	139.3	135.4	131.2	115.6	141.5	135.3	122.2

续表

行业	3季度				4季度			
	2009年	2010年	2011年	2012年	2009年	2010年	2011年	2012年
企业家信心指数	**118.9**	**134.2**	**123.7**	**111.3**	**131.2**	**138.2**	**113.0**	**117.2**
工业	115.9	133.8	126.3	112.6	131.1	138.3	116.3	116.6
建筑业	139.6	145.3	130.4	116.5	143.3	151.7	125.6	128.0
交通运输、仓储及邮政业	95.2	112.3	107.5	88.0	98.2	123.1	93.6	100.9
批发和零售业	109.5	138.0	124.8	107.0	121.9	138.2	106.1	112.2
房地产业	132.7	115.9	79.2	92.2	145.6	125.6	66.4	101.4
社会服务业	133.5	144.1	147.0	131.6	137.9	131.8	135.1	128.2
信息传输、计算机服务和软件业	150.5	161.7	162.8	148.2	156.7	165.7	151.6	159.3
住宿和餐饮业	110.1	128.3	129.0	126.5	124.6	132.6	139.1	130.4
企业景气指数	**126.7**	**139.8**	**133.0**	**122.6**	**134.6**	**142.1**	**126.0**	**124.7**
工业	123.2	140.1	131.1	126.5	132.3	141.1	124.7	125.0
建筑业	147.8	139.7	133.4	128.5	153.6	149.0	142.4	132.2
交通运输、仓储及邮政业	107.4	114.4	126.0	94.8	110.6	126.3	107.5	109.2
批发和零售业	121.0	145.9	145.7	123.2	131.8	143.6	135.9	126.6
房地产业	129.9	122.6	112.7	100.6	134.4	134.1	90.7	106.5
社会服务业	145.5	156.8	149.9	126.5	136.6	151.6	149.9	129.9
信息传输、计算机服务和软件业	161.2	165.7	167.7	154.3	162.2	171.2	160.4	155.7
住宿和餐饮业	113.9	136.7	133.6	126.9	137.9	136.6	134.1	130.7

注：历年指数均按新国民经济行业分类标准作同口径调整，下同。

附表2　各季企业景气指数(2012年)

指标	1季度	2季度	3季度	4季度
按企业登记注册类型分				
国有企业	130.5	131.5	135.4	135.3
集体企业	96.5	97.4	106.5	102.8
股份合作企业	58.0	58.6	91.4	104.3
联营企业	90.7	93.4	100.3	111.4
有限责任公司	118.5	122.3	118.4	120.8
股份有限公司	132.2	137.2	133.3	137.4
私营企业	124.6	120.6	113.9	122.3
港、澳、台投资企业	115.3	107.3	124.1	118.7
外商投资企业	109.5	114.9	120.0	116.2
附:上市公司				
按企业规模分				
大型	129.8	133.6	137.3	141.3
中型	118.2	123.6	121.3	123.2
小型	102.1	119.5	115.8	119.8
按主要行业大类分				
制造业	**111.5**	**127.0**	**126.4**	**124.7**
农副食品加工业	101.5	120.0	145.6	138.4
食品制造业	126.3	148.0	161.3	148.2
酒、饮料和精制茶制造业	125.8	148.9	144.4	127.1
烟草制品业	50.0	60.0	100.0	180.0
纺织业	119.5	123.8	128.6	119.7
纺织服装、服饰业	118.4	121.6	127.1	119.6
皮革、毛皮、羽毛及其制品和制鞋业	119.5	120.8	125.1	123.3
木材加工及木、竹、藤、棕、草制品业	102.1	114.0	126.0	124.3
家具制造业	129.2	133.9	150.9	134.4
造纸及纸制品业	103.5	114.4	97.6	115.3
印刷和记录媒介复制业	101.2	108.9	115.6	137.3
文教、工美、体育和娱乐用品制造业	149.2	156.5	129.4	135.5
石油加工、炼焦及核燃料加工业	0.0	0.0	100.0	83.3
化学原料及化学制品制造业	115.6	123.0	125.0	115.0
医药制造业	172.0	165.0	148.0	145.9
化学纤维制造业	88.5	90.4	97.4	92.9
橡胶和塑料制品业	105.3	124.3	162.9	127.5
非金属矿物制品业	119.6	126.9	131.4	129.1
黑色金属冶炼及压延加工业	108.5	104.2	115.6	113.7
有色金属冶炼及压延加工业	122.5	127.1	133.8	129.4
金属制品业	124.5	133.8	143.8	128.2
通用设备制造业	116.3	123.0	119.3	123.9
专用设备制造业	122.5	126.6	109.0	126.3
汽车制造业	112.6	125.6	127.2	120.6
铁路、船舶、航空航天和其他运输设备制造业	105.8	126.1	119.1	123.1
电气机械及器材制造业				
计算机、通信和其他电子设备制造业	127.5	132.5	122.6	129.5

续表

指标	1 季度	2 季度	3 季度	4 季度
仪器仪表制造业	140.3	143.3	140.4	131.2
其他制造业	138.5	143.5	149.7	131.9
废弃资源综合利用业	141.2	139.4	129.7	130.3
金属制品、机械和设备修理业	158.5	166.7	146.7	117.5
电力、热力、燃气及水生产和供应业	122.5	134.2	138.3	140.5
电力、热力生产和供应业	115.1	138.9	141.1	138.4
燃气生产和供应业	100.0	100.0	140.0	123.3
水的生产和供应业	129.5	124.0	128.0	152.0
建筑业	**123.4**	**131.2**	**128.5**	**132.2**
房屋建筑业	125.5	139.5	134.3	135.7
土木工程建筑业	108.3	112.5	111.9	126.3
建筑安装业	128.5	140.0	132.0	132.0
建筑装饰和其他建筑业	102.6	100.0	170.0	100.0
批发和零售业	**121.9**	**123.4**	**123.2**	**126.6**
批发业	115.6	121.2	118.4	123.1
零售业	124.3	128.5	133.9	134.6
交通运输、仓储和邮政业	**100**	**102.5**	**94.8**	**109.2**
铁路运输业	100.0	100.0	100.0	100.0
道路运输业	106.5	98.1	99.4	116.3
水上运输业	73.0	80.0	68.0	60.0
航空运输业	150.0	160.0	140.0	160.0
管道运输业				
装卸搬运和运输代理业	127.5	132.5	102.5	132.5
仓储业	100.0	100.0	80.0	132.0
邮政业	172.2	166.7	166.7	166.7
住宿和餐饮业	**131.2**	**122.2**	**126.9**	**130.7**
住宿业	128.5	121.6	125.6	127.4
餐饮业	132.6	125.3	132.6	146.3
信息传输、软件和信息技术服务业	**150**	**168.2**	**154.3**	**155.7**
电信、广播电视和卫星传输服务	162.5	179.3	173.1	169.7
互联网和相关服务	129.3	132.0	100.0	120.0
软件和信息技术服务业	158.5	161.8	141.8	145.5
房地产业	**92.9**	**100.4**	**100.6**	**106.5**
房地产业	92.9	100.4	100.6	106.5
租赁和商务服务业	**129.5**	**141.6**	**126.4**	**128.6**
租赁业	80	50.0	80.0	70.0
商务服务业	135.2	144.6	127.9	130.5
科学研究和技术服务业	**-**	**-**	**50.0**	**100.0**
专业技术服务业	-	-	50.0	100.0
水利、环境和公共设施管理业	**186.7**	**186.7**	**186.7**	**186.7**
公共设施管理业	186.7	186.7	186.7	186.7
居民服务、修理和其他服务业	**105.6**	**113.3**	**120.0**	**120.0**
居民服务业	112.5	120.0	130.0	130.0
机动车、电子产品和日用产品修理业	98.8	100.0	100.0	100.0

附表3　各季企业家信心指数(2012年)

指标	1季度	2季度	3季度	4季度
按企业登记注册类型分				
国有企业	120.5	121.6	113.6	128.5
集体企业	93.5	92.7	98.4	102.3
股份合作企业	52.6	59.3	81.9	101.3
联营企业	92.2	94.4	98.4	111.4
有限责任公司	108.5	110.9	109.6	114.3
股份有限公司	120.1	119.3	120.7	125.4
私营企业	106.5	109.0	109.4	119.1
港、澳、台投资企业	102.1	107.1	121.8	117.5
外商投资企业	118.5	117.8	111.0	134.0
附:上市公司				
按企业规模分				
大型	113.5	114.5	116.7	123.3
中型	111.2	112.5	111.0	117.1
小型	107.9	109.2	114.5	115.3
按主要行业大类分				
制造业	**114.2**	**115.5**	**112.7**	**116.4**
农副食品加工业	126.9	127.8	120.0	130.2
食品制造业	140.8	145.3	150.7	133.7
酒、饮料和精制茶制造业	145.2	144.4	135.6	134.2
烟草制品业	100.0	100.0	100.0	180.0
纺织业	109.0	109.0	112.2	110.3
纺织服装、服饰业	110.2	108.2	103.1	105.3
皮革、毛皮、羽毛及其制品和制鞋业	106.5	111.6	101.4	112.4
木材加工及木、竹、藤、棕、草制品业	112.8	120.0	130.0	120.8
家具制造业	133.4	132.1	130.9	126.1
造纸及纸制品业	105.2	103.2	95.2	112.2
印刷和记录媒介复制业	100.5	102.2	111.1	139.1
文教、工美、体育和娱乐用品制造业	148.9	151.8	129.4	130.4
石油加工、炼焦及核燃料加工业	82.2	80.0	40.0	106.7
化学原料及化学制品制造业	109.5	110.0	119.0	109.0
医药制造业	162.0	156.0	140.0	142.6
化学纤维制造业	82.5	75.7	94.8	82.6
橡胶和塑料制品业	110.3	121.4	134.3	125.8
非金属矿物制品业	123.6	121.5	127.5	122.8
黑色金属冶炼及压延加工业	90.7	94.6	93.1	106.7
有色金属冶炼及压延加工业	114.2	117.7	113.8	117.7
金属制品业	110.9	116.3	122.5	112.4
通用设备制造业	112.4	108.3	111.7	117.1
专用设备制造业	105.3	109.5	101.2	116.9
汽车制造业	104.9	106.1	108.3	113.2
铁路、船舶、航空航天和其他运输设备制造业	115.2	112.8	105.7	115.1
计算机、通信和其他电子设备制造业	120.3	122.5	109.7	123.3
仪器仪表制造业	131.5	129.8	128.7	124.1

续表

指标	1 季度	2 季度	3 季度	4 季度
其他制造业	136.7	145.5	144.1	127.1
废弃资源综合利用业	122.9	124.5	116.1	115.4
金属制品、机械和设备修理业	115.6	113.3	133.3	110.0
电力、热力、燃气及水生产和供应业	**128.4**	**135.0**	**120.8**	**132.4**
电力、热力生产和供应业	112.5	130.0	116.7	130.0
燃气生产和供应业	150.0	200.0	100.0	116.7
水的生产和供应业	135.6	140.0	140.0	144.8
建筑业	**115.3**	**119.3**	**116.5**	**128.0**
房屋建筑业	118.5	121.4	120.3	131.1
土木工程建筑业	114.6	112.5	105.0	122.5
建筑安装业	100	100.0	100.0	120.0
建筑装饰和其他建筑业	160	200.0	200.0	120.0
批发和零售业	**113.5**	**105.2**	**107.0**	**112.2**
批发业	119.5	106.2	102.4	111.0
零售业	105.6	103.0	117.3	114.9
交通运输、仓储和邮政业	**93.8**	**85.9**	**88.0**	**100.9**
铁路运输业	100	100.0	100.0	100.0
道路运输业	105.2	85.6	90.6	102.5
水上运输业	75	60.0	64.0	64.0
航空运输业	100	100.0	100.0	160.0
管道运输业				
装卸搬运和运输代理业	80	80.0	82.5	107.5
仓储业	100	120.0	100.0	140.0
邮政业	166.7	166.7	166.7	166.7
住宿和餐饮业	**132.1**	**121.5**	**126.5**	**130.4**
住宿业	128.9	120.5	124.9	126.7
餐饮业	135.2	126.3	133.7	147.4
信息传输、软件和信息技术服务业	**158.9**	**158.6**	**148.2**	**159.3**
电信、广播电视和卫星传输服务	162.5	160.0	155.2	161.4
互联网和相关服务	135.8	140.0	140.0	140.0
软件和信息技术服务业	161.2	160.9	140.9	160.9
房地产业	**60.6**	**81.2**	**92.2**	**101.4**
房地产业	60.6	81.2	92.2	101.4
租赁和商务服务业	**135.2**	**137.5**	**129.8**	**128.3**
租赁业	100	100.0	100.0	50.0
商务服务业	136.5	138.7	130.8	130.8
科学研究和技术服务业	**-**	**-**	**100.0**	**80.0**
专业技术服务业	-	-	100.0	80.0
水利、环境和公共设施管理业	**200**	**200.0**	**186.7**	**186.7**
公共设施管理业	200	200.0	186.7	186.7
居民服务、修理和其他服务业	**119.6**	**113.3**	**133.3**	**100.0**
居民服务业	130.5	120.0	100.0	100.0
机动车、电子产品和日用产品修理业	100	100.0	200.0	100.0

附表4 各行业企业生产经营状况景气指数(2012年)

指标	1季度	2季度	3季度	4季度
工业	**112.9**	**127.0**	**126.5**	**125.0**
产品订货	96.1	106.6	106.1	104.0
其中:国外订货	96.8	109.0	102.1	99.6
产成品库存	108.9	108.7	106.9	108.3
企业融资	101.5	100.6	104.3	101.5
劳动力需求	105.4	107.6	105.2	105.9
固定资产投资	102.1	97.8	92.6	90.7
建筑业	**123.4**	**131.2**	**128.5**	**132.2**
工程合同签订	108.1	91.2	102.7	112.4
建筑工程量	109.9	127.4	128.3	131.0
新开工工程量	105.4	97.4	95.6	103.5
建筑材料购进价格	95.5	115.0	122.1	92.0
盈利(亏损)变化	82.9	75.2	80.5	82.3
企业融资	73	73.5	69.9	71.7
货款拖欠	95.5	87.6	74.3	62.8
劳动力需求	156.8	139.8	129.2	92.0
固定资产投资	112.6	107.1	101.8	83.2
交通运输、仓储及邮政业	**100.0**	**102.5**	**94.8**	**109.2**
业务预订	75.4	86.2	76.9	87.7
业务量	110.8	89.2	101.5	110.8
盈利(亏损)情况	67.7	72.3	64.6	73.9
企业融资	84.6	89.2	83.1	80.0
劳动力需求	106.2	101.5	106.2	103.1
固定资产投资	121.5	112.3	107.7	95.4
批发和零售业	**121.9**	**123.4**	**123.2**	**126.6**
购货合同	107.4	96.3	104.7	114.0
商品销售额	107.4	113.5	125.1	111.2
商品库存	97.7	96.3	97.7	97.2
盈利(亏损)变化	80.5	76.3	76.3	84.2
企业融资	110.2	112.6	107.9	110.7
劳动力需求	104.2	100.9	104.7	105.1

续表

指标	1 季度	2 季度	3 季度	4 季度
固定资产投资	102.3	98.6	101.9	94.9
房地产业	**92.9**	**100.4**	**100.6**	**106.5**
新开工面积	71.7	88.8	91.8	81.6
商品房预售面积	98	96.9	101.0	104.1
空置商品房面积	122.2	122.5	118.4	128.6
盈利(亏损)变化	61.6	73.5	66.3	77.6
企业融资	46.5	52.0	66.3	65.3
劳动力需求	84.8	85.7	85.7	88.8
固定资产投资	81.8	85.7	84.7	87.8
居民服务、修理和其他服务业	**130.4**	**140.6**	**126.5**	**129.9**
服务预订	118.8	129.6	98.6	104.2
业务量	115.9	116.9	98.6	109.9
盈利(亏损)变化	84.1	88.7	81.7	84.5
企业融资	97.1	102.8	97.2	95.8
劳动力需求	127.5	107.0	111.3	102.8
固定资产投资	107.3	101.4	104.2	107.0
信息传输、软件和信息技术服务业	**150.0**	**168.2**	**154.3**	**155.7**
产品订货	128.6	128.6	114.3	139.3
营业收入	139.3	150.0	153.6	157.1
盈利(亏损)变化	100	101.8	100.0	100.0
企业融资	132.1	128.6	119.6	130.4
劳动力需求	135.7	125.0	108.9	108.9
固定资产投资	135.7	125.0	116.1	105.4
住宿和餐饮业	**131.2**	**122.2**	**126.9**	**130.7**
业务预订	91.7	86.1	90.7	133.3
业务量	83.5	88.9	82.4	135.2
客房出租	92.7	101.9	90.7	94.4
盈利(亏损)变化	85.3	76.9	67.6	86.1
企业融资	109.2	109.3	108.3	109.3
劳动力需求	111	104.6	128.7	126.9
固定资产投资	112.8	101.9	118.5	99.1

附表5　开发区(园区)主要经济指标

指标	2012	上年同期
工业总产值(亿元)	36952.9	34403.6
资产合计(亿元)	31708.9	28640.7
营业收入(亿元)	35286.6	33251.2
#新产品销售收入	8307.7	7445.2
外资及港澳台企业销售收入	11513.7	11204.5
出口交货值(亿元)	6538.2	6474.5
利税总额(亿元)	3022.0	3030.8
#利润总额	1763.3	1846.9
研究开发费用(亿元)	452.7	376.9
#高新技术企业	312.7	271.9
技术成果引进费用(亿元)	86.7	89.0
企业用水总量(亿吨)	14.5	14.2
企业用电总量(亿千瓦时)	877.3	829.9
从业人员年末人数(万人)	519.4	509.9
#直接从事研究开发人员	19.0	17.8
大专及以上学历或高中级技术职称人员	106.0	95.1
从业人员劳动报酬(亿元)	1868.2	1624.6

附表6 开发区(园区)基本建设情况

指标	2012	至2012年累计
投资		
基础建设投入(亿元)	1078.4	6664.8
拆迁安置补偿款(亿元)	199.7	1461.7
入园企业投资额(亿元)	4566.6	33376.8
引进外资		
实际到位外资(亿美元)	72.9	689.9
引进项目		
入园企业(个)	14253	136966
#工业企业	5275	81205
外资及港澳台	606	11687
高新技术企业	132	2904
投产企业	7330	107218

附表7 旅游度假区基本建设情况

指标	2012	至2012年累计
投资		
基础建设投入(亿元)	58.1	443
拆迁安置补偿款(亿元)	7.6	142.60
入园企业投资额(亿元)	234	974.8
引进外资		
实际到位外资(亿美元)	3.8	18.6
引进项目		
入园企业数(个)	151	3232

附表8 浙江省投入产出表(2010年)

（按当年生产价格计算） 单位:万元

产出 / 投入	中间使用						
	农林牧渔业	煤炭开采和洗选业	石油和天然气开采业	金属矿采选业	非金属矿及其他矿采选业	食品制造及烟草加工业	纺织业
农林牧渔业	1596963	781	0	1	7	6437412	2867141
煤炭开采和洗选业	4587	0	0	3155	12542	132544	426690
石油和天然气开采业	0	2246	0	10	127019	526	8805
金属矿采选业	0	0	0	172188	0	0	0
非金属矿及其他矿采选业	0	7	0	170	23714	1769	709
食品制造及烟草加工业	1723586	0	0	3	5857	6088075	5628
纺织业	3055	0	0	259	104	8225	31452329
纺织服装鞋帽皮革羽绒及其制品业	0	3696	0	1122	690	28547	2060078
木材加工及家具制造业	150166	27	0	488	39	8129	347276
造纸印刷及文教体育用品制造业	124569	160	0	487	39176	511665	630479
石油加工、炼焦及核燃料加工业	933996	576	0	4313	80542	48406	158955
化学工业	934064	9206	0	7651	717409	840070	8885561
非金属矿物制品业	118223	129	0	1492	4995	43965	28879
金属冶炼及压延加工业	83833	451	0	2346	4313	3528	56951
金属制品业	64701	825	0	3579	8192	205616	117185
通用、专用设备制造业	68712	1941	0	24771	31836	25695	196788
交通运输设备制造业	85083	679	0	1051	10085	14188	53573
电气机械及器材制造业	0	1939	0	3630	11575	14573	96964
通信设备、计算机及其他电子设备制造业	0	46	0	148	6708	5905	42517
仪器仪表及文化办公用机械制造业	0	152	0	2265	11879	10814	43510
工艺品及其他制造业	0	73	0	673	6140	27621	113998
废品废料	0	0	0	0	0	0	53871
电力、热力的生产和供应业	325790	2460	0	18792	199983	334583	2214776
燃气生产和供应业	801	71	0	136	12654	21653	38490
水的生产和供应业	671	367	0	199	3207	28488	72904
建筑业	0	171	0	1126	2709	55426	118167
交通运输及仓储业	252611	747	0	16364	316847	451015	1028188
邮政业	0	22	0	34	5216	5900	10249
信息传输、计算机服务和软件业	52110	184	0	3220	25594	43651	199493
批发和零售业	398806	1113	0	7050	59117	846739	2915946
住宿和餐饮业	29595	154	0	1094	12272	62603	132734
金融业	472863	384	0	3110	51585	294132	1421484
房地产业	0	94	0	134	410	19725	268933
租赁业和商务服务业	208689	177	0	407	63085	577244	214711
研究与试验发展业	0	0	0	144	0	7790	15729
综合技术服务业	346393	219	0	2641	636	19326	179666
水利、环境和公共设施管理业	64599	0	0	217	41803	1588	9747
居民服务和其他服务业	616799	26	0	217	9590	24721	84176
教育	36185	28	0	278	96	3638	13753
卫生、社会保障和社会福利业	109668	5890	0	10794	12706	63671	479981
文化、体育和娱乐业	668	70	0	400	12818	16584	55619
公共管理和社会组织	42389	0	0	8	69	529	1298
中间投入合计	**8850175**	**35111**	**0**	**296167**	**1933219**	**17336279**	**57123931**
劳动者报酬	12322713	16851	0	35723	200327	1705662	4725180
生产税净额	-324204	2867	0	10899	10634	1915294	1260060
固定资产折旧	879921	4109	0	7762	159249	738977	1739166
营业盈余	0	20076	0	120264	96221	2501306	6461928
增加值合计	**12878430**	**43903**	**0**	**174648**	**466431**	**6861239**	**14186334**
总投入	**21728605**	**79014**	**0**	**470815**	**2399650**	**24197518**	**71310265**

续1

投入 \ 产出	中间使用						
	纺织服装鞋帽皮革羽绒及其制品业	木材加工及家具制造业	造纸印刷及文教体育用品制造业	石油加工、炼焦及核燃料加工业	化学工业	非金属矿物制品业	金属冶炼及压延加工业
农林牧渔业	626557	1052258	17918	11	1072372	74	42
煤炭开采和洗选业	143625	24229	342813	3867	822299	1361106	451619
石油和天然气开采业	4276	719	6114	11039790	69277	157384	15531
金属矿采选业	0	0	0	0	54438	94990	960219
非金属矿及其他矿采选业	384	809	3380	224	374567	984089	7211
食品制造及烟草加工业	181156	15188	71681	41	496237	1201	309
纺织业	11480904	446857	431462	283	1890604	31274	1476
纺织服装鞋帽皮革羽绒及其制品业	11185112	1208635	209895	7613	427251	57645	23598
木材加工及家具制造业	259288	3680070	226459	3101	63395	30843	10878
造纸印刷及文教体育用品制造业	686259	257374	9573779	6436	1139735	178756	39894
石油加工、炼焦及核燃料加工业	125829	95478	128458	79530	4482778	583257	396869
化学工业	2374807	2161910	3301207	23851	47395823	962193	196161
非金属矿物制品业	15115	760516	14840	9941	249618	4027793	69479
金属冶炼及压延加工业	33401	954969	316939	5770	524953	691776	21875954
金属制品业	197450	376913	486563	7568	342525	822543	1351500
通用、专用设备制造业	93289	25023	133214	32835	325519	240717	198159
交通运输设备制造业	23628	11836	80706	13242	83577	55460	20609
电气机械及器材制造业	40853	46231	171656	24284	229583	80426	60888
通信设备、计算机及其他电子设备制造业	19311	3598	105976	5073	100123	11857	4259
仪器仪表及文化办公用机械制造业	18674	6227	34946	31024	245014	61782	41769
工艺品及其他制造业	742187	69440	153339	4988	132374	134032	20803
废品废料	11557	8413	1206271	0	384514	259407	3963643
电力、热力的生产和供应业	481203	236187	591385	76811	3152622	1319432	1413385
燃气生产和供应业	22252	11466	35308	2884	111135	184141	35199
水的生产和供应业	30045	12304	14500	1153	77646	22019	14973
建筑业	25168	87499	28450	17072	157643	29568	16808
交通运输及仓储业	639713	430297	525666	68096	1962046	929232	669138
邮政业	14432	2929	5440	1130	19227	6091	4709
信息传输、计算机服务和软件业	159749	62748	68024	17913	302963	74306	52298
批发和零售业	1533390	591743	791803	580891	4135127	767549	1313588
住宿和餐饮业	109799	39158	57422	11791	216739	93431	51208
金融业	534092	367836	532868	185076	1872836	593084	687703
房地产业	351276	77623	92805	223	86746	26201	12284
租赁业和商务服务业	490708	173204	177732	19296	677986	175020	115989
研究与试验发展业	6898	5800	8262	3344	107218	11151	10181
综合技术服务业	57221	35397	116534	6746	448401	34709	201504
水利、环境和公共设施管理业	3909	1339	13190	822	18487	4213	2182
居民服务和其他服务业	32749	5529	33779	5691	179823	122326	58454
教育	10921	3758	6457	1629	23957	10057	5241
卫生、社会保障和社会福利业	337555	67026	160936	19334	295746	44067	83277
文化、体育和娱乐业	40070	13482	20908	4370	74865	40076	16102
公共管理和社会组织	1014	495	496	100	2487	640	390
中间投入合计	**33145826**	**13432513**	**20299581**	**12323844**	**74830276**	**15315918**	**34475483**
劳动者报酬	5776280	1373277	2005223	175837	4749125	1465303	1076881
生产税净额	1065385	435414	538843	1104113	2091361	302292	451185
固定资产折旧	784747	406667	859447	189457	2968001	941085	648871
营业盈余	1793361	1163576	1686746	729983	9123190	2208982	2692092
增加值合计	**9419773**	**3378934**	**5090259**	**2199390**	**18931677**	**4917662**	**4869029**
总投入	**42565599**	**16811447**	**25389840**	**14523234**	**93761953**	**20233580**	**39344512**

续2

投入＼产出	中间使用						
	金属制品业	通用、专用设备制造业	交通运输设备制造业	电气机械及器材制造业	通信设备、计算机及其他电子设备制造业	仪器仪表及文化办公用机械制造业	工艺品及其他制造业
农林牧渔业	3995	5921	155	3981	124	44	48995
煤炭开采和洗选业	80760	87037	35682	9891	7971	20692	49320
石油和天然气开采业	29050	65304	60028	3699	1210	16275	5023
金属矿采选业	71655	216145	3929	152255	28380	151557	784
非金属矿及其他矿采选业	53	7809	932	7577	6099	994	18081
食品制造及烟草加工业	686	7799	580	2153	11332	176	6942
纺织业	8415	75358	82777	1772284	17511	3800	1726233
纺织服装鞋帽皮革羽绒及其制品业	91736	163307	256781	407122	27376	40760	90751
木材加工及家具制造业	18135	155784	77887	65288	12696	10663	691278
造纸印刷及文教体育用品制造业	385745	638969	296082	693639	222215	178701	503236
石油加工、炼焦及核燃料加工业	205712	633587	328616	358317	65502	26694	93689
化学工业	1771855	2259972	1793072	4633736	898319	823637	1895936
非金属矿物制品业	905064	76923	216907	576229	174412	76326	51028
金属冶炼及压延加工业	9496106	13111550	7465264	11830254	1496935	614943	1490434
金属制品业	3524442	7774120	3574813	2741612	1478160	988175	1058905
通用、专用设备制造业	366479	6998694	2557722	1355866	166495	125026	45234
交通运输设备制造业	81774	603419	4805666	157780	26828	23365	8018
电气机械及器材制造业	351358	4604363	2265623	8466831	523768	447751	75369
通信设备、计算机及其他电子设备制造业	36772	733071	215577	1408761	8117099	886634	33467
仪器仪表及文化办公用机械制造业	38056	613166	238310	322847	281778	535100	6579
工艺品及其他制造业	112310	710057	293822	467953	425458	364000	433170
废品废料	386228	649200	55510	17271	3286	0	2021
电力、热力的生产和供应业	995117	1959175	534555	610522	307339	151800	368489
燃气生产和供应业	29962	70164	21849	24310	7046	7345	16669
水的生产和供应业	24469	45542	31246	26057	16673	9062	13090
建筑业	24489	174559	130825	169748	22845	9319	24553
交通运输及仓储业	683821	1526995	702206	1059589	432833	182528	277823
邮政业	6926	27832	14420	15606	5755	4313	5404
信息传输、计算机服务和软件业	76194	329841	152892	232691	91372	46624	56470
批发和零售业	877490	2102132	1150509	1809778	864065	265659	412372
住宿和餐饮业	105723	262743	144325	181273	76328	34807	63012
金融业	603193	1252167	731259	877285	315111	183775	290751
房地产业	34725	161139	108268	52483	40455	7647	7598
租赁业和商务服务业	131088	612609	346070	614082	189185	85950	156475
研究与试验发展业	5234	80498	43571	65536	28097	16215	12719
综合技术服务业	52927	468618	125579	319270	125131	55191	51137
水利、环境和公共设施管理业	6264	17766	3556	3805	799	280	725
居民服务和其他服务业	52799	56797	49896	47962	15623	5265	8974
教育	16053	36581	13417	19344	7989	3704	8877
卫生、社会保障和社会福利业	100419	440646	355237	183236	190670	30030	123022
文化、体育和娱乐业	43445	95648	60564	51705	20332	11038	25844
公共管理和社会组织	1347	3584	1338	2005	877	388	784
中间投入合计	**21838071**	**49916591**	**29347317**	**41821633**	**16751479**	**6446253**	**10259281**
劳动者报酬	2453964	6144902	3474561	3350793	1689095	928952	1611635
生产税净额	660190	1754911	859788	1126148	65375	133185	373923
固定资产折旧	565390	1905809	859656	893771	527906	232989	355438
营业盈余	2268195	6083583	2790255	3626708	1769484	740409	866014
增加值合计	**5947739**	**15889205**	**7984260**	**8997420**	**4051860**	**2035535**	**3207010**
总投入	**27785810**	**65805796**	**37331577**	**50819053**	**20803339**	**8481788**	**13466291**

续3

投入 \ 产出	中间使用						
	废品废料	电力、热力的生产和供应业	燃气生产和供应业	水的生产和供应业	建筑业	交通运输及仓储业	邮政业
农林牧渔业	11	81	3	2	387494	93172	0
煤炭开采和洗选业	1417	6877565	0	131	212531	912	26
石油和天然气开采业	3214	127633	737594	0	0	0	0
金属矿采选业	0	0	0	0	0	0	0
非金属矿及其他矿采选业	11	511	2	16	1423632	1674	0
食品制造及烟草加工业	41	301	6	9	1164	25441	1406
纺织业	546	3274	13	52	181631	160015	5
纺织服装鞋帽皮革羽绒及其制品业	2845	95112	982	8812	334302	119232	14806
木材加工及家具制造业	633	9523	139	508	2214375	28609	1174
造纸印刷及文教体育用品制造业	4714	64475	682	3345	151846	154388	35175
石油加工、炼焦及核燃料加工业	17757	514600	3841	4020	530095	4547785	23106
化学工业	82765	97371	427	125595	2639504	409376	1110
非金属矿物制品业	12598	47370	500	1278	12917342	2229	470
金属冶炼及压延加工业	129347	6491	98	221	18707127	43027	0
金属制品业	2397	163147	1429	23187	1722492	559608	518
通用、专用设备制造业	2546	291416	1780	3048	1324669	119672	3346
交通运输设备制造业	2327	15282	575	2358	404537	1542027	8181
电气机械及器材制造业	639659	362786	192	1650	3512155	132794	1738
通信设备、计算机及其他电子设备制造业	772	20935	248	1034	59005	56730	1225
仪器仪表及文化办公用机械制造业	1797	62373	541	3338	294903	60586	1867
工艺品及其他制造业	3173	41563	1572	3144	362109	14550	0
废品废料	2723082	0	0	0	0	0	0
电力、热力的生产和供应业	92169	10964565	2614	227959	1950747	226960	6435
燃气生产和供应业	12075	18018	439635	2018	42548	9472	19
水的生产和供应业	4601	10955	359	18768	216692	25629	849
建筑业	6853	48806	1261	1882	300490	415048	16615
交通运输及仓储业	51359	320436	19137	5956	1629807	1040642	77001
邮政业	710	7256	90	441	32419	15934	26411
信息传输、计算机服务和软件业	9311	92992	1786	5948	89188	94056	15852
批发和零售业	170127	544908	39825	8923	2906373	235682	22951
住宿和餐饮业	8032	49831	2726	5077	105905	211350	2408
金融业	60390	938850	6428	74642	435421	3135305	4760
房地产业	7992	11081	67	203	22166	157217	17746
租赁业和商务服务业	21651	102975	4302	1922	506634	255336	20711
研究与试验发展业	8438	4070	6	21	70638	373	60
综合技术服务业	5445	33852	1024	1513	791528	37457	38
水利、环境和公共设施管理业	2520	29909	252	134396	120688	4270	0
居民服务和其他服务业	1049	947526	280	27683	63223	263901	2148
教育	1883	9442	232	1257	6	42794	1123
卫生、社会保障和社会福利业	342	72896	15	19993	1114	557	0
文化、体育和娱乐业	4317	21777	1188	2715	46396	89097	9442
公共管理和社会组织	98	712	17	20	1414	945	210
中间投入合计	**4101014**	**23032666**	**1271868**	**723085**	**56714310**	**14333852**	**318932**
劳动者报酬	203194	912569	33673	146147	11533287	3254032	427100
生产税净额	33702	225381	-25074	4200	2979189	919901	30840
固定资产折旧	50896	3355974	95696	243284	835009	2319627	66895
营业盈余	486022	2676330	31709	150877	1712349	4644137	-11804
增加值合计	**773814**	**7170254**	**136004**	**544508**	**17059834**	**11137697**	**513031**
总投入	**4874828**	**30202920**	**1407872**	**1267593**	**73774144**	**25471549**	**831963**

续4

投入＼产出	中间使用						
	信息传输、计算机服务和软件业	批发和零售业	住宿和餐饮业	金融业	房地产业	租赁业和商务服务业	研究与试验发展业
农林牧渔业	29	9855	2454725	485	897928	321	96410
煤炭开采和洗选业	0	0	6692	0	0	0	0
石油和天然气开采业	0	0	5828	0	0	0	0
金属矿采选业	0	0	0	0	0	0	0
非金属矿及其他矿采选业	4	0	0	0	4	7	6
食品制造及烟草加工业	103	117506	3003111	1818	548	1202	96
纺织业	155	22393	112065	9788	2063	1051	34
纺织服装鞋帽皮革羽绒及其制品业	47866	253185	99921	429563	52103	39020	536
木材加工及家具制造业	3366	11393	17818	50673	7674	1255205	357
造纸印刷及文教体育用品制造业	47594	165040	145294	705627	434804	195832	8100
石油加工、炼焦及核燃料加工业	3923	59487	305750	494241	172475	656897	23236
化学工业	1399	150354	302785	121228	30959	493684	2324
非金属矿物制品业	194	36	8547	0	54	120	102
金属冶炼及压延加工业	4	88	6009	0	5	8	7
金属制品业	11119	29440	16376	33481	36409	733730	136008
通用、专用设备制造业	8068	11000	27445	20551	7406	5342	10141
交通运输设备制造业	18202	391895	110570	61565	16103	18777	35
电气机械及器材制造业	259060	110972	30651	10170	128242	987190	223
通信设备、计算机及其他电子设备制造业	2656541	69814	26209	78750	87230	212481	1761
仪器仪表及文化办公用机械制造业	43794	7552	33244	117760	12183	15099	740
工艺品及其他制造业	109282	31270	395805	55454	30311	35386	3011
废品废料	0	0	0	0	0	0	0
电力、热力的生产和供应业	326665	270784	784477	228405	99594	136731	11250
燃气生产和供应业	8479	5654	136513	1110	2709	17135	249
水的生产和供应业	4966	11347	62990	13918	25174	17458	2262
建筑业	349652	453006	260233	330876	713640	272878	957
交通运输及仓储业	54061	4088216	82730	835171	103335	348973	15168
邮政业	4552	22457	38440	103983	46367	32016	1733
信息传输、计算机服务和软件业	194577	57274	99803	1532265	106036	117606	14755
批发和零售业	220018	5204	232012	101046	52302	272364	4083
住宿和餐饮业	115081	638584	178719	886932	356715	670623	22297
金融业	97854	2259478	450831	116471	519858	2778142	9693
房地产业	172962	884283	477535	437964	95806	253380	4676
租赁业和商务服务业	820872	1948146	573716	1718940	295184	618750	9266
研究与试验发展业	4611	5008	12	1562	0	0	1996
综合技术服务业	224797	190701	2233	231	0	0	294
水利、环境和公共设施管理业	1844	543	3931	40456	561	175979	1467
居民服务和其他服务业	13798	457136	196881	98317	55182	41628	7105
教育	11064	55363	12428	94818	7096	38847	2544
卫生、社会保障和社会福利业	977	23754	5541	31791	5372	261	2226
文化、体育和娱乐业	33884	194158	104793	86572	197948	83894	7273
公共管理和社会组织	126	3145	468	67163	3663	62447	117
中间投入合计	**5871543**	**13015521**	**10813131**	**8919145**	**4603043**	**10590464**	**402538**
劳动者报酬	1458731	5093702	2496715	5865608	2306167	1623237	198985
生产税净额	426148	6913100	878750	3751710	1898153	543070	25618
固定资产折旧	1784104	943269	623329	805832	7890754	1073263	20719
营业盈余	2379639	11649025	1291911	14878903	4316129	1482670	70388
增加值合计	**6048622**	**24599096**	**5290705**	**25302053**	**16411203**	**4722240**	**315710**
总投入	**11920165**	**37614617**	**16103836**	**34221198**	**21014246**	**15312704**	**718248**

续5

投入 \ 产出	中间使用						
	综合技术服务业	水利、环境和公共设施管理业	居民服务和其他服务业	教育	卫生、社会保障和社会福利业	文化、体育和娱乐业	公共管理和社会组织
农林牧渔业	165596	185042	159064	450	35	52	866
煤炭开采和洗选业	0	0	0	0	0	0	0
石油和天然气开采业	0	0	0	0	0	0	0
金属矿采选业	0	0	0	0	0	0	0
非金属矿及其他矿采选业	161	417	3	913	2640	407	733
食品制造及烟草加工业	1099	140	238	1683	129	86076	3239
纺织业	1135	15675	5746	18	2	39	35
纺织服装鞋帽皮革羽绒及其制品业	47789	84343	85354	11490	275	9677	76782
木材加工及家具制造业	10625	13217	71571	23492	66560	10499	19364
造纸印刷及文教体育用品制造业	132631	22006	58239	263697	71621	65312	504490
石油加工、炼焦及核燃料加工业	44681	38360	138584	60526	7210	23439	480340
化学工业	15692	11444	136119	24715	2083523	24665	23089
非金属矿物制品业	2730	7018	44	15374	44425	6841	12326
金属冶炼及压延加工业	178	459	4	1008	2912	447	809
金属制品业	802924	4317	632224	8011	23052	15465	6461
通用、专用设备制造业	3052	939	15594	621096	2325022	25441	1267
交通运输设备制造业	13716	6023	53787	4645	13422	4575	3724
电气机械及器材制造业	64701	13472	55636	28320	81835	47732	22704
通信设备、计算机及其他电子设备制造业	380380	6822	65757	15693	12888	229387	77486
仪器仪表及文化办公用机械制造业	33224	16948	10597	17454	17832	10729	17370
工艺品及其他制造业	28194	4960	12084	2381	503	2928	6163
废品废料	0	0	0	0	0	0	0
电力、热力的生产和供应业	52202	103962	79102	161131	101267	97998	254907
燃气生产和供应业	2830	1658	5667	7040	5261	4187	7099
水的生产和供应业	5753	7523	15990	18757	11523	6501	24664
建筑业	44145	84802	98511	51023	144923	27950	67895
交通运输及仓储业	136678	34997	123510	168382	73195	34869	422635
邮政业	22579	1950	11026	12289	3274	11035	120539
信息传输、计算机服务和软件业	117582	67939	107581	221208	148516	72111	798454
批发和零售业	63326	11713	63269	27463	248478	16205	19266
住宿和餐饮业	184710	50744	100619	142808	28096	71810	2773463
金融业	111958	113625	121404	27984	13526	145539	319675
房地产业	95966	1198	189773	481466	276063	62453	63035
租赁业和商务服务业	88470	245147	95994	41882	37392	171815	68471
研究与试验发展业	4494	0	0	0	0	19720	0
综合技术服务业	99931	50759	0	19879	38972	9685	605457
水利、环境和公共设施管理业	248	2250	143	14903	75	3345	4729
居民服务和其他服务业	21582	18488	101568	38080	41685	20432	320603
教育	10722	6590	10043	13333	31471	5793	211296
卫生、社会保障和社会福利业	8505	8500	926	84872	194260	3873	156728
文化、体育和娱乐业	53882	19464	22876	23318	10126	197290	141027
公共管理和社会组织	3014	541	3261	5833	394	3463	3937
中间投入合计	**2877085**	**1263452**	**2651908**	**2662617**	**6162383**	**1549785**	**7641128**
劳动者报酬	1221954	700883	1816380	5492920	2958331	963600	7983277
生产税净额	192070	62321	216704	30940	5043	129698	26779
固定资产折旧	158698	220869	372086	534993	215047	247876	222332
营业盈余	776902	340676	745958	484377	844914	418885	32299
增加值合计	**2349624**	**1324749**	**3151128**	**6543230**	**4023335**	**1760059**	**8264687**
总投入	**5226709**	**2588201**	**5803036**	**9205847**	**10185718**	**3309844**	**15905815**

续 6

投入 \ 产出	中间使用小计	最终使用 农村居民	城镇居民	居民消费小计	政府消费	最终消费合计
农林牧渔业	**18186373**	967040	5719168	6686208	114080	**6800288**
煤炭开采和洗选业	**11119703**	15677	13740	29417	0	**29417**
石油和天然气开采业	**12486555**	0	0	0	0	**0**
金属矿采选业	**1906540**	0	0	0	0	**0**
非金属矿及其他矿采选业	**2869719**	0	0	0	0	**0**
食品制造及烟草加工业	**11863986**	3345298	7729157	11074455	0	**11074455**
纺织业	**49948945**	151181	608901	760082	0	**760082**
纺织服装鞋帽皮革羽绒及其制品业	**18105710**	805844	5008168	5814012	0	**5814012**
木材加工及家具制造业	**9628665**	348077	527674	875751	0	**875751**
造纸印刷及文教体育用品制造业	**19342268**	75072	951150	1026222	0	**1026222**
石油加工、炼焦及核燃料加工业	**16981457**	239633	1557587	1797220	0	**1797220**
化学工业	**88664568**	885841	2546648	3432489	0	**3432489**
非金属矿物制品业	**20501472**	506294	572643	1078937	0	**1078937**
金属冶炼及压延加工业	**88958919**	126831	60066	186897	0	**186897**
金属制品业	**30087182**	149452	71736	221188	0	**221188**
通用、专用设备制造业	**17842856**	0	22340	22340	0	**22340**
交通运输设备制造业	**8852893**	641990	3787515	4429505	0	**4429505**
电气机械及器材制造业	**24009547**	59826	815939	875765	0	**875765**
通信设备、计算机及其他电子设备制造业	**15798050**	443854	1419698	1863552	0	**1863552**
仪器仪表及文化办公用机械制造业	**3323823**	8195	239871	248066	0	**248066**
工艺品及其他制造业	**5356281**	360960	1278806	1639766	0	**1639766**
废品废料	**9724274**	0	0	0	0	**0**
电力、热力的生产和供应业	**31474330**	720745	1632108	2352853	0	**2352853**
燃气生产和供应业	**1382911**	225853	248175	474028	0	**474028**
水的生产和供应业	**951294**	36034	285246	321280	0	**321280**
建筑业	**4787591**	459124	0	459124	0	**459124**
交通运输及仓储业	**21822013**	459323	1826285	2285608	957448	**3243056**
邮政业	**671136**	25166	114018	139184	0	**139184**
信息传输、计算机服务和软件业	**6013177**	600633	3794033	4394666	0	**4394666**
批发和零售业	**26690405**	1586859	4186242	5773101	0	**5773101**
住宿和餐饮业	**8292741**	822976	5550701	6373677	0	**6373677**
金融业	**23012428**	1593034	9610867	11203901	4870	**11208771**
房地产业	**5061801**	3270701	7800995	11071696	0	**11071696**
租赁业和商务服务业	**12677283**	28636	1011628	1040264	946452	**1986716**
研究与试验发展业	**549396**	0	0	0	255553	**255553**
综合技术服务业	**4761042**	0	0	0	411295	**411295**
水利、环境和公共设施管理业	**737800**	11363	227703	239066	1448487	**1687553**
居民服务和其他服务业	**4149491**	310005	1108028	1418033	0	**1418033**
教育	**790108**	1107557	3791782	4899339	4082194	**8981533**
卫生、社会保障和社会福利业	**3736414**	744678	995590	1740268	4709038	**6449306**
文化、体育和娱乐业	**1956045**	142673	595030	737703	480233	**1217936**
公共管理和社会组织	**221226**	0	0	0	15684587	**15684587**
中间投入合计	**645298418**	**21276425**	**75709238**	**96985663**	**29094237**	**126079900**
劳动者报酬	**111972776**					
生产税净额	**33105906**					
固定资产折旧	**37748970**					
营业盈余	**96144669**					
增加值合计	**278972321**					
总投入	**924270739**					

续 7

产出 投入	最终使用				
	固定资本形成总额	存货增加	**资本形成总额合计**	调出外省	出口
农林牧渔业	2536360	0	**2536360**	164145	262447
煤炭开采和洗选业	0	323	**323**	0	19615
石油和天然气开采业	0	0	**0**	354871	8672
金属矿采选业	0	99200	**99200**	263	2565219
非金属矿及其他矿采选业	0	693	**693**	19803	37906
食品制造及烟草加工业	0	188100	**188100**	1953510	5415787
纺织业	0	551673	**551673**	23810624	9355082
纺织服装鞋帽皮革羽绒及其制品业	0	342607	**342607**	10498392	9731925
木材加工及家具制造业	655766	248112	**903878**	6308589	1556015
造纸印刷及文教体育用品制造业	0	78409	**78409**	3563956	4432401
石油加工、炼焦及核燃料加工业	0	209647	**209647**	556060	11550036
化学工业	0	897491	**897491**	13045022	15197613
非金属矿物制品业	0	29850	**29850**	775342	1943012
金属冶炼及压延加工业	0	549192	**549192**	3355210	3186326
金属制品业	1599119	555154	**2154273**	4760116	2431760
通用、专用设备制造业	31526199	1091906	**32618105**	13644286	9276644
交通运输设备制造业	1472392	1748892	**3221284**	8826273	13027079
电气机械及器材制造业	4840597	851225	**5691822**	14392293	10167116
通信设备、计算机及其他电子设备制造业	464992	63055	**528047**	3646959	2833881
仪器仪表及文化办公用机械制造业	1226294	125375	**1351669**	3484918	2499884
工艺品及其他制造业	0	190140	**190140**	2926432	4597613
废品废料	0	127780	**127780**	10937	194976
电力、热力的生产和供应业	0	0	**0**	0	736383
燃气生产和供应业	0	0	**0**	0	0
水的生产和供应业	0	0	**0**	0	0
建筑业	68527433	0	**68527433**	0	0
交通运输及仓储业	517351	85317	**602668**	751941	1354109
邮政业	0	0	**0**	0	49795
信息传输、计算机服务和软件业	1577472	0	**1577472**	41793	471610
批发和零售业	1119193	461580	**1580773**	6200913	1187497
住宿和餐饮业	0	0	**0**	819368	3392084
金融业	0	0	**0**	0	0
房地产业	4880748	0	**4880748**	0	0
租赁业和商务服务业	0	0	**0**	203204	770126
研究与试验发展业	0	0	**0**	0	17300
综合技术服务业	54373	0	**54373**	0	0
水利、环境和公共设施管理业	0	0	**0**	87995	425492
居民服务和其他服务业	0	0	**0**	82621	286820
教育	0	0	**0**	194725	72000
卫生、社会保障和社会福利业	0	0	**0**	0	0
文化、体育和娱乐业	0	0	**0**	144640	505518
公共管理和社会组织	0	0	**0**	0	0
中间投入合计	**120998289**	**8495721**	**129494010**	**124625201**	**119559743**
劳动者报酬					
生产税净额					
固定资产折旧					
营业盈余					
增加值合计					
总投入					

续8

投入＼产出	最终使用合计	调入省内	进口	总产出
农林牧渔业	**9763240**	1486408	4734597	**21728605**
煤炭开采和洗选业	**49355**	19539	11070506	**79014**
石油和天然气开采业	**363543**	815921	12034176	**0**
金属矿采选业	**2664682**	3407758	692651	**470815**
非金属矿及其他矿采选业	**58402**	61540	466935	**2399650**
食品制造及烟草加工业	**18631852**	1388683	4909642	**24197518**
纺织业	**34477461**	961773	12154366	**71310265**
纺织服装鞋帽皮革羽绒及其制品业	**26386936**	246212	1680833	**42565599**
木材加工及家具制造业	**9644233**	749979	1711472	**16811447**
造纸印刷及文教体育用品制造业	**9100988**	1188697	1864718	**25389840**
石油加工、炼焦及核燃料加工业	**14112963**	1541955	15029233	**14523234**
化学工业	**32572615**	14042927	13432307	**93761953**
非金属矿物制品业	**3827141**	158464	3936568	**20233580**
金属冶炼及压延加工业	**7277625**	5193089	51698945	**39344512**
金属制品业	**9567337**	346109	11522596	**27785810**
通用、专用设备制造业	**55561375**	3901352	3697080	**65805796**
交通运输设备制造业	**29504141**	144804	880649	**37331577**
电气机械及器材制造业	**31126996**	2186433	2131057	**50819053**
通信设备、计算机及其他电子设备制造业	**8872439**	530941	3336210	**20803339**
仪器仪表及文化办公用机械制造业	**7584537**	2231090	195480	**8481788**
工艺品及其他制造业	**9353951**	420430	823511	**13466291**
废品废料	**333693**	4831364	351780	**4874828**
电力、热力的生产和供应业	**3089236**	0	4360643	**30202920**
燃气生产和供应业	**474028**	0	449069	**1407872**
水的生产和供应业	**321280**	0	4979	**1267593**
建筑业	**68986557**	0	0	**73774144**
交通运输及仓储业	**5951774**	293697	2008546	**25471549**
邮政业	**188979**	0	28154	**831963**
信息传输、计算机服务和软件业	**6485541**	0	578554	**11920165**
批发和零售业	**14742284**	2797187	1020882	**37614617**
住宿和餐饮业	**10585129**	325028	2449003	**16103836**
金融业	**11208771**	0	0	**34221198**
房地产业	**15952444**	0	0	**21014246**
租赁业和商务服务业	**2960046**	42757	281868	**15312704**
研究与试验发展业	**272853**	0	104000	**718248**
综合技术服务业	**465668**	0	0	**5226709**
水利、环境和公共设施管理业	**2201040**	38395	312240	**2588201**
居民服务和其他服务业	**1787474**	27038	106896	**5803036**
教育	**9248258**	714516	118000	**9205847**
卫生、社会保障和社会福利业	**6449306**	0	0	**10185718**
文化、体育和娱乐业	**1868094**	123819	390478	**3309844**
公共管理和社会组织	**15684587**	0	0	**15905815**
中间投入合计	**499758854**	**50217905**	**170568624**	**924270739**
劳动者报酬				
生产税净额				
固定资产折旧				
营业盈余				
增加值合计				
总投入				

附表9 浙江省投入产出直接消耗系数表(2010年)

投入 \ 产出	农林牧渔业	煤炭开采和洗选业	石油和天然气开采业	金属矿采选业	非金属矿及其他矿采选业	食品制造及烟草加工业	纺织业
农林牧渔业	0.0734959	0.0098791	0.0000000	0.0000018	0.0000031	0.2660360	0.0402066
煤炭开采和洗选业	0.0002111	0.0000000	0.0000000	0.0067007	0.0052266	0.0054776	0.0059836
石油和天然气开采业	0.0000000	0.0284295	0.0000000	0.0000221	0.0529321	0.0000217	0.0001235
金属矿采选业	0.0000000	0.0000000	0.0000000	0.3657240	0.0000000	0.0000000	0.0000000
非金属矿及其他矿采选业	0.0000000	0.0000935	0.0000000	0.0003609	0.0098822	0.0000731	0.0000099
食品制造及烟草加工业	0.0793234	0.0000000	0.0000000	0.0000068	0.0024407	0.2515991	0.0000789
纺织业	0.0001406	0.0000000	0.0000000	0.0005500	0.0000431	0.0003399	0.4410631
纺织服装鞋帽皮革羽绒及其制品业	0.0000000	0.0467765	0.0000000	0.0023823	0.0002875	0.0011797	0.0288889
木材加工及家具制造业	0.0069110	0.0003443	0.0000000	0.0010375	0.0000164	0.0003360	0.0048699
造纸印刷及文教体育用品制造业	0.0057329	0.0020308	0.0000000	0.0010340	0.0163257	0.0211453	0.0088413
石油加工、炼焦及核燃料加工业	0.0429846	0.0072910	0.0000000	0.0091607	0.0335642	0.0020005	0.0022291
化学工业	0.0429877	0.1165116	0.0000000	0.0162503	0.2989640	0.0347172	0.1246042
非金属矿物制品业	0.0054409	0.0016373	0.0000000	0.0031684	0.0020815	0.0018169	0.0004050
金属冶炼及压延加工业	0.0038582	0.0057056	0.0000000	0.0049820	0.0017975	0.0001458	0.0007986
金属制品业	0.0029777	0.0104430	0.0000000	0.0076015	0.0034137	0.0084974	0.0016433
通用、专用设备制造业	0.0031623	0.0245605	0.0000000	0.0526136	0.0132669	0.0010619	0.0027596
交通运输设备制造业	0.0039157	0.0085925	0.0000000	0.0022318	0.0042025	0.0005863	0.0007513
电气机械及器材制造业	0.0000000	0.0245432	0.0000000	0.0077097	0.0048236	0.0006022	0.0013597
通信设备、计算机及其他电子设备制造业	0.0000000	0.0005794	0.0000000	0.0003151	0.0027955	0.0002440	0.0005962
仪器仪表及文化办公用机械制造业	0.0000000	0.0019249	0.0000000	0.0048112	0.0049504	0.0004469	0.0006102
工艺品及其他制造业	0.0000000	0.0009186	0.0000000	0.0014298	0.0025587	0.0011415	0.0015986
废品废料	0.0000000	0.0000000	0.0000000	0.0000000	0.0000000	0.0000000	0.0007555
电力、热力的生产和供应业	0.0149936	0.0311351	0.0000000	0.0399133	0.0833384	0.0138272	0.0310583
燃气生产和供应业	0.0000369	0.0009030	0.0000000	0.0002897	0.0052732	0.0008949	0.0005398
水的生产和供应业	0.0000309	0.0046483	0.0000000	0.0004220	0.0013363	0.0011773	0.0010223
建筑业	0.0000000	0.0021637	0.0000000	0.0023920	0.0011291	0.0022906	0.0016571
交通运输及仓储业	0.0116258	0.0094502	0.0000000	0.0347577	0.1320387	0.0186389	0.0144185
邮政业	0.0000000	0.0002791	0.0000000	0.0000731	0.0021738	0.0002438	0.0001437
信息传输、计算机服务和软件业	0.0023982	0.0023264	0.0000000	0.0068387	0.0106656	0.0018040	0.0027975
批发和零售业	0.0183540	0.0140893	0.0000000	0.0149732	0.0246359	0.0349928	0.0408910
住宿和餐饮业	0.0013620	0.0019483	0.0000000	0.0023240	0.0051140	0.0025872	0.0018614
金融业	0.0217622	0.0048588	0.0000000	0.0066054	0.0214969	0.0121555	0.0199338
房地产业	0.0000000	0.0011837	0.0000000	0.0002844	0.0001708	0.0008152	0.0037713
租赁和商务服务业	0.0096043	0.0022421	0.0000000	0.0008641	0.0262894	0.0238555	0.0030109
研究与试验发展业	0.0000000	0.0000000	0.0000000	0.0003051	0.0000000	0.0003219	0.0002206
综合技术服务业	0.0159418	0.0027676	0.0000000	0.0056099	0.0002652	0.0007987	0.0025195
水利、环境和公共设施管理业	0.0029730	0.0000000	0.0000000	0.0004614	0.0174204	0.0000656	0.0001367
居民服务和其他服务业	0.0283865	0.0003321	0.0000000	0.0004609	0.0039963	0.0010216	0.0011804
教育	0.0016653	0.0003550	0.0000000	0.0005913	0.0000400	0.0001504	0.0001929
卫生、社会保障和社会福利业	0.0050472	0.0745409	0.0000000	0.0229264	0.0052947	0.0026313	0.0067309
文化、体育和娱乐业	0.0000308	0.0008863	0.0000000	0.0008488	0.0053416	0.0006853	0.0007800
公共管理和社会组织	0.0019508	0.0000000	0.0000000	0.0000167	0.0000288	0.0000219	0.0000182
中间投入	**0.4073053**	**0.4443709**	**0.0000000**	**0.6290522**	**0.8056252**	**0.7164486**	**0.8010618**
劳动者报酬	0.5671193	0.2132663	0.0000000	0.0758747	0.0834820	0.0704891	0.0662623
生产税净额	-0.0149206	0.0362801	0.0000000	0.0231494	0.0044314	0.0791525	0.0176701
固定资产折旧	0.0404960	0.0520014	0.0000000	0.0164856	0.0663634	0.0305394	0.0243887
营业盈余	0.0000000	0.2540814	0.0000000	0.2554381	0.0400980	0.1033704	0.0906171
增加值	**0.5926947**	**0.5556291**	**0.0000000**	**0.3709478**	**0.1943748**	**0.2835514**	**0.1989382**
总投入	**1.0000000**	**1.0000000**	**0.0000000**	**1.0000000**	**1.0000000**	**1.0000000**	**1.0000000**

续 1

投入＼产出	纺织服装鞋帽皮革羽绒及其制品业	木材加工及家具制造业	造纸印刷及文教体育用品制造业	石油加工、炼焦及核燃料加工业	化学工业	非金属矿物制品业	金属冶炼及压延加工业
农林牧渔业	0.0147198	0.0625918	0.0007057	0.0000007	0.0114372	0.0000037	0.0000011
煤炭开采和洗选业	0.0033742	0.0014412	0.0135020	0.0002663	0.0087701	0.0672697	0.0114786
石油和天然气开采业	0.0001005	0.0000428	0.0002408	0.7601469	0.0007389	0.0077783	0.0003947
金属矿采选业	0.0000000	0.0000000	0.0000000	0.0000000	0.0005806	0.0046947	0.0244054
非金属矿及其他矿采选业	0.0000090	0.0000481	0.0001331	0.0000154	0.0039949	0.0486364	0.0001833
食品制造及烟草加工业	0.0042559	0.0009034	0.0028232	0.0000028	0.0052925	0.0000594	0.0000078
纺织业	0.2697226	0.0265805	0.0169935	0.0000195	0.0201639	0.0015457	0.0000375
纺织服装鞋帽皮革羽绒及其制品业	0.2627735	0.0718936	0.0082669	0.0005242	0.0045568	0.0028490	0.0005998
木材加工及家具制造业	0.0060915	0.2189026	0.0089193	0.0002135	0.0006761	0.0015243	0.0002765
造纸印刷及文教体育用品制造业	0.0161224	0.0153095	0.3770712	0.0004432	0.0121556	0.0088346	0.0010140
石油加工、炼焦及核燃料加工业	0.0029561	0.0056793	0.0050594	0.0054761	0.0478102	0.0288262	0.0100870
化学工业	0.0557917	0.1285975	0.1300208	0.0016422	0.5054910	0.0475543	0.0049857
非金属矿物制品业	0.0003551	0.0452380	0.0005845	0.0006845	0.0026623	0.1990648	0.0017659
金属冶炼及压延加工业	0.0007847	0.0568047	0.0124829	0.0003973	0.0055988	0.0341895	0.5560103
金属制品业	0.0046387	0.0224200	0.0191637	0.0005211	0.0036531	0.0406524	0.0343504
通用、专用设备制造业	0.0021917	0.0014884	0.0052467	0.0022608	0.0034718	0.0118969	0.0050365
交通运输设备制造业	0.0005551	0.0007041	0.0031787	0.0009118	0.0008914	0.0027410	0.0005238
电气机械及器材制造业	0.0009598	0.0027500	0.0067608	0.0016721	0.0024486	0.0039749	0.0015476
通信设备、计算机及其他电子设备制造业	0.0004537	0.0002140	0.0041740	0.0003493	0.0010678	0.0005860	0.0001082
仪器仪表及文化办公用机械制造业	0.0004387	0.0003704	0.0013764	0.0021361	0.0026131	0.0030534	0.0010616
工艺品及其他制造业	0.0174363	0.0041305	0.0060394	0.0003434	0.0014118	0.0066242	0.0005288
废品废料	0.0002715	0.0005005	0.0475100	0.0000000	0.0041010	0.0128206	0.1007420
电力、热力的生产和供应业	0.0113050	0.0140492	0.0232922	0.0052889	0.0336237	0.0652100	0.0359233
燃气生产和供应业	0.0005228	0.0006820	0.0013906	0.0001986	0.0011853	0.0091008	0.0008946
水的生产和供应业	0.0007058	0.0007319	0.0005711	0.0000794	0.0008281	0.0010883	0.0003806
建筑业	0.0005913	0.0052047	0.0011205	0.0011755	0.0016813	0.0014614	0.0004272
交通运输及仓储业	0.0150289	0.0255955	0.0207038	0.0046888	0.0209258	0.0459253	0.0170071
邮政业	0.0003391	0.0001742	0.0002143	0.0000778	0.0002051	0.0003010	0.0001197
信息传输、计算机服务和软件业	0.0037530	0.0037325	0.0026792	0.0012334	0.0032312	0.0036724	0.0013292
批发和零售业	0.0360242	0.0351988	0.0311858	0.0399974	0.0441024	0.0379344	0.0333868
住宿和餐饮业	0.0025795	0.0023293	0.0022616	0.0008119	0.0023116	0.0046176	0.0013015
金融业	0.0125475	0.0218801	0.0209874	0.0127434	0.0199744	0.0293119	0.0174790
房地产业	0.0082526	0.0046173	0.0036552	0.0000154	0.0009252	0.0012949	0.0003122
租赁和商务服务业	0.0115283	0.0103027	0.0070001	0.0013286	0.0072309	0.0086500	0.0029480
研究与试验发展业	0.0001621	0.0003450	0.0003254	0.0002302	0.0011435	0.0005511	0.0002588
综合技术服务业	0.0013443	0.0021055	0.0045898	0.0004645	0.0047823	0.0017154	0.0051215
水利、环境和公共设施管理业	0.0000918	0.0000797	0.0005195	0.0000566	0.0001972	0.0002082	0.0000554
居民服务和其他服务业	0.0007694	0.0003289	0.0013304	0.0003919	0.0019179	0.0060457	0.0014857
教育	0.0002566	0.0002235	0.0002543	0.0001121	0.0002555	0.0004970	0.0001332
卫生、社会保障和社会福利业	0.0079302	0.0039869	0.0063386	0.0013312	0.0031542	0.0021779	0.0021166
文化、体育和娱乐业	0.0009414	0.0008020	0.0008235	0.0003009	0.0007985	0.0019807	0.0004093
公共管理和社会组织	0.0000238	0.0000294	0.0000195	0.0000069	0.0000265	0.0000316	0.0000099
中间投入	**0.7786999**	**0.7990099**	**0.7995159**	**0.8485606**	**0.7980878**	**0.7569554**	**0.8762463**
劳动者报酬	0.1357030	0.0816870	0.0789774	0.0121073	0.0506509	0.0724194	0.0273706
生产税净额	0.0250293	0.0258999	0.0212228	0.0760239	0.0223050	0.0149401	0.0114675
固定资产折旧	0.0184362	0.0241899	0.0338500	0.0130451	0.0316546	0.0465110	0.0164920
营业盈余	0.0421317	0.0692133	0.0664339	0.0502631	0.0973016	0.1091740	0.0684236
增加值	**0.2213001**	**0.2009901**	**0.2004841**	**0.1514394**	**0.2019122**	**0.2430446**	**0.1237537**
总投入	**1.0000000**	**1.0000000**	**1.0000000**	**1.0000000**	**1.0000000**	**1.0000000**	**1.0000000**

续2

投入 \ 产出	金属制品业	通用、专用设备制造业	交通运输设备制造业	电气机械及器材制造业	通信设备、计算机及其他电子设备制造业	仪器仪表及文化办公用机械制造业	工艺品及其他制造业
农林牧渔业	0.0001438	0.0000900	0.0000042	0.0000783	0.0000060	0.0000052	0.0036383
煤炭开采和洗选业	0.0029065	0.0013226	0.0009558	0.0001946	0.0003831	0.0024396	0.0036624
石油和天然气开采业	0.0010455	0.0009924	0.0016080	0.0000728	0.0000581	0.0019188	0.0003730
金属矿采选业	0.0025788	0.0032846	0.0001052	0.0029960	0.0013642	0.0178685	0.0000582
非金属矿及其他矿采选业	0.0000019	0.0001187	0.0000250	0.0001491	0.0002932	0.0001172	0.0013427
食品制造及烟草加工业	0.0000247	0.0001185	0.0000155	0.0000424	0.0005447	0.0000208	0.0005155
纺织业	0.0003028	0.0011452	0.0022174	0.0348744	0.0008417	0.0004480	0.1281891
纺织服装鞋帽皮革羽绒及其制品业	0.0033015	0.0024817	0.0068784	0.0080112	0.0013159	0.0048056	0.0067391
木材加工及家具制造业	0.0006527	0.0023673	0.0020864	0.0012847	0.0006103	0.0012571	0.0513339
造纸印刷及文教体育用品制造业	0.0138828	0.0097099	0.0079311	0.0136492	0.0106817	0.0210688	0.0373701
石油加工、炼焦及核燃料加工业	0.0074035	0.0096281	0.0088026	0.0070508	0.0031486	0.0031472	0.0069573
化学工业	0.0637683	0.0343431	0.0480310	0.0911811	0.0431815	0.0971065	0.1407912
非金属矿物制品业	0.0325729	0.0011689	0.0058103	0.0113388	0.0083839	0.0089988	0.0037893
金属冶炼及压延加工业	0.3417610	0.1992461	0.1999718	0.2327917	0.0719565	0.0725016	0.1106789
金属制品业	0.1268432	0.1181373	0.0957584	0.0539485	0.0710540	0.1165055	0.0786338
通用、专用设备制造业	0.0131894	0.1063538	0.0685136	0.0266803	0.0080033	0.0147405	0.0033591
交通运输设备制造业	0.0029430	0.0091697	0.1287293	0.0031047	0.0012896	0.0027547	0.0005954
电气机械及器材制造业	0.0126452	0.0699690	0.0606892	0.1666074	0.0251771	0.0527896	0.0055969
通信设备、计算机及其他电子设备制造业	0.0013234	0.0111399	0.0057747	0.0277211	0.3901825	0.1045339	0.0024853
仪器仪表及文化办公用机械制造业	0.0013696	0.0093178	0.0063836	0.0063529	0.0135449	0.0630880	0.0004886
工艺品及其他制造业	0.0040420	0.0107902	0.0078706	0.0092082	0.0204514	0.0429155	0.0321670
废品废料	0.0139002	0.0098654	0.0014869	0.0003399	0.0001580	0.0000000	0.0001501
电力、热力的生产和供应业	0.0358139	0.0297721	0.0143191	0.0120136	0.0147735	0.0178972	0.0273638
燃气生产和供应业	0.0010783	0.0010662	0.0005853	0.0004784	0.0003387	0.0008660	0.0012379
水的生产和供应业	0.0008806	0.0006921	0.0008370	0.0005127	0.0008014	0.0010684	0.0009720
建筑业	0.0008814	0.0026526	0.0035044	0.0033402	0.0010981	0.0010987	0.0018233
交通运输及仓储业	0.0246105	0.0232046	0.0188100	0.0208502	0.0208059	0.0215199	0.0206310
邮政业	0.0002493	0.0004229	0.0003863	0.0003071	0.0002766	0.0005085	0.0004013
信息传输、计算机服务和软件业	0.0027422	0.0050123	0.0040955	0.0045788	0.0043922	0.0054970	0.0041935
批发和零售业	0.0315805	0.0319445	0.0308186	0.0356122	0.0415349	0.0313212	0.0306225
住宿和餐饮业	0.0038049	0.0039927	0.0038660	0.0035670	0.0036690	0.0041038	0.0046792
金融业	0.0217087	0.0190282	0.0195882	0.0172629	0.0151471	0.0216670	0.0215910
房地产业	0.0012497	0.0024487	0.0029002	0.0010328	0.0019447	0.0009015	0.0005642
租赁和商务服务业	0.0047178	0.0093093	0.0092702	0.0120837	0.0090940	0.0101335	0.0116197
研究与试验发展业	0.0001884	0.0012233	0.0011671	0.0012896	0.0013506	0.0019117	0.0009445
综合技术服务业	0.0019048	0.0071212	0.0033639	0.0062825	0.0060149	0.0065070	0.0037974
水利、环境和公共设施管理业	0.0002255	0.0002700	0.0000953	0.0000749	0.0000384	0.0000330	0.0000538
居民服务和其他服务业	0.0019002	0.0008631	0.0013366	0.0009438	0.0007510	0.0006208	0.0006664
教育	0.0005777	0.0005559	0.0003594	0.0003806	0.0003840	0.0004367	0.0006592
卫生、社会保障和社会福利业	0.0036140	0.0066962	0.0095157	0.0036057	0.0091654	0.0035405	0.0091356
文化、体育和娱乐业	0.0015636	0.0014535	0.0016223	0.0010174	0.0009773	0.0013014	0.0019192
公共管理和社会组织	0.0000485	0.0000545	0.0000358	0.0000394	0.0000421	0.0000458	0.0000582
中间投入	**0.7859433**	**0.7585440**	**0.7861259**	**0.8229518**	**0.8052303**	**0.7600110**	**0.7618491**
劳动者报酬	0.0883172	0.0933793	0.0930730	0.0659358	0.0811935	0.1095231	0.1196791
生产税净额	0.0237600	0.0266680	0.0230311	0.0221600	0.0031425	0.0157025	0.0277673
固定资产折旧	0.0203481	0.0289611	0.0230276	0.0175873	0.0253760	0.0274694	0.0263947
营业盈余	0.0816314	0.0924475	0.0747425	0.0713651	0.0850577	0.0872940	0.0643098
增加值	**0.2140567**	**0.2414560**	**0.2138741**	**0.1770482**	**0.1947697**	**0.2399890**	**0.2381509**
总投入	**1.0000000**	**1.0000000**	**1.0000000**	**1.0000000**	**1.0000000**	**1.0000000**	**1.0000000**

续3

投入 \ 产出	废品废料	电力、热力的生产和供应业	燃气生产和供应业	水的生产和供应业	建筑业	交通运输及仓储业	邮政业
农林牧渔业	0.0000023	0.0000027	0.0000021	0.0000013	0.0052524	0.0036579	0.0000000
煤炭开采和洗选业	0.0002907	0.2277119	0.0000000	0.0001032	0.0028808	0.0000358	0.0000312
石油和天然气开采业	0.0006593	0.0042259	0.5239067	0.0000000	0.0000000	0.0000000	0.0000000
金属矿采选业	0.0000000	0.0000000	0.0000000	0.0000000	0.0000000	0.0000000	0.0000000
非金属矿及其他矿采选业	0.0000023	0.0000169	0.0000016	0.0000126	0.0192972	0.0000657	0.0000000
食品制造及烟草加工业	0.0000084	0.0000100	0.0000040	0.0000074	0.0000158	0.0009988	0.0016901
纺织业	0.0001120	0.0001084	0.0000096	0.0000412	0.0024620	0.0062821	0.0000060
纺织服装鞋帽皮革羽绒及其制品业	0.0005836	0.0031491	0.0006978	0.0069515	0.0045314	0.0046810	0.0177959
木材加工及家具制造业	0.0001299	0.0003153	0.0000988	0.0004005	0.0300156	0.0011232	0.0014116
造纸印刷及文教体育用品制造业	0.0009670	0.0021347	0.0004842	0.0026389	0.0020583	0.0060612	0.0422795
石油加工、炼焦及核燃料加工业	0.0036426	0.0170381	0.0027279	0.0031716	0.0071854	0.1785437	0.0277723
化学工业	0.0169780	0.0032239	0.0003033	0.0990813	0.0357782	0.0160719	0.0013347
非金属矿物制品业	0.0025842	0.0015684	0.0003555	0.0010081	0.1750931	0.0000875	0.0005655
金属冶炼及压延加工业	0.0265337	0.0002149	0.0000699	0.0001743	0.2535729	0.0016892	0.0000000
金属制品业	0.0004916	0.0054017	0.0010147	0.0182924	0.0233482	0.0219699	0.0006226
通用、专用设备制造业	0.0005224	0.0096486	0.0012640	0.0024046	0.0179557	0.0046983	0.0040223
交通运输设备制造业	0.0004773	0.0005060	0.0004082	0.0018603	0.0054834	0.0605392	0.0098331
电气机械及器材制造业	0.1312168	0.0120116	0.0001365	0.0013015	0.0476069	0.0052134	0.0020886
通信设备、计算机及其他电子设备制造业	0.0001583	0.0006932	0.0001761	0.0008160	0.0007998	0.0022272	0.0014729
仪器仪表及文化办公用机械制造业	0.0003686	0.0020651	0.0003844	0.0026337	0.0039974	0.0023786	0.0022446
工艺品及其他制造业	0.0006509	0.0013761	0.0011169	0.0024804	0.0049084	0.0005712	0.0000000
废品废料	0.5586009	0.0000000	0.0000000	0.0000000	0.0000000	0.0000000	0.0000000
电力、热力的生产和供应业	0.0189071	0.3630299	0.0018568	0.1798362	0.0264421	0.0089103	0.0077352
燃气生产和供应业	0.0024769	0.0005966	0.3122688	0.0015919	0.0005767	0.0003719	0.0000223
水的生产和供应业	0.0009439	0.0003627	0.0002548	0.0148061	0.0029372	0.0010062	0.0010200
建筑业	0.0014059	0.0016159	0.0008960	0.0014851	0.0040731	0.0162946	0.0199702
交通运输及仓储业	0.0105356	0.0106094	0.0135927	0.0046989	0.0220918	0.0408551	0.0925538
邮政业	0.0001457	0.0002402	0.0000641	0.0003478	0.0004394	0.0006256	0.0317454
信息传输、计算机服务和软件业	0.0019101	0.0030789	0.0012684	0.0046920	0.0012089	0.0036926	0.0190536
批发和零售业	0.0348991	0.0180416	0.0282875	0.0070396	0.0393956	0.0092527	0.0275865
住宿和餐饮业	0.0016477	0.0016499	0.0019365	0.0040051	0.0014355	0.0082975	0.0028940
金融业	0.0123882	0.0310847	0.0045660	0.0588847	0.0059021	0.1230905	0.0057220
房地产业	0.0016394	0.0003669	0.0000475	0.0001598	0.0003005	0.0061723	0.0213305
租赁和商务服务业	0.0044413	0.0034094	0.0030555	0.0015163	0.0068674	0.0100243	0.0248946
研究与试验发展业	0.0017309	0.0001348	0.0000042	0.0000165	0.0009575	0.0000146	0.0000727
综合技术服务业	0.0011170	0.0011208	0.0007276	0.0011933	0.0107291	0.0014705	0.0000455
水利、环境和公共设施管理业	0.0005169	0.0009903	0.0001790	0.1060242	0.0016359	0.0001676	0.0000000
居民服务和其他服务业	0.0002152	0.0313720	0.0001991	0.0218392	0.0008570	0.0103606	0.0025818
教育	0.0003862	0.0003126	0.0001649	0.0009917	0.0000001	0.0016801	0.0013495
卫生、社会保障和社会福利业	0.0000701	0.0024135	0.0000106	0.0157723	0.0000151	0.0000219	0.0000000
文化、体育和娱乐业	0.0008856	0.0007210	0.0008436	0.0021422	0.0006289	0.0034979	0.0113493
公共管理和社会组织	0.0000200	0.0000236	0.0000119	0.0000158	0.0000192	0.0000371	0.0002525
中间投入	**0.8412634**	**0.7625973**	**0.9033978**	**0.5704395**	**0.7687559**	**0.5627396**	**0.3833504**
劳动者报酬	0.0416823	0.0302146	0.0239176	0.1152951	0.1563324	0.1277517	0.5133629
生产税净额	0.0069134	0.0074622	-0.0178100	0.0033133	0.0403826	0.0361149	0.0370694
固定资产折旧	0.0104405	0.1111142	0.0679721	0.1919255	0.0113185	0.0910674	0.0804056
营业盈余	0.0997004	0.0886116	0.0225224	0.1190266	0.0232107	0.1823265	-0.0141884
增加值	**0.1587366**	**0.2374027**	**0.0966022**	**0.4295605**	**0.2312441**	**0.4372604**	**0.6166496**
总投入	**1.0000000**	**1.0000000**	**1.0000000**	**1.0000000**	**1.0000000**	**1.0000000**	**1.0000000**

续 4

产出 投入	信息传输、计算机服务和软件业	批发和零售业	住宿和餐饮业	金融业	房地产业	租赁和商务服务业	研究与试验发展业
农林牧渔业	0.0000024	0.0002620	0.1524311	0.0000142	0.0427295	0.0000209	0.1342294
煤炭开采和洗选业	0.0000000	0.0000000	0.0004155	0.0000000	0.0000000	0.0000000	0.0000000
石油和天然气开采业	0.0000000	0.0000000	0.0003619	0.0000000	0.0000000	0.0000000	0.0000000
金属矿采选业	0.0000000	0.0000000	0.0000000	0.0000000	0.0000000	0.0000000	0.0000000
非金属矿及其他矿采选业	0.0000004	0.0000000	0.0000000	0.0000000	0.0000002	0.0000005	0.0000083
食品制造及烟草加工业	0.0000087	0.0031239	0.1864842	0.0000531	0.0000261	0.0000785	0.0001336
纺织业	0.0000130	0.0005953	0.0069589	0.0002860	0.0000982	0.0000686	0.0000476
纺织服装鞋帽皮革羽绒及其制品业	0.0040155	0.0067310	0.0062048	0.0125525	0.0024794	0.0025482	0.0007469
木材加工及家具制造业	0.0002824	0.0003029	0.0011065	0.0014808	0.0003652	0.0819715	0.0004970
造纸印刷及文教体育用品制造业	0.0039927	0.0043877	0.0090224	0.0206196	0.0206909	0.0127888	0.0112773
石油加工、炼焦及核燃料加工业	0.0003291	0.0015815	0.0189862	0.0144425	0.0082075	0.0428988	0.0323509
化学工业	0.0001173	0.0039972	0.0188021	0.0035425	0.0014733	0.0322402	0.0032353
非金属矿物制品业	0.0000162	0.0000009	0.0005307	0.0000000	0.0000026	0.0000079	0.0001415
金属冶炼及压延加工业	0.0000003	0.0000023	0.0003731	0.0000000	0.0000002	0.0000005	0.0000100
金属制品业	0.0009328	0.0007827	0.0010169	0.0009784	0.0017326	0.0479164	0.1893603
通用、专用设备制造业	0.0006768	0.0002924	0.0017042	0.0006005	0.0003524	0.0003488	0.0141188
交通运输设备制造业	0.0015270	0.0104187	0.0068661	0.0017990	0.0007663	0.0012262	0.0000480
电气机械及器材制造业	0.0217329	0.0029502	0.0019033	0.0002972	0.0061026	0.0644687	0.0003108
通信设备、计算机及其他电子设备制造业	0.2228611	0.0018560	0.0016275	0.0023012	0.0041510	0.0138762	0.0024516
仪器仪表及文化办公用机械制造业	0.0036740	0.0002008	0.0020644	0.0034411	0.0005798	0.0009860	0.0010297
工艺品及其他制造业	0.0091678	0.0008313	0.0245783	0.0016205	0.0014424	0.0023109	0.0041923
废品废料	0.0000000	0.0000000	0.0000000	0.0000000	0.0000000	0.0000000	0.0000000
电力、热力的生产和供应业	0.0274044	0.0071989	0.0487137	0.0066744	0.0047394	0.0089292	0.0156634
燃气生产和供应业	0.0007113	0.0001503	0.0084771	0.0000324	0.0001289	0.0011190	0.0003466
水的生产和供应业	0.0004166	0.0003017	0.0039115	0.0004067	0.0011980	0.0011401	0.0031489
建筑业	0.0293328	0.0120434	0.0161597	0.0096687	0.0339598	0.0178203	0.0013324
交通运输及仓储业	0.0045353	0.1086869	0.0051373	0.0244051	0.0049174	0.0227898	0.0211177
邮政业	0.0003819	0.0005970	0.0023870	0.0030386	0.0022064	0.0020908	0.0024129
信息传输、计算机服务和软件业	0.0163234	0.0015227	0.0061975	0.0447753	0.0050459	0.0076803	0.0205429
批发和零售业	0.0184576	0.0001383	0.0144073	0.0029527	0.0024889	0.0177868	0.0056844
住宿和餐饮业	0.0096543	0.0169770	0.0110979	0.0259176	0.0169749	0.0437952	0.0310438
金融业	0.0082091	0.0600691	0.0279952	0.0034035	0.0247384	0.1814273	0.0134957
房地产业	0.0145100	0.0235090	0.0296535	0.0127980	0.0045591	0.0165471	0.0065109
租赁和商务服务业	0.0688642	0.0517923	0.0356260	0.0502303	0.0140469	0.0404076	0.0129009
研究与试验发展业	0.0003869	0.0001331	0.0000008	0.0000457	0.0000000	0.0000000	0.0027794
综合技术服务业	0.0188585	0.0050699	0.0001386	0.0000068	0.0000000	0.0000000	0.0004097
水利、环境和公共设施管理业	0.0001547	0.0000144	0.0002441	0.0011822	0.0000267	0.0114923	0.0020428
居民服务和其他服务业	0.0011575	0.0121532	0.0122257	0.0028730	0.0026259	0.0027185	0.0098925
教育	0.0009282	0.0014719	0.0007717	0.0027707	0.0003377	0.0025369	0.0035424
卫生、社会保障和社会福利业	0.0000820	0.0006315	0.0003441	0.0009290	0.0002556	0.0000170	0.0030990
文化、体育和娱乐业	0.0028426	0.0051618	0.0065073	0.0025298	0.0094197	0.0054787	0.0101264
公共管理和社会组织	0.0000106	0.0000836	0.0000290	0.0019626	0.0001743	0.0040781	0.0001628
中间投入	**0.4925723**	**0.3460230**	**0.6714630**	**0.2606322**	**0.2190439**	**0.6916129**	**0.5604447**
劳动者报酬	0.1223751	0.1354181	0.1550385	0.1714028	0.1097430	0.1060059	0.2770415
生产税净额	0.0357502	0.1837876	0.0545678	0.1096312	0.0903270	0.0354654	0.0356677
固定资产折旧	0.1496711	0.0250772	0.0387068	0.0235477	0.3754955	0.0700897	0.0288472
营业盈余	0.1996314	0.3096941	0.0802238	0.4347862	0.2053906	0.0968262	0.0979989
增加值	**0.5074277**	**0.6539770**	**0.3285370**	**0.7393678**	**0.7809561**	**0.3083871**	**0.4395553**
总投入	**1.0000000**	**1.0000000**	**1.0000000**	**1.0000000**	**1.0000000**	**1.0000000**	**1.0000000**

续5

投入＼产出	综合技术服务业	水利、环境和公共设施管理业	居民服务和其他服务业	教育	卫生、社会保障和社会福利业	文化、体育和娱乐业	公共管理和社会组织
农林牧渔业	0.0316826	0.0714946	0.0274104	0.0000489	0.0000034	0.0000157	0.0000544
煤炭开采和洗选业	0.0000000	0.0000000	0.0000000	0.0000000	0.0000000	0.0000000	0.0000000
石油和天然气开采业	0.0000000	0.0000000	0.0000000	0.0000000	0.0000000	0.0000000	0.0000000
金属矿采选业	0.0000000	0.0000000	0.0000000	0.0000000	0.0000000	0.0000000	0.0000000
非金属矿及其他矿采选业	0.0000308	0.0001610	0.0000006	0.0000992	0.0002592	0.0001229	0.0000461
食品制造及烟草加工业	0.0002102	0.0000542	0.0000410	0.0001828	0.0000126	0.0260060	0.0002037
纺织业	0.0002172	0.0060565	0.0009903	0.0000020	0.0000002	0.0000119	0.0000022
纺织服装鞋帽皮革羽绒及其制品业	0.0091432	0.0325873	0.0147085	0.0012481	0.0000270	0.0029238	0.0048273
木材加工及家具制造业	0.0020328	0.0051065	0.0123333	0.0025519	0.0065346	0.0031720	0.0012174
造纸印刷及文教体育用品制造业	0.0253756	0.0085026	0.0100360	0.0286445	0.0070316	0.0197326	0.0317174
石油加工、炼焦及核燃料加工业	0.0085485	0.0148210	0.0238814	0.0065748	0.0007078	0.0070815	0.0301990
化学工业	0.0030024	0.0044216	0.0234565	0.0026847	0.2045533	0.0074522	0.0014516
非金属矿物制品业	0.0005223	0.0027116	0.0000076	0.0016701	0.0043615	0.0020668	0.0007749
金属冶炼及压延加工业	0.0000341	0.0001774	0.0000007	0.0001095	0.0002859	0.0001352	0.0000508
金属制品业	0.1536193	0.0016678	0.1089472	0.0008702	0.0022632	0.0046723	0.0004062
通用、专用设备制造业	0.0005839	0.0003629	0.0026872	0.0674675	0.2282629	0.0076864	0.0000797
交通运输设备制造业	0.0026243	0.0023270	0.0092687	0.0005045	0.0013178	0.0013822	0.0002341
电气机械及器材制造业	0.0123790	0.0052051	0.0095874	0.0030763	0.0080343	0.0144213	0.0014274
通信设备、计算机及其他电子设备制造业	0.0727762	0.0026359	0.0113314	0.0017047	0.0012653	0.0693046	0.0048715
仪器仪表及文化办公用机械制造业	0.0063567	0.0065481	0.0018261	0.0018959	0.0017507	0.0032415	0.0010921
工艺品及其他制造业	0.0053943	0.0019163	0.0020823	0.0002587	0.0000494	0.0008847	0.0003875
废品废料	0.0000000	0.0000000	0.0000000	0.0000000	0.0000000	0.0000000	0.0000000
电力、热力的生产和供应业	0.0099875	0.0401677	0.0136311	0.0175031	0.0099421	0.0296081	0.0160260
燃气生产和供应业	0.0005414	0.0006407	0.0009766	0.0007648	0.0005165	0.0012651	0.0004463
水的生产和供应业	0.0011006	0.0029068	0.0027554	0.0020375	0.0011313	0.0019640	0.0015506
建筑业	0.0084460	0.0327648	0.0169758	0.0055425	0.0142280	0.0084445	0.0042685
交通运输及仓储业	0.0261499	0.0135216	0.0212836	0.0182908	0.0071861	0.0105351	0.0265711
邮政业	0.0043200	0.0007536	0.0019001	0.0013350	0.0003215	0.0033340	0.0075783
信息传输、计算机服务和软件业	0.0224964	0.0262494	0.0185388	0.0240290	0.0145808	0.0217870	0.0501989
批发和零售业	0.0121158	0.0045256	0.0109027	0.0029833	0.0243947	0.0048959	0.0012113
住宿和餐饮业	0.0353396	0.0196058	0.0173390	0.0155127	0.0027584	0.0216958	0.1743679
金融业	0.0214203	0.0439012	0.0209208	0.0030399	0.0013279	0.0439715	0.0200980
房地产业	0.0183608	0.0004628	0.0327023	0.0523001	0.0271030	0.0188688	0.0039630
租赁和商务服务业	0.0169266	0.0947171	0.0165420	0.0045495	0.0036710	0.0519104	0.0043047
研究与试验发展业	0.0008599	0.0000000	0.0000000	0.0000000	0.0000000	0.0059580	0.0000000
综合技术服务业	0.0191193	0.0196116	0.0000000	0.0021594	0.0038262	0.0029262	0.0380651
水利、环境和公共设施管理业	0.0000474	0.0008695	0.0000247	0.0016189	0.0000074	0.0010105	0.0002973
居民服务和其他服务业	0.0041292	0.0071431	0.0175026	0.0041365	0.0040925	0.0061731	0.0201564
教育	0.0020513	0.0025463	0.0017307	0.0014483	0.0030897	0.0017502	0.0132842
卫生、社会保障和社会福利业	0.0016272	0.0032841	0.0001595	0.0092194	0.0190718	0.0011702	0.0098535
文化、体育和娱乐业	0.0103090	0.0075204	0.0039421	0.0025329	0.0009941	0.0596071	0.0088664
公共管理和社会组织	0.0005767	0.0002090	0.0005620	0.0006336	0.0000387	0.0010463	0.0002475
中间投入	**0.5504582**	**0.4881583**	**0.4569864**	**0.2892313**	**0.6050024**	**0.4682352**	**0.4803983**
劳动者报酬	0.2337903	0.2707993	0.3130051	0.5966771	0.2904391	0.2911315	0.5019094
生产税净额	0.0367478	0.0240789	0.0373432	0.0033609	0.0004951	0.0391854	0.0016836
固定资产折旧	0.0303629	0.0853369	0.0641192	0.0581145	0.0211126	0.0748905	0.0139780
营业盈余	0.1486407	0.1316265	0.1285461	0.0526162	0.0829508	0.1265573	0.0020306
增加值	**0.4495418**	**0.5118417**	**0.5430136**	**0.7107687**	**0.3949976**	**0.5317648**	**0.5196017**
总投入	**1.0000000**	**1.0000000**	**1.0000000**	**1.0000000**	**1.0000000**	**1.0000000**	**1.0000000**

附表10 浙江省投入产出完全消耗系数表(2010年)

投入＼产出	农林牧渔业	煤炭开采和洗选业	石油和天然气开采业	金属矿采选业	非金属矿及其他矿采选业	食品制造及烟草加工业	纺织业
农林牧渔业	0.1223025	0.0243412	0.0000000	0.0090447	0.0242824	0.4064304	0.1015049
煤炭开采和洗选业	0.0165680	0.0287200	0.0000000	0.0476924	0.0626117	0.0288546	0.0533955
石油和天然气开采业	0.0537261	0.0622457	0.0000000	0.0392774	0.1508708	0.0402659	0.0495380
金属矿采选业	0.0027369	0.0060207	0.0000000	0.5843857	0.0059707	0.0033509	0.0043317
非金属矿采选业	0.0013381	0.0021988	0.0000000	0.0021274	0.0138211	0.0017149	0.0030706
食品制造及烟草加工业	0.1226621	0.0081326	0.0000000	0.0054076	0.0169572	0.3847975	0.0201053
纺织业	0.0132642	0.0548069	0.0000000	0.0211003	0.0450474	0.0199851	0.8593885
纺织服装鞋帽皮革羽绒及其制品业	0.0081683	0.0743234	0.0000000	0.0156552	0.0201681	0.0123618	0.0880005
木材加工及家具制造业	0.0146950	0.0061726	0.0000000	0.0069136	0.0104829	0.0125410	0.0197196
造纸印刷及文教用品制造业	0.0254229	0.0227241	0.0000000	0.0182088	0.0572568	0.0644659	0.0529868
石油加工、炼焦及核燃料加工业	0.0683370	0.0397872	0.0000000	0.0465284	0.1158386	0.0485497	0.0583255
化学工业	0.1480248	0.3445653	0.0000000	0.1401536	0.7126098	0.1969008	0.5606982
非金属矿物制品业	0.0122418	0.0095639	0.0000000	0.0140773	0.0127261	0.0119568	0.0101368
金属冶炼及压延加工业	0.0574689	0.1231757	0.0000000	0.1600648	0.1128449	0.0694496	0.0832090
金属制品业	0.0255853	0.0412833	0.0000000	0.0543409	0.0421050	0.0367026	0.0310620
通用、专用设备制造业	0.0114984	0.0578944	0.0000000	0.1139595	0.0335778	0.0123994	0.0220211
交通运输设备制造业	0.0097093	0.0159174	0.0000000	0.0138004	0.0225459	0.0097505	0.0114187
电气、机械及器材制造业	0.0116642	0.0504260	0.0000000	0.0429361	0.0351030	0.0177073	0.0241514
通信设备、计算机及其他电子设备制造业	0.0096643	0.0127519	0.0000000	0.0179592	0.0250317	0.0111658	0.0160524
仪器仪表及文化办公用机械制造业	0.0020668	0.0056282	0.0000000	0.0120026	0.0111087	0.0030811	0.0053278
工艺品及其他制造业	0.0024747	0.0059930	0.0000000	0.0072692	0.0086638	0.0047874	0.0087244
废品废料	0.0187366	0.0368774	0.0000000	0.0446034	0.0412008	0.0265072	0.0349930
电力、热力的生产和供应业	0.0536628	0.0980755	0.0000000	0.1410986	0.2076779	0.0726961	0.1503854
燃气生产和供应业	0.0013295	0.0031605	0.0000000	0.0024213	0.0107397	0.0032996	0.0037990
水的生产和供应业	0.0008902	0.0058674	0.0000000	0.0017971	0.0033400	0.0025878	0.0034330
建筑业	0.0048402	0.0080124	0.0000000	0.0100722	0.0124967	0.0092175	0.0112790
交通运输及仓储业	0.0343293	0.0392808	0.0000000	0.0842090	0.1851307	0.0580194	0.0719973
邮政业	0.0006409	0.0008994	0.0000000	0.0007943	0.0034410	0.0010717	0.0012434
信息传输、计算机服务和软件业	0.0088208	0.0096709	0.0000000	0.0180361	0.0233354	0.0102690	0.0155165
批发和零售贸易业	0.0454340	0.0556740	0.0000000	0.0573241	0.0886775	0.0821762	0.1266998
住宿和餐饮业	0.0086841	0.0086488	0.0000000	0.0109543	0.0187488	0.0129939	0.0145192
金融保险业	0.0495584	0.0383302	0.0000000	0.0473050	0.0955765	0.0623948	0.0881403
房地产业	0.0055111	0.0085020	0.0000000	0.0069234	0.0098571	0.0079114	0.0162916
租赁业和商务服务业	0.0252884	0.0172103	0.0000000	0.0164592	0.0555121	0.0532565	0.0309088
研究与试验发展业	0.0004158	0.0007998	0.0000000	0.0011569	0.0013121	0.0009360	0.0014173
综合技术服务业	0.0208152	0.0082320	0.0000000	0.0138886	0.0084826	0.0110971	0.0123947
水利、环境和公共设施管理业	0.0039738	0.0012663	0.0000000	0.0015484	0.0193850	0.0025206	0.0018306
居民服务和其他服务业	0.0364477	0.0074897	0.0000000	0.0088366	0.0177533	0.0187547	0.0148455
教育	0.0025583	0.0013236	0.0000000	0.0018778	0.0015969	0.0017499	0.0016915
卫生、社会保障和社会福利业	0.0093017	0.0826103	0.0000000	0.0441117	0.0160820	0.0106154	0.0221099
文化、体育和娱乐业	0.0018415	0.0029969	0.0000000	0.0036582	0.0096121	0.0032502	0.0046434
公共管理和社会组织	0.0024488	0.0002445	0.0000000	0.0002590	0.0005779	0.0012127	0.0006017

续1

投入＼产出	纺织服装鞋帽皮革羽绒及其制品业	木材加工及家具制造业	造纸印刷及文教用品制造业	石油加工、炼焦及核燃料加工业	化学工业	非金属矿物制品业	金属冶炼及压延加工业
农林牧渔业	0.0720682	0.1148411	0.0259371	0.0016312	0.0443987	0.0156151	0.0122244
煤炭开采和洗选业	0.0410870	0.0453083	0.0630571	0.0038642	0.0569949	0.1378829	0.0797727
石油和天然气开采业	0.0437399	0.0576516	0.0561529	0.7682255	0.1061660	0.0947003	0.0581516
金属矿采选业	0.0044765	0.0131845	0.0094763	0.0007231	0.0069053	0.0203262	0.0977597
非金属矿采选业	0.0025119	0.0066360	0.0034535	0.0002319	0.0095868	0.0633466	0.0023579
食品制造及烟草加工业	0.0236824	0.0231026	0.0179467	0.0012633	0.0248366	0.0094499	0.0075694
纺织业	0.7031272	0.1586939	0.0996915	0.0027622	0.0979921	0.0356727	0.0271606
纺织服装鞋帽皮革羽绒及其制品业	0.3980051	0.1455217	0.0392962	0.0025429	0.0282631	0.0253861	0.0189272
木材加工及家具制造业	0.0249277	0.2918465	0.0272330	0.0013783	0.0096897	0.0104233	0.0079276
造纸印刷及文教用品制造业	0.0689783	0.0639041	0.6352280	0.0033641	0.0572022	0.0418462	0.0264951
石油加工、炼焦及核燃料加工业	0.0516022	0.0675133	0.0641717	0.0099659	0.1298545	0.0866764	0.0648228
化学工业	0.4243193	0.4932615	0.5526693	0.0133203	1.1325019	0.2788818	0.1564221
非金属矿物制品业	0.0097756	0.0845437	0.0137541	0.0020512	0.0140138	0.2597933	0.0194341
金属冶炼及压延加工业	0.0903526	0.2947103	0.2031488	0.0141735	0.1079184	0.2505809	1.4930627
金属制品业	0.0368878	0.0745864	0.0745248	0.0048242	0.0370746	0.0982234	0.1319496
通用、专用设备制造业	0.0207939	0.0209710	0.0291642	0.0043038	0.0216801	0.0386578	0.0383748
交通运输设备制造业	0.0107954	0.0126781	0.0167946	0.0027784	0.0120528	0.0172762	0.0136549
电气、机械及器材制造业	0.0235349	0.0355413	0.0681919	0.0050410	0.0298168	0.0448317	0.1159152
通信设备、计算机及其他电子设备制造业	0.0158937	0.0162528	0.0285628	0.0032009	0.0184283	0.0175594	0.0199879
仪器仪表及文化办公用机械制造业	0.0046726	0.0053067	0.0074562	0.0027400	0.0089094	0.0089254	0.0076994
工艺品及其他制造业	0.0302646	0.0133763	0.0162204	0.0010580	0.0074522	0.0140900	0.0074139
废品废料	0.0360606	0.0859032	0.2312565	0.0040510	0.0529281	0.1050268	0.5790944
电力、热力的生产和供应业	0.1108880	0.1187602	0.1379874	0.0133778	0.1497516	0.2014633	0.2038548
燃气生产和供应业	0.0037131	0.0052415	0.0066574	0.0005110	0.0053380	0.0196520	0.0071477
水的生产和供应业	0.0030336	0.0028695	0.0028834	0.0002341	0.0029667	0.0034067	0.0029395
建筑业	0.0101371	0.0157091	0.0110091	0.0026615	0.0110567	0.0106356	0.0105013
交通运输及仓储业	0.0716473	0.0892272	0.0847647	0.0125219	0.0807218	0.1100935	0.0926765
邮政业	0.0014956	0.0013458	0.0014462	0.0002436	0.0013390	0.0015469	0.0014083
信息传输、计算机服务和软件业	0.0163461	0.0166719	0.0158934	0.0028053	0.0155629	0.0159268	0.0151356
批发和零售贸易业	0.1208309	0.1156859	0.1165111	0.0438349	0.1260699	0.0999879	0.1384766
住宿和餐饮业	0.0155984	0.0158289	0.0160348	0.0029070	0.0151502	0.0174753	0.0159323
金融保险业	0.0794692	0.0924368	0.0930850	0.0202843	0.0864734	0.0936917	0.0993975
房地产业	0.0226002	0.0164555	0.0156482	0.0019238	0.0105992	0.0105081	0.0109262
租赁业和商务服务业	0.0413789	0.0416188	0.0380069	0.0060554	0.0365524	0.0356612	0.0334900
研究与试验发展业	0.0012379	0.0016350	0.0020164	0.0003087	0.0028961	0.0016283	0.0023105
综合技术服务业	0.0101704	0.0122641	0.0153937	0.0011858	0.0148019	0.0087260	0.0189029
水利、环境和公共设施管理业	0.0017071	0.0019167	0.0023382	0.0002204	0.0018755	0.0027649	0.0017447
居民服务和其他服务业	0.0120984	0.0135221	0.0127216	0.0018091	0.0143023	0.0197181	0.0154652
教育	0.0017175	0.0018181	0.0018131	0.0003236	0.0016808	0.0019479	0.0018708
卫生、社会保障和社会福利业	0.0234647	0.0164220	0.0212069	0.0020768	0.0148953	0.0185883	0.0174505
文化、体育和娱乐业	0.0049464	0.0048084	0.0050286	0.0008689	0.0046147	0.0062481	0.0049182
公共管理和社会组织	0.0005757	0.0006933	0.0005020	0.0000846	0.0005206	0.0004743	0.0004663

续2

投入 \ 产出	金属制品业	通用、专用设备制造业	交通运输设备制造业	电气、机械及器材制造业	通信设备、计算机及其他电子设备制造业	仪器仪表及文化办公用机械制造业	工艺品及其他制造业
农林牧渔业	0.0145550	0.0148055	0.0155998	0.0209617	0.0164559	0.0179619	0.0388992
煤炭开采和洗选业	0.0654177	0.0531236	0.0494250	0.0510177	0.0433716	0.0472864	0.0530217
石油和天然气开采业	0.0571714	0.0535943	0.0552301	0.0570488	0.0470539	0.0517218	0.0561875
金属矿采选业	0.0470732	0.0402487	0.0362223	0.0413558	0.0269197	0.0525585	0.0192643
非金属矿采选业	0.0045169	0.0026516	0.0030395	0.0039319	0.0037818	0.0037885	0.0049514
食品制造及烟草加工业	0.0091374	0.0091117	0.0094627	0.0110985	0.0112013	0.0107517	0.0144825
纺织业	0.0332437	0.0394776	0.0456383	0.1178512	0.0425052	0.0531985	0.2889304
纺织服装鞋帽皮革羽绒及其制品业	0.0221857	0.0213677	0.0285307	0.0336782	0.0196704	0.0258334	0.0430059
木材加工及家具制造业	0.0088764	0.0125357	0.0126036	0.0126245	0.0122849	0.0140009	0.0785726
造纸印刷及文教用品制造业	0.0502203	0.0464530	0.0451209	0.0575372	0.0575756	0.0718548	0.0954741
石油加工、炼焦及核燃料加工业	0.0633040	0.0603969	0.0619997	0.0664977	0.0545852	0.0573458	0.0648917
化学工业	0.2763734	0.2350273	0.2720828	0.3816699	0.2920576	0.3876315	0.5042026
非金属矿物制品业	0.0593642	0.0216138	0.0279190	0.0339071	0.0340154	0.0322052	0.0230384
金属冶炼及压延加工业	1.0535474	0.8239698	0.8560420	0.8650734	0.5342921	0.5076703	0.4519140
金属制品业	0.2207447	0.2239561	0.2084023	0.1506282	0.1943365	0.2183932	0.1415459
通用、专用设备制造业	0.0428308	0.1478944	0.1163213	0.0612315	0.0396947	0.0449434	0.0266316
交通运输设备制造业	0.0160841	0.0237747	0.1605397	0.0169509	0.0145772	0.0155212	0.0120265
电气、机械及器材制造业	0.0841912	0.1533301	0.1468769	0.2602654	0.0943242	0.1173465	0.0469414
通信设备、计算机及其他电子设备制造业	0.0205279	0.0447959	0.0355401	0.0755795	0.6642834	0.2051438	0.0214592
仪器仪表及文化办公用机械制造业	0.0075316	0.0173169	0.0146965	0.0149065	0.0289375	0.0758075	0.0058519
工艺品及其他制造业	0.0112957	0.0206319	0.0181464	0.0200241	0.0422528	0.0585446	0.0403592
废品废料	0.2897629	0.2288932	0.2168868	0.2155725	0.1396793	0.1363789	0.1248727
电力、热力的生产和供应业	0.1831474	0.1597396	0.1400052	0.1424267	0.1290951	0.1331355	0.1490767
燃气生产和供应业	0.0066965	0.0058170	0.0052867	0.0053311	0.0044447	0.0052609	0.0056824
水的生产和供应业	0.0031385	0.0028299	0.0030754	0.0028446	0.0031768	0.0032652	0.0032004
建筑业	0.0102120	0.0122781	0.0136385	0.0138567	0.0112188	0.0105737	0.0114450
交通运输及仓储业	0.0925331	0.0876260	0.0859996	0.0922048	0.0920032	0.0860987	0.0817123
邮政业	0.0014574	0.0016671	0.0016741	0.0016324	0.0016228	0.0017723	0.0015734
信息传输、计算机服务和软件业	0.0154881	0.0179346	0.0175337	0.0186103	0.0189396	0.0189560	0.0168769
批发和零售贸易业	0.1205261	0.1152353	0.1187926	0.1307729	0.1346445	0.1137147	0.1135640
住宿和餐饮业	0.0174566	0.0179563	0.0183209	0.0187433	0.0194828	0.0184335	0.0179824
金融保险业	0.0960535	0.0901962	0.0933283	0.0955175	0.0896305	0.0914063	0.0914026
房地产业	0.0110900	0.0124549	0.0134662	0.0120131	0.0133928	0.0109697	0.0114905
租赁业和商务服务业	0.0331493	0.0382315	0.0396366	0.0445476	0.0426830	0.0402393	0.0401543
研究与试验发展业	0.0017611	0.0028551	0.0029221	0.0031574	0.0034783	0.0036750	0.0023457
综合技术服务业	0.0134125	0.0186352	0.0152475	0.0192400	0.0189784	0.0177329	0.0138690
水利、环境和公共设施管理业	0.0018191	0.0018050	0.0016709	0.0017318	0.0015911	0.0016055	0.0017253
居民服务和其他服务业	0.0149859	0.0126418	0.0128513	0.0130750	0.0119700	0.0115821	0.0126810
教育	0.0021626	0.0021542	0.0019983	0.0020662	0.0021366	0.0020458	0.0021764
卫生、社会保障和社会福利业	0.0166946	0.0193881	0.0230552	0.0171640	0.0253449	0.0172308	0.0223223
文化、体育和娱乐业	0.0058046	0.0057419	0.0061062	0.0055587	0.0056606	0.0056255	0.0059840
公共管理和社会组织	0.0004949	0.0005168	0.0005131	0.0005546	0.0005412	0.0005270	0.0005681

续3

投入＼产出	废品废料	电力、热力的生产和供应业	燃气生产和供应业	水的生产和供应业	建筑业	交通运输及仓储业	邮政业
农林牧渔业	0.0143389	0.0154407	0.0023668	0.0225782	0.0230488	0.0148034	0.0099162
煤炭开采和洗选业	0.0429818	0.3746433	0.0028489	0.0820508	0.0700700	0.0156829	0.0132329
石油和天然气开采业	0.0491319	0.0621956	0.7707804	0.0369318	0.0604481	0.1593532	0.0480729
金属矿采选业	0.0198610	0.0054105	0.0006829	0.0043367	0.0343010	0.0058517	0.0033798
非金属矿采选业	0.0024803	0.0015647	0.0002226	0.0019903	0.0325470	0.0014902	0.0013726
食品制造及烟草加工业	0.0085579	0.0066486	0.0019858	0.0091058	0.0093863	0.0088706	0.0080099
纺织业	0.0481372	0.0326769	0.0035491	0.0316012	0.0428565	0.0286883	0.0256086
纺织服装鞋帽皮革羽绒及其制品业	0.0196112	0.0394216	0.0033274	0.0299122	0.0280148	0.0167199	0.0331041
木材加工及家具制造业	0.0085958	0.0070628	0.0018080	0.0081583	0.0471416	0.0079044	0.0098005
造纸印刷及文教用品制造业	0.0314907	0.0232406	0.0040758	0.0253240	0.0327987	0.0265389	0.0822232
石油加工、炼焦及核燃料加工业	0.0514345	0.0557923	0.0113909	0.0398473	0.0648673	0.2066499	0.0611446
化学工业	0.2330239	0.1737877	0.0117396	0.2901189	0.2491627	0.0984801	0.0715683
非金属矿物制品业	0.0222558	0.0109466	0.0020112	0.0099503	0.2351004	0.0104266	0.0099312
金属冶炼及压延加工业	0.4403472	0.1110061	0.0144786	0.0864940	0.7998972	0.1300165	0.0728064
金属制品业	0.0666798	0.0460112	0.0064231	0.0487633	0.1059836	0.0556819	0.0232525
通用、专用设备制造业	0.0273190	0.0435855	0.0035566	0.0214599	0.0471045	0.0191489	0.0128629
交通运输设备制造业	0.0125921	0.0112490	0.0035464	0.0087662	0.0194022	0.0770310	0.0223422
电气、机械及器材制造业	0.3911224	0.0515466	0.0036022	0.0245488	0.1117880	0.0286934	0.0202648
通信设备、计算机及其他电子设备制造业	0.0316660	0.0163999	0.0032618	0.0165413	0.0215843	0.0166957	0.0191665
仪器仪表及文化办公用机械制造业	0.0073935	0.0072814	0.0010913	0.0073252	0.0106833	0.0060846	0.0048694
工艺品及其他制造业	0.0099123	0.0069433	0.0024011	0.0072661	0.0133666	0.0048294	0.0038162
废品废料	1.3753991	0.0323665	0.0042193	0.0276048	0.1999351	0.0362874	0.0276144
电力、热力的生产和供应业	0.1416870	0.6250830	0.0100145	0.3368598	0.1671882	0.0502633	0.0410530
燃气生产和供应业	0.0110881	0.0033524	0.4543245	0.0044115	0.0076532	0.0020351	0.0012930
水的生产和供应业	0.0038045	0.0032819	0.0005586	0.0167879	0.0052254	0.0019827	0.0019233
建筑业	0.0124909	0.0098583	0.0031670	0.0118295	0.0134892	0.0230565	0.0275878
交通运输及仓储业	0.0787675	0.0476441	0.0284578	0.0362871	0.0945809	0.0677658	0.1197050
邮政业	0.0014279	0.0012801	0.0002805	0.0013750	0.0016919	0.0016272	0.0334567
信息传输、计算机服务和软件业	0.0157055	0.0144016	0.0034021	0.0180778	0.0136340	0.0147300	0.0255173
批发和零售贸易业	0.1416689	0.0639583	0.0452658	0.0459066	0.1220531	0.0429866	0.0522337
住宿和餐饮业	0.0165530	0.0117270	0.0052249	0.0155439	0.0152529	0.0181726	0.0107552
金融保险业	0.0878934	0.0817421	0.0169942	0.1042575	0.0796253	0.1572504	0.0445004
房地产业	0.0130492	0.0090947	0.0022208	0.0077804	0.0100000	0.0130010	0.0279834
租赁业和商务服务业	0.0385288	0.0231784	0.0096144	0.0305402	0.0360202	0.0294302	0.0409267
研究与试验发展业	0.0053040	0.0007916	0.0000880	0.0006984	0.0024185	0.0005923	0.0005433
综合技术服务业	0.0117535	0.0069388	0.0018376	0.0081603	0.0213268	0.0052479	0.0035058
水利、环境和公共设施管理业	0.0026401	0.0025512	0.0005002	0.1089796	0.0039076	0.0012032	0.0010188
居民服务和其他服务业	0.0110053	0.0555123	0.0018502	0.0376975	0.0142672	0.0157591	0.0075857
教育	0.0022420	0.0016009	0.0004830	0.0023724	0.0015345	0.0027313	0.0021886
卫生、社会保障和社会福利业	0.0096402	0.0355679	0.0006890	0.0268281	0.0129576	0.0047104	0.0036509
文化、体育和娱乐业	0.0057760	0.0037536	0.0019613	0.0055812	0.0050648	0.0060298	0.0146261
公共管理和社会组织	0.0004866	0.0003935	0.0001070	0.0004807	0.0004632	0.0005436	0.0005859

续4

投入 \ 产出	信息传输、计算机服务和软件业	批发和零售贸易业	住宿和餐饮业	金融保险业	房地产业	租赁业和商务服务业	研究与试验发展业
农林牧渔业	0.0136431	0.0140176	0.2589594	0.0130541	0.0560329	0.0327925	0.1660707
煤炭开采和洗选业	0.0280037	0.0103988	0.0353489	0.0102045	0.0090978	0.0245773	0.0264670
石油和天然气开采业	0.0255046	0.0292775	0.0533123	0.0256661	0.0174262	0.0672131	0.0549009
金属矿采选业	0.0098345	0.0027992	0.0041027	0.0023749	0.0025277	0.0089973	0.0112616
非金属矿采选业	0.0023577	0.0010074	0.0018610	0.0008875	0.0014719	0.0025446	0.0015447
食品制造及烟草加工业	0.0090932	0.0134775	0.2843704	0.0108127	0.0124094	0.0215637	0.0297552
纺织业	0.0254597	0.0167234	0.0402875	0.0191363	0.0102971	0.0402559	0.0171331
纺织服装鞋帽皮革羽绒及其制品业	0.0172461	0.0169517	0.0211929	0.0234182	0.0082756	0.0299073	0.0113569
木材加工及家具制造业	0.0152048	0.0101887	0.0156219	0.0111640	0.0062832	0.1177771	0.0087634
造纸印刷及文教用品制造业	0.0313109	0.0207475	0.0440864	0.0435262	0.0412952	0.0516201	0.0393831
石油加工、炼焦及核燃料加工业	0.0288644	0.0365827	0.0570338	0.0319817	0.0212320	0.0829533	0.0676272
化学工业	0.1199507	0.0566115	0.1595884	0.0577515	0.0473037	0.2015636	0.1156667
非金属矿物制品业	0.0188128	0.0071938	0.0128381	0.0061837	0.0105611	0.0212371	0.0163925
金属冶炼及压延加工业	0.2006330	0.0615365	0.0873289	0.0488920	0.0555966	0.1929193	0.2481072
金属制品业	0.0688672	0.0231488	0.0327212	0.0181311	0.0151419	0.0950523	0.2498706
通用、专用设备制造业	0.0167041	0.0074917	0.0137594	0.0061515	0.0054078	0.0151868	0.0307174
交通运输设备制造业	0.0087850	0.0227986	0.0152069	0.0066187	0.0039187	0.0106711	0.0084903
电气、机械及器材制造业	0.0653116	0.0193930	0.0231673	0.0152128	0.0181000	0.1052760	0.0284710
通信设备、计算机及其他电子设备制造业	0.3884748	0.0135202	0.0170115	0.0275133	0.0147752	0.0451820	0.0232438
仪器仪表及文化办公用机械制造业	0.0124780	0.0024348	0.0051765	0.0055658	0.0020986	0.0060452	0.0044744
工艺品及其他制造业	0.0223131	0.0040121	0.0297808	0.0055908	0.0039747	0.0102527	0.0097184
废品废料	0.0536621	0.0180577	0.0280551	0.0173739	0.0185414	0.0557665	0.0710797
电力、热力的生产和供应业	0.0963947	0.0348833	0.1261341	0.0336038	0.0279385	0.0755853	0.0861491
燃气生产和供应业	0.0032479	0.0014183	0.0144306	0.0012893	0.0011935	0.0045256	0.0030322
水的生产和供应业	0.0019291	0.0011594	0.0054730	0.0011349	0.0018099	0.0028342	0.0045355
建筑业	0.0375114	0.0195513	0.0243835	0.0157181	0.0372024	0.0293470	0.0083203
交通运输及仓储业	0.0436312	0.1288601	0.0405995	0.0395316	0.0177914	0.0662438	0.0555129
邮政业	0.0014644	0.0015158	0.0034554	0.0037274	0.0027249	0.0037944	0.0033494
信息传输、计算机服务和软件业	0.0260662	0.0095664	0.0156612	0.0498870	0.0092578	0.0252592	0.0291598
批发和零售贸易业	0.0681985	0.0186563	0.0591932	0.0211231	0.0179805	0.0668554	0.0489709
住宿和餐饮业	0.0226254	0.0267344	0.0224351	0.0332518	0.0215359	0.0611310	0.0405758
金融保险业	0.0602196	0.1001188	0.0763047	0.0316366	0.0419698	0.2360448	0.0576469
房地产业	0.0229208	0.0299557	0.0373653	0.0182834	0.0080239	0.0282745	0.0139682
租赁业和商务服务业	0.0926222	0.0677170	0.0632625	0.0644406	0.0236699	0.0745680	0.0333349
研究与试验发展业	0.0015496	0.0004619	0.0006573	0.0003614	0.0003179	0.0008911	0.0034765
综合技术服务业	0.0264238	0.0075282	0.0082728	0.0031070	0.0029203	0.0066869	0.0079740
水利、环境和公共设施管理业	0.0019068	0.0012623	0.0027721	0.0022964	0.0009048	0.0134337	0.0038343
居民服务和其他服务业	0.0084234	0.0170308	0.0274053	0.0064904	0.0067053	0.0113070	0.0214819
教育	0.0021149	0.0024298	0.0021910	0.0034196	0.0008488	0.0042638	0.0048135
卫生、社会保障和社会福利业	0.0090845	0.0033166	0.0083481	0.0036774	0.0026732	0.0070727	0.0100609
文化、体育和娱乐业	0.0063436	0.0078362	0.0098134	0.0045187	0.0111403	0.0097694	0.0135300
公共管理和社会组织	0.0006126	0.0006307	0.0010153	0.0023455	0.0004942	0.0049845	0.0008123

续5

投入 \ 产出	综合技术服务业	水利、环境和公共设施管理业	居民服务和其他服务业	教育	卫生、社会保障和社会福利业	文化、体育和娱乐业	公共管理和社会组织
农林牧渔业	0.0555005	0.0973743	0.0464886	0.0115631	0.0181031	0.0272578	0.0527349
煤炭开采和洗选业	0.0261486	0.0284585	0.0222202	0.0162912	0.0328691	0.0251061	0.0200695
石油和天然气开采业	0.0364701	0.0376930	0.0435452	0.0201333	0.0428423	0.0285980	0.0469124
金属矿采选业	0.0122322	0.0046216	0.0085409	0.0045365	0.0127476	0.0056630	0.0032840
非金属矿采选业	0.0019716	0.0023433	0.0019023	0.0010441	0.0039333	0.0016261	0.0011572
食品制造及烟草加工业	0.0202368	0.0204695	0.0134501	0.0078681	0.0100132	0.0499150	0.0537593
纺织业	0.0281872	0.0496852	0.0296453	0.0119958	0.0357314	0.0195857	0.0205985
纺织服装鞋帽皮革羽绒及其制品业	0.0247863	0.0571784	0.0314911	0.0082250	0.0150758	0.0149553	0.0172189
木材加工及家具制造业	0.0116642	0.0242736	0.0234764	0.0075961	0.0161413	0.0158724	0.0089513
造纸印刷及文教用品制造业	0.0659278	0.0337331	0.0352650	0.0572319	0.0400589	0.0534612	0.0703277
石油加工、炼焦及核燃料加工业	0.0429442	0.0452676	0.0527546	0.0233840	0.0501878	0.0329008	0.0571751
化学工业	0.1318334	0.1049383	0.1392609	0.0651181	0.5270027	0.1049053	0.0852243
非金属矿物制品业	0.0188505	0.0180808	0.0158971	0.0079619	0.0194467	0.0129158	0.0083943
金属冶炼及压延加工业	0.2621241	0.0957268	0.1868365	0.0930233	0.2549396	0.1153017	0.0687343
金属制品业	0.2238045	0.0351478	0.1551096	0.0283018	0.0729710	0.0448364	0.0310478
通用、专用设备制造业	0.0172116	0.0116044	0.0154310	0.0842516	0.2754729	0.0201579	0.0117081
交通运输设备制造业	0.0121294	0.0090526	0.0177323	0.0057368	0.0121460	0.0076334	0.0080127
电气、机械及器材制造业	0.0484278	0.0320045	0.0356993	0.0236386	0.0591993	0.0439719	0.0193431
通信设备、计算机及其他电子设备制造业	0.1445763	0.0301880	0.0359321	0.0201497	0.0262261	0.1418142	0.0419035
仪器仪表及文化办公用机械制造业	0.0122079	0.0101910	0.0052057	0.0046496	0.0088656	0.0082841	0.0045642
工艺品及其他制造业	0.0146748	0.0078371	0.0074699	0.0042852	0.0081472	0.0083151	0.0091970
废品废料	0.0763381	0.0285616	0.0536225	0.0310821	0.0766008	0.0354561	0.0256482
电力、热力的生产和供应业	0.0808198	0.1041436	0.0710488	0.0564505	0.0977028	0.0895620	0.0710080
燃气生产和供应业	0.0036030	0.0028863	0.0034851	0.0024309	0.0038712	0.0038608	0.0041684
水的生产和供应业	0.0026767	0.0042102	0.0040113	0.0028396	0.0028508	0.0033269	0.0032450
建筑业	0.0168815	0.0410708	0.0243002	0.0115907	0.0230781	0.0167688	0.0143758
交通运输及仓储业	0.0659983	0.0416053	0.0514954	0.0356061	0.0555235	0.0392540	0.0505550
邮政业	0.0055515	0.0018958	0.0027863	0.0019490	0.0013173	0.0046364	0.0091149
信息传输、计算机服务和软件业	0.0326315	0.0364558	0.0263392	0.0289510	0.0247967	0.0325404	0.0599026
批发和零售贸易业	0.0612497	0.0379861	0.0482538	0.0244776	0.0878212	0.0394774	0.0309325
住宿和餐饮业	0.0470133	0.0328084	0.0263188	0.0212666	0.0135705	0.0343220	0.1852977
金融保险业	0.0699565	0.0931707	0.0591252	0.0261167	0.0532172	0.0876162	0.0553050
房地产业	0.0272626	0.0094299	0.0396097	0.0568813	0.0355687	0.0276374	0.0169570
租赁业和商务服务业	0.0402745	0.1181772	0.0345143	0.0162977	0.0273415	0.0766610	0.0289757
研究与试验发展业	0.0018154	0.0005686	0.0006402	0.0004461	0.0014629	0.0070170	0.0005293
综合技术服务业	0.0265739	0.0256156	0.0052751	0.0057527	0.0131262	0.0081603	0.0435184
水利、环境和公共设施管理业	0.0014417	0.0034282	0.0013838	0.0024003	0.0012774	0.0027997	0.0015173
居民服务和其他服务业	0.0128819	0.0166556	0.0247968	0.0084663	0.0125616	0.0134995	0.0291095
教育	0.0033085	0.0038372	0.0026895	0.0020248	0.0043061	0.0029295	0.0143716
卫生、社会保障和社会福利业	0.0095062	0.0093367	0.0058964	0.0132112	0.0287641	0.0073918	0.0148139
文化、体育和娱乐业	0.0144189	0.0108980	0.0068550	0.0046673	0.0044997	0.0661852	0.0131082
公共管理和社会组织	0.0010789	0.0011303	0.0009763	0.0008199	0.0003782	0.0017054	0.0006737

附表 11 浙江省乡级以上统计行政区域代码

330000000	浙江省	330106000	西湖区	330109112	坎山镇	330122112	百江镇
330100000	杭州市	330106002	北山街道	330109113	瓜沥镇	330122113	江南镇
330101000	市辖区	330106004	西溪街道	330109114	党山镇	330122201	莪山畲族乡
330102000	上城区	330106005	翠苑街道	330109115	益农镇	330122202	钟山乡
330102001	清波街道	330106007	古荡街道	330109120	党湾镇	330122204	新合乡
330102003	湖滨街道	330106008	西湖街道	330109401	萧山经济技术开发区	330122210	合村乡
330102004	小营街道	330106009	留下街道	330109402	萧山湘湖旅游度假区	330127000	淳安县
330102008	南星街道	330106010	转塘街道	330109403	萧山商业城	330127100	千岛湖镇
330102009	紫阳街道	330106011	蒋村街道	330109501	围垦区	330127101	文昌镇
330102010	望江街道	330106012	灵隐街道	330109502	萧山空港经济区	330127102	石林镇
330103000	下城区	330106013	文新街道	330109503	红山农场	330127103	临岐镇
330103001	长庆街道	330106109	三墩镇	330110000	余杭区	330127104	威坪镇
330103002	武林街道	330106110	双浦镇	330110001	临平街道	330127106	姜家镇
330103003	天水街道	330108000	滨江区	330110002	南苑街道	330127107	梓桐镇
330103005	潮鸣街道	330108001	西兴街道	330110003	东湖街道	330127108	汾口镇
330103006	朝晖街道	330108002	长河街道	330110004	星桥街道	330127109	中洲镇
330103007	文晖街道	330108003	浦沿街道	330110005	五常街道	330127110	大墅镇
330103008	东新街道	330109000	萧山区	330110006	乔司街道	330127111	枫树岭镇
330103009	石桥街道	330109001	城厢街道	330110007	运河街道	330127200	里商乡
330104000	江干区	330109002	北干街道	330110008	崇贤街道	330127201	金峰乡
330104005	凯旋街道	330109003	蜀山街道	330110009	仁和街道	330127202	富文乡
330104006	采荷街道	330109004	新塘街道	330110010	良渚街道	330127203	左口乡
330104007	闸弄口街道	330109005	靖江街道	330110011	闲林街道	330127205	屏门乡
330104008	四季青街道	330109006	南阳街道	330110012	仓前街道	330127206	瑶山乡
330104009	白杨街道	330109007	义蓬街道	330110013	余杭街道	330127208	王阜乡
330104010	下沙街道	330109008	河庄街道	330110014	中泰街道	330127210	宋村乡
330104102	彭埠镇	330109009	新湾街道	330110102	塘栖镇	330127211	鸠坑乡
330104103	笕桥镇	330109010	临江街道	330110109	径山镇	330127212	浪川乡
330104104	丁桥镇	330109011	前进街道	330110110	瓶窑镇	330127214	界首乡
330104105	九堡镇	330109100	楼塔镇	330110111	鸬鸟镇	330127216	安阳乡
330105000	拱墅区	330109101	河上镇	330110112	百丈镇	330182000	建德市
330105001	米市巷街道	330109102	戴村镇	330110113	黄湖镇	330182001	新安江街道
330105002	湖墅街道	330109103	浦阳镇	330122000	桐庐县	330182002	洋溪街道
330105003	小河街道	330109104	进化镇	330122002	旧县街道	330182003	更楼街道
330105004	和睦街道	330109105	临浦镇	330122003	桐君街道	330182101	莲花镇
330105005	拱宸桥街道	330109106	义桥镇	330122004	城南街道	330182102	乾潭镇
330105007	大关街道	330109107	所前镇	330122005	凤川街道	330182104	梅城镇
330105008	上塘街道	330109108	衙前镇	330122101	富春江镇	330182105	杨村桥镇
330105009	祥符街道	330109109	闻堰镇	330122102	横村镇	330182106	下涯镇
330105010	康桥街道	330109110	宁围镇	330122109	分水镇	330182107	大洋镇
330105011	半山街道	330109111	新街镇	330122110	瑶琳镇	330182108	三都镇

330182109	寿昌镇	330185106	太阳镇	330206002	新碶街道	330212120	章水镇
330182110	航头镇	330185107	潜川镇	330206003	小港街道	330212200	龙观乡
330182111	大慈岩镇	330185108	昌化镇	330206004	大碶街道	330225000	象山县
330182112	大同镇	330185109	河桥镇	330206005	霞浦街道	330225001	丹东街道
330182113	李家镇	330185111	湍口镇	330206006	柴桥街道	330225002	丹西街道
330182202	钦堂乡	330185112	清凉峰镇	330206007	戚家山街道	330225003	爵溪街道
330183000	富阳市	330185113	岛石镇	330206105	白峰镇	330225101	石浦镇
330183001	富春街道	330185115	板桥镇	330206107	春晓镇	330225102	西周镇
330183002	春江街道	330185116	天目山镇	330206201	梅山乡	330225103	鹤浦镇
330183004	鹿山街道	330185117	龙岗镇	330206401	保税区	330225104	贤庠镇
330183005	东洲街道	330200000	宁波市	330211000	镇海区	330225105	墙头镇
330183100	万市镇	330201000	市辖区	330211001	招宝山街道	330225106	泗洲头镇
330183101	洞桥镇	330203000	海曙区	330211002	蛟川街道	330225107	定塘镇
330183103	渌渚镇	330203001	南门街道	330211003	骆驼街道	330225108	涂茨镇
330183105	永昌镇	330203002	江厦街道	330211004	庄市街道	330225109	大徐镇
330183108	里山镇	330203003	西门街道	330211100	澥浦镇	330225110	新桥镇
330183109	常绿镇	330203004	月湖街道	330211101	九龙湖镇	330225200	东陈乡
330183110	场口镇	330203005	鼓楼街道	330212000	鄞州区	330225201	晓塘乡
330183111	常安镇	330203006	白云街道	330212001	下应街道	330225202	黄避岙乡
330183112	龙门镇	330203007	段塘街道	330212002	钟公庙街道	330225203	茅洋乡
330183113	高桥镇	330203008	望春街道	330212003	石碶街道	330225204	高塘岛乡
330183114	受降镇	330204000	江东区	330212004	梅墟街道	330226000	宁海县
330183115	新登镇	330204001	百丈街道	330212005	中河街道	330226001	跃龙街道
330183116	胥口镇	330204002	东胜街道	330212006	首南街道	330226002	桃源街道
330183117	大源镇	330204003	明楼街道	330212007	潘火街道	330226003	梅林街道
330183118	灵桥镇	330204004	白鹤街道	330212100	瞻岐镇	330226004	桥头胡街道
330183200	新桐乡	330204005	东柳街道	330212101	咸祥镇	330226101	长街镇
330183201	上官乡	330204006	东郊街道	330212102	塘溪镇	330226102	力洋镇
330183204	环山乡	330204007	福明街道	330212103	东钱湖镇	330226104	一市镇
330183205	湖源乡	330204008	新明街道	330212104	东吴镇	330226105	岔路镇
330183206	春建乡	330205000	江北区	330212105	五乡镇	330226106	前童镇
330183207	渔山乡	330205001	中马街道	330212106	邱隘镇	330226107	桑洲镇
330185000	临安市	330205002	白沙街道	330212108	云龙镇	330226108	黄坛镇
330185002	玲珑街道	330205003	孔浦街道	330212109	横溪镇	330226109	大佳何镇
330185005	锦南街道	330205004	文教街道	330212110	姜山镇	330226110	强蛟镇
330185006	锦城街道	330205005	甬江街道	330212113	高桥镇	330226111	西店镇
330185007	锦北街道	330205006	庄桥街道	330212114	横街镇	330226112	深甽镇
330185008	青山湖街道	330205007	洪塘街道	330212115	集仕港镇	330226200	胡陈乡
330185102	高虹镇	330205103	慈城镇	330212116	古林镇	330226201	茶院乡
330185103	太湖源镇	330206000	北仑区	330212118	洞桥镇	330226202	越溪乡
330185104	於潜镇	330206001	大榭街道	330212119	鄞江镇	330281000	余姚市

330281001	梨洲街道	330282123	龙山镇	330304002	梧田街道	330326000	平阳县
330281002	凤山街道	330282400	慈溪市农垦场	330304003	南白象街道	330326100	昆阳镇
330281003	兰江街道	330282401	慈溪市林场	330304004	茶山街道	330326101	鳌江镇
330281004	阳明街道	330282402	慈东工业区	330304005	娄桥街道	330326102	水头镇
330281005	低塘街道	330283000	奉化市	330304006	新桥街道	330326103	萧江镇
330281006	朗霞街道	330283001	锦屏街道	330304007	三垟街道	330326104	麻步镇
330281100	临山镇	330283002	岳林街道	330304008	瞿溪街道	330326105	腾蛟镇
330281101	黄家埠镇	330283003	江口街道	330304009	郭溪街道	330326107	山门镇
330281102	小曹娥镇	330283004	西坞街道	330304010	潘桥街道	330326108	顺溪镇
330281103	泗门镇	330283005	萧王庙街道	330304011	丽岙街道	330326109	南雁镇
330281106	马渚镇	330283100	溪口镇	330304012	仙岩街道	330326117	万全镇
330281108	牟山镇	330283103	尚田镇	330304108	泽雅镇	330326214	青街畲族乡
330281109	丈亭镇	330283104	莼湖镇	330322000	洞头县	330327000	苍南县
330281110	三七市镇	330283106	裘村镇	330322001	北岙街道	330327100	灵溪镇
330281111	河姆渡镇	330283107	大堰镇	330322002	东屏街道	330327101	龙港镇
330281112	大隐镇	330283108	松岙镇	330322003	元觉街道	330327103	宜山镇
330281113	陆埠镇	330300000	温州市	330322004	霓屿街道	330327104	钱库镇
330281114	梁弄镇	330301000	市辖区	330322101	大门镇	330327107	金乡镇
330281115	大岚镇	330302000	鹿城区	330322202	鹿西乡	330327112	藻溪镇
330281116	四明山镇	330302006	五马街道	330324000	永嘉县	330327113	桥墩镇
330281201	鹿亭乡	330302023	七都街道	330324001	东城街道	330327116	矾山镇
330282000	慈溪市	330302024	滨江街道	330324002	北城街道	330327117	赤溪镇
330282002	宗汉街道	330302025	南汇街道	330324003	南城街道	330327118	马站镇
330282003	坎墩街道	330302026	松台街道	330324004	江北街道	330327216	凤阳畲族乡
330282004	浒山街道	330302027	双屿街道	330324005	东瓯街道	330327218	岱岭畲族乡
330282005	白沙路街道	330302028	仰义街道	330324006	三江街道	330328000	文成县
330282006	古塘街道	330302102	藤桥镇	330324007	黄田街道	330328100	大峃镇
330282104	掌起镇	330303000	龙湾区	330324008	乌牛街道	330328101	百丈漈镇
330282107	观海卫镇	330303001	永中街道	330324102	桥头镇	330328102	南田镇
330282108	附海镇	330303002	蒲州街道	330324104	桥下镇	330328103	西坑畲族镇
330282109	桥头镇	330303003	海滨街道	330324105	大若岩镇	330328104	黄坦镇
330282110	匡堰镇	330303004	永兴街道	330324106	碧莲镇	330328105	珊溪镇
330282111	逍林镇	330303005	海城街道	330324107	巽宅镇	330328106	巨屿镇
330282112	新浦镇	330303006	状元街道	330324108	岩头镇	330328107	玉壶镇
330282113	胜山镇	330303007	瑶溪街道	330324109	枫林镇	330328108	峃口镇
330282114	横河镇	330303008	沙城街道	330324110	岩坦镇	330328217	周山畲族乡
330282116	崇寿镇	330303009	天河街道	330324111	沙头镇	330329000	泰顺县
330282118	庵东镇	330303010	灵昆街道	330324112	鹤盛镇	330329100	罗阳镇
330282119	天元镇	330303011	星海街道	330324400	县特产场场区	330329101	司前畲族镇
330282120	长河镇	330304000	瓯海区	330324401	四海山林场	330329102	百丈镇
330282121	周巷镇	330304001	景山街道	330324402	正江山林场	330329103	筱村镇

330329104 泗溪镇
330329105 彭溪镇
330329106 雅阳镇
330329107 仕阳镇
330329109 三魁镇
330329204 竹里畲族乡
330329400 乌岩岭自然保护区
330381000 瑞安市
330381001 安阳街道
330381002 玉海街道
330381003 锦湖街道
330381004 东山街道
330381005 上望街道
330381007 莘塍街道
330381008 汀田街道
330381009 飞云街道
330381010 仙降街道
330381011 南滨街道
330381101 塘下镇
330381116 马屿镇
330381120 陶山镇
330381122 湖岭镇
330381125 高楼镇
330382000 乐清市
330382001 城东街道办事处
330382002 乐成街道办事处
330382003 城南街道办事处
330382004 盐盆街道办事处
330382005 翁垟街道办事处
330382006 白石街道办事处
330382007 石帆街道办事处
330382008 天成街道办事处
330382101 大荆镇
330382102 仙溪镇
330382104 雁荡镇
330382105 芙蓉镇
330382106 清江镇
330382108 虹桥镇
330382111 淡溪镇
330382114 柳市镇
330382115 北白象镇
330400000 嘉兴市
330401000 市辖区
330402000 南湖区
330402007 建设街道
330402008 解放街道
330402009 新嘉街道
330402010 南湖街道
330402011 新兴街道
330402012 城南街道
330402013 东栅街道
330402014 长水街道
330402100 凤桥镇
330402101 余新镇
330402103 新丰镇
330402104 七星镇
330402105 大桥镇
330411000 秀洲区
330411002 新城街道
330411003 嘉北街道
330411004 塘汇街道
330411005 高照街道
330411101 王江泾镇
330411103 油车港镇
330411104 新塍镇
330411105 王店镇
330411106 洪合镇
330421000 嘉善县
330421001 魏塘街道
330421002 罗星街道
330421003 惠民街道
330421102 大云镇
330421103 西塘镇
330421105 干窑镇
330421107 陶庄镇
330421111 姚庄镇
330421112 天凝镇
330424000 海盐县
330424001 武原街道
330424002 西塘桥街道
330424003 元通街道
330424004 秦山街道
330424101 沈荡镇
330424102 百步镇
330424103 于城镇
330424105 澉浦镇
330424106 通元镇
330481000 海宁市
330481001 硖石街道
330481002 海洲街道
330481003 海昌街道
330481004 马桥街道
330481101 许村镇
330481103 长安镇
330481105 周王庙镇
330481106 丁桥镇
330481107 斜桥镇
330481108 黄湾镇
330481110 盐官镇
330481112 袁花镇
330482000 平湖市
330482001 当湖街道
330482002 钟埭街道
330482003 曹桥街道
330482101 乍浦镇
330482102 新埭镇
330482103 新仓镇
330482106 广陈镇
330482107 林埭镇
330482108 独山港镇
330483000 桐乡市
330483001 梧桐街道
330483002 龙翔街道
330483003 凤鸣街道
330483100 乌镇镇
330483101 濮院镇
330483102 屠甸镇
330483103 石门镇
330483104 河山镇
330483105 洲泉镇
330483106 大麻镇
330483107 崇福镇
330483108 高桥镇
330500000 湖州市
330501000 市辖区
330502000 吴兴区
330502001 月河街道
330502002 朝阳街道
330502003 爱山街道
330502004 飞英街道
330502005 龙泉街道
330502006 凤凰街道
330502007 康山街道
330502008 仁皇山街道
330502009 滨湖街道
330502100 织里镇
330502101 八里店镇
330502102 妙西镇
330502103 杨家埠镇
330502104 埭溪镇
330502105 东林镇
330502200 道场乡
330502201 环渚乡
330503000 南浔区
330503100 南浔镇
330503101 双林镇
330503102 练市镇
330503103 善琏镇
330503104 旧馆镇
330503105 菱湖镇
330503106 和孚镇
330503107 千金镇
330503108 石淙镇
330521000 德清县
330521100 武康镇
330521101 乾元镇
330521102 新市镇
330521103 洛舍镇
330521104 钟管镇
330521105 莫干山镇
330521110 雷甸镇
330521113 禹越镇
330521114 新安镇
330521201 筏头乡

330521202	三合乡
330522000	长兴县
330522001	雉城街道
330522002	画溪街道
330522003	太湖街道
330522101	洪桥镇
330522102	李家巷镇
330522103	夹浦镇
330522104	林城镇
330522106	虹星桥镇
330522108	小浦镇
330522109	煤山镇
330522110	和平镇
330522111	泗安镇
330522200	水口乡
330522202	吕山乡
330522204	白岘乡
330522205	槐坎乡
330523000	安吉县
330523100	递铺镇
330523103	鄣吴镇
330523104	杭垓镇
330523105	孝丰镇
330523106	报福镇
330523107	章村镇
330523108	天荒坪镇
330523110	梅溪镇
330523111	天子湖镇
330523201	溪龙乡
330523204	皈山乡
330523205	上墅乡
330523206	山川乡
330600000	绍兴市
330601000	市辖区
330602000	越城区
330602001	塔山街道
330602002	府山街道
330602003	蕺山街道
330602004	北海街道
330602005	城南街道
330602006	稽山街道
330602007	迪荡街道
330602100	东湖镇
330602101	灵芝镇
330602102	东浦镇
330602103	鉴湖镇
330602104	皋埠镇
330602105	马山镇
330602106	斗门镇
330621000	绍兴县
330621001	柯桥街道
330621002	柯岩街道
330621003	华舍街道
330621004	湖塘街道
330621100	齐贤镇
330621101	钱清镇
330621102	孙端镇
330621103	福全镇
330621104	马鞍镇
330621105	平水镇
330621106	安昌镇
330621107	王坛镇
330621108	兰亭镇
330621109	稽东镇
330621110	杨汛桥镇
330621111	漓渚镇
330621112	富盛镇
330621113	陶堰镇
330621114	夏履镇
330624000	新昌县
330624001	羽林街道
330624002	南明街道
330624003	七星街道
330624101	澄潭镇
330624102	梅渚镇
330624104	回山镇
330624106	大市聚镇
330624107	小将镇
330624108	沙溪镇
330624109	镜岭镇
330624110	儒岙镇
330624200	城南乡
330624201	东茗乡
330624203	双彩乡
330624205	新林乡
330624206	巧英乡
330681000	诸暨市
330681001	暨阳街道
330681002	浣东街道
330681003	陶朱街道
330681101	大唐镇
330681102	应店街镇
330681103	次坞镇
330681104	店口镇
330681105	阮市镇
330681106	直埠镇
330681107	江藻镇
330681108	山下湖镇
330681109	枫桥镇
330681110	赵家镇
330681111	马剑镇
330681112	五泄镇
330681113	草塔镇
330681114	王家井镇
330681115	牌头镇
330681116	同山镇
330681117	安华镇
330681118	街亭镇
330681119	璜山镇
330681120	陈宅镇
330681121	岭北镇
330681122	浬浦镇
330681124	东白湖镇
330681201	东和乡
330682000	上虞市
330682001	百官街道
330682002	曹娥街道
330682003	东关街道
330682100	道墟镇
330682101	长塘镇
330682102	上浦镇
330682103	汤浦镇
330682104	章镇镇
330682105	下管镇
330682106	丰惠镇
330682107	永和镇
330682108	梁湖镇
330682109	驿亭镇
330682110	小越镇
330682111	谢塘镇
330682112	盖北镇
330682113	崧厦镇
330682114	沥海镇
330682200	岭南乡
330682201	陈溪乡
330682202	丁宅乡
330683000	嵊州市
330683001	剡湖街道
330683002	三江街道
330683003	鹿山街道
330683004	浦口街道
330683100	甘霖镇
330683101	长乐镇
330683102	崇仁镇
330683103	黄泽镇
330683104	三界镇
330683105	石璜镇
330683106	谷来镇
330683107	仙岩镇
330683108	金庭镇
330683109	北漳镇
330683110	下王镇
330683200	贵门乡
330683201	里南乡
330683202	竹溪乡
330683203	雅璜乡
330683204	王院乡
330683205	通源乡
330683400	嵊州经济开发区
330700000	金华市
330701000	市辖区
330702000	婺城区
330702001	城东街道
330702002	城中街道

330702003	城西街道	330723100	柳城畲族镇	330727200	深泽乡	330783000	东阳市
330702004	城北街道	330723101	履坦镇	330727201	双峰乡	330783001	吴宁街道
330702005	江南街道	330723102	桐琴镇	330727203	双溪乡	330783003	南市街道
330702006	三江街道	330723103	泉溪镇	330727205	窈川乡	330783004	白云街道
330702007	西关街道	330723104	新宅镇	330727206	盘峰乡	330783005	江北街道
330702008	秋滨街道	330723105	王宅镇	330727207	高二乡	330783006	城东街道
330702009	新狮街道	330723106	桃溪镇	330727208	维新乡	330783007	六石街道
330702100	罗店镇	330723107	茭道镇	330727209	胡宅乡	330783106	巍山镇
330702101	雅畈镇	330723200	大田乡	330727210	万苍乡	330783107	虎鹿镇
330702102	安地镇	330723201	白姆乡	330727211	九和乡	330783108	歌山镇
330702103	白龙桥镇	330723202	俞源乡	330781000	兰溪市	330783109	佐村镇
330702104	琅琊镇	330723203	坦洪乡	330781001	兰江街道	330783110	东阳江镇
330702105	蒋堂镇	330723204	西联乡	330781002	云山街道	330783112	湖溪镇
330702106	汤溪镇	330723205	三港乡	330781004	永昌街道	330783114	马宅镇
330702107	罗埠镇	330723206	大溪口乡	330781005	赤溪街道	330783116	千祥镇
330702108	洋埠镇	330726000	浦江县	330781006	女埠街道	330783118	南马镇
330702201	乾西乡	330726001	浦南街道	330781007	上华街道	330783122	画水镇
330702202	竹马乡	330726002	仙华街道	330781102	游埠镇	330783123	横店镇
330702203	长山乡	330726003	浦阳街道	330781104	诸葛镇	330783201	三单乡
330702204	箬阳乡	330726101	黄宅镇	330781106	黄店镇	330784000	永康市
330702205	沙畈乡	330726102	白马镇	330781108	香溪镇	330784001	东城街道
330702206	塔石乡	330726103	郑家坞镇	330781109	马涧镇	330784002	西城街道
330702207	岭上乡	330726104	郑宅镇	330781111	梅江镇	330784003	江南街道
330702208	莘畈乡	330726105	岩头镇	330781112	横溪镇	330784105	石柱镇
330702209	苏孟乡	330726106	檀溪镇	330781200	灵洞乡	330784106	前仓镇
330703000	金东区	330726107	杭坪镇	330781203	水亭畲族乡	330784107	舟山镇
330703001	多湖街道	330726200	大畈乡	330781209	柏社乡	330784108	古山镇
330703002	东孝街道	330726201	中余乡	330782000	义乌市	330784109	方岩镇
330703101	孝顺镇	330726202	前吴乡	330782001	稠城街道	330784110	龙山镇
330703102	傅村镇	330726203	花桥乡	330782002	江东街道	330784111	西溪镇
330703103	曹宅镇	330726204	虞宅乡	330782003	稠江街道	330784112	象珠镇
330703104	澧浦镇	330727000	磐安县	330782004	北苑街道	330784113	唐先镇
330703105	岭下镇	330727100	安文镇	330782005	后宅街道	330784114	花街镇
330703106	江东镇	330727101	新渥镇	330782006	城西街道	330784115	芝英镇
330703107	塘雅镇	330727102	尖山镇	330782007	廿三里街道	330800000	衢州市
330703108	赤松镇	330727103	仁川镇	330782100	佛堂镇	330801000	市辖区
330703200	源东乡	330727104	大盘镇	330782101	赤岸镇	330802000	柯城区
330723000	武义县	330727105	方前镇	330782102	义亭镇	330802005	新新街道
330723001	白洋街道	330727106	玉山镇	330782104	上溪镇	330802006	府山街道
330723002	壶山街道	330727107	尚湖镇	330782105	苏溪镇	330802007	荷花街道
330723003	熟溪街道	330727108	冷水镇	330782106	大陈镇	330802008	信安街道

330802009 白云街道
330802010 双港街道
330802011 花园街道
330802100 石梁镇
330802101 航埠镇
330802205 黄家乡
330802209 七里乡
330802210 九华乡
330802211 沟溪乡
330802212 华墅乡
330802213 姜家山乡
330802214 万田乡
330802215 石室乡
330803000 衢江区
330803001 樟潭街道
330803002 浮石街道
330803100 上方镇
330803101 峡川镇
330803103 莲花镇
330803109 全旺镇
330803110 大洲镇
330803111 后溪镇
330803112 廿里镇
330803113 湖南镇
330803114 高家镇
330803115 杜泽镇
330803200 灰坪乡
330803202 太真乡
330803203 双桥乡
330803206 周家乡
330803207 云溪乡
330803213 举村乡
330803218 岭洋乡
330803219 黄坛口乡
330822000 常山县
330822104 白石镇
330822108 招贤镇
330822109 青石镇
330822111 球川镇
330822112 天马镇
330822113 辉埠镇
330822114 芳村镇
330822200 何家乡
330822211 同弓乡
330822213 大桥头乡
330822217 宋畈乡
330822219 新昌乡
330822220 新桥乡
330822221 东案乡
330824000 开化县
330824106 桐村镇
330824107 杨林镇
330824108 苏庄镇
330824109 齐溪镇
330824110 城关镇
330824111 华埠镇
330824112 马金镇
330824113 村头镇
330824114 池淮镇
330824202 中村乡
330824205 长虹乡
330824206 张湾乡
330824208 何田乡
330824209 塘坞乡
330824216 林山乡
330824217 音坑乡
330824218 大溪边乡
330824219 金村乡
330825000 龙游县
330825001 龙洲街道
330825002 东华街道
330825101 湖镇镇
330825102 小南海镇
330825106 詹家镇
330825109 溪口镇
330825110 横山镇
330825111 塔石镇
330825201 罗家乡
330825203 庙下乡
330825207 石佛乡
330825209 社阳乡
330825211 大街乡
330825212 沐尘畲族乡
330825213 模环乡
330881000 江山市
330881001 双塔街道
330881002 虎山街道
330881102 四都镇
330881104 清湖镇
330881105 坛石镇
330881106 大桥镇
330881109 新塘边镇
330881112 廿八都镇
330881113 长台镇
330881116 上余镇
330881118 凤林镇
330881119 峡口镇
330881120 石门镇
330881121 贺村镇
330881201 大陈乡
330881203 碗窑乡
330881207 保安乡
330881211 双溪口乡
330881212 张村乡
330881213 塘源口乡
330900000 舟山市
330901000 市辖区
330902000 定海区
330902001 解放街道
330902002 昌国街道
330902003 环南街道
330902004 城东街道
330902005 盐仓街道
330902006 临城街道
330902100 金塘镇
330902101 小沙镇
330902102 岑港镇
330902103 双桥镇
330902104 白泉镇
330902105 干览镇
330902106 马岙镇
330902200 长白乡
330902201 册子乡
330902202 北蝉乡
330903000 普陀区
330903001 沈家门街道
330903002 勾山街道
330903003 东港街道
330903004 朱家尖街道
330903005 展茅街道
330903100 六横镇
330903102 虾峙镇
330903104 桃花镇
330903105 东极镇
330903106 普陀山镇
330903200 蚂蚁岛乡
330903201 登步乡
330903202 白沙乡
330921000 岱山县
330921100 高亭镇
330921101 东沙镇
330921102 岱东镇
330921103 岱西镇
330921105 长涂镇
330921106 衢山镇
330921200 秀山乡
330922000 嵊泗县
330922100 菜园镇
330922101 嵊山镇
330922102 洋山镇
330922200 五龙乡
330922201 黄龙乡
330922202 枸杞乡
330922203 花鸟乡
331000000 台州市
331001000 市辖区
331002000 椒江区
331002001 海门街道
331002002 白云街道
331002003 葭沚街道
331002004 洪家街道
331002005 三甲街道
331002006 下陈街道
331002007 前所街道

代码	名称
331002008	章安街道
331002101	大陈镇
331002400	椒江农场
331003000	黄岩区
331003001	东城街道
331003002	南城街道
331003003	西城街道
331003004	北城街道
331003005	新前街道
331003006	澄江街道
331003007	江口街道
331003008	高桥街道
331003101	宁溪镇
331003102	北洋镇
331003103	头陀镇
331003107	院桥镇
331003108	沙埠镇
331003200	屿头乡
331003201	上郑乡
331003202	富山乡
331003203	茅畲乡
331003204	上垟乡
331003205	平田乡
331004000	路桥区
331004001	路南街道
331004002	路桥街道
331004003	路北街道
331004004	螺洋街道
331004005	桐屿街道
331004006	峰江街道
331004103	新桥镇
331004104	横街镇
331004106	金清镇
331004107	蓬街镇
331021000	玉环县
331021001	玉城街道
331021002	坎门街道
331021003	大麦屿街道
331021101	清港镇
331021102	楚门镇
331021103	干江镇
331021105	沙门镇
331021106	芦浦镇
331021200	龙溪乡
331021201	鸡山乡
331021202	海山乡
331022000	三门县
331022100	海游镇
331022101	沙柳镇
331022102	珠岙镇
331022103	亭旁镇
331022104	六敖镇
331022105	健跳镇
331022106	横渡镇
331022107	浬浦镇
331022108	花桥镇
331022109	小雄镇
331022200	高枧乡
331022203	沿赤乡
331022204	泗淋乡
331022205	蛇蟠乡
331023000	天台县
331023001	赤城街道
331023002	始丰街道
331023003	福溪街道
331023101	白鹤镇
331023102	石梁镇
331023104	街头镇
331023105	平桥镇
331023106	坦头镇
331023107	三合镇
331023108	洪畴镇
331023200	三州乡
331023203	龙溪乡
331023204	雷峰乡
331023207	南屏乡
331023209	泳溪乡
331024000	仙居县
331024001	安洲街道
331024002	南峰街道
331024003	福应街道
331024101	横溪镇
331024102	埠头镇
331024103	白塔镇
331024104	田市镇
331024105	官路镇
331024106	下各镇
331024107	朱溪镇
331024200	安岭乡
331024201	溪港乡
331024202	湫山乡
331024203	淡竹乡
331024204	皤滩乡
331024205	上张乡
331024206	步路乡
331024207	广度乡
331024209	大战乡
331024210	双庙乡
331081000	温岭市
331081001	太平街道
331081002	城东街道
331081003	城西街道
331081004	城北街道
331081005	横峰街道
331081100	泽国镇
331081101	大溪镇
331081102	松门镇
331081103	箬横镇
331081104	新河镇
331081105	石塘镇
331081106	滨海镇
331081107	温峤镇
331081108	城南镇
331081109	石桥头镇
331081110	坞根镇
331082000	临海市
331082001	古城街道
331082002	大洋街道
331082003	江南街道
331082004	大田街道
331082005	邵家渡街道
331082100	汛桥镇
331082101	东塍镇
331082103	汇溪镇
331082104	小芝镇
331082105	河头镇
331082106	白水洋镇
331082107	括苍镇
331082108	永丰镇
331082109	尤溪镇
331082110	涌泉镇
331082111	沿江镇
331082112	杜桥镇
331082113	上盘镇
331082114	桃渚镇
331100000	丽水市
331101000	市辖区
331102000	莲都区
331102001	紫金街道办事处
331102002	岩泉街道办事处
331102003	万象街道办事处
331102004	白云街道办事处
331102005	水阁街道办事处
331102006	富岭街道办事处
331102007	联城街道办事处
331102100	碧湖镇
331102102	大港头镇
331102103	老竹畲族镇
331102104	雅溪镇
331102200	太平乡
331102201	仙渡乡
331102202	峰源乡
331102203	高溪乡
331102204	丽新畲族乡
331102205	双黄乡
331102206	黄村乡
331121000	青田县
331121001	鹤城街道
331121002	瓯南街道
331121003	油竹街道
331121101	温溪镇
331121102	东源镇
331121103	高湖镇
331121104	船寮镇

331121105	海口镇	331122209	双溪口乡	331124209	谢村乡	331127101	渤海镇
331121106	腊口镇	331122210	胡源乡	331124210	新处乡	331127102	东坑镇
331121107	北山镇	331122211	方溪乡	331124211	枫坪乡	331127103	英川镇
331121108	山口镇	331122212	石笕乡	331124212	板桥畲族乡	331127104	沙湾镇
331121109	仁庄镇	331123000	遂昌县	331124213	裕溪乡	331127201	大均乡
331121200	万山乡	331123001	妙高街道	331124214	安民乡	331127202	澄照乡
331121201	黄垟乡	331123002	云峰街道	331125000	云和县	331127203	梅岐乡
331121202	季宅乡	331123102	新路湾镇	331125001	浮云街道	331127205	郑坑乡
331121203	高市乡	331123103	北界镇	331125002	元和街道	331127208	大漈乡
331121204	海溪乡	331123104	金竹镇	331125003	白龙山街道	331127209	景南乡
331121205	章村乡	331123105	大柘镇	331125004	凤凰山街道	331127210	雁溪乡
331121206	祯旺乡	331123106	石练镇	331125105	崇头镇	331127211	葛山乡
331121207	祯埠乡	331123107	王村口镇	331125106	石塘镇	331127212	鸬鹚乡
331121208	舒桥乡	331123108	黄沙腰镇	331125107	紧水滩镇	331127213	梧桐乡
331121209	巨浦乡	331123200	三仁畲族乡	331125201	雾溪畲族乡	331127214	标溪乡
331121210	岭根乡	331123201	濂竹乡	331125202	安溪畲族乡	331127215	毛垟乡
331121211	万阜乡	331123202	应村乡	331125206	赤石乡	331127216	秋炉乡
331121212	方山乡	331123203	高坪乡	331126000	庆元县	331127217	大地乡
331121213	汤垟乡	331123204	湖山乡	331126001	松源街道	331127218	家地乡
331121214	贵岙乡	331123205	蔡源乡	331126002	濛洲街道	331127219	九龙乡
331121215	小舟山乡	331123206	焦滩乡	331126003	屏都街道	331181000	龙泉市
331121216	吴坑乡	331123207	龙洋乡	331126101	黄田镇	331181001	龙渊街道
331121217	仁宫乡	331123208	柘岱口乡	331126102	竹口镇	331181002	西街街道
331121218	章旦乡	331123209	西畈乡	331126104	荷地镇	331181003	剑池街道
331121219	阜山乡	331123210	垵口乡	331126105	左溪镇	331181100	八都镇
331121220	石溪乡	331124000	松阳县	331126106	贤良镇	331181101	上垟镇
331122000	缙云县	331124001	西屏街道办事处	331126200	岭头乡	331181102	小梅镇
331122001	五云街道办事处	331124002	水南街道办事处	331126201	五大堡乡	331181103	查田镇
331122002	新碧街道办事处	331124003	望松街道办事处	331126202	淤上乡	331181104	安仁镇
331122003	仙都街道办事处	331124101	古市镇	331126203	安南乡	331181105	锦溪镇
331122101	壶镇镇	331124102	玉岩镇	331126204	张村乡	331181106	住龙镇
331122102	新建镇	331124103	象溪镇	331126205	隆宫乡	331181107	屏南镇
331122103	舒洪镇	331124104	大东坝镇	331126206	举水乡	331181200	兰巨乡
331122105	大洋镇	331124201	叶村乡	331126207	江根乡	331181201	龙石乡
331122106	东渡镇	331124202	斋坛乡	331126208	合湖乡	331181202	宝溪乡
331122107	东方镇	331124203	三都乡	331126209	龙溪乡	331181203	竹垟畲族乡
331122108	大源镇	331124204	竹源乡	331126210	百山祖乡	331181204	道太乡
331122203	七里乡	331124205	四都乡	331126211	官塘乡	331181205	岩樟乡
331122206	前路乡	331124206	赤寿乡	331127000	景宁畲族自治县	331181206	城北乡
331122207	三溪乡	331124207	新兴乡	331127001	红星街道办事处	331181207	龙南乡
331122208	溶江乡	331124208	樟溪乡	331127002	鹤溪街道办事处		

浙／江／统／计／年／鉴

主要统计指标解释

■ 景气指数

又称景气度，是对企业景气调查中定性指标的定量描述，以直观地反映经济所处的状态。景气指数的数值介于0和200之间，100为景气指数的临界值。当景气指数大于100点时，表明经济状况趋于上升或改善，处于景气状态；当景气指数小于100点时，表明经济状况趋于下降或恶化，处于不景气状态。

■ 企业家信心指数

亦称宏观经济景气指数，是根据企业决策者对企业外部市场经济环境与宏观政策的认识、看法、判断与预期（对“乐观”、“一般”、“不乐观”的选择）而编制的指数，反映企业决策者对国家宏观经济发展的信心和预期，是企业决策者对当前宏观经济状况及未来走势的一种感受、体验与期望。

■ 企业景气指数

亦称企业综合生产经营景气指数，是根据企业决策者对本企业当前生产经营情况的判断及未来企业生产经营状况的预期（对“好”、“一般”、“不佳”的选择）而编制的指数，是企业决策者对企业生产经营现状及未来景气动向的一种综合评价和判断。

■ 企业生产经营状况景气指数

是在企业生产经营状况的各指标，如生产、销售、产品订货、利润等名称之后加“景气指数”的方法，如“产品订货”指标称之为“产品订货景气指数”，其余类推。

■ 总产出

是我省常住单位在一定时期内生产的所有货物和服务的价值，既包括新增价值，也包括转移价值。它反映常住单位生产活动的总规划。总产出按生产者价格计算。常住单位是指在我国的经济领土内具有经济利益中心的单位。

■ 中间使用

指常住单位在本期生产活动中消耗和使用的非固定资产货物和服务的价值，其中包括国内生产和国外进口的各类货物和服务的价值。

■ 最终使用

指已退出或暂时退出本期生产活动而为最终需求所提供的货物和服务。

■ 总投入

指一定时期内我省常住单位进行生产活动所投入的总费用。

■ 中间投入

指常住单位在生产或提供货物和服务过程中，消耗和使用的所有非固定资产货物和服务的价值。

■ 增加值

指常住单位生产过程创造的新增价值和固定资产的转移价值。它包括固定资产折旧、劳动者报酬、生产税净额和营业盈余。

■ 直接消耗系数

也称为投入系数，记为 $a_{ij}(i,j=1,2,\cdots,n)$，它是指在生产经营过程中第 j 部门（或产品）的单位总产出所直接消耗的第 i 部门（或产品）的数量。直接消耗系数的计算主法为：用第 j 部门的总投入 X_j 去除该部门生产经营中所直接消耗的第 i 部门的货换或服务的数量 χ_{ij}，用公式表示为：

$$a_{ij}=\frac{\chi_{ij}}{X_j}\qquad(i,j=1,2,\cdots,n)$$

■ 完全消耗系数

通常记为 b_{ij}，它是指第 j 部门每提供一个单位最终使用时，对第 i 部门货物或服务的直接消耗和间接消耗之和。利用直接消耗系数矩阵 A 计算完全消耗系数矩阵 B 的公式为：

$$B=(I-A)^{-1}-I$$

2012年部分大中型工业企业基本情况

单位名称	法人代表	电话号码	网　址	生产主要产品	地　址
浙江诚意药业股份有限公司	颜贻意	0577－63489509	www. chengyiPharma. com	海洋性药物－盐酸氨基葡萄糖原料药和胶囊系列产品；抗病毒类药物－利巴韦林原料药、胶囊和针剂系列产品，以及抗肿瘤类药物－硫唑嘌呤、巯嘌呤等原料药	浙江省洞头县化工路118号
浙江景兴纸业股份有限公司	朱在龙	0573－85966256	www. zjjxjt. com	牛皮箱板纸、白面牛卡纸、瓦楞原纸	浙江省平湖市曹桥街道镇北
浙江新亚实业有限公司	金常青	0579－86299999	www. newasia. com. cn	纺织服装	东阳市南马镇
宁波跃进汽车前桥有限公司	桂龙明	0574－27910035	www. nbnafa. com	系列车桥、系列转向节、系列扭杆	宁波市江北区环城北路东段369号
绍兴县华南纺织印染有限公司	王仙花	0575－85629166		化纤布印染	绍兴县滨海工业区启滨路168号
舟山金海船业有限公司	李国锋	0580－8076010	www. jhzgchina. com	6.4万吨、7.45万吨、7.6万吨、7.96万吨、8万吨、8.15万吨等散货轮；11万吨、32万吨等原油轮；90米海工自升式作业平台等。	舟山市定海区白泉镇万金湖路77号

2012年部分建筑业企业基本情况

单位名称	法人代表	资质等级	邮政编码	电话号码	工程结算收入（万元）
杭　州　市					
浙江省建工集团有限责任公司	吴　飞	总承包特级	310012	88236012	1272126
五洋建设集团股份有限公司	陈志樟	总承包特级	310009	87234888	1205556
浙江省交通工程建设集团有限公司	程　涛	总承包特级	310051	85171907	264988
浙江宝盛建设集团有限公司	诸黎明	总承包一级	311203	82767677	531200
浙江诸安建设集团有限公司	周晓明	总承包一级	311800	87012671	337500
浙江天华建设集团有限公司	华国富	总承包一级	311258	82301481	213249
浙江省第一水电建设集团股份有限公司	蒋文龙	总承包一级	310051	86682251	188658
杭州通达集团有限公司	胡乃生	总承包一级	310019	28130666	158442
利越集团有限公司	葛德法	总承包一级	310053	86688261	150207
杭州天和建设集团有限公司	陆关林	总承包一级	310015	88291766	150015
浙江富成建设集团有限公司	徐建祥	总承包一级	310053	56565589	145736
大立建设集团有限公司	傅宝剑	总承包一级	311215	82866707	145224
杭州兴耀建设集团有限公司	黄东良	总承包一级	310052	86687525	127742
浙江中业建设集团有限公司	楼齐尧	总承包一级	310012	56837178	126844
林森建设集团有限公司	章关根	总承包一级	311221	82110656	102157
浙江振丰建设有限公司	徐祖雷	总承包一级	310000	88609918	91853
杭州恒鼎园林建设集团有限公司	陈灿松	总承包一级	310052	87001509	69508
浙江奔腾建设工程有限公司	江春威	总承包一级	311400	63392731	53938
浙江锦豪交通工程有限公司	沈伟星	总承包一级	310019	86901222	45331
浙江富泰建设有限公司	汪言国	总承包一级	311500	64240635	36556
建伟建设有限公司	沈　建	总承包一级	311215	22802265	36016
浙江华临建设有限公司	金中民	总承包一级	311100	86158699	33780
浙江江南春建设集团有限公司	沈关宝	总承包一级	311243	82589980	31279
双豪建设有限公司	孙自能	总承包一级	310015	88396555	24039
杭州萧山头蓬建筑有限公司	高六一	总承包二级	311225	82181739	48198
浙江森瑞建设工程有限公司	郭建华	总承包二级	311200	82827638	42120

单位名称	法人代表	资质等级	邮政编码	电话号码	工程结算收入（万元）
杭州鹏盛建设有限公司	沈国林	总承包二级	310030	88099008	30644
浙江运发建设有限公司	汤筱珍	总承包二级	311241	82572807	21698
淳安县二轻第一建筑有限责任公司	戴根勇	总承包二级	311700	64818993	16931
杭州禹航建设工程有限公司	黄志林	总承包二级	311121	88660637	16894
杭州华电华源环境工程有限公司	陈永林	专业承包一级	310030	88056488	20010
杭州天地钢结构有限公司	叶祖成	专业承包二级	311400	23298997	15889
杭州交联电气工程有限公司	谢国强	专业承包二级	310011	88409183	13117
宁　波　市					
华丰建设股份有限公司	王祉䜣	总承包特级	315040	87910830	678615
浙江恒立交通工程有限公司	周行春	总承包一级	315192	87411765	100572
浙江东航建设集团有限公司	吉忠达	总承包一级	315300	63987982	85720
天鸿建设集团有限公司	刘　斌	总承包一级	315200	86292999	71032
宁波凯元建设有限公司	章丹明	总承包一级	315700	65650701	57802
浙江跃龙园林建设有限公司	朱永银	总承包一级	315600	65588476	30876
宁波市环湖建设有限公司	刘汉荣	总承包一级	315400	62731302	24043
宁波飞龙建设工程有限公司	戴照飞	总承包二级	315700	65659909	35266
慈溪市城西建筑工程有限公司	陈蛟宇	总承包二级	315301	63240966	17921
浙江省二建钢结构有限公司	汤旭明	专业承包一级	315207	86360566	50558
温　州　市					
浙江新邦建设有限公司	李龙跃	总承包一级	325027	88853572	107283
浙江成泰建筑工程有限公司	叶建方	总承包一级	325600	61607203	48957
浙江兴华建筑工程有限公司	许永亮	总承包一级	325600	62553692	35076
温州宏源水电建设有限公司	林勇军	总承包一级	325000	85551778	23945
浙江温州城乡建筑工程有限公司	姜文华	总承包一级	325024	86871608	22014
温州盛达矿山建设有限公司	陈培约	总承包二级	325800	68700288	69939
温州电力建设有限公司	王向新	总承包二级	325000	51099111	24640
浙江东远建筑工程有限公司	唐荣建	总承包二级	325600	62520372	20893
浙江晋丰建筑工程有限公司	陈巧平	总承包二级	325000	89975076	20480
瑞安市建筑装璜公司	谢永进	专业承包一级	325200	58907685	21518

单位名称	法人代表	资质等级	邮政编码	电话号码	工程结算收入（万元）
嘉　兴　市					
浙江博元建设股份有限公司	寿财良	总承包一级	314201	85583125	316085
中元建设集团股份有限公司	章锡根	总承包一级	314001	82083928	296868
振业建设集团有限公司	许长发	总承包一级	314500	88118716	179326
正益集团有限责任公司	陈正财	总承包一级	314031	82721360	90626
浙江嘉宇建设有限公司	王建明	总承包一级	314009	83167240	50745
浙江鑫达建设有限公司	马保龙	总承包一级	314214	85017180	47290
浙江协和建设有限公司	戴　滢	总承包一级	314005	83680996	43927
浙江威驰建设有限公司	钟来根	总承包二级	314200	85125926	17476
平湖市市政工程有限公司	王祖伦	总承包二级	314200	85024414	11427
平湖金城建设有限公司	王建中	专业承包一级	314200	85077333	18513
湖　州　市					
中铁十六局集团第三工程有限公司	王勤荣	总承包一级	313000	2097167	260336
浙江天力建设集团有限公司	杨虎麟	总承包一级	313000	2820500	202511
恒德控股集团有限公司	郑仁明	总承包一级	313200	8068603	106687
美信佳集团建设有限公司	钱永强	总承包一级	313000	2094818	35634
浙江中荣建设有限公司	须连荣	总承包一级	313200	8071927	20188
浙江佳成建设有限公司	陆晓英	总承包二级	313000	2596008	40729
绍　兴　市					
浙江中成建工集团有限公司	王永泉	总承包特级	312000	88265666	1452337
浙江宝业建设集团有限公司	王荣富	总承包特级	312028	84574483	1386261
中设建工集团有限公司	陈永根	总承包特级	312072	85107068	1124578
中厦建设集团有限公司	杨学夫	总承包特级	312050	85763777	920287
鲁易建设集团有限公司	赵正富	总承包一级	312039	85552209	177859
浙江万润建设有限公司	张月光	总承包一级	311800	87213713	128620
浙江精工世纪建设工程有限公司	孙国君	总承包一级	312000	88368709	118940
浙江宝厦建设有限公司	陆　斌	总承包一级	312000	81505106	104597
阳光建设工程有限公司	吴国汀	总承包一级	312500	86026587	94605
彩建控股集团有限公司	梁上炎	总承包一级	312500	86289280	69777

单位名称	法人代表	资质等级	邮政编码	电话号码	工程结算收入（万元）
浙江运业建筑工程有限公司	徐世木	总承包一级	312072	85157827	51006
浙江一庆建设有限公司	戴天中	总承包一级	312000	88376518	18551
浙江盛业建设有限公司	徐月萍	总承包二级	312072	85108765	52818
浙江亿厦建设有限公司	周如方	总承包二级	312400	83335686	49820
浙江名源龙盛建设有限公司	张再良	总承包二级	312400	83113031	28735
浙江通达路桥工程有限公司	郭　明	总承包二级	312400	83350882	27478
浙江圣鑫建设有限公司	王狄龙	总承包二级	312300	82215270	20142
浙江鼎峰市政园艺有限公司	过伊娜	总承包二级	311800	87220808	19395
华升建设集团浙江消防工程有限公司	罗其洋	专业承包一级	312300	82602112	33278
金　华　市					
浙江宏成建设集团有限公司	楼仲世	总承包一级	322109	86962178	205288
中磊建设有限公司	卢竹生	总承包一级	322100	86817018	126290
浙江广发建设股份有限公司	宋兆平	总承包一级	321000	82462111	120743
浙江八咏公路工程有限公司	徐守光	总承包一级	321000	82398777	120691
展望园林建设有限公司	方　勇	总承包一级	321000	89136608	85050
义乌市恒风路桥有限公司	方国清	总承包一级	322000	83817219	45553
浙江明珠建设工程有限公司	陈福生	总承包一级	321300	87261737	36833
浙江泰成建设有限公司	张仙伦	总承包一级	322300	84664415	34768
浙江东宇建设有限公司	倪跃俊	总承包一级	321000	82160558	27317
浙江省东阳市利越市政工程有限公司	葛岸丽	总承包一级	322100	86012906	25782
浙江远东建设有限公司	夏淑芳	总承包一级	321200	87673086	22393
大奥建设集团有限公司	张鑫林	总承包一级	322000	85311488	22097
浙江川卓建设工程有限公司	朱月平	总承包一级	322008	85329366	15995
浙江元耀建设有限公司	郑元基	总承包二级	322200	84108677	48216
浙江华伟建设有限公司	吴伟强	总承包二级	322100	86961236	20187
国本建设有限公司	金玲娟	总承包二级	322100	86011333	18908
浙江一通建设有限公司	严卷明	总承包二级	321000	83187299	18083
衢　州　市					
浙江泰宇建设有限公司	王瑞娟	总承包一级	324400	7211316	52813
浙江创宇建设有限公司	姜克宇	总承包一级	324400	7880158	50054

单位名称	法人代表	资质等级	邮政编码	电话号码	工程结算收入（万元）
卓越市政园林建设集团有限公司	童建军	总承包一级	324000	3036208	40868
浙江广胜集团有限公司	朱志光	总承包一级	324000	8017778	36880
衢州市政工程有限公司	郑荣忠	总承包一级	324000	8589892	29866
浙江泰立建筑工程有限公司	徐高斌	总承包一级	324002	3863978	19011
浙江培华建设有限公司	李建华	总承包二级	324400	7024626	23382
浙江龙建建设有限公司	江益龙	总承包二级	324400	7881736	18983
浙江衢盛建设有限公司	叶金水	总承包二级	324012	8758905	15622
浙江天泽水电建设有限公司	徐志民	总承包二级	324000	3084974	10080
浙江开达装饰工程有限公司	翁小明	专业承包一级	324001	3890092	23195
舟　山　市					
恒尊集团有限公司	袁国义	总承包一级	316100	6205000	180380
浙江宝晟建设有限公司	陈国成	总承包一级	316200	4880186	53423
浙江博宇建筑有限公司	杨松荣	总承包一级	316021	2608906	30917
台　州　市					
中博建设集团有限公司	陈于玲	总承包特级	317500	86019038	702722
国强建设集团有限公司	陈林国	总承包一级	318000	88707575	252931
宇杰集团股份有限公司	吴勇杰	总承包一级	317300	87718999	155287
天环建设集团有限公司	许碧海	总承包一级	317200	83899377	108667
浙江五联建设有限公司	郑道南	总承包一级	318000	88809000	35312
浙江天长建设有限公司	应汉林	总承包二级	317000	85313333	61326
临海市第七建筑工程有限公司	杨广能	总承包二级	317000	85225160	24768
台州鑫洋市政建筑有限公司	叶未蓬	总承包二级	317100	83368838	22326
浙江鑫泰工程建设有限公司	许红通	总承包二级	317200	83886789	21753
浙江国腾市政工程有限公司	孙　丹	总承包二级	318050	82222888	16545
温岭市大通市政工程有限公司	陈云才	总承包二级	317500	86185118	16502
三门中诚建设有限公司	叶信礼	总承包二级	317100	83330005	16317
浙江升德建设有限公司	付红玲	总承包三级	317100	83236699	9579
浙江恒基钢结构工程有限公司	曾恩才	专业承包二级	317511	86623030	20016
丽　水　市					
浙江国光建筑工程有限公司	周国标	总承包二级	323700	7125095	22689

图书在版编目（CIP）数据

浙江统计年鉴. 2013:汉英对照/浙江省统计局,国家统计局浙江调查总队 编.
—北京:中国统计出版社, 2013.8
ISBN 978-7-5037-6878-1
Ⅰ. ①浙…
Ⅱ. ①浙…　②国…
Ⅲ. ①统计资料-浙江省-2013-年鉴-汉、英
Ⅳ. ①C832.55-54

中国版本图书馆 CIP 数据核字(2013)第 169668 号

浙江统计年鉴 —— 2013

作　　者/ 浙江省统计局　国家统计局浙江调查总队
责任编辑/ 佘竞雄　胡　东
装帧设计/ 王美福
出版发行/ 中国统计出版社
地　　址/ 北京市丰台区西三环南路甲 6 号　邮政编码/100073
电　　话/ 邮购(010)63376909　书店(010)68783171
网　　址/ http://csp.stats.gov.cn
印　　刷/ 浙江新中商务印刷有限公司
经　　销/ 新华书店
开　　本/ 890mm×1240mm　1/16
字　　数/ 142 千字
印　　张/ 42
印　　数/ 1-4000 册
版　　别/ 2013 年 8 月第 1 版
版　　次/ 2013 年 8 月第 1 次印刷
定　　价/ 498.00 元

如有印装差错,由本社发行部调换。

中国统计出版社最新图书简目

（仅供参考，以最后出书为准）

统计资料

中国统计年鉴－2013
2013 中国发展报告
中国劳动统计年鉴－2013
中国建筑业统计年鉴－2013
中国商品交易市场统计年鉴－2013
中国民政统计年鉴－2013
中国科技统计年鉴－2013
中国高技术产业统计年鉴－2013
全国农产品成本收益资料汇编－2013
大中型批发零售和住宿餐饮企业统计年鉴－2013
第二次全国 R&D 资源清查资料汇编－工业企业卷
第二次全国 R&D 资源清查资料汇编－综合卷

中国统计摘要－2013
中国第三产业统计年鉴－2013
中国社会统计年鉴－2013
中国人口和就业统计年鉴－2013
中国房地产统计年鉴－2013
中国贸易外经统计年鉴－2013
中国农村统计年鉴－2013
中国教育经费统计年鉴－2013
中国科学技术协会统计年鉴－2013
中国住户调查年鉴－2013
中国县域统计年鉴－2013
中国人才资源统计报告－2011
中国民族统计年鉴－2013

国际统计年鉴－2013
中国区域经济统计年鉴－2013
中国城市统计年鉴－2013
中国工业经济统计年鉴－2013
中国能源统计年鉴－2013
2013 中国地区经济监测报告
中国农产品价格调查年鉴－2013
中国农村贫困监测报告－2013
工业企业科技活动资料－2013
中国价格统计年鉴－2013
中国农村全面建设小康监测报告－2013
中国零售和餐饮连锁企业统计年鉴－2013
2010 年中国第六次人口普查公报

2013 年省级综合统计年鉴系列

北京 天津 河北 山西 内蒙古
河南 湖北 湖南 广东 广西

辽宁 吉林 黑龙江 上海 江苏
海南 重庆 四川 贵州 云南

浙江 安徽 福建 江西 山东
西藏 陕西 甘肃 青海 宁夏
新疆 新疆生产建设兵团

2013 年市（县）级综合统计年鉴系列

天津滨海新区
运城 忻州 临汾 呼和浩特
上海浦东新区 南京
杭州 宁波 绍兴 台州 温州
厦门经济特区 南昌 上饶
十堰 荆州 咸宁 长沙 广州

石家庄 唐山 邯郸 太原 大同
包头 沈阳 大连 长春 吉林市
苏州 无锡 常州 徐州 南通
金华 嘉兴 衢州
济南 青岛 潍坊 郑州
东莞 惠州 深圳 桂林 南宁
贵阳 昆明 庆阳 西安

长治 阳泉 晋城 朔州 晋中
四平 哈尔滨 黑龙江垦区
盐城 镇江 江阴 丹阳
福州 福州经济技术开发区
洛阳 三门峡 南阳 武汉 宜昌
柳州 来宾 河池 海口 成都 绵阳
兰州 银川 乌鲁木齐

2010 年人口普查资料系列

中国 2010 年人口普查资料
浙江 安徽 福建 江西 山东
西藏 陕西 甘肃 青海 宁夏
中国分县 2010 年人口普查资料

北京 天津 河北 山西 内蒙古
河南 湖北 湖南 广东 广西
新疆 新疆生产建设兵团
中国分乡镇、街道 2010 年人口普查资料

辽宁 吉林 黑龙江 上海 江苏
海南 重庆 四川 贵州 云南
河南省各市 2010 年人口普查资料丛书
中国分民族 2010 年人口普查资料

“十一五”规划教材

统计学（“十二五”规划，黄良文）
统计学（“十二五”规划，单微）
统计学：从数据到结论（十二五规划，吴喜之）
非参数统计（吴喜之）
多元统计分析（任雪松）
经济计量学教程（贺铿）
社会统计学（蒋萍）
国民经济核算教程（杨灿）

抽样调查理论与实践（“十二五”规划，冯士雍）
试验设计（“十二五”规划，茆诗松）
概率论与数理统计（茆诗松）
应用时间序列分析（王振龙）
质量管理统计方法（茆诗松）
市场调查与预测（蒋志华）
概率论与数理统计（经济、管理类专业使用，朱胜）

贝叶斯统计（“十二五”规划，茆诗松）
医学统计学（陆守曾）
现代金融投资统计分析（李腊生）
统计指数理论及应用（徐国祥）
统计实验系列教材（许涤龙）
统计学原理（非统计专业用，朱胜）

重点图书

挑大学选专业 2013—高考志愿填报指南
挑大学选专业 2013—考研择校指南

中国统计出版社发行部电话：（010）63376907，63376908　同椇行书店电话：68783171，68783172
通讯地址：北京市西城区三里河月坛南街 57 号　邮政编码：100826
网　　址：http://csp.stats.gov.cn

杭州市行政服务中心

▲ 2013年4月，省委书记、省人大常委会主任夏宝龙视察杭州市行政服务中心

2012年，杭州市行政服务中心共受理各类审批服务事项900721项，办结900068项。杭州市公共资源交易中心成交总额965.67亿元，成交项目6194个。其中，建设工程成交项目1993个，成交金额471.81亿元，中标价平均下浮率约1.8%；市土地交易中心成交项目99个，成交金额426.71亿元，土地平均增值约14.5%；市产权交易中心成交项目1354个，成交金额51.68亿元，产权增值率8.46%；市政府采购中心成交项目2748个，成交金额15.47亿元（含分散采购），预算资金节约率达到10.61%。杭州“市民之家”共接待市民群众1487896余人次，受理各类事项2485537件，办结2485525件，办结率99.99%，市民满意率达99.92%。杭州市代办中心共受理代办项目240个，办结项目526个。代办员上门服务1060批次2998人次，参加协调（会）107次，完成审批服务事项1634项。

2012年，杭州市行政服务中心深入贯彻党的十八大、省市党代会和市审改领导小组暨市公共资源交易管委会全体（扩大）会议精神，深入推进行政审批制度改革，精简审批事项，下放审批权力，逐步实施审批条件标准化，先后推出“形式审查制”、“综合进件”、“预审纳管”、“批文入库”等改革试点举措，审批效率不断提高，政务环境进一步优化。同时创新公共资源交易监管体制机制，10月24日正式启用市公共资源交易中心，将原进驻办公的市建设工程交易中心、市政府采购中心和市公共资源交易服务中心成建制划转，实现真正的“管办分离”。七一前夕，杭州市行政服务中心机关党委被评为全国创先争优先进基层党组织。一年来，杭州集“市民之家”、市行政服务中心、市公共资源交易中心“三位一体”的综合性政府公共服务平台建设模式先后得到北京、重庆、宁波等省内外城市，以及欧洲外交官研讨班、国家行政学院上合组织等国外重要团体的广泛赞誉。

▲ 创先争优

详细地址：杭州市解放东路18号
法定代表人：祝永平
邮政编码：310000
联系电话：0571-85085489

PICC
PICC
风雨同行
至爱至诚

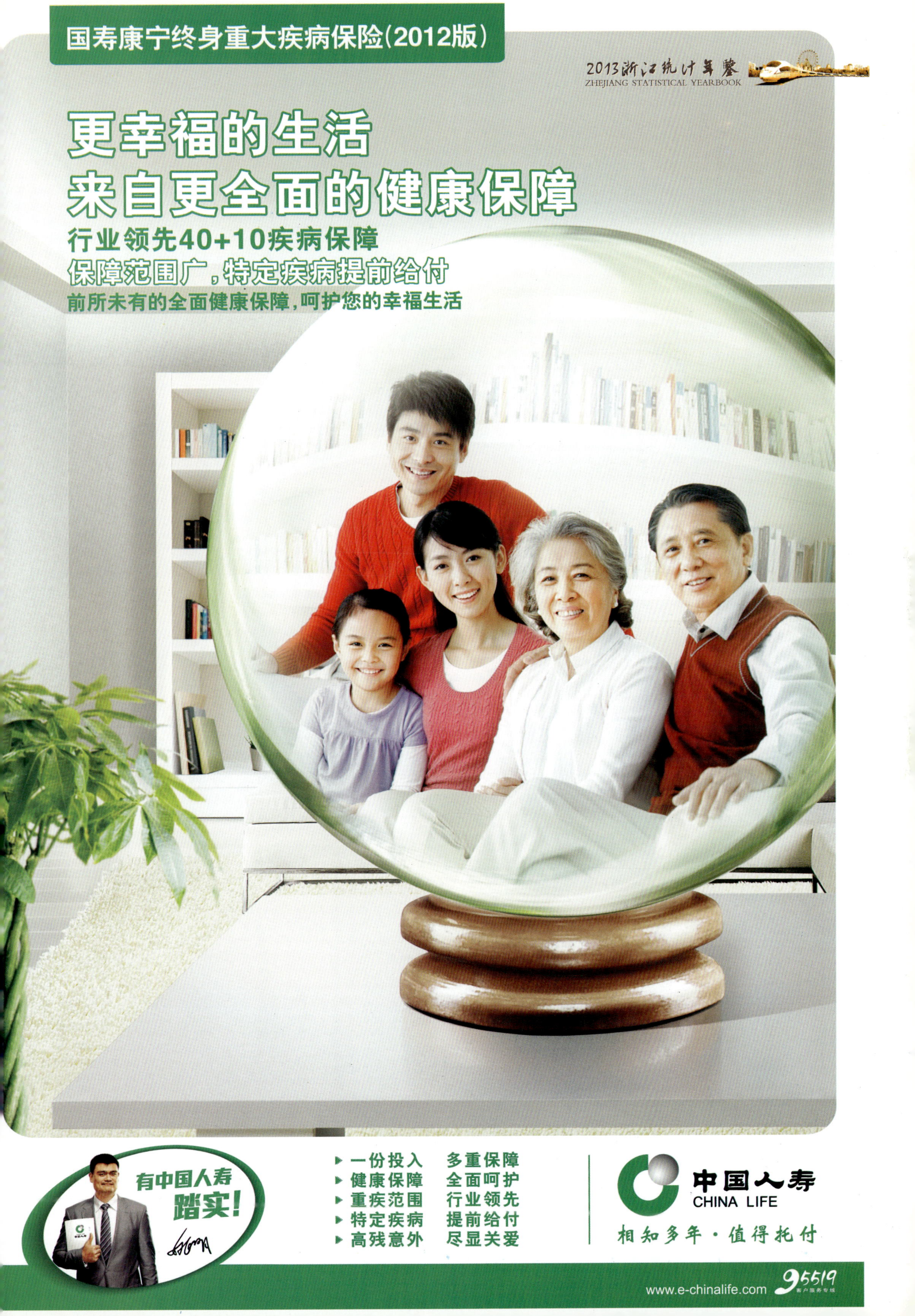

国寿康宁终身重大疾病保险(2012版)
2013浙江统计年鉴
ZHEJIANG STATISTICAL YEARBOOK
更幸福的生活
来自更全面的健康保障
行业领先40+10疾病保障
保障范围广，特定疾病提前给付
前所未有的全面健康保障，呵护您的幸福生活
有中国人寿
踏实！
一份投入 多重保障
健康保障 全面呵护
重疾范围 行业领先
特定疾病 提前给付
高残意外 尽显关爱
中国人寿
CHINA LIFE
相知多年·值得托付
www.e-chinalife.com
95519

杭州市萧山区

萧山区总面积1420平方公里，人口122.87万人，辖17个镇、11个街道。萧山湘湖考古发掘的“跨湖桥遗址”距今已有8000年以上的历史。该区农业形成了花卉苗木、畜牧、水产、蔬菜、茶果五大特色主导产业，比重占87.8%，被誉为中国花木之乡。工业形成了轻纺印染、机械汽配、羽绒服装、新型建材、精细化工、电子电器等支柱产业，拥有24家上市公司，是亚洲制造业示范基地、中国纺织生产基地、中国卫浴配件基地、中国汽车零部件产业基地，被誉为世界羽绒之都、中国伞乡、中国镜乡、中国淋浴房之乡、中国花边之都、中国纸

▲ 杭州东方文化园

▲ 杭州生态园

▲ 湘湖新夜景

▲ 杭州乐园

▲ 杭州东方文化园

杭州市萧山区

▲杭州东方文化园

业之乡。建筑业是该区的传统支柱产业，是中国园林绿化产业基地，中国钢结构产业基地、国家住宅产业基地。该区的第三产业发展迅猛，全区有153个专业市场，其中百亿元市场4个，杭州萧山国际机场、杭州火车南站坐落境内，是钱塘江观潮胜地、华东地区十大旅游休闲风情城市、浙江省旅游强区。全区实现生产总值1614.47亿元，财政总收入230.68亿元，综合实力列浙江省县（市、区）第一位。多次荣获“全国农村综合实力百强县（市）”、“全国明星县（市）”、“全国十大财神县（市）”、“国家卫生城市”等称号。

▲杭州东方文化园

▲下孙文化村

▲荷花庄

▲杭州生态园

详细地址：杭州市萧山区行政中心综合楼
法定代表人：李 玲
邮政编码：311202
联系电话：0571-82898969

杭州市余杭区

▲ 临平副城

余杭，地处浙江省北部，位于杭嘉湖平原和京杭大运河的南端，是长江三角洲的圆心地，是“中华文明之光”——良渚文化的发祥地，素称“鱼米之乡、丝绸之府、花果之地、文化之邦”。全区总面积1228.23平方公里，辖14个街道、6个镇，户籍人口89.04万人。2006年列全国县域经济综合发展百强县（市、区）第15位。

余杭历史源远流长。余杭之名，春秋时已见诸史籍，属吴、越领地，战国中期属楚；南宋时期，余杭作为京畿之地，成为全国经济文化最发达的地区。余杭山水如画，钟灵毓秀，自然人文景观极为丰富。有“茶圣”陆羽、大诗人苏东坡、金石书画家吴昌硕等名家留下的踪迹，有江南三大探梅胜地之一的超山、佛教圣地径山、东明山森林公园、黄鹤山天都城等风景名胜，有良渚博物院、杨乃武与小白菜奇案遗迹等人文景观。余杭交通便利、环境优越、区位优势明显，两条高铁、两条铁路、两条国道、两条主要河流、七条高速公路、五条省道，仅20分钟车程的杭州萧山国际机场，共同构成了水公铁空一体的现代交通网络，把余杭和长江三角洲各大城市紧紧相连。

2012年，面对日益严峻的国内外经济形势，全区上下紧紧围绕“经济转型升级、城乡统筹发展、社会管理创新”三大重任和“发展实体经济，打造产业余杭”的目标要求，努力克服不利因素影响，兴实体、抓投入、调结构、促转型，全区经济运行呈现出“转稳趋好”的发展态势。全年实现生产总值834.94亿元，可比增长10.1%，三次产业结构由上年的5.9：52.5：41.6调整为5.7：50.4：43.9。按户籍人口计算，全区人均GDP为94499元，按当年平均汇率计算，达到14970美元；实现财政总收入167.04亿元，增长11.4%，其中地

▲ 杭州农副产品物流中心

▲ 鸬鸟山沟沟景区

杭州市余杭区

方财政收入104.65亿元，增长9.4%；实现规模工业产值1350.14亿元，规模工业增加值241.76亿元，分别增长6.0%、7.2%；社会消费品零售总额238.99亿元，增长13.8%；完成固定资产投资512.12亿元，增长23.9%；合同利用外资10.68亿美元，实际利用外资7.56亿美元，分别增长6.7%、24.3%；城镇居民人均可支配收入和农村居民人均纯收入达到36464元、20304元，分别增长12.3%、13.1%。

2013年是全面贯彻落实党的十八大精神的开局之年，也是全面实施区委区政府各项决策部署的关键之年。新的历史时期，余杭将迎来新的发展机遇，同时面临着宏观形势不稳定不确定因素。在新的一年中，余杭将以打造产业余杭、建设创新强区为目标，紧紧围绕区委作出的各项决策部署，重点加快“五城一基地”建设，切实加强领导班子建设和作风建设，在攻坚“经济转型升级、城乡统筹发展、社会管理创新”三大重任中，做到落实有大突破、工作有大进展、发展有大转变，为提前实现“四个翻一番”打下坚实基础。

▲ 良渚博物院

▲ 广济桥

▲ 高铁余杭站

▲ 浙江杭州未来科技城

详细地址：杭州市余杭区临平西大街33号
法定代表人：朱 华
邮政编码：311100
联系电话：0571-86240647

富阳经济技术开发区

全景

杭州天安·富春硅谷

富阳经济技术开发区成立于1992年，是经浙江省人民政府批准的首批省级开发区。2008年被评为长三角最具投资价值开发区之最具产业特色奖；2012年10月，经国务院批准，成功升级为国家级开发区，并定名富阳经济技术开发区。

富阳经济技术开发区位处沪杭甬“金三角”交汇的黄金点上，为杭州市西南重要门户。建区至今，富阳开发区时尚与休闲并存、建区与造城并举，全力打造“富春山居图上的开发区”。下辖的银湖科技新城、东洲新区、新登新区、场口新区、江南新城、鹿山新区“一区六城”差异化发展，已形成和正在培育的有光通信、先进装备制造、铜冶炼及铜深加工、新能源新材料、生物医药、文化创意、旅游休闲及科研总部等八大重点产业。区内拥有中国民营企业竞争力50强的富春江集团、全国最大的赛艇制造企业飞鹰船艇、央企新兴铸管、和鼎铜业、行业龙头万科、首个工业设计项目颐高圣泓、天安•富春硅谷项目等一批大好项目和新兴产业项目，极大地加快了开发区产业转型升级步伐，为富阳经济增添了实力和活力。

2012年，全区规上工业企业496家，实现规上工业总产值870.75亿元，税收收入42.21亿元，完成限额以上固定资产投入103.88亿元，出口总额达7.8亿美元。

富生电器

尤恩叉车

银湖创新中心

飞鹰游艇

详细地址：富阳市银湖创新中心12号楼
法定代表人：张 霖
邮政编码：311422
联系电话：0571-61701122

温州市鹿城区

▲ 行政区全景图

▲ 景山拍市区

▲ 旧貌换新颜

▲ 新城全景图

鹿城区地处浙江东南沿海，是温州市的核心城区。始建于东晋太宁元年（公元323年），相传筑城时有白鹿衔花之瑞而得名，是温州历代郡州府之治所。鹿城区域面积294平方公里，现辖7街1镇（兼设8个都市型功能区）、80个社区，户籍人口72.1万人，常住人口129.3万人。2012年，全区实现生产总值674.87亿元，增长4.0%，三次产业结构为0.3:28.6:71.1；城镇居民人均可支配收入39126元，同比增长8.3%；农村居民人均纯收入17596元，同比增长11.1%；财政总收入38.47亿元，其中地方财政收入20.76亿元；全社会固定资产投资240亿元，同比增长4.9%；社会消费品零售总额642.91亿元，增长8.8%；外贸出口总额37.41亿美元。

充满时尚、富有商气的魅力商城。鹿城历来是浙南的繁华商都，早在南宋时期就有“一片繁华海上头，从来唤作小杭州”美誉。改革开放以来，鹿城人走向五湖四海、五洲四洋，形成了庞大的在外鹿城人经商团体，仅海外就有9.3万人遍布93个国家和地区，建立了遍布世界的营销网络，成为温州模式的重要组成部分。进入新世纪以来，初步形成以楼宇总经、现代商贸、金融服务、时尚消费为主的产业体系，服务业增加值比重占到温州全市总量的31%，是浙南闽北赣东的区域性城市级商业主中心。

充满秀气、富有底蕴的山水名城。鹿城城区北依瓯江、环列九山、温瑞塘河贯穿全境，融合现代都市的高楼建筑、亮丽风光、宜人环境，构成独具东方特色的都市美丽山水不夜城。瓯剧、瓯绣、瓯塑、瓯瓷等地方传统文化独树一帜；素有“中国诗之岛、世界古航标”的江心屿，是中国“四大名屿”之一；中国山水诗鼻祖谢灵运等历史文化名人留存遗迹，也是现代词学开拓者夏承焘、现代考古学奠基人夏鼐、国家最高科技奖获得者谷超豪的故乡。

充满动感、富有活力的创新智城。鹿城人敢为人先、特别能创业，创造了全国第一张个体户营业执照、第一家批发市场、第一家股份合作制信用社、第一家无区域民营财团，是中国市场经济的发祥地之一。鹿城民间资本雄厚、民间金融活跃，是中国最早对民间借贷利率进行监测并发布的地区，是区域性的民间资本管理服务中心和民间财富管理服务中心。鹿城借助资源驱动向创新驱动和财富增长驱动转变的趋势，正向温州的智慧城区、智造总部、智创高地迈进。

充满温情、富有大爱的和谐都城。鹿城社会事业较为发达，相继创成科技、教育、卫生、体育、计生、旅游等一批省级强区，公共服务均等化水平走在全省前列。鹿城的民生基础较为扎实，连续三年获得省级“平安大区”称号。鹿城人民生活较为殷实，是全国首批“小康区”之一。

新世纪以来，鹿城全面进入了转型发展的新阶段，牢固树立科学发展的理念，紧紧抓住“两海两改”四大国家战略举措相继在温州实施的历史性机遇，按照市委建设“三生融合·幸福温州”的战略部署和“全省领先、全国一流”的总要求，全面实施“创首善之区、建幸福鹿城”总目标和“三四五”总战略，全力争当政府转型、社会转型、经济转型“三个领先”，加快打造魅力商城、山水名城、创新智城、和谐鹿城“四个城区”，全面实施强三优二、城乡互融、环境优先、文化引领、改革创优“五大战略”，切实提高党的建设科学化水平，形成新一轮大投入大建设大发展的热潮。

详细地址：温州市广场路188号
法定代表人：朱崇敏
邮政编码：325000
联系电话：0577-88030236

平湖市

▲东湖之晨

平湖地处浙江省东北部杭嘉湖平原腹地，北接上海市，南濒杭州湾，素有“鱼米之乡、瓜灯之城、文化之邦”的美称。全市陆地面积537平方公里，海域面积1086平方公里，海岸线长27公里。下辖6镇3街道，户籍人口48.9万人，外来新居民近30万人。2012年实现生产总值423亿元，按常住人口计算，人均生产总值62050元（9830美元），三次产业结构比为4.3：62.3：33.4。财政总收入73.9亿元，地方财政收入38亿元；城市居民人均可支配收入37509元，农村居民人均纯收入18547元。

平湖文化底蕴深厚。早在7000多年前就有了先祖活动的足迹，历经马家浜文化、良渚文化，并形成了以西瓜灯、钹子书、九彩龙等为代表的传统民间民俗文化；以李叔同、陆维钊、赵孟坚为代表的名人文化；以莫氏庄园为代表的名园文化；以南河头省级历史文化保护区、东湖景区为代表的水乡文化；以九龙山为代表的名景文化；以平湖糟蛋为代表的饮食文化。近年来平湖曾荣获过“中国民间文化艺术之乡”、“中国书法之乡”等称号，被评为全国社区教育示范区、全国文化先进县、全国文物工作先进县、全国群众体育先进单位，今年又被省委、省政府授予“省示范文明城市”荣誉称号。

平湖产业特色鲜明。在全国百强县中列第28位，是浙江省17个扩大经济管理权限的强县（市）之一，也是中国出口服装制造名城、全国三大箱包生产基地之一、中国“西瓜之乡”、国家现代农业示范区、全国粮食生产先进县、国家级商品粮油基地、国家级无公害农产品生产示范基地县和长三角最具投资价值县市、中国最具投资价值金融生态示范城市。光机电、服装、箱包等特色产业优势明显，临港产业、生物医药等新兴产业加快发展。平湖经济开发区今年起已升格为国家级经济开发区，同时也是国家级火炬计划光机电产业基地、浙江省最大的日商投资基地，独山港区拥有浙北独一无二的港口岸线资源，已成为临港产业的投资热土。

平湖区位条件优越。地处上海、杭州、苏州、宁波四大城市组成的菱形对角“黄金节点”，距沪、杭、苏、甬各1小时车程，是浙江接轨上海的第一站，杭州湾跨海大桥的桥头堡和长三角的交通枢纽城市。杭浦高速、乍嘉苏高速、杭州湾跨海大桥北接线穿境而过，并紧临沪杭高铁金山北、嘉善南等多个停靠站。境内水域航运发达，拥有浙北唯一的国家一类进出口海港—乍浦港，已建成万吨级深水泊位20个，千吨级泊位10个，2012年嘉兴港货物吞吐量达6004万吨，比上年增长14.2%，集装箱75.1万标箱，增长45.9%。

平湖城乡统筹协调发展。2006年城乡统筹发展水平居全省第二。2008年荣获“浙江新魅力之城”称号。近年来平湖城乡建设日新月异，新农村建设有序推进，人民收入不断增加，社会保障日益健全，社会事业协调发展，科技综合实力不断增强，是国家园林城市、全国科技进步先进市和全国农村社区建设实验全覆盖示范单位。

▲当湖桥

详细地址：平湖市当湖街道胜利路380号
法定代表人：朱林森
邮政编码：314200
联系电话：0573-85061266

诸暨市

▲ 暨阳新城

诸暨位于浙江省中部偏北，与萧山、富阳、浦江、义乌、绍兴县、越城区、嵊州等县市（区）接界，区域面积2311平方公里，现辖27个镇乡（街道），户籍人口107万人，外来人口40余万人。区位优越，交通便捷，距萧山国际机场半小时车程，浙赣铁路、杭金衢和诸永高速、绍诸高速公路贯穿境内，杭长客运专线正在兴建之中。

诸暨历史悠久、人才辈出。可以用八个字来概括，越国古都、西施故里。自公元前222年秦时置县，历代兴盛未废。1989年撤县设市。

诸暨山川秀丽、名胜众多。“七山一水二分田”造就诸暨一方秀丽山水，形成了东部生态文化休闲旅游带、中线休闲商贸旅游带、西线山水风光旅游带的“大三线”旅游格局，有依托山水自然风光的“五泄风景区”、“西施故里”和依托特有资源的“千年榧林”、“东白山水”等。

诸暨经济发达、民殷商富。诸暨是中国袜业之都，年产袜子170多亿双，产量占全世界的60%以上；是珍珠之都，淡水珍珠产量约占全世界的74%、全国的84%；是香榧之都，占全国香榧总产量的60%以上。全市有工商企业10万余家、规上企业3000多家、上市企业13家，上市企业数量居全国县市（区）第三位、浙江省第一位。2012年，全市实现财政总收入92.60亿元，同比增长15.6%，其中公共财政预算收入52.62亿元，增长15.0%；2000万元以上工业总产值1903.02亿元，增长11.0%；500万元及以上固定资产投资411.10亿元，增长26.6%；社会消费品零售总额231.22亿元，增长17.6%；城镇居民人均可支配收入39950元、农村居民人均纯收入19107元，增长11.9%和12.0%

诸暨文化繁荣、社会稳定。近年来，每年以近3个亿的财政投入推进“富裕农村、美丽乡村”建设，荣获全省美丽乡村创建先进县市。店口、枫桥等5个镇被列入省级中心镇，其中店口成为全省首批小城市培育对象。尤其作为“枫桥经验”发源地，诸暨市实现了平安县市创建八连冠，是全省唯一的全国社会管理创新综合试点县市。

▲ 企业总部

▲ 诸暨站

▲ 商业街区

▲ 诸永高速夜景

详细地址：诸暨市东一路19号
法定代表人：徐良平
邮政编码：311800
联系电话：0575-87029007

义乌市

▲ 义乌国际商贸城

义乌位于浙江中部，面积1105平方公里，现有常住人口124万人，其中本地户籍人口75万人。义乌历史悠久，建县于公元前222年，于1988年撤县建市。义乌名人辈出，历史上孕育了“初唐四杰”之一骆宾王、宋代名将宗泽、金元四大名医之一朱丹溪、南朝梁代禅宗著名尊宿傅大士及现代教育家陈望道、文艺理论家冯雪峰、历史学家吴晗等一批名人志士。

近年来，义乌全面落实科学发展观，认真贯彻省委“两创”总战略，力行“创新创优、提质提效”，经济社会呈现持续健康发展的良好态势。2012年，全市实现地区生产总值803亿元，比上年增长10.2%，三次产业比例优化为2.6:41.6:55.8。公共财政预算总收入首次超过百亿元，达到101.5亿元，按新财政体制增长12.5%按老财政体制增长9.4%，其中地方财政收入57.4亿元，按新财政体制增长13.8%，按老财政体制增长10.4%，完成固定资产投资293.6亿元，增长31%；实现进出口总额93.5亿美元，其中自营出口90亿美元（含试行市场采购贸易方式出口49亿美元），分别增长136.7%和150.3%；实现城镇居民人均可支配收入44509元，农村居民人均纯收入19147元，分别增长11.1%和11.8%；年末金融机构存款余额1986亿元、贷款余额1514亿元。2013年1－2月，实现财政总收入19.8亿元，其中地方财政收入11.1亿元，分别增长12%和11.4%；完成固定资

▲ 农村新貌

义乌市

▲ 商城的夜晚

▲ 市中心绣湖广场

▲ 义乌港

产投资23.5亿元，增长26%；规模以上工业总产值78.4亿元，增长9.9%；1月份，实现自营出口18.8亿美元，同比增长414.3%。2月底，金融机构期末存款余额2020亿元，贷款余额1586亿元，分别比年初增长34亿元和72亿元。

详细地址：金华市义乌市县前街21号
法定代表人：何美华
邮政编码：322000
联系电话：0579-85522174

永康市

永康市位于浙江省中部，总面积1047平方公里。现有户籍人口57.95万人，在册流动人口52.7万人，辖11镇、3街道和经济开发区、城西新区。

改革开放以来，五金产业迅猛发展，先后获“中国五金商标品牌基地”、“中国五金之都”、“中国门都”、“中国休闲运动车之都”、“中国口杯之都”、“中国电动工具之都”、“中国家居清洁用品之都”、“中国餐厨用品出口基地”、“中国金融生态示范城市”等称号。永康总部中心被列为省首批现代服务业集聚示范区、全国首个县级中国总部经济实践研究基地。全市已形成车业、门业、杯业、电动工具、电器厨具、休闲器具、技术装备、金属材料等八大支柱产业。

2012年永康市实现地区生产总值（GDP）392.4亿元，增长10.4%，按户籍人口计算，人均GDP为67825元，按美元计算，人均GDP为10745美元。全市有规模以上工业企业466家，工业总产值1100.5亿元，财政总收入54.9亿元，地方财政收入30.1亿元，城镇居民人均可支配收入32380元，农村居民人均纯收入14566元。

详细地址：金华市永康市金城路25号
法定代表人：徐华水
邮政编码：321300
联系电话：0579-87101575

萧山区坎山镇

▲ 大石头

坎山位于钱塘江南岸风景秀丽的航坞山西麓，地域面积32.88平方公里，下辖19个行政村、4个社区，人口4.97万人，先后荣膺中国民间文化艺术之乡，浙江省综合经济实力百强乡镇、教育强镇、卫生镇，杭州市文明镇、小康乡镇、首批新农村乡镇、统计调查工作先进镇街，萧山区经济发展优胜镇等称号。

交通重镇，拥有得天独厚的区位条件。坎山镇位于萧山区东部，杭州萧山国际机场及机场出口在镇镜内，沪杭甬高速公路离镇仅2公里。沪杭甬、杭金衢高速公路、八柯线、衙党公路、新红公路和区主干河道北塘河、解放河等纵横交叉，穿越镇境。特别是萧山实施1918工程以后，坎山更是成为东片地区的交通枢纽，实现了家门口坐飞机、一刻钟到城区、半小时进省城的愿望。

经济强镇，构建优质良好的投资环境。坎山工业结构日趋合理，已形成了电气电缆、机械五金、纺织印染、建筑建材四大支柱行业，规模企业优势明显，充分发挥了规模企业的辐射带动作用。坎山镇农业基础稳固，围绕“闯新路、创特色、上规模、增效益”的工作方针，适时调整农产品结构，推进农业产业化。以中国花木城为依托突出花木特色，实行种植、营销、工程、养护为一体的产业化经营模式，被省林业厅、省花卉协会命名为“浙江省十大新兴花卉乡镇”。集镇建设有序推进，基础设施配套完善，7.5平方公里的集镇框架已基本构建。萧山经济技术开发区坎山工业区块和杭州钱江科技工业区块，是坎山经济发展的龙头。不断完善的基础设施、高效的服务效能、优惠的投资政策，已吸引一大批企业来坎山投资落户。

文化古镇，孕育厚实美妙的文化底蕴。坎山景色秀美，有深厚的历史文化底蕴和流传广泛的民俗文化。镇内有山川毓秀的航坞山等丰富的旅游开发资源和人文景观，有历史悠久的古刹景区，地藏禅寺、极乐寺是杭州人民政府批准的开放寺庙，有被评为萧山十景之一的“祭星乞巧”。历代文人墨客如李白、刘禹锡、萨都剌、徐渭等足迹所至留下了脍炙人口的诗篇。坎山名人辈出，近代的妇运先驱杨之华、著名的越剧演员张桂凤、中国四大名医之一的施今墨等名扬海内外。坎山还是萧山花边的发祥地，萧山萝卜干的原产地。

天宝地藏，鹊桥坎山。便捷的交通、发达的经济、浓厚的文化，让坎山以更加开放的姿态迎接中外宾客。

▲ 钱江电气集团

▲ 文化中心

▲ 坎山地藏祭星

详细地址：杭州市萧山区坎山镇人民政府
法定代表人：申晓辉
邮政编码：311243
联系电话：0571-82513001

钱江世纪城·宁围镇

▲ 萧山区委常委、钱江世纪城·宁围镇党（工）委书记：朱先良

▲ 钱江世纪城·宁围镇党（工）委副书记、管委会主任、镇长：来 刚

宁围，地处钱塘江南岸，总面积42.88平方公里，下辖22个行政村（社区），是萧山城区北进的腹地，也是杭州跨江发展的前哨。

宁围是一方年轻的土地。80多年前，这里还是一片海涂，勤劳勇敢的宁围先辈，在这里围海造田，为今天宁围的崛起奠定了基石。近年来，围绕萧山领头、浙江领跑、全国领先的发展要求，紧紧把握“发展第一、经济第一、建设第一、浙江第一”的目标，2005年，在浙江省百强乡镇排行榜上，宁围荣登榜首，成为“新科状元”。2008年，积极应对宏观调控下持续紧张的经营环境，主动在优化产业结构、招商引资和要素保障上下功夫，实现了经济的平稳较快发展，总量进一步攀升，运行质量进一步提高。2012年，全镇实现规模以上工业销售产值551.2亿元，实现三产增加值30.7亿元，完成企业利润53.5亿元，财政总收入53.4亿元（包括预算外）。

宁围是一方传奇的土地。这里养育了鲁冠球、徐冠巨等一批全国著名企业家，诞生了万向集团、传化集团等国内外的知名企业。工业是宁围经济发展的“金名片”，如今，这张金名片的含金量在不断提升，“宁围制造”正向着“宁围创造”发展。万向集团，从简单的汽车零部件生产开始，到现在已经启动了全省首辆电动车示范运行的电动汽车项目，这些电动汽车成为杭州西湖边的一道靓丽风景。而其生产的太阳能单晶硅片，成为神舟六号的一个部件，遨游太空。“自主品牌需要自主培育，培育强大的品牌需要文化孕育、事业支撑、创新驱动，更需要积极的、一贯的坚持。20多年，以社会责任感，为企业价值观的传化文化孕育了传化品牌，积淀了较为深厚的品牌底蕴。”这是传化掌门人徐冠巨在总结传化20多年自主创新发展历程时的肺腑之言。从简单制造到现在的科技创新，传化在自主创新的道路上越走越远。像传化、万向一样，越来越多的企业已经不满足于做大做强规模经济，而是把目光放在了提升自主创新能力上。全镇现已拥有自主创新能力的企业科研中心

▲ 传化农业种苗培育车间

▲ 杭州江宁丝绸制衣有限公司

▲ 传化化工生产车间

钱江世纪城·宁围镇

12家，博士后工作站2个，形成了以企业为主体，市场为导向的科技进步和创新机制。

宁围是一方充满活力的土地。扬帆正是启航时，宁围人民在改革开放三十年的新时代，以敏锐的洞察力寻觅发展的机遇，打造创新发展金名片。2012年，宁围提出建设“共同富裕、文明幸福新宁围”的目标，深入实施“以城带镇”战略，着力打造杭州未来城市核心和现代中央商务区，努力形成现代城市建设的新地标、发展城市经济的新平台和萧山新一轮发展的主引擎。突出重点抓手，实现“两中心”城市综合体建设大推进；突出工作重心，实现“大征迁”向“大建设”转移；突出转型升级，实现经济增长力大提升；突出融入对接，实现环境支撑力大增强；突出机制创新，实现要素整合力大加强；突出文化建设，实现文化品牌大塑造。通过几代人的努力，一个富裕和谐的现代化宁围越来越清晰地展现在世人眼前。

▲万向电动汽车有限公司

▲小区

▲河道

详细地址：杭州市萧山区宁围镇振宁路228号
法定代表人：来　刚
邮政编码：311215
联系电话：0571-82604788

萧山区瓜沥镇

▲ 瓜沥商城效果图

▲ 瓜沥文体中心效果图

▲ 锦绣家园

▲ 航民村

瓜沥建镇于北宋太平兴国三年（公元978年），地处杭州东南萧绍交界地带，镇域面积42.5平方公里，其中建成区8.7平方公里，辖23个村、5个社区，常住人口10.7万人，其中户籍人口6.6万人，拥有全国文明镇、全国重点镇、全国百强镇等称号，先后列入萧山三大副城区、杭州市六大组团中心镇、浙江省中心镇、浙江省小城市培育试点镇和全国发展改革试点城镇。全镇经济以传统工业和现代服务业为支撑、现代农业为补充，三次产业发展水平居全区领先地位，2012年实现地区生产总值89.02亿元，财政总收入11.33亿元，工业总产值410亿元。规上工业销售产值226.22亿元。当前，瓜沥镇正围绕“提升老区、建设新区、发展港区、启动山区”总战略，以前所未有的信心、力度和手笔，加快推进浙江省小城市培育试点各项工作，努力打造环杭州湾地区的现代物流基地、杭州都市经济圈的工贸卫星城、杭州东南部的宜居新城。

详细地址：杭州市萧山区瓜沥镇航坞路220号
法定代表人：黄国钧
邮政编码：311241
联系电话：0571-82551524

余杭区塘栖镇

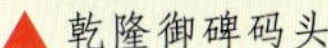
乾隆御碑码头

塘栖全景

塘栖，是全国综合实力千强镇、浙江省历史文化名镇、省级中心镇、省小城市试点镇、省教育强镇、省旅游强镇和杭州市风情小镇。镇域面积79平方公里，下辖27个行政村、8个社区，常住人口11.7万人。塘栖交通发达，区位优越，申嘉湖杭高速、09省道、东西大道、塘康公路等交通干道连接四方，京杭大运河穿镇而过，是苏沪嘉湖的水路要津。塘栖是座千年古镇，历史悠久，人文荟萃，有京杭大运河、乾隆御碑、广济桥等古迹。塘栖以塘栖枇杷而闻名。2011年，获得“中国枇杷之乡”称号，2012年“塘栖枇杷”荣获国家驰名商标，已连续举办十三届的“塘栖枇杷节”被评为“浙江省最具影响力十大农事节庆活动”之一。

自2011年以来，塘栖镇紧紧抓住省级小城市培育试点这项中心，在省、市、区党委政府的正确领导和大力支持下，以完善规划体系、实施综保工程、创新体制机制为重点，加快产业培育，促进产城融合，合力打造宜业、宜居、宜游的“江南佳丽地、塘栖品质城”，推动了五个文明建设和党的建设稳步发展。2012年，全镇实现地区生产总值62.13亿元，财政总收入10.63亿元（不含土地出让金），城镇居民人均可支配收入36090元，农村居民人均纯收入22260元；农业总产值7.13亿元，三产增加值17.98亿元，完成限额以上固定资产投资57.96亿元。全镇基本形成“农业为基础、工业为支柱、旅游为特色”的多元化产业结构。

省级小城市改革试点是塘栖镇建设与发展的新平台、新的战略机遇，推进塘栖统筹城乡区域发展的重大载体。塘栖镇将紧紧围绕区委“经济转型升级、城乡统筹发展、社会管理创新”三个根本性、全局性的重大任务，以小城市培育试点为契机，促进工业转型发展、三产突破发展、城市创新发展、新农村持续发展，努力将塘栖打造成为宜业、宜居、宜游的“江南佳丽地、塘栖品质城”。

浙江卫视爽食行天下在塘栖拍摄

丁山湖晨曦

塘栖大厦

广济桥

详细地址： 杭州市余杭区塘栖镇人民路300号
法定代表人： 俞建新
邮政编码： 311106
联系电话： 0571-86372295

乐清市北白象镇

▲ 省委副书记李强调研北白象镇非公党建工作

▲ 北白象镇第六届群众文化节

北白象镇位于乐清市西部，距乐清市区14.5公里，东邻柳市镇，南濒瓯江，西连温州市区，北枕中雁荡山，是浙南地区的工贸重镇和浙江省电器工业专业区。全镇区域面积83.2平方公里；下辖11个社区、109个行政村、4个居委会；户籍总人口约12.4万人，外来人口约14万人。

北白象镇历史悠久，人文荟萃。境内象山之巅建有宋代古塔，白象山在清嘉庆年间曾建有金鳌书院，名闻一时。高岙盘谷山建有明嘉靖刑部尚书高友玑墓群，被国务院批准为第六批国家重点文物保护单位。特产白象香糕被选为浙江省第二批非物质文化遗产成果名录。

2012年，全镇实现工农业生产总值325.04亿元；税收入库总额19.27亿元，同比增长14.09%；农村居民人均纯收入18713元，同比增长8.03%；实现工业产值322.78亿元，农业生产总值2.26亿元；招商引资工作实现新突破，累计引资2.45亿元。深入开展强化投资大行动，全年完成限额以上固定资产投资30.36亿元，同比增长34.52%。社区管理体系逐步完善，138项下放职能完成对接，11个社区“五大中心” 完成建设，297个社会组织组建成立。

2012年，北白象镇坚持民本理念，深入推进民生、民心工程，社会事业协调发展。坚持持续开展除恶治乱、禁毒等专项斗争，平安建设质量得到大幅提升，获得省级社会治安综合治理先进集体称号。着力加强服务型党组织建设，以社区化党建引领基层组织建设，狠抓1+N社区党组织体系构建，146个新经济组织、5个新社会组织和37个职能站所、企事业单位党组织纳入11个社区进“网状”管理。努力实现非公有制企业党建工作从有形覆盖向有效覆盖发展、有时覆盖向长久覆盖转变。

▲ 城镇建设全景

详细地址：乐清市北白象镇象南西路39号
法定代表人：郑　义
邮政编码：325603
联系电话：0577-61980022

德清县钟管镇

▲ 水乡风貌

钟管镇位于德清县东北部，交通便捷，距杭州48公里，距上海180公里。区域面积78平方公里，常住人口近5万人，辖19个行政村、1个社区。2012年实现地区生产总值26.29亿元，财政总收入4.72亿元，农村居民人均纯收入19586元。

近年来，钟管镇在科学发展观指引下，经济社会持续平稳较快发展。工业上已形成了以生物医药、装饰建材、机械电子等为主导的产业结构，现有规模企业60家，其中上市企业2家：升华拜克、金磊高温。2012年实现工业总产值148.9亿元，税利8.85亿元，自营出口24473万美元。农业以特种水产和禽畜养殖为主导，建有全县面积最大的农业示范园区——新港省级农业综合区、浙北最大的蛋鸭养殖基地等，2012年农业总产值3.7亿元。坚持以新型城镇化引领城乡一体化，建成区面积已达5.5平方公里，建有德清县“和美家园”精品村11个，城乡公交、供水、污水处理、垃圾处理等公共设施不断完善，生态环境日趋改善。近年来相继获得全国文明镇、国家卫生镇、浙江省森林城镇等荣誉，2010年列入浙江省第二批省级中心镇。

▲ 辉山塔

▲ 和美家园

▲ 生态环境

▲ 工业园区

详细地址：德清县钟管镇环城北路838号
法定代表人：孙宏明
邮政编码：313220
联系电话：0572-8401801

余姚市泗门镇

▲ 魅力泗门

泗门镇地处宁绍平原中部，北临杭州湾，紧靠杭州湾跨海大桥，全镇总面积66.3平方公里，辖16个行政村、4个社区，户籍人口6.3万人，外来人口4.7万人左右。泗门镇的基本情况可以用以下五方面来概括：

——较强的综合实力。作为全国小城镇发展改革试点镇和省“十一五”期间重点培育的中心镇，近年来，泗门镇抢抓发展机遇，解放思想，开拓创新，经济社会取得了长足的发展。2012年全镇实现地区生产总值62.05亿元，同比增长14%；财政总收入10.02亿元，同比增长8.9%；农村居民人均纯收入23352元，同比增长11.8%，并先后获得了全国文明镇、国家卫生镇、全国小城镇发展改革试点镇、“十一五”规划•中国综合实力百强镇、中国（长三角）区域发展与城乡一体化示范乡镇等称号。

——合理的产业结构。初步建立了以新型工业化和现代服务业为支撑、现代农业为补充的产业体系。现代农业方面，建立了宁波市级万亩加工型蔬菜基地，余姚市级以上农业龙头企业15家、农民专业合作社12个，依托“企业+农户+基地”生产经营模式，经营了全镇80%以上的土地，带动全镇70%以上的农户。新型工业化方面，规模以上企业产值115.60亿元、销售109.10亿元、利润5.05亿元，形成了电源线、灯具及其附件、机械电器、食品加工、自行车童车等优势特色产业，拥有中国驰名商标24件，中国名牌产品1件。现代服务业方面，建成区多条特色商业街已基本形成，传统服务业与新型服务业态融合互动发展的趋势逐步显现，1800亩的商贸

▲ 镇政府

余姚市泗门镇

▲ 汝湖夜景

园区建设顺利推进。

——**良好的人居环境。**修订和完善了《泗门镇总体规划》以及其他各类规划，拉开了新老城区联动发展的城市框架，建成区面积已经拓展到13.2平方公里，建成区人口达6.7万人。全镇已经建成5纵6横的大通道，形成10分钟的交通圈，公交车实现村村通。完成日供水8万吨级的自来水厂扩建工程和22万伏变电所建设。城乡统筹发展力度不断加大，宁波市级以上全面小康村已占全部行政村的85%以上，宁波文明村实现了全覆盖。生态文明深入推进，绿化面积达53.9万平方米，绿化覆盖率34.68%，是首批“浙江省森林城镇”。

——**发达的社会事业。**优化学校布局，全镇现有中等职业中学1所，初级中学1所，小学 5所，民工子女学校1所。建成镇计划生育、生殖健康指导站，社区卫生服务站16家，上海仁济医疗集团余姚医院落户泗门。村落文化宫实现了全覆盖，且达到宣传文化阵地“六个一”标准。全面推进城乡居民社会养老保险，参保7000余人，积极推进社保扩面，五大社会保险任务得到稳步落实。建立了城乡一体化培训就业、社会保障、社会救助体系，切实解决群众老有所靠、老有所养、病有所医等问题，实现了社会和谐。

——**深厚的文化底蕴。**泗门镇是一座具有800多年历史的浙东古镇，素有“名邦之源”、“阁老故里”之誉。现有2个余姚市级历史文化保护区，2个余姚市级文物保护单位，4个余姚市级文物保护点，7个余姚市级重要文物古迹，古建筑面积位居余姚市各乡镇的首位。编制了文化保护专项规划，修复谢家祠堂、状元楼等人文古迹，犴舞、木偶摔跤列入浙江省非物质文化遗产保护名录。26支文体团队、97户文化中心户活跃在农村舞台。2011年被文化部命名为第一批“中国民间文化艺术之乡”。

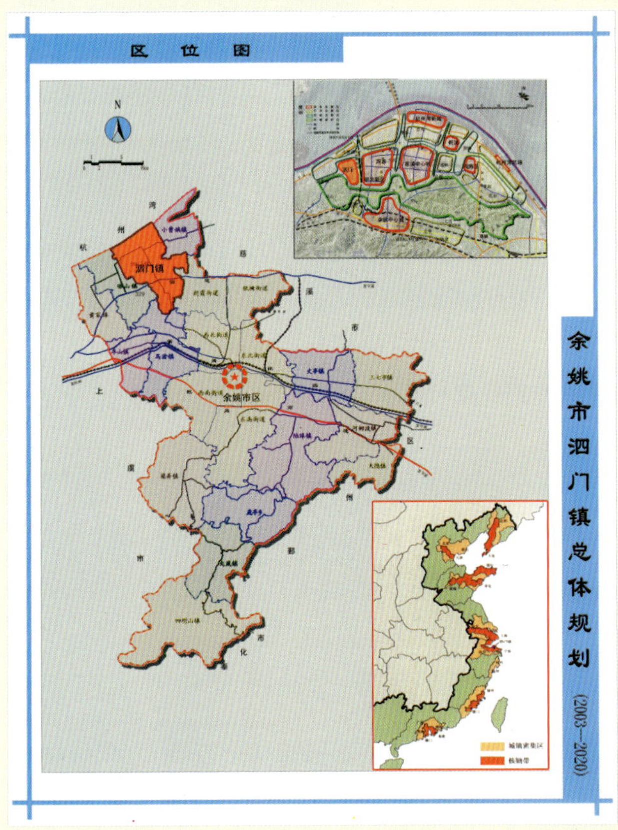

▲ 泗门区位图

详细地址： 宁波市余姚市泗门镇府前路1号
法定代表人： 蒋志云
邮政编码： 315470
联系电话： 0574-62156767

诸暨市店口镇

▲ 诸北新城

店口镇位于诸暨市北部，东连绍兴，北接萧山，区域面积105.7平方公里，其中建成区面积近13平方公里，辖17个行政村和6个社区，户籍人口6.3万人，新店口人近7万人。目前已形成以2家中国500强企业、6家上市企业、2家百亿元企业和6家10亿元以上企业为龙头、300多家规模以上企业为骨干、4000多家中小企业为支撑的庞大企业集群，初步构筑了铜加工、汽配、制冷、节能环保装备等多元化产业格局。2012年，全镇实现生产总值106.31亿元，同比增长10.7%；财政总收入15.38亿元，同比增长15.1%；工业总产值721.8亿元，同比增长10.4%；农村居民人均纯收入33627元。综合经济实力多年稳居绍兴第一，是联合国开发计划署试点城镇、全国发展改革试点镇、首批浙江省小城市培育试点镇、浙江“资本市场”第一镇、华东地区首个乡镇级金融安全小区。

一、坚持调优调好，经济发展态势平稳

深入实施工业强镇战略，坚持“以项目兴园区、以园区聚产业、以产业兴城市”发展思路，新的经济增长极日益涌现。一是平台建设实现跨越。构建完善以解放湖节能环保装备高新区为核心，下荡畈、张任家坞集聚区、“三新”创业园为三极的立体化园区格局，新吸纳项目64只，总投资31.9亿元，高效节能换热器、轨道交通、核电站暖通集成等高科技项目纷纷落户解放湖园区，园区主阵地作用日趋明显。二是产业转型逐步向好。支持项目落地动工，全市百只工业项目集中开工典礼在店口镇举行。确保43只当年供地项目全部开工，全年实施工业技改项目74只，其中亿元以上项目17只，战略性新兴产业项目投资超过技改总投资项目的40%。商贸服务业和房地产稳健发展。三是发展环境明显改善。创新实施“交钥匙工程”，项目生成速度在全市遥遥领先。支持组建企业家协会互助基金，加强区域品牌建设，引进交通银行等金融分支机构，政企抱团成功应对金融危机。粮食功能区建设扎实推进，精品农业逐步形成。

二、追求宜居宜业，城乡建设步伐更快

▲ 解放湖节能环保装备高新区建设启动

▲ 店口镇行政服务中心建成启用

诸暨市店口镇

以超前的理念科学把握小城市目标定位，以三维的手法提升城市功能、形象，店口影响力和感染力不断增强。一是城市理念获得新认可。在科学把握城市规划、建设、管理的同时，植入“同城待遇”和公共服务均等化等人的城市化理念，官商学三界广为推崇。店口作为中国唯一城市入选2012上海双年展，获得社会各界尤其是当代艺术领域的高度肯定。二是城市功能有了新增强。基本完成建成区和工业园区道路及配套的年度计划，城市基本构架更加清晰。黄潭解放湖堤防水毁重建主体工程顺利完成，城市防灾抗灾能力显著提升。店口行政服务中心投入运行，服务功能更为完善。三是城市形象实现新提升。设立行政综合执法办公室，实施“无休日、全天候”城管机制，新发生违法建设明显下降。坚决开展熔铸行业专项治理，积极推进污水管网贯通工程，鼓励环境村、卫生村创建工作，生活环境明显改善，城乡形象更加靓丽。

三、注重共赢共享，社会管理令人向往

全省一流的公共服务、科学管理和独特文化，使“共赢发展、共同富裕、共享成果”的执政理念充满发展张力。一是民生保障优化。探索建立困难群众解困机制，构筑幼儿园到高中阶段免费教育制度，继续提高医疗报销比例，年度新增失土农民养老保障3500人以上，提供各类保障性住房41500平方米，“同城待遇”继续扩面提质。二是社会管理创新。落实领导包案制度，开展“两代表一委员”接访活动。平安创建扎实推进，刑事案件发案同比下降6%。积极防御各类自然灾害，降低灾害损失。社会管理创新研究课题——“农民工社会融入能力”进入“中国城镇化高层国际论坛”。三是城市文化繁荣。策划“365个人”系列人文墙，拍摄城市微电影《我在店口》，打造“幸福店口、和谐平等”共同体。继续办好《城•店口》杂志，记录店口城市变迁。建成启用镇级文化中心、图书馆，群众文化更加活跃，店口被列入浙江省公共文化服务体系示范区、镇文化体育广场被评为全国乡镇体育健身示范工程。

▲店口作为中国唯一城市亮相上海双年展，总策展人邱志杰先生向国内外客商隆重推介店口馆

▲新店口人喜看限价房

▲诸北新城

详细地址：诸暨市店口镇中央路388号
法定代表人：方维炯
邮政编码：311814
联系电话：0575-87060017

玉环县楚门镇

▲ 楚门全貌

楚门镇地处浙江东南黄金海岸线，位于玉环县北部、楚门半岛中心地带，北接温岭市、西濒乐清湾，是全国著名的“文旦之乡”，行政区域面积37.5平方公里，下辖28个行政村，9个居委会，总人口12万人。近年来，楚门镇先后荣获全国先进基层党组织、全国发展改革试点小城镇、全国环境优美乡镇、省“十大经典江南小镇”、省历史文化名镇、省十佳民生工程等20多项荣誉称号；于2010年12月被列入浙江省小城市培育试点镇，2011年、2012年全省小城市培育试点考核获得优秀。

一是人文底蕴深厚。楚门历来重视文化底蕴保护传承和挖掘开发。从开创玉环文明教化之先风的皆山书院，到当代著名作家叶文玲兄妹的名篇佳作；从文学季刊《曲桥》，到民俗文化精品唱词、抬阁、梗杠，楚门的历史文明和传统文化一脉相承。同时，楚门更加注重文化的创新与改革，通过老城区十字街整修、文玲书院开馆，文化创意中心启动，推动了文化、科技与产业的互促互融。

二是经济实力雄厚。楚门拥有阀门和家具两大主导产业，是玉环中国阀门之都、中国欧式古典家具生产基地等5块国字号区域品牌的核心生产区，被誉为“阀门王国，家具新都”。同时，依托传统工业，做强做大神州、海西供应链等物流龙头企业，启动文化创意中心，集大型商贸、物流、餐饮、休闲娱乐和文化产业等于一体的现代服务业初具雏形。2012年，实现生产总值71.47亿元，同比增长15.2%；三产增加值22.87亿元，占比达32%。

三是小城市培育加快推进。围绕“现代新型小城市”目标，加快镇公共服务中心、市民广场地下民防一期工程、楚洲文化城改造等一批重点项目，有序推进新城建设和旧城改造，统筹新农村建设，不断增强小城市聚集力、承载力和辐射力。2012年，全镇实现全社会固定资产投资额27.57亿元，同比增长43.97%；城镇化率

▲ 楚洲文化城

▲ 独具特色的“玉环派”家具是全国家具行业的杰出代表

玉环县楚门镇

72.94%，同比增长5.64%。

2013年，楚门将进一步振奋精神、加快发展，确保在收官之年圆满完成三年行动计划，努力打响“家居产业名都、滨海活力名城、人文生态名镇”三张名片，全力建设“全省一流小城市”。

▲ 楚门城市中心区规划效果图

▲ 老十字街

▲ 景色宜人的湖滨路

▲ 新农村建设示范村——坑郑新村

▲ 阀门生产车间

▲ 群众文体活动

详细地址：台州市玉环县楚门镇南兴东路28号
法定代表人：赵晓华
邮政编码：317605
联系电话：0576-87445595

宁波市鄞州经济开发区

宁波市鄞州经济开发区原名鄞州滨海创业中心，成立于2005年8月，属鄞州区级新兴的产业园区，也是市级重点开发区域之一。开发区域东临象山港，西依沿海中线一级公路，北邻北仑与鄞州分界线，南至鄞东大嵩江。距宁波市区35公里，离北仑港18公里。近期开发面积为7平方公里，远期总规划面积16平方公里。

自成立至今，历经八年多发展，园区开发和发展已取得阶段性成果。目前已形成以“两纵四横”为主干的15条35公里道路交通网络；建成20公里河网水系，沿路、沿河做到因地制宜，建设园林小品，累计绿化面积45万平方米，绿化率达11.3%；建成运营6处近2万平方米商贸街区，涉及多种业态，为落户企业提供必要的便民生活服务；引进690等6路公交线路，建立滨海与周边乡镇、北仑及中心城区的公交联系；建成5.4万平方米外来人口服务中心、近万平方米人才公寓等重大配套项目，成立外来人口专门居住社区“滨海社区”；建成11万伏变电所2座，全面引用春晓天然气，水、电、气等各项基础配套设施全面完善，1万吨规模滨海污水处理厂正常投入运营。

宁波市鄞州经济开发区

鄞州经济开发区以发展临港型、出口加工型的一、二类工业为主，着重引进高新技术项目，以及符合环保节能政策导向的循环经济产业，辖区内拥有规上企业56家，拥有国家级高新技术企业10家，区级工程技术中心25家，市级工程技术中心5家，区“双五十”工程企业7家。园区自2006年首个项目建成投产以来，至今以平均30%以上的增长幅度实现工业产出连年递增。2010年其发展进入全面产出阶段，税收和财政收入首次破亿，2011年在此基础上实现翻番超过2亿元，工业产值接近百亿。2012年创造工业产值120亿元，利税等各项主要经济指标继续实现稳健增长。

随着二期9平方公里区域开发的全面推进，鄞州经济开发区加快以“蓝海经济”和“蓝天经济”综合构成的“蓝色经济”大发展，并充分秉持“高端、高质、高新”的海洋产业高地这一定位，致力于打造“千亿能级智慧型蓝色产业园区”，并最终将其建设成为鄞州区发展蓝色经济的重要承载区和战略性新兴产业的重要集聚区。

详细地址：宁波市鄞州区瞻岐镇宁东南路111号
邮政编码：315145
联系电话：0574-88194012

浙江广厦建设职业技术学院

▲ 广厦学院正大门

浙江广厦建设职业技术学院是经浙江省人民政府批准、教育部备案，由广厦控股公司投资近6亿元创办的全日制高职学院。学院占地1000亩，建筑面积32万平方米，藏书达125万册，教学科研仪器设备资产8000多万元；下设5个二级学院，开设26个专业；在校生11000余名，教职员工800余人；拥有一流的教学、实验实训、运动和生活设施。

学院定位于高职教育，立足区域、行业与企业，服务浙江，面向全国，以成为以建设类专业为主，先进制造类、经贸类等专业协调发展，具有鲜明特色和较高知名度的优秀民办高职学院为办学目标。学院紧紧依靠行业、企业及广厦集团，形成了建设类专业优势，加强建设木雕等特色专业；积极推进工学结合，深化教学改革。育人质量不断提高，学生在各项竞赛中硕果累累，2006年至今共获500多项大奖。学院就业率连续7年居

▲ 热烈祝贺吕洋、吴海彪、张奉同学获全国首届“鲁班杯”建筑工程识图技能大赛团体特等奖

▲ 热烈祝贺陈浩晨同学获全国高等院校计算机核心技能与信息素养大赛一等奖

▲ 孙荣荣获全国模具大赛一等奖

▲ 军训

▲ 校园

浙江广厦建设职业技术学院

浙江省同类院校前茅。习近平同志、张德江同志及周济同志等先后视察学院，对各项工作予以高度肯定。

学院获“全国特色教育示范单位”、“浙江省文明单位”、“浙江省5A级社会组织”、“全国优秀技能人才培养基地”、“全国高等职业院校就业质量50强”、“浙江省平安校园”、“浙江省高校学生工作创新单位”、“浙江省高校科研工作先进单位”及“浙江省高校实验工作先进集体”等称号。在社会上形成了良好的知名度和美誉度，成为一所学生开心、家长放心、社会满意的高校。

画中的景 景中的画

校园湖景

浙江广厦建设职业技术学院校园景色

详细地址：浙江省东阳市广福东街1号
法定代表人：许华春
邮政编码：322100
联系电话：0579-86668888　86668872

杭州娃哈哈集团有限公司

HANGZHOU WAHAHA GROUP CO.,LTD.

董事长兼总经理：宗庆后

【企业概况】

娃哈哈创建于1987年，在创始人宗庆后的带领下，从3个人、14万元借款白手起家，现已发展为集产品研发、生产、销售为一体的大型食品饮料企业集团，为中国最大的饮料生产企业，在中国29个省市自治区建有66个基地、170余家子公司，拥有员工3万名、总资产350亿元。

25年来，娃哈哈通过产品技术创新、营销创新，一直保持健康快速发展势头，年均增长超60%，累计实现收入3832亿元，上缴税金301亿元。娃哈哈建立了国家级企业技术中心、博士后科研工作站、CNAS认可实验室，每年都有新产品、新的增长点，形成了品种齐全的产业链，解决了产品生命周期影响企业生命周期的问题。娃哈哈在中国饮料行业发挥领头羊的作用，是中国饮料行业技术创新成果较为丰富的企业。

2012年集团公司实现营业收入636.31亿元，实现利税139.34亿，同比增长13%，上缴税金58.76亿元，各项经济指标连续第15年登上中国饮料行业榜首，位列2012年中国企业500强第156位，中国制造业企业500强第71位，在2012中国民营企业500强中娃哈哈营业收入居第16位、利润第8位、纳税第9位。

【功能饮料“启力”成功上市】

2012年3月，娃哈哈保健健康饮料“启力”进军功能饮料市场。启力是含有丰富牛磺酸、左旋肉碱、D-氨基葡萄糖盐酸盐和维生素群的健康提神饮品且获得保健食品的认证，具有增强免疫力功效。随着“中国好声音”的热播，启力饮料受到消费者热捧。

【健康饮食理念盛行，“液体面包”格瓦斯成市场新宠】

格瓦斯，源自俄罗斯，距今有1000多年历史！娃哈哈格瓦斯借鉴传统工艺，采用现代生物技术，以俄罗斯高加索长寿村特有的乳酸菌群发酵麦芽汁，含17种氨基酸，是一款口感醇香微甜，营养丰富的麦芽发酵饮品。娃哈哈格瓦斯，“非一般的液体面包！”